ENZYKLOPÄDIE DER RECHTS- UND STAATSWISSENSCHAFT

BEGRÜNDET VON

F. VON LISZT UND W. KASKEL

HERAUSGEGEBEN VON

W. KUNKEL · H. PETERS † · E. PREISER

ABTEILUNG RECHTSWISSENSCHAFT

SPRINGER-VERLAG BERLIN HEIDELBERG GMBH

1967

STAATSRECHT UND STAATSPRAXIS VON GROSSBRITANNIEN

VON

KARL LOEWENSTEIN

BAND I

PARLAMENT · REGIERUNG · PARTEIEN

SPRINGER-VERLAG BERLIN HEIDELBERG GMBH
1967

Dr. KARL LOEWENSTEIN

William Nelson Cromwell Professor Emeritus of Jurisprudence and Political Science,
Amherst College, USA,
und
Em. o. Professor für Politische Wissenschaften und Rechtspolitik,
Juristische Fakultät der Universität München

ISBN 978-3-662-13029-2 ISBN 978-3-662-13028-5 (eBook)
DOI 10.1007/978-3-662-13028-5

Ursprünglich erschienen bei Springer-Verlag Berlin Heidelberg 1967
Softcover reprint of the hardcover 1st edition 1967

Titel Nr. 4416

For P.,
with gratitude

Vorwort

„Alte Liebe rostet nicht“: Mit dem hier vorgelegten Buch über Staatsrecht und Staatspraxis von Großbritannien ist der Verfasser zum Ausgangspunkt seiner wissenschaftlichen Jugend in jenen entschwundenen Jahren der Weimarer Republik zurückgekehrt, als England noch die vielbewunderte Weltmacht war. Er hat sich damals mit England, von Anfang an der Lieblingsgegenstand seiner öffentlichrechtlichen Bemühungen, in einer ganzen Reihe von Abhandlungen beschäftigt; sie sind im Schrifttumsverzeichnis getreulich aufgeführt; er hat auch heute nach vierzig Jahren keinen Anlaß, sich ihrer zu schämen[1]. Wenn es hier gestattet ist, einen Beitrag zur Selbstbiographie eines Gelehrten zu machen, der mit einer eines edleren Zieles würdigen Beharrlichkeit die Schwelle des kanonischen Alters hinter sich läßt: Auch seit seiner 1933 erfolgten Auswanderung in die Vereinigten Staaten hat des Verfassers Interesse an *rebus Anglicis* niemals nachgelassen. Wenn es auch die Lebensumstände mit sich bringen mußten, daß er anderen Aspekten des Vergleichenden Verfassungsrechts seine vordringliche Aufmerksamkeit widmen sollte, England als das Vorbild einer demokratischen Staatsordnung, welche es verstanden hatte, die Staatsautorität mit der Bürgerfreiheit zu versöhnen, ist ihm allzeit gegenwärtig geblieben. In dem Werk, in dem er die Summe seiner lebenslänglichen staatspolitischen Erfahrung zu ziehen bemüht war[2], tritt England und wie es die Engländer machen in jedem Kapitel und sozusagen auf jeder Seite in unmittelbare Erscheinung. Als daher in den fünfziger Jahren mit dem Springer-Verlag eine umfassende Darstellung des Verfassungsrechts der Vereinigten Staaten vereinbart wurde[3], die eine fühlbare Lücke in der deutschen staatswissenschaftlichen Literatur ausfüllen sollte und in der Tat auch ausfüllte, nahm er gerne das Angebot des Verlags an, dem Buch über Amerika einen Parallelband über Großbritannien nachfolgen zu lassen, den nunmehr vorzulegen ihm vergönnt ist. Eine solche Aufgabe ließ sich nicht im Handumdrehen vollbringen; lange Jahre intensivster Arbeit sind darauf verwendet worden.

---

[1] Der umfangreichste derselben über die Soziologie der parlamentarischen Repräsentation nach der Großen Reform ist nunmehr in seinen *Beiträgen zur Staatssoziologie*, Tübingen 1961, S. 65ff. neugedruckt.

[2] *Verfassungslehre*, Tübingen 1959.

[3] *Verfassungsrecht und Verfassungspraxis der Vereinigten Staaten*, Berlin-Göttingen-Heidelberg 1959.

Eine derartige umfassende und systematische Darstellung des öffentlichen Rechts Großbritanniens ist seit einem halben Jahrhundert nicht mehr in deutscher Sprache erschienen. Das zweibändige Werk von JULIUS HATSCHEK[1] hatte unstreitige Meriten; es litt aber an einer heute nicht mehr zu goutierenden Sterilität, indem es, dem damaligen Zeitgeist entsprechend, sich darauf beschränkte, die Staatsordnung Englands nach ihrer damaligen positivrechtlichen Geltung zu beschreiben, ohne sich um die Erkenntnis zu bemühen, wie die Rechtsnormen in der politischen Wirklichkeit funktionieren; die Akribie des gelehrten Juristen war eben nicht durch die politikwissenschaftliche Betrachtungsweise ergänzt und verlebendigt, so daß sein verdienstvolles Werk, verständlicherweise, ohne nachhaltige Wirkung bleiben mußte.

Seither ist aber eine lange Zeit vergangen, und wir sehen heute das Staats- und Verfassungswesen anders. Der Verfasser, in Deutschland als positivrechtlicher Jurist ausgebildet – allerdings hatte in ihm, dem Schüler MAX WEBERS, von jeher der verkappte Soziologe gesteckt –, konnte in seiner neuen Heimat seinen Horizont erweitern und sich zum Politikwissenschaftler verwandeln, glücklicherweise ohne damit seiner ursprünglichen Neigung als Verfassungsjurist untreu werden zu müssen. Was ihm daher bei seinem durch Jahre und Jahrzehnte aufrechterhaltenen Interesse an England vorschwebte, war eine neuartige Darstellung der britischen Verfassungsordnung, in welcher die normenwissenschaftliche mit der politikwissenschaftlichen Betrachtungsweise verschmolzen sein sollte. Denn die Gemeinschaftsordnung eines Volkes besteht nicht – oder nicht nur – aus abstrakten Normen des Sein-Sollenden, sie ist gelebte Wirklichkeit des Seienden. Statt also allein das Knochengerüst zu beschreiben, das der britischen Staatsordnung zugrunde liegt, sollte auch das Muskelspiel aufgezeigt werden, nach dem sich der politische Prozeß vollzieht. Der Titel des Buches will diese Verbindung von Staatsrecht und Staatspraxis zum Ausdruck bringen.

Dabei wurde eine seltsame Entdeckung gemacht. Daß den Deutschen diese so naheliegende Symbiose der positivrechtlichen mit der wirklichkeitsgerechten Betrachtungsweise nicht gelang, konnte bei ihrer auch die Weimarer Periode beherrschenden Wissenschaftstradition nicht wundernehmen. Aber auch im englischen Schrifttum ist hier eine erstaunliche Fehlanzeige zu registrieren. Da es in England keine geschriebene Verfassung gibt, fehlen naturgemäß die artikelweisen Kommentare, wie sie in Deutschland üblich sind. Es gibt jedoch eine Anzahl – sonderbarerweise nicht gerade viele – an sich zweckentsprechender staats- und ver-

---

[1] *Englisches Staatsrecht*, Tübingen 1905/1906 (in der Sammlung Handbuch des öffentlichen Rechts).

waltungsrechtlicher Lehrbücher[1]; aber kein einziges darunter ist politikwissenschaftlich orientiert. Die staatlichen Einrichtungen sind gewissenhaft und sachverständig beschrieben, und die Beschreibungen sind von den einschlägigen gesetzlichen Bestimmungen und den Gerichtsentscheidungen begleitet. Aber eine Erklärung dessen, was die für Großbritannien charakteristische Regierungsweise, die parlamentarische Kabinettsregierung, ausmacht, wird man dort vergeblich suchen. Nur höchst gelegentlich finden sich Andeutungen über ihre allgegenwärtige Infrastruktur, die politischen Parteien, die den Autoren so fremd sind, wie sie es einst dem deutschen Labandismus gewesen waren. Sie enthalten nichts über den sozialen Pluralismus der *pressure groups* und Interessentenverbände. Die Bedeutung der Staatsorgane, der Wählerschaft, der Parlamentsmitglieder, selbst des Prime Ministers, des Kabinetts und der Krone für den politischen Prozeß kann aus der institutionellen Beschreibung nicht erschlossen werden.

Diese normologische Selbstbeschränkung ist natürlich absichtlich und bewußt. Denn die Darstellung, wie sich der politische Betrieb in Wirklichkeit abspielt, ist den unzähligen eigentlichen politischen Beschreibungen überlassen, von denen manche mit Recht als Muster der politikwissenschaftlichen Einstellung gelten. Einige von ihnen – wenn auch nicht immer die besten – sind nun auch, insbesondere seit dem letzten Krieg, in Übersetzungen dem deutschen Publikum zugänglich gemacht worden, und es fehlt auch nicht an originaldeutschen Beiträgen dieser Art[2].

Eben diese Lücke auszufüllen ist ein vordringliches Anliegen unseres Buches. Wiederum nimmt sich der Verfasser die bei solchen Gelegenheiten unübliche Freiheit, den Leser einen Blick in seine Werkstatt tun zu lassen. Worauf es ihm ankam und worin er ohne übertriebene Bescheidenheit ein Verdienst zu erblicken sich berechtigt glaubt, war ein Doppeltes: In keinem anderen westlichen Land reichen die Wurzeln der

---

[1] Das klassische Werk von A. V. Dicey, *Introduction to the Study of the Constitution* (erstmals London 1885, 10. Auflage 1959, 195 und 535 Seiten) ist längst überholt und — wenn überhaupt — praktisch heute nur in Verbindung mit der es auf den modernen Stand bringenden Einleitung von E. C. S. Wade benutzbar; E. C. S. Wade & G. G. Phillips, *Constitutional Law* (7. Auflage London 1965, 768 Seiten); O. Hood Phillips, *Constitutional and Administrative Law* (3. Auflage London 1962, 855 Seiten): Von den beiden letztgenannten Werken ist Wade & Phillips mehr dogmatisch interessiert und daher juristisch interessanter als das letztere, das stoffreicher ist und daher den Vorzug größerer Vollständigkeit besitzt. Hier ist auch zu erwähnen: Geoffrey Wilson, *Cases and Materials on Constitutional and Administrative Law*, Cambridge 1966, 603 Seiten. Vgl. im übrigen das Schrifttums-Verzeichnis.

[2] Vgl. das Schrifttumsverzeichnis am Ende. Nur beispielsweise wären etwa zu erwähnen: Thomas Oppermann, *Britisches Unterhauswahlrecht und Zweiparteiensystem* (Karlsruhe 1961) (für den Spezialisten) oder Karl Heinz Abshagen, *Europas Große Insel* (Stuttgart 1960) (populare Einführung).

geltenden Staatseinrichtungen und -techniken so tief in die Vergangenheit zurück wie in England. Daraus ergab sich die Notwendigkeit, nach einer im ersten Kapitel gebotenen gedrängten Übersicht über die geschichtliche Entwicklung, bei jeder Institution oder Praxis ihre Vorgeschichte aufzuzeigen, auf der ihre derzeitige Geltung beruht. Der Leser, den das langweilt, mag die so gekennzeichneten Abschnitte überspringen; er tut es aber auf eigene Gefahr, weil die heutige politische Praxis eben nur in ihrer geschichtlichen Perspektive verständlich gemacht werden kann. Zum zweiten aber war dem Verfasser daran gelegen, immer und überall aufzuzeigen, wie die positiven Normen des öffentlichen Rechts sich in der Staatspraxis auswirken, also – wie gesagt – die normologische Analyse mit der politikwissenschaftlichen Bewertung ihrer politischen Funktion zu verbinden. Der Verfassungsjurist mußte zum Politikwissenschaftler werden, wie umgekehrt ein solcher ohne staatsrechtliche Fundierung seinen Beruf verfehlt zu haben scheint.

In diesem Zusammenhang dürften einige arbeitstechnische Bemerkungen angebracht sein. Wenn es richtig ist, daß jedes neue Buch nur das dreizehnte ist, das das Material in den schon vorhandenen zwölfen ausbeutet, so trifft das auch hier zu, mit dem allerdings nicht ganz unwichtigen Unterschied, daß die Zahl der Vorlagen um ein Vielfaches erhöht werden müßte. Das Material unseres Buches ist den vorerwähnten staats- und verwaltungsrechtlichen Lehrbüchern und zahlreichen anderen Quellen entnommen worden, die, um den ohnehin übermäßig erscheinenden Fußnotenapparat nicht weiter zu belasten, nur im Schrifttumsverzeichnis angegeben werden. Ein so umfangreiches und anspruchvolles Unternehmen – der Verfasser wäre der letzte, der sich gegen den Ausdruck Unterfangen wehren würde –, wäre ohne die Vorlagen, welche das gesetzgeberische und gerichtliche Material sozusagen zubereiteten, nicht möglich gewesen. Ebenso ist der Verfasser ,wie es sich von selbst versteht, in der Beschreibung und Bewertung des politischen Prozesses den von zahlreichen sachverständigen Autoren vorgezeichneten Bahnen gefolgt, wobei er, der im Vergleichenden Verfassungsrecht bewandert ist, vom Recht des Außenstehenden Gebrauch gemacht hat, die Konturen gelegentlich schärfer oder auch anders zu zeichnen.

Worin sich aber unsere Darstellung von den Lehrbüchern und anderen maßgebenden politischen Beschreibungen unterscheidet, ist, daß nach des Verfassers Kenntnis erstmalig der Versuch gemacht wird, die Fülle des Materials in eine logisch geschlossene staatsrechtliche Systematik einzuordnen. Daran lassen es vor allem die juristischen Kompendien fehlen. Hierfür bestehen mehrere, wie es scheint nationalpsychologisch bedingte Gründe. Da es in England an einer geschriebenen Verfassung fehlt, brauchen sich die Autoren auch nicht der Disziplin zu unterwerfen, die der logische Aufbau eines Verfassungsinstruments von selbst auferlegt. Zum anderen aber erscheint bei den pragmatischen Engländern der Sinn für logische Systematik unterentwickelt geblieben zu sein. In ihrer Stoffanordnung purzeln die einzelnen Institutionen und Techniken wie Kraut und Rüben durcheinander. So wird etwa die Krone als Quelle aller politischen Macht vor Prime Minister und Kabinett behandelt, während sie doch in der Staatswirklichkeit nichts anderes mehr ist als ein Instrument der Regierung, oder die Wahlen, heute *fons et origo* aller politischen Macht, werden dem Parlamentsbetrieb nachgeordnet. Wenn unsere Darstellung sich eines Vorzugs rühmen darf, so wäre es die Logik der Anordnung und des Aufbaues des Stoffes, der allein es zu verdanken ist, wenn die Fülle des Materials auf verhältnismäßig beschränktem Raum untergebracht werden konnte. Die hier zu überwindenden Schwierigkeiten waren beträchtlich.

Für den Leser oder Benutzer des Buches ergibt sich daraus: Der Aufbau der britischen Staatsordnung ist aus der Kapitelfolge ersichtlich, die dem ausführlichen Verzeichnis des Inhalts der einzelnen Kapitel vorangestellt ist. Dieses wiederum mag als ein Leitfaden für denjenigen angesehen werden, der sich über den Standort einer einzelnen Materie innerhalb des Verfassungsaufbaus unterrichten will. Dadurch wird auch den Bedürfnissen des an ein geschlossenes Verfassungssystem gewohnten deutschen Lesers Rechnung getragen.

Damit ist ein Stichwort gefallen, das zu einer wesentlichen Bemerkung Anlaß gibt. Ein deutscher Leser mag es wohl nicht ganz leicht haben, sich im amerikanischen Verfassungsrecht zurechtzufinden, aber es wird ihm dadurch erleichtert, daß die Struktur der Unionsverfassung seiner eigenen insofern nicht unähnlich gestaltet ist, als sie mit der Gewaltentrennung und der bundesstaatlichen Organisation arbeitet. In Großbritannien dagegen sieht er sich einer völlig fremden Welt gegenüber, deren Komponenten, außer den Parlamentsgesetzen, das ungeschriebene *common law*, die Gerichtsentscheidungen und vor allem die schwer erfaßbaren Konventionalregeln sind. Von seiner eigenen Normenwelt herkommend, wird er daher keinerlei brauchbare Anhalts- und Vergleichspunkte finden. Bei der Lektüre der politikwissenschaftlichen Literatur, die ohne Zitate von Gesetzen und Gerichtsentscheidungen auskommt, weil sie sie nicht braucht, wird ihm die Schwierigkeit des Verstehens wohl weniger zum Bewußtsein kommen. Mit ihrer Kombination der juristischen und der politikwissenschaftlichen Betrachtungsweise glaubt unsere Darstellung hier eine Brücke des Verständnisses geschlagen zu haben.

Zum Schluß darf der Verfasser noch einen ihm am Herzen liegenden Punkt berühren und dies auch auf die Gefahr hin, wiederum gegen die bei einem Vorwort üblichen Gepflogenheiten zu verstoßen. Wie man es gelegentlich auf den Bildern der alten Meister findet, könnte er mit der Inschrift enden: *Ipse fecit.* In einer Zeit der Bürokratisierung und Mechanisierung selbst des Wissenschaftsbetriebs will er damit zum Ausdruck bringen, daß er nichts anderes ist als ein Ein-Mann-*team*. Er hat bei der sich über Jahre hinziehenden Arbeit an diesem Buch zwar zeitweise eine finanzielle Unterstützung von amerikanischen Stiftungen erhalten, die dankbar anerkannt wird; aber es wurde ohne die Hilfe eines „Instituts", ohne die Kärrnerarbeit leistende Assistenten, kurz ohne jeden Apparat außer der trotz ihrer Marterung getreuen Schreibmaschine geschrieben.

Diese Einzelgänger-Situation mag entschuldigen, wenn auch vielleicht nicht rechtfertigen, wenn dem Verfasser nicht nur Auslassungen und Fehler, die auch das sorgfältigste Kollationieren der Gesetzesstellen und Gerichtsentscheidungen nicht beseitigen kann, sondern auch massive substantielle Irrtümer in der Darstellung von Einrichtungen und in der Interpretation von Prozeduren unterlaufen sind. Sie rühren daher, daß er eben kein zünftiger englischer Jurist, sondern sozusagen ein autodidaktischer Außenseiter ist, bei dem die aus der Praxis mit englischem Recht gewonnene Erfahrung auch nicht durch vielfache Besuche in England und erst recht nicht durch jahrzehntelange Beobachtung der englischen politischen Bühne sich voll ersetzen ließ. Er sieht daher voraus, daß ihm, vor allem von seinen britischen Kollegen, zahlreiche *lapsus* angekreidet werden, und er nimmt von vornherein alle Korrekturen dankbarst entgegen.

Die Einzelgängerschaft, der das vorliegende Buch seine Entstehung verdankt, enthebt den Verfasser aber nicht der angenehmen Pflicht, die ihm ein Bedürfnis geworden ist, dankbar der unschätzbaren Hilfe zu gedenken, die ihm durch Frau Käte Schmitz in Tutzing zuteil geworden ist; sie hat das monströs unübersichtliche und umfangreiche Manuskript mustergültig in die Schreibmaschinenabschrift übertragen. Ebenso seien Herr Dr. Luzius und Frau Dr. Simone Wildhaber, Basel, für ihre Mithilfe beim Korrekturlesen und bei der Herstellung der Register aufrichtig bedankt.

Der Verlag, dem Umfang der Darstellung Rechnung tragend, hat sich dankenswerterweise bereitgefunden, das Werk in zwei Bänden erscheinen zu lassen, was durch die Stoffanordnung wesentlich erleichtert wurde. Band Eins enthält die Materien: Parlament, Regierung, Parteien; Band Zwei diejenigen über Justiz, Verwaltung, Bürgerrechte.

Das Manuskript wurde im Herbst 1965 abgeschlossen. Jedoch konnten während der Drucklegung die Gerichtsentscheidungen bis Ende 1965 sowie die Gesetzgebung und andere wichtigere Ereignisse des Jahres 1966, insbesondere die Märzwahlen, noch berücksichtigt werden.

Amherst, Mass.
15. Oktober 1966 Karl Loewenstein

Kapitelverzeichnis

BAND I

BAND II

Inhaltsverzeichnis

BAND I

Erster Teil

Die Grundlagen der britischen Verfassungsordnung

Zweiter Teil

Die Triebkräfte des politischen Prozesses: Wahlen und Parteien

Dritter Teil

Die Staatsorgane I: Das Parlament

Vierter Teil

Die Staatsorgane II: Die Regierung

Fünfter Teil

Die Staatsorgane III: Die Krone

Anhänge

Inhaltsverzeichnis

BAND II

Erster Teil

Die Staatsorgane IV: Die Gerichtsbarkeit

Zweiter Teil

Zwei Verwaltungsgebiete: Die territoriale Selbstverwaltung und die nationalisierten Wirtschaftszweige und Sozialdienste

Dritter Teil

Der Bürger und der Staat

Erster Teil

Die Grundlagen der britischen Verfassungsordnung

Erstes Kapitel

Abriß der Verfassungsgeschichte

Vorbemerkung

In keinem anderen westlichen Staat hat die geltende Verfassungsordnung ihre Wurzeln so tief in die Vergangenheit gesenkt wie in England. Das heutige Verfassungsrecht Frankreichs oder Deutschlands könnte ohne Schwierigkeit auf der Grundlage des letzten gültigen Verfassungsinstruments beschrieben werden. Selbst in den Vereinigten Staaten, deren Verfassung schon vor fast einunddreiviertel Jahrhunderten in Kraft getreten ist, ließe sich die heutige Verfassungspraxis ohne mehr als gelegentliche Hinweise auf historische Vorgänge darbieten. Anders aber in England. Bei schlechthin allen am gegenwärtigen politischen Prozeß beteiligten Staatsorganen – der Krone, den beiden Häusern des Parlaments mit ihren Privilegien und Gebräuchen, den Gerichten und dem von ihnen angewendeten Recht – haben sich bedeutsame Züge ihres mittelalterlichen Ursprungs bis in die Gegenwart erhalten. Nur beispielsweise sei hier an die königliche Prärogative als der Grundlage der monarchischen Kompetenz oder an die Revisionszuständigkeit des *House of Lords* und des *Privy Council* erinnert. Heute noch geltende Gesetze gehen bis in längst verflossene Jahrhunderte zurück. Die bürgerlichen Freiheitsrechte, erstmals anfangs des 13. Jahrhunderts in der *Magna Charta* begründet und seither als gemeines Recht – *common law* – weiterentwickelt, erhielten im 17. Jahrhundert ihre heutige positiv-rechtliche Einkleidung. Die parlamentarische Regierungsweise, im Kampf gegen den königlichen Absolutismus im 17. Jahrhundert errungen, begann im 18. Jahrhundert ihre heutige Gestalt als parlamentarische Kabinettsregierung anzunehmen. Selbst die Anfänge der politischen Parteien, in allen anderen Ländern erst das Ergebnis der bürgerlichen Gesellschaft des 19. Jahrhunderts, reichen in England bis ins 17. und 18. zurück. Sicherlich haben sich auch die englischen Staatseinrichtungen gewandelt und den Bedingungen der technologischen Massengesellschaft unserer Zeit angepaßt. Aber nirgendwo anders wirkt die aus der Vergangenheit ererbte Tradition auf die Formen und das Verfahren des politischen Prozesses in solchem Maß ein wie im heutigen Großbritannien.

In unserer Darstellung wird anstatt „England" in der Regel das Wort „Großbritannien", statt „englisch" das Wort „britisch" verwendet. Rein „englisch" war die Verfassungsentwicklung nur solange, als sie sich auf England selbst und das bereits unter Henry II. und Edward I. unterworfene Wales bezog; zumindest seit der Union mit Schottland (1707) ist sie es jedoch nicht mehr ausschließlich, wenn auch seither vorwiegend die Engländer daran beteiligt sind. Nachdem der offizielle Name des Inselreichs heute derjenige des Vereinigten Königreichs von Großbritannien und Nordirland ist (siehe beispielsweise *Royal Titles Act* von 1953 [1 & 2 Eliz. 2, c. 9]), erscheinen die Bezeichnungen „Großbritannien" und „britisch" allgemein als angemessener[1].

Der Bedeutung dieser historischen Gegebenheiten Rechnung zu tragen, hätten sich für unsere Darstellung zwei Möglichkeiten geboten: Entweder müßte sie mit einer historischen Einleitung beginnen, die an Ausführlichkeit der geschichtlichen Wirklichkeit entspräche oder es müßte bei der Erörterung der einzelnen Staatseinrichtungen jeweils auf die geschichtlichen Vorgänge zurückgegriffen werden. Aus wohlerwogenen

[1] Es sei hier darauf hingewiesen, daß in unserer Darstellung die englischen Vornamen — Henry, Charles, Edward, Elizabeth — statt der üblichen Verdeutschungen beibehalten werden.

Auch die Zitierweise englischer bzw. britischer Gesetze bedarf hier einer Erläuterung. Noch bis vor kurzem war es üblich, Parlamentsgesetze nicht nach dem Jahrgang und der Seitenzahl der amtlichen Gesetzessammlung — *Public General Acts and Church Assembly Measures* — anzuführen, sondern nach den Regierungsjahren des Monarchen, in welche die Parlamentssession fiel und in welchen das betreffende Gesetz ergangen war, mit Hinzufügung der fortlaufenden Kapitelnummer, mit der die innerhalb der Session erlassenen Gesetze jeweils versehen sind. Da eine Parlamentssession sich in der überwiegenden Regel nicht mit dem Kalenderjahr deckt und die Regierungsjahre des Monarchen gleichfalls sich nicht mit dem Kalenderjahr decken, wenn die Thronbesteigung etwa in seiner Mitte erfolgte, war die übliche Zitierweise etwa: 23 & 24 Victoria, was sich dann leicht als das Jahr 1860/61 feststellen läßt. In dieser jahrhundertealten Zitierweise trat erst jüngst durch den *Acts of Parliament Numbering and Cititation Act* von 1963 (Eliz. 2, c. 34) insofern eine Änderung ein, als von nun an ein Gesetz lediglich nach Kalenderjahr und Kapitelnummer zitiert wird, wobei üblicherweise auch der Name des regierenden Monarchen, aber ohne Angabe seines Regierungsjahres, hinzugefügt wird (z. B. *Science and Technology Act* 1965, *Chapter 4*). Jedes Gesetz gibt in der letzten Sektion (Artikel) seinen kurzen Titel an. Viele Gesetze sind mit Anhängen (*schedules*) versehen, welche Einzelerläuterungen enthalten und selbstverständlich Gesetzeskraft besitzen.

Gründen wird hier der zweiten vor der ersten Alternative der Vorzug gegeben; es wird damit dem Leser die mühsame Verweisung auf die Einleitung erspart. Andererseits aber empfiehlt es sich angesichts des außerordentlichen Umfangs und der Komplexität des Stoffes, der Darstellung der Staatseinrichtungen zumindest einen Abriß der Verfassungsentwicklung voranzuschicken, der den Leser wenigstens über das Organische der Verfassungsentwicklung orientiert. Ein solcher Abriß kann aber sehr knapp gehalten werden, einmal wegen der Behandlung der historischen Grundlagen bei der Erörterung der einzelnen Staatseinrichtungen, zum anderen aber, weil neuerdings ein ausführlicher Versuch der britischen Verfassungsgeschichte aus der Feder des Verfassers zur Verfügung steht, auf den hier verwiesen werden mag[1].

I. Die mittelalterliche Monarchie[2]

1. Die Normannenherrschaft und die Entstehung der Zentralmonarchie

Es hatten zwar schon vorher in der angelsächsischen Periode die Umrisse gewisser Staatsämter einer der Zentralisierung zustrebenden einheimischen Monarchie bestanden, wie eine Staatskanzlei – *Chancery* – und ein Schatzamt – *treasury* oder *exchequer* –, aber erst die Eroberung Englands durch die normannische Ritteraristokratie (Schlacht bei Hastings, 1066) unter William I. leitet die bemerkenswerte Entwicklung ein, durch welche das von den Eroberern mitgebrachte Feudalsystem des totalen Eigentums der Krone an Grund und Boden mit einer starken Zentralgewalt unter bedeutenden Monarchen sich vereinen ließ. William hatte das eroberte Land so verteilt, daß wertmäßig zwei Siebentel ihm selbst und seinem Haushalt vorbehalten, zwei Siebentel der Kirche und drei Siebentel den um die Eroberung verdienten Anhängern zufielen. Diese *tenants-in-chief* waren damit der Krone zu Dienstleistungen militärischer wie finanzieller Art verpflichtet. Damit wurde schon frühzeitig jene der britischen Sozialstruktur eigentümliche Verbundenheit des grundbesitzenden Adels mit der Krone und seine Integrierung als *ruling class* erzielt. Diese vertikale Feudalisierung verhinderte aber keineswegs den Ausbau von Zentraleinrichtungen, im Gegenteil, sie wurden dadurch gefördert.

[1] Karl Loewenstein, *Der Britische Parlamentarismus, Entstehung und Gestalt*, Rowohlts Deutsche Enzyklopädie, Reinbek 1964.

[2] Die Liste der Inhaber des englischen Throns findet sich als Anhang A unten S. 547ff.

Mit der Hinzuziehung der Magnaten zur Hilfe- und Ratserteilung entwickelte sich unter den normannischen Fürsten der königliche Rat – *curia regis* – als das maßgebende Zentralorgan, ursprünglich wohl mit allen Arten von Aufgaben betraut, die heute als Verwaltung, Gesetzgebung und vor allem Gerichtsbarkeit angesprochen werden müßten. Von dieser Keimzelle der *Curia* spalteten sich nach der Auffassung maßgebender Historiker im Laufe der Zeit die nachmaligen wesentlichen Einrichtungen der Zentralregierung ab, nämlich, soweit sich feststellen läßt, das Schatzamt (*exchequer* oder *treasury* [im 12. Jahrhundert]), die nachmaligen drei *common law*-Gerichtshöfe (*Court of Common Pleas, King's Bench* und *Court of Exchequer* [im 13. und 14. Jahrhundert]) und später für die Billigkeits- – *equity* – Rechtsprechung der *Court of Chancery*. Aus dieser Zeit stammt auch die bis in die Gegenwart erhaltene Praxis, Richter der königlichen Zentralgerichte auf Reisen (*on circuit*) in die Provinz zu schicken. Um die Mitte des 13. Jahrhunderts hatte sich auch unter den neu eingeführten Verfahrenstechniken die Geschworenenbank aus zwölf angesehenen Freibürgern zur Entscheidung der Schuldfrage in Strafsachen durchgesetzt, die dem angelsächsischen Rechtsdenken seither, zumindest bis in die jüngste Zeit als die unabdingbare Grundlage irdischer Gerechtigkeit gegolten hat. Auch das spätere Oberhaus ging aus der *Curia* hervor, die im übrigen auch als der Ausgangspunkt des späteren *Privy Council* angesehen werden darf. Die Teilnahme an den Beratungen war zwar Vasallenpflicht, zumindest anfänglich jedoch mehr Bürde als Würde.

Die Technik der wechselseitigen Konsultation erwies sich für alle Beteiligten von Vorteil, da sie es der Krone ermöglichte, die weltlichen und kirchlichen Magnaten auf ihre Politik zu verpflichten und den letzeren, auf die königliche Politik Einfluß zu nehmen. Es konnte daher in England niemals zu einem echten fürstlichen Absolutismus kommen; von allem Anfang an war die Königsmacht zuerst feudalrechtlich, später durch die finanziell-wirtschaftlichen Bedingungen der Mitarbeit der Magnaten beschränkt. Hand in Hand damit ging der zielbewußte Ausbau der Zentraleinrichtungen unter dem zum wichtigsten Kronbeamten aufgestiegenen *Chancellor* und einer dem König ergebenen Beamtenschaft, vor allem im Schatzamt. Als die Regierung des Plantagenet-Königs Henry II. (1154–1189) zu Ende gegangen war, hatten sich die Einrichtungen der Zentralmonarchie genügend gefestigt, um die nachherigen dynastischen Konflikte und die baronialen Anfechtungen erfolgreich zu überdauern. Bei den Machtkämpfen der folgenden Jahrhunderte war daher das Bestreben der Machtprätendenten nicht etwa auf die Schwächung der Zentralmonarchie, sondern im Gegenteil darauf gerichtet, sich ihrer Apparatur zur Durchsetzung der eigenen politischen Ziele zu bemächtigen.

2. Die Magna Charta

Die dem schwachen und durch seine unglückliche Außenpolitik in Bedrängnis geratenen König John (1199–1216) von den aufständischen Baronen und ihren Verbündeten abgezwungene *Magna Charta* (Runnymede, 15. Juni 1215) gilt der angelsächsischen Welt als ihr berühmtestes Rechtsdenkmal, an Symbolwert selbst die *Bill of Rights* von 1688 und die amerikanische Unionsverfassung übertreffend. Die 750. Wiederkehr des Unterzeichnungsaktes wurde 1965 in England unter Teilnahme hervorragender Juristen aus vielen Teilen der Welt feierlich begangen. Ihre Bedeutung als Grundlage der angelsächsischen Zivilisation ist der Urkunde allerdings erst durch die nachträgliche Idealisierung, besonders in den Verfassungskämpfen des 17. Jahrhunderts beigelegt worden. Bei ihrem Erlaß enthielt sie keine allgemeine Regierungstheorie, sondern war nichts weiter als die im übrigen durchaus erfolgreiche Bemühung, den König im Geist der Zeit durch einen Vertrag zur Einhaltung der sich aus der Feudalstruktur der Staatsgesellschaft ergebenden vertraglichen Verpflichtungen zu zwingen, ohne sich jedoch in irgendeiner Form gegen die Institution der Monarchie als solche zu wenden. Von unmittelbarer verfassungsrechtlicher Bedeutung war eine Reform des aus der *Curia Regis* hervorgegangenen *Great Council*, Ladungen zu seinen Zusammenkünften hatte der königliche *sheriff* an die Magnaten individuell, an den niederen Adel (Ritterschaft) kollektiv zu richten. Von weittragender Bedeutung schließlich für die Entstehung einer konstitutionell beschränkten Monarchie war auch die Vorschrift, daß, falls der König in Zukunft seinen feierlichen Verpflichtungen nicht nachkommen sollte, ein eingesetzter Ausschuß von Baronen ihn, gegebenenfalls mit Waffengewalt, dazu anzuhalten berechtigt sei, eine Formalisierung des Widerstandsrechts gegen rechtswidrige Ausübung der Staatsgewalt, die in der Folgezeit auch zur Legitimierung der Revolution dienen konnte. Zu dieser Maßnahme wurde in den nachfolgenden Bürgerkriegswirren wiederholt gegriffen.

Es mag richtig sein, wie die zeitgenössischen zünftigen Historiker uns belehren, daß die *Magna Charta* nicht weniger, aber auch nicht mehr im Sinne hatte, als Probleme des praktischen Staatsbetriebs nach Maßgabe des damaligen feudalgesellschaftlichen Klimas zu lösen. Von den allgemeinen Menschenrechten, die spätere Zeiten in die Urkunde hineininterpretierten, war damals mit keinem Wort die Rede. Erlaubt man sich aber bei dieser Gelegenheit eine Vereinfachung der geschichtlichen Vorgänge und ihrer Folgen, die oft fruchtbarer sein mag als nur die historische Wahrheit, so wird man nicht umhin können, in der ehrwürdigen Urkunde die Keimzellen des angelsächsischen Freiheitsbegriffs und seiner praktischen Institutionalisierung zu erblicken. Unter den 63 Abschnitten oder „Kapiteln“ findet sich beispielsweise c. 12, das bestimmt, daß der

König keine Steuern außer mit der „allgemeinen Zustimmung“ des Königreichs erheben dürfe; daraus bildete sich der Grundsatz: Keine Besteuerung ohne Vertretung (*no taxation without representation*), der in England zur Grundlage der Parlamentsmacht und zum Anstoß der amerikanischen Revolution geworden ist. C. 20 legte mit der Bestimmung, daß die Strafe dem Vergehen zu entsprechen und daß keine auferlegte Buße den freien Mann seines Lebensunterhalts berauben dürfe, eine der Grundlagen des Rechtsstaats. Die Kapitel 28 bis 31 machen Requisitionen durch die Regierungsbeamten von der sofortigen Bezahlung abhängig, gleichfalls ein heute allgemein anerkanntes rechtsstaatliches Prinzip. Wenn sich der König in c. 40 verpflichtete, er werde niemandem Recht und Gerechtigkeit verkaufen und sie niemandem verweigern oder verzögern, so wurde die Gerichtsbarkeit damit reich und arm, hoch und niedrig in gleicher Weise zugänglich gemacht. Am keimträchtigsten aber für den modernen Rechtsstaat mag c. 39 angesehen werden[1], das festlegt, daß ein Freibürger weder seines Eigentums beraubt, noch in Haft genommen werden, noch in irgendwelcher Weise von der Obrigkeit belästigt werden dürfe, außer nach rechtmäßigem Urteil seiner Standesgenossen und nach Maßgabe des geltenden Rechts, des *common law*. Alle diese an sich streng feudalrechtlichen Bestimmungen wurden nachmals zu naturrechtlichen Postulaten umgedeutet und damit zur Grundlage der britischen und der angelsächsischen Freiheit überhaupt erhoben. Ohne der Geschichte Gewalt anzutun, kann man daraus den Grundsatz des *due process*, das *habeas corpus*-Privileg, die Verhandlung von Geschworenen und die Beschränkung der Regierungsmacht (*limited government*) ableiten, jene Einrichtungen also, die heute vielerorts als die unabdingbaren Garantien der bürgerlichen Freiheit gelten.

3. Die Anfänge der Repräsentativtechnik und des Parlaments

Die für die westliche politische Zivilisation und damit die Welt wohl wichtigste Entwicklung aber war, immer noch im Rahmen der bestehenden Feudalorganisation, die Einführung repräsentativer Techniken in den politischen Prozeß. Durch sie erst wurde es möglich, außer der verhältnismäßig kleinen Gruppe der weltlichen und geistlichen Würdenträger auch andere sozial und wirtschaftlich wichtige Kreise an der Staatswillensbildung zu beteiligen, eine völlig neuartige politische Technik, zu der das Altertum bekanntlich niemals vorgestoßen war. Das Aufkommen solcher Vertretungskörper war eine keineswegs auf England beschränkte Erscheinung der ausgehenden Feudalzeit, sie lassen sich auch etwa in

[1] „*No free man shall be seized or imprisoned, or stripped of his rights or possessions, or outlawed or exiled, or deprived of his standing in any other way, nor will we proceed with force against him, or send others to do so, except by the lawful judgment of his equals or by the law of the land.*“

Spanien und Südfrankreich beobachten; daß sie sich aber dauernd einwurzeln und die darauffolgende Zeit der im Fürsten konzentrierten absoluten Staatsmacht überdauern konnten, ist ein allein auf England beschränkter und, wie man im Rückblick wohl sagen darf, überaus glücklicher Umstand.

Der Ursprung solcher Repräsentativeinrichtungen gerade um diese Zeit bleibt nach wie vor ungeklärt, wenn auch manches für die neuere Hypothese spricht, das Vorbild mögen die Vertretungskörperschaften innerhalb der katholischen Kirche und insbesondere ihrer Orden gewesen sein[1]. Veranstaltungen dieser Art, bei denen Vertreter der Ritterschaft und der Städte zusammen mit den Großvasallen zum königlichen Hof zur Beratung und vor allem Geldbewilligung aufgeboten wurden, hatten während des 13. Jahrhunderts verschiedentlich mit Erfolg stattgefunden[2]. Die von Edward I. (1272–1307), Englands größtem mittelalterlichen Herrscher, schließlich veranlaßte Einberufung des sog. Modellparlaments (1295), seit einer Generation bereits als *parliament* bezeichnet, darf jedoch als die Geburtsstunde des englischen Parlaments gelten. Das juristisch Entscheidende beim nunmehr weitgehend rationalisierten Einberufungsverfahren lag darin, daß die von der Ritterschaft in den Grafschaften (*counties*) und von den städtischen Siedlungen oder Flecken (*boroughs*) entsandten Vertreter nicht an die Instruktionen ihrer Auftraggeber gebunden waren, sondern kraft Delegation bindende Entschlüsse für dieselben fassen konnten. Der anfänglich noch reichlich ungeordnete Bestellungsmodus wurde alsbald verfeinert und auf ein Wahlverfahren umgestellt; die Bestimmung des *Election of Knights of the Shires Act* von 1429 (8 Hen. 6, c. 7), wonach die Wahlberechtigung an die Verfügung über Grundeigentum im Jahresmindestwert von 40 Schillingen geknüpft war, blieb bis zur Wahlreform von 1832 bestehen.

4. Der Aufstieg des Parlaments

Von solchen Parlamenten wurde in den folgenden Jahrhunderten andauernd Gebrauch gemacht und sie bildeten sich zu unentbehrlichen Bestandteilen der Verfassungsordnung aus. Da die Krone für ihre finanziellen Bedürfnissse auf die Zustimmung der im Parlament vertretenen

---

[1] Neuere Forscher glauben in den einwandfrei überlieferten Parlamenten der zweiten Hälfte des 13. Jahrhunderts nicht die Anfänge, sondern die Vollendung des baronialen Gemeinschaftswesens erblicken zu sollen; siehe G. O. Sayles, *The Medieval Foundations of England*, Philadelphia 1950, S. 448ff; H. G. Richardson & G. O. Sayles, *The Governance of Medieval England from the Conquest to Magna Carta*, Edinburgh 1963, S. 364ff.

[2] In England wurde 1965 die siebenhundertjährige Wiederkehr der von Simon de Montfort, dem Schwager König Henrys III, einberufene Versammlung von 1265 als das erste Parlament — ein schickliches, wenn auch wahrscheinlich fiktives Jubiläum — festlich begangen.

wohlhabenden Schichten angewiesen war, entwickelte sich im Laufe der Zeit jener bedeutsame Grundsatz, daß Steuern nur durch die Vertretungskörperschaft auferlegt werden können – *no taxation without representation*. Nach 1340 bedurften nicht-feudale Abgaben der parlamentarischen Zustimmung. In der ersten Hälfte des 14. Jahrhunderts vollzog sich auch die Scheidung der Commons von den Lords. Das Parlament tagte zwar als eine Einheit, trat aber zur Beratung und Beschlußfassung in zwei getrennte Abteilungen auseinander. In den Lords saßen zusammen mit den Mitgliedern des königlichen Rats (*King's Council*) die geistlichen und weltlichen Würdenträger und die anderen Magnaten. Von solchen getrennten Sitzungen wird erstmals 1341 berichtet. Bei den Commons andererseits, in denen die Vertreter der Ritterschaft und des Bürgertums sich zusammenfanden, begann sich alsbald ein *esprit de corps* zu entwickeln; sie bestellten um 1377 einen gewählten Vertreter als Sprecher (speaker), vor allem um die korporativen Wünsche dem König vorzutragen.

Daß das Parlament als Einrichtung sich in England erhalten konnte, während es überall sonst in Europa dem im Aufstieg begriffenen fürstlichen Absolutismus weichen mußte, war darauf zurückzuführen, daß es in den nicht abreißenden Machtkämpfen zwischen den Adelscliquen mit und um die Krone mit dem Winde der jeweiligen Macht segelte und es vermied, sich mit einer bestimmten Partei zu identifizieren und dadurch letztlich zum Schiedsrichter zwischen ihnen wurde. Vor allem kam ihm die Legalisierung der Thronansprüche der verschiedenen Dynastien und Prätendenten zu. In der Flucht der königlichen Erscheinungen, denen Shakespeare in seinen Königsdramen ein unvergängliches Denkmal gesetzt hat, war das Parlament der ruhende Pol.

In diese Zeit fällt auch der Beginn und die Ausbildung der Gesetzgebungsfunktion des Parlaments. Das dabei benutzte Verfahren war die Bittstellung – *petition* – an die Krone, etwa seit 1340 als Praxis der Gesetzgebung zu beobachten, bis dann im 15. Jahrhundert unter Henry VI. die vom Parlament formulierte Bill in Aufnahme kam. Unter geschickter Ausnutzung der ständigen Geldnöte der Krone, die nur mit parlamentarischer Zustimmung befriedigt werden konnten, zwang das Parlament mit der Zeit den König dazu, von seinem an sich bestehenden Vetorecht gegenüber Petitionen und Bills Abstand zu nehmen.

Man darf allerdings darüber nicht übersehen, daß das Parlament noch nicht zu einem selbständigen Machtträger erwachsen war, der sich jederzeit gegenüber der in der Prärogative enthaltenen Königsmacht hätte durchsetzen können. Noch lag die politische Entscheidungsfällung allein beim Monarchen und seinen Ratgebern. Aber die zwei Jahrhunderte, die seit dem Beginn der parlamentarischen Einrichtung verflossen waren, hatten der englischen Staatsordnung ein anderes Gesicht gegeben:

die Königsmacht wurde nicht nur als durch das gemeine Recht begrenzt angesehen, über das der Monarch sich niemals hinwegsetzen konnte, sondern auch durch das Parlament; vor allem die Commons waren aus dem politischen Prozeß nunmehr nicht mehr wegzudenken. Inmitten aller politischen Schwankungen zeigten sich die Umrisse einer konstitutionell beschränkten Monarchie.

Unter der kurzen Regierung des ungemein populären Königs Henry V. (1413–1422), – Shakespeares Prinz Harry (Heinz) –, war England zur Vormacht Europas aufgestiegen. Krone und Magnaten hatten einen Waffenstillstand abgeschlossen. Unter seinem Nachfolger Henry VI. (1422–1461) erlebte das Land mit dem Verfall der Zentralmonarchie die schwerste Verfassungskrise seit der normannischen Eroberung. Der Rosenkrieg (1455–1485) zwischen den rivalisierenden Adelsgruppen der Lancaster und York brachte eine nie dagewesene Anarchie und Rechtlosigkeit, unter der auch das Parlament an Bedeutung und Einfluß wesentlich einbüßte, bis dem Lande in der Person von Henry Earl of Richmond aus dem Hause Tudor der Retter erstand, der nach seinem Sieg über Richard III. auf Bosworth Field (1485) eine neue Ära der staatlichen Festigung durch die starke Königsmacht einleitete.

II. Die konstitutionelle Monarchie von den Tudors bis zur Glorreichen Revolution (1688)

1. Der Tudor-„Despotismus“

Während der folgenden zwei Jahrhunderte, vom Regierungsantritt Henry VII. (1485) bis zur Austreibung des Stuart-Königs James II. in der Glorreichen Revolution (1688), wird der englische Verfassungsstaat in seiner heutigen Form begründet. Daß das Inselreich im Zeitalter von Renaissance und Barock dem europäischen Gesamtschicksal des fürstlichen Absolutismus entgehen konnte, ist das Verdienst des Parlaments.

Die verhältnismäßig kurze Regierungsperiode des Hauses Tudor, von welcher die Engländer selbst mit einem gewissen Stolz heute als der des Tudor-„Despotismus“ sprechen, ist durch eine Reihe bedeutender Herrscherpersönlichkeiten ausgezeichnet. Unter der Regierung Henry VII. (1485–1509) stellte die wiedererstarkte Monarchie das Gleichgewicht des von den langen Bürgerkriegswirren völlig erschöpften Landes wieder her. Die Krone wurde zum unbestrittenen Meister der Entscheidungsfällung und ihrer bedingungslosen Durchsetzung. Weitgreifende Verfassungsreformen wurden unternommen. Der königliche Rat (*Privy Council*), mit der Krone völlig ergebenen Ratgebern und Beamten besetzt, wurde zum wichtigsten Regierungsinstrument. Die Staatsfinanzen wurden saniert, die reformierte Lokalverwaltung einer stärkeren zentralen Aufsicht unterstellt. Vor allem schuf sich die Krone in den eigenen königlichen, von den herkömmlichen *common law*-Gerichten völlig getrennten Sondertribunalen, von denen die sog. *Star Chamber* das berühmteste war, eine überaus wirksame Apparatur zur Durchsetzung ihrer Anordnungen (*Star Chamber Act* von 1487 [3 Hen. 7, c. 1]). Während der Regierungszeit des staatsmännisch überaus klugen Henry VIII. (1509 bis 1547) trat England mit dem Übergang vom Katholizismus zum Protestantismus in die größte Sozialrevolution seiner Geschichte ein. Der entscheidende Gesetzgebungsakt war hier der *Act of Supremacy* von 1534 (26 Hen. 8, c. 1), der den König und seine Nachfolger zum Protektor und Obersten Haupt von Kirche und Klerus in England erklärte und damit die noch heute gültige Grundlage für die anglikanische Staatskirche schuf, deren Haupt der Souverän ist. Die Gleichschaltung im Dogma und damit die Begründung einer völlig neuen Konfession, eingeleitet mit der *Statute of the Six Articles* von 1539 (31 Hen. 8, c. 14), wurde in den großen Religionsakten der ersten Elizabeth im (2.) *Act of Supremacy* von 1558 (1 Eliz., c. 1) und *Act of Uniformity* (1 Eliz., c. 2) schließlich vollendet.

Was im Rückblick als das verfassungspolitisch wichtigste Ergebnis der Periode angesehen werden muß, war, daß – im Gegensatz zum zeitgenössischen Absolutismus auf dem Kontinent – das Parlament als politischer Faktor der Staatswillensbildung sich nicht nur erhalten, sondern darüber hinaus seine Unentbehrlichkeit unter Beweis stellen konnte. Zwar hatte die *Statute of Proclamations* von 1539 (31 Hen. 8, c. 8) die bis dahin im Zwielicht der königlichen Prärogative funktionierende königliche Verordnungsgewalt auf eine statutarische Grundlage gestellt und die Tudar-Monarchen machten davon weitgehenden Gebrauch; das Parlament blieb jedoch an allen größeren politischen Entscheidungen maßgeblich beteiligt. Unzweifelhaft überschattete die Königsmacht alle anderen politischen Faktoren. Insbesondere unter der ersten Elizabeth, die nach wie vor als Englands bedeutendste Fürstengestalt gilt, bedingten die nicht abreißenden religiösen Schwierigkeiten und vor allem die tödliche Bedrohung des Insellandes durch das katholische Spanien, die erst mit der Niederlage der Armada (1588) wich, die Unterordnung des Parlaments unter die *executive leadership* der Krone. Alle Tudors aber bedienten sich der Parlamente zur Gesetzgebung ebenso wie zur Bekundung der nationalen Solidarität, wenn auch in unregelmäßigen Abständen und, mit einigen Ausnahmen, meist nur für eine kurze Tagungsdauer. Bei aller Nachgiebigkeit gegenüber der Krone in den großen Fragen der Nationalpolitik stiegen Prestige und Einfluß des Parlaments. Zahlreiche neue Parlamentssitze in den *boroughs* wurden insbesondere von Elizabeth begründet. Mehr und mehr wurde das parlamentarische Mandat zu einem Gegenstand politischen und gesellschaftlichen Ehrgeizes. Wiederwahl wurde häufig. Die Commons bestanden, wenn auch nicht immer mit Erfolg, auf der Respektierung ihrer herkömmlichen Privilegien, besonders der Debattierfreiheit, durch die Krone. Mit der *landed gentry*, die vielfach von der Krone die der Kirche abgenommenen Güter erworben hatte, trat eine neue in der Lokalverwaltung geschulte Schicht ins Unterhaus. Das verfassungspolitische Ergebnis der Tudor-Zeit läßt sich dahin zusammenfassen, daß alle Faktoren der politischen Entscheidungsfällung – Krone, Parlament, *common law*-Gerichtshöfe – harmonisch zusammenwirkten. Staatsmännische Klugheit bewog die Tudors, das Parlament bei allen politischen Entscheidungen an der Verantwortung zu beteiligen, statt es lahmzulegen oder auszuschalten. Das Parlament andererseits, im Patriotismus weiser Selbstbeschränkung, ordnete sich der politischen Führung der Krone willig unter, so daß Rivalitätskonflikte vermieden wurden.

2. Die Verfassungsentwicklung während der puritanischen Revolution

a) Die Stuarts und das Parlament

Das 17. Jahrhundert, das der puritanischen Revolution, ist das eigentliche heroische Zeitalter der englischen Verfassung; sein Held ist das Unterhaus. In ihm vollendet sich, unter Zurückweisung der absolutistischen Ansprüche der Könige aus dem schottischen Hause Stuart, die endgültige Zähmung der Monarchie und die dauernde Begründung des englischen Rechtsstaates. Der sich über fast das ganze Jahrhundert erstreckende Kampf endete mit dem Sieg des Parlaments in der Glorreichen Revolution von 1688 und den von ihr bewirkten statutarischen Regelungen des Suprematie des Parlaments über die nunmehr restlos konstitutionalisierte Monarchie.

Mit dem Thronantritt der landfremden und von der zeitgemäßen Idee des Gottesgnadentums erfüllten Dynastie der schottischen Stuarts James I. (1603–1623), Charles I. (1623–1649), Charles II. (1660–1685) und James II. (1685–1688) trat eine radikale Änderung des politischen Klimas ein. Eine neue soziale Schicht von unabhängigen und selbstbewußten Männern saß im Unterhaus, wohlhabende Kaufleute der Londoner City, gelehrte Juristen, wohlbestallte Mitglieder der *landed gentry*, die alsbald den Kampf gegen die parlamentsfeindlichen Prätentionen der Stuarts aufnahmen. Zu den politischen Techniken, mit denen er vor Beginn der eigentlichen kriegerischen Auseinandersetzung einstweilen ausgetragen wurde, gehörten auf der Seite des Parlaments die Geldbewilligung, ohne welche die Regierungsführung unmöglich war, und das Recht, ihm unliebsame Mitglieder der Regierung oder Berater des Königs unter Staatsanklage (*impeachment*) zu setzen. Diesen Maßnahmen begegnete die Krone ihrerseits mit Parlamentsauflösungen, der Hinauszögerung von Neuwahlen sowie der unter Mißachtung der Parlamentsprivilegien erfolgenden strafrechtlichen Verfolgung von dem Monarchen mißliebigen Parlamentariern nach erfolgter Auflösung; dazu kam noch die ermessensmäßige Entlassung von Richtern, deren Rechtsprechung das Mißfallen der Krone erregt hatte. Es soll allerdings nicht verschwiegen werden, daß die der Krone unterwürfigen *common law*-Gerichte sich nicht mit Ruhm bedeckten.

Unter James I. hatten die Parteien ihre Stellungen bezogen, von denen aus sie ihre Vorstöße unternahmen, wobei die fünf Parlamente, die der König einberufen hatte, meist den Kürzeren zogen. Unter seinem Nachfolger Charles I., an sich einem mit reichen Gaben ausgestatteten Fürsten, kam es dann zu entscheidenden, einstweilen noch politisch geführten Kampfhandlungen. Charles' drittes Parlament war in der Lage, dadurch einen Meilenstein auf dem steinigen Weg zur britischen Freiheit zu setzen, daß es dem Monarchen die *Petition of Rights* von 1628 (3 Cha. 1, c. 1) aufzwang, welche, obgleich als bloße Petition nur deklaratorischen Charakters, die wesentlichen Grundsätze der Bürgerfreiheit parlamentarisch niederlegte: Verbot der Auferlegung steuerlicher Leistungen ohne parlamentarische Zustimmung, der Inhaftnahme ohne Angabe spezifizierter Gründe, des Standrechts (*martial law*) in Friedenszeiten, der militärischen Einquartierung in Privathäusern. Unmittelbar darauf kam es zum offenen Bruch zwischen König und Parlament. Elf lange Jahre (1629–1640) regierte der Monarch ohne Parlament. Im *Ship Money*-Fall (*R. v. Hampden* 1637 [3 St. Tr. 825]) gaben ihm sieben der zwölf Richter des *Court of Exchequer Chamber* aus Gründen der außenpolitischen Notstandssituation freie Hand zur Abgabenerhebung ohne parlamentarische Zustimmung. Nur um Haaresbreite war also England von dem gesamteuropäischen Schicksal des unumschränkten fürstlichen Absolutismus getrennt.

b) Die puritanische Revolution

Als aber Aufstand und Einfall der Schotten in England den König zur Einberufung eines neuen, seines vierten Parlamentes zwangen (1640), änderte sich die Sachlage mit einem Schlag. Seine sofortige Auflösung nach weniger als einem Monat verschärfte die Spannung. Die lang aufgestaute Erbitterung des nunmehr einberufenen fünften, des sog. Langen Parlaments (1640–1660) entlud sich in Vernichtungsschlägen gegen die königliche Prärogative. Der *Triennial Act* von 1641 (16 Cha. 1, c. 1) verpflichtete den Monarchen zur Einberufung eines Parlaments mindestens alle drei Jahre und verbot ihm die Vertagung oder Auflösung vor Ablauf von mindestens 40 Tagen. Der *Star Chamber Abolition Act* von 1641 (6 Cha. 1, c. 10) beendete ein für alle Male die Einsetzung königlicher Sondergerichte. Über einem törichten Gewaltakt des Monarchen, der mit seinen Söldnern in die geheiligten Bezirke des Parlaments eindrang, um einige Rädelsführer der Opposition zu verhaften, kam es dann zum offenen Bruch, als dessen Folge das Lange Parlament mit seinen Ausschüssen selbst die Regierung übernahm, ein Regierungstyp, welcher der Allgemeinen Staatslehre später als Versammlungsregierung bekannt geworden ist. Zwei blutige Bürgerkriege folgten: der erste zwischen dem Parlament und dem König (1642–1646) endete dank der überlegenen militärischen Führung durch die Parlamentsgeneräle, vor allem Oliver Cromwells, mit dem Sieg des Parlaments und der schließlichen Verurteilung und Hinrichtung des Königs (1649), unzweifelhaft ein politischer Justizmord. Der zweite Bürgerkrieg aber, angeheizt durch die religiösen Gegensätze, spielte sich zwischen dem Parlament und der Armee ab und führte zur gewaltsamen Austreibung der presbyterischen Anhänger des Königs aus dem Unterhaus (*Pride's Purge* 1648). Der noch verbleibende „Rumpf" des Parlaments schaffte die Monarchie und das Oberhaus ab (1649) und erklärte die Republik (*Commonwealth*), um seinerseits wiederum von Cromwells Soldaten auseinandergetrieben zu werden.

Die dann folgende Republik, die einzige derartige Periode in der englischen Geschichte, ging alsbald in Cromwells Militärdiktatur über, die sich eine geschriebene Verfassung zulegte, gleichfalls ein einmaliges Ereignis der englischen Verfassungsgeschichte. Das *Instrument of Government* (1653) war an sich eine handfeste Verfassungsordnung, die, ihrer Zeit weit vorauseilend, in manchen Zügen an den autoritären Konstitutionalismus unserer Zeit gemahnt. Aber die neue Ordnung konnte sich nicht durchsetzen. England war weder für die Republik noch für eine geschriebene Verfassung reif. Nach dem Tod des tiefreligiösen *Lord Protector* Cromwell verfiel das Land in eine solche Verwirrung, daß als einzige Lösung die Restauration der Stuarts unter Charles II. (1660) übrig blieb.

c) Die Restauration und ihr Ausgang

Aber auch die Restauration, wie alle solche Perioden politisch und verfassungsrechtlich ein Rückschritt, war nicht von Dauer, obgleich der Monarch die Staatsführung mit geschmeidigem Geschick zu handhaben verstand. Das Ringen zwischen ihm und den Gemeinen dauerte an, nahm aber andere Formen an, indem sich im Parlament Gruppenbildungen zeigten, die sich, im Nachklang der Kavaliere und Rundköpfe während der Revolution, nunmehr Tories und Whigs hießen. Darin lagen die Anfänge eines, wenn auch noch durchaus rudimentären Parteiwesens. Charles war klug genug, einen offenen Rückfall in den fürstlichen Absolutismus zu vermeiden, besaß aber genügend Machtmittel, vor allem dank der Schützenhilfe gefügiger Richter, um sich gegenüber dem Parlament durchzusetzen. Die beiderseits altbewährten Kampfmittel die Parlamentsauflösung mit langen Vertagungen der Einberufung auf seiten der Krone und die Staatsanklage durch die Commons hatten viel von ihrer Wirkung eingebüßt. Das nunmehr in den Mittelpunkt gerückte Problem des Verhältnisses der königlichen Minister zum Parlament blieb ungelöst. Charles' zweites Parlament setzte mit dem Erlaß des berühmten *Habeas Corpus Act* von 1679 (31 Cha. 2, c. 2) wieder einen Meilenstein auf dem Weg zum Rechtsstaat. Schließlich überspielte der Meistertaktiker auf dem Thron das Parlament derart, daß er wie sein Vater gewissermaßen absolut ohne Parlament regieren konnte (1681–1685) und dies mit einer Machtfülle, wie sie kein englischer Monarch seit Jahrhunderten besessen hatte. Aber der 1685 auf den Thron gelangte James II. verspielte den Gewinn über Nacht. Alle sozial und politisch maßgebenden Faktoren des Landes schlossen sich gegen seine Absicht der Wiedereinführung des Katholizismus zusammen. Als Vorspiel wurden von der Krone in zwei *Declarations of Indulgence* (1687 und 1688) die völlige Religionsfreiheit proklamiert und alle religiösen Hindernisse für Katholiken und Dissenter abgeschafft. Als eine Reihe der angesehensten Prälaten wegen ihrer Weigerung, sie von der Kanzel zu verlesen, des Hochverrats angeklagt und von den Geschworenen freigesprochen wurden (*Seven Bishops*-Fall von 1688 [12 St. Tr. 183]), war es das Signal zur Revolution, welche den Engländern nicht mit Unrecht als die glorreiche galt.

Anstelle des landesflüchtigen Königs wurde der holländische Oranier William III. von einem rasch zusammengestellten Honoratiorenparlament auf den Thron berufen. Damit war die Monarchie von Gottesgnaden ein für alle Male erledigt. Von nun an galt die königliche Prärogative als Rechtsquelle nur insoweit, als sie nicht durch Parlamentsgesetz begrenzt war. Die Monarchie war zu einer parlamentarisch beschränkten geworden.

d) Die Glorreiche Revolution

Die Glorreiche Revolution institutionalisierte sich in drei für die englische Verfassungsgeschichte grundlegenden Gesetzgebungsakten. Zunächst legte die *Bill of Rights* von 1688 (1 Will. & Mary, sess. 2, c. 2), ohne eigentlich neues Recht zu bringen, in statutarischer Form die längst bestehenden, aber von den Stuarts mißachteten Verfassungsbräuche fest: Verboten sind Erlaß oder Aufhebung eines Gesetzes ohne parlamentarische Zustimmung; willkürliche Abweichung von der Geltung allgemeiner Gesetze im Einzelfall (*dispensation*); des stehenden Heeres in Friedenszeiten ohne Parlamentsbeschluß; ferner des Ausnahmezustandes; und der Gelderhebung ohne parlamentarische Genehmigung. Weiter wurden freie Wahlen zum Parlament, freie parlamentarische Debatte und häufigere Zusammentritte festgelegt. Die Geltung der bürgerlichen Freiheitsrechte nach dem Herkommen des *common law* wurde feierlich bekräftigt. Der *Triennial Meeting of Parliament Act* von 1694 (6 & 7 Will. & Mary, c. 2), frühere Bestimmungen wiederholend, verlangte die Einberufung eines neuen Parlaments mindestens alle drei Jahre. Schließlich regelte der *Act of Settlement* von 1700 (12 & 13 Will. 3, c. 2) einerseits die Thronfolge, die in den Nachkommen der Kurfürstin Sophia von Hannover, James' I. Enkelin, verankert wurde, andererseits wurde mit der Unabhängigkeit der Richter ein weiterer Pfeiler des englischen Rechtsstaats geschaffen. Außerdem aber wurde mit der Bestimmung, daß der König nicht verantwortlich gemacht werden kann, weil für seine Handlungen die sie veranlassenden Mitglieder im *Privy Council* die Verantwortung zu übernehmen haben, endlich auch der Grundsatz der ministeriellen Verantwortung formell in die Verfassungsordnung eingeführt.

III. Die Anfänge der parlamentarischen Kabinettsregierung im 18. Jahrhundert

Das wichtigste Problem, das nunmehr noch einer Lösung harrte, war die Rationalisierung des Verhältnisses der Minister zum Parlament. Die Minister der königlichen Regierung hatten bisher zu ihrer Amtsführung lediglich des Vertrauens der Krone bedurft und mußten ihrerseits dann zusehen, wie sie sich in den Commons eine Gefolgschaft für ihre Regierungsmaßnahmen verschaffen könnten. Worum es nunmehr ging, war also ihre parlamentarische Verantwortung. Hierfür wurden niemals gesetzliche Normen erlassen, die Regelung blieb vielmehr der politischen Praxis überlassen. Ihre langsame Ausbildung, bei der Rückschläge nicht ausbleiben konnten, ist das Ergebnis der Verfassungsentwicklung des 18. Jahrhunderts. Unter den Tudors war der *Privy Council* das Beratungs- und Ausführungsorgan der Krone, also die eigentliche Regierung gewesen. Aber bereits unter Charles II. war dieses Gremium infolge der anschwellenden Mitgliedschaft dazu technisch nicht mehr geeignet. Der Schwerpunkt der Entscheidungsfällung hatte sich nach französischem Vorbild in einen engeren Rat, das „Kabinett", verlegt, dem die Staatsminister und sonstige Vertraute des Souveräns angehörten. Nach der Glorreichen Revolution waren die Minister zeitweise beiden Parteigruppierungen entnommen worden, bis unter der Königin Anne (1702–1715) sich herausgestellt hatte, daß ein nur aus Mitgliedern einer einzigen Partei zusammengesetztes Kabinett besser mit der Mehrheit des Parlaments zusammenarbeiten konnte, was in der Praxis bereits die Annäherung an das parlamentarische System in sich schloß. Verschiedene glückliche Umstände kamen der Entwicklung zu Hilfe.

Der erste König der Dynastie Hannover George I. (1714–1727) nahm infolge seiner mangelhaften Kenntnisse des Englischen und auch aus mangelndem Interesse an englischen Dingen an den Beratungen seines Kabinetts nach einiger Zeit nicht mehr teil; diese vollzogen sich fortan und bis in die Gegenwart also in Abwesenheit des Königs, der lediglich über die Vorgänge unterrichtet werden mußte. Den Vorsitz im Kabinett übernahm an seiner Stelle ein oder der führende Minister, der zwar noch nicht den Titel des Prime Ministers führte, es aber der Sachlage nach in der Tat war. Das Amt wurde zuerst von Sir Robert Walpole, dem *First Lord of the Treasury,* ausgeübt; dieser Titel ist seither mit dem Prime Minister-Amt nach Herkommen verbunden. Seit 1739 ist ein kleineres Gremium innerhalb des ziemlich weiten Rahmens der Inhaber der Ministerämter als das eigentliche Kabinett feststellbar.

Was nun das Kernproblem der parlamentarischen Kabinettsregierung anbelangt, nämlich die Beziehung zwischen dem Kabinett und der jeweiligen Unterhausmehrheit, so entwickelte sich im Laufe des 18. Jahrhunderts, wo noch keine festen Parteikader bestanden, verschiedene Techniken, wie sich der führende Minister und sein Kabinett der Gefolgschaft des Unterhauses, auf die allein es ankam, versichern konnten. Walpoles Regierung, zutreffend als *government by corruption* angesprochen, verschaffte sich während ihrer langen Führung (1721–1742) die Mehrheiten durch Patronage, wenn nicht durch unverblümte Bestechung, insbesondere dann, wenn es der Regierung in einer Zeit, wo die Wahlen noch auf einem seit Jahrhunderten nicht reformierten System beruhten, nicht gelungen war, sich ohnehin bei Neuwahlen eine Mehrheit zu verschaffen. Der Parlamentssitz war als Eintrittskarte in den vornehmsten Klub des Landes sehr begehrt. Viele Sitze in den *boroughs*, wo es wegen des antiquierten Wahlrechts nur verhältnismäßig wenige Wähler gab, standen in der Patronage von Adelsfamilien, die sie an ihre Anhänger vergaben oder die auch gekauft werden konnten.

Unter der langen Whig-Herrschaft hatten sich die ohnehin losen Parteibindungen so verflüchtigt, daß die vom König besonders unter George III. (1760–1820) berufene Regierung in der Regel genug Unterstützung durch die im Unterhaus sitzenden „Freunde des Königs" fand, um ihre Politik, die die der Krone war, durchzuführen. Diese Situation begann sich erst zu ändern, als seit der Mitte des Jahrhunderts die neueren Kommunikationsmöglichkeiten des gedruckten Worts der scharfen Regierungskontrolle entschlüpften und sich eine unabhängige öffentliche Meinung zu bilden begonnen hatte. Damit wurde auch, zumindest in gewissen städtischen Wahlbezirken, zum ersten Mal eine freie Wählerschaft ermöglicht. Auf diese Weise konnte sich auch im Parlament eine Opposition bilden, die nicht nur mit den miteinander rivalisierenden Adelscliquen zusammen- und von ihnen abhing. George III. konnte mit

Hilfe der ihm ergebenen Ministerien – die Tories lösten nunmehr die ein Menschenalter lang am Ruder gewesenen Whigs ab – ein persönliches Regiment durchführen, das man wohl als Halbabsolutismus bezeichnen würde, wenn das Milieu, in dem er sich abspielte, eben nicht England oder – nach der Union mit Schottland (1707) — nicht Großbritannien gewesen wäre.

Die entscheidende Wendung kam mit den Generalwahlen von 1784, welche der jüngere Pitt zwar mit Inanspruchnahme der üblichen Mittel der Regierungsbeeinflussung, aber auch deshalb für die Krone gewann, weil die erwachende öffentliche Meinung auf seiner Seite war. Damit wurde eine fast ein halbes Jahrhundert dauernde Herrschaft der Tories eingeleitet und das Zweiparteiensystem in Alternierung endgültig etabliert. Pitt war der erste wirkliche Prime Minister, da er nicht nur alle Personen, die keine Regierungsämter innehatten, von den Kabinettssitzungen ausschloß, sondern auch seine Ministergruppe mit einer bisher nicht vorhandenen Autorität beherrschte. Damit war jene als Kabinettsregierung bezeichnete Regierungsform erreicht, die seither in Großbritannien ununterbrochen in Geltung geblieben ist, mochte auch das Prestige des Prime Ministers im Kreise seiner Regierungskollegen je nach seiner Persönlichkeit verschieden sein.

Die tiefgreifende Wandlung in der Dynamik des politischen Prozesses hatte ihre Ursache in der Entstehung einer, wenn auch noch zahlenmäßig beschränkten unabhängigen Wählerschaft, die des aristokratischen Cliquenwesens der *ruling class* überdrüssig geworden war und durch ihre Repräsentanten selbst an der politischen Willensbildung beteiligt sein wollte. Die Wahlen von 1784 stellten ein für alle Male fest, daß nur eine vom Volkswillen, mangelhaft repräsentiert wie er damals noch war, getragene Regierung die Legitimation zur Regierungsführung besitzt und daß damit der Krone die ermessensmäßige Bestimmung der Kabinettsmitglieder endgültig entglitten war.

Der Einwurzelung der echten Kabinettsregierung kam wiederum der Zufall zu Hilfe. Während der folgenden Generation traf es sich, daß die Inhaber der Krone der Persönlichkeit und des Prestiges ermangelten, um einen nachhaltigen Einfluß auf die Regierungsführung auszuüben, wie es bei George III. mit seiner Jahrzehnte währenden geistigen Umnachtung[1] oder bei seinen schwächlichen Nachfolgern George IV. (1820–1830) und William IV. (1830–1837) der Fall war. Der Einfluß des Monarchen auf die politische Entscheidungsfällung war allerdings damit noch nicht völlig zugunsten des von der Wählerschaft legitimierten Kabinetts ausgeschaltet, aber trotz einzelner Rückfälle war nunmehr der Entschei-

[1] Neueste Untersuchungen wollen seine chronische Unfähigkeit zur Regierungsführung auf eine seltene Stoffwechsel-Erkrankung zurückführen; siehe *The Times* vom 7. Januar 1966.

dungsfällung durch den Prime Minister mit seinem kollektiv verantwortlichen Kabinett freie Bahn geschaffen. Die Zeit zwischen den Generalwahlen von 1784 und der Wahlreform von 1832 wurde zu der aus der Verfassungsgeschichte nicht mehr wegzudenkenden Inkubationszeit der parlamentarischen Kabinettsregierung der Gegenwart.

IV. Die Ausbildung der parlamentarischen Kabinettsregierung im 19. Jahrhundert

Der von der französischen Revolution ausgehenden radikalen Ideologie mit den ihr gemäßen Staatseinrichtungen setzte Großbritannien seinen konservativen Widerstand entgegen; denn alle revolutionären Impulse des englischen Volkes hatten sich in den gewaltsamen Umwälzungen der vergangenen Jahrhunderte glücklicherweise erschöpft. Zudem mußte die Nation alle ihre Kräfte anspannen, um des Erzfeindes Napoleon Herr zu werden. Alle liberalen Reformwünsche der Intellektuellen, denen sich viele führende Geister der *ruling class* anschlossen, mußten vor der Dringlichkeit der nationalen Behauptung einstweilen zurücktreten. Aber nach Waterloo, das der Stellung Großbritanniens als der führenden Weltmacht das Siegel aufdrückte, konnten sie auf die Dauer nicht mehr unberücksichtigt bleiben. Eine neue Parteienkonstellation der liberal gesinnten Tories und der fortschrittlichen Whigs – die Traditionsparteien segelten nun unter den Flaggen der Konservativen und der Liberalen – räumte zunächst mit den seit dem 17. Jahrhundert bestehenden Ausnahmegesetzen gegen Katholiken und religiöse Dissenters auf (*Roman Catholic Relief Act* von 1829 [10 Geo. 4, c. 7]). Unterstützt von der erwachten öffentlichen Meinung und weiten Kreisen des in der industriellen Revolution wirtschaftlich erstarkten Besitzbürgertums gelang es schließlich der 1830 ans Ruder gekommenen liberalen Regierung des Earl Grey, gegen den Widerstand des Oberhauses und der Krone und nach Neuwahlen die Wahlreform von 1832 durchzuführen, welche die Briten mit Recht die Große heißen[1]. Das Wahlgesetz von 1832 (*Representation of the People Act* [2 & 3 Will. 4, c. 45]), keineswegs ein Bekenntnis zur Volkssouveränität oder Demokratie, brachte an sich nur eine mäßige Ausdehnung des aktiven Wahlrechts auf die bürgerliche Mittelklasse vor allem in den Städten; aber es brach entscheidend mit der veralteten Wahlkreiseinteilung und Sitzezuteilung, indem zahlreiche bisher überhaupt nicht im Parlament vertretene Bevölkerungszentren die ihnen lange vorenthaltene Repräsentation erhielten. Dieser ersten Abschlagszahlung folgten

[1] Für die Einzelheiten der Wahlgesetzgebung des 19. und beginnenden 20. Jahrhunderts siehe ausführlicher unten S. 97ff.

mit dem für Großbritannien typischen Gradualismus zwei weitere in den gleichnamigen Gesetzen von 1867 (30 & 31 Vict., c. 102) und 1884 (48 & 49 Vict., c. 3). Ersteres ließ die städtischen Arbeiter, letzteres die noch außerhalb verbliebenen Arbeiterschichten und die landwirtschaftlichen Arbeiter zum Wahlrecht zu. Das letzterwähnte Gesetz schaffte auch die noch bestehenden Wahlrechtsverschiedenheiten in den Grafschaften und den städtischen Bezirken ab und stellte damit das gesamte Wahlsystem auf den Grundsatz des allgemeinen und gleichen Wahlrechts aller männlichen Bürger ein. Beide Wahlreformen waren wieder mit umfassenden Neueinteilungen der Wahlkreise verbunden. Das allgemeine Wahlrecht für Männer und Frauen wurde schließlich in den *Representation of the People Acts* von 1918 (7 & 8 Geo. 5, c. 64) und 1928 (18 & 19 Geo. 5, c. 12) eingeführt.

Die damit schrittweise vollzogenen und schließlich zur Voll-Demokratisierung führenden Reformen des Wahlrechts übten ihre Wirkung auf den politischen Prozeß gleichfalls nur langsam aus Dies galt vor allem für die Stellung des Kabinetts gegenüber der Krone und gegenüber dem Unterhaus, das innerhalb des Parlaments als politischer Entscheidungsfaktor nunmehr allein in Frage kam. Obwohl die Krone verschiedentlich vor und selbst nach der Reform von 1832 den Versuch gemacht hatte, ihr Vertrauen einem Regierungschef ihrer Wahl zu gewähren, entschied sich in den allerersten Regierungsjahren der jugendlichen Königin Victoria (1837–1901), daß die Krone an das Verdikt der Wählerschaft, wie es in den Generalwahlen zum Ausdruck gekommen ist, schlechthin gebunden, daß also ihre Auswahlfreiheit entscheidend eingeschränkt ist. Zum anderen aber – und dies ist ein in den meisten britischen Darstellungen der Verfassungsentwicklung vernachlässigter Umstand – dauerte es fast eine Generation, ehe sich der bei den Generalwahlen zum Ausdruck gekommene Wählerwillen auch bei der Regierungsbildung zur Geltung bringen konnte. Zwischen der ersten und der zweiten Wahlreform liegt ein Zwischenstadium, das man als das der Parlamentssouveränität ansprechen kann. Regierungsbildungen erfolgten oft ohne Rücksicht auf den Wählerwillen durch die Parteientscheidungen innerhalb des Unterhauses. Kabinettsbildungen und Kabinettsrücktritte waren weitgehend von der innerparteilichen Konstellation der Commons abhängig und entbehrten infolge der damaligen Parteienzersplitterung der Stabilität einer disziplinierten Gefolgschaft. Es ergaben sich Minderheitskabinette von längerer Dauer, Niederlagen in offener Abstimmung waren häufig, ohne aber, wie unweigerlich später und in der Gegenwart, den Rücktritt der Regierung herbeizuführen. Die im Unterhaus versammelte politische Elite von Honoratioren, sich nicht länger allein aus den herrschaftsgewohnten Adelskreisen, sondern nunmehr zunehmend auch aus dem Großbürgertum rekrutierend, bestimmte souverän, welche Parteigruppe und welcher ihrer Führer die Regierung bildeten. Kaum je erbrachten die Generalwahlen eine eindeutige Mehrheit für eine bestimmte Partei. Unter diesen Umständen konnte Königin Victoria zumindest bis zum Tod ihres sie stark beeinflussenden koburgischen Gatten Albert (1861) bei Regierungsbildungen eine weit größere Rolle spielen, als es nach dem Grundsatz, daß die Krone sich dem Verdikt der Wählerschaft zu beugen hat, sonst der Fall gewesen wäre.

Die entscheidende Wendung aber trat mit den nach der zweiten Wahlreform abgehaltenen Generalwahlen ein (1868), die zwischen einer nunmehr geeinigten konservativen und der gleichfalls geschlossen geführten liberalen Partei ausgefochten wurden. Gladstones Wahlsieg brachte die Liberalen ans Ruder, womit von nun an die uhrpendelartige Alternierung der beiden Traditionsparteien der Liberalen und der Konservativen einsetzte. Die Generalwahlen konnten dadurch zum entscheidenden Machtfaktor im politischen Prozeß werden, daß die Liberalen mit der neuartigen Technik des Parteicaucus[1] den Schlüssel gefunden hatten, wie die neue Massenwählerschaft in den politischen Prozeß eingegliedert werden könnte, ein Verfahren, das die Konservativen alsbald sich gleichfalls zunutze machten. Die Parlamentssouveränität als Grundlage der Regierungsbildung war damit endgültig der Volkssouveränität gewichen, nach welcher der souveräne Wähler an der Wahlurne entscheidet, welche Partei die Regierung zu übernehmen hat, wobei der offizielle Führer der siegreichen Partei der von vornherein designierte Prime Minister ist. Die parlamentarische Kabinettsregierung in ihrer heutigen Gestalt, einer dreieckigen Machtkonstellation zwischen Kabinett, Unterhaus und Wählerschaft, datiert also von den Generalwahlen von 1868.

V. Die verfassungspolitische Entwicklung seit dem 19. Jahrhundert

1. Einzelne Einrichtungen

Unser Überblick kann sich hier auf eine im übrigen keineswegs erschöpfende Aufzählung einzelner Ereignisse beschränken, da diese in ihrer Mehrzahl im nachfolgenden Text im Rahmen der einschlägigen Einrichtungen ausführlicher behandelt werden.

Die britische Regierungsform der parlamentarischen Kabinettsregierung konnte die schwersten Belastungsproben zweier Weltkriege

[1] Siehe unten S. 126ff.

ohne wesentliche Substanzveränderung oder Substanzverlust überdauern. Während der beiden Weltkriege erfolgte zwar eine der Notstandssituation entsprechende Konzentration der Entscheidungsfällung und Entscheidungsdurchführung in der Hand der Regierung, die, als Koalitionsregierung konstituiert, vom Vertrauen aller Parteien und der Nation getragen war[1]; aber nach Wiederherstellung normaler Friedensverhältnisse wurde stets der frühere Verfassungszustand wiederhergestellt.

Was die *Parteiendynamik* anbelangt[2], so fand, wenn auch nicht in regelmäßigen Abständen sich vollziehend, eine Alternierung der Liberalen und Konservativen in der Regierungsführung statt. Die letzteren konnten allerdings auf eine insgesamt längere Dauer der Machtausübung zurückblicken, da die Liberalen durch die irische *Home Rule*-Frage in den achtziger und neunziger Jahren des letzten Jahrhunderts gespalten waren. Die etwa neunzig irischen Abgeordneten im Unterhaus, die aus eben diesem Grund in der Regel mit den Liberalen stimmten, aber häufig ein Störungselement der Parteiendynamik gebildet hatten, wurden schließlich durch die Entlassung Irlands aus dem britischen Staatsverband (*Government of Ireland Act* von 1920 [10 & 11 Geo. 5, c. 67]) aus dem Unterhausbetrieb ausgeschaltet.

Infolge des seit den Wahlen von 1906 beginnenden Aufstiegs der Labour-Partei wurde das klassische Alternierungsschema zwischen den Konservativen und den Liberalen rasch derart ausgehöhlt, daß Labour bereits 1922 zur offiziellen Oppositionspartei aufrücken und 1923 sogar die Regierung als Minderheitskabinett bilden konnte. Die beiden Minderheitsregierungen Labours von 1923 und 1929/31, auf die liberale Unterstützung angewiesen, waren aber nur von kurzer Dauer. Nach dem von der Wirtschaftskrise von 1931 ausgelösten Erdrutsch für die Konservativen bei den Wahlen von 1931 ergab sich bis zum Ausbruch des zweiten Weltkrieges eine weitere Periode konservativer Regierungsn, gefolgt von der während des Krieges gebildeten Koalition unter dem konservativen Führer Winston Churchill. Kurz nach Ende des Krieges gelangte die Arbeiterpartei unter Clement Attlee ans Ruder. Sie führte tiefgreifende Sozialreformen programmgemäß durch, erzielte aber bei den Wahlen von 1950 eine so schwache Mehrheit, daß bereits im nächsten Jahre (1951) Neuwahlen stattfinden mußten, welche die Konservativen gewannen. Während dreier aufeinanderfolgender Legislaturperioden waren dann die Konservativen mit drei Wahlsiegen (1951, 1955, 1959) an der Herrschaft. Der Pendelschwung brachte der Labour-Partei erst 1964 unter Prime Minister Harold Wilson mit einer wiederum papierdünnen Mehrheit die Regierungsübernahme. Nach dem überzeugenden Sieg in den Märzwahlen von 1966 kann Labour aber nunmehr, falls nicht völlig

[1] Siehe unten S. 135.
[2] Siehe ausführlicher unten S. 141ff.

unerwartete Umstände eintreten sollten, mit einer parlamentarisch nicht zu erschütternden Machtausübung bis zum Ende der Legislaturperiode (1971) rechnen. Seit den Wahlen von 1931 ist die Liberale Partei nur mehr eine Splitterpartei mit, wie allgemein angenommen wird, geringen Chancen, als wesentliche Drittpartei wieder eine Rolle spielen zu können.

Die vorher so gut wie ausschließlich auf Normen des *common law* sowie auf ungeschriebenen Konventionalregeln beruhende Stellung und Funktion der Regierung innerhalb des parlamentarischen Systems, insbesondere die Höchstzahl der jeweils im Unterhaus sitzenden Regierungsmitglieder wurde in neueren Gesetzen zeitgemäß rationalisiert (*Ministers of the Crown Act* von 1937 [1 Ed. 8 & 1 Geo. 6, c. 38] und 1964 [Eliz. 2, c. 98]; *House of Commons Disqualification Act* von 1957 [5 & 6 Eliz. 2, c. 20], in der Fassung von 1964 mit den ab 1. Januar 1965 geltenden Änderungen[1]). Andererseits blieb die Organisation der Regierung selbst, was die Zusammenarbeit der Prime Ministers, des Kabinetts und der Ministerien anbelangt, auch weiterhin den Bedürfnissen der Praxis unterworfen, ohne daß es zu einer grundsätzlichen statutarischen Regelung gekommen wäre[2].

Im Verhältnis von Regierung und Parlament, womit hier das Unterhaus gemeint ist, sind in den letzten fünfzig Jahren tiefgreifende Änderungen eingetreten, von denen, wie es dem Wesen der britischen Verfassungsordnung entspricht, keine in statutarische Formen gekleidet wurde. Die Macht der Regierung im politischen Prozeß ist auf Kosten des Parlaments über alle Erwartung angewachsen. Der Umwandlung des einstigen Gesetzgebungs- in den zeitgenössischen Verwaltungsstaat entsprechend hat der Verwaltungsapparat einen früher unvorstellbaren Umfang angenommen. Er wird in erster Linie von einem anderwärts vielbewunderten Berufsbeamtentum – dem *Civil Service* – gehandhabt[3], einer zahlenmäßig kleinen Eliteschicht, die ohne parteipolitische Voreingenommenheit den jeweiligen Ministern, gleichgültig welcher Parteifarbe, Dienst leistet. Hand in Hand damit ging das Anwachsen der Verordnungsgewalt der Regierung zur Durch- und Ausführung der parlamentarischen Rahmengesetzgebung, die unter der Bezeichnung der abgeleiteten oder übertragenen Gesetzgebung – *delegated legislation*[4] – für das Wirtschafts- und Sozialleben ebenso wie für das tägliche Leben des Einzelbürgers bedeutungsvoller ist als die parlamentarische Gesetzgebung selbst. Nach Jahren von an Anarchie grenzender Systemlosigkeit ist die Kontrolle der Verwaltung durch unabhängige Verwaltungsgerichtsinstanzen rechtsstaatlich besser gesichert als es lange Zeit der Fall gewesen war (*Tribunals and Inquiries Act* von 1958 [6 & 7 Eliz. 2, c. 66]).

---

[1] Siehe unten S. 207ff.
[2] Siehe unten S. 408ff.
[3] Siehe unten S. 457ff.
[4] Siehe unten S. 854ff.

In der Organisation des Parlaments sind durch Gesetzgebung eine Reihe von wichtigen Veränderungen eingetreten. Die Legislaturperiode des Unterhauses, die im *Septennial Act* von 1715 (1 Geo. 1, stat. 2, c. 38) auf sieben Jahre festgesetzt worden war, wurde, der Voll-Demokratisierung des politischen Prozesses entsprechend, im *Parliament Act* von 1911 (1 & 2 Geo. 5, c. 13), einem der wichtigsten statutarischen Maßnahmen der neueren Verfassungsgeschichte, auf fünf Jahre verkürzt.

Nachdem es 1909 zwischen dem vorwiegend konservativen Oberhaus und der liberalen Regierung Asquith-Lloyd George zu einem schweren Verfassungskonflikt gekommen war, wurden die gesetzgeberischen Zuständigkeiten der Lords im *Parliament Act* von 1911 entscheidend beschnitten[1].

Die Gerichtsverfassung wurde durch die grundlegende Reform der siebziger Jahre des letzten Jahrhunderts und der sich ihr anschließenden späteren Novellen zwar von ihren betriebshindernden Schlacken der Vergangenheit gereinigt und es wurden den Rechtssicherheitsbedürfnissen des Publikums entgegenkommende Verbesserungen von Zuständigkeit, Instanzenzug und Verfahren eingeführt; die Gerichtsorganisation selbst läßt aber nach wie vor die auf dem Kontinent gewohnte Klarheit des Aufbaus und der Linienführung vermissen, was allerdings ihrem Prestige beim britischen Volk keinen Abbruch getan hat[2].

Auf dem Gebiet der bürgerlichen Freiheitsrechte, von jeher als das wertvollste Erbgut der britischen politischen Zivilisation angesehen, stellte sich unter dem Druck der Massengesellschaft mit ihren neuartigen Methoden der öffentlichen Meinungsbildung eine sichtliche Ausdehnung der statutarischen Normensetzung auf Kosten des ungeschriebenen und gerichtsformulierten *common law* ein. Eine Reihe einschlägiger Sachgebiete wurde durch Parlamentsgesetz neu geregelt, beispielsweise für die Vereinigungs- und Versammlungsfreiheit der *Public Order Act* von 1936 (1 Edw. 8 & 1 Geo. 6, c. 6), bei Ehrverletzungen der *Defamation Act* von 1952 (15 & 16 Geo. 6 & 1 Eliz. 2, c. 66) und andere Maßnahmen[3].

Das letzte Jahrhundert brachte ferner eine Entwicklung, die weit über ihre staatsrechtliche Bedeutung für Großbritannien hinaus ein weltgeschichtliches Ereignis geworden ist: Zunächst der in der *Statute of Westminster* (22 & 23 Geo. 5, c. 4) gipfelnde Umbau des britischen Empire in das britische *Commonwealth* als einer Assoziation freier und unabhängiger Staaten, mit dem Mutterland Großbritannien und untereinander verbunden und sodann, in geradezu schwindelerregender Ausweitung, der Abbau des britischen Kolonialbesitzes. Die aus dem britischen Staatsverband entlassenen ehemaligen Kolonien blieben entweder Mitglieder

[1] Siehe unten S. 256ff.
[2] Siehe Bd. II, S. 216ff.
[3] Siehe Bd. II, S. 309ff; 327ff.

des *Commonwealth* oder wurden zu völlig unabhängigen Staaten außerhalb desselben. Seit dem Ende des letzten Weltkrieges sind einige zwanzig ehemalige Kolonialterritorien in den Maëlstrom dieser Loslösungsbewegung hineingezogen worden, welche zukünftigen Verfassungshistorikern als eine nicht minder bedeutungsvolle Leistung des britischen politischen Genius erscheinen mag als es die ursprüngliche zivilisatorische Mission des britischen Weltreichs gewesen war.

Was schließlich die Stellung der Monarchie im britischen politischen Prozeß anbelangt[1], so ist zwar seit dem Tode der allseits respektierten Königin Victoria, die einem ganzen Zeitalter mit ihrem Namen auch ihren Stempel aufdrückte, keine Fürstengestalt des Kalibers mehr auf der Szene erschienen, wie sie in der Vergangenheit des Mittelalters und der Renaissance nicht gefehlt hatten. Aber die seitherigen Träger der Krone – Edward VII. (1901–1910), George V. (1910–1936), George VI. (1936–1951) und die in jungen Jahren auf den Thron gelangte Elizabeth II. (seit 1951) – haben, ohne überdurchschnittlich begabt zu sein, im Rahmen der parlamentarischen Demokratie ihre Aufgabe darin gefunden, sich ohne persönliche Stellungnahme der politischen Entscheidungsfällung ihrer von der Parlamentsmehrheit und daher dem Volkswillen getragenen Regierungen zu fügen und, wo nach Verfassung und Herkommen erforderlich, ihren politischen Entscheidungen die offizielle Sanktion zu erteilen.

2. Das heutige Gesamtbild der parlamentarischen Kabinettsregierung

Bereits unter Victoria hatten sich nach der zweiten Wahlreform von 1867 die Umrisse jener Dreiecksform des politischen Prozesses gezeigt, die in den seither verflossenen hundert Jahren vollends zur heutigen Gestalt der parlamentarischen Kabinettsregierung ausgebaut wurde. Die demokratische Basis der Machtpyramide ist die Wählerschaft, die nach der gegen Ende der Legislaturperiode oder auch während derselben vom Prime Minister veranlaßten Auflösung des Unterhauses in den strengsten Anforderungen der Wahlehrlichkeit unterliegenden Wahlen entscheidet, welche der beiden Alternierungsparteien während der nächsten Legislaturperiode bzw. bis nach der nächsten Unterhausauflösung die Regierung führen und dafür die Verantwortung tragen soll. Infolge des Zweiparteiensystems nimmt der Wahlkampf mehr und mehr einen personalplebiszitären Charakter an: er wird zum Duell zwischen dem im Amt befindlichen Prime Minister und dem Führer der Oppositionspartei, der in Erwartung der möglichen Regierungsübernahme bereits ein „Schattenkabinett“ bereitgestellt hat. Die Krone ist durch die Konventionalregel

---

[1] Siehe unten Kapitel 20, S. 499ff.

verpflichtet, den die Wahlschlacht gewinnenden Parteiführer zum Prime Minister zu ernennen und ihm den Auftrag zur Regierungsbildung und Regierungsführung zu erteilen.

Solange die dann installierte Regierung im Amt ist, hat sie das Monopol der politischen Entscheidungsfällung und ihrer Durchführung durch Gesetzgebung und Verwaltung inne. In der triangulären Machtkonstellation, die von der Wählerschaft, dem innerhalb des Parlaments allein maßgeblichen Unterhaus und dem Kabinett gebildet ist, ist das Unterhaus der schwächste unter den Partnern; denn es ist nicht in der Lage, die Regierung durch Mißtrauensvotum oder Ablehnung der von ihr als vital bezeichneten Gesetzgebungsvorlagen zu stürzen, da dies von der bei jeder der beiden Alternierungsparteien mit Nachdruck aufrechterhaltenen Parteidisziplin verhindert wird. Infolge der gleichfalls der Regierung zur Verfügung stehenden Kontrolle der Geschäftsordnung müssen sich die Commons darauf beschränken, die Regierung zu kritisieren, was die wesentliche Funktion der Opposition ist, sind aber im übrigen gehalten, die politischen Entscheidungen des Kabinetts zu bestätigen, was die Funktion der Regierungspartei darstellt. Das Kabinett wiederum als der innere Kern der Regierung wird von der Autorität des Prime Ministers geleitet und geführt, der seinerseits, um den demokratischen Kreis zu vollenden, anläßlich der Generalwahlen die Verantwortung vor der souveränen Wählerschaft übernimmt. In dieser dreieckigen Gestaltung des politischen Prozesses ist es Großbritannien wie keinem anderen geschichtlichen oder zeitgenössischen Staat gelungen, den Grundsatz der voll-demokratischen Staatswillensbildung mit der Technik einer stabilen, jederzeit handlungsfähigen und verantwortlichen Exekutive zu vereinen.

Über die Einrichtungen und Verfahrenstechniken, durch welche diese bemerkenswerte Leistung erzielt wird, sollen die nachfolgenden Ausführungen berichten.

Zweites Kapitel

Das Staatsgebiet

I. Das Vereinigte Königreich von Großbritannien und Nordirland

1. Der Gesamtstaat

Das „Vereinigte Königreich von Großbritannien und Nordirland" – *The United Kingdom of Great Britain and Northern Ireland* – leitet seine offizielle Bezeichnung vom *Government of Ireland Act* von 1920 (10 & 11

Geo. 5, c. 67) ab, der die politische Trennung der Insel Irland in das im britischen Staatsverband verbleibende Nordirland (Ulster) und in den daraus ausscheidenden Irischen Freistaat (Südirland) zum Gegenstand hatte. Das Vereinigte Königreich (nachfolgend abgekürzt: VK) setzt sich somit heute aus vier historisch zu unterscheidenden Teilgebieten zusammen, nämlich dem eigentlichen England der normannischen Eroberung, dem ehemaligen Fürstentum Wales, dem ehemaligen Königreich Schottland und Nordirland.

Wenn heute vom britischen Inselreich, als Staat richtigerweise mit Großbritannien bezeichnet, häufig abgekürzt als von „England" gesprochen wird, so hat dies insofern seine Berechtigung, als der Landesteil England nicht nur das Verdienst hat, weitgehend die geltende Verfassungsordnung gestaltet zu haben, sondern auch die Mehrheit des Staatsgebiets und die Mehrzahl der Bevölkerung umfaßt. Bei einer Gesamtfläche des VKs (ohne die Territorialgewässer) von 93218 Quadratmeilen treffen auf England selbst 50051, auf Wales (einschließlich der zu Wales herkömmlicherweise gerechneten englischen Grenzgrafschaft Monmouthshire) 7966, auf Schottland 29795 und auf Nordirland 5206 Quadratmeilen[1].

Die Bevölkerungszahlen sind (nach der Volkszählung von 1961 mit Schätzungen gültig für Mitte 1962) die folgenden: England: 44018000; Wales (und Monmouthshire): 2651000; Schottland: 5197000; Nordirland: 1435000; für das gesamte VK also 53301000 Einwohner.

Von außen gesehen ist das VK ein Einheitsstaat. Das in dem Londoner Stadtteil Westminster tagende Parlament wird von Abgeordneten aus dem ganzen Staatsgebiet beschickt; die vom Parlament getragene Regierung übt die Regierungsgewalt über das Gesamtgebiet aus. Alle vom Nationalparlament erlassenen Gesetze von nationaler Bedeutung gelten unterschiedslos für das Gesamtgebiet. Dazu gehören vor allem diejenigen, die sich auf die gemeinsamen politischen Organe beziehen, wie das Wahlrecht, die Zuständigkeiten der Ministerien, Steuern und Zölle, Währung, Handel und Verkehr, Nationalverteidigung, Sozialleistungen, kurz alle Angelegenheiten, die in einem Bundesstaat Bundessachen sind.

Bei näherem Zusehen aber verwischt sich das Bild des einer einheitlichen Regierung und Gesetzgebung unterworfenen Einheitsstaates insofern einigermaßen, als eine ganze Reihe von staatlich relevanten Sachgebieten in den verschiedenen Landesteilen verschieden geregelt werden. Dazu gehören beispielsweise Recht und Gerichtsverfassung, Erziehungswesen, Landwirtschaft, kirchliche Angelegenheiten und die örtliche Selbstverwaltung (*local government*). In der Mehrzahl dieser Angelegenheiten

---

[1] Wo nicht anders angegeben, sind die statistischen Zahlen dem von *H. Majesty's Stationary Office* in London alljährlich herausgegebenen offiziellen Handbuch *Britain* (letzte benutzte Ausgabe von 1964) entnommen.

bilden zwar England und Wales eine staatsrechtliche Einheit. Sonderregelungen aber gelten für diese und andere Sachgebiete für Schottland und für Nordirland. Schottland besitzt überdies eine zentrale schottische Sonderverwaltung. Da aber Schottland kein eigenes Parlament hat, werden die auf Schottland bezüglichen Gesetzgebungsmaßnahmen gleichfalls vom Parlament in Westminster erlassen.

Wiederum verschieden ist die staatsrechtliche Ordnung von Nordirland: Der Landesteil verfügt über ein eigenes Parlament und eine eigene Regierung, welchen Gesetzgebung und Verwaltung aller nur auf diesen Gebietsteil bezüglichen Angelegenheiten obliegen. Andererseits erläßt das gesamtbritische Parlament auf dem Gebiet der sogenannten *reserved powers* Maßnahmen, welche gleichzeitig für Nordirland gelten. Nordirland ist also innerhalb des britischen Staatsverbandes mit dem Status einer Provinz mit weitgehender Selbstverwaltung ausgestattet. Das VK weicht demnach von der üblichen staatsrechtlichen Kategorie des Einheitsstaates nicht unwesentlich ab. Man könnte folglich von einem Einheitsstaat sprechen, der starke Elemente landschaftlicher Dezentralisation aufweist.

2. Wales

Das Fürstentum Wales (*Principality of Wales*) – der herangewachsene männliche Thronfolger führt seit alters den Titel *Prince of Wales* – war im Jahre 1284 nach einem Sieg Edwards I. (1273–1307) über einheimische Fürsten als erobertes Gebiet dem Königreich England einverleibt worden. Außer zweimal kurz unter Edward II. (1307–1327) war Wales nicht im Parlament vertreten. Seine Bewohner erhielten erst durch Henry's VIII. *Laws of Wales Act* von 1536 (27 Hen. 8, c. 26) alle Rechte und Privilegien englischer Vollbürger. Das in zwölf Grafschaften eingeteilte Gebiet ist seit 1543 im englischen Parlament vertreten (34 & 35 Hen. 8, c. 26). Die lange gesondert gebliebene Gerichtsverfassung wurde 1830 mit der englischen vereinheitlicht. Nach dem *Welsh Courts Act* von 1942 (5 & 6 Geo. 6, c. 40) wurde die wallisische Sprache vor wallisischen Gerichten hilfsweise zugelassen. Die Entstaatlichung der wallisischen Kirche erfolgte 1914 (*Welsh Church Act* [4 & 5 Geo. 5, c. 91]). Seit 1951 war der Innenminister – *Home Secretary* – gleichzeitig Minister für wallisische Angelegenheiten – *Minister for Welsh Affairs* –. Nachher ging das Amt an den Minister für Wohnungswesen und Lokalverwaltung – *Minister of Housing and Local Government* – über. Die Labour-Regierung von Harold Wilson ging (1964) noch einen Schritt weiter und errichtete ein eigenes Staatssekretariat für wallisische Angelegenheiten. Der Sitz der wallisischen Regionalverwaltung ist in Cardiff.

Im Jahre 1949 wurde ein Beratungsausschuß für Wales – *National Council for Wales* – errichtet, von dessen 27 Mitgliedern 12 bestimmte

Walliser Lokalbehörden, je 4 Arbeitgeber und Arbeitnehmer in Industrie und Landwirtschaft, 2 das Erziehungswesen und die restlichen andere Spezialinteressen vertreten.

Seit langem bilden England und Wales eine staatsrechtliche Einheit. In der Gesetzgebung werden sie daher in der überwiegenden Mehrzahl der Fälle gleichbehandelt; die meisten für England erlassenen Gesetze des britischen Parlaments gelten ohne weiteres auch für Wales.

3. Schottland

Zwischen den Königreichen von England und Schottland war nach dem Tod der kinderlosen Elizabeth I. eine Personalunion eingetreten; der schottische König James VI. gelangte als James I. auf den englischen Thron. Während der Dauer der Personalunion bestand jedes der beiden Königreiche als unabhängiger Eigenstaat weiter. Unter dem *Commonwealth*) bestand zumindest der Form nach ein Einheitsstaat mit einem gemeinsamen Parlament (1655)–1660. Die Vereinigung der beiden Staaten zu einem einheitlichen Staatsgebilde erfolgte sodann (1706) durch einen zuerst von den schottischen Ständen (*estates*) angenommenen und dann vom englischen Parlament ratifizierten Vertrag. Der *Act of Union with Scotland* von 1707 (6 Anne, c. 11), der die vorgängigen Verträge zum britischen Gesetz erhob, bestimmte, daß die Königreiche von England und Schottland unter dem Namen *United Kingdom of Great Britain* vereinigt und durch ein und dasselbe Parlament, bezeichnet als das Parlament von Großbritannien, vertreten würden. Das zur Zeit der Union in Schottland bestehende Rechtssystem, vorwiegend römisch-rechtlicher Observanz, sollte in Kraft bleiben, jedoch vom großbritannischen Parlament geändert werden können, mit der Maßgabe, daß das Privatrecht nur bei Vorliegen einer „offenbaren Nützlichkeit“ für die schottischen Untertanen der Änderung unterliegen dürfe. Gleichzeitig wurde die Garantie der protestantischen Religion und des presbyterischen Kirchenregiments in Schottland in die Unionsakte aufgenommen.

Der Kernpunkt dieser Regelung ist, daß, jedenfalls nach Auffassung der englischen Rechtsautoritäten, die beiden Parlamente sich selbst auslöschten und in einem neuen Parlament des VK's von Großbritannien wiedererstanden sind, wobei dieses vom früheren englischen Parlament alle charakteristischen Züge, vor allem den Grundsatz der Parlamentssouveränität übernommen hat[1], die im übrigen nach schottischer Auffassung dem schottischen Vorgänger nicht zugestanden hatte. In der Praxis wird dies dahin ausgelegt, daß das großbritannische Parlament zwar moralisch durch die Bestimmungen der Unionsakte gebunden sein

---

[1] Siehe unten S. 61 ff.

mag, nicht aber rechtlich, so daß Änderungen auch der sogenannten unabänderlichen Bestimmungen rechtlich zulässig sind.

Der *Act of Union* legte ferner die Thronnachfolge nach Maßgabe des *Act of Settlement* von 1700 (12 & 13 Will. 3, c. 2) fest, sah die Aufnahme schottischer Peers in die Lordskammer vor und bestimmte, daß Gesetze jedes der beiden Königreiche ungültig sind, die mit dem Vereinigungsgesetz in Widerspruch ständen[1].

Die auch heute noch fortbestehende Sonderstellung Schottlands[2] prägt sich weiter darin aus, daß seit 1885 für die inneren Angelegenheiten eine eigene Behörde in Gestalt des schottischen Staatssekretariats (*Office of the Secretary for Scotland*) besteht, die 1926 zum *Office of the Secretary of State for Scotland* erhoben wurde (*Secretaries of State Act* von 1926 [16 & 17 Geo. 5, c. 18]), dem 1951 als sein Stellvertreter ein *Minister of State for Scotland* beigegeben wurde. Die unter der Verantwortung des schottischen Staatssekretärs stehenden Verwaltungsdepartments wurden im *Reorganisation of Offices (Scotland) Act* von 1939 (2 & 3 Geo. 6, c. 20) dem Amt für Schottland eingegliedert. Demnach bestehen die folgenden schottischen Regierungsabteilungen: *Department of Agriculture and Fisheries for Scotland, Scottish Development Department, Scottish Education Department, Scottish Home and Health Department.* Jedes von ihnen wird von einem *Secretary* geleitet, der seinerseits dem schottischen Staatssekretär untergeordnet und verantwortlich ist. Der *Secretary for Scotland* fungiert also für schottische Angelegenheiten nicht nur wie der *Home Secretary* in London für die britischen, sondern er nimmt darüber hinaus auch die Obliegenheiten verschiedener britischer Fachminister wahr. Der Sitz der schottischen Regionalverwaltung ist in Edinburgh. Jedes Department hat für Liaison und parlamentarische Angelegenheiten seinen Londoner Vertreter. Der Staatssekretär selbst hat zwar eine Zentralstelle in London, befindet sich aber begreiflicherweise ständig zwischen London und Edinburgh unterwegs. Ein hoher Berufsbeamter (*Permanent Undersecretary of State, Scottish Office*) steht zu Koordinationszwecken den schottischen Beamten zur Verfügung.

Schottland besitzt also zwar kein eigenes – schottisches – Parlament, aber eine in sonstiger Hinsicht echte Regionalregierung oder besser Regionalverwaltung. Nach wie vor bestehen ein eigenes schottisches Recht, das im römischen Recht seine Wurzeln hat, und eine eigene Gerichtsverfassung, Lokalverwaltung, Erziehungswesen, Landwirtschaftverwaltung und andere Separatzweige mehr. Die presbyterische Staats-

---

[1] Die Frage ist nicht völlig akademisch. Siehe unten S. 70 über die Entscheidung des schottischen *Court of Session* in *McCormick v. Lord Advocate* ([1953] [S.L.T. 355]), dem sogenannten *Royal Numerals*-Fall.

[2] Über die schottische Kirche siehe unten S. 332, ebenso über die Besonderheiten der Gerichtsorganisation und des Rechts siehe Bd. II, S. 65.

kirche ist eine von der anglikanischen in England verschiedene Konfession. Selbst der schottische Gewerkschaftskongreß ist vom gesamtbritischen gesondert organisiert, wenn er auch so gut wie stets sich dessen Politik anschließt. Zur Regelung der schottischen Angelegenheiten müssen daher häufig vom britischen Parlament nur für Schottland gültige Spezialgesetze erlassen werden[1].

Gesetzentwürfe, die sich nur auf Schottland beziehen, werden im britischen Parlament von einem eigenen Parlamentsausschuß (*Committee for Scottish Bills*) behandelt, dem alle (derzeit 71) schottischen Abgeordneten angehören, wobei je nach dem Gegenstand noch 10–15 andere Parlamentsmitglieder beigezogen werden. Ihm obliegt auch die Ausarbeitung der auf die schottischen Departments bezüglichen Voranschläge. An sich können die schottischen Abgeordneten auch bei allen nur-englischen Gesetzen mitreden und mitstimmen, und sie tun es auch schon um dessentwillen, weil die englische Lösung für die zeitlich meist nachfolgende schottische Sonderregelung von Einfluß ist. Bei der Behandlung des schottischen Parallelgesetzes aber leeren sich die Bänke des Unterhauses und die Schotten sind mehr oder minder unter sich. Die Abstimmungen allerdings über gesamtbritische, englisch-wallisische oder nur-schottische Bills erfolgen ausschließlich nach der Parteienkonstellation und nicht nach regionalen Gesichtspunkten.

4. Nordirland

a) Die irische Frage

Irland, die grüne Insel, war seit alters Englands Sorgen- und Stiefkind gewesen. Nach der endgültigen Unterwerfung durch Cromwell (1649–1652), dessen auch heute noch von vielen Iren mit Erbitterung gedacht wird, blieb die Bevölkerung, keltisch und seit alters der römisch-katholischen Kirche treu ergeben, einer sich durch Unverstand und Grausamkeit auszeichnenden englischen Kolonialherrschaft unterworfen, während welcher die zivilisatorischen und wirtschaftlichen Segnungen der industriellen und agrarischen Revolution des 18. Jahrhunderts dem unglücklichen Land vorenthalten blieben. Im 18. Jahrhundert besaß Irland ein zweikammeriges Landesparlament nach englischem Muster, das aber ohne Einfluß auf die Exekutivgewalt war, die ausschließlich in den Händen eines von der Krone ernannten Lord-Lieutenant lag. Mit dem *Union of Ireland Act* von 1800 (39 & 40 Geo. 3, c. 67) trat dann eine Realunion Großbritanniens und Irlands ein, welche sie zu einem Einheits-

[1] In der nachfolgenden Darstellung wird auf die schottische Spezialgesetzgebung in der Regel nicht eingegangen, teils aus Raumgründen, teils aber auch, weil sie meist die englischen Normen lediglich an die besonderen schottischen Verhältnisse anpaßt.

staat unter dem Namen *United Kingdom of Great Britain und Ireland* zusammenfaßte[1].

In das von nun an gemeinsame britische Parlament wurden sodann irische Abgeordnete entsandt. Auch dies erwies sich auf die Dauer als keine befriedigende Lösung. Mehrere Mißernten besonders der für die Ernährung des Landes wichtigen Kartoffeln in den vierziger Jahren des letzten Jahrhunderts zwangen die Hälfte der die Hungersnot überlebenden Bevölkerung zur Auswanderung und legten den Grund zu einer seither sich steigernden Erbitterung gegen die englische Herrschaft. Sie entlud sich in einer radikal-revolutionären separatistischen Bewegung und führte zu schweren Störungen der öffentlichen Ordnung in Irland selbst und zur Obstruktion der irischen Abgeordneten in Westminster, die mit weittragenden Folgen für die Ausgestaltung des parlamentarischen Systems verbunden war[2]. Auch die schließlich eingeleitete großzügige Agrarreform konnte die Iren nicht mit der englischen Herrschaft aussöhnen.

Die Suche nach einer beiden Parteien gerecht werdenden politischen Lösung in der Form der irischen Selbstregierung führte (seit Gladstone) zu verschiedenen *Home Rule*-Gesetzentwürfen. Sie erschienen nicht nur dem gesteigerten irischen Nationalismus ungenügend, sondern zeitigten auch durch die Spaltung der liberalen Partei eine schwere Belastung der inneren Politik Großbritanniens. Eine schließlich mit großer Mühe zustande gekommene neue Version der *Home Rule* im *Government of Ireland Act* von 1914 (4 & 5 Geo. 5, c. 90) sah ein eigenes irisches Parlament mit Autonomie in den rein irischen Angelegenheiten, aber mit einem Veto des britischen Parlaments vor. Angesichts des leidenschaftlichen Widerstands der sechs protestantischen Grafschaften im nordirischen Ulster gegen einen gemeinsamen Staatsverband mit dem katholischen Südirland, der das Land an den Rand des Bürgerkrieges brachte, und infolge des Ausbruchs des ersten Weltkriegs konnte das Gesetz jedoch nicht in Kraft treten. Während des Krieges standen die Sympathien der Iren unmißverständlich auf Seiten der Zentralmächte. Die Leidenschaften entluden sich schließlich in der Osterrebellion von 1916, gefolgt von blutiger Unterdrückung durch englische Truppen.

Nach dem Friedensschluß ließ sich die Lösung des gordischen Knotens durch eine politische Teilung nicht mehr hinausschieben. Der *Government of Ireland Act* von 1920 (10 & 11 Geo. 5, c. 67) verfügte die Errichtung parlamentarischer Regierungen mit voller Autonomie in den eigenen Angelegenheiten sowohl in Süd- wie in Nordirland, aber unter Aufrechterhaltung des allen drei Teilen gemeinsamen britischen Staatsverbandes.

[1] Die auch heute noch geltende Bezeichnung Vereinigtes Königreich bezieht sich aber auf die Vereinigung mit Schottland, nicht mit Irland.

[2] Siehe unten S. 307ff.

Das Gesetz wurde jedoch von der südirischen Revolutionsregierung nicht angenommen. Das Endergebnis war schließlich der auf Grund des anglo-irischen Vertrags von 1921 ergangene *Irish Free State (Agreement) Act* von 1922 (12 & 13 Geo. 5, c. 4) und der *Irish Free State Constitution Act* des gleichen Jahres (13 Geo. 5, c. 1). Südirland schied damit aus dem britischen Staatsverband aus und wurde als Irischer Freistaat zum selbständigen Dominion im britischen *Commonwealth* erhoben. Dieses seit 1937 sich offiziell Eire betitelnd, blieb im zweiten Weltkrieg neutral und verließ schließlich mit dem *Ireland Act* von 1949 (12, 13 & 14 Geo. 6, c. 41) als die Republik Eire auch das *Commonwealth.*

b) Die Provinzialautonomie von Nordirland

Die sechs nordirischen Graftschaften von Ulster, von der ihnen im *Government of Ireland Act* von 1920 eingeräumten Option Gebrauch machend, verblieben im Staatsverband des VK, das sich von nun an mit der offiziellen Bezeichnung „von Großbritannien und Nordirland" begnügen mußte. Das Gesetz von 1920, in der Fassung des *Irish Free State (Consequential Provisions) Act* von 1922 (13 Geo. 5, c. 2) und des *Northern Ireland Act* von 1947 (10 & 11 Geo. 6, c. 37) sind die Grundlagen der heutigen Verfassungsordnung von Nordirland.

Das dem englischen Modell getreulich folgende Parlament von Nordirland besteht aus zwei Kammern, dem Senat und dem *House of Commons.* Ersterer umfaßt außer den Bürgermeistern der größten Städte Belfast und Londonderry 24 Senatoren, die nach norwegischem Muster vom Unterhaus auf acht Jahre gewählt werden und deren Hälfte sich nach amerikanischem Muster alle vier Jahre einer Neuwahl unterzieht. Das aus 52 Mitgliedern bestehende Unterhaus muß sich spätestens alle fünf Jahre einer Neuwahl unterziehen, wobei das für das britische *House of Commons* geltende Wahlrecht zur Anwendung kommt. Streitigkeiten zwischen den beiden Häusern werden nach dem Vorbild des britischen *Parliament Act* von 1911 ausgeglichen.

Die legislative Zuständigkeit des Parlaments erstreckt sich auf alle ausschließlich provinziellen Angelegenheiten[1]. Es hat keine eigentlich verfassungsändernden Befugnisse. Außerdem sind ihm die *excepted matters* entzogen, die sich auf das beziehen, was bei einem Bundesstaat als Reichs- oder Bundesangelegenheiten angesehen würde, wie auswärtige Beziehungen, Handel, Währung, Verteidigung. Auch die sogenannten *reserved matters* unterstehen der Jurisdiktion des Parlaments in Westminster, wozu vor allem die Zölle und Steuern gehören; die in Nordirland

[1] In der folgenden Darstellung wird auf die nordirische Gesetzgebung nicht eingegangen. Im allgemeinen folgt die Provinzialgesetzgebung den britischen Regelungen unter Berücksichtigung der besonderen Verhältnisse Nordirlands.

anfallende Einkommensteuer kommt jedoch der Provinz zugute, die dafür einen Beitrag zu den gesamtbritischen Diensten und Ausgaben leisten muß. Dem Parlament ist auch die Errichtung oder das Verbot einer bestimmten Konfession untersagt. Provinzialgesetze, die mit der britischen Gesetzgebung im Widerspruch stehen, sind insoweit nichtig, was gegebenenfalls auf Veranlassung des Gouverneurs oder des britischen *Home Secretary* durch das *Judicial Committee of the Privy Council*[1] festgestellt werden muß.

Die Exekutive besteht aus dem *Governor*, der die Rechte der Krone ausübt, und dem Kabinett, das sich seinerseits aus dem Prime Minister und den Chefs der sieben Verwaltungsdepartments zusammensetzt.

Angesichts der seither nie unterbrochenen Tory-Herrschaft – alle zwölf Ulster-Wahlkreise entsandten bisher[2] mit Uhrwerksregelmäßigkeit unionistische Vertreter nach Westminster – ist es niemals zu einem Konflikt zwischen Regierung und Parlament gekommen und der Prime Minister hat wohl die sicherste Anwartschaft auf Wiederwahl in irgendeinem parlamentarisch betriebenen Staat[3].

Wollte man die für Nordirland geltenden Regierungsarrangements in die Kategorien der Allgemeinen Staatslehre einordnen, so würden sie sich allenfalls als ein Beispiel einer von der Zentralinstanz abhängigen Territorialeinheit in einem insoweit dezentralisierten Einheitsstaat beschreiben lassen. Die echte bundesstaatliche Komponente fehlt. Da das nordirische Parlament keine Zuständigkeit zur Verfassungsänderung hat, kann das souveräne Parlament in Westminster jederzeit die Provinzialautonomie einschränken und könnte sie sogar gänzlich beseitigen. Damit ist in voraussehbarer Zeit nicht zu rechnen, ebensowenig aber mit der Verwirklichung des niemals nachlassenden Verlangens der Republik Eire, die beiden künstlich getrennten Landesteile – ein früheres Beispiel der jetzt so häufig gewordenen politisch geteilten Staaten – in einem irischen Gesamtstaat zu vereinigen. Die Mehrheit der sich ursprünglich aus schottischen Presbyteriern rekrutierenden protestantischen Bevölkerung Ulsters, der es im übrigen im Rahmen von Großbritannien wirtschaftlich weit besser geht als es bei einer Unterwerfung unter die Finanzhoheit von Dublin der Fall wäre, hält eisern an der staatsrechtlichen Zugehörigkeit zu Großbritannien fest.

---

[1] Siehe darüber Bd. II, S. 42ff.

[2] Bei den Wahlen von 1966 wurde den Unionisten ein Sitz in Belfast von der Republikanischen Arbeiterpartei abgenommen.

[3] Viscount Brookeborough of Colebrook hatte das Amt von 1943—1963 inne, bis er von Terence O'Neill abgelöst wurde. Bei den letzten Generalwahlen für das Provinzialparlament von 1965 erhielten die Unionisten wieder die absolute Mehrheit von Sitzen (36 von 52). Die irischen Nationalisten konnten ihre Stärke von 9 Sitzen beibehalten, während die mit der Labour-Partei affiliierte Irish Labour Party zwei ihrer vorherigen vier Sitze einbüßte.

5. Föderalismus in Großbritannien?

In den ersten Jahrzehnten dieses Jahrhunderts war vielfach von einer Umwandlung des britischen Einheitsstaats in eine föderative oder föderationsähnliche Organisation die Rede, eine Bewegung, die unter der Bezeichnung „Devolution“ bekannt geworden ist[1]. Sie war weniger von landsmannschaftlichen Besonderheiten der vier historischen Gebietsteile getragen, obzwar auch solche Motivationen nicht gänzlich fehlten, als von der damals staatstechnischen Notwendigkeit – dringlich, da Irland noch kein selbständiger Staat war –, dem Parlament in Westminster und insbesondere dem Unterhaus die unerträglich gewordene Geschäftslast zu erleichtern. Denn das Parlament mußte sich nicht nur der Gesetzgebung für die verschiedenen Bestandteile des VK annehmen, sondern hatte überdies auch für diejenige des Weltreichs zu sorgen. Alle Angelegenheiten, welche die Gesamtnation angehen, mußten durch gesamtbritische Gesetze geregelt werden. Vielfach aber bedurften die nationalen Regelungen bei ihrer Anwendung auf einen bestimmten Landesteil einer Anpassung an die regionalen Verhältnisse, wie Erziehungswesen, Lokalverwaltung, Landwirtschaft, alles Aufgaben, die ein- und dieselbe Gesetzgebungskörperschaft gleichzeitig zu bewältigen hatte. Man gedachte damals der Überlastung des Nationalparlaments nach Art eines Bundesstaates durch die Schaffung von regionalen oder landschaftlichen Parlamenten mit den entsprechenden Verwaltungseinrichtungen abzuhelfen. Die auf eine regionale Dezentralisierung abzielenden Reformbestimmungen sind aber dann von den Ereignissen überholt worden.

Zunächst schränkte sich der Aufgabenkreis Westminsters durch die Verselbständigung des Irischen Freistaates und die Errichtung des Provinzialparlaments in Nordirland ein. Gleichzeitig und in der Folgezeit entzogen sich die älteren Übersee-Dominions der imperialen Gesetzgebung. Vollends seit dem zweiten Weltkrieg ist mit der so gut wie vollendeten Auflösung des ehemaligen britischen Weltreiches und der weit vorgeschrittenen Autonomie der noch bei Großbritannien verbleibenden Kolonien ein so wesentlicher Teil der Gesetzgebungstätigkeit in Wegfall gekommen, daß das britische Parlament an sich in der Lage wäre, seinen Gesetzgebungsfunktionen ohne Dezentralisierung gerecht zu werden. Die heutige Überlastung des Unterhauses erwächst aus anderen Ursachen, nämlich der Umwandlung des Gesetzgebungs- in den Verwaltungsstaat, dessen wirksame Kontrolle ihm mehr und mehr zu entgleiten droht[2].

Die auf eine regionale Selbstverwaltung eingestellten Reformwünsche der verschiedenen historischen Landesteile finden in der breiten Öffentlichkeit längst keinen Widerhall mehr. In Schottland und Wales hat sich

[1] Siehe Karl Loewenstein, *Das Problem des Föderalismus in Großbritannien*, Annalen des Deutschen Reichs 1921, S. 1ff.

[2] Siehe unten S. 361ff.

jedoch ein gewisses Echo in der Form von regional-nationalistischen Splitterparteien bis auf den heutigen Tag erhalten. Den *Home Rule* für Schottland fordernden schottischen Nationalisten ist es zwar seit 1945 nicht mehr gelungen, auch nur einen einzigen Unterhaussitz zu erlangen, aber sie beteiligten sich mit Regelmäßigkeit an den Generalwahlen. Eine *Royal Commission* kam jedoch neuerdings zu dem keineswegs überraschenden Schluß, daß die überwiegende Mehrheit der schottischen Bevölkerung und insbesondere die schottische Wirtschaft einer schottischen *Home Rule* mit einem eigenen schottischen Parlament ablehnend gegenüberstehen (Cmnd. 9212/1954).

Die wallisische Nationalistenpartei (*Plaid Cymru*) andererseits ist eine echte Volksbewegung von unbestreitbarer Vitalität der es erstmals auch überraschenderweise gelungen ist, einen Parlamentssitz zu gewinnen (Juli 1966).

Aus dem Gesagten ergibt sich, daß für einen auf den historischen Landesteilen aufgebauten Regionalismus in Großbritannien heute kein Raum mehr ist. Aber ein neuer und durchaus rationaler Regionalismus erwächst in Großbritannien wie auch in anderen Industriestaaten aus den Bedingungen der technologischen und weitgehend urbanisierten Massengesellschaft. Die sich ausbreitenden Metropolitanbezirke, in Großbritannien *conurbations* genannt, sprengen die historischen Verwaltungsgrenzen und verlangen gebieterisch weitgehende Verwaltungsautonomie. Daß diese neue Regionalisierung im Gang ist, beweist die Bildung des selbständigen Verwaltungsareals von Groß-London[1].

6. Der Nationalstaat und seine landschaftlichen Komponenten

Trotz der absolut wie relativ unbedeutenden politischen Erfolge der Regionalparteien ist die Frage nicht völlig abwegig: Wie vereinigt ist das Vereinigte Königreich? Es bedarf keiner Betonung, daß sich Engländer, Schotten, Walliser und Ulsterleute im Verhältnis zu anderen Völkern und Staaten als Briten fühlen. Die gesamtnationale Solidarität zeigt auch heute nicht die geringsten Risse. Alle Bürger nehmen in gleicher Weise an der britischen Zivilisation teil. Aber trotz der seit vielen Jahrhunderten sich vollziehenden Bevölkerungsmischung durch Zwischenheiraten und innerstaatliche Wanderung haben sich die einzelnen Bevölkerungsbestandteile ihren individuellen Volkscharakter und ihre Stammeseigentümlichkeiten zu erhalten verstanden. Mit einigem Recht können die verschiedenen Stämme auf ihr eigenes „Profil" hinweisen. Dies hängt zunächst mit der Sprache zusammen. Englisch ist selbstverständlich überall die Hauptsprache. In den westlichen Grafschaften von Wales aber ist Wallisisch, der keltische Dialekt des *Welsh*, noch immer die Umgangssprache der Bevölkerungsmehrheit; nach der Volkszählung von 1961

[1] Siehe Bd. II, S. 158ff.

wurde es von insgesamt 26% gesprochen[1]. In Schottland wird die schottische Form des Gälischen nur mehr in einigen westlichen Grafschaften und den dem Festland vorgelagerten Inseln gesprochen. In Cornwall, Nordirland und auf der in der Irischen See gelegenen Insel Man ist das Gälische so gut wie ausgestorben. Nur in Wales ist dem Gälischen eine Art Renaissance beschieden und die wallisische Eigenart prägt sich vor allem in der Pflege einer spezifisch wallisischen Kultur aus.

Damit ist aber das zähe Festhalten an Stammeseigentümlichkeiten nur teilweise zu erklären. Die jahrhundertealte staatliche Vereinigung hat den Gruppencharakter nicht völlig verwischen können. Das Stammesbewußtsein liegt in der Hauptsache in den Menschen selbst. Jede Landschaft hat eine bestimmte Meinung von sich selbst und von den anderen Bevölkerungsteilen. Wenn sich solche anthropologische Verallgemeinerungen überhaupt rechtfertigen lassen, so gelten die Schotten als die energischsten, tüchtigsten, wirtschaftlich rührigsten Bewohner des Inselreichs; Sparsamkeit ist ihnen eine von den anderen Volksgruppen des Inselreichs vielverspottete Nationaltugend; es kommt ihnen daher auch im britischen Wirtschaftsleben ein im Vergleich zu ihrer Zahl unverhältnismäßiges Gewicht zu. Aber man sagt ihnen auch Berechnung, Nüchternheit und Hintergründigkeit nach. Auch heute noch fehlt es den unteren Bevölkerungsklassen in Schottland, aber auch manchen der Gebildeten, an warmem Gefühl für die englischen Brüder im Süden, was vielleicht nicht ganz verwunderlich ist, wenn man bedenkt, daß sich die beiden Völker in hunderten von blutigen Schlachten befehdet hatten, deren letzte (Culloden 1746) nicht allzulange zurückliegt. Die Walliser, bei denen das keltische Temperament sich am reinsten erhalten hat, stehen den Schotten an Arbeitsfreude kaum nach, zeichnen sich aber vor den anderen Volksteilen durch Phantasie, Lebensfreude und künstlerische Begabung aus. Den Iren wird gesellige Veranlagung und Familiensinn, Freude an Späßen, aber auch Unzuverlässigkeit nachgesagt. Bei den presbyterischen Nordirländern scheint sich die puritanische Lebensstrenge stärker als anderswo erhalten zu haben. Bei den Engländern vollends, bei denen sich die ursprüngliche normannische Herrenschicht längst verflüchtigt hat, wollen zumindest Angehörige der anderen Stämme Phlegma, Mangel an wirtschaftlicher Initiative und sogar eine gewisse Weichheit beobachten, die allerdings durch die unbestrittene politische Begabung und Erbweisheit aufgewogen sein mag. Diese den

[1] In *Evans and Others v. Thomas and Another* ([1962] [3 All E.R. 109]) wurde die von der lokalen Wahlbehörde verfügte Zurückweisung einer in wallisischer Sprache abgefaßten Kandidatenaufstellung für die Lokalwahlen, die eine wortgetreue Übersetzung des gesetzlich vorgeschriebenen englischen Formulars war, für unzulässig erklärt, da es sich um einen Wahlbezirk handelte, in dem 79 Prozent der Bevölkerung wallisisch sprachen. Der Entscheidung wurde sodann im *Elections (Welsh Form) Act* von 1964 (Eliz. 2, c. 31) gesetzlich Rechnung getragen.

Gruppencharakter andeutenden landläufigen Klischees mögen nichts weiter als solche sein und sie mögen zudem von der unerbittlichen Dampfwalze der technologischen Massengesellschaft mehr und mehr eingeebnet werden. Aber der Schotte oder der Walliser fühlt sich in erster Linie als Schotte oder Walliser und sie wollen erst in zweiter als „Engländer" oder „Briten" gelten. Das Vereinigte Königreich ist also in der Tat vereinigt, aber mit gewissen regionalen Vorbehalten, die nicht völlig außer Acht gelassen werden dürfen.

II. Die Britischen Inseln

Nach dem *Interpretation Act* von 1889 (52 & 53 Vict., c. 63) besteht der geographische Komplex der „britischen Inseln" aus dem Vereinigten Königreich, der Insel Man und den Kanalinseln (*Channel Islands*). Aber die beiden letztgenannten Gebiete gehören formell nicht zum VK (*Davidson v. Farmer* [1853] [6 Ex. 242], [für die Insel Man] und neuerdings *Navigations & General Insurance Company, Ltd. v. Ringrose* ([1962] [1 All E. R. 87] [für die Kanalinseln]), sind jedoch auch keine Kolonien. Sie gelten vielmehr als spezielle Besitzungen der Krone. Ihre Bürger sind nach dem *British Nationality Act* von 1948 (11 & 12 Geo. 6, c. 56) britische Bürger (*British subjects*)[1], ihre Bürgereigenschaft gleicht allerdings mehr derjenigen der Kolonien als derjenigen der Bürger des VK.

Die hier kurz zu besprechenden Gebietseinheiten weisen auch heute noch feudalrechtliche Besonderheiten auf, die sie in einer gleichmacherischen Zeit zu einem einzigartigen Museum staatsrechtlicher Altertümer machen, wie es sich für ein Land paßt, das es wie kein anderes versteht, antiquarische Formen mit dem *usus modernus* seiner Einrichtungen zu verbinden.

1. Die Insel Man

Die Insel Man – *Isle of Man* – mit einem Areal von 277 Quadratmeilen, auf dem (1961) 48000 Menschen lebten, war der englischen Krone seit Henry IV. (1399–1413) feudalrechtlich zugehörig, bis unter George III. die Herzöge von Atholl als Feudalherren ihre Rechte käuflich an die Krone abtraten ([1765] *Isle of Man Purchase Act* [5 Geo. 3, c. 26]). Seither erfreut sich die Insel einer weitgehenden gesetzgeberischen Autonomie und ist für die Regelung ihrer lokalen Angelegenheiten nicht dem Parlament in Westminster unterstellt, dessen Gesetzgebungsbefugnisse sich nur auf die allgemeinen Belange wie Verteidigung, Handel, Verkehrswesen usw. erstrecken. Neuerdings wurde die Selbstregierung auch auf Zölle und Finanzen, Häfen und Bodenschätze ausgedehnt

[1] Siehe Bd. II, S. 241 ff.

(*Isle of Man Act* von 1958 [6 & 7 Eliz. 2, c. 11]), so daß die Insel weitgehend unabhängig von der *Treasury* ist. Die Legislative, mit dem nordischen Namen *Court of Tynwald*, ist zweikammerig; das Unterhaus – *House of Keys* – besteht aus 24 auf fünf Jahre gewählten Abgeordneten, das Oberhaus – *Legislative Council* – aus teils vom *Lieutenant-Governor* als Vertreter der Krone ernannten, teils nach norwegischem Muster von den Mitgliedern des Unterhauses dorthin delegierten Mitgliedern. Die Verbindung mit Großbritannien erfolgt durch den *Home Secretary*, der den *Lieutenant-Governor* berät. Gesetzesmaßnahmen bedürfen der Zustimmung durch die *Queen in Council*, wobei der *Home Secretary* vor Vorlage an den *Privy Council* mit der Prüfung betraut ist. Neuerdings scheint sich eine Art Kabinettsregierung anzubahnen. Das geltende Privatrecht, früher in Gänze auf Gewohnheit beruhend, ist keltischen Ursprungs mit starken skandinavischen Einschlägen. Gegen bestimmte Entscheidungen der örtlichen Gerichte besteht wie bei den Kolonien und auch noch einzelnen selbständigen Dominions die Revision an das *Judicial Committee of the Privy Council*.

2. Die Kanalinseln

a) Allgemeines

Die Kanalinseln – mit einem Flächenmaß von 75 Quadratmeilen und einer Bevölkerung von etwa 220000 (1961) – gehören staatsrechtlich gleichfalls nicht zum VK. Sie sind die letzten Überreste des einstigen normannischen Herzogtums von William dem Eroberer und stehen formell als die *Channel Islands Bailiwicks* im Eigentum der britischen Krone, was aber nicht hindert, daß sich die Bevölkerung, die reichliche Einkünfte aus dem weltberühmten Zuchtvieh, dem vom Golfstrom begünstigten Anbau von Frühgemüsen und Blumen, der Fischerei und dem einträglichen Fremdenverkehr bezieht, unter der englischen „Herrschaft" durchaus wohlfühlt. Die Inseln waren das einzige Stück englischen Bodens, das von den Deutschen im letzten Krieg besetzt war.

Seit alters sind die Inseln in zwei voneinander unabhängigen Verwaltungsbezirken, den *States of Jersey* und den *States of Guernsey*, organisiert, deren noch stark von feudalrechtlichen Begriffen durchsetze Einrichtungen nicht nur von England selbst, sondern auch untereinander verschieden sind. Was die Rechtslage im Verhältnis zum VK anbelangt, so bestehen die Inselbewohner auch heute noch darauf, daß das britische Parlament über sie überhaupt keine Gesetzgebungsgewalt besitzt, wenn auch seine Zuständigkeit zur Regelung allgemeiner „Reichs"-Angelegenheiten wie Verteidigung, Verkehrswesen, Fischerei, Auslieferung und Ähnlichem nicht bestritten wird. Zweifelhaft dagegen ist die Gültigkeit der die Inseln betreffenden, der Prärogative der Krone entspringenden

Orders in Council. Praktisch wird dies so gehandhabt, daß dazu vorgängig die Zustimmung der Gesetzgebungskörperschaft (*States*) der betreffenden Insel eingeholt und der Akt dann dort registriert wird.

Die Krone ernennt als ihren Vertreter die *Lieutenant-Governors* von Jersey und von Guernsey. Die Verbindung mit dem VK wird wiederum durch den *Home Secretary* durchgeführt, der als das zuständige Mitglied des *Privy Council* alle Legislativmaßnahmen der örtlichen Körperschaften überprüft, ehe sie der *Queen in Council* zur Annahme vorgelegt werden.

Die Krone verfügt auf den Inseln Jersey und Guernsey auch über gewisse feudalrechtliche Einkünfte, die aber nach dem neueren *Jersey and Guernsey (Financial Provisions) Act* von 1947 (11 & 12 Geo. 6, c. 2) der sie leistenden Insel zurückerstattet werden, auf der sie angefallen sind.

Das auf den Inseln geltende gemeine Recht normannischen Ursprungs, vor allem Grundbesitz, Erbschaft und Gerichtsverfahren betreffend, ist neben Andorra der heute in Europa wohl einzige Fall eines lebendig gebliebenen Gewohnheitsrechts; die maßgebende Sammlung *Le Grand Coustumier du Pays et Duchie de Normandie* stammt aus dem 13. Jahrhundert.

Von besonderem staatsrechtlichen Interesse ist schließlich, daß keine Trennung der Staatsfunktionen vorgenommen wurde; Ausschüsse der Gesetzgebungskörperschaften sind mit den Regierungsaufgaben betraut.

b) Jersey

Der *Lieutenant-Governor* hat auch in der Legislativkörperschaft Sitz, aber keine Stimme und ist auch Mitglied des Gerichts im *Royal Court.* Er ist die offizielle Verbindung mit dem VK. Der eigentliche Exekutivbeamte ist der gleichfalls von der Krone ernannte *Bailiff*, der dem Parlament – *Assembly of States* – und ebenso dem *Royal Court* vorsitzt. Die gesetzgebende Versammlung setzt sich aus drei Kategorien von Mitgliedern zusammen: zwölf Senatoren, welche von der Gesamtbevölkerung auf die Dauer von neun Jahren, mit Drittelserneuerung alle drei Jahre, gewählt werden; zwölf *Constables* werden von den Pfarrschaften (*parish*) auf drei Jahre gewählt und 28 Abgeordnete werden gleichfalls auf drei Jahre von den Wahlbezirken bestellt. Gesetzgeberische Maßnahmen dauernden Charakters, zum Unterschied von nur zeitweiligen, welche von den Ausschüssen des Parlaments erlassen werden, unterliegen dem Veto des *Lieutenant-Governor* und müssen auf alle Fälle durch *Order in Council* bestätigt werden. *Regulations* und Verordnungen werden von den Legislativausschüssen erlassen. Die Gerichtsbarkeit wird vom *Royal Court* ausgeübt, der aus dem *Bailiff* und zwölf Beisitzern – *Jurats* – besteht; letztere, vor 1948 auf Volkswahl beruhend, werden seither durch ein Wahlmännerkollegium bestellt, dem bestimmte Mitglieder der Legislative und die ansässigen Anwälte mit mindestens siebenjähriger Praxis als Wahlmänner angehören. In Zivilsachen geht die Berufung an das *Judicial Committee of the Privy Council*, bei dem eine eigene Abteilung für Fälle aus den Kanalinseln errichtet wurde, ist aber in Strafsachen nur bei gröblichen Gerechtigkeitsverletzungen anerkannt (*Renouf v. Attorney-General for Jersey* [1936] [A. C. 445]). Die auf der Insel praktizierenden Juristen beziehen ihre Rechtskenntnisse von der französischen Universität Caen, wo sie Gelegenheit haben, sich eigens im normannischen Recht ausbilden zu lassen.

c) Guernsey

Die staatsrechtlichen Verhältnisse sind hier, wenn möglich, noch komplizierter als auf der Nachbarinsel Jersey, weil das *Bailiwick* von Guernsey nicht nur diese Insel, sondern auch die von ihr abhängigen Territorien (*dependencies*), eine Reihe von kleineren Inseln, umfaßt, unter denen wiederum Sark sich durch besondere Eigentümlichkeiten auszeichnet. Der *Lieutenant-Governor* und der *Bailiff* entsprechen den analogen Funktionären auf Jersey. Auf Guernsey aber tragen alle Staatseinrichtungen noch französische Namen: *Etats de Délibération* (anstelle der *States*), *Chef Plaids* (für den *Royal Court*). Geschworene (*Jurats*) und Gerichtsräte werden von der Legislative gewählt, die für diesen Zweck als *Etats d'Election* fungiert. Wie in Jersey bestehen drei Kategorien von Mitgliedern, zwölf *Conseillers*, durch ein Wahlmännerkollegium auf sechs Jahre bestellt, zehn Pfarreivertreter, *Douzaine* geheißen, alljährlich neu gewählt, und 33 Abgeordnete, von den Gemeinden auf drei Jahre bestellt. Die *Etats de Délibération* üben durch ihre Ausschüsse die ausführende Gewalt aus. Für die Gesetzgebung gilt ähnliches wie in Jersey, das heißt dauernde Maßnahmen unterliegen der Genehmigung durch den *Privy Council*, zeitweilige Verordnungen werden von den *Etats* erlassen.

Nicht genug damit: die umliegenden kleineren Inseln unterstehen der Jurisdiktion von Guernsey, das für sie Gesetze erlassen kann, im Falle von Sark und Alderney aber nur mit Zustimmung der lokalen Vertretungskörper (in Sark *Chief Pleas* geheißen). Auf Sark schließlich hat sich seit ihrer Begründung durch Charter der ersten Elizabeth (1556) bis heute eine echt feudale Seigneurie erhalten, die dem erblichen Seigneur, im Falle eines weiblichen Titelinhabers *Dame of Sark* genannt[1], zusteht, wohl der letzte Fall einer, wenn auch symbolischen Feudalherrschaft in Europa. Diese lokalen Gesetzgebungskörperschaften sind zwar gewählt, aber auf Sark gibt es neben den zwölf gewählten Vertretern noch vierzig Grund-

[1] Die gegenwärtige (1965) Titelinhaberin, eine 82jährige Dame von erfreulich altmodischer Einstellung, läßt beispielsweise keine Automobile auf „ihrer" Insel zu und besteht auf dem Sonntag als einem wirklichen Ruhetag.

besitzer als erbliche Mitglieder. Der Vorsitzende des Lokalgerichts – *Court of Seneschal* – wird vom Feudalherrn mit Zustimmung des *Lieutenant-Governor* ernannt. Die Berufung vom Ortsgericht auf Sark geht an den *Royal Court* in Guernsey.

III. Die britischen Kolonialgebiete

Zu den der britischen Krone, das heißt dem Vereinigten Königreich unterstehenden Gebieten gehören ferner noch diejenigen Kolonien, Protektorate und andere Bezeichnungen tragenden Territorien, die Großbritannien nach der Liquidierung seines Weltreiches noch verblieben sind. Seit dem zweiten Weltkrieg erlangten die meisten und vor allem die wichtigsten der ehemals dem Empire angehörenden Länder mit zusammen siebenhundert Millionen Einwohnern ihre staatliche Unabhängigkeit. Was der britischen Krone noch verblieben ist, sind insgesamt vierunddreißig Gebiete mit zusammen etwa zehn Millionen Einwohnern. Dies sind, aufgeführt nach dem Stand vom Oktober 1964, in alphabetischer Reihenfolge die folgenden[1]: Aden (Kolonie) und das Protektorat von Süd-Arabien; die *Federation of South Arabia* umfaßt Aden und dreizehn Staaten im Protektorat; Antigua (Kolonie); die Bahamas (Kolonie mit Selbstregierung); Barbados (Kolonie mit Selbstregierung); Basutoland (Kolonie); Bechuanaland (Protektorat); Bermuda (Kolonie); British Antarctic Territory (Kolonie); British Guiana (Kolonie mit Selbstregierung); British Honduras (Kolonie mit Selbstregierung); die britischen Solonen-Islands (Protektorat); die britischen Virgin-Islands (Kolonie); Brunei (Schutzstaat); Cayman Islands (Kolonie); Central and Southern Line Islands; Dominica (Kolonie); Falkland Islands (mit angeschlossenen Gebieten) (Kolonie); Fiji (Kolonie; der Gouverneur ist auch für die Gruppe der Pitcairn Islands verantwortlich); Gibraltar (Kolonie); Gilbert and Ellis Islands (Kolonie); Grenada (Kolonie); Hong-Kong (Kolonie); Mauritius (Kolonie); Montserrat (Kolonie); New Hebrides (Kondominim mit Frankreich); St. Christopher-Nevis-Anguilla (Kolonie); St. Helena (mit den abhängigen Inseln von Ascension und Tristan da

[1] Das Material entstammt dem von Sir William McLean verfaßten, zur Information der Parlamentsmitglieder bestimmten Memo No. 4D, in das Einsicht zu nehmen dem Verfasser vom *Colonial Office* gütigst gestattet wurde. Die offizielle Bezeichnung der einzelnen Gebiete ist jeweils in Klammern beigefügt, ebenso die innerstaatliche Organisation. Nicht enthalten in der Aufstellung sind diejenigen Gebiete, die seit Oktober 1964 selbständige Staaten geworden sind, nämlich: Gambia; die Maldive Islands; Malta; Zambia (früher Northern Rhodesia); Malawi (früher Nyasaland) und andere. Eine Aufzählung aller aus dem britischen Empire entlassenen und zu unabhängigen Staaten gewordenen Länder findet sich unten S. 496.

Cunha) (Kolonie); St. Lucia (Kolonie); St. Vincent (Kolonie); Seychellen (Kolonie); (Southern) Rhodesia (Selbstregierungs-Gebiet)[1]; Swaziland (Protektorat); Tonga (Schutzgebiet); Turks and Caicos Islands (Kolonie).

Was die Status-Bezeichnungen anbelangt, so wird unter einer Kolonie ein Gebiet verstanden, das die britische Krone kraft Besiedlung, Eroberung oder Einverleibung (Annexion) erworben hat; unter Protektorat ein solches, in welchem die Krone, ohne daß es von ihr formell annektiert worden wäre, die Jurisdiktionsgewalt ausübt; der Rechtstitel mag Vertrag, Gewährung (*grant*), Gewohnheit oder Duldung sein. Als Schutzstaat schließlich wird ein Gebiet unter einem einheimischen Herrscher angesehen, der den Schutz der Krone genießt; diese ist auch für die Außenpolitik verantwortlich, während die inneren Angelegenheiten außerhalb ihrer Zuständigkeit stehen.

Diese Restbestände des einstmals weltumspannenden britischen Empire sind nach ihrer geographischen Lage, ihren Bevölkerungszahlen und ihrem sozialen und kulturellen Stand außerordentlich verschieden. Hong-Kong mit dreieinhalb Millionen Einwohnern rangiert neben Gibraltar mit 24387, St. Helena mit 4522 und Pitcairn Island mit 107 (!). Nicht minder verschieden ist die zukünftige Gestaltung der einzelnen Territorien. British Guana und Mauritius sollen die staatliche Selbständigkeit im Jahre 1966 erhalten[2]. Diese soll von den der Südafrikanischen Union an- und einliegenden Eingeborenen-Territorien Bechuana-, Basuto- und Swaziland gleichfalls in naher Zukunft erreicht werden[3], ebenso ist sie für die südarabische Föderation bis zum Jahre 1968 geplant. Barbados strebt Selbständigkeit entweder für sich allein oder in Verbindung mit den karibischen Windward und Leeward Islands an. British Honduras könnte die staatliche Unabhängigkeit schon deshalb wünschen, um dem Druck der Einverleibung durch Guatemala zu entgehen. Für Gibraltar und Hong-Kong ist das Band mit der britischen Krone als Gegengewicht gegen die Übernahme des ersteren durch Spanien und des letzteren durch Rot-China lebenswichtig.

Die mit dem *British Caribean Federation Act* von 1957 (4 & 5 Eliz. 2, c. 63) ins Leben gerufene bundesstaatliche Zusammenfassung der westindischen Besitzungen erwies sich als undurchführbar, vor allem weil die wichtigste, Jamaica, die Stellung als unabhängiger Staat vorzog, und wurde mit Wirkung vom 31. Mai 1962 aufgelöst. Auch ein daraufhin vorgesehener bescheidener Ersatzplan, der eine gemeinsame Verbindung von

[1] Die nach der einseitigen Unabhängigkeitserklärung von Rhodesien (11. November 1965) eingetretene schwere Verfassungskrise wird unten S. 512ff im Zusammenhang mit der königlichen Prärogative ausführlich behandelt.

[2] Erstere Kolonie wurde am 26. Mai 1966 selbständig.

[3] Bei Bechuanaland, umgetauft in Botswana, und Basutoland als Lesotho erfolgte dies 1966, für Swaziland ist es für 1967 vorgesehen.

Barbados, den Windward und den Leeward Inseln als "*Federation of the Eight*" zum Ziele hatte, ließ sich nicht verwirklichen, da es diesmal Barbados war, das die Unabhängigkeit wünschte. Für die noch verbleibenden sechs Territorien – St. Christopher-Nevis-Anguilla; Dominica; St. Lucia; St. Vincent; Grenada – mit einer Gesamtbevölkerung (einschließlich Barbados) von (1964) 685000 Einwohnern – wurde neuestens (1966) eine Sonderregelung vorgesehen, die als Übergangsstufe vom Status einer Kronkolonie zum selbständigen Staat zu bewerten ist. Diese zu „Staaten in Assoziation mit Großbritannien" erklärten Gebiete erlangen uneingeschränkte innere Selbstverwaltung unter ihren eigenen Vertretungskörperschaften. Sie können nicht nur ihre eigene Verfassung ohne Zustimmung der britischen Regierung abändern, sondern sich auch jederzeit für die vollständige Unabhängigkeit entscheiden. Das Vereinigte Königreich behält sich lediglich die Wahrnehmung der auswärtigen Beziehungen und der Verteidigungsangelegenheiten vor. Die Krone ernennt einen Vertreter als den nominellen Chef der Exekutive und der *Lord Chancellor* bestellt den obersten Richter.[1]

Möglicherweise kann diese staatsrechtliche Zwischenlösung zwischen dem Kolonialstatus und der völligen Unabhängigkeit auch als Muster für gewisse andere, besonders pazifische Kolonien dienen.

Bei anderen überseeischen Territorialgebieten des Vereinigten Königreichs aber kann wohl vorausgesetzt werden, daß sie auf unabsehbare Zeit seine Kostgänger bleiben werden. Sie sind gebiets- und bevölkerungsmäßig zu klein, um je wirtschaftlich und politisch auf eigenen Füßen stehen zu können. Staatenverbindungen mit benachbarten Gebieten sind geographisch meist ausgeschlossen; die pazifischen Besitzungen beispielsweise sind über ein Ozeangebiet von einer Million Quadratmeilen verstreut. Für diese Länder wird Großbritannien also menschlicher Voraussicht nach auf immer wirtschaftlich weitersorgen und auch die Aufgaben der Außenpolitik und der Verteidigung übernehmen müssen.

Drittes Kapitel

Die rechtlichen Grundlagen der Verfassungsordnung

I. Die „ungeschriebene" Verfassung

1. Allgemeiner Charakter der Verfassungsordnung

Unter einer „geschriebenen" Verfassung wird verstanden, daß die für den politischen Prozeß im wesentlichen maßgebenden Normen in einer

[1] Siehe den in der *New York Times* vom 31. Dezember 1965 enthaltenen Bericht über das von der britischen Regierung veröffentlichte Weißbuch.

einzigen Urkunde zusammengefaßt sind, welcher dann meist, da schwerer abzuändern als ein gewöhnliches Gesetz, eine erhöhte Bestandsgarantie zugeschrieben wird. Großbritannien ist bekanntlich einer der ganz wenigen organisierten Staaten, die nach wie vor einer „geschriebenen" Verfassung ermangeln.[1] Nur ein einziges Mal bestand für kurze Zeit in Cromwells *Instrument of Government* eine geschriebene Verfassung auch in England. Der Versuch schlug fehl und ihn zu wiederholen würde heute auf allgemeine Ablehnung stoßen, da kein Bedürfnis dazu besteht.

Das Fehlen einer formalisierten Verfassungsurkunde bedeutet aber keineswegs, daß Großbritannien schriftlich festgelegter Verfassungsnormen überhaupt ermangelt. In den vergangenen Jahrhunderten vollzog sich der politische Prozeß weitgehend nach Maßgabe des Verfassungsbrauches, dessen Natur als Konventionalregeln (*constitutional conventions*)[2] damals allerdings nicht erfaßt worden war. Neuerdings aber wurden weite Gebiete des öffentlichen Lebens durch Parlamentsgesetz geregelt. Damit ist insbesondere die Reichweite der ursprünglich vom Monarchen selbst, seit der Glorreichen Revolution aber in seinem Namen von der Regierung ausgeübten Entscheidungsgewalt (*Royal Prerogative*)[3] einer ständig fortschreitenden Einengung durch das Parlamentsgesetz unterzogen worden.

In Großbritannien besteht somit kein Unterschied zwischen materiellem und formellem Verfassungsrecht, wie er für die überwiegende Mehrzahl der Staaten mit einer geschriebenen Verfassungsurkunde üblich ist. Andererseits vollzieht sich der politische Prozeß von jeher und auch heute noch auf der Grundlage von „ungeschriebenen" Konventionalregeln, die für die Machtträger ebenso verbindlich sind, als wenn sie in statutarischer Form eingekleidet wären. Die politische Ordnung ist damit derart im Volksbewußtsein verwurzelt, daß die aristotelische Kategorie der *politeia* auf Großbritannien voll zutreffend erscheint.

Was man also unter der britischen „Verfassung" versteht, weicht weitgehend von der Rationalisierung des politischen Prozesses ab, die in den meisten heutigen Staaten von einer urkundlichen Verfassung vorgenommen wird. In keinem Gesetz wird das Parlament als solches als das oberste Organ der Normensetzung bestimmt oder identifiziert. An dem gleichen Mangel leidet die Stellung der Gerichte innerhalb der Verfassungsordnung. Vollends was die Regierung im eigentlichen Sinn an-

---

[1] Andere sind New Zealand, das als britisches Dominion dem Vorbild des Mutterlandes folgte, und Israel, bezeichnenderweise gleichfalls durch die britische Schule gegangen, wenn man nicht das *Transition Law* (5709/1949) als das in Geltung befindliche Grundgesetz ansehen will.

[2] Siehe unten S. 52.

[3] Siehe darüber unten S. 499ff. Der *terminus technicus* „königliche Prärogative" wird nachfolgend meist beibehalten, da eine sinngetreue Umschreibung nicht möglich ist.

belangt, so ist sie statutarisch völlig im Dunkeln oder bestenfalls im Zwielicht gelassen, da nirgendwo und nirgendwann eindeutig festgestellt wurde, welches ihre Funktionen sind und wie sie sich im Verhältnis zum Parlament oder zum Volk zu verhalten hat. Von den grundlegenden Materien, die seit der amerikanischen und französischen Revolutionen üblicherweise das formelle Verfassungsrecht ausmachen – das, was die Verfassungslehre als das unumgängliche Mindestmaß (*irreducible minimum*) einer jeden echten Verfassung ansieht – ist verhältnismäßig wenig statutarisch formuliert. Zu den statutarisch nicht-geregelten Materien würden etwa gehören: Die Rechte und Pflichten der Krone; die Bestimmung der Gesetzgebungsorgane und ihrer Vollmachten; die Befugnisse und Vorrechte ihrer Mitglieder; die Stellung des Prime Ministers, des Kabinetts, der Minister und der ihnen unterstellten Berufsbeamten; die völkerrechtliche Vertretungsmacht der Regierung und die Mitwirkung des Parlaments an der auswärtigen Politik; die Dezentralisierung des Staatsgebiets in Territorialeinheiten und der Umfang ihrer Autonomie[1]; die Rechte und Pflichten der Bürger, wie sie nunmehr allenthalben in einer Grundrechteerklärung verfassungsrechtlich niedergelegt und geschützt sind und, nicht zuletzt, die Verfahrensweisen zur Änderung des geltenden Verfassungsrechts.

Vieles allerdings, was dergestalt zum eigentlichen formellen Verfassungsrecht gehören würde, wurde im Laufe der Jahrhunderte nunmehr statutarisch normiert. Ein Versuch der Aufgliederung des Gesetzesrechts unter dem Gesichtspunkt, was davon eigentlich in einer geschriebenen Verfassung enthalten sein sollte, ist offenbar niemals gemacht worden. Ihn hier zu unternehmen, wäre wenig zweckdienlich. Andeutungsweise müßten etwa die folgenden, untereinander in keinerlei Sachzusammenhang stehenden Gesetze herangezogen werden: Hinsichtlich der Organisation des Unterhauses der *Parliament Triennial Act* von 1641 (16 Cha. 1, c. 1), der *Meeting of Parliament Act* von 1694 (6 & 7 Will. & Mary, c. 2), der *Septennial Act* von 1715 (1 Geo. 1, st. 2, c. 38) und insbesondere der *Parliament Act* von 1911 (1 & 2 Geo. 5, c. 13); für die Stellung der Unterhausmitglieder der *House of Commons Disqualification Act* von 1957 (5 & 6 Eliz. 2, c. 20); für Wahlrecht und Wahlverfahren die verschiedenen *Representation of the People Acts* seit 1832, insbesondere das Konsolidierungsgesetz von 1949 (12, 13 & 14 Geo. 6, c. 68); für das Verhältnis von Oberhaus und Unterhaus der *Parliament Act* von 1911; für die Stellung der Minister der *Ministers of Crown Act* von 1937 (1 Edw. 8 & 1 Geo. 6, c. 38); für den Schutz der Grundrechte der *Habeas Corpus Act* von 1679 (31 Cha. 2, c. 2) und seine Nachfolger; und vor allem die *Bill of Rights* von 1688 (1 Will. & Mary., sess. 2, c. 2); für die Staatsangehörigkeit der *British Nationality Act* von 1948 (11 & 12 Geo. 6, c. 56); für die

[1] Nordirland ist hier die einzige Ausnahme.

Unabhängigkeit der Richter der *Act of Settlement* von 1700 (12 & 13 Will. 3, c. 2); für das Verhältnis von Großbritannien zu seinen Dominions die *Statute of Westminster* von 1931 (22 & 23 Geo. 5, c. 4). Man braucht sich nur bewußt zu sein, wie sehr die positivrechtliche Normierung bestimmter Einrichtungen oder Verfahrenstechniken vom Zufallsspiel der jeweiligen politischen Kräfte abhängig war, wie es etwa bei der *Bill of Rights*, den verschiedenen *Representation of the People Acts*, dem *Parliament Act* von 1911 der Fall gewesen war, um zu erkennen, wie vergeblich in England eine Bemühung wäre, heute all das in ein logisch zusammenhängendes System zu bringen, wie es eine geschriebene Verfassung darstellt.

Daß die so verschiedenen „geologischen" Schichten dessen, was man die britische Verfassung heißt, trotz ihres zufälligen Ursprungs und unorganischen Aufbaus stets und auch heute eine organische Einheit bilden, die allen Anforderungen der Regierung eines modernen Staates Genüge leistet, ist auf die unvergleichliche politische Begabung der Briten zurückzuführen, die es verstand, auch in Zeiten schwerer Belastungen die nationalen Einrichtungen intakt zu erhalten. Englands politischer Erfolg mag also *la vertu du vice* der „ungeschriebenen" Verfassung sein.

2. Das Fehlen der richterlichen Normenkontrolle gegenüber den Parlamentsgesetzen

Aus dem Charakter der nicht formulierten Verfassungsordnung ergeben sich zwei wichtige Folgerungen, welche gleichfalls das VK von den meisten anderen Verfassungsstaaten unterscheiden: Es besteht weder ein gerichtliches Prüfungsrecht gegenüber den Parlamentsgesetzen noch ein formelles Verfassungsänderungsverfahren.

Das Fehlen der richterlichen Normenkontrolle hängt in erster Linie mit dem Fehlen der geschriebenen Verfassungsurkunde zusammen, deren Normen, weil mit einer höheren Bestandsgarantie ausgestattet, dem Parlamentsgesetz gegenüber „höheres" Recht wären. Es gibt eben nichts, womit ein gültig erlassenes Parlamentsgesetz verglichen werden könnte. An sich wäre dieses empirische Argument gegen das richterliche Prüfungsrecht durchschlagend genug. Es findet aber außerdem seine Verstärkung in der Großbritannien eigentümlichen Rechtslehre von der Souveränität des Parlaments[1], an deren verfassungspolitischer Realität man allerdings angesichts der unbestreitbaren Überlegenheit des Kabinetts über das Parlament heute einigermaßen zweifeln könnte[2]. Die Folge

[1] Siehe darüber unten S. 61ff.

[2] Die Ansicht von O. Hood Philipps, *Constitutional and Administrative Law*, 3. Auflage, London 1962, S. 11ff., die richterliche Normenkontrolle sei eine Eigentümlichkeit der Bundesstaaten und außerhalb derselben selten, beruht auf der für

ist, daß alle britischen Gerichte sich dem Parlamentsgesetz beugen müssen. Ihm gegenüber müßte auch die Berufung auf ein angeblich „höheres", etwa naturrechtlich orientiertes Recht versagen. Andererseits besteht jedoch die richterliche Normenkontrolle gegenüber der sog. abgeleiteten (*delegated* oder *subordinate*) Gesetzgebung, da das Gericht prüfen kann und muß, ob die angefochtene Norm sich im Rahmen des sie ermächtigenden Parlamentsgesetzes hält oder sie überschreitet (*ultra vires*)[1].

3. Das Fehlen des Verfassungsänderungsverfahrens

Da es keine Verfassungsurkunde als oberste Normenquelle gibt, entfällt auch die Möglichkeit ihrer textlichen Abänderung, also der Begriff der formellen Verfassungsänderung. Jede Gesetzesnorm – mag sie auch politisch oder verfassungsrechtlich eine noch so große Bedeutung haben – kann auf dieselbe Weise abgeändert oder auch aufgehoben werden wie sie erlassen wurde, also durch ein von den einfachen Mehrheiten angenommenes Gesetz des Parlaments. Man hat darin jedenfalls seit James Bryce, der anscheinend zum ersten Mal systematisch auf die Unterscheidung zwischen einer biegsamen (*flexible*) und einer starren (*rigid*) Verfassung aufmerksam machte, ein theoretisches Klassifizierungsmerkmal für alle Verfassungen finden wollen, das allerdings als überholt gilt.

Aus dem politischen Repertoire dagegen stammt die Lehre vom Wähler- oder Volksmandat (*electoral mandate*), die in England gewissermaßen ein Ersatz dessen ist, was bei Vorhandensein einer Verfassungsurkunde als das Verfahren der erschwerten Verfassungsänderung angesehen wird. Die Lehre läuft darauf hinaus, daß keine politische Grundentscheidung von der Regierung eingebracht und vom Parlament angenommen werden soll oder darf, es sei denn, sie hätte der Wählerschaft in den vorausgegangenen Generalwahlen vorgelegen, sei von ihr zum Gegenstand der Wahlmotivation gemacht und durch Bestellung der sie befürwortenden Partei zur Regierungspartei gutgeheißen worden. Diese Bindung an die bei der Wahl vorgelegten Parteiprogramme gilt dabei als ein Ausfluß des der siegreichen Partei erteilten generellen Mandats zur Regierungsführung und wird als eine Folge des zunehmend plebiszitären Charakters des Wahlakts unterstellt.[2]

englische Lehrbücher typischen Insularität, die im Vergleichenden Verfassungsrecht nicht bewandert ist. In der bundesstaatlichen Organisation ist sie häufig, aber keineswegs unentbehrlich, in der bundesstaatlichen Schweiz beispielsweise besteht keine Normenkontrolle gegenüber Bundesgesetzen. Andererseits hat sich aber die Einrichtung in den sogenannten Einheitsstaaten neuerdings durchaus bewährt, wie sich in Italien, Eire oder auch Japan ergibt. Es ließe sich eher sagen, das richterliche Prüfungsrecht ist in den Verfassungsstaaten unentbehrlich, die eine Rechteerklärung enthalten; doch ist auch hier beispielsweise Belgien eine Ausnahme.

[1] Siehe Bd. II, S. 98ff.

[2] Siehe hierüber unten S. 159ff.

Das Material aus der neueren politischen Praxis, das zur Begründung der Lehre herangezogen wird, ist jedoch in sich widerspruchsvoll und daher keineswegs schlüssig. Einzelne politisch entscheidende Maßnahmen lassen sich mit ihr in Einklang bringen, andere widerlegen sie. Richtig ist, daß der Übergang vom Freihandel zum Schutzzoll, den die konservative Regierung Baldwin vornahm, als Programmpunkt der Konservativen der Wählerschaft bei den Generalwahlen von 1924 vorgelegen hatte. Welchen Einfluß sie gehabt hat, läßt sich kaum feststellen; wahrscheinlich war der konservative Sieg der Unzufriedenheit der Wählerschaft mit der Minderheitsregierung von Labour zuzuschreiben. Dagegen waren die Wahlen von 1945 ein unzweideutiges Mandat für die siegreiche Labour-Partei gewesen, welche die geplante Nationalisierung bestimmter Industriezweige und den Übergang zum sozialen Wohlfahrtsstaat als Grundentscheidung parteiprogrammatisch angekündigt hatte. Vor den Wahlen vom Oktober 1964 hatte die Labour-Oppositionspartei im Parteiprogramm kundgemacht, daß sie, wenn siegreich, die Stahlindustrie wiederum in Staatseigentum überführen würde.[1] Trotz seiner schwachen Mehrheit bestand Prime Minister Wilson darauf, er habe mit der Mehrheit auch das Mandat zur Verstaatlichung von Stahl und Eisen erhalten. Es ist aber fraglich, ob die bloße zahlenmäßige Mehrheit auch ein Mandat für einen konkreten Programmpunkt in sich schließt, oder wie groß die Mehrheit sein muß, um als Grundlage des Mandats zu gelten.

Dafür, daß die politische Praxis der Lehre vom Wählermandat nachleben würde, bestehen keinerlei Anhaltspunkte. Die einschneidende Wahlreform nach dem ersten Weltkrieg, die in einem Lande mit einer geschriebenen Verfassung zweifellos einer Verfassungsänderung gleichgestellt werden müßte, wurde vor den Generalwahlen von 1918 beschlossen und spielte bei diesen überhaupt keine Rolle. Ebensowenig befand es die Labour-Partei für notwendig, für den Eintritt in den Atlantikpakt (1949), eine grundsätzliche Änderung der britischen Außenpolitik, sich ein neues Mandat in Generalwahlen erteilen zu lassen. Das Kabinett Baldwin nahm keinen Anstand, den von den Wählern bei den Wahlen von 1935 überzeugend manifestierten Willen, daß die britische Außenpolitik nach dem Völkerbund ausgerichtet würde, glatt zu mißachten, was zum Rückzug Englands in der äthiopischen Krise (1936) und schließlich zum *appeasement* von München (1938) führte. Für die Außenpolitik scheint die Lehre überhaupt keine Geltung zu haben; denn das Kabinett Macmillan hätte sicherlich den Beitritt Englands zum Gemeinsamen Europäischen Markt ohne Volksbefragung in allgemeinen Wahlen vollzogen, hätte nicht der Widerspruch General de Gaulles den Plan zunichte gemacht (1962).

---

[1] Siehe Bd. II. S. 194ff.

Parteiprogramme mögen in Großbritannien für die nachfolgende Regierungsführung eine größere Rolle spielen als anderswo, beispielsweise in den Vereinigten Staaten, und die siegreiche Partei wird stets Wert darauf legen, ihre nachfolgende Politik im Rahmen ihres offiziellen Programms zu halten. Aber es läßt sich kaum behaupten, die Theorie des Wählermandats habe sich zu einer konkreten Konventionalregel ausgebildet. Es kann keine Rede davon sein, daß, wie beim formellen Verfassungsänderungsverfahren in den skandinavischen Staaten, der materiellen Verfassungsänderung Neuwahlen vorausgehen müssen. Dort zeigt die Erfahrung überdies, daß der realplebiszitäre Effekt der Neuwahl des Parlaments bei weitem von ihren parteipolitischen Motivationen verwischt wird; nur selten mag dort der Wähler bei der Stimmabgabe von der Erwägung geleitet sein, daß, wenn er für eine bestimmte Partei oder einen bestimmten Kandidaten stimmt, er damit für oder gegen die beantragte Verfassungsänderung stimmt.

Es bleibt also dabei, daß es einerseits in Großbritannien keine Verfassungsänderung gibt, weil es an einer änderbaren Verfassungsurkunde fehlt, daß andererseits aber die Doktrin des Wählermandats weit davon entfernt ist, das fehlende Verfassungsänderungsverfahren nach Art einer Konventionalregel zu ersetzen.

II. Die Rechtsquellen des Staats- und Verfassungsrechts

Als Rechtsquellen des Staats- und Verfassungsrechts wie des Rechts überhaupt gelten: Gesetzgebung, Gerichtsentscheidungen, Gewohnheit und die Lehrmeinungen angesehener Autoren, für den eigentlichen politischen Prozeß aber außerdem die Konventionalregeln, über deren Einschluß in den Rechtsquellen sich die maßgebenden Lehrbücher jetzt einig sind.

1. Gesetzgebung

Die Gesetzgebung als Rechtsquelle umfaßt sowohl das eigentliche Parlamentsgesetz als auch die weit umfangreichere abgeleitete oder übertragene Normensetzung der *delegated legislation.* Da letztere unfehlbar auf einer Ermächtigung durch ein Parlamentsgesetz beruht, ist dieses trotz ihres geringeren Umfangs die bei weitem bedeutungsvollere Quelle. Zur Verbindlichkeit bedarf das Parlamentsgesetz der Annahme durch die Mehrheit der sich an der Schlußabstimmung beteiligenden Mitglieder des *House of Commons* und des *House of Lords* sowie der Zustimmung durch die Krone (*royal assent*)[1]. Die heute noch gültigen Gesetzgebungsakte

[1] Über das Gesetzgebungsverfahren siehe unten S. 316ff; 345ff; über den *royal assent* S. 326.

gehen teilweise weit in die Vergangenheit zurück. Viele Gesetzgebungsmaterien wurden zahlreichen Ergänzungen unterworfen. Modernisierte Zusammenfassungen – Konsolidierungsgesetze – sind daher besonders in neuerer Zeit häufig geworden.

Die delegierte Gesetzgebung wird von Einzelpersonen, etwa einem Minister oder von Kollektivorganen, etwa einer als *Board* organisierten Verwaltungsstelle erlassen, die hierzu durch Parlamentsgesetz ermächtigt sind. In diese Kategorie fällt auch die in weiterem Sinn ursprünglich autonome, nunmehr aber vom Parlament der Krone eingeräumte Befugnis, auf den ihr noch überlassenen Gebieten der *Royal Prerogative* Verordnungen – *Orders in Council* – zu erlassen, die jedoch von der Regierung formuliert werden und für die sie die Verantwortung übernimmt. Dazu gehören vor allem die auswärtige Politik und die Nationalverteidigung. Ein autonomes Gesetzgebungsrecht der Krone unter der königlichen Prärogative besteht heute nach *common law* nur mehr für neuerworbene Kolonialgebiete – heute kaum mehr aktuell –, wo sie gleichfalls durch *Orders in Council* ausgeübt wird[1].

2. Gerichtsentscheidungen

Eine nach wie vor wichtige Rechtsquelle, und zwar gerade für das öffentliche Recht, wenn es sich um die Abgrenzung der Rechte des Bürgers gegenüber den Staatsbehörden handelt, sind die Gerichtsentscheidungen (*case law*). Dieses richterliche Recht ist in den einschlägigen Gerichtsentscheidungen autoritativ enthalten und begründet. Gerichtsentscheidungen beruhen entweder auf *common law* oder auf der Auslegung von gesetztem – statutarischen – Recht. Diejenigen der oberen Gerichte, die fortlaufend über ihre Entscheidungen berichten, sind die *courts of record*, insbesondere die *King's* (oder *Queen's*) *Bench Division*, das Appellationsgericht (*Court of Appeal*) und die beiden obersten Revisionsgerichte des *House of Lords* und des *Judicial Committee of the Privy Council*[2]. Gerichtsentscheidungen von staats- oder verfassungsrechtlicher Bedeutung sind keineswegs auf bestimmte Arten von Fällen oder bestimmte Materien beschränkt. Sie können sich bei der Anwendung und Aus-

---

[1] Die Parlamentsgesetze finden sich, mit fortlaufenden Kapitelnummern versehen, in der amtlichen Gesetzessammlung *Public General Acts and Church Assembly Measures*. Sie werden aber üblicherweise nicht nach Jahrgang und Seitenzahl zitiert. *Orders in Council* finden sich bis 1947 in der amtlichen Sammlung, die unter dem Titel *Statutory Rules and Orders*, seit 1948 als *Statutory Instruments*, fortlaufend veröffentlicht wird. Die wichtigsten dieser als *orders*, *rules* oder *regulations* bezeichneten Normen werden gleichfalls in die *Statutory Instruments* aufgenommen, jedoch besitzen außerdem die einzelnen Ministerien (*departments*) ihre eigenen Sammlungen. Örtliche Normen, *bylaws* geheißen, sind in den von den Lokalverwaltungsbehörden geführten eigenen Sammlungen enthalten.

[2] Über die Gerichtsorganisation siehe Bd. II, S. 26ff.

legung sowohl des ungeschriebenen Rechts – *common law* – wie des statutarisch gesetzten Rechts ergeben. Selbst Entscheidungen, die anscheinend zivilrechtlicher Natur sind, mögen wesentliche staats- und verfassungsrechtliche Gesichtspunkte enthalten. Immerhin läßt sich feststellen, daß diejenigen Materien, die staatsrechtlich am ergiebigsten sind, sich auf die Reichweite der königlichen Prärogative, die Abgrenzung der Regierungs- und Verwaltungskompetenzen und den Schutz der Bürgerrechte beziehen. Insoweit als gewisse Materien nach wie vor nicht kodifiziert sind, spielen die Gerichtsentscheidungen eine bedeutsame Rolle, allerdings eine geringere als in den Vereinigten Staaten, wo oft ganze Ketten herangezogen werden müssen, um das jeweils geltende Recht festzustellen. Nachdem aber im 19. und besonders im 20. Jahrhundert viele Materien, die früher nur nach *common law* bestimmt waren, nunmehr statutarisch geregelt wurden, sind die öffentlich-rechtlichen Gerichtsentscheidungen im Rahmen des gesetzten Rechts weit wichtiger geworden als auf dem Gebiet des *common law*. Man wird wohl sagen dürfen, daß sich die Gerichtstätigkeit mehr und mehr auf die Gesetzesauslegung beschränkt und dadurch dem kontinentalen Recht angenähert hat. Die eigentlich rechtsschöpferische Funktion, das „Richterrecht", hat also wesentlich abgenommen[1].

3. Gewohnheit

An sich beruht die Geltung des *common law*, in der Form seiner Authentizierung durch die Rechtsprechung der Gerichte, auf Gewohnheit. Im öffentlichen Recht dagegen spielt die Gewohnheit heute kaum mehr eine Rolle, da ihren Platz weitgehend Gerichtsentscheidungen und Parlamentsgesetze eingenommen haben, wie dies auch im Privatrecht der Fall ist. Blackstones Auffassung (*Commentaries* I, 73), wonach die Gewohnheit die Grundlage des englischen Rechts ist, trifft also längst nicht mehr zu. Auf zwei Gebieten aber des öffentlichen Rechts ist das Gewohnheitsrecht auch heute noch eine wesentliche Rechtsquelle, nämlich dem der *Royal Prerogative* und dem der parlamentarischen Privilegien. Zwar sind heute die meisten Verfahrensregeln des Parlaments in

[1] Die viele Jahrhunderte zurückreichenden Sammlungen von Gerichtsentscheidungen sind viel zu zahlreich, um hier auch nur beispielsweise aufgezählt werden zu können; siehe die Übersicht bei D. L. Keir & F. H. Lawson, *Cases of Constitutional Law*, 9. Aufl. London 1954, S. XXV ff. Früher wurden alle solchen Sammlungen privat herausgegeben. Seit 1865 veröffentlicht das *Incorporated Council of Law Reporting* Sammlungen, die als amtlich angesehen werden. Die in unserer Darstellung am meisten gebrauchten Sammlungen werden wie folgt abgekürzt: K. B. oder (derzeitig) Q. B.: *King's* bzw. *Queen's Bench* (das wichtigste britische Gericht); A. C.: *Court of Appeal, House of Lords* und *Privy Council*; P.: *Probate Division*; Ch.: *Chancery Division*; Diese Sammlungen werden fortlaufend seit 1901 veröffentlicht. Die umfassendste Sammlung sind die *All England Reports* (All E. R.).

kodifizierten Geschäftsordnungen beider Häuser (*Standing Orders*) rationalisiert, aber was die Wahrung der Autorität des Parlaments nach außen und die Stellung der Mitglieder innerhalb desselben anbelangt, ist noch immer das Herkommen maßgebend[1].

4. Lehrmeinungen

In höherem Maß als etwa in den Vereinigten Staaten, jedoch weit weniger als in Deutschland mit seinem in der rechtsvergleichenden Jurisprudenz einzigartigen Reichtum an juristischen Kommentaren und Einzeldarstellungen kann schließlich auch die respektable Lehrmeinung als subsidiäre Rechtsquelle angesehen werden. Dies gilt für das öffentliche Recht noch mehr als für das Privatrecht, wenn es sich um Fragen handelt, bei denen weder eine gesetzliche Regelung noch eine gerichtliche Interpretation vorliegt[2].

III. Die Konventionalregeln

1. Wesen und begriffliche Abgrenzungen

Die Konventionalregel – *constitutional convention* – gehört zu den für den Ausländer am schwersten zugänglichen Begriffen der britischen Verfassungsordnung. Ohne ihr Verständnis kann aber das Wesen des jeweiligen politischen Prozesses in Großbritannien nicht erfaßt werden. Konventionalregeln sind sowohl eine Quelle als auch ein Gegenstand des materiellen Verfassungsrechts. Sie kommen ausschließlich im öffentlichen Recht vor und beziehen sich ausschließlich auf das, was als der

[1] Siehe unten S. 269ff.

[2] An allgemein anerkannter Autorität hat wohl kein Lehrbuch Blackstones *Commentaries on the Laws of England* (1765) übertroffen, was allerdings eher auf die elegante und leichtfaßliche Darstellung als auf juristischen Scharfsinn oder theoretische Vertiefung zurückzuführen sein mag. Er wird heute weit weniger zitiert als in früheren Jahrzehnten. Für das eigentliche Staats- und Verfassungsrecht erfreute sich A. V. Diceys *Introduction to the Law of the Constitution* (erstmals London 1885, 10. Auflage 1959) allgemeinen Ansehens, ist aber heute überholt. Unter den Historikern wird das klassische Werk von William S. Holdsworth, *History of EnglishLaw*, London 1924—1952 von den oberen Gerichten vielfach herangezogen. Das Standardwerk über das Parlamentsverfahren ist Thomas Erskine May, *Treatise on the Law, Privileges, Proceedings and Usages of Parliament*, 16. Auflage, London 1957. Neuestens gelten auch Juristen, die der Politikwissenschaft nahestehen, wie W. Ivor Jennings, (siehe die im Schrifttumsverzeichnis angeführten Werke) als rechtsquellenfähig. Für die Geltung der Konventionalregeln wird auch häufig auf die politischen Biographien zurückgegriffen, die in England auf einer anderwärts kaum erreichten Stufe stehen.

politische Prozeß angesprochen wird, sind also letzten Endes politisches Recht. Der politische Prozeß bedient sich ihrer weit mehr als des statutarischen Rechts.

Bei der Erfassung der Konventionalregeln ist der Vergleich mit der auch in anderen Staaten bestehenden Erscheinung des Verfassungsbrauchs[1] wenig dienlich, weil die allermeisten zeitgenössischen Staaten eine formulierte Verfassung besitzen, der gegenüber der Verfassungsbrauch nur komplementär ist und überdies positivrechtlich gestaltet werden könnte. Ebensowenig ist die Konventionalregel dem im Privatrecht geltenden Gewohnheitsrecht gleichzustellen, welches die Gerichte nur anerkennen, wenn es seit unvordenklichen (*immemorial*) Zeiten bestanden hat; denn die Konventionalregel kann neueren Datums sein. Sie unterscheidet sich vom Gewohnheitsrecht und allen anderen Normen auch darin, daß ihre Beobachtung gegenüber den sie handhabenden Personen gerichtlich nicht erzwungen werden kann. Sie ist also in diesem Sinn gewissermaßen den justizfreien Hoheitsakten angenähert, wenn auch keineswegs mit ihnen identisch[2].

Auf die einfachste Formel gebracht sind die Konventionalregeln pragmatische Regeln für die *politischen* Verhaltensweisen bestimmter Staatsorgane – hauptsächlich der Krone, der für sie handelnden Personen des Prime Ministers, des Kabinetts und der Minister, des Speakers des Unterhauses, des Parlaments als Kollektivorgan –, welche so lange gelten, als ihre Zweckdienlichkeit für den Fortgang des politischen Prozesses von den handelnden Politikern anerkannt wird. Verliert eine Konventionalregel ihre politische Nützlichkeit, wird sie aufgegeben, modifiziert oder durch eine andere ersetzt. Paradox ausgedrückt, gilt sie also so lange, als sie politische Zweckmäßigkeit beanspruchen kann. Es kommt jedoch vor, und zwar keineswegs selten, daß eine Konventionalregel schließlich in Gesetzesform umgegossen wird; dann unterliegt sie wie alle anderen Gesetzesnormen auch der richterlichen Kognition. Ein wichtiges Beispiel wäre die gesetzliche Normierung der bis dahin bestehenden Konventionalregeln für das Verhältnis der Commons zum *House of Lords* im *Parliament Act* von 1911. Ob es allerdings theoretisch möglich wäre, alle Konventionalregeln in Gesetzesform einzukleiden, bleibt fraglich. Die Dynamik des parlamentarischen Betriebs – Rücktritt der Regierung, Auflösung des

[1] Es sei hier nur beispielsweise an die Nationalkonvente der politischen Parteien in den Vereinigten Staaten, die ein wesentlicher Bestandteil des Verfahrens der Präsidentschaftsbestellung sind, ohne in der Verfassung erwähnt zu sein, oder an die Atrophie des Auflösungsrechts des Parlaments in der Dritten und Vierten französischen Republik erinnert.

[2] Das bedeutet jedoch nicht, daß die Gerichte von bestehenden Konventionalregeln nicht Kenntnis nehmen würden, wenn dies zur Entscheidung des Falles wesentlich sein sollte; vgl. *Liversidge v. Anderson* [1942] [A. C. 206]) und *British Coal Corporation v. The King* [1935] [A. C. 500]).

Parlaments, Berücksichtigung der Minderheit und anderes – verfassungskräftig zu normieren, ist auch in den Staaten, welche es versuchten, nicht gelungen, da sich zwar Normen für die Mechanik des politischen Betriebes, nicht aber für den Geist aufstellen lassen.

2. Bedeutung für den politischen Prozeß

Was den politischen Prozeß in Großbritannien von allen anderen zeitgenössischen Verfassungsordnungen unterscheidet, ist die außerordentliche Bedeutung der Konventionalregeln im Vergleich mit dem gesetzten Recht. Den Konventionalregeln verdankt England die Umwandlung der zum Absolutismus tendierenden Herrschaft der Stuarts in die konstitutionell beschränkte Monarchie im 18. und, nachfolgend im 19. Jahrhundert, die Ablösung dieser durch die parlamentarische Demokratie in der Gestalt der Kabinettsregierung. Parallel damit verläuft der Abbau der königlichen Prärogative und ihre Ersetzung durch die parlamentarische Ministerverantwortlichkeit. Konventionalregeln ist die überragende Stellung des Ministerpräsidenten innerhalb der Regierung zu verdanken, wodurch der Monarch aus der eigentlichen Entscheidungsfällung ausgeschaltet wurde. Das Zusammenspiel von Krone, Prime Minister, Kabinett und Parlament ist durch Konventionalregeln bestimmt und ließe sich statutarisch überhaupt nicht rationalisieren. Konventionalregeln beherrschen schließlich auch den Geschäftsbetrieb des Parlaments selbst. Zwar ist die Betriebsroutine in den Geschäftsordnungen (*Standing Orders*) normiert; aber die Stellung des Speakers, die Beteiligung der Opposition in Debattenführung und Ausschußbestellung und anderes mehr beruhen auf Konventionalregeln, ebenso wie dies beim parlamentarischen Verhalten der Parlamentsmitglieder – Abstimmungen und Parteidisziplin – der Fall ist.

Wendet man sich nun dem Zweck der Konventionalregeln zu, so ergibt sich zunächst, daß sie den Betrieb des politischen Prozesses ermöglichen und erleichtern. Darüber hinaus aber sind sie die eigentlichen Vehikel der Verfassungswandlung und ersetzen somit, soweit dies staatstheoretisch möglich ist, die eigentliche Verfassungsänderung. Von einem anderen Gesichtspunkt aus gesehen tragen sie dazu bei, den vom Gesetz den Amtsträgern gelassenen Ermessensspielraum zu verringern und zu rationalisieren. Politisch betrachtet – und dies entspricht dem Zug der Zeit – dienen sie dazu, daß die öffentlichen Angelegenheiten im Einklang mit dem erklärten oder vernünftigerweise anzunehmenden Willen der Wählerschaft geführt werden; sie sind also letzten Endes nichts anderes als Instrumente zur Verwirklichung der Demokratie. Auf der Grundlage des britischen Repräsentativsystems wird angenommen, daß eine Parlamentsmehrheit einer Wählermehrheit entspricht, wobei die nicht ganz seltenen Fälle (wie 1950, 1951 und 1964) unberücksichtigt bleiben können, daß die Oppositionspartei oder -parteien eine Wählermehrheit erzielt haben. Darauf beruht die heutige Konventionalregel, daß der Prime Minister der Mehrheitspartei entnommen werden muß, eine Konventionalregel, die beispielsweise im 19. Jahrhundert vor der zweiten Reformbill schon wegen der Zerfaserung der Unterhausparteien nicht galt. Dem gleichen demokratischen Telos dienen etwa die Konventionalregeln, daß die Krone nur ihre verantwortlichen Minister konsultieren darf, oder daß das volksgewählte Unterhaus gegenüber dem erblichen Oberhaus die legislatorische und politische Vorhand haben muß. Konventionalregeln regieren die Umwandlung des Unterhauses als einer echten Legislativkörperschaft, welche auch die politischen Grundentscheidungen treffen konnte, in ein Organ, das sich der Führung des Prime Ministers und seines Kabinetts unterwirft, wodurch umgekehrt der Vorrang der letzteren über das Parlament sich vollzogen hat. Auch die Konventionalregeln der Einberufung und Auflösung des Unterhauses sind von dem demokratischen Telos bedingt. Schließlich sind es die Konventionalregeln, welche die Zusammenarbeit im politischen Prozeß zwischen Regierung und Unterhaus ermöglichen und die verschiedenen Regierungstätigkeiten der Departments zu einer vom Kabinett geleiteten Einheit zusammenschließen.

Ohne die Kenntnis der Konventionalregeln läßt sich also das Wesen der britischen Verfassungsordnung überhaupt nicht erfassen.

3. Entstehung

Wann und wie eine Konventionalregel entsteht, ist unbestimmt. In jedem Stadium der britischen Verfassungsentwicklung haben verschiedene Konventionalregeln bestanden, deren Summe den Charakter der jeweiligen Staats- und Regierungsform ergab. Diejenigen Konventionalregeln aber, welche die heutige „Gestalt" der Verfassungsordnung ausmachen, gehen nicht hinter die die Wasserscheide gegenüber der Vergangenheit bildende Glorreiche Revolution von 1688 zurück. Der ursprüngliche Anstoß zum Entstehen einer Konventionalregel liegt in einer im gegebenen Zeitpunkt aus politischen Erwägungen vorgenommenen Handlung eines Staatsorgans – Monarch, Prime Minister, Speaker oder anderer –, also in dem, was später als Präzedenzfall angesehen wird. Zur Zeit ihrer Vornahme mag die Handlung verfassungspolitisch als bedeutungslos angesehen worden sein, bildet aber nachher den Beginn der Kette. Seit Königin Anne der *Scotch Militia Bill* die Zustimmung verweigerte (1707), hat kein Souverän mehr von dem damals wie heute unzweifelhaft bestehenden Recht der Zustimmungsverweigerung Gebrauch gemacht; damals konnte niemand wissen, daß sich daraus eine weittragende Konventionalregel ergeben würde.

Konventionalregeln verschwinden, wie sie entstanden sind oder vielleicht auch, ehe sie als solche anerkannt wurden. Der Speaker der Commons konnte früher traditionell seinen Sitz bei Neuwahlen ohne Opposition einnehmen, heute wird er ihm regelmäßig von der einen oder anderen politischen Partei streitig gemacht. Seit George V. Stanley Baldwin anstelle des an sich nach seinem Prestige darauf Anspruch erhebenden Lord Curzon zum Prime Minister ernannte (1923), gilt als Konventionalregel, daß dieser dem Unterhaus angehören müsse. Was gleichfalls als eine Konventionalregel erschien, daß auch der Außenminister Unterhausmitglied sein sollte – wofür zwingende Gründe sprechen –, ist Lord Halifax (1937) und durch die Berufung der Oberhausmitglieder Earl of Home (1960) außer Kraft gesetzt worden, allerdings nur vorübergehend. Bei der Entstehung wie beim Abbau einer Konventionalregel ist also vielfach der historische Zufall im Spiel, der aber in jedem Fall dem jeweiligen politischen Telos der Verfassungsordnung und der rationellen Führung des politischen Prozesses entspricht.

4. Geltungsgründe

Die Gründe, weshalb die Konventionalregeln von den sie handhabenden Politikern beachtet werden, sind die gleichen, welche die Mannschaft auf dem Spielfeld veranlassen, die Spielregeln einzuhalten: ohne sie wäre der geregelte Ablauf des politischen Prozesses unmöglich. Werden die Konventionalregeln mißachtet, tritt, auch ohne daß eine sanktionable Verfassungsverletzung begangen werden müßte, Stillstand und Chaos ein. Wäre der Monarch so schlecht beraten, daß er einem vom Parlament angenommenen Gesetz die Zustimmung verweigerte, so würde die im Amt befindliche Regierung zurücktreten und er würde kein von einer Mehrheit getragenes Kabinett zur Weiterführung der Regierung finden. Würde er daraufhin, um dieses nach britischen Begriffen absurde Beispiel auf die Spitze zu treiben, ein „Kampf"kabinett bilden, wie man das unter Weimar zu nennen beliebte, das Parlament heimschicken und keine neuen Wahlen ausschreiben lassen, so wäre dies ein Staatsstreich, der zudem zu keinem Erfolg führen könnte, da das Parlament alljährlich den *Mutiny Act*, (erstmals erlassen 1688 [1 Will. & Mary, c. 5]) erneuern muß, auf welchem die militärische Disziplin beruht[1], und da die Ein-

[1] Bei diesem sich in allen Lehrbüchern findenden klassischen Beispiel ist allerdings die Änderung der Rechtslage seit 1955 außer acht gelassen. Durch den *Army Act* und den *Air Force Act* (3 & 4 Eliz. 2, c. 18 u. 19) erfolgt die jeweilige Verlängerung durch *Order in Council*, die außer Kraft tritt, wenn sie nicht von jedem Haus mit Resolution bestätigt wird. Eine Kampfregierung hätte also bestenfalls das Jahr, in welchem das Gesetz ergangen und ein weiteres, das durch die *Order in Council* autorisiert ist, zur Verfügung, ehe sie in die Illegalität geriete. Letzten Endes ist also die Situation die gleiche wie bei der alljährlichen Erneuerung.

kommensteuer gleichfalls jeweils nur auf ein Jahr ermächtigt ist. Die wesentlichen Konventionalregeln sind also mit dem politischen Prozeß so verzahnt, daß ihr erster Bruch bereits in die Illegalität führen würde. Wenn es auch in dieser krausen Zeit keineswegs völlig undenkbar ist, daß der Rechtsstaat einmal verschwinden wird, so dürfte Großbritannien wohl das letzte Land sein, wo dies der Fall wäre. Kommt es aber zu einem wirklichen Staatsnotstand, so bestehen genügend gesetztliche Grundlagen, um seiner legalerweise Herr zu werden[1].

Nicht immer und unter allen Umständen jedoch muß der Bruch einer Konventionalregel zu einer derartigen Störung oder sogar zum Stillstand des politischen Prozesses führen. Wird von ihr aus praktisch zwingenden Gründen abgewichen – wie es beispielsweise beim Durchlöchern der kollektiven Ministerverantwortlichkeit durch das *agreement to disagree* zeitweilig der Fall war[2] –, so hat die Konventionalregel entweder ihre Wirkung verloren und wird durch eine andere ersetzt oder aber sie wird nach einiger Zeit wiederhergestellt, wie es beim angeführten Beispiel nach 1932 der Fall war. Heute ist die ministerielle Kollektiv-Verantwortung ohnehin mehr Fiktion als Realität, weil ein Regierungsmitglied, das mit der festgelegten Kabinettspolitik nicht übereinstimmt, in der Regel ausgebootet wird, sollte es nicht freiwillig ausscheiden[3].

Letzten Endes also ist die Beobachtung auch der Konventionalregeln mit den Persönlichkeiten verbunden und von ihnen abhängig, die sie handhaben. Der Throninhaber, in der Tradition der Verfassungstreue und politischen Unparteilichkeit aufgewachsen, hält an ihnen, wenn nicht aus Veranlagung, so doch im Bewußtsein fest, daß darin die einzige Möglichkeit liegt, in einer Zeit ihrer Abwertung die monarchische Institution in England lebendig zu erhalten. Die Politiker im Amt sind durchwegs Leute, die nicht nur sich die Gunst der Wählerschaft erhalten wollen, sondern die sich ihrer politischen Verantwortung bewußt sind. Der britische Auswahlprozeß für die parlamentarische Führungsschicht ist so eingerichtet, daß Abenteurer schon auf den unteren Sprossen der Leiter zu Fall kommen. Denjenigen, die weiter hoch steigen, sind die Spielregeln schon aus Gründen der Selbsterhaltung so in Fleisch und Blut übergegangen, daß ihr absichtlicher Bruch schlechthin nicht in Frage kommt und daß Unstimmigkeiten über Auslegung und Anwendung alsbald ausgeglichen würden.

5. Einteilung

Eine Einteilung nach Sachgebieten stößt, abgesehen davon, daß sie später zu behandelndes Material hier vorwegnimmt, wegen der Über-

[1] Siehe Bd. II, S. 360ff.
[2] Siehe unten S. 428.
[3] Siehe unten S. 412ff.

kreuzungswirkung auf erhebliche Schwierigkeiten. Sie würde aber etwa das folgende Gesamtbild ergeben:

a) Die Royal Prerogative betreffend

Die weitaus wichtigsten Konventionalregeln beziehen sich auf ihre Ausübung. Nur durch diese wird sie in den Verfassungsstaat eingegliedert.

Man muß sich dabei vergegenwärtigen, daß die Krone verfassungsrechtlich auch heute noch, wäre sie nicht durch die Konventionalregeln eingeschränkt, nur alle drei Jahre ein Parlament einberufen, ihre Minister nach Gutdünken ernennen und entlassen, den Parlamentsgesetzen die Zustimmung verweigern und zahlreiche andere erstaunliche Dinge tun könnte, die einem autoritären Regiment, nicht aber einer parlamentarischen Demokratie zu Gesicht stünden. Aber die Konventionalregeln engen den monarchischen Spielraum wie folgt ein:

aa) Außer bei zeremoniellen Gelegenheiten wie dem Verlesen der Thronrede ist der Monarch gehalten, sich von den Sitzungen des Parlamentes fernzuhalten; selbst das Betreten des Parlamentsgebäudes ist ihm untersagt.

bb) Unter der Voraussetzung des Zweiparteiensystems ist der Monarch gehalten, den offiziellen Führer der bei den Generalwahlen siegreichen Partei zum Prime Minister zu ernennen. Nur bei einer Dreiparteienkonstellation, bei der keine Partei eine absolute Mehrheit hat, ist ihm ein gewisser Ermessensspielraum belassen. Er muß ferner die ihm vom Prime Minister vorgeschlagenen Personen zu Ministern ernennen und sie nach Maßgabe der Wünsche des Prime Ministers auch aus ihrem Amt entlassen.

cc) In der Ausübung der ihm nach der königlichen Prärogative zustehenden Befugnisse ist er an die Ratschläge des Prime Ministers gebunden und, von außergewöhnlichen Situationen abgesehen, hat er keinerlei Ermessensspielraum. Die Konventionalregel verbietet ihm die Teilnahme an den Kabinettssitzungen. Er ist jedoch berechtigt, über die wesentlichen politischen Vorgänge informiert zu werden und gegebenenfalls bei vom Prime Minister und seinem Kabinett beabsichtigten Entscheidungsfällungen zu warnen.

dd) Die Krone muß den von den beiden Häusern des Parlaments ordnungsgemäß erlassenen Gesetzen die königliche Sanktion erteilen.

b) Den Prime Minister und die Regierung betreffend

Weder das Amt des Prime Ministers noch das Kabinett selbst sind statutarisch festgelegt; rechtlich existieren sie überhaupt nicht. Die Verteilung der Regierungsgeschäfte unter den Kabinettsmitgliedern obliegt dem Ermessen des Prime Ministers. Weder die Trennung des eigentlichen Kabinetts von den Ministerien noch der Anspruch eines Department-Chefs auf Kabinettsmitgliedschaft sind statutarisch vorgeschrieben.

aa) Die Regierung ist berechtigt, so lange im Amt zu bleiben, als sie das Vertrauen des Unterhauses genießt.

bb) Erleidet die Regierung bei der Abstimmung über die Vertrauensfrage oder einer vom Prime Minister als wichtig bezeichneten Maßnahme eine Niederlage in den Commons, muß sie zurücktreten[1]. In diesem Fall könnte ein anderes Kabinett unter einem anderen Prime Minister der Mehrheitspartei gebildet werden. Dies ist aber heute praktisch ausgeschlossen, so daß einer Regierungsniederlage derzeit unweigerlich die vom Prime Minister der Krone angeratene Auflösung der Commons und Neuwahlen folgen. Man kann es als eine Konventionalregel ansehen, daß ein Parteienwechsel in der Regierungsbildung ohne dazwischenliegende Neuwahlen nicht mehr stattfinden kann. Eine Niederlage der Regierung im Oberhaus zieht keinen Regierungswechsel oder Neuwahlen des Unterhauses nach sich.

cc) Eine in den Generalwahlen geschlagene Regierung muß zurücktreten, ohne sich dem zusammengetretenen neuen Parlament gestellt zu haben. Die Krone muß den Führer der siegreichen Oppositionspartei mit der Kabinettsbildung betrauen.

c) Die parlamentarische Dynamik betreffend

aa) Das Parlament muß mindestens jedes Jahr einberufen werden. Die beiden Häuser tagen getrennt; gemeinsame Beratungen finden nicht statt.

bb) Nach einer Parlamentsauflösung sind innerhalb einer angemessen kurzen Frist Neuwahlen abzuhalten.

cc) Nur solche Personen können von der Krone zu Ministern ernannt werden, die entweder einen Sitz im Unterhaus oder Oberhaus innehaben oder in absehbarer Zeit zu erwarten haben[2].

dd) Die Regierung ist dem Unterhaus für die Regierungsführung kollektiv verantwortlich. Ein in einer wesentlichen Frage von der Kabinettsentscheidung abweichender Minister muß zurücktreten. Dem Oberhaus gegenüber besteht keine kollektive Ministerverantwortlichkeit.

---

[1] Dies ist allerdings seit 1895 (Earl of Rosebery) nicht mehr vorgekommen. Niederlagen einer Koalitionsregierung zählen dabei nicht mit, wenn sie vom Kabinett nicht als existenzvernichtend angesehen werden.

[2] Für die Verteilung der Regierungsmitglieder auf die beiden Häuser enthält der *House of Commons Disqualification Act* von 1957 (5 & 6 Eliz. 2, c. 20) nunmehr einen Schlüssel, womit eine bis dahin kaum zu einer Konventionalregel konkretisierte Situation eine statutarische Grundlage erhalten hat; siehe unten S. 409ff.

ee) Das Unterhaus ist – eine entscheidend wichtige Konventionalregel – wegen der bei beiden Parteien bestehenden strengen Parteidisziplin nicht (mehr) in der Lage, die am Ruder befindliche Regierung durch ein formelles Mißtrauensvotum oder durch die Ablehnung eines von ihr als lebenswichtig bezeichneten Gesetzentwurfes zu stürzen, es sei denn – eine heute kaum mehr vorstellbare Situation –, so viele Mitglieder der Regierungspartei würden sich zur Minderheit gesellen oder zumindest der Stimme enthalten, als zur Regierungsniederlage erforderlich wären.

ff) Der politische Betrieb im Unterhaus wird in formloser Übereinstimmung zwischen der Regierung und der Oppositionspartei geführt, welche eine Majorisierung der Opposition durch die Mehrheit bei der Beratung ausschließt.

gg) Im Verhältnis der beiden Häuser zueinander haben der *Parliament Act* von 1911 und seine Ergänzung von 1949 (12, 13 & 14 Geo. 6, c. 103) die bis dahin bestehend gewesenen Konventionalregeln statutarisch festgelegt. Dies gilt insbesondere für den Vorrang der Commons bei der Finanzgesetzgebung (*money bills*). Finanzgesetze können nur im Unterhaus eingebracht werden.

hh) Jedes der beiden Häuser besitzt volle Geschäftsführungsautonomie, die in den *Standing Orders*, erlassen und abänderbar durch einfachen Mehrheitsbeschluß, niedergelegt ist. Jedoch sind im Parlamentsbetrieb zahlreiche Verhaltensweisen einschlägig, von denen nicht mit Sicherheit festzustellen ist, ob es sich dabei um parlamentarisches Gewohnheitsrecht oder um echte Konventionalregeln handelt; dazu gehören beispielsweise die Rolle und Autorität des Speakers in den Commons, die Zuteilung der Ausschußvorsitzenden nach Maßgabe der jeweiligen Parteienstärke im Unterhaus, oder daß die Peers, die nicht durch gleichzeitige oder frühere Innehabung eines hohen Richteramtes qualifiziert sind, nicht an den gerichtlichen Sitzungen der Lords teilnehmen können, und ähnliches mehr.

d) Das Parteiwesen betreffend

An dieser Stelle mag die Frage aufgeworfen werden, ob nicht auch Stellung und Rolle der Parteien im politischen Prozeß durch Konventionalregeln bestimmt werden. Man wird sie bejahend beantworten müssen, wenn man die Existenz politischer Parteien und ihre Beteiligung an der politischen Dynamik als einen wesentlichen Bestandteil der Verfassungsordnung anerkennt. Unter diesem Gesichtspunkt wäre die Chance jeder der beiden alternierenden Parteien, zur Regierungspartei zu werden, die Bereitstellung des jeweiligen Parteiführers als berufener bzw. potentieller Prime Minister, die Aufstellung eines „Schattenkabinetts" durch die

Oppositionspartei – alles Dinge, die sich heute nach einem feststehenden Ritual vollziehen –, als echte Konventionalregeln aufzufassen.

e) Das Verhältnis Großbritanniens zum Commonwealth betreffend

Konventionalregeln bestimmen auch weitgehend das Verhältnis Großbritanniens zu den Mitgliedern des *Commonwealth.*

Hierzu gehören vor allem[1]:

aa) Änderungen im Titel der Krone und hinsichtlich der Thronfolge bedürfen der Zustimmung der Parlamente derjenigen *Commonwealth*-Mitglieder, welche die gemeinsame Krone anerkennen.

bb) Die Krone ernennt auf Rat des Prime Ministers des betreffenden *Commonwealth*-Mitglieds den *Governor-General,* der nur sie selbst, nicht aber die britische Regierung vertritt. Dieser handelt auf Rat des *Commonwealth*-Prime Ministers ebenso wie die Krone in Großbritannien auf Rat ihres Prime Ministers.

cc) Das britische Parlament kann ohne die Zustimmung des Parlaments des *Commonwealth*-Mitgliedstaates kein für diesen gültiges Gesetz erlassen.

dd) Die britische Regierung und die Regierungen der *Commonwealth*-Staaten sind gehalten, sich gegenseitig über völkerrechtliche Vertragsverhandlungen und wichtige Fragen der gemeinsamen Außenpolitik zu informieren.

Viertes Kapitel

Die Grundmaximen der Verfassungsordnung

I. Die Parlamentssouveränität

Wollte man die historische Gestalt der britischen Staatsordnung in einer einzigen „Grundnorm" ausdrücken, so wäre es die Doktrin, daß das britische Parlament die Souveränität – *sovereignty* oder auch *supremacy* – besitzt. Dies bedeutet, daß der *King-in-Parliament* – die beiden Häuser also im Zusammenwirken mit der Krone – die höchste und unanfechtbare Entscheidungsmacht innerhalb des britischen Staatsgebietes

[1] Einiges davon wurde allerdings in der *Statute of Westminster* von 1931 (22 & 23 Geo. 5, c. 4) statutarisch geregelt.

innehat. Damit ist zweierlei gemeint: Einmal spiegelt die Lehre einen juristischen Grundsatz wieder, den schon Edward Coke in den *Institutes of the Law of England* (1628–1633) und William Blackstone in the *Commentaries on the Law of England* (1765) aus dem *common law* abgeleitet hatten; er würde in der kontinentalen Staatslehre wohl als die „Kompetenz-Kompetenz" des Parlaments umschrieben werden. Zum anderen aber ist die Maxime der Parlamentssouveränität ein politisches Glaubensbekenntnis oder Dogma. Paradoxerweise beruht der Grundsatz weder auf einem Parlamentsgesetz noch könnte das Parlament ihn heute in ein Gesetz einkleiden oder gar abschaffen. Würde letzteres geschehen, so wäre an die Stelle der geltenden eine andere, eine neue Verfassungsordnung getreten.

Das Verständnis der Lehre von der Parlamentssouveränität kann nur geschichtlich als Ergebnis von drei und mehr Jahrhunderten der politischen Entwicklung erschlossen werden. Die Empirik einer tief in der Vergangenheit wurzelnden politischen Dynamik wurde dann erst nachträglich der Verfassungstheorie bewußt[1].

1. Zur geschichtlichen Entwicklung

Wenn Sir Thomas Smith, Elizabeths (I.) Staatssekretär, in seinem berühmten Buch *De Republica Anglorum* (1583) an einer vielzitierten Stelle feststellen konnte: „*The most high and absolute power of the realme of Englande consisteth in the Parliament*", so hat er damit weniger die politische Wirklichkeit unter den Tudors beschreiben wollen, bei der das damalige Parlament zwar unentbehrlich für die Regierung des Königreichs, aber trotz gelegentlicher Störrigkeit ein gefügiges Instrument der Krone war, sondern vielmehr, wie man annehmen muß, einen politischen Wunschtraum zu Papier gebracht. Denn das Parlament als oberster Machtträger ist erst das Ergebnis eines nach langen Kämpfen erzielten Sieges über die Krone. Die Revolution von 1688 machte das Parlament

[1] In unserer Darstellung besteht keine Veranlassung auf die Dogmengeschichte der Parlamentssouveränität einzugehen. Das Ding war eben da, ehe man daran ging, es staatstheoretisch zu unterbauen. Natürlich haben zahlreiche politische Denker daran mitgearbeitet, von Coke und Blackstone angefangen über Burke, die Utilitarier und Austin bis zu Bagehot und schließlich Dicey, der den Begriff der Parlamentssouveränität zum Mittelpunkt seines verfassungstheoretischen Systems machte. Es geschah aber eben nie im luftleeren Raum der politischen Theorie, sondern immer im Bewußtsein der Realität des jeweiligen politischen Prozesses. Damit hängt es naturgemäß auch zusammen, daß die Lehre im 20. Jahrhundert im Licht der nunmehrigen Wirklichkeit des politischen Prozesses einigermaßen abgewertet wurde (siehe unten S. 72ff.).

Wer sich für die Dogmengeschichte der Parlamentssouveränität seit dem 18. Jahrhundert interessiert, sei auf die sorgfältige Quellenstudie von Klaus Streifthau, *Die Souveränität des Parlaments*, Stuttgart 1963 verwiesen.

zum Mittelpunkt des Staats, indem sie die legislative Konkurrenz der Krone ausschaltete, aber gleichzeitig auch die *common law*-Gerichte ein für alle Male dem Parlament unterstellte.

Bereits im 14. Jahrhundert erscheint das Parlament als legitimer Partner in der Gesetzgebung, ohne aber auch nur entfernt darin das Monopol zu besitzen. Seit der Zeit des Rosenkrieges und zumindest seit Henry VI. aus dem Hause Lancaster (1422–1461) wurden die Statuten vom Parlament selbst entworfen und angenommen, worauf sie auch regelmäßig die Billigung des Königs erhielten. In der nachfolgenden Zeit der starken Tudor-Monarchen ging aber ein wesentlicher Teil der Normensetzung wieder an die Krone in Gestalt der parlamentsunabhängigen königlichen Verordnungen über. Der heutige Unterschied zwischen Gesetz und Verordnung war damals nicht ausgeprägt. In der turbulenten Zeit der Reformation ließ sich Henry VIII. vom Parlament in der berühmten *Statute of Proclamations* ([1539] [31 Hen. 8, c. 8]) das Recht zur parlamentsfreien Verordnung durch *proclamation* erteilen. Wenn man dies heute als eine Art Ermächtigungsgesetz zum Erlaß königlicher Notverordnungen interpretieren will, so beruht dies auf der irrigen Voraussetzung, das Parlament habe damals bereits das Gesetzgebungsmonopol innegehabt. In Wirklichkeit war die *Statute of Proclamation* ein ehrlicher Versuch beider Partner, das bis dahin im Zwielicht belassene königliche Verordnungsrecht auf eine einwandfreie Rechtsbasis zu stellen. Die *Statute of Proclamations* sicherte ausdrücklich die Geltung des *common law* und der Parlamentsgesetze, den Eigentumsschutz und den Ausschluß der Todesstrafe im Proklamationsweg zu. Obwohl das Gesetz bald nachher unter Edward VI. (1547) aufgehoben worden war, benutzte es die Krone, besonders Elizabeth I. weiter, wenn das Parlament widerspenstig war, bis *Chief Justice* Coke in dem Schlüsselfall *of Proclamations* ([1611] [12 Co. Rep. 74, 2 St. Tr. 623]) die *Royal Prerogative* auf ihre Geltung nach *common law* einzuschränken trachtete, allerdings mit geringem Erfolg, da der Stuart Charles I. die illegale Praxis fortsetzte und Verstöße durch den *Star Chamber Court* ahnden ließ, bis auch dieser vom Langen Parlament abgeschafft wurde (1641)[1].

Dem gleichen Gebiet der Beeinträchtigung der parlamentarischen Gesetzgebungskompetenz gehörte das gleichfalls auf die *Royal Prerogative* gestützte Recht der Krone an, einem Parlamentsgesetz durch Aufschub seines Inkrafttretens auf unbestimmte Zeit die allgemeine Geltung zu entziehen (*suspending*) oder durch Ausnahmen von einer sonst allgemein gültigen Norm im Einzelfall abzuweichen (*dispensing*). Unter Charles II. wurde die letztere Befugnis durch die Gerichte aufrecht erhalten (*Thomas v. Sorrell* [1674] [Vaughan 330] und *Godden v. Hales* [1686] [11 St. Tr.

[1] Ein letzter Fall der Praxis ereignete sich 1766 unter der Regierung Chatham, wurde aber nachträglich durch ein Freistellungsgesetz (*Indemnity Act*) ausgeglichen.

1163]). Der skrupellose Mißbrauch führte unter James II. zum *Seven Bishops*-Fall ([1688] [12 St. Tr. 183]) und letztlich zum Thronverlust der Stuarts. Die *Bill of Rights* (1688) schließlich machte der Praxis endgültig den Garaus.

Der Brennpunkt aber des epochalen Kampfes zwischen Krone und Parlament war das Steuererhebungsmonopol des Parlaments, das seit der Feudalzeit aus der Notwendigkeit erwachsen war, die Zustimmung der finanzkräftigen Sozialkräfte für die kostspieligen außenpolitischen Unternehmungen der Krone zu gewinnen. Dies war der Hebel, der das Parlament und besonders die Commons in den Sattel der Macht hob. Ohne Steuern konnte die Regierung nicht regieren, so daß die Einberufung eines Parlaments zur Steuerbewilligung, von letzterem regelmäßig von der Abstellung mißliebiger Praktiken der Krone abhängig gemacht, zur staatspolitischen Notwendigkeit werden mußte. Bereits in der Anfangszeit der parlamentarischen Institution unter Edward I. war man sich darüber einig, daß direkte Steuern nur durch Parlamentsermächtigung erhoben werden konnten. Bei den indirekten Abgaben wie Zöllen und Einfuhrmonopolen erwies sich aber die Krone als ein hartnäckiger Gegenspieler des Parlaments. Über solche von der Krone eigenmächtig auferlegte Finanzleistungen ergingen einige der berühmtesten Gerichtsentscheidungen des 17. Jahrhunderts und zwar durchwegs zugunsten der Krone, wie der Fall *Bates* (*Case of Impositions* ([1606] [2 St. Tr. 371], Einfuhrabgaben betreffend); *Darnel's*-Fall ([1627] [3 St. Tr. 1], eine Zwangsanleihe betreffend); und vor allem der *ship money*-Fall (*R. v. Hampden* ([1637] [3 St. Tr. 825], eine auferlegte direkte Steuer als Beitrag zur Kriegsmarine betreffend)[1]. Die Schiffsabgabe wurde vom Langen Parlament aufgehoben. Wiederum machte die *Bill of Rights* von 1688 mit der königlichen Finanzgewalt aller Arten ein Ende. Das unanfechtbare Ergebnis ist also, daß mit der Glorreichen Revolution das Parlament – und seit dem *Parliament Act* von 1911 die Commons – das Finanzmonopol innehaben[2].

---

[1] Die Rechtslage war unklar; die Richter brauchen also nicht einer unzulässigen Unterwürfigkeit gegenüber der Krone geziehen werden, wenn etwa ein Richter im *ship money*-Fall aussprechen konnte: "*No Act of Parliament can bar a King of his regality*". Es war zweifelhaft, ob die kurz vorher ergangene *Petition of Rights* (1628), welche auch die Erhebung indirekter Abgaben durch die Krone ausdrücklich verboten hatte, ein bindendes Parlamentsgesetz gewesen war.

[2] Die Frage der Steuererhebung kam auch in neuerer Zeit gelegentlich wieder auf das gerichtliche Tapet; siehe *Att.-Gen. v. Wilts. United Dairies, Ltd.* ([1922] [37 T.L.R. 884] und *Davey Paxman and Co., Ltd. v. Post Office* ([1954] [*The Times*, November 16, 1854]). Im ersteren Fall handelte es sich um eine während des ersten Weltkrieges ohne ausdrückliche Parlamentsermächtigung auferlegte Lizenzgebühr für den Milchhandel, im letzteren um die vom *Postmaster-General* eingezogene Gebühr für Rundfunkempfänger, die vom *Wireless Telegraphy Act* von 1904 (4 Edw. 7, c. 24) nicht gedeckt war. Die Situation wurde erst nachträglich im *Wireless Telegraphy*

Nach 1688 aber verschob sich der Akzent der Parlamentssouveränität vom rechtlichen auf das politische Gebiet. Im 18. Jahrhundert setzte sich die Verantwortlichkeit des Kabinetts gegenüber dem Parlament durch, und nach der Reform von 1832, wenn auch nicht sogleich, kam die Konventionalregel auf, wonach das Kabinett der Unterhausmehrheit anzugehören hat. Damit wurde das Parlament zum sichtbaren Mittelpunkt des politischen Prozesses, wie das Zwischenstadium der faktischen Parlamentssouveränität zwischen der ersten und der zweiten Wahlreform dartat. Es ist in der viktorianischen Zeit, daß die Lehre von der Parlamentssouveränität zum offiziellen Verfassungsgrundsatz wurde, wozu John Stuart Mill, Walter Bagehot und schließlich auch A. V. Dicey entscheidend beigetragen haben.

2. Wesen und Begriffsbestimmung

Das Wesen der Parlamentssouveränität stand schon seit Coke und Blackstone fest. Ersterer (4 Inst. 36) hielt sie für absolut und transzendent hinsichtlich aller Gegenstände, die sich, wie man hinzufügen könnte, unter der britischen Jurisdiktion befinden, und Blackstone (Comm. I, 160ff.) stößt eineinhalb Jahrhunderte später, nicht ohne allerhand rhetorische Floskeln beizufügen in das gleiche Horn und hielt sie für absolut, unbegrenzt und unbegrenzbar; das Parlament sei der Standort der „letzten despotischen Macht, die in jeder Regierung" (lies: staatlichen Organisation) „irgendwo ihren Platz haben muß". Man hat dies auch überspitzt so ausgedrückt, daß das britische Parlament alles tun könne, außer aus einem Mann eine Frau und aus einer Frau einen Mann zu machen; und selbst das sei möglich; denn die parlamentarische Omnipotenz könne auch ein derart naturwidriges Gesetz erlassen, wobei allerdings der Erzwingung gewisse Hindernisse im Wege stünden[1]. Aber wenn das Parlament durch Gesetz allen rothaarigen Mädchen die Heirat verbieten würde, müßte es schon ein mutiger *registrar of marriages* sein, der gegen das Gesetz verstoßen würde; solche trotzdem eingegangene Ehen wären eben *vor dem Gesetz* nichtig. Wie dem auch sei, ein anscheinend mit Humor begabter Richter schrieb im 18. Jahrhundert: *"An Act of Parliament can do no wrong, but it can do several things that look pretty odd"* (*City of London v. Wood* [1711] [12 Mod. auf S. 687]). Nichts beleuchtet aber die grandiose Dimension, die der Begriff der Parlamentssouveränität

(Validation of Charges) Act von 1954 (3 & 4 Eliz. 2, c. 2), und zwar rückwirkend legalisiert.

[1] Das Epigramm geht anscheinend auf einen aufmerksamen Beobachter der britischen politischen Szene im 18. Jahrhundert, J. L. DeLolme, zurück und ist von neueren Schriftstellern wie Jennings sicherlich zu ernst genommen worden: denn auch Blackstone (Comm. I, 41) macht die Einschränkung, das Parlament könne alles tun *that is not naturally impossible.*

als der Herrin über Leben und Tod annehmen kann, besser als die Formel des zu Beginn des zweiten Weltkrieges erlassenen *Emergency Powers (Defence No. 2) Act* von 1940 (3 & 4 Geo. 6, c. 45), der Regierungsverordnungen ermächtigte "*requiring persons to place themselves, their services and their property at the disposal of His Majesty*"[1]. Die Seele des britischen Menschen brauchte nicht ausdrücklich mit eingeschlossen zu werden, sie war ohnehin der nationalen Sache geweiht. Aus dem Wesen der Parlamentssouveränität wird auch das Recht abgeleitet, daß ein Akt des Parlaments sich über eine ergangene Gerichtsentscheidung hinwegsetzen kann, ohne darin durch die theoretische Annahme der Gewaltentrennung gehindert zu sein[2].

Im Wesen der Parlamentssouveränität liegt ferner, daß sie nicht nur unteilbar und unbegrenzbar, sondern daß sie gleichfalls dem Parlament originär zusteht und nicht etwa durch Delegation vom Volk abgeleitet ist, wie dies bei der französischen Verfassungslehre der Fall ist. Soweit es auf die juristische Theorie der Parlamentssouveränität ankommt, wird dem Volk als solchem oder, wenn es als Wählerschaft organisiert ist, überhaupt keine Organqualität zugeschrieben, so daß das Volk auch nicht seine Befugnisse dem Parlament delegieren könnte. Rein rechtlich betrachtet ist das Volk aus der Parlamentssouveränität völlig ausgeklammert, eine rechtliche Verbindung von Volks- und Parlamentssouveränität wird demnach überhaupt nicht anerkannt.

Es gibt also keinen Gegenstand, den das Parlamentsgesetz nicht regeln könnte, und kein Gesetz, mag es noch so fundamental für die Verfassungsordnung sein, das das britische Parlament nicht ändern oder gar aufheben könnte. Daraus folgt logisch nicht nur das Fehlen oder die Unmöglichkeit einer richterlichen Normenkontrolle[3], sondern daß das Parlament auch nicht durch ein Gesetz den Grundsatz und damit die Verfassung in ihrer historisch gewordenen Form aufheben könnte. Nur eine Revolution wäre dazu imstande.

Die in dem Begriff der Parlamentssouveränität sich verkörpernde Omnipotenz der Legislative ist eine auf England beschränkte Eigentümlichkeit der Verfassungsgestaltung, der man sonst nur in solchen Staaten begegnet, die sich verfassungsmäßig der Versammlungsregierung verschrieben haben[4]. Auch in den Dominions des *Commonwealth*, die grundsätzlich dem britischen Modell folgen, ist die Parlamentssouveränität schon um dessentwillen nicht als oberste Regierungsmaxime anerkannt, weil diese geschriebene Verfassungen besitzen. In den Vereinigten Staaten, dem Grundsatz der wechselseitigen Abhängigkeit der Machtträger

---

[1] Siehe Bd. II, S. 385ff.
[2] Siehe beispielsweise unten S. 512 und Bd. II, S. 332.
[3] Siehe oben S. 46ff.
[4] Siehe Karl Loewenstein, *Verfassungslehre*, Tübingen 1959, S. 76ff.

durch Koordination folgend, sind nur die Verfassung selbst und unter ihr das Volk als souverän anzusehen.

3. Inhalt und Gegenstand

Beispiele für die gesetzgeberische Voll- und Allmacht des Parlaments anzuführen, hieße Kohlen nach Newcastle tragen und würde letzten Endes auf den Versuch einer Aufzählung derjenigen Materien hinauslaufen, die eigentlich in eine geschriebene Verfassung gehörten. Nur beispielshalber seien die folgenden Gesetzgebungsakte erwähnt:

Monarchie: Act of Settlement ([1700] [12 & 13 Will. 3, c. 2]) mit seinen Ergänzungen und *His Majesty's Declaration of Abdication Act* von 1936 (1 Edw. 8 & 1 Geo. 6, c. 3), ferner die Begründung der Passivlegitimation und Haftung der Krone oder des Fiskus für Vertragsverpflichtungen und unerlaubte Handlungen ihrer Beamten im *Crown Proceedings Act* von 1947 (10 & 11 Geo. 6, c. 44).

Staatsgebiet: die Unionen mit Schottland und Irland[1] und die Entlassung Irlands aus dem Staatsverband des Vereinigten Königsreichs samt der Begründung von Ulster (Nordirland) als autonome Provinz, ferner die seit dem letzten Krieg häufigen Gesetze zur Durchführung der staatlichen Unabhängigkeit früherer Dominions oder Kolonialgebiete wie Ceylon, Indien, Pakistan, Burma, Nigeria, Malaysia und zahlreicher anderer Gebiete;

Nationalverteidigung: die *Defence of the Realm* und *Emergency Powers Acts* der beiden Weltkriege;

die *Bürger* und ihre Freiheiten betreffend: zahlreiche Gesetze des 17. und 18. Jahrhunderts bis zum *Public Order Act* von 1936 (1 Edw. 8 & 1 Geo. 6, c. 6), welche sich mit der Ausübung der sonst nur gerichtlich geschützten Freiheitsrechte befassen, und der *Nationality Act* von 1948 (11 & 12 Geo. 6, c. 56).

Die parlamentarische Omnipotenz erstreckt sich aber nicht zuletzt auch auf das *Parlament* selbst: Es verlängerte seine Legislaturperiode von drei auf sieben Jahre (*Septennial Act* von 1715), und zwar ohne auf Neuwahlen zu warten, und verkürzte sie wiederum gleichermaßen von sieben auf fünf Jahre (*Parliament Act* von 1911); während der beiden Weltkriege verlängerte es seine Lebensdauer auf acht (1910 bis 1918) bzw. zehn (1935 bis 1945) Jahre. Die Commons änderten ihre eigene Zusammensetzung durch die verschiedenen *Representation of the People* und die *Redistribution of Seats Acts* und regelten wichtige Aspekte ihrer Mitgliedschaft im *House of Commons Disqualification Act* von 1957. In der Zusammensetzung der Lordskammer wurden Veränderungen durch die Aufnahme der *Law Lords* und von lebenslänglichen Peers (*Life Peerages Act* von 1958

---

[1] Siehe oben S. 28 und 30.

[6 & 7 Eliz. 2, c. 21]) vorgenommen. Im Verhältnis der beiden Häuser zueinander wurde durch die *Parliament Acts* von 1911 und 1949 die Vorhand der Commons bei Finanzgesetzen normiert und die gesetzgeberische Teilnahme des Oberhauses auf ein zeitlich beschränktes, daher nur mehr suspensives Veto beschränkt. Nichts würde einer grundlegenden Reform der Lordskammer oder überhaupt ihrer Abschaffung im Wege stehen. Auch die Monarchie selbst könnte durch einfaches Parlamentsgesetz aufgehoben werden, was allerdings zu einer Neuformulierung der verbleibenden Reste der *Royal Prerogative* führen müßte. Theoretisch könnten die Commons auch sich selbst das Lebenslicht ausblasen, womit die bisherige von einer völlig neuen Verfassungsordnung abgelöst wäre. Die selbstverständliche Voraussetzung bei solchen grundlegenden Reformen ist jedoch, daß sie durch ein Parlamentsgesetz erfolgen, daß also beide Häuser sie verabschieden und die Krone ihre Zustimmung durch den *royal assent* erteilt. Ein Gesetzgebungsakt des Unterhauses allein ist eben kein Akt der Gesetzgebung.

Hier sind auch die eine britische Eigentümlichkeit bildenden Freistellungsgesetze – *Indemnity Acts* – einschlägig. Dadurch kann das Parlament von ihm selbst oder von Regierungsbeamten begangene Gesetzwidrigkeiten sowohl straffrei als auch gesetzlich ungeschehen gestalten. Solche Freistellungsgesetze ergingen beispielsweise nach dem ersten Weltkrieg (*Indemnity Act* von 1920 [10 & 11 Geo. 5, c. 48] und *War Charges Valdity Act* von 1925 [15 & 16 Geo. 5, c. 6]). Freistellungsgesetze werden auch gelegentlich dazu verwendet, um Unterhausmitgliedern, die an sich gesetzlich verhindert wären ihren Sitz einzunehmen, die Beibehaltung zu ermöglichen und auch die damit zusammenhängende Wahl selbst nachträglich zu legalisieren (beispielsweise die [drei] *Validation of Election Acts* von 1955 [4 & 5 Eliz. 2, c. 10]). Der Gesetzgeber kann auch bei Gelegenheit der richterlichen Rechtsprechung in die Parade fahren, wie es beim *Provisional Collection of Taxes Act* von 1913 (3 & 4 Geo.5, c. 3) der Fall war. Auch rückwirkende Gesetze sind zulässig und keineswegs selten, da sie nicht wie in den Vereinigten Staaten und der Deutschen Bundesrepublik durch Verfassungsrechtssatz verboten sind.

Was die *territoriale Geltung* der Gesetzgebung anbelangt, so könnte das Parlament an sich Gesetze für das gesamte *Commonwealth* erlassen, hat sich dieser Befugnis aber gegenüber den selbständig gewordenen Staaten und dem Zwang der Verhältnisse folgend freiwillig in der *Statute of Westminster* von 1931 (22 & 23 Geo. 5, c. 4) begeben. Ebenso besitzt das Parlament die Autorität, durch „Devolution" oder auf andere Art innerhalb des Vereinigten Königsreichs territoriale Gebietskörperschaften, die mit Selbstverwaltung begabt sind, auf Widerruf zu schaffen und ebenso andere Behörden an seiner Stelle zur Normensetzung auf den ihnen zugewiesenen Gebieten zu ermächtigen, die sog. *delegated* oder *subordinate legislation*[1]. Die ursprüngliche Ermächtigung mochte dabei sogar soweit gehen, daß die nachträgliche Überprüfung der so erlassenen Regulierungen durch die Gerichte ausgeschlossen wurde (*preclusion*).

Weder die allseits anerkannten Regeln des Völkerrechts noch andere internationale Rechtsvorschriften stellen eine Begrenzung der parlamentarischen Suprematie dar. Wenn die Regeln der *comity of nations* beobachtet werden, so geschieht dies aus Zweckmäßigkeitsgründen der Gegenseitigkeit. Kommen trotzdem Verstöße der Gesetzgebung gegen das internationale Recht vor, so könnte nur auf diplomatischem Weg Abhilfe geschaffen werden[2].

4. Die Entscheidungsfreiheit der nachfolgenden Parlamente

Um was es sich hier handelt, wird in der Rechtslehre mit der Maxime gekennzeichnet: Kein Parlament kann seine Nachfolger binden oder, was auf dasselbe hinausläuft: Kein Parlament kann den Grundsatz der *lex posterior derogat legi anteriori* außer Kraft setzen. Von einem anderen Gesichtspunkt aus gesehen liegt hier das auch in anderen Verfassungen auftauchende Problem von „unabänderlichen“ Rechtsnormen vor, wie etwa in den letzten französischen Verfassungen das (dort allerdings verfassungskräftige) Verbot der Änderung der republikanischen Staatsform. In England war eine solche Bestimmung beispielsweise bereits im *Treason Act* von 1495 (11 Hen. 7, c. 1) enthalten.

Seit alters ist sich die englische Rechtslehre in der Ablehnung solcher Bindungen nachfolgender Parlamente einig (Coke, Blackstone, Dicey), mochte die Unabänderlichkeit auch zur Zeit des Erlasses ihren vernünftigen Sinn gehabt haben. Wenn in neuerer Zeit die Gerichte Veranlassung hatten, dazu Stellung zu nehmen, erfolgte gleichfalls die Ablehnung zumindest unter dem Gesichtspunkt der *lex posterior* (*Vauxhall Estates, Ltd. v. Liverpool Corporation* [1932] [1 K.B. 733]) und *Ellen Street, Ltd. v. Minister of Health* [1934] [1 K.B. 500] Schlüsselfall).

Die Unabänderlichkeitsfrage spielte sowohl bei der Union mit Schottland wie derjenigen mit Irland eine Rolle. Bei der ersteren handelte es sich um eine komplizierte Mischform zwischen einem völkerrechtlichen Vertrag und sowohl schottischen wie englischen Parlamentsgesetzen[3].

---

[1] Siehe unten S. 354ff.

[2] Siehe *Mortensen v. Peters* ([1906] [14 S.L.T. 327] [8 F Ct. of Sess. 93]); hier war ein dänischer Kapitän mit einer Buße belegt worden, weil er entgegen dem *Herring Fishery (Scotland) Act* von 1889 (52 & 53 Vict., c. 23) in den schottischen Küstengewässern gefischt hatte, wobei er sich außerhalb der Dreimeilenzone befand. Auf diplomatische Vorstellungen hin erließ die Krone die Buße, verbot aber im *Trawling in Prohibited Areas Act* von 1909 (9 Edw. 7, c. 8) die Einfuhr von nach englischem Recht illegal gefangenen Fischen.

[3] Siehe oben S. 28.

Die Unionsakte von 1706 enthielten eine Bestimmung (Sekt. 18), wonach durch das dort errichtete Gesamtparlament des Vereinigten Königreichs Änderungen des schottischen Privatrechts nur bei „klar ersichtlicher Nützlichkeit für die schottischen Untertanen der Krone“ vorgenommen werden durften. Zahlreiche solche Änderungen sind seither erfolgt, ohne daß die reichlich vage Formel hätte gerichtlich interpretiert werden müssen. Außerdem mußten die Professoren der schottischen Universitäten nach Maßgabe eines vorher erlassenen, aber vom Vereinigten Königreich übernommenen schottischen Gesetzes zum Schutz der schottischen Kirche einen religiösen Eid leisten, was aber das britische Parlament nicht hinderte, sie im *Universities* (*Scotland*) *Act* von 1853 (16 & 17 Vict., c. 89) davon zu entbinden[1]. Für den empfindlichen Nationalstolz der Schotten ist aber die Frage nicht völlig ohne Interesse, wie aus der neueren Kontroverse hervorgeht, ob die jetzige Throninhaberin Königin Elizabeth II. auch in Schottland als Nummer II gelten muß, nachdem die Schotten niemals Untertanen der Nummer I gewesen waren, die zudem ihre angestammte Königin Mary hatte hinrichten lassen. In *MacCormick v. Lord Advocate* ([1953] [S.C. 396] – dem sog. *Royal Numerals*-Fall – wurde zwar die gegen die Legalität der Titelführung angestrengte Klage wegen mangelnder Aktivlegitimation, aber indirekt auch deswegen abgewiesen, weil der ursprüngliche Vertrag darüber nichts enthielt. Immerhin kann die Möglichkeit nicht ausgeschlossen werden, daß der *Royal Titles Act* von 1953 (1 & 2 Eliz. 2, c. 9) für Schottland nicht gilt. Eine gerichtliche Möglichkeit der Austragung besteht allerdings nicht, weil Regierungsakte dieser Art nicht justiziabel sind[2].

Wichtiger war eine Bestimmung im *Union with Ireland Act* ([1800] [39 & 40 Geo. 3, c. 67]), wonach Regiment und Lehre der in beiden Ländern bestehenden *Church of England* als *United Church of England and*

---

[1] Auch in den Vereinigten Staaten pflegt sich der Kongreß über die ehemals mit den „souveränen“ Nationen der Indianer „auf ewig“ abgeschlossenen Verträge hinwegzusetzen, wenn es ihm nützlich erscheint; siehe z. B. noch aus der letzten Zeit *Federal Power Commission v. Tuscarora Indian Nation*, 361 U.S. 80, 1961.

[2] Im obigen Fall kam es also nicht zu einer gerichtlichen Austragung der Frage, was rechtens ist, wenn ein Gesetz des gesamtbritischen Parlaments sich mit den Vertragsbestimmungen der *Articles of Union* in Widerspruch setzen sollte. Die Frage ist jedoch nicht ganz so abwegig wie es den Anschein hat. Angenommen, es stellte sich heraus, daß die schottische (presbyterische) Staatskirche aufgehört hätte, die Mehrheitskonfession zu sein, könnte sie im Widerspruch mit der Unionsakte entstaatlicht werden, wie es bei den irischen und wallisischen Kirchen der Fall gewesen ist? Der Grundsatz, daß das nachfolgende nicht durch das vorhergegangene Parlament gebunden sein kann, würde dann einer Zerreißprobe unterworfen werden. Manche englischen und erst recht die schottischen Juristen sind der Auffassung, daß sich die Frage nicht mit Rechtsargumenten beantworten ließe. Gegebenenfalls würde man zu dem der britischen Verfassungsordnung keineswegs gemäßen Ausweg eines schottischen Plebiszits greifen müssen.

Ireland „auf ewig" fortbestehen sollten. Trotzdem wurde sie durch den *Irish Church Act* von 1869 (32 & 33 Vict., c. 42) entstaatlicht. Als ferner Eire aus dem *Commonwealth* austrat (1949), erklärte der den Austritt anerkennende *Ireland Act* (12, 13 & 14 Geo. 6, c. 41), allerdings nur in der Präambel, daß der mit Autonomie unter der Regelung von 1922 ausgestattete Gebietsteil von Nordirland „*unter keinen Umständen*" aufhören solle, ein Bestandteil des Vereinigten Königreichs zu sein, ohne daß das Parlament von Ulster zugestimmt hätte. Auch hier bestünden keinerlei rechtliche Bedenken, diese Klausel in einem zukünftigen Gesetz zu streichen[1].

5. Grenzen

Daß die legislative Allmacht des britischen Parlaments irgendwelchen Beschränkungen unterworfen sein sollte, erscheint auf den ersten Blick in sich widerspruchsvoll. Denn im Begriff der Souveränität liegt nach der klassischen Lehre sowohl seine Unteilbarkeit wie seine Unbegrenztheit. Solche Begrenzungen bestehen aber in der Tat; sie sind jedoch politischer und nicht rechtlicher Natur, wobei nicht übersehen werden darf, daß, wie es bei den Konventionalregeln der Fall ist, die Grenzziehung zwischen Recht und Praxis in England weitgehend verwischt ist. Es ist zutreffend, daß ein Parlamentsgesetz nicht deswegen nichtig sein kann, weil es angeblich einem „höheren" Recht, etwa der christlichen Gesittung oder dem Naturrecht widerspräche. In der Kampfzeit um die Verfassungsgestaltung im 17. Jahrhundert finden sich gerichtliche Aussprüche wie derjenige Cokes "*When an Act of Parliament is against common right and reason or repugnant, or impossible, the common law will control it*" (*Bonham's*-Fall [1610] [8 Co. Rep. 114]), wobei *common law* etwa dem Volksgeist der historischen Schule gleichzusetzen wäre. Aber in der heutigen Gerichtsjurisprudenz wird man vergeblich nach solchen Verweisungen suchen. Ebensowenig lassen sich positivrechtliche Begrenzungen der Parlamentssouveränität aus der *rule of law* ableiten[2], wenn darunter ein die gesamte zivilisierte Menschheit bindendes universales, übernationales Wertsystem verstanden wird.

Es bestehen aber metajuristische, politisch indizierte Begrenzungen der Parlamentssouveränität, die in der neueren Zeit so entscheidend geworden sind, daß sie den juristischen Gehalt der Doktrin stark entwertet haben. Seit der zweiten Hälfte des 19. Jahrhunderts, die eben die

---

[1] Man ist hier an eine Bestimmung der amerikanischen Unionsverfassung (Artikel VI am Ende) erinnert, wonach keinem Staat die gleichmäßige Vertretung im Senat ohne seine Zustimmung entzogen werden kann, was als eine quasi-unabänderliche Verfassungsbestimmung gilt, der Sache nach aber nur eine weitere Erschwerung einer an sich zulässigen Verfassungsänderung darstellt.

[2] Siehe unten S. 21ff.

Zeit Diceys war, ist der Begriff der Parlamentssouveränität einem Aushöhlungsprozeß unterworfen, der ihn bestenfalls in eine Legalfiktion (Jennings) verwandelt hat. Bei der Erklärung dieses Bedeutungswandels braucht man nicht auf die empirische Erschütterung des Souveränitätsbegriffes in einer pluralistischen Gesellschaftsordnung zurückzugreifen. Wo heute noch vom „souveränen" Staat gesprochen wird, bezieht sich die Terminologie so gut wie immer auf die internationale Stellung des Staats, nicht mehr auf seine innere Organisation. Der Höflichkeitstitel „Souverän", der dem Monarchen mancherorts noch gewährt wird, ist vollends seiner materiell-rechtlichen Bedeutung entleert worden. Zur Erklärung der Abwertung des Souveränitätsbegriffes genügt an sich schon die Austinische Unterscheidung der „legalen" von der „politischen" Souveränität.

Der eigentliche Schlüssel liegt in der Realität des politischen Prozesses von heute. Mag auch unter dem Gesichtspunkt des Rechtspositivismus das britische Parlament die höchste Kompetenz zur Entscheidungsfällung innehaben, also nominell „souverän" sein, materiell werden Gegenstand und Inhalt der Entscheidungsfällung vom Prime Minister und dem Kabinett bestimmt, als deren bloßes Ausführungsorgan die jeweilige Parlamentsmehrheit fungiert. Das Parlament oder die Parlamentsmehrheit tut nichts, was die Regierung nicht, und alles, was sie getan haben will. Will man irgendeinem Machtträger in Großbritannien die Souveränität zuschreiben, so wäre es der Regierung. Aber auch dies wäre nicht zutreffend. Auch für die Regierung besteht letztlich eine noch höhere Instanz in dem bei den Generalwahlen zum Ausdruck gekommenen Volkswillen. In der britischen Voll-Demokratie trifft die souveräne Wählerschaft die grundsätzliche Entscheidung. Die Parlamentssouveränität muß sich der Volkssouveränität beugen.

Damit ist aber die Begrenzung der Parlamentssouveränität aufgezeigt. Sie liegt in der Parteienkonstellation und der in ihr ausgeprägten öffentlichen Meinung, über die auch die stärkste Parteimehrheit sich nicht hinwegsetzen kann. Eine auf einen weitgespannten, nicht parteimäßig motivierten Widerstand der öffentlichen Meinung stoßende Maßnahme könnte von keiner Parlamentsmehrheit erlassen werden, schon deshalb nicht, weil ihre Mitglieder, wenn nicht aus anderen Gründen, im Hinblick auf die angestrebte Wiederwahl ihrer Wählerschaft gegenüber überaus sensitiv sind. Die Parteidisziplin innerhalb der Mehrheit geht nur soweit als eine von der Regierung betriebene Maßnahme sie nicht in Konflikt mit der Wählermeinung bringen würde. Und oft ist es gerade die Minderheit, die sich zum Sprecher der öffentlichen Meinung macht; ihre Stimme kann nicht überhört werden. Seit sie sich unter der Führung des jüngeren Pitt zum ersten Mal erfolgreich gegen die Koalition Fox-North gewendet hatte (1784), ist die öffentliche Meinung zum maßgebenden

Faktor der politischen Dynamik geworden. Hinter Parlament und Regierung steht der unerbittliche Rhythmus der Generalwahlen, bei denen sie vor dem souveränen Volk Rechenschaft ablegen müssen. Die politische Verantwortung der Regierung und ihrer Mehrheit ist also die sich aus der politischen Wirklichkeit ergebende Begrenzung einer von den Juristen noch anerkannten Parlamentssouveränität.

Dazu kommen die Imponderabilien einer pluralistischen Massengesellschaft, innerhalb derer sich der politische Prozeß abspielt. Längst entscheidet das Parlament nicht mehr als eine Elite von Honoratioren im leeren Raum, *au-dessus de la mêlée*, sondern es steht im Strom des politischen Lebens. Hier kommt die neuere Technik der teils gesetzlich vorgeschriebenen, teils von den Behörden und Departments von sich aus unternommenen Konsultation mit den Interessenverbänden und den dem Publikum dienenden Beratungsgremien (*consultative bodies*) zum Zug. Sie bestehen bei jedem Department, Behörde, Lokalverwaltung[1]. Nichts geschieht, ohne daß das an einer Maßnahme interessierte Publikum daran beteiligt oder zumindest darüber informiert wird. In der Praxis ist das Parlament nicht souverän, da die maßgebenden Pluralgruppen – Arbeitgeber und Gewerkschaften, freie Berufe und landwirtschaftliche Verbände und viele andere mehr – mit ihren einschlägigen Organisationen in das Gesetzgebungsverfahren eingegliedert sind. Da die Wirksamkeit eines Gesetzes von seiner wohlwollenden Aufnahme durch den davon betroffenen Bevölkerungskreis abhängt, setzt der Widerstand einer beachtlichen Interessentengruppe der theoretischen Omnipotenz des Parlaments oft unübersteigliche Schranken. Letzten Endes ist es also die aus tausend Quellen gespeiste öffentliche Meinung, die in der britischen Demokratie dem Parlament und seiner Gesetzgebung die Richtung weist und unmißverständliche Warnungssignale aussendet, wenn das vermeintlich souveräne Parlament die Grenzen des Tragbaren überschreiten sollte.

Man könnte also sagen, die unverfälschte Parlamentssouveränität trete nur dort in sichtbare Erscheinung, wenn in nicht ganz seltenen Ausnahmen, die aber durchwegs nicht-politische Angelegenheiten betreffen, die Parteileitungen die Abstimmung freigeben (*free vote*), so daß in solchen Fällen das repräsentative Gewissen unabhängig vom Parteidiktat zum Zug kommt[2].

Man wird also zum Schluß kommen, daß, was immer die Lehrbücher postulieren mögen, im heutigen politischen Prozeß der Voll-Demokratie

---

[1] Siehe unten S. 337f.

[2] Beispiele waren Debatte und Abstimmung über die Reform des anglikanischen Gebetbuchs (1927 und 1928); Beschränkung der Höchstgeschwindigkeit für Kraftwagen (1930); Auflockerung der herkömmlichen Feiertagsheiligung durch Zulassung von Kinos und Konzerten (1931); Abschaffung der Todesstrafe (1957 und 1965).

das Dogma von der Parlamentssouveränität verblaßt und von der Volkssouveränität überlagert ist. Verfassungsstrukturell gesehen drückt sich in diesem Wandel der Niedergang des Parlaments als unabhängiger Machtträger und der ihm entsprechende Aufstieg der anderen Machtträger, der Exekutive – Prime Minister und Kabinett – und der Wählerschaft aus[1].

II. Die Rule of Law

Was die englische Verfassungsrechtslehre unter der "*rule of law*" versteht, läßt sich wohl am besten mit „Rechtsstaatlichkeit" wiedergeben. Bei Verwendung des Ausdrucks „Herrschaft des Gesetzes" ist die Gedankenverbindung mit der Souveränität des Parlaments, das das Gesetz erläßt, so naheliegend, daß der Begriff des Rechtsstaats des Eigenwertes entkleidet und der Parlamentssouveränität ein- und untergeordnet zu werden droht.

1. Zur geschichtlichen Entwicklung

Bittere Erfahrungen prägten dem englischen Volk früher als anderen die Erkenntnis ein, daß unkontrollierte Macht böse und ihre einzig wirksame Kontrolle das Recht ist, das Obrigkeit und Untertanen in gleicher Weise bindet. *Rule of law* im britischen Anwendungskreis sollte daher mit dem allgemeinen Legalitätsbewußtsein und Legalitätsbedürfnis gleichgesetzt werden, das Machtträger und Machtadressaten in gleicher Weise verpflichtet und durchdringt.

Wie das Mittelalter überhaupt kennt auch die englische Tradition, in der Form der durch Thomas von Aquino vermittelten Lehre des Aristoteles, ein göttliches Recht, dem auch die Fürsten unterworfen sind. Diese Forderung war schon im 14. Jahrhundert durch Bracton (*De Legibus et Consuetudinibus Angliae*) vertreten worden. Fortescue entwickelte dann im 15. Jahrhundert seine eigenen Thesen, wonach die *rule of law* gewissermaßen metajuristisch den Anspruch stützen sollte, daß Steuern nur mit Zustimmung des Parlaments auferlegt werden können. Als dann im 16. Jahrhundert England im Zuge der Reformation und unter den starken Tudors sich in den Nationalstaat verwandelte, wurde die *rule of law* ihres universalen Charakters entkleidet, und an ihre Stelle trat das im Volksbewußtsein wurzelnde *common law*. Vollends im 17. Jahrhundert packte Coke die Frage der Rechtsgeltung vom nationalen Gesichtspunkt an. Die sich aus politischen Gründen bildende Allianz zwischen den *common law*-Juristen und dem von bürgerlichen Reformern durchsetzten

[1] Siehe oben S. 24/25.

Parlament führten dann unwiderstehlich dazu, daß die *rule of law* und die Parlamentssouveränität zum absoluten Dogma erhoben wurden. Ehe sie sich aber positivrechtlich konkretisieren konnten, mußte die englische Nation durch die harte Schule der legalisierten Willkür der ersten Stuartkönige, das Chaos der ungezügelten Parlamentsherrschaft des Langen Parlaments, Cromwells Militärdiktatur und die Zeit gefährlicher Einbrüche in Parlamentsrechte nach der Restauration gehen, bis nach der Glorreichen Revolution die *Bill of Rights* so viel von den Parlaments- und auch Individualrechten gesetzlich normierte als zur Abstellung bisheriger Mißbräuche praktikabel erschien. Eine wirksame Grenzlinie aber zwischen der von da an die englische Staatsgesellschaft beherrschenden Maxime der Parlamentssouveränität und der *rule of law* wurde weder damals noch in der Folgezeit gezogen. Diese enge Nachbarschaft aber wurde jedenfalls im englischen Milieu einer Positivierung der *rule of law* verderblich. John Locke, Bolingbroke und andere taten wohl das Ihre in dem Bemühen, das Naturrecht zum Kanon staatlichen Verhaltens und damit der *rule of law* zu machen; aber die Staatspraxis blieb davon unberührt, und der Anschluß an die Erhebung der Rechtsstaatlichkeit zur Grundlage der gesitteten Gesellschaft, wie ihn die Aufklärungszeit in Frankreich und Amerika vornahm, wurde dauernd versäumt.

2. Die englische Version des Rechtsstaates

Darin stimmt die englische Version mit der Rechts- und Staatslehre der anderen westlichen Staaten überein, daß darunter die Gesetzmäßigkeit aller Regierungshandlungen (einschließlich und insbesondere auf dem Gebiet der Verwaltung) verstanden wird. Kein Regierungsakt darf daher willkürlich (*arbitrary*) sein. Er muß sich unbedingt auf ein Parlamentsgesetz oder auf eine von ihm abgeleitete Ermächtigung stützen. Daraus erklärt sich auch die dem britischen Rechtskreis eigentümliche Erscheinung der Freistellungsgesetze (*indemnity acts*), welche nachträglich unter bestimmten Voraussetzungen etwa von den Staatsbehörden begangene gesetzwidrige, weil gesetzlich nicht ermächtigte Handlungen legalisieren[1].

Nach zwei Richtungen aber unterscheidet sich der englische Begriff der Rechtsstaatlichkeit vom kontinentalen: Einmal stellt die Rechtsstaatlichkeit nicht wie dort vordringlich auf den Schutz und die Ausübung der Grund- oder Bürgerrechte ab, die in den meisten anderen Staaten durch einen verfassungskräftigen Katalog ausgezeichnet sind. Die Bürgerrechte gelten nur insoweit, als ihre Ausübung nicht durch das Gesetz eingeschränkt ist. Ihre Rechtsgrundlage ist das *common law*, insoweit dieses nicht statutarisch abgeändert oder eingeschränkt ist. Ihr

[1] Siehe oben S. 68.

Schutz liegt in der Rechtsprechung der Gerichte, nicht in einer Bestandsgarantie als höheres, aus der Menschenwürde fließendes Recht. Gesetze, welche im Bereich der Bürgerrechte rechtsstaatlich nicht gedeckte Einschränkungen postulieren würden, können von den Gerichten mangels einer Normenkontrolle nicht beanstandet werden. Zum zweiten — und dies hängt mit dem Gesagten eng zusammen — wird angenommen, daß das Parlament keine rechtsstaatswidrige, vor allem keine willkürliche Norm setzen würde.

Lediglich unter der Voraussetzung, daß es keine willkürlichen Parlamentsgesetze gibt und daß das Parlament bei seiner Gesetzgebung selbst jederzeit die Rechtsstaatlichkeit wahrt, ließe sich annehmen, daß die *rule of law* der Parlamentssouveränität übergeordnet ist. Eine solche Bindung des Parlaments an das höhere Gestaltungsprinzip der Rechtsstaatlichkeit wird aber von der englischen Verfassungslehre weder anerkannt noch wurde sie jemals in aller Form ausgesprochen oder auch nur impliziert. Was rechtsstaatlich ist, wird durch das Parlament bestimmt, es mag morgen anders normiert sein als es heute ist. Die Rechtsstaatlichkeit wird also durch die Integration mit der Parlamentssouveränität relativiert. Damit ist naturgemäß auch den Bürgerrechten ihr „grund"rechtlicher Charakter entzogen, der ihnen in Frankreich, in den Vereinigten Staaten und nunmehr überall im Verfassungsstaat zuerkannt wird[1]. Auch was in der *Bill of Rights* und anderen die Bürgerrechte betreffenden Gesetzgebungsakten niedergelegt ist, genießt vielleicht größere Dignität, aber rechtlich keine größere Bestandsgarantie als jedes andere durch einfache Parlamentsmehrheit abänderbare Gesetz. In Großbritannien gelten die Bürgerrechte wie seit Jahrhunderten auch heute noch nach Maßgabe des *common law* unter dem Schutz der Gerichte, was allerdings nicht hindert, daß die Art und Weise ihrer Geltendmachung und Ausübung, wie dies neuerdings mehrfach der Fall gewesen ist, statutarisch geregelt wird[2]. Damit soll nicht gesagt werden, daß in England die bürgerlichen Freiheitsrechte weniger geehrt und geschützt werden als anderswo, wo sie in einer Rechteerklärung verankert sind; vermutlich ist das Gegenteil der Fall. Aber das ist auf den englischen Volkscharakter und seine historische Prägung zurückzuführen und hat nichts mit der *rule of law* als Wertabsolutum zu tun.

Man wird also zum Schluß kommen müssen, und hierin liegt der entscheidende Unterschied der englischen Auffassung der Rechtsstaatlich-

---

[1] Siehe Bd. II, S. 261ff.

[2] Siehe beispielsweise, außer den verschiedenen *Habeas Corpus*-Gesetzen seit 1679, den *Public Order Act* von 1936 ([1 Edw. 8 & Geo. 6, c. 6] Vereinigungs- und Versammlungsfreiheit betreffend); *Defamation Act* von 1952 (15 & 16 Geo. 6 & 1 & 2 Eliz. 2, c. 66) sowie *Obscene Publications Act* von 1959 ([7 & 8 Eliz. 2, c. 66] diese beiden die Meinungsfreiheit betreffend). Siehe Bd. II, S. 313f, 327f.

keit von derjenigen des Kontinents, daß in der Hierarchie der Verfassungsmaximen die Rechtsstaatlichkeit der Parlamentssouveränität unter- und nachgeordnet ist.

3. Dicey und der heutige Stand der Rule of Law

A. V. Diceys bescheiden betiteltes Werk "*Introduction to the Study of the Law of the Constitution*"[1] darf als die bedeutendste Darstellung des britischen öffentlichen Rechts des 19. Jahrhunderts gelten, deren Einfluß auf die nachfolgenden Generationen der Juristen ebenso groß war wie auf die Staatsmänner, Politiker und das Parlament, um im Rang erst in der Gegenwart durch W. Ivor Jennings' mehr soziologisch orientierte Betrachtungsweise abgelöst zu werden. Von den drei Hauptgebieten, mit denen er sich befaßte, nämlich der Parlamentssouveränität, der *Rule of Law* und den Konventionalregeln der Verfassung, ist die letztere Materie zum Gemeingut von Theorie und Praxis geworden. Für die Parlamentssouveränität hat er die klassische Grundlegung geliefert, die allerdings, wie vorher dargelegt, von den politischen Realitäten heute überlagert erscheint. Es ist daher durchaus begreiflich, daß sich seine Nachfolger auch mit seiner Auffassung der *rule of law* auseinandergesetzt haben; sie findet in allen heutigen Lehrbüchern den ihr gebührenden Platz. Eine wenn auch nur summarische kritische Beleuchtung darf auch in unserer Darstellung nicht fehlen[2].

Diceys ursprüngliche Auffassung von der *rule of law* läßt sich etwa wie folgt zusammenfassen: *Erstens:* Die Regierung und die von ihr gehandhabte Verwaltung müssen gesetzmäßig geführt werden, das Wesen der *rule of law* ist also der Ausschluß jeder Willkür (*arbitrariness*)

---

[1] Erstmals London 1885, seither immer wieder aufgelegt, 10. Auflage mit einer eindringlichen Einleitung aus der Feder von E. C. S. WADE, London 1959.

[2] Auch auf die Gefahr hin, feurige Kohlen auf sein Haupt zu sammeln — wozu besonders seine englischen Kollegen beizutragen sich nicht nehmen lassen werden —, seien dem Verfasser die folgenden Bemerkungen vergönnt: Die englischen Praktiker des Rechts, Richter wie Anwälte, gehören zu den besten der Welt. Das gleiche gilt für die englischen Historiker und — eine englische Eigentümlichkeit — die politische Biographie. Die unschätzbaren Dienste, welche die englische Staatsphilosophie von Hobbes und Locke bis Burke und John Stuart Mill dem westlichen Denken geleistet hat, bedürfen hier keiner Beglaubigung. Aber in der staatstheoretischen Durchdringung des öffentlichen Rechts zeigt die neuere englische Jurisprudenz eine auffallende Unfruchtbarkeit und steht beträchtlich hinter der kontinentalen und auch der amerikanischen Leistung zurück. Dicey selbst war weder ein Carré de Malberg, Duguit oder Hauriou, noch ein Jellinek, Otto Hintze oder Max Weber. Auf die Gründe dieses Mankos kann hier nicht näher eingegangen werden; sie liegen vielleicht in dem Fehlen einer geschriebenen Verfassung, die anderswo zu einer logischen Systematisierung des Stoffes herausforderte, wohl aber mehr im englischen Milieu, wo praktische Lösungen — und das ist nicht immer ein Nachteil — der theoretischen Konstruktion vorgezogen wurden.

von seiten der Exekutive und ihrer Organe. Unter diesem Gesichtspunkt muß jeder Rechtsbruch vor die ordentlichen Gerichte (*ordinary courts*), also vor den „gesetzlichen Richter“ kommen. Niemandem darf der Zugang zu ihnen — der ordentliche Rechtsweg — versagt werden. Inwieweit läßt sich diese erste Inhaltgebung des Rechtsstaats auch heute noch aufrechterhalten? Dem nicht-britischen Betrachter muß dabei in erster Linie auffallen, daß sich die Geltung der *rule of law* offensichtlich nur an die Adresse eines einzigen Machtträgers richtet, eben an die Exekutive — Regierung und Verwaltung —, nicht aber an den zweiten, das Parlament, das bei einer überpositiven Auffassung der *rule of law* durch sie ebenso gebunden sein müßte wie die Regierung selbst. Denn an sich stünde nichts im Wege, daß auch das Parlament „willkürliche“ Gesetze erlassen könnte. Aber sowohl dem spätviktorianischen Zeitgeist als auch der eingewurzelten Grundüberzeugung von der schrankenlosen Parlamentssouveränität lag es offenbar fern, die Geltung der *rule of law* auch auf den Gesetzgeber auszudehnen. Dies wäre praktisch allerdings nur bei Vorliegen eines richterlichen Prüfungsrechts möglich, und daran fehlt es aus den früher erwähnten Gründen.

Abgesehen von diesen allerdings schwerwiegenden Bedenken gilt Diceys erste These auch heute noch, wenngleich mit gewissen Einschränkungen: Jeder Regierungs- oder Verwaltungsakt beruht auf einer gesetzlichen Ermächtigung entweder durch ein Parlamentsgesetz selbst oder durch eine von ihm abgeleitete Ermächtigung. Wo den Behörden durch Gesetz oder Verordnung oder nach der Sachlage ein Ermessensspielraum eingeräumt ist (*discretionary power*) — eine Situation, die zu Zeiten Diceys noch nicht im heutigen Ausmaß entwickelt war —, steht dem betroffenen Bürger der Rechtsweg gegen Ermessensmißbrauch zu und in der Regel ist das freie Ermessen keine Willkür. Sein Ausschluß durch die vom Parlament in manchen Fällen verfügte *preclusion* ist kaum entscheidend. Es gibt also weder eine willkürliche Festnahme noch Bestrafung eines Bürgers. Es bestehen keine Ausnahmegerichte, die für spezielle Straftaten zuständig wären, auch nicht für Verbrechen gegen den Staat selbst. Auch die „gewöhnlichen Gesetze“ (*ordinary laws*) haben keine Abwertung erlitten. Die Masse der sich täglich vermehrenden Verwaltungsvorschriften ist dem Publikum durch den *Statutory Instruments Act* von 1946 (9 & 10 Geo. 6, c. 36) leichter zugänglich gemacht, allerdings vielleicht nicht in dem praktisch wünschenswerten Umfang voller Publizität aller Behörden. Daß sie unübersichtlich und außerdem einer wirksamen parlamentarischen Kontrolle kaum mehr zugänglich sind, mag zwar die Rechtssicherheit im Einzelfall beeinträchtigen, ist aber keine grundsätzliche Beeinträchtigung der Rechtsstaatlichkeit. Ebensowenig kann es ihrer Geltung Abbruch tun, daß mehr und mehr die Jurisdiktion über bestimmte professionelle Gruppen (Anwälte, Ärzte, Dentisten, Architekten usw.) auf die sogenannten *Domestic Courts*[1] abgewälzt wurde. Wären die „ordentlichen Gerichte" damit befaßt, wäre eine bedenkliche Verstopfung der Rechtspflege nicht zu vermeiden. Im großen und ganzen also hat Diceys erste These dem Zahn der Zeit widerstanden.

Zweitens: Jedermann ohne Ansehung der Person ist den Gesetzen und den ordentlichen Gerichten unterworfen, die Rechtslage also, die in anderen Jurisdiktionen als die Gleichheit vor dem Gesetz (*equality of* oder *before the law*) angesprochen würde[2]. Ein beträchtlicher Teil der seither gegen Dicey vorgebrachten Bedenken befaßt sich kritisch mit dieser These. Dem ausländischen Betrachter aber muß dieses Sturmlaufen britischer Juristen einigermaßen primitiv erscheinen. Denn die allgemeine Rechtslehre faßt den Gleichheitssatz nicht als mechanische Regel, sondern als qualifizierbar durch vernünftige, dem Gesellschaftsleben entsprechende Klassifizierungen auf. Der Gleichheitssatz kann nicht bedeuten, daß die Bürger die gleichen Rechte besitzen wie etwa die Polizei. Wenn Richter in ihrer Amtstätigkeit, Diplomaten in ihrer Person und Parlamentsmitglieder in ihrer repräsentativen Stellung immun sind — in allen Fällen müssen sie es sein, um ihre Funktionen frei von äußerem Zwang und Druck auszuüben —, so entsprechen diese und ähnliche Privilegien eben den Anforderungen einer zivilisierten Gesellschaftsordnung, ohne der Gleichheit vor dem Gesetz irgendwie Abbruch zu tun. Das Privileg der Krone bzw. des Fiskus gegen Klagen wegen unerlaubter Handlung ihrer Beamten, die eine ernsthafte Durchbrechung des Gleichheitssatzes bedeutete, ist erst durch den *Crown Proceedings Act* von 1947 (10 & 11 Geo. 6, c. 44) ausgeschaltet worden, mag auch hier noch eine gewisse prozessuale Privilegierung des Staates in der Vorlage von Urkunden und Beweismaterial fortbestehen. Daß die Gewerkschaften nach dem *Trade Disputes Act* von 1906 (6 Edw. 7, c. 47) und neuestens dem Zusatzgesetz von 1965 (Eliz. 2, c. 48) gegen Klagen wegen unerlaubter Handlung geschützt sind, steht auf der gleichen Stufe wie ihre Nichtunterstellung unter die Antitrustgesetzgebung in den Vereinigten Staaten, ohne daß dies drüben als eine wirkliche Verletzung der Rechtsstaatlichkeit empfunden würde. Man wird also zum Schluß kommen, daß auch Diceys zweite These ihre zeitliche Bewährungsprobe im großen und ganzen bestanden hat.

---

[1] Siehe Bd. II, S. 81.

[2] In diesem Zusammenhang unterlief Dicey sein folgenschwerster Irrtum, indem er die Aufrichtung von eigentlichen Verwaltungsgerichten, verschieden von den ordentlichen Gerichten, kategorisch verwarf. Es fehlte ihm hier das auf mangelhafter Information beruhende Verständnis für die kurz vorher (1872) in Frankreich eingeführte Verwaltungsgerichtsbarkeit und den von ihr gepflegten *contentieux.* Aber im Laufe der letzten Generation wurde diese Fehlleistung weitgehend von der Praxis der mit richterlichen oder quasi-richterlichen Zuständigkeiten ausgestatteten Verwaltungsbehörden so gut wie völlig ausgeglichen.

Drittens: Schließlich lehrte Dicey, daß das, was die britische „Verfassung“ ist, das Ergebnis des durch die Gerichte angewendeten und ausgelegten gewöhnlichen Rechts (*ordinary law of the land*) ist. Diese historische Selbstverständlichkeit oder vielmehr Plattheit bedeutet in der Praxis, daß die Bürgerrechte, insbesondere die Freiheits- und Grundrechte, keiner in einer geschriebenen Verfassung enthaltenen Kodifizierung bedürftig sind, sondern vor den Gerichten wie jedes andere private subjektive Recht geltend gemacht und erzwungen werden können. Es ist also nicht so, daß die Quelle der Grundrechte eine formelle Verfassung ist, sondern ihre Geltung und ihr Schutz ist den ordentlichen Gerichten anvertraut und überlassen.

Mit dieser These, die eigentlich eine *petitio principii* oder ein *quid pro quo* ist, kann der ausländische Betrachter, dem die höhere verfassungskräftig geschützte Sphäre der individuellen Freiheitsrechte in Fleisch und Blut übergegangen ist, sich am wenigsten befreunden. Man könnte wohl sagen, daß Dicey hier ein Opfer der national-britischen Mythologien geworden ist und aus dem nationalen Mangel eine verfassungsrechtliche Tugend gemacht hat. Es ist richtig, daß die in den gewöhnlichen Parlamentsgesetzen enthaltenen Grundrechtsgarantien dem britischen Bürger einen ausreichenden Schutz gewähren mögen, wie etwa die *Habeas Corpus*-Gesetzgebung seit 1679 gegen obrigkeitliche Inhaftnahme, oder die Rechtsbehelfe, die ihm gesetzlich im Falle der Beleidigung oder Verleumdung zustehen, aber die meisten dieser Gesetze sind — zugegebenermaßen vernünftige — Einschränkungen in der Ausübung der Bürgerfreiheiten. In der Praxis mag der Bürger in Großbritannien ebenso frei sein wie in Ländern mit einer verfassungskräftig statuierten Rechteerklärung, aber die Geltung der Freiheiten kann eben vom Parlamentsgesetz, das hier dem *common law* derogieren kann, jederzeit eingeengt oder sogar beseitigt werden. Was bisher an solchen Einschränkungen in der Ausübung der Grundrechte gesetzlich erlassen wurde, hat zugegebenermaßen nicht ihren Wesensgehalt berührt, um mit der deutschen Bundesverfassung zu sprechen (Artikel 19), aber da das Parlamentsgesetz souverän ist und keiner richterlichen Kontrolle unterliegt oder unterliegen kann, ist letzten Endes der britische Bürger in seiner Freiheit weniger sicher als anderswo, wo eine Beschränkung zumindest eine Verfassungsänderung mit einem erhöhten parlamentarischen Konsensus erfordert. Die heutige universelle Wendung zu einer geschriebenen Rechteerklärung läßt die britische Rechtslage umsomehr als einen Sonderfall erscheinen. Obwohl also Diceys dritte These dem „Zeitgeist“ des Verfassungsstaates im 20. Jahrhundert zu widersprechen scheint, gilt sie also heute nicht weniger als zur Zeit ihrer erstmaligen Aufstellung. Wenn die Engländer selbst damit zufrieden sind, darf der ausländische Betrachter nicht päpstlicher als der Papst sein.

4. Die Stellung der Rule of Law im Verfassungssystem

Sind somit auch Diceys Thesen im großen und ganzen noch immer maßgebend, so müßte man doch Bedenken tragen, die *rule of law*, wie er und seine Nachfolger es darstellten, als den die britische Verfassungsordnung beherrschenden Grundsatz anzuerkennen. Diese gebotene Abwertung hängt einmal damit zusammen, daß es in Großbritannien an einer echten Rechteerklärung fehlt, welche die individuellen Freiheitsrechte auch gegenüber dem Parlament und den Gerichten unantastbar macht, zum zweiten aber damit, daß sie dem Parlament gegenüber nicht die gleiche Verpflichtungskraft besitzt wie gegenüber den anderen Machtträgern, der Regierung und den Gerichten. Die Achillesferse der *rule of law* in ihrer traditionellen Version ist ihre rechtslogische Unvereinbarkeit mit der Parlamentssouveränität. Beide können nicht ebenbürtig nebeneinander bestehen, die eine muß der anderen weichen. Kein Gesetzgebungsakt ist rechtswidrig, weil er der *rule of law* zuwiderliefe, oder aus irgendeinem anderen Grund. Wenn daher das Parlament legislatives Unrecht begehen sollte, gäbe es dagegen keine Abhilfe. Ein Gesetz könnte auch Eingriffe in die Privatrechte einer Person oder Gruppe als Einzelfallgesetz oder -Maßnahme vornehmen, ohne durch den Gleichheitsgrundsatz oder die Maxime der Rechtsstaatlichkeit daran gehindert zu sein.

In der überwiegenden Mehrzahl der Verfassungsstaaten ist es die Rechtsstaatlichkeit als Fundamentalnorm, der sich alle Machtträger beugen müssen, in England aber ist es das Parlamentsgesetz, das den Umfang und die Reichweite der *rule of law* bestimmt und nicht umgekehrt wie etwa in der Deutschen Bundesrepublik oder in den Vereinigten Staaten, wo eine sie verletzende Parlamentsnorm unzweifelhaft von den Gerichten gerügt würde. Es ist zwar unbestreitbar, daß sich das Parlamentsgesetz aus politischen oder auch moralischen Gründen hütet, die *rule of law* offen zu verletzen, außer in Kriegszeiten, wo sie sich der Staatsnotwendigkeit unterordnen muß; all das hindert aber nicht, daß *rechtlich* sich das Parlamentsgesetz über die *rule of law* hinwegsetzen könnte. Ihre gegenwärtige Bedeutung liegt daher weniger in einem positivrechtlichen Gebot als in ihrem metajuristischen Charakter, in ihrer Natur als eine Art demokratische Staatsideologie oder als ein ethischer Kanon für die Gestaltung des Gemeinschaftslebens. Sie ist aufs Engste mit der liberalen Demokratie und der sozialen Gerechtigkeit verbunden, aber nichts würde im Wege stehen, sie morgen an deren Stelle mit einer der sozialistischen Wertskala entnommenen Zielsetzung auszustatten. Die Beobachtung der *rule of law* durch das Parlament wird also stillschweigend vorausgesetzt, ohne gerichtlich erzwingbar zu sein. Nach wie vor gilt, was Blackstone seinerzeit schrieb: (*Commentaries* I, 160ff.) "*True it is that . . . if by any means a misgovernment should anyway fall upon it — the subjects of this kingdom are left without all manner of remedy*". Keines der Grundrechte ist der Parlamentsallmacht entzogen, und eine Regierung, die über die erforderlichen Mehrheiten verfügt, kann die Freiheiten jedes Bürgers nach Belieben einschränken. Vergeblich wird man daher in der britischen Gerichtspraxis jenes die amerikanische Verfassungsgeschichte wie ein roter Faden durchziehende Bemühen der Gerichte finden, der *rule of law* durch den Ausbau der *due process*-Klauseln der Verfassung einen konkreten, sowohl prozessualen wie materiellen Inhalt zu geben[1] oder Gesetzgebung und Regierungsakte unter dem kritischen Gesichtspunkt der Rechtsstaatlichkeit zu beurteilen, wie es in der Deutschen Bundesrepublik nach der zwingenden Vorschrift des Artikels 20 ständig der Fall ist[2].

An ihre Stelle mag die einer eingewurzelten Tradition folgende Bemühung getreten sein, den Rechtsstaat dadurch zu sichern, daß in der Interpretation der Parlamentsgesetze die Grundsätze des *common law* zum Zuge kommen. Die Gerichte stellen zwar die Parlamentssouveränität nie in Frage, aber sie legen sie nach wie vor so aus, daß sie dem *common law* entsprechen. Beispiele sind etwa, außer der gerichtlichen Kontrolle des freien Ermessens der Verwaltungsbehörden[3]: Eigentum darf ohne entsprechende Entschädigung nur dann zwangsweise für öffentliche Zwecke in Anspruch genommen werden, wenn dies im Gesetz ausdrücklich gestattet ist (*Central Control Board [Liquor Traffic] v. Cannon Brewery Co., Ltd.* [1919] [A. C. 744])[4]. Es wird unterstellt, daß der Zugang zu den ordentlichen Gerichten nur durch ausdrücklichen Ausspruch im Gesetz entzogen werden kann (*Chester v. Bateson* [1920] [1 K. B. 829]). Jede Änderung der bestehenden Rechtslage muß das Gesetz mit ausdrücklichen Worten bestimmen (*Nairn v. University of St. Andrews* [1909] [A. C. 147])[5].

[1] Siehe etwa Karl Loewenstein, *Verfassungsrecht und Verfassungspraxis der Vereinigten Staaten*, Berlin-Göttingen-Heidelberg 1959, S. 510ff.

[2] Siehe Julius Federer, *Die Rechtsprechung des Bundesverfassungsgerichts zum Grundgesetz für die Deutsche Bundesrepublik*, Jahrbuch des öffentlichen Rechts der Gegenwart, N. F., Bd. 3, S. 38f.; Bernhard Wolff, *Die Rechtsprechung des Bundesverfassungsgerichts von 1954 bis 1957*, ebenda, Bd. 7, S. 107; derselbe, ebenda, Bd. 9, S. 86ff; Otto Bachof und Dietrich Jesch, *Die Rechtsprechung der Landesverfassungsgerichte in der Bundesrepublik Deutschland*, ebenda, Bd. 6, S. 82ff.; Martin Baring, *Rechtsprechung des Bundesverwaltungsgerichts zum Grundgesetz der Bundesrepublik Deutschland*, ebenda, Bd. 9, S. 95ff; siehe auch Theodor Maunz, *Deutsches Staatsrecht*, 13. Auflage, München 1964, S. 62ff.

[3] Siehe Bd. II, S. 98ff.

[4] Hier ersieht man deutlich den Unterschied zu anderen Jurisdiktionen, wo das Eigentum verfassungsrechtlich geschützt ist und durch einfaches Gesetz nicht entzogen werden kann.

[5] Hier hatte es sich um das Frauenstimmrecht der Universitäts-Diplomierten gehandelt, das den Frauen nicht ohne weiteres durch den Gebrauch der Worte "*every person*" verliehen werden konnte.

Der grundlegenden Unterschiede der britischen Version der *rule of law* von der in anderen Verfassungsstaaten herrschenden Staatsauffassung und der ihr entsprechenden positivrechtlichen Ausgestaltung wird man sich umsomehr bewußt werden, wenn man die Bemühungen seit dem Ende des zweiten Weltkrieges, insbesondere im Rahmen der Vereinten Nationen, ins Auge faßt, den Rechtsstaat und die Rechtsstaatlichkeit zum obersten Fundamentalsatz der modernen Demokratie zu gestalten, wie es etwa in der von der Internationalen Juristenkommission, einer halboffiziellen Gruppe, in der *Declaration of Delhi* (1959) angestrebt wird. An ihr haben britische und Dominion-Juristen konstruktiv mitgearbeitet. Danach ist die *rule of law* identisch mit der liberaldemokratischen Verfassung als solcher. Sie umfaßt die Gesetzgebungsfunktion, die das Recht jedes Bürgers auf Vertretung in der Gesetzgebungskörperschaft und die Verantwortlichkeit der Regierung ihr gegenüber zum Gegenstand hat; sie erstreckt sich auch auf die Regierung – Exekutive –, gegen deren nicht-gesetzmäßige Akte jeder Bürger Abhilfe vor den Gerichten suchen kann; sie umfaßt die volle Unabhängigkeit der Gerichte und vor allem die verfassungsmäßige Garantie gewisser Mindest-Standards für die Freiheitsrechte einschließlich solcher für das Prozeßverfahren. Wenn auch nicht zu bestreiten ist, daß das somit aufgestellte Leitbild des Rechtsstaats in seinen großen Zügen in Großbritannien geltendes Recht ist, so geht es in vielen Beziehungen, insbesondere den Grundrechteschutz betreffend, über die britische Verfassungslage hinaus. Es mag in diesem Zusammenhang als bezeichnend angeführt werden, daß in jüngster Zeit Kanada, das sich bisher weitgehend im Rahmen der britischen Tradition bewegt hatte, sich eine in die Verfassung inkorporierte *Bill of Rights* zugelegt hat[1]. Und es mag schließlich fast wie ein verfassungspolitisches Paradox anmuten, daß das Vereinigte Königreich die Europäische Menschenrechteerklärung von 1950 angenommen (1951)[2] und sie auch auf die von ihm abhängigen Territorien ausgedehnt hat[3].

Wie dem auch sei, die maßgebenden Verfassungsjuristen in Großbritannien stehen einer gesetzlichen Verankerung des Rechtsstaats, insbesondere durch eine Normierung der Freiheitsrechte, durchaus ablehnend gegenüber. Sie versprechen sich davon wegen der damit bewirkten Versteifung der Rechtslage keinen Vorteil und eher Nachteile für Gesetzgebung und Rechtsprechung. In einem Land, so wird angeführt, wo der Volksgeist die Freiheit verkörpert, bedürfe man keiner formulierten Rechteerklärung oder eines formellen Bekenntnisses zur Rechtsstaatlichkeit. Der ausländische Betrachter muß dazu bemerken: Glückliches Albion, Amen.

---

[1] Siehe EDWARD MCWHINNEY, *The Canadian Constitution*, Jahrbuch des öffentlichen Rechts N. F., Bd. 8, S. 437ff.

[2] Cmd. 8969/1953; 9221/1954. [3] Cmd. 8045/1954.

III. Die Gewaltentrennung

Die ältere Verfassungslehre konnte mit der französischen Revolution (Rechteerklärung vom 27. August 1789, Artikel 16) von der Maxime ausgehen, daß ein Staat, der keine Rechteerklärung besitzt und die Gewaltentrennung nicht anerkennt, keine echte Verfassung hat. Die Mehrzahl der seither erlassenen Verfassungen fügt sich wenigstens der Form nach diesem Gebot. Es mag aber einigermaßen paradox erscheinen, wenn man bedenkt, daß Großbritannien – schon damals wie auch heute noch – weder eine formelle Rechteerklärung noch die Gewaltentrennung kannte und doch sicherlich sich einer durchaus lebendigen und brauchbaren Verfassungsordnung erfreut[1]. Es ist in der Tat eine Ironie der Geschichte, daß Montesquieu, der als der einflußreichste Vertreter der Lehre von der Gewaltentrennung angesehen wird[2], einflußreich trotz der skizzenhaften und sich überdies nicht durch Prägnanz auszeichnenden Darstellung im *Esprit des Lois* (XI, 6), die zeitgenössische Praxis in England, die Quelle seiner Inspiration, gründlich mißverstanden hat, da das damals im Entstehen begriffene Kabinett (Walpole) angefangen hatte, sich mit dem Parlament personell und funktionell zu fusionieren. Wie steht es mit der Wirklichkeit der Gewaltentrennung im heutigen Großbritannien?

1. Die Kabinettsregierung als Fusion von Legislative und Exekutive

Aus der Analyse dessen, was unter der „Regierung“ eines Staates im weiteren Sinn verstanden wird, ergibt sich die Zweckmäßigkeit einer Arbeitsteilung in der Erfüllung der Staatsaufgaben, die herkömmlicherweise den sachlichen Gebieten der Gesetzgebung, Ausführung der Gesetzgebung und Rechtsprechung folgt. Die Trennung der so bezeichneten „Gewalten“ ist also im Grunde nur eine Aufspaltung der Funktionen unter verschiedene Organe oder Machtträger. Richtig verstanden läßt sich die Funktionentrennung nach drei Gesichtspunkten beurteilen: 1. Dieselben Personen sollen als Machtträger nicht an mehr als einer dieser Funktionen beteiligt sein. 2. Ein einzelner Machtträger soll nicht die Tätigkeiten der beiden anderen kontrollieren oder beherrschen. 3. Ein

---

[1] Vgl. zum Thema der Gewalten- oder Funktionentrennung kritisch KARL LOEWENSTEIN, *Verfassungslehre*, S. 31ff.

[2] Es kann in diesem Zusammenhang außer Betracht bleiben, daß die Lehre in dem historischen Theorem der „gemischten“ Verfassung eine ehrwürdige Vergangenheit hatte und daß auch John Locke (*Second Treatise on Civil Government*, 1692, Chapters 12 und 13) mit der Forderung der personellen Trennung der legislativen und der exekutiven Funktionen einen wesentlichen Beitrag geliefert hatte, der an der englischen Praxis unmittelbar nach der Revolution von 1688 orientiert war.

Machtträger soll nicht die einem anderen Staatsorgan zugewiesenen Funktionen ausüben. Man mag dabei *a limine* davon absehen, daß bei einer so rigorosen Anwendung der Gewaltentrennung die Staatsmaschine alsbald zum Stillstand käme. Man muß sich aber darüber im klaren sein, daß die gegenseitige Beeinflussung und Kontrolle der Machtträger Legislative und Exekutive als die Interorgan-Kontrollen geradezu den Kern der rechtsstaatlich unabdingbaren Kontrolle der Macht bilden[1].

Beurteilt man also die geltende britische Verfassungsordnung nach den obigen Kriterien, so wird man unschwer feststellen, daß sie — mit Ausschluß der Stellung der Gerichte im Schema der Funktionentrennung — überhaupt nicht zutreffen. Träfen sie aber zu, so würde von der Verfassung wie sie ist nichts übrig bleiben. Die formalen Kader einer solchen Funktionentrennung bestehen zwar auch in England, aber in der Praxis sind die Funktionen derart miteinander verflochten, daß das wirkliche Bild geradezu das Gegenteil der Gewaltentrennung ist. Denn die Regierung — das Kabinett — ist nichts anderes als ein Ausschuß des Gesetzgebungsorgans, des Parlaments. Die Regierung ist mit dem Parlament völlig integriert. Dies wurde schon vor hundert Jahren von Walter Bagehot mit der klassischen Formulierung festgestellt[2]: "*The efficient secret of the British constitution may be described as the close union, the nearly complete fusion of the executive and legislative powers; ... The connecting link is the Cabinet*"; und weiter: "*A cabinet is a combining committee, a hyphen which joins, a buckle which fastens, the legislative part of the state to the executive part of the state*". Die Regierungstechnik und der Regierungstyp, die sich im Laufe der Jahrhunderte ergaben, sind also durch den Grundsatz der gegenseitigen Abhängigkeit durch wechselseitige Integration — *interdependence by integration* — gekennzeichnet, etwa im Gegensatz zur Regierungsform der Vereinigten Staaten, die, Montesquieu weit wörtlicher nehmend, zu einer wechselseitigen Abhängigkeit durch Koordination — *interdependence by coordination* — gelangt sind[3].

Eine Reihe von Techniken werden eingesetzt, um die Integration von Parlament und Regierung zu verwirklichen: Die Mitglieder der Regierung müssen gleichzeitig Mitglieder des Parlaments sein, und zwar, außer bei Koalitionsregierungen, der jeweiligen Mehrheitspartei im Parlament angehören, mit dem nunmehr statutarisch festgelegten Übergewicht bei den Commons. Eine Folge davon, daß die politische Entscheidungsmacht beim Kabinett und nicht beim Parlament liegt, ist, daß die Regierung das Monopol der Gesetzgebungsinitiative innehat. Das Parlament ist in

---

[1] Siehe LOEWENSTEIN, a.a.O., S. 188ff.

[2] *The British Constitution*, erstmals London 1867, Ausgabe C. A. Watts (London 1964), S. 65ff.

[3] Siehe LOEWENSTEIN, a.a.O., S. 103ff, 110ff.

der überwiegenden Regel nur mit Regierungsentwürfen befaßt, welche die allein maßgebenden Commons dann, unter dem Zwang der rigorosen Parteidisziplin, vorwiegend nach den Wünschen der Regierung in Gesetze umwandeln. Die Regierung dirigiert und kontrolliert auch das Gesetzgebungsverfahren. Sie bestimmt durch die Verfügung über Zeiteinteilung und Tagesordnung die Stadien der Gesetzesberatung. Es liegt also nicht nur die personelle Identität der Regierung mit den ihr angehörenden Parlamentsmitgliedern vor, sondern die Regierung ist es, die den anderen Machtträger, das Parlament, beherrscht. Andererseits verwirklichen die von der Regierung vorgelegten Gesetzesvorlagen das von den maßgebenden Parteiinstanzen, die identisch mit der Regierung sind, vorgeschlagene Parteiprogramm. Die gesetzgeberische Funktion des Parlaments hat also weitgehend aufgehört autonom zu sein und steht unter der wenn auch elastischen so doch nichtsdestoweniger nicht in Frage gestellten Führung des Kabinetts.

Mit der Gewalten- oder Funktionenmischung zwischen Parlament und Regierung hat es aber keineswegs sein Bewenden. Im Zuge der Umwandlung des Gesetzgebungs- und des Verwaltungsstaates konnte es nicht ausbleiben, daß an zahlreiche Behörden durch die *delegated legislation* normensetzende, ausführende und richterliche Zuständigkeiten übertragen wurden; beispielsweise übt der Minister im Rahmen seiner Departmentszuständigkeit quasi-richterliche Funktionen aus. In solchen Fällen liegt naturgemäß keine personelle Identität vor, da bei der Komplexität der zeitgenössischen Verwaltung verschiedene Abteilungen des Departments oder der Behörde verschiedene Typen von Tätigkeiten ausüben; aber der Jurisdiktionsrahmen der Behörde ist einheitlich.

2. Trennung der richterlichen von den anderen Funktionen

Ist somit jedenfalls für die Bereiche der Legislative und Exekutive die Grenze zwischen den Gewalten weitgehend verwischt, so besteht die Gewaltentrennung in ihrem ursprünglichen Sinn für das Verhältnis der Gerichte zu den anderen Machtträgern. Es fehlt dabei auch völlig, wenn man von der heute weitgehend obsoleten Befugnis des Parlaments absieht, fehlbare Richter durch Resolution ihres Amtes zu entheben, auch an solchen Interorgan-Kontrollen wie sie in anderen Ländern etwa durch die richterliche Normenkontrolle gegenüber Parlament und Regierung gegeben sein mögen.

Die Richter an den Königsgerichten, die im Zeitalter der Normannen und der Plantagenets aufkamen, waren Diener der Krone, die nach mittelalterlicher Auffassung als die Quelle (*fountainhead*) der Gerechtigkeit galt. Sie wurden vom Monarchen ernannt und konnten von ihm auch nach Belieben entlassen werden, wenn ihm ihre Rechtsprechung mißfiel.

Erst nach der Glorreichen Revolution wurde durch den *Act of Settlement* (1700) das Richteramt auf Lebenszeit verliehen (*tenure*) — *during good behavior (quamdiu se bene gesserint)* —, was seither immer als untadelhafte Ausübung des Richteramts verstanden wurde und aller politischen Motivationen entkleidet war. Im gleichen Gesetz erhielten die Richter auch den Rechtsanspruch auf Gehalt — ihre Besoldung war von jeher ein starkes Druckmittel der jeweiligen Machthaber gewesen, um die Richter gefügig zu erhalten —, das nunmehr in dauernden, das heißt nicht jährlich neu zu erlassenden Gesetzen festgelegt und zudem nicht von parlamentarischen Bewilligungen abhängig ist, sondern vom *consolidated fund* getragen wird[1]. Die Richter sind nicht nur in ihrer Stellung unabsetzbar und daher in ihrer Amtstätigkeit unabhängig, sondern dabei auch durch keinerlei Weisungen von außen, sei es des Parlaments oder der Regierung, sei es eines anderen Gerichts beeinflußt. Ihre Unterwerfung unter das Gesetz ist zu dessen freier und selbstverantwortlicher Auslegung gesteigert. Sie genießen hinsichtlich ihrer richterlichen Tätigkeit volle Immunität. Keine Klage kann gegen einen Richter wegen seiner dienstlichen Äußerungen oder Handlungen angestrengt werden, selbst wenn diese nicht in gutem Glauben oder mit böswilliger Absicht erfolgt sind (*Anderson v. Gorrie* [1895] [1 Q.B. 668]). Die Geschworenen genießen den gleichen Schutz für ihren Wahrspruch. Auch bei der Berufung der Richter in ihr Amt durch die Krone auf Rat des Kabinetts sind politische Erwägungen in Großbritannien in weiterem Umfang ausgeschlossen, als in der Mehrzahl der anderen zivilisierten Staaten. Das Parlament befleißigt sich der größten Zurückhaltung gegenüber der Gerichtsbarkeit. Anfragen über anhängige Verfahren dürfen nach Herkommen im Parlament nicht gestellt werden. Gegen den Druck der öffentlichen Meinung sind die Gerichte durch das Verbot der Erörterung eines *sub judice* befindlichen Falles geschützt und seine Verletzung kann durch das *contempt of court*-Verfahren geahndet werden. Die Trennung zwischen der richterlichen und den beiden anderen Funktionen ist also vollständig durchgeführt.

Damit soll aber nicht zum Ausdruck gebracht werden, daß, wenn es zu Konflikten zwischen dem Parlament und den Gerichten über eine *policy*-Frage kommen sollte, der Grundsatz der Gewaltentrennung die Gesetzgebungskörperschaft daran hindern würde, ihre Auffassung im Gegensatz zu derjenigen der Gerichtsorgane durchzusetzen. Gegebenenfalls erweist sich der Grundsatz der Parlamentssouveränität als stärker als derjenige der materiellen Gewaltentrennung. Dies ist dann der Fall, wenn ein statutarischer Akt des Parlaments eine Gerichtsentscheidung umstößt, die der parlamentarisch für gut befundenen *policy* widerspricht[2].

---

[1] Siehe unten S. 347.

[2] Siehe oben S. 66.

Ein solcher Fall kann allerdings nur auf dem Gebiet des *common law* eintreten, da, wo eine statutarische Regelung vorliegt, die Gerichte daran gebunden sind. Wohl aber kann das Parlament die ihm unrichtig oder *policy*-widrig erscheinende Interpretation einer statutarischen Regel durch die Gerichte im Wege eines Interpretationsgesetzes korrigieren. In das gleiche Gebiet fallen auch die von Zeit zu Zeit erlassenen *Indemnity Acts*, welche an sich rechtswidrige Handlungen von Staatsorganen oder Beamten von den an sich gebotenen gerichtlichen Folgen freistellen.

Eine auffallende und lediglich der historischen Entwicklung zu verdankende Ausnahme von der Gewaltentrennung liegt jedoch bei Amt und Person des *Lord Chancellor* vor[1]. In diesem außerordentlich wichtigen Amt sind in der Tat richterliche, legislativ-politische und exekutiv-administrative Zuständigkeiten vereinigt. Er ist ein hervorragender Jurist, der vom Prime Minister in sein immer mit Kabinettsrang ausgestattetes Amt aus parteipolitischen Erwägungen berufen wird. Gleichzeitig ist er Präsident — Speaker — des Oberhauses, amtierender Vorsitzender der Lordskammer als Revisionsinstanz, Titularvorsitzender der anderen oberen Gerichte und überdies verantwortlich für die Ernennung der Puisne-Richter des *High Court* und der überwiegenden Mehrheit der Grafschafts- und anderer Richter. In seiner außerordentlichen Machtfülle sind also Funktionen des Kammerpräsidenten, Justizministers und Gerichtsvorsitzenden vereint. Darin liegt eine Eigentümlichkeit Großbritanniens, die alle Voraussetzungen von Montesquieu auf den Kopf stellt, aber ersichtlich der britischen Verfassungsordnung keinen Schaden zugefügt hat.

3. Machtverteilung und die Realität des politischen Prozesses

Soweit die traditionelle oder „klassische" Lehre von der Trennung der Gewalten. Wendet man aber nunmehr die neuere, weit realistischere Lehre von der Trennung der Funktionen der Entscheidungsfällung, Durchführung der Entscheidungen und Kontrolle der Entscheidungsfällung und -ausführung[2] auf Großbritannien an, so ergibt sich zwanglos und zwingend jene früher beschriebene Dreieckskonstellation des politischen Prozesses, die von Regierung, Parlament und Wählerschaft gebildet wird. Die Fällung der Grundentscheidungen und aller anderen wichtigen Richtlinien liegt ausschließlich beim Kabinett; die Mitwirkung des Parlaments und vor allem der Commons an dieser Phase des politischen Prozesses ist zwar unentbehrlich, aber nicht mehr autonom, da die Mehrheitspartei auf Grund der Parteidisziplin den Weisungen der Regierung folgen muß. Eine Kontrolle der vom Kabinett vermittels des Parlaments getroffenen

[1] Siehe unten S. 453ff.

[2] Siehe Loewenstein, *Verfassungslehre* S. 39ff.

Entscheidungsfällung durch die Gerichte findet wegen des Dogmas der Parlamentssouveränität nicht statt, wohl aber eine solche gegenüber der Verwaltung, welche die gefällte Entscheidung ausführt. Die wirkliche und effektive Kontrolle innerhalb des triangulären Rahmens der politischen Dynamik liegt aber bei dem als Wählerschaft organisierten Volk als dem obersten und souveränen Machtträger, bei jener Instanz also, der die juristische Theorie überhaupt keine Organschaft zuerkennt, da sie davon ausgeht, daß die Parlamentssouveränität unteilbar und unbegrenzbar ist. Während also die Realität des britischen Machtarrangements mit der klassischen Lehre überhaupt nicht mehr in Einklang zu bringen ist, entspricht sie völlig der modernen Einteilung, da Regierung und Parlament letztlich unter der bindenden Kontrolle des Volkes stehen.

Zweiter Teil

Die Triebkräfte des politischen Prozesses: Wahlen und Parteien

Fünftes Kapitel

Das Wahlrecht zum Unterhaus

Die Art und Weise wie die Regierung ihr Amt erlangt, bestimmt sich je nach der historisch gegebenen Staats- und Regierungsform durch Erblichkeit — die dynastische Monarchie —, durch gewaltsame Eroberung der Macht — die zeitgenössische Diktatur —, oder durch die rationelle Technik der Wahl — die moderne Demokratie. In letzterem Fall kann die Wahl unmittelbar durch das als Wählerschaft organisierte Volk erfolgen, wie etwa in den Vereinigten Staaten[1] oder in der französischen fünften Republik (seit der Verfassungsänderung von 1962), oder aber indirekt, wie es in den meisten parlamentarisch regierten Staaten der Fall ist: Die Wählerschaft wählt eine in der Regel im voraus gesetzlich festgelegte Anzahl von Vertretern — die Nationalrepräsentation —, und diese designiert dann ihrerseits, durch eine Wahl oder eine sonstige konkludente Handlung, nach Maßgabe der Parteigruppierung im Parlament die jeweils amtierende Regierung. Die letztere Modalität gilt in Großbritannien. Wahlen und die sie betreibenden politischen Parteien sind also in einer als pluralistische Demokratie gestalteten Massengesellschaft die unentbehrlichen Motoren des politischen Prozesses. Das dem Bürger zustehende Wahlrecht ist das Mittel, durch welches er unmittelbar oder mittelbar an der Bestellung der Regierung teilnimmt und sie letzten Endes bestimmt. In einer vollausgebildeten Demokratie muß das Wahlrecht seinerseits so gestaltet sein, daß es eine echte Repräsentation der Gesamtnation und nicht etwa nur bestimmter Klassen oder Schichten ermöglicht.

[1] Die Einschiebung des *Electoral College* wird hier nicht in Betracht gezogen.

I. Zur geschichtlichen Entwicklung von Wahlrecht und Repräsentation

1. Von den Anfängen bis zur Großen Reform

a) Die Ursprünge der Repräsentativtechnik

Der erste Hinweis auf die weltgeschichtlich so bedeutsame Repräsentativtechnik findet sich im hohen Mittelalter in Verbindung mit dem königlichen Großrat (*Great Council*), der sich von der normannischen Eroberung bis zur *Magna Charta* aus den zur Anwesenheit verpflichteten Inhabern von Kronlehen (*tenants-in-chief*) zusammensetzte. Die königlichen *sheriffs* wurden angewiesen (1213), zum Großrat auch vier Ritter und den Vogt (*reeve*) der Grafschaften aufzubieten. Wenn man, wie es historisch zulässig ist, den Großrat als den Kern der nachmaligen Lordskammer ansieht, so war damit der erste Ansatz einer parlamentarischen Repräsentation gegeben. Wie die *sheriffs* die Auswahl dieser Vertreter vornehmen sollten, war von König John nicht vorgeschrieben worden, außer daß es „besonnene" (*discreet*) Leute sein sollten, die mit dem Monarchen die Angelegenheiten seines Königreichs besprechen sollten. Bei einem neuerlichen solchen Aufgebot unter Henry III. (1254) wurde die Anweisung an die *sheriffs* dahin ergänzt, daß die Grafschaften die vier Vertreter wählen sollten. Wie dies zu geschehen hatte, blieb wiederum offen. Kurz darauf (1261) luden die aufständischen Barone je drei Ritter aus jeder Grafschaft zu einem Zusammentreffen nach St. Albans, was der König mit der Ladung der gleichen Ritter zum königlichen Rat in Windsor beantwortete. Der Bürgerkrieg endete mit der Niederlage der Krone. Das Regime des Rebellenführers Simon de Montfort berief daraufhin (1264) im Namen des Königs zu dem in London abzuhaltenden Großrat vier Ritter aus jeder Grafschaft, deren Wahl aber nicht von den diskreditierten königlichen *sheriffs*, sondern von den von Montfort ernannten Sonderbeauftragten, die Friedenswächter (*guardians of the peace*) genannt wurden, zu veranstalten war. Dieses Zusammentreffen und das im nächsten Jahr (1265) abgehaltene waren zweifellos nur Konvente der Partisanen von Montfort. Aber das letztere Treffen ist dadurch bemerkenswert, daß zu ihm außer den Rittern nunmehr auch je zwei Freibürger (*freemen*) von jeder Stadt und je zwei Bürger (*burgesses*) aus den *boroughs* (Flecken) berufen wurden; es wurde also anscheinend zum ersten Mal auch das städtische Element herangezogen.

Der eigentliche Beginn der parlamentarischen Repräsentation fällt aber mit dem so geheißenen *Modell-Parlament* von Edward I. (1295) zusammen, einer echten Vertretung der maßgebenden Sozialkräfte. Der hohe Klerus – die beiden Erzbischöfe von Canterbury und York, die

Bischöfe und die Äbte der Klöster – wurden vom König durch *special writ* geladen und sollten ihrerseits Vertreter des mittleren und niederen Klerus nach ihrem Gutdünken mitbringen. Ferner wurden sieben Grafen und 41 Barone – angesichts der Feudalstruktur eine verhältnismäßig geringe Zahl – aufgeboten, sowie gemäß dem bisher bestehenden Brauch auch je zwei Ritter aus jeder Grafschaft, zwei Bürger aus jeder Stadt und zwei dergleichen aus jedem *borough*. Daß es sich schon damals um eine echte Repräsentativkörperschaft handelte, die ihre Auftraggeber ohne Rückfrage verpflichten konnte, ergibt sich aus der an die Prälaten ergangenen Ladung, die den Spruch Justinians *quod omnes tangit ab omnibus comprobetur*[1] anführte und außerdem daraus, daß alle Vertreter genügend Vollmacht haben sollten (*full and sufficient authority*), ihre Gebietseinheiten (*communities*) zu verpflichten. Es wurden also in aller Form die damals üblichen drei Stände (*estates*) geladen. Sie berieten über die Steuerbewilligungen getrennt, was verständlich ist, da die Geldanforderungen der Krone jeden Stand wirtschaftlich verschieden angingen.

Wann sich aus dieser Ständeversammlung die Trennung in Commons und Lords herausgebildet hat, läßt sich nicht feststellen, wahrscheinlich unter Edward III. (1327—1377).

b) Das Wahlrecht in den Grafschaften

In dieser für die Entwicklung der parlamentarischen Einrichtungen überaus fruchtbaren Frühzeit läßt sich einstweilen keine scharfe Grenze zwischen der Wahlberechtigung (*franchise*) und der Wählbarkeit ziehen. Die Ritter wurden im Grafschaftsgericht (*county court*) gewählt, an dem zuerst wahrscheinlich nur die bezirksansässigen Kronlehensinhaber (*tenants-in-chief*) und die Freibüger teilnehmen konnten. Die Teilnahme war eine Verpflichtung und bedeutete überdies eine wesentliche wirtschaftliche Belastung, so daß anzunehmen ist, daß sie von der Verfügung über einen entsprechenden Grundbesitz bedingt war. Mit der Zeit ergab sich die Notwendigkeit verfeinerter Wahltechniken. Eine Reihe von Gesetzen suchte den Mißbräuchen zu steuern, die sich aus der Willkür der *sheriffs* bei der Abhaltung der Wahlhandlungen ergeben hatten. Das Gesetz von 1406 (7 Hen. 4, c. 15) regulierte die Art und Weise, wie die Wahl der Ritter abzuhalten ist: sie mußte im ersten Grafschaftsgericht nach Erhalt des *writ* durch den *sheriff* stattfinden; Platz und Zeitpunkt des neu zusammentretenden Parlaments waren bekanntzugeben; die *sheriffs* wurden angewiesen, bei ihrer amtlichen Bekanntgabe des Wahlergebnisses (*return*) an die Staatskanzlei (*Chancery*) die Namen der Gewählten mit ihrem Amtssiegel zu beglaubigen. Ein Gesetz von 1410 (11 Hen. 4, c. 1) brachte die Zuständigkeit der Friedensrichter zur Wahl-

[1] C 65,59, 5,2.

prüfung und setzte schwere Geldstrafen für Wahlfälschungen und andere Mißbräuche fest. Ein Gesetz von 1445 (23 Hen. 6, c. 14) enthielt Vorschriften, wie die *sheriffs* sich bei der Abhaltung von Wahlen in den Städten und Flecken zu verhalten hätten; sie hatten die *mayors* bzw. *bailiffs* mit der Abhaltung zu beauftragen und diese hatten den Wahlausgang entsprechend zu beglaubigen.

Von besonderer verfassungsgeschichtlicher Bedeutung aber ist der *Parliamentary Elections Act* von 1413 (1 Hen. 5, c. 1), der sowohl für die als Wähler fungierenden Freibürger wie für die Gewählten die Wohnsitzverpflichtung im Wahlkreis vorschrieb. Das Gesetz von 1429 (*Electors of Knights of the Shires Act* [8 Hen. 6, c. 7]) schließlich ging der Unzuträglichkeit bei der Wahl der Ritter-Vertreter in den Grafschaften, daß sich viele mittellose Leute am Wahlakt beteiligten, dadurch zu Leibe, daß als Voraussetzung der Wahlberechtigung ein jährliches Mindesteinkommen aus Grundeigentum von 40 Schillingen vorgeschrieben wurde, was bei den damaligen Geldverhältnissen eine wesentliche Vermögensgrundlage bedeutete.

Die vorstehenden Hinweise sind alles andere als von nur antiquarischem Interesse. Die Wohnsitzpflicht für das aktive und das passive Wahlrecht, später allerdings vielfach umgangen, wurde formell erst 1774 aufgehoben (14 Geo. 3, c. 58), ist aber für Repräsentanten wie Senatoren in der modifizierten Form der Wohnsitzpflicht im betreffenden Staat in die amerikanische Unionsverfassung von 1787 übergegangen (Artikel I, Sektion 2, Klausel 12 und Sektion 3, Klausel 3). Für das aktive Wahlrecht aber ist der Grundbesitz im Mindestjahreswert von 40 Schillingen bis zur Wahlreform von 1832 die gesetzliche Grundlage geblieben.

c) Das Wahlrecht in den boroughs

War somit das Wahlrecht in den Grafschaften schon frühzeitig einigermaßen zugunsten der Besitzenden vereinheitlicht, so beruhte es in den städtischen Bezirken — *boroughs* — auf von Fall zu Fall so verschiedenartigen Grundlagen, daß gerade seine Komplexität der traditionellen Korruption Vorschub leisten mußte. Anfangs bestand wahrscheinlich ein Wahlrecht für alle Haushaltsvorstände (*burgesses*), die dem *scot* und *lot* unterworfen waren, das heißt, die zu munizipalen Abgaben und zur Übernahme munizipaler Ämter verpflichtet waren. Manche Anzeichen deuten darauf hin, daß in der Frühzeit bei den Berechtigten starkes Interesse an der parlamentarischen Institution bestand. Beginnend aber mit den Tudors, als die Städte mit dem gesteigerten Handel wirtschaftlich-steuerlich an Bedeutung gewannen, und fortgesetzt unter den Stuarts, gewährte die Krone vielfach aus finanziellen Gründen den *boroughs* die Korporationsform (*charter of incorporation*), durch welche das Wahlrecht auf bestimmte Personengruppen beschränkt war, auf die die Krone sich verlassen zu können glaubte, etwa den Bürgermeister und die Stadträte, oder es wurde den Vorständen und Mitgliedern einer Innung (*guild*) dauernd verliehen[1]. Die Residenzpflicht von Wählern und Gewählten wurde in den *boroughs* gleichfalls schon frühzeitig (1413) eingeführt (1 Hen. 5, c. 1) und erst durch das oben erwähnte Gesetz von 1774 aufgehoben. Wo somit ein monopolistisches Verfügungsrecht über das Wahlrecht bestand, war es dem Kauf, der Bestechung oder sonstigen Einflußnahmen besonders ausgesetzt. Als im 17. und 18. Jahrhundert der Parlamentssitz sowohl als Statussymbol wie als Einkommensquelle von der herrschenden Oligarchie gesucht war, wurden die städtischen Wahlsitze Gegenstand eines lukrativen Handels[2].

d) Die Verfälschung der Nationalrepräsentation durch das Wahlsystem

Dadurch, daß das Wahlrecht in den Grafschaften jahrhundertelang festgefroren blieb und daß es in den *boroughs* auf Zufall und Willkür der Geschichte beruhte, hatte sich das Unterhaus mit der Zeit immer weiter vom Ideal einer angemessenen Verkörperung des nationalen Willens entfernt, wie sie John Stuart Mill im 19. Jahrhundert klassisch beschreiben sollte: "*The meaning of representative government is that the whole people or some numerous portions of them, exercise through deputies periodically elected by themselves the ultimate controlling power*"[3]. Das „unreformierte" Unterhaus war zu einem Zerrbild einer Nationalrepräsentation geworden, in welcher die in ihr integrierten maßgebenden Sozialkräfte nach Maßgabe der Bevölkerungsschichtung an der Bildung des Staatswillens beteiligt sein sollten[4]. Abgesehen davon, daß infolge der Vermögensvoraussetzungen der Wahlberechtigung weite Bevölkerungskreise überhaupt nicht vertreten waren — ein Mangel, der der vordemokratischen Zeit weit weniger bewußt sein mußte als der späteren —, trug zu Beginn des industriellen Zeitalters das bestehende Wahlsystem den eingetretenen Bevölkerungsverschiebungen überhaupt keine Rechnung. Volkreiche Städte wie Manchester oder Birmingham waren entweder überhaupt nicht oder im Vergleich mit anderen Wahlbezirken nur unzureichend vertreten, während gleichzeitig die Handvoll Wähler

[1] Eine andere Form war das Wahlrecht als Realgerechtigkeit, die sog. *burgage*, die demjenigen zustand, der über ein bestimmtes Grundstück als Eigentümer oder Dauerpächter verfügte. Bei testamentslosem Erbgang ging es immer auf den jüngsten Sohn über. Solche innerhalb eines *borough* belegene Grundstücke fanden sich in der späteren Zeit meist in der Hand einzelner adeliger Grundbesitzer vereinigt, die dadurch die Nomination ihrer Kandidaten herbeiführen konnten.

[2] Siehe oben S. 16.

[3] *In Utilitarianism, Liberty and Representation* (1861).

[4] Die auch heute noch unerschöpfliche Quelle der Information ist E. & A. G. Porritt, *The Unreformed House of Commons*, London 1901.

in einem der zahlreichen sog. *rotten boroughs* zwei Abgeordnete bestellen konnten. Als ein solcher erlangte Old Sarum seinen Ruf als Symbol einer pervertierten Wahltechnik[1]. In den noch zahlreicheren sog. *pocket boroughs* genügte zum Mandat lediglich die Nomination durch den maßgebenden Großgrundeigentümer als Patron, ohne daß es überhaupt zur Aufstellung eines Gegenkandidaten und damit zu einer Wahl gekommen wäre. Die Adelscliquen beider Parteirichtungen konnten durch die Patronage über einen zuverlässigen Anhang im Unterhaus gebieten, der zeitweise die Mehrheit ausmachte. Zu Ende des 18. Jahrhunderts, so wurde ausgerechnet, wurden bei einer Gesamteinwohnerzahl von mehr als drei Millionen mehr als die Hälfte des Unterhauses von weniger als 15000 Wählern bestellt[2].

Die Gerechtigkeit verlangt allerdings die Feststellung, daß die schweren Gebrechen in der Zusammensetzung des Unterhauses lange Zeit dem Glanz seiner politischen Rolle keinen Abbruch taten. Die schreienden Mißstände hatten auch ihre guten Seiten: Die Patronage ermöglichte zahlreichen jungen Männern aus guter Familie und ohne Geld, aber mit politischem Talent, den mühelosen Eintritt in die politische Laufbahn, in der sie nicht selten sich als Staatsmänner auszeichnen konnten. Lord Palmerston ist ein bekanntes Beispiel. Ohne die *rotten* und *pocket boroughs* wäre also das britische Parlament des 18. Jahrhunderts nicht jene unvergleichliche Versammlung der politischen und gesellschaftlichen Elite geworden, die England zum Rang der führenden Weltmacht aufsteigen ließ.

Wem aber die Patronage als Eintrittskarte in den vornehmsten Klub seiner Zeit nicht zur Verfügung stand und wer es sich überdies leisten konnte, wie die im Ostindien- und Welthandel reich gewordenen „Nabobs" des 18. Jahrhunderts, war auf den Kauf oder auch nur auf eine möglichst lange Pacht eines Parlamentssitzes angewiesen. Es entwickelte sich ein schwunghafter Handel mit Parlamentsmandaten, für den sogar eine richtige, zeitweise halboffizielle Börse bestand, welche Sitze zu

---

[1] Dies war ursprünglich nur ein gepflügtes Feld gewesen, dessen Eigentümer wahlberechtigt waren. Die Familie Pitt hatte es 1701 mitsamt der Wahlberechtigung gekauft und bei den Generalwahlen von 1722 und 1727 je zwei ihrer Mitglieder daraus ins Unterhaus gesandt; bei allen folgenden Wahlen bis 1780 einschließlich (mit Ausnahme derjenigen von 1768) hatte wenigstens ein Mitglied einen Old Sarum-Sitz eingenommen. Zu Beginn des 19. Jahrhunderts befanden sich dort ganze sieben Einwohner.

[2] Eine im Jahre 1793 dem Unterhaus unterbreitete Petition für eine Wahlreform konnte feststellen, daß von den insgesamt 658 Mitgliedern des Unterhauses
70 Abgeordnete aus Wahlkreisen ohne Wähler stammten (die oben erwähnte *burgage*),
90 Abgeordnete aus Wahlkreisen mit einer Wählerschaft unter 50 Personen,
70 Abgeordnete aus Wahlkreisen mit einer Wählerschaft unter 100 Personen,
54 Abgeordnete aus Wahlkreisen mit einer Wählerschaft unter 200 Personen,
10 Abgeordnete aus Wahlkreisen mit einer Wählerschaft unter 250 Personen.

phantastischen Preisen vermittelte, ein Zeichen, welches Prestige das Unterhausmandat erlangt hatte. Vielfach verkauften sich die wahlberechtigten Stadthonoratioren an den höchsten Bieter.

In den Wahlkreisen, in welchen die bloße Nomination durch den Patron nicht zur Erlangung des Mandats genügte, wurde der Sitz vielfach durch nackte Bestechung der Wahlberechtigten gewonnen. Auch hier waren die aufzuwendenden Summen enorm und können sich trotz des seither gesunkenen Geldwertes wohl mit denjenigen vergleichen, die heute für Senats- oder gar Präsidentschaftswahlen in den Vereinigten Staaten aufgewendet werden[1]. Die Leute wußten aber offenbar, was sie taten; denn ein Parlamentsmitglied konnte seine Aufwendungen dadurch wieder hereinbringen, daß es sich aus dem Staatssäckel Sinekuren, Pensionen und andere Einkünfte verschaffte. Die Könige aus dem Haus Hannover und ihre Regierungen machten, um sich eine Gefolgschaft im Unterhaus zu sichern, aus der Praxis der unmittelbaren und mittelbaren Bestechung der Parlamentsmitglieder ein System, so daß beispielsweise Walpoles lange Regierungszeit (1721—1742) mit dem zweifelhaften Ehrentitel des *government by corruption* in die Geschichte eingegangen ist. Was lange als Parteizusammenhalt galt, war im 18. Jahrhundert nichts anderes als die materiellen Interessen, welche die Gefolgschaft im Parlament mit der politischen Führung verband. Die Praxis war damals so weit verbreitet und allgemein, daß niemand daran Anstoß nehmen konnte, der sich überhaupt für die Politik interessierte.

Selbst im späten 18. und im ersten Drittel des 19. Jahrhunderts gab es relativ wenige städtische Wahlbezirke, in welchen die Wahlberechtigten zu zahlreich waren, um restlos bestochen werden zu können, was es ihnen dann möglich machte, von den Adelsoligarchien und der Regierung unabhängige Männer ins Parlament zu schicken. Zu diesen gehörte vor allem Middlesex, das in den sechziger Jahren den notorischen Volkstribunen John Wilkes nicht weniger als dreimal wählte, und das verhältnismäßig viel kleinere, sich aber von jeher durch Wahlehrlichkeit auszeichnende Bath.

Die skandalösen Zustände schrieen nach Abhilfe in drei Richtungen: Die ungenügende oder völlig mangelnde Repräsentation wichtiger Bevölkerungsklassen, die infolge des veralteten Wahlrechts vom Parlament überhaupt ausgeschlossen waren; die Neuverteilung der Sitze, welche die bisher nicht-repräsentierten aber wirtschaftlich überaus wichtig gewordenen Bevölkerungszentren berücksichtigte und schließlich die Reinigung des politischen Betriebs von der herrschenden Korruption. Es konnte nicht ausbleiben, daß immer wieder Reformbills dem Parlament vorgelegt wurden, so von John Wilkes 1776 zugunsten der

[1] So soll eine Wahl in Yorkshire im Jahre 1807 die drei Kandidaten £ 560000 gekostet haben.

wahlrechtsberaubten Massen, aber auch von weitsichtigen Konservativen wie dem jüngeren Pitt, zuerst als Abgeordnetem (1782) und dann als Prime Minister (1785), und anderen. Keiner war ein Erfolg beschieden.

Die französische Revolution, die in England eine emotionelle Welle des Widerstandes gegen jede Art von Radikalismus auslöste, und dann der Kampf auf Leben und Tod mit Napoleon verschoben die Inangriffnahme, bis schließlich unter dem Whig Kabinett von Earl Charles Grey die überfällige Parlamentsreform durchgeführt werden konnte, allerdings nur auf Kosten einer der schwersten Verfassungskrisen des Inselreichs. Die 1. Reformbill (1831) wurde vom Unterhaus selbst abgelehnt, die 2. nach einer zu einem großen Whig-Sieg führenden Parlamentsauflösung passierte zwar das Unterhaus mit einer Mehrheit von 109 Stimmen, wurde aber von den Lords verworfen. Greys 3. Reformbill, wiederum mit noch größerer Mehrheit von den Commons angenommen, wäre auch diesmal wieder im Oberhaus gescheitert, wäre nicht König William IV. durch den Rücktritt des Ministeriums und die Unmöglichkeit, ein neues konservatives Kabinett zu bilden, gezwungen worden, in einen Peersschub zu willigen, unter dessen Drohung der Widerstand der Lords schließlich brach (1832).

2. Die Wahlreformen des 19. und 20. Jahrhunderts

Die nach solchen Geburtswehen ins Leben getretene Wahlreform von 1832, mit Recht die Große geheißen, war das erste solche Gesetz, das sich den Titel *The Representation of the People Act* beilegte (2 & 3 Will. 4, c. 45). Es kommt der heutigen Generation weit weniger revolutionär vor als seinen damaligen Gegnern. Wenn man dabei bedenkt, daß Frankreich bereits eine volle Generation vorher zum allgemeinen Männerstimmrecht vorgestoßen war, war es alles andere als eine Wendung Großbritanniens zur Demokratie. Beim Wahlrecht selbst brachte die Reform eigentlich nur die modifizierte Ausdehnung der historischen Besitzqualifikationen vom ländlichen Grundbesitz auf die städtische bürgerliche Mittelklasse. In den *boroughs* entfielen alle vorher bestehenden, von Stadt zu Stadt verschiedenen Wahlrechtsvoraussetzungen (wie Grundbesitz, Mitgliedschaft in der Munizipalkorporation, vereinzelt auch der bloße Wohnsitz) und wurden dahingehend vereinheitlicht, daß das Wahlrecht denjenigen Haushaltvorständen — als Eigentümer oder Mieter — verliehen wurde, die über Immobilienbesitz in einem Jahresmindestwert von 10 £ verfügten und Steuern zahlten. In den Grafschaften wurden die aus lebenslänglichen Pachtverhältnissen (*leasehold* und *copyhold*) Berechtigten mit einem Mindestjahreswert von gleichfalls 10 £ den Grundeigentümern gleichgestellt. Die damit erzielte Vermehrung der Wählerschaft um nicht viel mehr als 200000 erscheint mäßig.

Der Nachdruck der Reform lag dagegen in der Neuverteilung der Parlamentssitze. Die *rotten boroughs* (darunter auch Old Sarum) wurden abgeschafft. In 30 Wahlkreisen wurde die Vertretung von zwei auf einen Abgeordneten herabgesetzt; 22 der neugebildeten Wahlkreise wurden je zwei und 20 je ein Sitz zugewiesen. Von nachhaltiger Bedeutung für eine bevölkerungsgerechtere Struktur des Wahlkörpers war aber die Erhöhung der bis dahin stiefmütterlich behandelten Grafschaftssitze von 82 auf 139. Ähnliche Gesetze für Schottland und Irland folgten nach.

Die Neuverteilung der Sitze ist seither, bis zur jüngsten gewissermaßen automatischen Regelung[1], ein Hauptbestandteil jeder folgenden Wahlreform geblieben, enthalten in gesonderten *Redistribution of Seats Acts*.

Politisch gesehen allerdings war die Große Reform von außerordentlicher Bedeutung; denn durch sie wurde einmal die Krone so gut wie vollständig aus der Politik verdrängt, zum anderen stieg das Unterhaus zum entscheidenden Faktor des politischen Prozesses auf, was sich zunächst auf die Dauer von fast einer Generation in der Form der Parlamentssouveränität — der Beherrschung des politischen Prozesses durch das Unterhaus — äußerte[2].

Der *Representation of the Peoples Act* von 1867 (30 & 31 Vict., c. 102), diesmal von einer konservativen Regierung (Disraeli) eingebracht und durchgeführt, verminderte in den Grafschaften die Besitzqualifikation aller Typen mit lebenslänglicher Landinnehabung von 10 auf 5 £ und führte auch eine Minimalqualifikation (12 £) für zeitlich beschränkte Innehabung, wie Mieten, ein. In den *boroughs* galten von nun an zwei neue Wählerkategorien, nämlich die Mieter eines ganzen Hauses ohne Minimalansatz und die Mieter von unmöblierten Wohnräumen oder Läden im Jahreswert ab 10 £. Damit war den städtischen Handwerkern und Arbeitern der Zugang zur Wahl eröffnet, was die Wählerschaft im ganzen um fast eineinhalb Millionen vermehrte. Wiederum kam es zu einer Sitzneuverteilung, bei der 11 *boroughs* ganz aufgehoben wurden und 23 je ein Mitglied verloren. Auch wurden eine Anzahl neuer Grafschafts- wie *borough*-Wahlkreise geschaffen. Den Diplominhabern gewisser Universitäten wurde ein Zusatzwahlrecht verliehen[3]. Reformen in Schottland und Irland folgten im nächsten Jahr (1868) nach.

Der nächste und geschichtlich betrachtet der entscheidende Schritt kam mit der Wahlreform von 1884 (*Representation of the People Act* [48 & 49 Vict., c. 3]), indem die historische Unterscheidung zwischen

[1] Siehe unten S. 104f.

[2] Siehe oben S. 19f.

[3] Ein solches hatte für Oxford und Cambridge schon seit James I. bestanden, im Laufe der Jahre wurden dann auch die sog. neueren Universitäten damit ausgestattet, so daß an der Wahl von 1945 die Diplomierten aller Universitäten teilnehmen konnten.

Grafschafts- und städtischem Wahlrecht ganz entfiel und das Wahlrecht einheitlich allen Männern eingeräumt wurde, die sich als Eigentümer eines Grundstücks oder als Mieter eines solchen im Mindestjahreswert von 10 £ ausweisen konnten. Gleichzeitig strebte eine neue Sitzverteilung möglichst bevölkerungsgleiche Wahlkreise an, die jeweils nur einen einzigen Vertreter zu wählen hatten (*uninominal*). Damit hatte sich das Wahlrecht dem demokratischen Grundsatz von *one man one vote* angenähert, allerdings nach wie vor mit einer, wenn auch mäßigen Besitzvoraussetzung verbunden. Das Gesetz kam vor allem den landwirtschaftlichen Arbeitern zugute und vergrößerte die Wählerschaft wiederum um zwei Millionen.

Der letzte Aufstieg aber zum demokratischen Gipfel des allgemeinen, auch die Frauen umfassenden Wahlrechts kam in England, später als in allen anderen westlichen Staaten, erst nach dem ersten Weltkrieg in zwei rasch aufeinander folgenden Etappen (*Representation of the People Act* von 1918 [7 & 8 Geo. 5, c. 64] und *Representation of the People* [*Equal Franchise*] *Act* von 1928 [18 & 29 Geo. 5, c. 12]). Ersterer verlieh das Stimmrecht allen Männern vom 21. und ebenso allen Frauen vom 30. Lebensjahr an, vorausgesetzt, sie oder ihr Ehemann waren entweder Eigentümer eines Hauses oder Mieter einer Wohnung oder eines Geschäftslokals im jährlichen Mindestwert von 5 £. Ferner wurde durch die Zuweisung je einer Zusatzstimme für die Wohnung oder für das Geschäftslokal, wiederum auf die Ehefrau ausgedehnt, ein Mehrstimmenrecht (*plural vote*) geschaffen, das sich sogar durch die Innehabung eines Universitätsdiploms auf Seiten des Mannes auf drei Stimmen erhöhen konnte. Im zweiten Gesetz von 1928 wurde das Stimmrecht der Frauen demjenigen der Männer gleichgestellt („*flapper vote*"), so daß von nun an das allgemeine gleiche Stimmrecht beider Geschlechter mit der an sich geringfügigen Besitzqualifikation galt.

Der auf Grund einer von allen Parteien beschickten *Speaker's Conference* ergangene *House of Commons (Redistribution of Seats) Act* von 1944 (7 & 8 Geo. 6, c. 41) legte eine letztlich verwaltungstechnische Regelung der immer dornigen Frage der Sitzeverteilung nach Maßgabe der eingetretenen Bevölkerungsverschiebungen fest[1], während der nächste *Representation of the People Act* von 1945 (8 & 9 Geo. 5, c. 5) das Wahlrecht für die örtlichen Vertretungskörper (*county, borough, parish* und *district*) demjenigen für das Nationalparlament anglich.

3. Das geltende Wahlrecht

Den demokratischen Schlußstein schließlich des Wahlgewölbes bildet der *Representation of the People Act* von 1949 (12, 13 & 14 Geo. 6, c. 68). Er unterzog die durch die Gesetzgebung seit der Großen Reform

[1] *Siehe unten S. 104f.*

unübersichtlich verschachtelte Rechtslage einer vernünftigen Konsolidierung, in welcher die bisher zerstreuten Materien des Wahlrechts selbst, der Durchführung der Wahlen für das Nationalparlament und die örtlichen Vertretungskörper sowie die Maßnahmen gegen Wahlfälschungen und rechtswidrige Wahlpraktiken (*corrupt and illegal practices*) nunmehr unter einem einheitlichen Gesetzgebungsdach untergebracht sind.

Mit dieser, wie man anzunehmen geneigt ist, einstweilen abschließenden Regelung entfielen alle Besitzqualifikationen und die Voraussetzungen für ein Mehrstimmenrecht bei Innehabung eines zusätzlichen Geschäftslokals und eines Universitätsdiploms. Trotz einer gegenteiligen Empfehlung der vorerwähnten *Speaker's Conference* bestand die im Amt befindliche Labour-Regierung auf der Aufhebung des Universitätsstimmrechts. England wurde dadurch einer interessanten und wertvollen Variante des allgemeinen und gleichen Stimmrechts beraubt; denn das Universitätswahlrecht war eine Möglichkeit gewesen, unabhängigen Persönlichkeiten von geistigem Format, die sich nicht dem aufreibenden Zufallsspiel einer Kandidatur in einem Wahlkreis aussetzen wollten, den Zugang zum Unterhaus ohne Parteibindung zu verschaffen. Die Befürchtung von Labour, die Universitätssitze würden eine ausschließliche Domäne der bürgerlichen Parteien bleiben — im Zeitpunkt der Aufhebung bestanden 12 Universitätssitze, von denen bis dahin keiner Labour zugefallen war —, hat sich auch soziologisch als kurzsichtig erwiesen, da die seither eingetretene Demokratisierung des höheren Bildungswesens sich heute ebenso auf die Labour politisch bevorzugenden Bevölkerungsschichten erstreckt.

Nach der gegenwärtigen Regelung hat also der britische Staatsbürger ohne Ansehung des Geschlechts nur eine Stimme und kann sie nur einmal für das Nationalparlament und für die Lokalwahlen abgeben. Dabei müssen die folgenden Voraussetzungen erfüllt sein (Sekt. 1): Vollendung des 21. Lebensjahrs[1]; die britische Staatsangehörigkeit (*British subject*)[2]; Eintragung des Wählers in die in seinem Wahlkreis geführte Wählerliste (*electoral register*). Der Stichtag für die Eintragung ist jetzt der 10. Oktober, die Wählerliste gilt dann ab 15. Februar des folgenden Jahres. Die nach dem Gesetz von 1928 bestehende dreimonatliche Wohnsitzverpflichtung ist fortgefallen. Für Personen im auswärtigen Militärdienst besteht die Abstimmung durch die Post. Die bereits vorher eingeführte sog.

[1] Sondervorschriften bestehen für Personen, die erst während der Laufzeit des geltenden Wahlregisters das 21. Lebensjahr erreichen (*Electoral Registers Act* von 1949 [12, 13 & 14 Geo. 6, c. 86]).

[2] Darunter werden nach dem *Nationality Act* von 1948 (siehe Bd. II, S. 241 ff.) die Bürger des Vereinigten Königreichs und seiner Kolonien, ebenso aber diejenigen eines *Dominions of Her Majesty* verstanden. Auch die Bürger von Eire sind wahlberechtigt, trotzdem sie weder *British subjects* noch Ausländer (*aliens*) sind. Die Anomalie beruht auf der durch den *Ireland Act* von 1949 (12, 13 & 14 Geo. 6, c. 41) geschaffenen Rechtslage.

service declaration für Militärpersonen wurde dahingehend erweitert (Sekt. 10), daß Personen, die sich aus sonstigen dienstlichen Gründen dauernd außerhalb des Vereinigten Königreichs aufhalten, gesondert abstimmen können.

Auch die gesetzlichen Wahlrechtsausschließungsgründe sind von großer Einfachheit. Nicht stimmberechtigt sind: Ausländer, Minderjährige, Peers[1]; ferner Personen, die wegen Hochverrats oder eines Verbrechens (*felony*) rechtskräftig zu einer Strafe von mehr als zwölf Monaten verurteilt sind, außer sie haben sie verbüßt oder sie wäre ihnen im Gnadenweg erlassen worden. Schließlich sind Personen auf die Dauer von fünf Jahren vom Wahlrecht überhaupt ausgeschlossen, die einer korrupten Wahlpraktik für schuldig befunden wurden. Ist der Schuldausspruch nur wegen einer illegalen Wahlpraktik ergangen, so gilt der Ausschluß lediglich für den Wahlkreis, wo sie begangen wurde. Geisteskranke werden weder von dem Gesetz von 1949 noch vom *Mental Health Act* von 1959 (7 & 8 Eliz. 2, c. 72) unmittelbar ausgeschlossen. Es kann daher angenommen werden — die Frage ist nicht unbestritten —, daß sie wahlfähig sind, wenn sie in der Lage sind, die Wahlprozedur mitzumachen. Ob ihnen, falls sie sich in einer geschlossenen Anstalt befinden, die Postabstimmung zusteht, erscheint zweifelhaft. Da also die Bevölkerung der Strafanstalten kaum übermäßig zahlreich ist und Wahlvergehen der erwähnten Art heute kaum mehr vorkommen, erfaßt das geltende Wahlrecht in dem Maß die gesamte erwachsene Bevölkerung, daß das demokratische Optimum mit dem demographischen Maximum zusammenfällt.

II. Das Wahlverfahren

Die nachfolgende Darstellung des Wahlverfahrens befaßt sich ausschließlich mit dem, was seine Mechanik genannt werden kann, also mit den einzelnen Stadien des Wahlgangs und seiner rechtlichen Wirkungen.

---

[1] Hier bilden die irischen Peers und Peeresses eine Ausnahme. Die Unionsakte von 1800 hatte bestimmt, daß achtundzwanzig von ihren irischen Standesgenossen gewählte irische Peers auf Lebenszeit ins Oberhaus berufen werden. Da seit der Errichtung des Irischen Freistaates (1922) die Kategorie in Wegfall kam, ist wohl anzunehmen, daß von den vorher ins Oberhaus Berufenen heute, mehr als vierzig Jahre später, überhaupt keiner mehr am Leben ist. Es gibt zwar auch heute noch eine größere Anzahl erblicher irischer Peers. Aber der *Peerage Act* von 1963 (Eliz. 2, c. 48) unterließ es, sie den schottischen Peers gleichzustellen, die alle den *writ of summons* zum Oberhaus zu erhalten berechtigt sind. Dagegen bestimmt das letzterwähnte Gesetz (Sekt. 4), daß die irischen Peers und Peeresses sowohl das aktive wie das passive Wahlrecht zum Unterhaus besitzen; nach *Vacher's Parliamentary Companion* ([Nr. 957] [1965]), S. 20 sind dies derzeit noch 72 Personen. Nicht wahlberechtigt aber sind solche irischen Peers, die gleichzeitig als *Peers of the United Kingdom* im Oberhaus sitzen, derzeit noch 51 (Vacher, a.a.O., S. 19).

Sie ist nach zwei Richtungen ergänzungsbedürftig: Einmal muß das Wahlverfahren in die Struktur und Funktion des Unterhauses eingepaßt werden, zum anderen aber kann es nur im Rahmen des von den Parteien betriebenen politischen Prozesses verstanden werden.

1. Zur Geschichte des Wahlakts

Bis zur Reform von 1832 und auch eine geraume Zeit nachher fehlte es an jeglicher gesetzlicher Regelung des Wahlgangs, wie sie in der vorindustriellen Gesellschaft schon bei den Wahlen zur griechischen ekklesia und den römischen Komitialwahlen bestanden hatte und bei letzteren lange, zumindest bis ins 2. Jahrhundert v. Chr., streng eingehalten worden war. Wohl hatte schon in der Inkubationszeit der Repräsentativtechnik eine *Statute of Westminster* von 1275 (3 Edw. 1, c. 5) eingeschärft, die Wahlen müßten frei sein und dürften nicht mit Waffengewalt, in böser Absicht und durch Drohungen gestört werden, aber es war niemals zu einer gesetzlichen Regelung weder für die Kandidatenaufstellung, die Nomination und den Wahlwettbewerb noch für die eigentliche Stimmabgabe gekommen.

Kein Wunder also, daß eine Wahl in der Zeit vor der Reform von der anerkannten Autorität der Verfassungsgeschichte, Thomas Erskine May[1] als eine chaotische Angelegenheit geschildert wird, begleitet von Bestechung und Einschüchterung der Wähler und oft in Gewalttätigkeiten ausartend; die allein durch Nomination besetzten Mandate, bei denen es überhaupt zu keiner Wahl kam, mögen dabei außer Betracht bleiben. Der Wahlgang, bei dem wegen der Bewerbung mehrerer Kandidaten die Stimmabgabe vorgenommen wurde (*poll*), dauerte vierzig Tage. Als Wahllokal fungierte eine im Freien aufgestellte hölzerne Tribüne (*hustings*), von welcher die Kandidatenbewerbungen offen und mündlich abgegeben wurden und von der aus die aufgestellten oder sich selbst aufstellenden Bewerber ihre Wahlreden zum Besten gaben. Dort wurden auch die Wahlstimmen offen und mündlich abgegeben, und soweit es dem amtierenden Wahlbeamten (*returning officer*) beliebte, amtlich vermerkt. Während der ganzen Wahlperiode blieben die Wirtshäuser offen und der Branntwein floß in Strömen. Das Faustrecht war an der Tagesordnung. Bewaffnete Banden überboten sich in der Terrorisierung der Wähler und der Mißhandlung mißliebiger Kandidaten und ihrer Anhänger, die oft überhaupt nicht zur Stimmabgabe zugelassen wurden. Gleichzeitig ließen die Kandidaten und ihre Anhänger alle Minen der Bestechung spielen, was zur enormen Steigerung der Wahlkosten das Seine beitrug. Die Beschreibung der Wahl in Eatonwill in Charles Dickens' "*The Pickwick*

---

[1] The Constitutional History of England since the Accession of George III, London 1912, Bd. I, S. 296, 320/21.

Papers", veröffentlicht 1836/37, ist die klassische Satire einer Wahl unmittelbar vor oder nach der Reform von 1832.

Selbst nach den die Wählerschaftsbasis erheblich ausdehnenden Wahlreformen des 19. Jahrhunderts luden die flagranten Mängel des Wahlverfahrens zu weitverbreiteten Mißbräuchen ein. Ihnen machte erst das von der Regierung Gladstone üblicherweise als *Ballot Act* bezeichnete Gesetz von 1872 (*Parliamentary and Municipal Elections Act* [(35 & 36 Vict., c. 33]) ein Ende[1]. Er ersetzte nach dem Vorbild Australiens, daher auch *Australian ballot* geheißen, die mündliche und offene durch die schriftliche und geheime Stimmabgabe: Dem Wähler wird ein amtlicher Stimmzettel gegeben, auf dem die Namen der Kandidaten, jedoch ohne Parteizugehörigkeit, vermerkt sind. Er kreuzt dann in einer abgeschlossenen Zelle (*voting booth*) den Namen des von ihm bevorzugten Kandidaten an und legt den Zettel in einen dazu bestimmten Metallkasten, der nicht vor Ende des Wahlgangs geöffnet werden darf. Nach wie vor vollzieht sich der gesamte Wahlakt handschriftlich, auch der Wahlbeamte füllt die zahlreichen Formulare handschriftlich aus. Der Gebrauch mechanischer Mittel ist nach Herkommen verpönt. Das gesamte Material einer Wahl bleibt während der Lebensdauer des betreffenden Parlaments in amtlicher Verwahrung. Diese Art der Stimmabgabe ist heute in allen zivilisierten Staaten üblich und ergibt zuverlässige Wahlresultate, es sei denn, daß, wie es die gewitzten Diktatoren unserer Zeit tun, durch Fälschungen bei der Tabulierung des Wahlergebnisses dem Glücksrad die gewünschte Drehung gegeben wird. Diese neue Technik der Stimmabgabe machte die vorher übliche Bestechung und Einschüchterung der einzelnen Wähler unmöglich, einmal, da sie bei einer Massenwählerschaft nicht anwendbar sind, zum anderen, weil bei geheimer Stimmabgabe keine Gewähr dafür besteht, daß ein gekaufter Wähler auch tatsächlich nach Wunsch des Käufers stimmen würde.

Ganz abgesehen davon hatten sich im Laufe des 19. Jahrhunderts das Bildungsniveau und die ethischen Standards auch in England so weit verbessert, daß der unlauteren Wahlmache der Boden entzogen wurde. Die letzten Reste handgreiflicher Wahlbeeinflussung wurden schließlich durch Strafandrohungen des *Corrupt and Illegal Practices Prevention Act* von 1883 (46 & 47 Vict., c. 51), jetzt als Teile II und III des *Representation of the People Act* von 1949 erneuert, beseitigt. Der Wahlakt selbst nicht minder als die ihm vorausgehenden Stadien der offiziellen Wahlkampfzeit unterstehen der rigorosen Aufsicht der Wahlbehörden. Die heutige Massenwählerschaft läßt sich weder bestechen noch einschüchtern.

---

[1] Das Gesetz wurde bis zum *Representation of the People* Act von 1918 alle Jahre erneuert, durch den letzteren aber (mit modernisierenden *amendments*) dauernd gestaltet. Der *Representation of the People Act* von 1949 zog zwar den *Ballot Act* aus dem Verkehr, übernahm aber seine Grundsätze.

In dem volldemokratischen Milieu des politischen Prozesses folgt der souveräne Wähler seinem eigenen Gewissen oder vielmehr, er setzt die ihm von den Meinungsmedien vermittelten Informationen und Empfehlungen in die eigene Wahlmotivation um. Das vorerwähnte Gesetz gegen unlautere Wahlmachenschaften ist heute veraltet und wird kaum je in Anspruch genommen.

2. Wahlkreis und Wahlkreiseinteilung

Das derzeit geltende Wahlsystem Großbritanniens beruht auf drei die Materie kodifizierenden Zusammenfassungsgesetzen (*consolidation acts*), nämlich dem *Representation of the People Act* von 1949 (12, 13 & 14 Geo. 6, c. 68), dem *House of Commons* (*Redistribution of Seats*) *Act* vom gleichen Jahr (ebenda, c. 66) mit der Novelle von 1958 (6 & 7 Eliz. 2, c. 26) und dem *Election Commissioners Act* von 1949 (12, 13 & 14 Geo. 6, c. 90). Die eigentliche *sedes materiae* ist der ersterwähnte Akt, ein umfangreiches Wahlgesetzbuch von 269 Seiten mit 176 Artikeln und neun Anhängen (*schedules*), der nicht nur das eigentliche Wahlrecht (*franchise*) für die Wahlen zum Nationalparlament und die lokalen Vertretungskörperschaften und den Wahlgang, sondern auch die *corrupt and illegal practices* regelt. Von den derzeit (1966) im Vereinigten Königreich bestehenden 630 Wahlkreisen treffen 512 auf England selbst, 35 auf Wales, 71 auf Schottland und 12 auf Nordirland. Diese Zahlen sind aber überraschenderweise nirgends gesetzlich festgelegt, außer derjenigen für Nordirland, sie unterliegen vielmehr der jeweiligen Feststellung durch die sog. *Boundary Commissions* und werden dann durch *Order in Council* amtlich verlautbart.

Alle Wahlen erfolgen nach dem Grundsatz der relativen Mehrheit: Derjenige Bewerber also, der die meisten Stimmen erlangt hat, selbst wenn dies im Vergleich mit den von seinen Mitbewerbern zusammen erlangten Stimmen nur die Minderheit wäre, muß von dem in jedem Wahlkreis aufgestellten Wahlbeamten (*returning officer*) amtlich als gewählt erklärt werden[1].

In allen modernen Industriestaaten mit ihren bekannten demodynamischen Erscheinungen der Flucht vom Land in die Stadt und der Abwanderung von der Stadt in die angenehmeren Vororte stellen die damit eingetretenen Bevölkerungsverschiebungen das schwierigste Problem einer rationellen Organisation des Wahlvorgangs dar. Die bestehenden Wahlkreise müssen im Interesse einer bevölkerungsgerechten Einteilung ständig an die eingetretenen Bevölkerungsverschiebungen angeglichen werden. Das Dilemma tritt in allen Staaten auf, die sich nicht

---

[1] Diese grundlegende Bestimmung ist an einer ganz versteckten Stelle des Gesetzes von 1949 enthalten (2. *schedule*, Ziffer 51 (1 a)).

entschließen können, von der Mehrheitswahl auf die Verhältniswahl überzugehen und besteht auch bei letzterer, wenn der Proporz, statt auf das gesamte Staatsgebiet, auf die historisch gegebenen territorialen Untergliederungen zur Anwendung kommt, es sei denn, daß hier ein Ausgleich in einer Nationalliste gefunden wird.

In der Vergangenheit hatten in Großbritannien die verschiedenen *Redistribution of Seats Acts* versucht, die Wahlkreiseinteilung mit der Bevölkerungsbewegung in Einklang zu bringen; sie hinkten aber meist nach und waren schon nach verhältnismäßig geringer Zeit überholt. Für dieses Dilemma fand Großbritannien neuerdings eine gesetzliche Lösung, die trotz ihr anhaftender politischer Mängel vorbildlich ist und daher hier eine ausführlichere Darstellung verdient. Im Jahre 1944 wurden durch überparteiliche Einigung nach Maßgabe der *Speaker's Conference* im Rahmen des *House of Commons (Redistribution of Seats) Act* (7 & 8 Geo. 6, c. 41) die vier Grenzkommissionen (*boundary commissions*) für England, Wales, Schottland und Nordirland als staatliche Behörden eingerichtet, welchen die periodische Nachprüfung der Bevölkerungsziffern der einzelnen Wahlkreise unter dem Gesichtspunkt ihrer möglichsten Angleichung an einen offiziellen Wahlkoeffizienten (*electoral quota*) obliegt. Dieser ist eine Durchschnittsziffer, die dadurch errechnet wird, daß die Gesamtwählerschaft in jedem der vier Regionalbezirke durch die auf ihn treffenden Sitze geteilt wird. Der Wahlkoeffizient ist demnach für alle vier Landesteile verschieden, für England selbst liegt er bei etwa 60000 Wählern. Die Richtlinien, welche die Grenzkommissionen dabei leiten sollten, liefen ursprünglich darauf hinaus, daß im einzelnen Wahlkreis die Wählerschaft nicht mehr als 25% über oder unter dem Regionalkoeffizienten liegen sollte. Diese Richtlinien wurden aber bald (1947) dahin gemildert, daß der Wahlkreis dem Koeffizienten elastisch und nicht mechanisch angeglichen sein soll; der 25%ige Maßstab wurde also fallen gelassen. Außerdem war den Kommissionen ausdrücklich das Recht eingeräumt, auf die örtlich-geographischen Verhältnisse, insbesondere auch auf den Umfang, die Form (*shape*), die bestehenden Verwaltungsgrenzen und auf die Zugänglichkeit zu den Wahllokalen Rücksicht zu nehmen.

Der mit allen Künsten der Bevölkerungswissenschaft erarbeitete Befund wird dann von der Kommission in der Form von Empfehlungen dem *Home Secretary* vorgelegt, der sie dann mit oder ohne ihm erforderlich erscheinende Modifikationen dem Parlament als Entwurf einer *Order in Council* zuleitet. Werden die Vorschläge dann durch Resolution jedes der beiden Häuser — warum die Lordskammer an dem Verfahren beteiligt ist, ist wenig einleuchtend — angenommen, so werden sie als *Order in Council* von der Krone mit Geltung für die nächsten Parlamentswahlen in Kraft gesetzt.

Die Vorschläge der *Boundary Commissions* werden aber keineswegs mechanisch-automatisch vom Parlament gutgeheißen, wie dies in dem analogen Fall der Vereinigten Staaten zutrifft, wenn anläßlich der alle zehn Jahre stattfindenden Volkszählung die verfassungsrechtliche Neuverteilung der Sitze im Repräsentantenhaus unter die Staaten vorgenommen wird[1], sondern das Parlament behält sich seine Entscheidungsfreiheit vor; in diesem Sinn ergänzte die Labour-Regierung die Vorschläge dahingehend, daß sie 17 Zusatzwahlkreise für die großen Städte schuf (1949).

Den Gerichten andererseits steht keine Eingriffsmöglichkeit zu. Sie versagten den Erlaß einer einstweiligen Verfügung, durch welche dem *Home Secretary*, weil behauptetermaßen *ultra vires*, verboten würde, die *Order in Council* der Krone vorzulegen (*Harper v. Home Secretary* [1955] [Ch. 238]) und ebensowenig kann das Gericht gegen die Grenzkommission selbst eine einstweilige Verfügung erlassen (*Hammersmith Borough Council v. Boundary Commission, The Times*, 15. December 1954). In beiden Fällen wurde der Antrag als nicht justiziabel betrachtet, was in den Vereinigten Staaten als *political question* zu gelten hat, für welche allein die politischen Organe zuständig sind.

Die erste derartige Neueinteilung der Wahlkreise fand im *Represention of the People Act* von 1948 (11 & 12 Geo. 6, c. 65 [*First Schedule*]) statt, mit gewissen Modifikationen im gleichnamigen Gesetz von 1949 (12, 13 & 14 Geo. 6, c. 68). Das Ergebnis war weniger eine Korrektur der bestehenden Wahlkreiseinteilung als vielmehr eine völlig neue Karte der britischen Wahlgeographie. Abgesehen davon, daß die Gesamtzahl der Wahlsitze von vorher 630 auf nunmehr 615 absank, was hauptsächlich auf den Fortfall der Mehrstimmenprivilegien durch Geschäftslokal- und Universitätswahlrecht zurückzuführen war, behielten von den bestehenden Wahlkreisen nur achtzig ihre bisherigen Grenzen; alle anderen wurden derart gründlich umgruppiert, daß sie trotz der Beibehaltung der traditionellen Namen in Wirklichkeit völlige Neubildungen waren. Die nächste Reform von 1954 war etwas weniger drastisch, da nur 214 Wahlkreise von ihr betroffen wurden. Vier Wahlkreise wurden dabei überhaupt aufgehoben und elf neue begründet. Die Frist, innerhalb welcher die periodische Überprüfung durch die Grenzkommissionen vorzunehmen ist, war zuerst auf drei bis sieben Jahre bestimmt worden. Es zeigte sich aber, daß solche immer wieder bevorstehenden Neueinteilungen, ganz abgesehen von der ständigen Notwendigkeit der Umorganisierung der Wahlbehörden, eine starke Unruhe bei den im Wahlkreis tätigen Parteiorganisationen bewirken mußten und daher den Parteien unbequem waren. So hatte Labour beispielsweise keine Möglichkeit, sich auf

[1] Siehe Karl Loewenstein, *Verfassungsrecht und Verfassungspraxis der Vereinigten Staaten*, Berlin-Göttingen-Heidelberg 1959, S. 182f.

die unmittelbar nach der letzten Neueinteilung eintretenden Generalwahlen von 1955 entsprechend einzustellen. Der Plan, daß jedes neue Parlament eine der tatsächlichen Bevölkerungsgruppierung gemäße Wahlkreiseinteilung aufweisen soll, mag an sich bestechend sein, aber die politischen Nachteile einer allzu häufigen Neuordnung waren doch so durchschlagend, daß im *House of Commons (Redistribution of Seats) Act* von 1958 (6 & 7 Eliz. 2, c. 26) die anfänglichen Fristen mehr als verdoppelt und die *status quo*-Periode von zehn auf fünfzehn Jahre verlängert wurde.

Das derzeitige Ergebnis dieser Bemühungen ist, daß eine mechanische Gleichheit der Wahlkreisbevölkerung nicht erzielt worden ist und auch nicht erzielbar ist. Der (1959) größte Wahlkreis (77298 Einwohner) verhält sich zum kleinsten (39980 Einwohner) etwa wie 1,9 zu 1. In Schottland und Wales ist das Verhältnis etwas ungünstiger (2,6:1). Das Gesamtbild aber zeigt eine bemerkenswerte Angleichung der britischen Wahlkreise. Von den 512 englischen Wahlkreisen liegen 410 oder 80% innerhalb einer nur 20%igen Spanne über oder unter dem allgemeinen Wahlkoeffizienten, der derzeit bei 60000 liegt, in Schottland bzw. Wales 66 bzw. 61%. Die geltende Regelung zeichnet sich durch große Unparteilichkeit gegenüber den einzelnen und allen politischen Parteien aus[1]. Außerdem erspart sie Großbritannien das unwürdige Spiel des „Zurechtschneiderns“ (*gerrymandering*) der Wahlkreise durch die jeweilige Mehrheitspartei mit der sich daraus ergebenden krassen Wahlungleichheit der einzelnen Wahlkreise untereinander, die in den Einzelstaaten wie in der Union ein Krebsübel des amerikanischen politischen Betriebs darstellt[2].

3. Die Wählerlisten

Wie überall ist die unerläßliche Voraussetzung für die Ausübung des Wahlrechts die Eintragung der Wähler in die Wählerliste (*electoral register*). Der hier einschlägige *Electoral Registers Act* von 1949 (12, 13 & 14 Geo. 6, c. 86) bietet keine von anderen Ländern abweichenden Besonderheiten. Die Wahlkreise sind nach wie vor aus verwaltungs-

---

[1] Es gereicht Labour zur Ehre, daß die Gesetzgebung unter seiner Regierung 1949 durchgeführt wurde; denn bei den Wahlen von 1945 hatte Labour noch gegenüber den Konservativen in der Wahlkreiseinteilung einen Vorsprung; Labour konnte einen Sitz schon mit durchschnittlich 51000 Wählern erzielen, während die Konservativen deren 57000 aufbringen mußten. Nach der Neueinteilung von 1949 hatte sich das Verhältnis wohl umgekehrt, spielte aber anscheinend seit der nächsten Neueinteilung von 1954 keine Rolle mehr.

[2] Damit hat allerdings neuerdings die Entscheidung des Obersten Gerichtshofs in *Baker v. Carr* (369 U.S. 186, 1962) gebrochen. Vgl. darüber auch KARL LOEWENSTEIN, *Policy Making* und der *Supreme Court* in: *Faktoren der politischen Willensbildung*, Festschrift für Ernst Fraenkel, Berlin 1963, S. 237ff.

technischen Gründen in grafschaftliche (*county*) und städtische (*borough*) eingeteilt. Der amtliche Wahlkommissar der Grafschaften ist der *sheriff*, derjenige der *boroughs* entweder der Bürgermeister (*mayor*) oder der Vorsteher (*chairman*) des städtischen Bezirksrates (*urban district council*). Ihre Funktionen sind aber im wesentlichen an Spezialbeamte, die *registration officers*, delegiert (*Representation of the People Act* von 1949, Sektionen 17 und 18). Es ist zulässig, zwei oder mehr Wahlkreise unter einem gemeinsamen Registrierungsbeamten zusammenzufassen. Deckt sich die Abgrenzung eines Wahlkreises mit dem Verwaltungsbezirk der Grafschaft oder liegt er ganz innerhalb derselben, so ist der *Clerk* des Grafschaftsrates der Registrierungsbeamte. In den Fällen, wo der Wahlkreis mit einem *borough* oder Stadtbezirk zusammenfällt, fungiert in dieser Eigenschaft der *Clerk* der Stadt oder des städtischen Bezirksrates. Alle diese Beamtenkategorien — *sheriff* und die *Clerks* der Grafschaft, der Stadt oder des Stadtbezirksrats — sind nicht ins Unterhaus wählbar (*House of Commons Disqualification Act* von 1957 [5 & 6 Eliz. 2, c. 20]), was durchaus angezeigt ist, da sie amtlich die Zusammensetzung der Listen beeinflussen könnten. Alle diese Beamten stehen unter Strafandrohungen wegen Amtspflichtverletzungen.

Dem Registrierungsbeamten obliegt die Aufstellung und *au courant*-Haltung der Wählerlisten in ihrem *borough* oder *county* (*Electoral Registers Acts* von 1949 [12, 13 & 14 Gev. 6, c. 86] und 1953 [2 & 3 Eliz. 2, c. 8]). Dies vollzieht sich einmal (bis 1953 zweimal) jedes Jahr durch von Haus zu Haus-Befragung der im Bezirk wohnhaften Wähler. Eine zunächst provisorisch veröffentlichte Liste gibt Gelegenheit zu Einsprüchen und Reklamationen, die der Registrierungsbeamte in erster Instanz selbst entscheidet, wogegen Berufung an das Grafschaftsgericht und in Rechtsfragen Revision an den *Court of Appeal* zulässig ist. Die Wählerliste dient gleichzeitig als Unterlage für die Lokalwahlen. Die endgültige Liste tritt am 16. Februar eines jeden Jahres formell in Kraft und ihre Feststellungen sind unanfechtbar[1]. Speziallisten werden auch für die Stimmberechtigten angelegt, die sich am Wahltag dienstlich außerhalb des Vereinigten Königreichs aufhalten (Abwesenheitslisten). Sie umfassen auch Personen, die aus anderen Gründen am Wahltag voraussichtlich nicht persönlich abstimmen können und denen die Postabstimmung gestattet ist. In bestimmten Fällen ist auch Stimmabgabe durch Stellvertreter (*by proxy*) zulässig. Alles in allem entspricht die gesetzliche Regelung allen rechtsstaatlichen Anforderungen und dient seit dem Wegfall der Wohnsitzverpflichtung von drei Monaten auch der Bequemlichkeit des Publikums.

---

[1] Nach dem amtlichen Ergebnis waren am 15. Februar 1964 35894307 Briten als wahlberechtigt in die Wählerlisten eingetragen.

4. Gesetzliche Regelung des Wahlkampfes

Der Wahlwettbewerb oder Wahlkampf (*election campaign*) als Arena des Parteienwettbewerbs um die politische Macht während der nächsten Legislaturperiode gehört im wesentlichen zur Parteiendynamik[1]. An dieser Stelle ist aber der ihn regulierenden gesetzlichen Maßnahmen zu gedenken, die in wesentlichen Aspekten eine britische Eigentümlichkeit darstellen und naturgemäß auch dem Parteibetrieb des politischen Wettbewerbs das Gepräge geben. Demnach sind in Teil II des *Representation of the People Act* von 1949 eingehende Bestimmungen auch über die folgenden Gegenstände enthalten: Wahlagenten der Kandidaten (*election agents* [Sekt. 55—59]); Wahlausgaben der Kandidaten (Sekt. 60—78); allgemeine Propagandakosten (Sekt. 79—85), insbesondere den Gebrauch von politischen Symbolen (Sekt. 97) und die verbotenen Verstöße, die unter die Rubrik der *corrupt and illegal practices* fallen (Sekt. 99—101).

a) Die offizielle Wahlkampfperiode

Der Wahlwettbewerb ist in England auf eine verhältnismäßig kurze Zeitspanne beschränkt, sie reicht vom Tag der *Royal Proclamation*, welche die Parlamentsauflösung ausspricht, — und jedes Parlament wird formell aufgelöst, gleichgültig, ob seine Legislaturperiode abgelaufen ist oder ob die Auflösung aus einem bestimmten politischen Anlaß vorher stattfindet — bis zum Tag des eigentlichen Wahlgangs. Die *Royal Proclamation* ordnet gleichzeitig das Aufgebot eines neuen Parlaments an. Im Anschluß daran werden von der Regierung im Namen der Krone Aufgebotsbefehle (*writs*) an die Wahlkommissare der einzelnen Wahlkreise gerichtet, die ihnen auftragen, „eine Wahl zu veranstalten" (*to cause an election*). Diese geben daraufhin den Zeitpunkt der Einreichung der Bewerbungsanträge (*nomination papers*) und des eigentlichen Wahlakts öffentlich bekannt. Im Falle einer Vakanz eines Parlamentssitzes während der Legislaturperiode erläßt der Speaker den Auftrag zur Abhaltung einer Nachwahl (*byelection*), bei welcher in dem betreffenden Wahlkreis die gesetzlichen Bestimmungen zur Anwendung kommen, die im Fall einer Generalwahl für das ganze Land gelten.

Bis zum Ende des achten Tages nach Erlaß der *Royal Proclamation* müssen die Bewerber ihren Bewerbungsantrag beim *returning officer* eingereicht haben. Neun Tage darauf wird die Wahl vorgenommen. Sonn- und Feiertage werden bei beiden Fristen nicht mit eingerechnet. Der Wahltag ist, aus nicht aufzuklärenden Gründen, seit langem jeweils ein Donnerstag. Die offizielle Wettbewerbszeit dauert also in der Regel etwa drei Wochen. Es ist aber seit dem letzten Krieg üblich geworden, daß der

[1] Siehe unten Kapitel 6, S. 121ff.

Prime Minister, dem die Entscheidung ausschließlich obliegt, die Öffentlichkeit schon einige Zeit vorher von der bevorstehenden Auflösung unterrichtet und daß der Erlaß der königlichen Proklamation etwas aufgeschoben wird, um den Parteien mehr Zeit zum Aufmarsch zu gewähren[1].

Diese offizielle Zeitregelung bedeutet natürlich nicht, daß das Werben der Parteien und Kandidaten um die Seele des Wählers erst mit dem Startschuß der offiziellen Eröffnung der Wahlkampfperiode einsetzt. In der Regel kündigt sich eine bevorstehende Neuwahl lange vorher durch politische Anzeichen — vor allem den Ausgang der Nachwahlen und anderweitig — an, und die Wahlmaschinerie der Parteien ist lange vorher in Gang gesetzt worden. Besonders wenn sich eine reguläre Legislaturperiode ihrem gesetzlichen Ende zuneigt — heute bei Ablauf von fünf Jahren —, müssen die Parteien sich voll gerüstet, die Kandidaten für die Wahlkreise bestimmt, die sie bestreiten wollen, ihre Programme bekanntgegeben und vor allem die erforderlichen Geldmittel bereitgestellt haben. Aber zum wohltuenden Unterschied etwa gegenüber den Vereinigten Staaten, wo die Präsidentschaftswahlen durch die Positionsmanöver der eventuellen Kandidaten um den ersten Platz ihre Schatten ein Jahr und mehr vorauswerfen, und auch im Gegensatz zur Deutschen Bundesrepublik, wo Regierung und Parteien lange vor der nächsten Wahl die Boxerhandschuhe anziehen, ist die eigentliche Kampfperiode in Großbritannien erfreulich abgekürzt.

b) Die Kandidatenaufstellung

Kandidaten für das Unterhaus werden heute so gut wie ausschließlich von den politischen Parteien aufgestellt. Sogenannte Unabhängige, das heißt Bewerber, die ohne Zugehörigkeit zu einer politischen Partei auf eigene Faust ein Mandat anstreben, sind zwar rechtlich keineswegs ausgeschlossen; ihre Bewerbung ist aber heutzutage und schon seit langem völlig aussichtslos und sie können es als einen Erfolg buchen, wenn sie nicht die Wahlkaution einbüßen[2].

---

[1] Prime Minister Wilson kündigte am 28. Februar 1966 die Auflösung für den 10. März und die Wahl selbst für den 31. März an.

[2] Unter Unabhängigen werden hier nicht die Kandidaten der kleineren (landschaftlich auftretenden) Parteien verstanden, wohl aber sog. „Rebellen" gegen ihre bisherige Partei, wie der Labour-Führer Sir Stafford Cripps, der sich mit seiner Partei zerstritten und das Mandat niedergelegt, sich aber dann in seinem alten Wahlkreis als Unabhängiger hatte aufstellen lassen und siegte (1939), oder ein früherer Konservativer (Sir David Robertson), der 1959 sich als Unabhängiger aufstellen ließ und gleichfalls gewann, wohlbemerkt aber nur dadurch, daß die Konservativen die Aufstellung eines offiziellen Kandidaten unterließen.

Bei der Wahl von 1955 bewarben sich nur 13 wirkliche Unabhängige (unter 1409 Bewerbern), bei derjenigen von 1964 waren es aber 47 (unter 1757), die höchste Zahl seit 1945. Sie zogen unter den verschiedenartigsten Bannern in die Wahl-

Die bei einer Bewerbung zu erfüllenden Voraussetzungen sind außerordentlich einfach. Der Bewerbungsantrag (*nomination papers*) muß von zwei Wahlberechtigten (*nominators*) und weiteren acht Personen (*assentors*) schriftlich gestellt und beim Wahlbeamten eingereicht werden. Es ist aber nicht unüblich, daß ein Bewerber, um seine Popularität zu beweisen, den Bewerbungsantrag von Tausenden der Wähler unterschreiben läßt. Der Nominationsantrag kann nach Annahme nicht mehr zurückgezogen werden. Der Wahlbeamte prüft nur die Formalien der Bewerbung, nicht aber, ob in der Person des Kandidaten Wählbarkeits-Ausschließungsgründe vorliegen, da dies als eine ihm nicht zustehende richterliche Befugnis angesehen wird[1].

Trägt somit auch jeder volljährige Brite gewissermaßen einen Parlamentssitz in seinem Tornister, so muß der Bewerber noch eine weitere Bedingung erfüllen: Er muß beim Wahlbeamten eine Wahlkaution (*election deposit*) von 150 £ hinterlegen, die ihm nach der Wahl zurückerstattet wird, außer er hätte weniger als ein Achtel der in seinem Wahlkreis abgegebenen Gesamtstimmen erhalten, in welchem Fall sie zugunsten der Staatskasse verfällt. Bei den Alternierungsparteien kommt dies heute nur mehr selten vor. Die üblichen Opfer sind außer den kleineren Regionalparteien, den Kommunisten und den Parteilosen in neuerer Zeit die Liberalen gewesen[2].

---

schlacht, als „Patrioten" oder „Loyalisten", als Gegner des Eintritts von Großbritannien in den Gemeinsamen Markt, als Pazifisten oder Nuklearabrüster. Im Durchschnitt erzielten sie nur 1,5% der in ihrem Wahlkreis abgegebenen Gesamtstimmen. Beispielsweise brachte es ein sich als Nationaldemokrat etikettierender Ingenieur in Ipswich auf ganze 349 Stimmen (von insgesamt 62000 im Wahlkreis).

[1] Dadurch konnte es vorkommen, daß beispielsweise in Ulster im Jahre 1955 ein irischer Sinn Fein-Kandidat, der sich wegen eines Bombenattentats gegen britische Truppen im Zeitpunkt der Bewerbung noch im Gefängnis befand, als Kandidat nominiert und auch gewählt wurde. Erst das Unterhaus schloß ihn nach gerichtlicher Wahlprüfung von der Einnahme des Sitzes aus, und der an zweiter Stelle stehende Unionist rückte ein.

[2] Bei den Wahlen von 1950 verloren sie zwei Drittel der Wahlkautionen, bei denjenigen von 1951, 1955 und 1959 etwa die Hälfte. 1964 jedoch schnitten sie infolge des allgemeinen Anstiegs der liberalen Stimmen erheblich besser ab, indem sie nur bei etwa einem Siebentel ihrer 365 Bewerber — 53 — zu Verlust gingen. Bei den Wahlen von 1966 büßten von 311 Kandidaten der Liberalen wiederum ein Drittel — 104 — die Kaution ein.

Bei den Wahlen von 1964 ergab sich das folgende Gesamtbild der verfallenden Wahlkautionen: Konservative: 5; Labour: 8; in diesen Fällen hatte es sich vorwiegend um Zählkandidaturen gehandelt; Liberale: 53; Kommunisten: alle 36; schottische Nationalisten: 12; wallisische Nationalisten: 21; irische Republikaner: 7; alle anderen sog. Unabhängigen: 45 (von 47 Bewerbern).

Bei den folgenden Wahlen von 1966 war das Gesamtbild der verfallenen Wahlkautionen das folgende: Labour: 3; Konservative: 9; Liberale: 104; Kommunisten: 57; schottische Nationalisten: 10; wallische Nationalisten: 18; irische Republikaner: 1; sog. Unabhängige: 35.

Das Erfordernis der Hinterlegung der Wahlkaution war bei seiner Einführung im Jahre 1918 an sich ein vernünftiger Riegel gegen frivole, weil aussichtslose Kandidaturen, hat aber heute viel von seiner Abschreckungsfunktion verloren. Viele der konservativen Kandidaten sind persönlich wohlhabend genug, um selbst die Bürgschaft zu leisten; bei der Labour-Partei aber wird die Wahlbürgschaft vielfach aus den Parteimitteln beigesteuert und im übrigen besteht seit 1945 eine Versicherung gegen Verlust. Die Bestimmung hat aber trotzdem auch heute noch einen starken Nutzeffekt: Die Parteien- und Stimmzersplitterung durch aussichtslose Einzelkandidaten wird verhindert und damit konzentriert sich die Stimmabgabe auf die bestehenden Parteien. Sie schreckt damit bloße Zählkandidaturen beispielsweise für die Kommunisten ab, die sich im übrigen den Verlust zahlreicher Wahlbürgschaften wohl leisten können. Andererseits ist es in den letzten Wahlgängen üblich geworden, daß die beiden Alternierungsparteien selbst in den traditionellen Hochburgen ihrer Gegner Kandidaten aufstellen, die fast immer das erforderliche Achtel an Stimmen zu erzielen vermögen. Das Kautionserfordernis konnte also nicht verhindern, daß heute alle Sitze von den beiden Alternierungsparteien bestritten werden, was auch den Vorteil hat, daß ihre Gesamtstimmenzahl eindeutig festgestellt werden kann. Früher war es in den Wahlkreisen ohne Gegenkandidaten sehr schwierig, eine Parteiorganisation der nicht kandidierenden Partei aufrechtzuerhalten oder sie im Bedarfsfall neu aufzubauen. Erwähnenswert ist schließlich, daß es in Großbritannien keine Vorwahlen gibt. Der Ausleseprozeß für die aufzustellenden Kandidaten vollzieht sich zwang- und formlos innerhalb der Parteiorganisation[1].

An sich muß der Wahlbeamte nach der Nomination nur dann eine eigentliche Wahl durchführen, wenn mehr als eine einzige gültige Wahlbewerbung vorliegt. Andernfalls wird der einzige Bewerber am Wahltag als gewählt erklärt (*uncontested seat*). Die Praxis der Mandatszuteilung durch bloße Nomination bestand bis 1832 bei der überwiegenden Mehrzahl der Sitze und wurde noch bis in die Gegenwart vereinzelt fortgesetzt. Sie ist in den letzten Wahlgängen so gut wie vollständig verschwunden, da die beiden Alternierungsparteien nunmehr auch in den für sie wahlgeographisch aussichtslosen gegnerischen Hochburgen ihre eigenen Kandidaten aufstellen. Selbst im Wahlkreis des Speakers, der früher aus Courtoisie von den anderen Parteien nicht bestritten wurde, ist nunmehr die Aufstellung von Kandidaten üblich geworden. Die Möglichkeit des Verlustes der Wahlkaution bedeutet hier keinerlei Hemmung, zumal auch in den an sich aussichtslosen Wahlkreisen die unterliegende Partei fast ausnahmslos genug Stimmen auf sich ziehen kann, um den Verlust zu vermeiden.

---

[1] Siehe unten S. 176ff; 189ff.

c) Wahlagenten und Wahlkosten

aa) Allgemeines zur Technik der Wahlpropaganda

Im Massenstaat unserer Zeit mit seinen Millionen und Abermillionen von Wählern ist eine Generalwahl zur Totalerneuerung des parlamentarischen Personals ein gigantischer Feldzug zwischen gigantischen Parteimaschinen, die von berufsmäßig geschulten Parteitechnikern bedient werden. Ihr oberstes Ziel ist die Gewinnung einer Mehrheit der Wähler. Sie entfalten dabei eine Wahlpropaganda, die sich mit den neuesten Techniken der Massen- und Individualpsychologie an den Verstand ebenso wie an das Gefühl, an die Lebenserfahrung ebenso wie an die Vorurteile und Vorlieben der Wählerschaft richtet. Es darf als ein Naturgesetz der praktischen Politik gelten, daß diejenige Parteiapparatur, welche dabei über die größeren Geldmittel zur Betätigung der Propaganda verfügt, einen unbestreitbaren, wenn auch nicht immer notwendig für den Ausgang der Wahl entscheidenden Vorsprung vor ihren Konkurrenten besitzt[1]. Großbritannien hat für diese Probleme eine Lösung, oder zumindest eine Teillösung gefunden, durch welche zwischen den Bewerbern um die einzelnen Wahlkreissitze eine Chancengleichheit herbeigeführt wird, die geeignet ist, den Wettbewerbsvorsprung der mit Geldmitteln reicher versehenen Partei wettzumachen. Sie könnte für andere Staaten, insbesondere die Vereinigten Staaten mit ihren trotz der bestehenden gesetzlichen Beschränkungen außerordentlich gestiegenen Wahlkosten, aber auch anderwärts als vorbildlich gelten, vorausgesetzt, sie ließe sich in anderen politischen Milieus ein- und durchführen.

Auch in Großbritannien werden die für die Durchführung der Wahl erforderlichen amtlichen Auslagen wie die Bereitstellung der Wahllokale (*polling stations*) und des sie betreuenden Beamtenstabs, der Druck der Stimmzettel, die Feststellung und Tabulierung der Wahlergebnisse usw. nach Maßgabe der von der *Treasury* bestimmten Ansätze aus öffentlichen Mitteln gedeckt. Verschieden aber davon sind die von dem Kandidaten selbst aufzuwendenden Mittel für den Wahlkampf in seinem Wahlkreis und ebenso, was die Parteileitungen zur Förderung ihrer Wahlziele anläßlich einer Generalwahl auszugeben wünschen.

Eine gesetzliche Beschränkung der Wahlkosten — was jedoch nicht gleichbedeutend mit der eigentlichen Aufbringung der finanziellen Mittel für eine Wahl ist — wird in Großbritannien nach zwei Richtungen angestrebt. Jeder sich am Wahlkampf beteiligende Kandidat muß nach gesetzlicher Vorschrift einen Wahlagenten (*election agent*) aufstellen, durch dessen Hände während der offiziellen Wahlkampfperiode alle gesetzlich zulässigen Ausgaben für die Wahl gehen müssen und der für sie unter scharfen Strafandrohungen die Verantwortung trägt. Zum

[1] Siehe Karl Loewenstein, *Verfassungslehre*, S. 184ff.

zweiten: Der Höchstbetrag der einem Kandidaten für seine Wahlkreiskandidatur erlaubten Ausgaben ist gesetzlich vorgeschrieben und mit der alleinigen Ausnahme der Unterscheidung zwischen städtischen und ländlichen Wahlkreisen für alle Wahlkreise und alle sich um den Sitz bewerbenden Kandidaten gleich. Allerdings, nicht erfaßt von den gesetzlichen Bestimmungen sind die Aufwendungen, welche die Zentralleitungen der Parteien vor Eintritt in die offizielle Wahlperiode und während deren Ablauf zur nationalen und lokalen Propagandierung der Parteisache machen; diese unterliegen keiner Begrenzung und keiner öffentlichen Kontrolle.

bb) Der Wahlagent

Seit alten Zeiten war es gebräuchlich, daß der Wahlbewerber sich eines Gehilfen bediente, dem es früher oblag, sich um die Eintragung der Wähler in das Wahlregister zu kümmern und der auch die schmutzige Arbeit der Bestechung und Wahlbeeinflussung verrichtete, mit der der hochwohllöbliche Kandidat nach außen hin nichts zu tun haben wollte. Schon ehe aber der *Corrupt and Illegal Practices Act* von 1883 sie unter rigorose Strafandrohungen gestellt hatte, waren die groben Wahlmißbräuche so gut wie verschwunden; die Praxis des *election agent* wurde aber beibehalten, und sie machte seither auch die verfeinerte Form der Umgehung der gesetzlichen Wahlvorschriften unmöglich[1].

Der Bewerber selbst kann als sein eigener Wahlagent fungieren, was aber amtlich registriert werden muß und heute sehr selten geworden ist. Während der offiziellen Wahlkampfperiode müssen alle Wahlausgaben ausschließlich durch den Wahlagenten erfolgen, der darüber genau Buch zu führen verpflichtet ist. Mißbräuche werden streng geahndet, doch sorgt schon die Konkurrenz im Wahlkreis für die getreuliche Einhaltung der Vorschriften. Binnen 35 Tagen nach Abschluß des Wahlgangs muß der Agent seine Abrechnung mit allen Belegen dem Wahlbeamten zur Nachprüfung einreichen, die mit peinlicher Genauigkeit durchgeführt wird. Sie werden dann veröffentlicht, so daß ganz im Gegensatz etwa zu den Vereinigten Staaten oder der Deutschen Bundesrepublik der Gesamtbetrag des ganzen Wahlkampfs und die Einzelausgaben in jedem Wahlkreis der Öffentlichkeit kein Geheimnis bleiben.

In der britischen Wahltechnik ist der Wahlagent die Schlüsselfigur. Es sind heute fast ausschließlich spezialisierte Professionelle, vielfach praktizierende Anwälte (*solicitors*), die in eigenen von den Parteileitungen eingerichteten Lehrgängen geschult sind und sich in den Fußangeln der Gesetzgebung auskennen. Viele von ihnen — und dies gilt für alle Parteien — sind Parteibeamte, die allerdings nur während der alle paar Jahre

[1] Die Bestimmungen der *Corrupt and Illegal Practices*-Gesetzgebung sind nunmehr im *Representation of the People Act* von 1949 (Sektionen 55 bis 59) enthalten.

stattfindenden Generalwahlen als Wahlagenten fungieren, in der übrigen Zeit aber als Parteimanager arbeiten und den Parteibetrieb im Wahlkreis aufrechterhalten. Aus diesem Grund figuriert die Vergütung, die der Wahlagent für seine Tätigkeit erhält, nicht unter den abzurechnenden Auslagen der Kandidaten. Es sind durchwegs Leute, die sich in der Parteiwerbung auskennen und den eigentlichen Kandidaten in der Strategie und Taktik seiner Wahlkreiswerbung maßgebend beraten. Vor und während der Wahlperiode wird von ihnen ein mit den entsprechenden Hilfskräften versehenes Büro unterhalten. Für eine erfolgreiche Betätigung winkt dem Wahlagenten die Beförderung innerhalb der Parteibürokratie, etwa die Versetzung in einen besseren Wahlkreis oder die Übernahme in die Parteizentrale in London. Die Laufbahn eines Parteiagenten ist neuerdings zu einem auskömmlichen und vor allem einflußreichen Beruf geworden. Das Aufkommen dieses Typs des Parteiprofessionellen besonders seit dem letzten Krieg ist eine der auffallendsten Erscheinungen des britischen politischen Betriebs. Bis vor kurzem hatten die Konservativen sowohl hinsichtlich der Zahl der berufsmäßigen Wahlagenten als auch ihrer Schulung einen erheblichen Vorsprung vor der Labour-Konkurrenz, welche aber, da sie die Niederlagen von 1955 und 1959 auch dem Mangel an geschultem Personal zuschrieb, nunmehr bei den Wahlen von 1964 und 1966 gleichgezogen hat.

cc) Gesetzliche Beschränkung der Wahlkreisausgaben

Zur Bestreitung der Wahlkosten für den Wahlkreis steht dem Agenten – oder wenn der Kandidat als sein eigener Agent auftritt, diesem – eine gesetzlich festgelegte Höchstsumme zur Verfügung. Diese beträgt für einen Wahlkreis mit durchschnittlich 60000 Wählern, wenn es sich um einen städtischen handelt, 925 £, wenn um einen vorwiegend ländlichen aber 1050 £. Die Höherbewertung der letzteren beruht darauf, daß bei den größeren Entfernungen erhöhte Transportkosten erwachsen. Die Summe setzt sich aus einem Grundbetrag von 450 £, einem Taschengeld für den Bewerber für seine persönlichen Ausgaben und einem Betrag von eineinhalb Pence für jeden städtischen und zwei Pennies für jeden ländlichen Wähler zusammen. Mit diesen relativ und absolut bescheidenen Summen, vor allem, wenn man die enormen Aufwendungen der Wahlen vor der Großen Reform damit vergleicht, muß ausgekommen werden und wird auch ausgekommen[1].

---

[1] Bei den Konservativen werden in der überwiegenden Mehrzahl der Wahlkreise die individuellen Wahlkosten von den Kandidaten selbst aufgebracht, während bei Labour, das über weniger wohlhabende Bewerber verfügt, die Zentralleitung entweder die Kosten ganz übernimmt oder zumindest Zuschüsse beisteuert. Überraschenderweise werden aber die gesetzlich festgelegten Höchstziffern nur in wenigen Wahlkreisen voll ausgenutzt, insbesondere bei den sog. *marginal seats*, das heißt

Hier muß aber die landesübliche Technik des Wahlkampfes in Betracht gezogen werden. Ein Großteil der Wahlwerbung wird in Großbritannien nach wie vor persönlich und so ausgeführt, als ob man nicht im technologischen Zeitalter lebte. In der Tat ist der Wahlvorgang eine „Persönlichkeitswahl". Sie besteht vor allem in persönlichen Besuchen von Stadtviertel zu Stadtviertel, von Dorf zu Dorf, Straße zu Straße, Haus zu Haus, *canvassing* geheißen. Der größte Wert wird darauf gelegt, daß der Einzelwähler seinen Kandidaten kennenlernt, was nur durch diese persönlichen Kontakte erfolgen kann, da er nicht im Rundfunk sprechen oder sich auf dem Bildschirm zeigen darf. Die Straßenwerbung wird von kurzen Ansprachen unterbrochen. Da auf das notorisch regnerische englische Wetter dabei keinerlei Rücksicht genommen wird, ist die Wahlkampagne eines britischen Wahlbewerbers alles andere als ein Rosenbett.

Angesichts der beschränkten Mittel, die zur Verfügung stehen, lassen sich bei der sonstigen Wahlpropaganda keine großen Sprünge machen. Auch sind hier die gesetzlichen Bestimmungen überaus strikt. Privatpersonen dürfen ohne Zustimmung des Wahlagenten, der hierfür abrechnungspflichtig ist, keinerlei Aufwendungen zugunsten eines Kandidaten machen. Es ist also unmöglich, daß ein Freund des Kandidaten in eine Lokalzeitung ein Inserat zu seiner Empfehlung einrücken läßt. Der anderwärts bei Wahlen so beliebte Gebrauch von Parteisymbolen durch Abzeichen, Fahnen usw. ist eingeschränkt. Jede Parteileistung muß bezahlt und somit abgerechnet werden. Die Folge ist, daß die Kandidaten vor allem Labours weitgehend auf freiwillige Wahlhilfe angewiesen sind. Eine Musikkapelle beispielsweise darf bei einer Parteiveranstaltung, Versammlung, Parade usw. nur dann mitwirken, wenn sie entweder bezahlt wird oder freiwillig bläst, wozu der Musikergewerkschaft angehörige Berufsmusiker keine sonderliche Neigung zeigen. Wozu also der auszuweisende Kostenhöchstbetrag ausreichen mag, sind Wahlplakate und anderes Werbematerial wie Handzettel, soweit es nicht von der

---

solchen, wo der Sitz bei der letzten Wahl nur mit einer verhältnismäßig geringen Mehrheit erlangt wurde. Nach den durch Abrechnungen der Agenten ausgewiesenen Zahlen beträgt der Durchschnitt der Wahlaufwendungen der Bewerber pro Wahlkreis nur 684 £. Diese Einsparungen gegenüber der gesetzlichen Höchstsumme sind eine Dauererscheinung: Die effektiven Ausgaben betrugen 1950 nur 75%, 1951: 80%, 1955: 76%, 1959: 80%. (Die Angaben sind den verdienten „Biographen" der britischen Generalwahlen D. E. Butler & Richard Rose, *The British General Election of 1959*, London 1960, S. 144 entnommen.) Manche Kandidaten sind sehr sparsam mit den Wahlausgaben. Je ein Konservativer und ein Labour-Mann gewannen 1959 den Sitz mit nur 269 bzw. 282 £. Im allgemeinen kommen die Konservativen näher an die Maximalzahlen heran als die Labour-Kandidaten und die Liberalen. Trotzdem wird vielfach angenommen, daß angesichts der allgemein gestiegenen Kosten für Dienstleistungen die Höchstbeträge über kurz oder lang erhöht werden müssen.

Parteileitung zur Verfügung gestellt wird, kleine Versammlungen in billigen Lokalen, soweit nicht die allen Parteien gleichermaßen zugänglichen Versammlungslokale in Schulen usw. ausreichen mögen, Lautsprecherkraftwagen, welche die Straßen durchziehen und ähnliches mehr. Bis 1958 war auch die früher heiß umstrittene Verwendung von Kraftwagen zu Schlepperdiensten am Wahltag einer gesetzlichen Beschränkung unterworfen gewesen, um im Interesse der Gleichbehandlung aller Parteien zu verhindern, daß die automobilbesitzenden Konservativen ihre Schäflein eher zur Wahlurne bringen könnten als die kraftwagenlosen Arbeiter. Dem hat der *Representation of the People (Amendment) Act* von 1958 (7 & 8 Eliz. 2, c. 9, Sektion 88) ein Ende gemacht, ein Zeichen, wie weit es die Wohlstandsgesellschaft gebracht hat.

Man geht wohl nicht fehl in der Annahme, daß es diesen rigorosen und rigoros durchgeführten gesetzlichen Bestimmungen zu verdanken ist, wenn eine britische Generalwahl sich in diesem technologischen Zeitalter ihren gewissermaßen idyllischen Charakter hat weitgehend erhalten können. Kein anderes Land kann sich an Wahlehrlichkeit und Wahlreinlichkeit heute mit Großbritannien messen.

dd) Wahlaufwendungen der Parteizentralen

Damit ist allerdings das Problem der Wahlkosten nicht erschöpfend dargestellt. Die gesetzlichen Beschränkungen zur Gleichgestaltung der Wahlchancen gelten nur für die einzelnen Wahlkreise und nur innerhalb der auf wenig mehr als drei Wochen zusammengedrängten offiziellen Wahlperiode, nicht aber für die Zentralleitungen der politischen Parteien, gleichgültig ob sie ihre Wahlpropaganda vor Beginn oder innerhalb der Wahlperiode entfalten. Die zentrale Propagandamaschine läuft besonders dann auf voller Tourenzahl, wenn eine Parlamentsauflösung in der Luft liegt, oder wenn diese infolge des Ablaufs der Legislaturperiode zu einem annähernd bestimmbaren Zeitpunkt zu erwarten ist. Die allgemeine Parteipropaganda aber ist frei und gesetzlich unkontrolliert.

Eine der Hauptaufgaben jeder aktiven politischen Partei ist die Ansammlung eines Parteifonds für die sehr erheblichen laufenden Ausgaben des Parteiapparates und zur Führung des Kampfes bei den über kurz oder lang zu erwartenden Generalwahlen[1]. Für die allgemeine Wahlpropaganda

---

[1] Da auf die Parteifinanzen hier nicht eingegangen werden kann, sei auf eine neuere sachverständige Darstellung der britischen Situation von Martin Harrison in dem Sammelheft des *Journal of Politics*, Band 25 (1963), S. 664ff., betitelt *Comparative Political Finance* verwiesen. Die folgenden Bemerkungen müssen hier genügen: Die beiden Alternierungsparteien finanzieren sich vorwiegend aus Mitgliedsbeiträgen, die durch die Wahlkreis-Wählervereinigungen gesammelt und abgeführt werden, und durch freiwillige Beiträge, die bei den Konservativen von reichen Parteifreunden und der Industrie, bei Labour hauptsächlich von den Gewerkschaften stammen. Labour bezieht auch nicht unbeträchtliche Einnahmen

werden von den Zentralorganisationen aller Parteien naturgemäß viel größere Mittel eingesetzt als die offiziellen Wahlkosten aller Wahlkreise zusammengerechnet ausweisen. Dies gilt vor allem für die allgemeine Einstellung der Tageszeitungen und ihre Leitartikel, die auch in Großbritannien überwiegend die bürgerlichen Kreise und Gesichtspunkte sowohl konservativer wie liberaler Observanz vertreten. Die Fachpresse dagegen mag vielfach Labour nahestehen. Mit Rücksicht auf die mit peinlichster Sorgfalt beobachtete Pressefreiheit kommt naturgemäß irgendwelche gesetzliche Kontrolle hier nicht in Frage. Auch die Parteireklame durch Zeitungsinserate ist gesetzlich nicht kontrollierbar, wenn sie den Interessen der Gesamtpartei und nicht etwa einzelner Wahlkreiskandidaten zugute kommt[1].

Bis in die jüngste Zeit wurde absichtlich davon abgesehen, die von öffentlichen Korporationen betriebenen Telekommunikationen für politische Zwecke und insbesondere für den Wahlkampf einzusetzen. Bei den Wahlen von 1959 und 1964 ist dies aber, wenn auch in einem im Vergleich mit anderen Ländern, besonders den Vereinigten Staaten, bescheidenen Umfang der Fall gewesen. Nach Maßgabe eines innerparteilichen Abkommens mit den staatlichen Monopolgesellschaften, der *British Broadcasting Corporation* (Rundfunk) und der *Independent Television Authority* (Fernsehen)[2], konnten sich die Parteiführer im Rundfunk vorstellen und es kam auch zu einer Konfrontation ihrer Persönlichkeiten, und Auffassungen in gemeinsamem Erscheinen auf dem Bildschirm[3]. Die beiden

---

aus örtlichen Unterhaltungsveranstaltungen und dem Fußballtotalisator. Beide Parteien sind wohl ständig in Geldnot, die Konservativen mit ihren wohlhabenden Hintermännern aber weniger als die Sozialisten. Jedoch wurde allgemein angenommen, daß beide Parteien in den Wahlkampf von 1964, der länger vorauszusehen war als bei den vorhergegangenen Wahlen, mit ausreichenden Geldmitteln eingetreten sind und daß sich bei seiner schließlichen Durchführung eine Knappheit der Mittel nicht, zumindest nicht äußerlich, geltend gemacht hat.

[1] Eine vielbeachtete neuere Entscheidung (*R. v. Tronoh Mines*, Ltd. [1952] [1 All. E. R. 697]) legte die einschlägige Sektion 63 (1) (b) des Gesetzes von 1949 dahin aus, daß, wenn das in Frage kommende Zeitungsinserat einer Gummigesellschaft in Malaya, das „vor dem schleichenden Wurm des Sozialismus" warnte, sich auf einen einzelnen Kandidaten bezogen hätte, in dessen Wahlausgaben hätte aufgenommen werden müssen, daß es aber als Unterstützung einer (hier der konservativen) Partei nicht zu beanstanden sei. Das Gleiche galt für die 1950 von den Zuckergesellschaften betriebene, sehr wirksame Zeitungspropaganda gegen die drohende Verstaatlichung durch die Karikatur eines „Mr. Cube" (Herr Zuckerwürfel). Industrien, die sich von der Verstaatlichung bedroht fühlen, wie Eisen und Stahl bei der Wahl von 1964, sind verständlicherweise zu großen Beitragsleistungen an die konservative Parteikasse geneigt.

[2] Siehe Bd. II, S. 180ff.

[3] Dies war 1966 nicht der Fall, da Prime Minister Wilson es ablehnte. So bestechend sie auch sein mag, der Gegenüberstellung im Bildschirm wohnt eine demagogische Wirkung inne, die besser vermieden wird.

Alternierungsparteien kamen dabei mit der gleichen Zeitdauer, die Liberalen und kleinere Parteien mit entsprechend verkürzter Zeit zum Zug, so daß diese neuen Werbemittel den Parteien mit vorbildlicher Gleichheit zur Verfügung gestellt wurden[1]. Ein zusätzlicher Kauf von Zeit bei den Telekommunikationen ist ausgeschlossen.

Abschließend läßt sich zu diesem wichtigen Kapitel des Geldes in der Politik sagen, daß sich die in England bestehenden und allgemein genau eingehaltenen gesetzlichen Vorschriften über die Beschränkung der Wahlkosten durchaus bewährt haben. Die Wahlausgaben sind niedriger als in irgendeinem anderen Land von gleicher Bevölkerungszahl und ähnlicher Sozialstruktur[2]. Großbritannien ist dadurch vor der Gefahr bewahrt worden, der andere Länder unterlegen sind, daß sich die Wirtschaftsmächte zum Schaden des Gemeinwohles der Wahlen bemächtigt haben.

---

[1] Insgesamt wurden die beiden Alternierungsparteien anläßlich der Wahlen von 1959 180 Minuten Radiozeit und 215 Minuten Fernsehzeit zugewiesen. Das Verhältnis zwischen den beiden Alternierungsparteien und den Liberalen betrug 95:95:25. Bei den Wahlen von 1964 wurden den Konservativen und Labour im Fernsehen je fünf Programme mit je fünfzehn Minuten, den Liberalen drei derselben eingeräumt. Kleinere Parteien mußten laut Absprache mit den Telekommunikations-Anstalten mindestens 50 Kandidaten aufgestellt haben, um ihrerseits Rundfunk- und Fernsehzeit zugewiesen zu erhalten. Die Kommunisten hatten 1964 36 Kandidaten aufgestellt. Ein kommunistischer Kandidat, weit bekannt als der schottische Dichter Hugh Diarmid, hatte in Kinross and West-Pertshire, dem Wahlkreis von Sir Alec Douglas-Home, nur 127 Stimmen erhalten und erhob gegen die Wahl des früheren Prime Ministers die Nichtigkeitsklage, da ihn die Versagung der Rundfunkzeit geschädigt habe. Die Klage, die wegen der Frage der gleichen Wahlchancen von grundsätzlicher Bedeutung war, wurde aber vom *Election Court* abgewiesen (siehe *The Times*, 24. Dezember 1964).

[2] Die folgenden Angaben, dem vorerwähnten Buch von Butler & Rose entnommen, beziehen sich auf die Wahlen von 1959. Der durch die Rechnungslegung der Agenten ausgewiesene Gesamtbetrag der Kosten in den Wahlkreisen betrug 1051000 £ (alle Zahlen sind auf Tausend auf- oder abgerundet). Davon trafen auf die Konservativen 476000 £, auf Labour 438000 £, auf die Liberalen 115000 £. Die Durchschnittsausgaben pro Wahlkreis waren 684 £. Die Konservativen gaben für Parteipropaganda seit 1957 etwa 468000 £ aus. Dazu kommen die (nur schätzungsweise) errechenbaren „politischen" Ausgaben der die Konservativen fördernden Unternehmerverbände und Interessentengruppen mit 1475000 £ (a.a.O., S. 242). Was die Gewerkschaften und Konsumgenossenschaften für Labour aufwendeten, war auch schätzungsweise nicht bekannt. Die Darstellung der Wahlen von 1964 von E. D. Butler & Anthony King, *The British General Elections of 1964*, London 1965 enthält auf S. 369ff. ein aufschlußreiches Kapitel über die Techniken und Mittel, die von den Parteien in Vorbereitung des Wahlkampfes unter dem Gesichtspunkt der *public relations*, also zur Publikumsbeeinflussung, aufgewendet worden sein sollen. Die Konservativen sollen für Inserate in den Zeitungen, Plakate, wissenschaftliche Beratung 992000 £, Labour 314000 £ ausgegeben haben (a.a.O., S. 372, 374). Die finanziellen Leistungen der von der Verstaatlichung bedrohten Stahlindustrie werden mit 1058000 £ angegeben (S. 276), wovon 620000 £ vom Stahlwerksverband aufgebracht wurden.

5. Wahlstreitigkeiten

Die folgenden Etappen der Wahl — Stimmabgabe, Stimmzählung und Verkündung der Wahlergebnisse — bieten keinen Anlaß zu weiteren Erörterungen, da sie in Großbritannien kaum Besonderheiten aufweisen. Anders steht es dagegen mit der Behandlung der streitigen Wahlen (*disputed elections*). Hier handelt es sich um ein bis tief in die Vergangenheit zurückreichendes Kampfobjekt zwischen der Krone und den Commons einerseits und den Commons und den Gerichten andererseits, das erst im 19. Jahrhundert neutralisiert und entpolitisiert wurde.

Gesetzgebungskörperschaften wollen sich im allgemeinen nicht das Recht nehmen lassen, über ihre Zusammensetzung und damit über bestrittene Wahlen selbst zu entscheiden. Die Commons hatten schon frühzeitig (seit Henry II. und während der Lancaster-Herrschaft) dagegen protestiert, daß die Krone mit ihrem *Council* die Zuständigkeit zur Entscheidung von Wahlstreitigkeiten beanspruchte. Als James I. auch über die Wählbarkeit entscheiden wollte, schlug sich das *common law*-Gericht in dem berühmten Fall *Goodwin v. Fortescue* ([1604] [2 St. Tr. 91]) auf die Seite des ihm politisch nahestehenden Parlaments. In der gleichen Richtung gingen die erfolgreichen Bestrebungen der Commons, gestützt weniger auf die Parlamentssouveränität als auf ihre Autonomie in der Durchsetzung ihrer Privilegien, auch die Bedingungen des aktiven Wahlrechts zu bestimmen, was die Gerichte (*Queen's Bench*) dann unter Königin Anne in zwei gleichfalls Meilensteine bildenden Entscheidungen bestätigten (*Ashby v. White* [1703] [14 St. Tr. 695] und *R. v. Paty* oder der *Case of the Men of Aylesbury* [1704] [14 St. Tr. 849])[1]. Nachher übernahmen die Commons die Entscheidung von Wahlstreitigkeiten und im Zusammenhang damit von bestrittenen Wahlen. Trotz der verschiedentlichen Verbesserungen (Gesetze von 1770 und 1839) konnte das Verfahren nicht wirklich objektiv und parteifrei gestaltet werden, bis im *Parliamentary Elections Act* von 1868 (31 & 32 Vict., c. 125) an die Stelle einer parlamentarisch-politischen die richterliche Entscheidung gesetzt wurde.

Diese Regelung ist nunmehr in Teil III des *Representation of the People Act* von 1949 (Sektion 109ff.) in Gestalt eines Wahlgerichtshofs (*Election Court*) übernommen worden. Das Gericht besteht aus zwei Richtern des *High Court* (*Queen's Bench Division*) und urteilt ohne Geschworene. Die Revision in Rechtsfragen geht an den *Court of Appeal*. Das Verfahren ist völlig justizförmig. Das Gericht ist zur Entscheidung

[1] In beiden Fällen hatte es sich um die Ablehnung eines Wahlberechtigten durch den *returning officer* gehandelt. Der erstere Fall verdankt seine Berühmtheit der gerichtlichen Feststellung der Maxime *ubi ius ibi remedium*; beide Fälle waren gleichzeitig Gegenstände eines Konflikts zwischen den beiden Kammern über die Geltung der Parlamentsprivilegien. Man muß dabei in Betracht ziehen, daß damals das aktive Wahlrecht statutarisch weitgehend noch nicht festgelegt und daher gegebenenfalls nach *common law* festgestellt werden mußte.

über das aktive und das passive Wahlrecht sowie darüber berufen, ob jemand berechtigt ist, als Bewerber für einen Parlamentssitz aufzutreten. Wird befunden, daß die gewählte Person nach den gesetzlichen Bestimmungen disqualifiziert ist, das heißt, daß ihr die Wählbarkeitsvoraussetzungen fehlen und war dieser Umstand den Wählern bekannt, so kann das Gericht den Sitz dem Kandidaten mit der nächstniedrigeren Wahlziffer zusprechen[1]. Das Gericht kann aber auch eine Wahl für überhaupt ungültig erklären, was es allerdings nur dann tun würde, wenn die Stimmabgabe der Beschwerdeführer den Wahlausgang beeinflußt hätte. Die Entscheidung wird dem Speaker übermittelt und es ist dann dem *House of Commons* überlassen, die entsprechenden Schritte zu unternehmen, das heißt, gegebenenfalls einen anderen Kandidaten zuzulassen oder eine neue Wahl auszuschreiben.

Damit ist auch die früher gelegentlich von den Commons geübte Praxis entfallen, bei verbreiteter Korruption in einem bestimmten Wahlkreis den Sitz strafweise zu entziehen und die dortige Wählerschaft einem anderen Wahlkreis einzuverleiben. Derartige Wahlstreitigkeiten kommen heute nicht mehr vor, und die gerichtliche Austragung trug neben den gestiegenen politischen Standards sicherlich zu ihrem Verschwinden bei.

Sechstes Kapitel

Die politischen Parteien I: Parteienentwicklung und Parteiendynamik

Vorbemerkung

In den republikanischen Stadtrepubliken des Altertums konnten die stimmberechtigten Bürger unmittelbar an der Bildung des Staatswillens

[1] Dies war die Sachlage in dem jüngst größtes Aufsehen erregenden Fall von Anthony Wedgewood Benn, der lange Jahre im Unterhaus gesessen hatte und dann, als ihm durch Erbgang gegen seinen Willen eine Peerage zufiel, sich trotzdem wieder in einem anderen gerade vakanten Wahlkreis aufstellen und mit großer Mehrheit wählen ließ. Das *House of Commons* ließ ihn, mit vollem Recht, — weil gesetzlich disqualifiziert — nicht zu, was vom *Election Court* im Einklang mit ständiger Rechtsprechung bestätigt wurde; siehe *Parliamentary Election for Bristol South Eeast* ([1961] [3 W. L. R. 577]). Der konservative Gegenkandidat wurde als gesetzlich gewählt erklärt. Dieser konnte zwar nicht umhin, den Sitz einzunehmen, übernahm aber gleichzeitig die Verpflichtung, ihn zugunsten des mehrheitlich Gewählten wieder zu räumen, falls diesem die Übernahme gesetzlich gestattet würde. Diese Verpflichtung wurde dann auch prompt eingelöst. Der Fall war der letzte Anstoß zum Erlaß des *Peerage Act* von 1963 (11 & 12 Eliz. 2, c. 68), der es den erblichen Peers ermöglicht, auf die Peers-Eigenschaft zu verzichten, damit sie zum Unterhaus wählbar werden; siehe unten S. 246f.

teilnehmen, weil der Umfang des Staatsgebiets und der auf ihm ansässigen Bevölkerung der persönlichen Stimmabgabe in der Volksversammlung nicht im Wege standen. Aber auch hier waren in Vorbereitung und Durchführung des Abstimmungsverfahrens Gruppenbildungen nicht zu vermeiden. In der als konstitutionelle Demokratie gestalteten Massengesellschaft unserer Zeit aber sind organisierte politische Parteien als die Instrumente der Staatswillensbildung unentbehrlich. Durch ihre Parteiprogramme und die auf sie eingestellten Kandidaten für die Wahlämter mobilisieren und aktivieren die politischen Parteien den sonst unendlich zersplitterten Vokswillen und vereinfachen ihn dadurch derart, daß die Masse der Bürger sich an der Staatswillensbildung entweder unmittelbar durch die Volksabstimmung oder mittelbar durch die Wahl von Parteivertretern sinnvoll beteiligen kann. In der konstitutionellen Demokratie kann der politischen Prozeß nur durch die Mitwirkung der politischen Parteien betrieben werden.

Seit den Anfängen der parlamentarisch geführten Regierungsweise hat in Großbritannien das Zweiparteiensystem bestanden und es ist seither, zum Unterschied von Nationen, die aus historischen oder volkspsychologischen Gründen dem Mehr- oder dem Vielparteienpluralismus anhängen, das entscheidende Charakteristikum des politischen Prozesses geblieben. Es setzt eine Mehrheitspartei, welche die Regierung führt, und eine Minderheitspartei, die Opposition, voraus, was verfassungsrechtlich in der Weise verankert ist, daß der Führer der Opposition seit dem *Ministers of the Crown Act* von 1937 (1 Edw. 8 & 1 Geo. 6, c. 38) Gehalt bezieht und daß von ihr als *His* (oder *Her*) *Majesty's Opposition* offiziell gesprochen wird. Die Stetigkeit, mit der an dem Bestehen von zwei und nur von zwei regierungsfähigen Parteien und der Eventualität ihres friedlichen Alternierens in der Herrschaftsausübung festgehalten wird, ist ebenfalls, obgleich dies von der maßgebenden Verfassungslehre nicht anerkannt wird, eine Konventionalregel der Verfassung, und zwar, wenn man will, die oberste, der alle anderen Rechnung tragen und sich unterordnen. In diesem Sinn gehört auch das Parteiwesen zum eigentlichen, wenn auch wiederum weitgehend ungeschriebenen Verfassungsrecht Großbritanniens. Keine Darstellung desselben kann an ihm vorübergehen[1].

---

[1] Von den führenden Lehrbüchern widmen WADE & PHILLIPS dem Gegenstand bei nur drei Einträgen im Sachregister weniger als eine Seite (18/19). Dasjenige von O. HOOD PHILLIPS beschränkt sich auf ganze zwei Verweisungen im Sachregister. Auch aus diesem auffallenden Manko läßt sich ein Schluß darauf ziehen, warum es der britische Rechtspositivismus nicht zu einer wirklichkeitsentsprechenden Verfassungslehre gebracht hat, in welcher das öffentliche Recht politikwissenschaftlich unterbaut ist. In der politikwissenschaftlichen Literatur selbst ist das Parteiwesen selbstverständlich ein Hauptgegenstand.

I. Zur geschichtlichen Entwicklung des Parteiwesens

1. Von den Anfängen bis zur Großen Reform

Es gehört zur heutigen Begriffsbestimmung einer politischen Partei, daß sie nicht nur, wie es Edmund Burke in der zweiten Hälfte des 18. Jahrhunderts klassisch ausführte, eine Gruppe Gleichgesinnter ist, die gemeinsam im nationalen Interesse handeln, sondern es kommt nach seitheriger Erfahrung hinzu, daß sie auch über eine ständige, das heißt, nicht nur für den Wahlkampf aktivierte Organisation zur Verfolgung der Parteiziele verfügt. Auf einen solchen Parteiapparat als die technologische Erfüllung der Begriffsbestimmung mußte die britische Parteientwicklung jedoch bis zum letzten Drittel des 19. Jahrhunderts warten.

In der parlamentarischen Entwicklung bis nach den Tudors galten „Parteiungen", die sich damals noch nicht zu politischen Parteien verdichtet hatten, als dem Gemeinwohl abträgliche Faktionen — eine Auffassung, die entsprechend der angelsächsischen Tradition noch viel später der *Federalist* vertrat —, und demgemäß bemühten sich die frühen Parlamente, jederzeit die Fiktion der Einstimmigkeit aufrechtzuerhalten. Solange die Regierungsführung in der Hand des Monarchen und seiner Hofberater lag, mußte Opposition im Parlament als Widerstand gegen die Krone selbst gelten. Dem legitimistisch orientierten politischen Bewußtsein der Tudor- und ersten Stuartzeit blieb der Unterschied zwischen der Monarchie als Institution und ihrem — fehlbaren — menschlichen Träger verschlossen, so daß in der puritanischen Revolution den Vertretern der Parlamentsvormacht nichts anderes übrig blieb, als ihre Opposition gegen Charles II. mit der Abschaffung der Monarchie zu demonstrieren.

Die Spaltungen des Nationalbewußtseins während der englischen Revolution, wo sich jahrzehntelang die königstreuen „Kavaliere" mit den Parlamentsanhängern der „Rundköpfe" maßen, waren zwar tiefgreifende Volksbewegungen mit religiös, sozial und politisch bestimmten Motivationen, aber sie setzten sich nicht in echte politische Parteien um. Deren Anfänge werden meist in die Ausgangszeit der Stuarts vor der Glorreichen Revolution verlegt, als um 1679 für die königstreue und *status quo*-Gruppe die Bezeichnung Tory, für die die Parlamentsrechte betonende Opposition diejenige der Whigs aufkam[1]. Aber auch jetzt war

[1] Ursprünglich Schimpf- oder Spottnamen, soll das Wort Tory dem schottischen, dasjenige des Whig dem irischen Sprachgebrauch entstammen. Tory bezeichnete einen Räuber oder Banditen; er wurde zuerst von den Gegnern auf diejenigen angewendet, die sich der Thronbesteigung des Duke of York, des katholischen Bruders von James II., widersetzten; später gilt er allgemein für die Gruppe, die die Tradition der Kavaliere fortsetzte. Whig war schon früher als Kennzeichnung eines ungehobelten Bauernlümmels oder Pferdediebs und dann nachher unfreund-

von Parteien im modernen Sinn noch nicht die Rede. Whigs wie Tories waren nichts anderes als Adelskoterien oder aristokratische Cliquen, die zwar ihre Exponenten auch im Parlament sitzen, aber angesichts der damaligen Wahlrechtssituation keinerlei Massenbasis zur Verfügung hatten. Sie glichen auffallend der sich ebenfalls nur auf die Nobilität beschränkenden „Parteien" der Optimaten und Popularen der ausgehenden römischen Republik. Erst die Revolution von 1688 schuf hier einen, wenn auch langsamen, Wandel.

Mit der Thronbesteigung der Hannoveraner (1714) begann sich das Kabinettssystem einzuspielen. Eine politisch homogene Regierungsgruppe mußte sich, um die Regierung führen zu können, der Gefolgschaft der Unterhausmehrheit versichern. Eine Kritik der Regierung galt daher nicht länger als ein Angriff auf die Regierung als Einrichtung, geschweige denn gegen den Monarchen. Damit war jedenfalls in der Praxis der Weg zur Parteienbildung freigegeben. Obwohl auch jetzt noch nicht von organisierten Parteien gesprochen werden kann, gilt die nunmehr einsetzende lange Vorherrschaft der Whigs unter Walpole als die erste Manifestation des Parteiendualismus, vor allem auch deshalb, weil die Kritik der Regierung meist von den Tories ausging. Aber er blieb nach wie vor auf die Parlamentsmitglieder und ihren Anhang beschränkt und ohne Verankerung in der sich nur sehr langsam erweiternden Wählerschaft selbst.

Bis gegen das Ende des 18. Jahrhunderts war auch deshalb die Bildung echter Parteien erschwert, da, wie die bahnbrechenden Forschungen von Sir Lewis B. Namier gezeigt haben[2], im Unterhaus zwar eine in ihrer personellen Zusammensetzung wechselnde, aber im großen und ganzen konstante Mehrheit von Mitgliedern vorhanden war, die, sich teils aus Überzeugung, teils aus weniger idealistischen Gründen als die „Freunde des Königs" gerierend, ihre Aufgabe darin sahen, die jeweils von der Krone berufene Regierung zu unterstützen. Den königstreuen Parlamentariern stand als Opposition mit gleichfalls ständig wechselndem Personal eine Minderheit gegenüber, zu der viele wirtschaftlich unabhängige Mitglieder der *gentry* gehörten. Diese Gruppenbildungen, deren Grenzen und Personal ständig fluktuierten, wurden nicht durch ideologische oder politische Zielsetzungen zusammengehalten oder voneinander unterschieden. Die *Party of the Crown* war vorwiegend von den Patronageinteressen bestimmt, wozu sich auch manche Unabhängige gesellten, die

licherweise auch auf die schottischen Presbyterier angewendet worden. Erst um 1679 wurde der Name für diejenigen gebräuchlich, welche die Nachfolger der parlamentarischen Richtung des Bürgerkrieges waren.

[1] Siehe vor allem *The Structure of Politics at the Accession of George III.*, London 1950, 2. Aufl. 1957; *England in the Age of the American Revolution*, London 1930; *Monarchy and the Party System*, Oxford 1953.

auf die Patronage nicht angewiesen waren. Dazu kamen die je nach der Sachlage für die Krone gewinnbaren oder ihr feindlichen Gefolgschaften maßgebender Politiker des Hochadels. Auch die mächtige *East India Company* besaß ihre parlamentarische *pressure group*. Dieses System mehr oder weniger flüchtiger und flüssiger Gruppenbildungen charakterisierte das 18. Jahrhundert, angefangen von Walpole bis in die Regierungszeit des jüngeren Pitt hinein. Sie eindeutig als "Whig" oder "Tory" einzustufen, hieße den Dingen Gewalt antun. Ebensowenig könnten diese Gruppen als Parteien im heutigen Sinn betrachtet werden, zumal es der regierenden Schicht des Adels und des Großbürgertums an einem nachhaltigen Widerhall beim Volk ermangelte; Wahlbezirke, die zu einer wirklichen Bekundung des Wählerwillens imstande gewesen wären, waren kaum vorhanden. Aber in der Auffassung der Stellung der Opposition innerhalb des parlamentarischen Betriebs trat insofern ein entscheidender Wandel ein, als — wie es wiederum von Edmund Burke in Abwehr der absolutistischen Neigungen Georges III. klassisch formuliert wurde —, die Opposition zur Krone und der ihr Vertrauen genießenden Regierung aufgehört hat, eine verdammenswerte Verschwörung zu sein. Vielmehr wird der Zusammenschluß „guter Leute“ zur Erzielung einer besseren Regierung zum Recht und zur Pflicht des Patrioten.

Aber der Durchbruch der Wählerschaft selbst zur Teilnahme am politischen Prozeß und damit der Zugang zur echten Parteienbildung konnte in einem Zeitalter nicht ausbleiben, das mit Recht den Namen der Aufklärung trägt. Beim Wahlsieg des jüngeren Pitt über die Koalition Fox-North (1784) war es die artikulierte öffentliche Meinung, die schließlich den Ausschlag gab. Gleichzeitig wurde das homogene Parteikabinett zur Grundlage der nunmehr voll ausgebildeten Kabinettsregierung, womit eine der früheren langen Whig-Suprematie an Dauer und Fruchtbarkeit nicht nachstehende Periode der Tory-Herrschaft eingeleitet wurde, die erst kurz vor der Großen Reform ihr Ende erreichen sollte.

2. Von der Großen Reform bis zur Gegenwart

Mit der Verbreiterung des Wahlrechts in der Reform von 1832 hatte die Politik aufgehört, das Monopol der erblichen und begüterten Klassen zu sein. Einer lebendigeren Anteilnahme der neuen wahlberechtigten Schichten war der Weg freigemacht. Die Fortschritte hier waren allerdings langsam; bei den Wahlen von 1841 beispielsweise waren von mehr als 650 Sitzen nur 170 von mehreren Kandidaten bestritten. An der Eingliederung der Neuwähler in den politischen Prozeß hatten die politischen Parteien, vor allem durch die von ihnen aus wohlverstandenem Interesse geförderten Vereinigungen zur Eintragung in die Wählerlisten (*registration societies*) einen erheblichen Anteil. Jedoch verzögerte sich die Aufrichtung einer rationellen Parteiapparatur, unentbehrlich für den Appell an eine Massenwählerschaft, um eine volle Generation.

a) Das Zwischenstadium der Parteienzersplitterung

Der Reform von 1832 folgte zunächst nach einer gewissen Übergangszeit die Periode der Parteienzersplitterung, die sich verfassungspolitisch als Parlamentssouveränität auswirken mußte[1]. Die Konservativen, — der Name bürgerte sich zuerst neben, dann anstelle von Tory um die Mitte des Jahrhunderts ein, — spalteten sich über Sir Robert Peels Aufhebung der Kornzölle (1846) in seine Gefolgschaft, die Peeliten, und die schutzzöllnerische orthodoxe Richtung. Die Whigs, sich mit ideologischer Berechtigung seit etwa 1840 als Liberale bezeichnend, zerfielen gleichfalls in mehrere Flügel mit flüssigen Grenzen, so daß sich die Parteilinien des Unterhauses während mehr als zwei Jahrzehnten vollständig verwischten und man füglich von einem Parteienpluralismus sprechen könnte[2]. Die Folge war ein bis zur zweiten Reform von 1867 sich erstreckendes Zwischenstadium häufiger Kabinettswechsel ohne stabile Parteigefolgschaft. Nicht-parteihomogene Regierungen wurden gebildet und fielen, ohne daß sie von der Wählerschaft in ihr Amt berufen oder in ihm bestätigt worden wären. Auch Minderheitsregierungen, die sich trotz parlamentarischer Niederlagen längere Zeit an der Macht erhalten konnten, fehlten nicht.

b) Die Etablierung des Zweiparteiensystems

Die Konsolidierung eines unverfälschten Zweiparteiensystems von Konservativen und Liberalen und gleichzeitig, was alles andere als ein Zufall war, die Schaffung wirksamer Parteiapparaturen und -maschinen trat erst mit der zweiten Wahlreform von 1867 ein. Bereits 1861 war die *Liberal Registration Association* gegründet worden, die auf nationaler Ebene die den Kern der nachmaligen Lokalorganisationen bildenden Registrierungsvereine zusammenfaßte. Hier stellte die Wahltechnik des radikalen Flügels der Liberalen in der Stadt Birmingham den entscheidenden Wendepunkt dar. Der Siegespreis waren dort die dem Wahlbezirk in der Reform von 1867 zugewiesenen drei Unterhausmandate. Der örtlichen Parteileitung gelang eine so vollkommene Durchorganisierung der

---

[1] Siehe KARL LOEWENSTEIN, *Zur Soziologie der parlamentarischen Repräsentation nach der Großen Reform: Das Zeitalter der Parlamentssouveränität (1832—1867)*, Archiv für Sozialwissenschaft und Sozialpolitik, Bd. 51 (1924), S. 614ff., nunmehr auch abgedruckt in derselbe, *Beiträge zur Staatssoziologie*, Tübingen 1961, S. 65ff.

[2] Als Beispiel der extremen Parteienzerfaserung sei auf die Zusammensetzung des Unterhauses im Jahre 1850 verwiesen: 217 Konservative (Schutzzöllner), 104 Liberal- Konservative oder Peeliten (Freihändler), 297 Liberale, 21 Radikale (Linksliberale), 18 Repealers (Anhänger einer bloßen Personalunion zwischen England und Irland).

verfügbaren Wählerstimmen, daß in der Tat bei der Wahl von 1868 den Liberalen alle drei Mandate zufielen[1]. Die neue Technik der Wahllenkung durch eine Parteimaschine wurde in der Folgezeit von den Liberalen auch für die Eroberung der Macht in der Kommunalverwaltung Birminghams angewendet, so daß sie alle 68 Mandate der Stadtregierung an sich bringen konnten. Die Organisation war so durchschlagend, daß nachher auch in der Zeit der Uneinigkeit der Liberalen immer die drei Sitze im Unterhaus von den Liberalen gehalten werden konnten. Die Gründung der *National Liberal Federation*, durch welche die lokalen Wahlkreisvereinigungen unter ein nationales Dach in London gebracht wurden, erfolgte als Krönung einer zentral gelenkten Parteiorganisation (1877).

Aber die nunmehr geeinigten und von Disraeli geführten Konservativen zogen nach. Bei ihnen hatte selbst nach der Reform von 1832 außer sporadischen Wahlkreisvereinigungen überhaupt keine Parteiorganisation bestanden. Auf Anstoß Disraelis wurde unmittelbar nach der Reform von 1867, aber noch vor den nächstjährigen Generalwahlen, ein Bund der konservativen Wahlkreis-Vereinigungen unter dem Namen der *National Union of Conservative and Constitutional Associations* geschaffen[2]. Die Errichtung eines konservativen Zentralbüros, hauptsäch-

---

[1] Unter dem Einfluß von John Stuart Mill, der in seinem Alter für den Proporz nach dem Hare'schen Muster als Allheilmittel aller gesellschaftlichen Schäden eingetreten war, hatte das Wahlgesetz von 1867 sich dem Gedanken einer Minderheitsvertretung erschlossen. Den großen Städten Manchester, Birmingham, Leeds und Liverpool waren je drei, der Stadt London vier Parlamentssitze zugewiesen worden, jedoch mit der Maßgabe, daß der Wähler in den erstgenannten vier Städten seine Stimme nur für zwei, in London nur für drei Kandidaten abgeben dürfe. In Birmingham kam es also den Liberalen darauf an, alle drei Mandate für sich zu gewinnen; denn wäre eines davon den Konservativen zugefallen, hätten sich ein konservativer und ein liberaler Sitz gegenseitig aufgehoben und der Wahlkreis wäre nur von einem einzigen Abgeordneten vertreten worden. Um alle drei Sitze zu erringen, mußten demnach die verfügbaren Wählerstimmen, etwa Zweidrittel, die aber sehr ungleichmäßig über die verschiedenen Stimmbezirke verteilt waren, im ganzen Wahlkreis gleichmäßig für die liberalen Kandidaten abgegeben werden. Um dies zu erreichen, wurde die bestehende lose Wählervereinigung in eine echte Parteivertreter-Körperschaft umgewandelt, in der alle Bezirksvereinigungen durch Delegierte mitwirken konnten. Nach einem bis ins letzte Detail ausgearbeiteten Plan wurden sodann alle verfügbaren Wähler erfaßt und der einzelne Wähler genau instruiert, welch' zweien der drei Kandidaten in seinem Stimmbezirk er seine Stimme zu geben hatte, um eine gleichmäßige Verteilung auf alle drei Kandidaten zu erzielen. Die Durchführung der Strategie setzte weiterhin eine mustergültige Disziplin der Wähler voraus, denen somit angesonnen wurde, sich dem Diktat der Parteimaschine zu fügen. Die Parteimanager — wohl die ersten in der europäischen Wahlgeschichte — sahen sich nicht enttäuscht: Alle drei Sitze gingen an die Liberalen.

[2] Er erhielt später (1886) den heutigen Namen *National Union of Conservative and Unionist Associations*, um diejenigen an sich liberalen Gruppen unterzubringen, die Gladstones *Home Rule*-Vorschläge für Irland ablehnten.

lich dazu bestimmt, den Wahlkreisen bei der Kandidatenauswahl behilflich zu sein, erfolgte 1870. Bei den Wahlen von 1868 hatten zwar die Liberalen einen organisatorischen Vorsprung, so daß sie von ihnen gewonnen wurden, die Konservativen holten aber bei der nächsten Generalwahl 1874 auf und gewannen sie. Damit war von beiden Parteien der Beweis erbracht — heute Gemeingut aller Parteistrategen —, daß eine Massenwählerschaft nur durch eine dynamische Parteiorganisation, die von Parteiprofessionellen betrieben wird, mobilisiert und aktiviert werden kann. Seither ist die Parteimaschine zumindest neben, wenn nicht an die Stelle der ideellen Wahlmotivationen des Einzelwählers getreten und auch die Kandidatenaufstellung wurde durch die Zentralbüros der Parteileitungen rationalisiert. Ihnen sind alle politisch gleichgerichteten Lokalorganisationen angeschlossen und damit auf das gemeinsame Ziel des Wahlsiegs der Partei ausgerichtet. Auch der Kandidat mußte erkennen, daß er seinen Wahlkreis nur dann gewinnen kann, wenn er, statt wie früher zu versuchen, die verhältnismäßig kleine Wählerschaft zu überzeugen oder gar zu bestechen, nunmehr über eine wirksame Lokalorganisation seiner Partei verfügt, die seinen persönlichen Appell an die Wählerschaft tatkräftig unterstützt und die ihrerseits von der zentral gelenkten Parteipropaganda unterstützt wird.

Rückblickend besteht kein Zweifel, daß der nunmehr einsetzende Rhythmus der regelmäßigen Parteienalternierung mit der gleichzeitigen Ausbildung rationeller Parteiorganisationen zusammenfällt, ja durch diese recht eigentlich verursacht wurde. Mit gewissen, noch zu zeigenden Abweichungen in Gestalt von Koalitions- und Minderheitsregierungen ist er seither, also ein volles Jahrhundert, in Großbritannien im Gang geblieben. So tief wurzelte sich die Tradition des „Pendelschwungs" im Zweiparteienrhythmus ein, daß er auch dann keine Unterbrechung erlitt, als in den zwanziger Jahren unseres Jahrhunderts eine Auswechslung der Partner — Labour anstelle der Liberalen als Gegenspieler der Konservativen — stattfand.

c) Der Aufstieg der Labour-Partei zur Alternierungspartei

Eine eigentliche Arbeiterpartei als Klassenvertretung wurde erst 1900 formell ins Leben gerufen. Bis dahin hatten die städtischen Fabrik- und die landwirtschaftlichen Lohnarbeiter, die in den Wahlreformen von 1867 bzw. 1884 zum Wahlrecht zugelassen worden waren, innerhalb der Kader der beiden Traditionsparteien abgestimmt, der landwirtschaftliche Sektor wohl mehr den Konservativen, der städtische bestimmt den Liberalen den Vorzug gebend. Die Gründung der Labour-Partei ging vorwiegend von den Gewerkschaften aus. Ihre ideologischen Wurzeln gehen aber auf die Sekten der Levellers und Diggers während der puritanischen Revolution und später auf die Chartistenbewegung der dreißiger Jahre des letzten Jahrhunderts zurück und sind auch aus starken religiösen Quellen gespeist. Auch soll das Verdienst der Intellektuellen — wie John Stuart Mill, Charles Kingsley, Bernard Shaw, H. G. Wells und des Ehepaares Sidney und Beatrice Webb — an der Emanzipation der Lohnempfänger als eigene Partei nicht geschmälert werden. Die Parteiorganisation, zuerst *Labour Representation Committee* geheißen, nennt sich seit 1906 *British Labour Party.* Sie war zwar weder bei ihrer Gründung noch ist sie seither marxistisch beeinflußt, war aber von Anfang an im Hinblick auf ihr Verstaatlichungsprogramm nach damaligen Begriffen unzweifelhaft als sozialistisch anzusprechen[1]. Diese Bezeichnung ist allerdings in der heutigen Zeit des sozialen Wohlfahrtsstaats, den die politischen Parteien überall und nicht nur in England proklamieren, zu einem sinnentleerten politischen Schlagwort geworden. In der heutigen Parteiorganisation nehmen die Gewerkschaften zwar noch immer den Löwenanteil des Stimmgewichts in Anspruch; aber die Labour-Partei hat zumindest seit 1945, wenn nicht schon geraume Zeit vorher, ihren Klassencharakter nicht weniger abgestreift als es bei den Konservativen der Fall war, die noch vor einer Generation als die Partei des Großgrundbesitzes und des Besitzbürgertums galten.

Die neue Partei beteiligte sich in Masse erstmals an den Generalwahlen von 1906. Von insgesamt 69 ihrer und anderer sozialistischer Kandidaten wurden 53 Sitze errungen. Bei den nächsten Wahlen blieb aber der Zuwachs an Mandaten und Wählerstimmen langsam, bis die Nachkriegsdepression zu Hilfe kam. In den Novemberwahlen von 1922[2], welche durch den Zusammenbruch der von Lloyd George geführten konservativ-liberalen Koalition notwendig wurden, stiegen sie mit 142 Sitzen überraschenderweise zur offiziellen Opposition auf, da es die in sich zerstrittenen Liberalen zwar zusammen auf 114 Mandate gebracht hatten, von denen aber nur 53 auf die Alt-Liberalen der Richtung Asquith fielen. Nach der nächsten Wahl (1923), in der Labour 192 Sitze erreichte, bildeten sie die erste sehr kurzlebige Labour-Regierung unter Ramsay MacDonald. Nach einem Rückgang im Jahre 1924 auf 151 Abgeordnete brachte ihnen dann die Wahl von 1929 mit 288 Mandaten den Rang der überhaupt stärksten Unterhauspartei gegenüber 260 Konservativen und nur 59 Liberalen. Damit lösten sie endgültig die Liberalen als den Alternativpartner der Konservativen ab. Das daraufhin installierte (2.) Kabi-

[1] Die Zulassung der Labour-Partei zur zweiten Internationale (1907) erfolgte nur durch den auf Karl Kautsky zurückgehenden Verbalkniff, sie predige zwar den Klassenkampf nicht, aber sie praktiziere ihn. Die kleine marxistische Gruppe verließ 1920 auf Lenins Anraten die Partei und formierte sich als die britische Kommunistische Partei. Diese spielte seither keine Rolle (siehe unten S. 133).

[2] Die bei den Generalwahlen seit 1922 erzielten Ergebnisse, gegliedert nach der Zahl der Sitze und der Prozentsätze der Wählerstimmen, sind im Anhang B (unten S. 548) tabuliert.

nett MacDonald fiel schließlich nach etwas mehr als zwei Jahren der Wirtschaftskrise von 1931 zum Opfer. Die darauffolgenden Oktoberwahlen dezimierten Labour auf nur 52 Sitze. Aber der Rückschlag war nur vorübergehend und die Partei war bereits 1935 wieder auf 154 Mandate angewachsen. Die Juliwahlen von 1945 schließlich ergaben einen Erdrutsch zugunsten von Labour mit der absoluten Mehrheit von 398 Mandaten und ermöglichten dem (1.) Kabinett Attlee die Verwirklichung eines weitgespannten sozialen Reformprogramms. Allein in den vier folgenden Wahlen (1950, 1951, 1955 und 1959) büßten sie jedesmal an Sitzen ein, bis sie unter der Führung von Harold Wilson die Wahl von 1964 wiederum, wenn auch mit einer äußerst knappen absoluten Mehrheit von nur fünf Sitzen[1] gewannen und neuerdings die Regierung übernehmen konnten. Da Labour mit einer absoluten Mehrheit von 97 Sitzen die Generalwahlen von 1966 überzeugend gewann und demnach, falls nicht unvoraussehbare Umstände eintreten sollten, mit einer vollen Legislaturperiode rechnen kann, ist der traditionelle Pendelschwung wieder in vollem Umfang hergestellt.

d) Der Niedergang der liberalen Partei

Der dem Aufstieg von Labour zur Alternierungspartei komplementäre Niedergang der liberalen Partei darf als das wichtigste Ereignis der neueren britischen Parteiengeschichte angesehen werden. Die Liberalen hatten sich außerordentliche Verdienste um die politische Zivilisation Großbritanniens von heute erworben. Sie waren es gewesen, die im 18. Jahrhundert die Grundlage der Kabinettsregierung und mit der Großen Reform von 1832 der parlamentarisch betriebenen Demokratie gelegt hatten. Von der Wahlreform von 1867 bis in die Zeit des ersten Weltkriegs wechselten sie mit den Konservativen in der Regierungsführung ab, ihnen allerdings an Zahl der Regierungsjahre um ein geringes nachstehend. In den achtziger Jahren brachte die von Gladstone betriebene *Home Rule* für Irland eine verhängnisvolle Spaltung in die Partei, da der sie ablehnende Flügel der liberalen Unionisten unter Joseph Chamberlain sich den Konservativen anschloß. Aber bei den Wahlen von 1906 errang die wieder geeinte Partei einen der überhaupt größten Siege der gesamten britischen Parlamentsgeschichte und konnte in den Jahren vor dem ersten Weltkrieg das ihr erteilte Volksmandat zur Durchführung fiskalischer und verfassungsrechtlicher Reformen ausnutzen, welche den britischen Sozialstaat einleiteten und dem Unterhaus den Vorrang vor den Lords sicherten. Auch die während des ersten Weltkriegs errichtete Koalitionsregierung aller Parteien stand unter der Führung der liberalen Prime Minister Asquith und (seit 1916) Lloyd George.

[1] An sich waren es nur vier, aber der außer bei Stimmengleichheit nicht stimmberechtigte Speaker war ein Konservativer.

Nach Kriegsende aber setzte der Abstieg der liberalen Partei mit einer neuerlichen Spaltung in die der Koalition treugebliebenen Lloyd George-Anhänger und die in die Opposition gegangenen Alt-Liberalen der Richtung Asquith ein. Bei den Generalwahlen von 1918 erlangten erstere dank des Wahlbündnisses mit den Koalitions-Konservativen 136 Mandate, denen nur 29 der Oppositions-Liberalen gegenüberstanden. 1922 stieg Labour zur offiziellen Opposition auf, während die Lloyd George-Liberalen es nur auf 61, die liberale Opposition aber auf 59 Sitze brachte. Im Jahre 1923 konnte die wieder geeinigte liberale Partei ihre Sitzezahl wieder auf 159 erhöhen, war aber als Alternierungspartei endgültig ausgeschaltet, da Labour nunmehr unter MacDonald zum ersten Mal die Regierung bildete. Was den Liberalen geblieben war, bestand lediglich in einer unenthusiastischen Schützenhilfe für das erste Labour-Kabinett. Von da an war ihr Schicksal besiegelt. 1929 fielen ihr nur mehr 59 Mandate zu und sie war damit an die dritte Stelle nach Labour und den Konservativen gerückt. Der konservative Erdrutsch bei den Wahlen von 1931 fand sie wieder in National-Liberale und orthodoxe Liberale gespalten (1931: 35 bzw. 37; 1935: 33 bzw. 17). Sie waren damit zur Rolle einer für den zwischen Labour und den Konservativen spielenden Zweiparteienmechanismus nicht mehr in Betracht kommenden Splitterpartei herabgesunken.

Dies sind sie auch nach der Auflösung der während des Weltkriegs gebildeten Allparteien-Regierung geblieben. Ihre Sitzzahl betrug 1945: 12; 1950: 9; 1951, 1955 und 1959 je 6. Dem entsprach auch der sich ständig vermindernde Anteil an der Gesamtstimmenzahl, der von 9,1% (1945) auf den bisher niedrigsten Stand von 2,5% (1951) und 2,7% (1955) gefallen war. Sie hatte also, hier das Schicksal aller liberalen Parteien unserer Zeit teilend, ihre Anziehungskraft auf die Wählerschaft so gut wie vollständig eingebüßt.

Um so überraschender war der liberale Wahlerfolg bei den Generalwahlen von 1964. Sie konnten nicht nur die Mandatzahl von 6 auf 9 erhöhen, was den relativ größten Erfolg aller sich beteiligenden Parteien bedeutete; auch ihr Anteil an den Gesamtstimmen erhöhte sich von 5,9% (1959) auf 11,3%, was einer Verdoppelung der Stimmenzahl von 1639000 auf 3065000 entsprach. Dieser ansehnliche Erfolg war vor allem auf die Erhöhung der Kandidatenzahl von 216 (1959) auf 365 (1964) zurückzuführen, was mit einer starken Vermehrung der sog. „dreieckigen" Wahlkämpfe den Wählern, die weder sozialistisch noch konservativ wählen wollen, eine eigene Wahlchance gab[1].

[1] Die Liberalen verloren zwar zwei Sitze in Industriegebieten an Labour, gewannen aber vier von den Konservativen in den von jeher ihre Domäne bildenden keltischen Randbezirken. Im großen und ganzen ging ihr Erfolg auf Kosten der Konservativen, denen sie für jede Stimme, die ihnen Labour wegnahm, je zwei

Bei den Wahlen von 1966 warteten die Liberalen wiederum mit einer Überraschung auf: Sie hatten zwar 54 Kandidaten weniger ins Feld geschickt als 1964 und ihre Gesamtstimmenzahl sank dementsprechend auf 8,5% der insgesamt abgegebenen Stimmen ab, aber sie brachten das erstaunliche Kunststück zuwege, ihre Mandatszahl von zehn auf zwölf zu erhöhen, wobei sie überdies einen Sitz von Labour eroberten, den einzigen, den die siegreiche Partei abgeben mußte. Dieser Erfolg war wohl in erster Linie auf geschickte Wahltechnik und ausgezeichnete Kandidaten zurückzuführen[1].

Unter dem Gesichtswinkel des Zweiparteienmechanismus betrachtet ist aber der jüngste liberale Wahlerfolg bedeutungslos. Dafür, daß eine wirkliche liberale Renaissance eingetreten wäre, die wieder eine Dreiparteienkonstellation möglich machte, bestehen keinerlei Anhaltspunkte. Für die Standfestigkeit des Zweiparteiensystems gibt es keinen überzeugenderen Beweis als den mit geschickter Führung und ausreichenden Geldmitteln unternommenen Versuch der Liberalen, es zum Einsturz zu bringen.

e) Das Schicksal der Drittparteien im Zweiparteienschema

Drittparteien, hier von den Liberalen abgesehen, spielten in Großbritannien seit der endgültigen Etablierung der Zweiparteienpolarisation eine höchst untergeordnete Rolle, die nur sehr selten die Form auch nur eines Störungsfaktors im Normalablauf des politischen Betriebs annahm. Die einzige Ausnahme waren in der zweiten Hälfte des 19. Jahrhunderts die irischen Nationalisten, einige achtzig Abgeordnete, die aus den 26 katholischen Grafschaften nach Westminster geschickt wurden, während die sechs nordirischen Grafschaften des protestantischen Ulster mit Uhrwerksregelmäßigkeit unionistische, mit den Konservativen verbündete Leute wählten. Die irische Partei, die ihrerseits wieder in Parnelliten und Anti-Parnelliten geteilt war, setzte sich die Loslösung Irlands aus dem britischen Staatsverband oder zumindest Gewährung von *Home Rule* an Irland zur politischen Aufgabe. Sie bildete einen Fremdkörper im britischen Parlament, da sie sich für die gesamtbritischen Angelegenheiten nur insoweit interessierte, als sie daraus Vorteile für ihr Parteiziel ziehen konnte. Die Iren traten daher als Bundesgenossen Gladstones bei seinen Bemühungen um die irische *Home Rule* auf (1886)

Stimmen entziehen konnten. In 47 Wahlkreisen standen sie an zweiter Stelle (1959 nur in 27). Charakteristischerweise erfolgten wesentliche liberale Einbrüche auch in den *Home Counties* und sogar in den traditionell konservativen Londoner Vorstädten. Überdies konnten die Liberalen den Konservativen bei einer Nachwahl (1965) einen weiteren Sitz abnehmen, so daß sie bei Parlamentsauflösung im März 1966 über zehn Mandate verfügten.

[1] Eine wahlpsychologische Analyse kann hier nicht gegeben werden.

und halfen auch den Liberalen bei der Oberhausreform (1910/11), wurden aber dann nach der blutigen Unterdrückung des Osteraufstandes von 1916 durch die Koalitionsregierung von Lloyd George zu unversöhnlichen Gegnern beider Parteien. Nach Errichtung des irischen Freistaates durch den *Government of Ireland Act* von 1920 (10 & 11 Geo. 5, c. 67) wurde das Unterhaus von einem wesentlichen Störelement befreit (1922). Die irischen Nationalisten haben jedoch auf den gegenwärtigen Parlamentsbetrieb und im Zusammenhang damit auf die Stärkung des Kabinetts durch die von ihnen veranlaßten Verschärfungen der Unterhausgeschäftsordnung eine dauernde, wenn auch unbeabsichtigte Wirkung erzielt[1].

Radikalen Rechts- oder Linksparteien ist der Brite gemüts- und verstandesmäßig abgeneigt. Dies beweist der Mißerfolg von Sir Oswald Mosleys nationalsozialistisch infizierter *New Party* und der von ihm ins Leben gerufenen, offen faschistischen *British Union of Fascists* in den Dreißiger Jahren, wo das Zeitklima dafür an sich günstig war, und ebenso, mit noch katastrophalerem Ergebnis, als er 1959 in dem durch Rassenkrawalle in Nottinghill berüchtigten Wahlkreis von North-Kensington einen letzten Versuch politischer Wiederkunft machte[2].

Auch die Kommunisten haben beim britischen Wähler nichts zu bestellen: Sie konnten weder in den schweren Depressionsjahren zwischen den beiden Weltkriegen Boden fassen, noch waren die zwei 1945 nach Westminster entsandten Abgeordneten eine Dauererscheinung. Heute, wo die allgemeine Prosperität und die allen Klassen zugänglichen Vorteile des Wohlfahrtsstaates eine weitgehende Verbürgerlichung der Arbeitermassen bewirkt haben, sind ihre Aussichten hoffnungslos[3].

Politisch interessanter sind gewisse regionale Splittergruppen, die sich neuerdings mit Regelmäßigkeit an den britischen Wahlen beteiligen, wie bereits früher erwähnt. Dazu gehören die irischen Nationalisten in Nordirland (Ulster), die schottischen *Home Rule*-Nationalisten und die wallisische Autonomiepartei (*Plaid Cymru*). Die Aufstellung von Kandidaten bei Generalwahlen — anders als bei Lokalwahlen, wo mit ihnen

---

[1] Siehe unten S. 308f.

[2] Mit 2801 Stimmen bei einer Gesamtzahl von 34912 Stimmen endete er auf dem vierten Platz und verlor die Wahlkaution. Bei den Wahlen von 1964 kandidierte die Gruppe überhaupt nicht mehr. Ihre kümmerlichen Reste sollen auf öffentliche Wohltätigkeit angewiesen sein.

[3] Die kommunistische Partei erreichte ihren Höhepunkt bei den Wahlen von 1945, wo sie mit über hunderttausend Stimmen zwei Unterhaussitze erlangen konnte, seither aber keinen einzigen mehr. 1955 war sie auf etwa 35000 Stimmen gesunken; von ihren 17 Kandidaten verloren alle bis auf zwei die Wahlkaution. Bei den Wahlen von 1959 bestritten sie 18 Sitze, wobei sie sich nur in einem einzigen Wahlkreis — East Rhondda in Wales — die Kaution erhalten konnten. Bei den Wahlen von 1964 verfiel sie bei allen 36 aufgestellten Bewerbern, und desgleichen 1966 bei 57 Bewerbern. Ihre andauernd im Rückgang befindliche Anhängerschaft mit weniger als 30000 Stimmen machte kaum ein Tausendstel der Gesamtstimmenzahl aus.

ernsthaft zu rechnen ist — hat lediglich demonstrativ-symbolischen Wert für ihre Anhänger. Auch wenn sie in der Tat irgendwann einmal ein Mandat erringen würden, wäre dies ohne jede Bedeutung für die Zweiparteienstruktur[1].

An sich haben es kleine oder auch neue Parteien in Großbritannien leichter als etwa in den Vereinigten Staaten — von der Deutschen Bundesrepublik mit ihrer undemokratischen Fünf-Prozent-Klausel gar nicht zu reden —, sich an einer Generalwahl zu beteiligen, weil die Nominationsbedingungen leicht zu erfüllen sind. Andererseits bewirkt die weise Vorschrift der zu hinterlegenden und dann gegebenenfalls verfallenden Wahlkaution eine begreifliche Hemmung bei Parteigruppen, deren Wählerschaft sich aus kleinen Leuten zusammensetzt. Aber nach der Sachlage haben auch regional konzentrierte Parteien gegenüber den auf nationaler Ebene operierenden Traditionsparteien einen schweren Stand. Eine Beeinträchtigung des Zweiparteienmechanismus ist von ihnen auch unter den günstigsten Bedingungen nicht zu erwarten.

[1] Die schottischen Nationalisten stellten bei den Wahlen von 1959 Sonderkandidaten in fünf Wahlkreisen des schottischen Hinterlandes auf. Nur in zweien derselben betrug ihr Anteil an der dortigen Gesamtstimmenzahl 23 bzw. 15%, in den drei anderen unter 5%. Bei den Wahlen von 1964 kandidierten sie in fünfzehn Wahlkreisen, standen aber nur in einem einzigen (West Lothian) mit 31,7% und rund 15000 Stimmen an zweiter, sonst überall an letzter Stelle. Wo keine eigenen liberalen Kandidaten auftraten, kamen ihnen verkappte Liberale zugute. Fast überall verfiel ihre Wahlkaution. *Plaid Cymru* beteiligte sich 1959 an den Wahlen in 20 von 36 wallisischen Bezirken. In einigen Wahlkreisen erzielten sie 23, 21 und 17, im Durchschnitt aller Wahlkreise 9,7%, eine Anzahl ihrer Wahlkautionen ging verloren. 1964 stellten sie in 23 Bezirken ihre Kandidaten auf, plazierten aber so gut wie überall an letzter Stelle und verloren 21 Wahlkautionen. Sie sind zwar eine beachtliche regionale Sondergruppe (siehe oben S. 36), haben aber in nationalen Wahlen vor allem deshalb nichts zu bestellen, weil es keine speziell wallisischen Beschwerden mehr gibt und Labour gerade für Wales ein attraktives Programm aufgestellt hatte. Zur allgemeinen Überraschung konnten sie aber bei der Nachwahl in Carmathen (25. Juli 1966) Labour den Sitz abnehmen.

Die irischen Nationalisten in Ulster hatten 1955 unter dem Parteietikett Sinn Fein mit 22,7% der Gesamtstimmenzahl zwei Unterhausmandate (in Fermanagh und Mid-Ulster) gewinnen können; 1959 hatte die Parteileitung aus Protest gegen die englische Regierung Stimmenthaltung empfohlen, der Anteil der Sinn Fein fiel auf 9,8% ab und nur ein Sitz verblieb ihnen. Sieben Wahlkautionen gingen verloren. Bei den Wahlen von 1964 erschienen die Sinn Feiner als Irische Republikaner. Sie erzielten 14,6% der Gesamtstimmenzahl und schnitten in mindestens fünf der zwölf Wahlkreise, wo sie einen Rückhalt bei einer starken katholischen Minderheit hatten, nicht schlecht ab (Armaght: 23%; Fermanagh: 29,6; Londonderry: 35,9; Mid-Ulster: 39,6), litten aber darunter, daß zum ersten Mal Labour (seit 1951) und Liberale (seit 1929) Kandidaten aufgestellt hatten, die wohl den Republikanern Stimmen abgezogen haben. Sieben republikanische Wahlkautionen gingen verloren. Es erscheint aber keineswegs völlig ausgeschlossen, daß das traditionelle Übergewicht der Ulster-Unionisten in Westminster eines Tages sein Ende erreichen kann. Eine der Sonderüberraschungen der Wahlen von 1966 war, daß die republikanische Labour-Partei den Ulster-Unionisten den Sitz in West-Belfast abnehmen konnte.

II. Abweichungen vom Zweiparteiensystem

1. Die Koalitionsregierung

Darüber aber dürfen andere Erscheinungen nicht übersehen werden. Innerhalb der hier der Betrachtung unterstellten Zeitspanne kommen auffallend viele Koalitionsregierungen vor, von denen man annehmen sollte, sie seien dem an das Zweiparteiensystem gewöhnten politischen Charakter des Briten ebenso fremd wie der Parteienpluralismus.

Koalitionskabinette, das heißt solche, die sich aus Anhängern beider Parteien zusammensetzen, waren nach der Glorreichen Revolution unter William III. und anfangs auch unter Anne, als sich die ersten Umrisse einer parlamentarischen Regierung zeigten, eher die Regel als die Ausnahme gewesen. Sie erschienen wieder in den sechziger Jahren des 18. Jahrhunderts, in jener Zwielichtzone zwischen der sich ausbildenden Kabinettsregierung und dem Versuch eines persönlichen Regiments von George III., bis dann nach 1770 unter dem Günstling des Königs Lord North wieder die integrale Tory-Regierung ans Ruder kam. Als dieser über der zum Abfall der Kolonien führenden amerikanischen Politik stürzte (1782) — ein Mißtrauensvotum gegen ihn "*that the House could no longer repose confidence in the Ministry*" war mit nur neun Stimmen abgelehnt worden und seine Wiedereinbringung stand bevor —, folgte als Lückenbüßer wieder eine Koalition (Fox-North), die dann den die lange Tory-Herrschaft einleitenden Generalwahlen von 1784 zum Opfer fiel. Aber nach der Reform von 1832 stellten sich Koalitionskabinette unvermeidlich wieder ein, da die Parteienzersplitterung der Zeit der Parlamentssouveränität und unentschiedene Generalwahlen parteihomogene Kabinette nicht zuließen. Nach der Parteienstabilisierung ab 1867 konnten solche parlamentarische Notlösungen lange vermieden werden. Sie traten aber, nunmehr absichtlich als Kabinette der nationalen Solidarität gedacht, während der beiden Weltkriege, beide Male als Dreiparteienkombinationen oder Allparteien-Regierungen, auf: die Kabinette unter Asquith und Lloyd George (1914 bis 1918) und unter Churchill (1940—1945). Während aber nach dem ersten Weltkrieg die Koalition zwischen den Konservativen und den Lloyd George-Liberalen (Wahlen von 1918) bis zu ihrem Zusammenbruch (1922) fortgesetzt wurde, hatte Labour aus der Erfahrung, daß Koalitionsregierungen nicht wirksam regieren können, genügend gelernt, um die Koalition des zweiten Weltkriegs bei erster sich bietender Gelegenheit aufzukündigen[1].

---

[1] Bei der obigen Behandlung der Koalitionen ist absichtlich das (3.) Kabinett MacDonald (August 1931 bis Juni 1935) nicht berücksichtigt, da MacDonald nur nominell Prime Minister in einer in Wirklichkeit konservativen Regierung war; bei 473 Konservativen unter Baldwins Führung waren 35 National-Liberale und 13 Labour lediglich Anhängsel.

Koalitionskabinette sind also dem Zweiparteiensystem keineswegs fremd. Sie sind in ihm aber ein Fremdkörper. Sowohl die Mitglieder des Kabinetts und die Abgeordneten als erst recht die Wählerschaft ziehen ihnen die klare Zuweisung der Verantwortung an eine bestimmte einzelne Partei bei weitem vor. Schon der Wahlakt ist oder wird nachträglich zwiespältig, da der Gewählte sein Mandat in der Regel nicht den Wählern seiner eigenen Partei, sondern auch denjenigen des oder der anderen Koalitionspartner verdankt. Es kommt dabei darauf an, ob die Koalition nach einer Generalwahl zustande kommt, wie es bei den wenig stabilen Parteiverbindungen in der Zeit der Parlamentssouveränität nicht selten war oder aber, ob die Koalition schon zur Zeit der Wahl bestanden hat, so daß die Wähler sich darauf einstellen können. Im letzteren Fall stellen die Koalitionspartner einen gemeinsamen Kandidaten auf, um nicht durch gesonderte Kandidaturen den Sitz der Opposition zuzutreiben und sehen von den sog. dreieckigen Wahlkämpfen ab. Für den denkenden Wähler hat dies den Nachteil, daß er gegebenenfalls für einen ihm parteimäßig nicht genehmen Bewerber stimmen soll, für den Gewählten, daß er sein Mandat nicht ausschließlich den Wählern seiner eigenen Partei, sondern auch denen des oder der Koalitionspartner verdankt. In der Ausübung seines Mandats ist der in eine Koalition verflochtene Abgeordnete dann notgedrungen ein Diener zweier Herren, was auch die sonst bestehende rigorose Parteidisziplin innerhalb des Parlaments wesentlich zu schwächen geeignet ist. Auch das Koalitionskabinett ist notwendigerweise parteipolitisch nicht homogen, was die Führung durch den Prime Minister erschwert. Die Folge ist, daß an die Stelle einer zielbewußten einheitlichen Politik oft Kompromisse treten. Koalitionsregierungen sind also viel schwerer zusammenzuhalten als eine parteihomogene, die sich einer ebenfalls parteihomogenen Opposition gegenübersieht.

Bei solchen Koalitionsregierungen ergibt sich auch die eigentümliche Erfahrung, daß der schwächere der Koalitionspartner vom stärkeren schließlich aufgesogen wird (*qui mange du Pape en meurt*). Die vor der Koalitionsbildung bestehende Parteiindividualität läßt sich auf die Dauer nicht aufrechterhalten[1].

---

[1] Gerade die englische Parteigeschichte ist reich an einschlägigen Beispielen. Die liberalen Unionisten unter Joseph Chamberlain, die sich 1886 über der *Home Rule*-Bill von Gladstone vom liberalen Hauptstamm trennten, gingen alsbald in der konservativen Partei auf und zwar so vollständig, daß Birmingham, die ehemals liberale Hochburg und Stammsitz der Chamberlains, nachher dank der persönlichen Gefolgschaft, über welche die Familie dort gebot, zu einer ebenso zuverlässigen konservativen Zitadelle wurde, auf die Josephs Söhne Austen und Neville eisern rechnen konnten. Das gleiche Schauspiel wiederholte sich bei den National-Liberalen 1923 und erst recht 1931; sie konnten nur als Kostgänger der Konservativen nach Westminster ziehen. Das Dutzend Labour-Abgeordnete, die 1931 die Labour-Partei verließen und MacDonald folgten, um als National-Labour an der Koalition teilzunehmen, war schon 1935 auf acht gesunken und verschwand völlig von der Bildfläche.

Koalitionsregierungen neigen also dazu, die Wähler wie die Gewählten gleichermaßen zu korrumpieren. Demgemäß wurden sie von den Briten außer in nationalen Notzeiten, wo sie unumgänglich sind, immer als Zwischenlösungen angesehen, von denen so bald als möglich wieder zur Normalität des Zweiparteienschemas zurückgekehrt werden sollte[1]. Damit ist natürlich nicht gesagt, daß sie nicht auch in Zukunft wieder auftauchen könnten; denn wie alle politischen Phänomene ist auch die Zweiparteienkonstellation nicht von ewiger Dauer.

2. Die Minderheitsregierung

Von der Koalitionsregierung verschieden ist die Minderheitsregierung. Darunter wird die Situation verstanden, daß die die Regierung bildende Partei im Unterhaus über keine absolute Mehrheit gegenüber den anderen Parteien verfügt. Sie waren in der Periode zwischen den beiden Wahlreformen eher die Regel als die Ausnahme: Innerhalb von 22 Jahren (1846—1868) waren während vierzehn Jahren Minderheitsregierungen am Ruder[2], die noch dazu angesichts der damaligen Parteienverwirrung verschiedentlich als Koalition geführt werden mußten. Wiederum anders war es mit den Minderheitskabinetten bestellt, welche in den zwanziger Jahren unseres Jahrhunderts die Labour-Partei zu bilden Gelegenheit hatte oder vielmehr zu bilden gezwungen war. Sowohl das kurzatmige erste Kabinett MacDonalds (1923/24)[3] als auch sein zweites (1929—1931) waren ausschließlich von Labour als Minderheitsregierungen gebildet. Um überhaupt regieren zu können, waren sie auf die Unterstützung der Liberalen angewiesen. Dies verdarb ihren politischen Stil und ihr Programm derart, daß das erste Kabinett MacDonald schon nach neun Monaten, das zweite nach etwas mehr als zwei Jahren die Flinte ins Korn werfen und zurücktreten mußte.

Minderheitskabinette sind also dem Geist des Zweiparteiensystems womöglich noch mehr zuwider als Koalitionsregierungen, welche immerhin in der Lage sind, regierungsfähige Mehrheiten aufzubringen. Sind sie auf die wohlwollende Neutralität oder aktive Unterstützung einer anderen

---

[1] Als die Labour-Regierung Harold Wilson aus den Wahlen von 1964 mit einer Mehrheit von nur vier Sitzen hervorgegangen war, die sich durch die Wahl eines Konservativen zum Speaker auf fünf erhöht hatte, hätte sich die Stellung Labours durch eine Kombination mit den neun (nachher zehn) Liberalen sicherlich nicht unwesentlich verstärkt. Angesichts der Erfahrungen, die Labour 1923 und 1929/31 mit einer liberalen Unterstützung gemacht hatte, auch wenn sie zu keiner formellen Koalition durch Aufnahme liberaler Minister ins Kabinett geführt hatte, war aber davon keine Rede.

[2] Bereits vorher: (3.) Kabinett Melbourne (1839—1841); Russell (1846—1852); Aberdeen (1852—1855); (2.) Kabinett (1858—1859) und (3.) Kabinett Derby (1866—1868).

[3] Vgl. hierzu ausführlich KARL LOEWENSTEIN, *Minderheitsregierung in Großbritannien*, München 1925.

Partei angewiesen, so liegt die wirkliche Entscheidungsfällung bei dieser und nicht beim Minderheitskabinett. Die unausbleibliche Folge ist, daß sich das Minderheitskabinett zu einer Verwässerung seines Programms und seiner politischen Zielsetzungen bequemen muß, worüber die enttäuschte Wählerschaft ihm dann anläßlich der nächsten Generalwahlen die Quittung erteilt.

Da nach Heraklit bekanntlich alles fließt, sind Minderheitskabinette auch in Zukunft in Großbritannien nicht völlig ausgeschlossen, obzwar angesichts der notorischen Abneigung des britischen Wählers die Wiederkehr einer Dreiparteienstruktur in voraussehbarer Zeit kaum wahrscheinlich sein dürfte.

Gerade die Verbiegungen und Verschiebungen, welche der politische Prozeß durch die Koalitions- und Minderheitskabinette erlitten hat, erweisen, zumindest in Großbritannien, die Vorteile, ja die Unentbehrlichkeit einer auf der unverfälschten Mehrheitstechnik beruhenden Zweiparteiendynamik. Allerdings müssen dabei, wie noch zu zeigen sein wird[1], wesentliche Nachteile in der Technik der Repräsentation mit in Kauf genommen werden.

3. Die Mehrheitsregierung mit knapper Mehrheit

Für das reibungslose Funktionieren des parlamentarischen Betriebs beim Zweiparteiensystem ist es unerläßlich, daß die Mehrheitspartei in der Tat auch über die ausreichende Mehrheit gegenüber allen anderen Parteien im Unterhaus verfügt, welche ihr die Gewißheit gibt, daß sie bei einer Abstimmung auch dann nicht überstimmt werden kann, wenn sich nicht alle ihre Mitglieder daran beteiligen oder beteiligen können. Wie groß eine solche Mehrheit zahlenmäßig sein soll, läßt sich theoretisch nicht bestimmen. Erreicht sie hundert oder mehr Sitze, besteht die Gefahr einer Lockerung der Parteidisziplin und selbst von zeitweiligen Absplitterungen; eine solche überwältigende Mehrheit ist immer schwerer zusammenzuhalten als eine relativ knappe. Erfahrungsgemäß gilt eine zwischen dreißig und fünfzig liegende Mehrheit als — wie man sagt — „komfortabel"; aber auch mit einer zwischen zwanzig und dreißig läßt sich die Regierung gefahrlos führen.

Liegt aber die Mehrheit der Mehrheitspartei unter zehn, wie es bei zwei Labour-Kabinetten hintereinander der Fall war[2], so hängt das

[1] Siehe unten S. 149ff.

[2] 1950/51 war die Mehrheit des Kabinetts Attlee anfänglich sieben, wurde aber durch Tod und Nachwahlen schließlich auf fünf reduziert; 1964/65 fiel die ursprüngliche Mehrheit des Kabinetts Wilson von fünf auf drei. Die kleinste Mehrheit in der englischen Parlamentsgeschichte bestand 1848, als die Whig-Regierung Lord John Russell mit nur einer einzigen Stimme Mehrheit sich mehr als vier Jahre am Ruder erhalten konnte; aber damals war das Zweiparteiensystem noch nicht voll betriebsfertig.

Leben der Regierung an einem allzu dünnen Faden. Vor allem muß sie damit rechnen, daß das eine oder andere Mitglied der ohnehin spärlichen Mehrheit durch Krankheit oder Tod ausscheidet. Hier fällt also der Altersaufbau der Parlamentsgruppen entscheidend ins Gewicht und bei Labour war (wenigstens bis 1966) die Jungmannschaft geringer, die alte Generation aber viel stärker vertreten als bei den Konservativen[1].

Von diesen physiologischen Nachteilen aber ganz abgesehen, werden bei allzu knapper Mehrheit die Regierungsführung und der Parlamentsbetrieb selbst zum Glücksspiel und der Mehrheitspremier zum Hasardeur. Das Unterhaus gleicht dann einer belagerten Festung, bei der die Regierungsmannschaft Tag und Nacht — und das ist bei den im Fortgang der Session üblichen langen Nachtsitzungen durchaus wörtlich zu nehmen — auf den Mauern wachen muß, um die Angriffe der Opposition abzuwehren. Die Einpeitscher sind andauernd auf der atemlosen Jagd nach ihren Schützlingen, die kaum Zeit haben, ihren menschlichen Bedürfnissen zu genügen, wenn sie innerhalb der fünf Minuten nach dem Läuten der Glocke zur Abstimmung zur Stelle sein wollen, ehe die Türen geschlossen werden. Auf die Dauer ist mit dieser Situation eine unerträgliche seelische und körperliche Belastung verbunden und Betriebsunfälle lassen sich nicht vermeiden[2]. Derart knappe Mehrheitsverhältnisse verführen die Minderheitspartei zu parlamentarischen Schlichen und Täuschungsmanövern, die an sich des parlamentarischen Betriebs un-

---

[1] Die folgende Aufstellung ergibt das Bild der Alterspyramide der Parteien auf Grund der Generalwahlen von 1964 (entnommen *The Times House of Commons 1964*, London 1965, S. 250):

Alter	Labour	Konservative	Liberale	insgesamt
unter 30 Jahre	1	4	0	5
31—40 Jahre	49	60	4	113
41—50 Jahre	80	98	2	180
51—60 Jahre	108	99	2	209
61—70 Jahre	66	39	1	106
über 70 Jahre	13	3	0	16
	317	303	9	629

Im Vergleich mit den Konservativen war also die Labour-Partei nicht unwesentlich überaltert.

[2] Bei der Beratung der wichtigen *Finance Bill* von 1965, welche die umfassenden Steuerreformen Labours enthielt, kam es in einer einzigen Nachtsitzung hintereinander zu drei Niederlagen der Regierungspartei, welche die Regierung Wilson hinnehmen mußte, da zu ihrer Korrektur angesichts der ewigen Zeitnot des Hauses keine Möglichkeit bestand. Bei einer anderen Gelegenheit wurde die Regierung bei Stimmengleichheit nur dadurch gerettet, daß der (konservative!) Vorsitzende seine Stimme traditionsgemäß für die Regierung abgab.

würdig sind[1]. Die Folge ist, daß die Regierung andauernd alle Reserven heranziehen muß; bei wichtigen Abstimmungen werden sogar aus dem Krankenhaus herbeigeholte Mitglieder von ihren Kollegen auf Bahren durch die Abstimmungstüren getragen (*"government by ambulance"*). Vereinbarungen mit der Gegenpartei über beiderseitige Abwesenheit von Mitgliedern (*pairing*) werden zu einer Angelegenheit auf Leben und Tod der Regierung. Auslandsreisen von Mitgliedern der Mehrheitspartei werden dadurch so gut wie unmöglich.

Nach dem Vorgang der Regierung Attlee 1950/51 werden solche Zufallsniederlagen der Regierung bagatellisiert und zwingen die Regierung nicht zum Rücktritt. Sie könnte, wenn gezwungen, die Vertrauensfrage stellen, und dann wären ihre Mannen vollzählig zur Stelle. Aber der parlamentarische Betrieb und alle an ihm beteiligten Faktoren werden bei solch' papierdünnen Mehrheiten derart strapaziert, daß der Fortgang auf die Dauer unmöglich wird[2]. Wenn also das Stimmgewicht der Wählerschaft zwischen den beiden Alternierungsparteien einigermaßen gleich verteilt ist, wie es heutzutage selbst bei Massenwählerschaften nicht ganz selten ist — so in den Vereinigten Staaten —, gerät das parlamentarische System in Schwierigkeiten, denen nur mit künstlichen Mitteln zu begegnen ist.

---

[1] Die vorerwähnten drei Niederlagen waren dadurch verursacht worden, daß zahlreiche Konservative lange nach Mitternacht sich ostentativ entfernt hatten, offenbar um heimzugehen, was die Labour-Einpeitscher veranlaßte, auch eine Anzahl ihrer übermüdeten Anhänger zu entlassen. Die Konservativen kehrten aber verabredungsgemäß zurück und überstimmten die überrumpelten Gegner.

[2] Prime Minister Attlee warf nach kaum neunzehn Monaten die Flinte ins Korn und löste auf, obwohl er wußte, daß die Konservativen gewinnen würden. Harold Wilson dagegen lieferte ein Bravourstück, indem er trotz noch ungünstigerer Umstände so tat, als ob er eine komfortable Mehrheit besäße, in der Hoffnung, er könne die Neuwahlen so lange aufschieben, bis ein günstiger Wind in der Wählerschaft ihm eine ausreichende Mehrheit verschaffen würde. Allerdings bestand zwischen den beiden Situationen ein entscheidender Unterschied: 1950/51 war Labour nach einer erfolgreich durchgeführten Sozialreform müde geworden und das Land Labourmüde. Die Konservativen witterten Morgenluft und hielten ihre Gegner in ununterbrochener Spannung, bis sie sie durch Nachtsitzungen und fortwährende Abstimmungen zermürbt hatten. 1965 aber war die Labour-Partei nach dreizehn Jahren in der Wüste von aggressiver Frische und das Land wollte ihr die Chance geben, zu zeigen, was sie könne. Weder die Konservativen, die erst das *image* des neuen Parteiführers Edward Heath aufbauen mußten, noch die Wählerschaft wollten Neuwahlen. Deshalb konnte die Regierung Wilson so tun, als ob sie eine sichere Mehrheit besäße. Fühler der Liberalen, über die berichtet wurde, in der Richtung auf eine mehr formalisierte Zusammenarbeit zwischen ihnen und Labour stießen bei Harold Wilson und seinem Kabinett auf keine Gegenliebe; sie zogen es vor, sozusagen von der Hand in den Mund zu regieren, statt ihre Seele dem liberalen Verführer zu verkaufen. In der Tat zahlte sich Wilsons Strategie aus: Als er den Zeitpunkt für gekommen hielt, wobei ihm andauernd günstige Meinungssondierungen zu Hilfe kamen, löste er auf und konnte in den Generalwahlen vom 31. März 1966 seine bisherige Mehrheit von nur drei Stimmen auf 97 erhöhen.

III. Der Zweiparteien-Pendelgang im Rückblick

Bei einem zusammenfassenden Rückblick über die Parteienbewegung der letzten Jahrhunderte, bei dem die Regierung Walpole (1721—1742) zweckmäßig als Ausgangspunkt dient, ergibt sich[1]: Die Periodik bis zur großen Reform besteht im wesentlichen aus einer jeweils eine Generation währenden und nicht unterbrochenen Vorherrschaft jeder der beiden Traditionsparteien, der Whigs und der Tories. Die der sog. Whig-Suprematie (1721—1760) ist vor allem mit dem Namen Robert Walpoles als Prime Minister, die etwas längere der Tories (1770—1830) mit demjenigen des jüngeren Pitt in der gleichen Stellung (1783—1801 und 1804—1806) verbunden. Die beiden Zeitabschnitte sind durch ein Zwischenstadium von Koalitionsregierungen getrennt, das mit dem Regierungsantritt von George III. zusammenfällt. Eine Parteienalternierung liegt also vor, aber sie vollzieht sich im Hinblick auf die damals bestehende Affinität der *ruling class*, der Aristokratie und der ihnen affiliierten bürgerlichen Honoratiorenkreise, in dem sehr langsamen Tempo von Generationen. Zwischen der ersten und der zweiten Wahlreform des 19. Jahrhunderts, die in der Tat die Wasserscheide der britischen Innenpolitik darstellen, gelingt keiner der beiden Parteien die dauernde Vorherrschaft, mochten auch, zählt man die Regierungsjahre, die Liberalen einen geringen Vorsprung haben. Seit 1868 aber hat sich der Zweiparteien-Pendelgang mit einem unverkennbar beschleunigten Rhythmus dauernd eingespielt, der bis zum ersten Weltkrieg anhält. Keine der beiden Parteien vermochte sich aber länger als höchstens zwei Legislaturperioden an der Macht zu halten. Mit der Auflösung der während des Krieges gebildeten Koalitionsregierung aber setzt wiederum ein etwa ein Jahrzehnt währendes Zwischenstadium mit Minderheits- und Koalitionsregierungen ein, das wesentlich von der Unsicherheit der nunmehr voll-demokratisierten Wählerschaft hinsichtlich der Ablösung der Liberalen durch Labour bedingt ist. Es endete mit der Generalwahl von 1931, die den Konservativen den größten Wahlsieg irgendeiner Partei in der britischen Parlamentsgeschichte erbrachte: Sie erlangten (von insgesamt 615) nicht weniger als 473 eigene Sitze, wozu noch diejenigen ihrer Verbündeten (National-Liberale: 35 und National-Labour: 13) kamen. Volle vierzehn Jahre, bis zum Ende des zweiten Weltkriegs, waren die Konservativen an der Macht; denn auch das Koalitionskabinett von Winston Churchill war eine mehrheitlich konservative Regierung. Der traditionelle Pendelgang setzte aber bei den Juliwahlen von 1945 wieder mit voller Wucht ein. Labour (mit 396) gegen die Tories (mit 213 Sitzen von 640) konnte unter Clement Attlee die Regierung während einer vollen Legislaturperiode

[1] Vgl. die unten S. 549 als Anhang C wiedergegebene graphische Darstellung.

führen, die auf Grund des überzeugenden Wahlmandats zu jenen grundlegenden Reformen benutzt wurde, die Großbritannien aus einem privatkapitalistischen in den sozialen Wohlfahrtsstaat verwandelten. Labour konnte auch die nächsten Wahlen (1950) gewinnen, aber mit einer so schwachen Mehrheit von nur sieben Mandaten, daß schon im nächsten Jahr (1951) Neuwahlen erforderlich waren. Sie wurden von den Konservativen gewonnen, wie es auch bei den folgenden Wahlen von 1955 und 1959 der Fall war. Nicht nur konnten die Konservativen in vier Wahlen (1950–1959) ihre Sitzezahl jedes Mal erheblich vergrößern; sie gewannen auch drei Generalwahlen hintereinander, was in der neueren britischen Parlamentsgeschichte ein Unikum darstellte. Damit war der Pendelgang zwar verzögert, aber nicht ausgeschaltet; denn nach dreizehn Jahren der Tory-Herrschaft gewann Labour, wenn auch wieder mit papierdünner Mehrheit, die Generalwahlen von 1964. Die politische Erfahrung lehrt, daß eine Partei, die allzulange die Hebel der Herrschaft handhabt, sich in der Macht eingräbt und bei Anhängern sowohl wie bei Gegnern den Nimbus der Unbesiegbarkeit erwirbt. Ein neuerlicher vierter konservativer Sieg hätte unzweifelhaft den Zweiparteienmechanismus ernsthaft in Frage gestellt. Mit dem überzeugenden Wahlsieg Labours im Jahre 1966 ist dann das Zweiparteiensystem wiederum voll in Gang gekommen.

In diesem Zusammenhang muß schließlich darauf hingewiesen werden, daß sich die beiden Alternierungsparteien einer durchaus robusten Gesundheit erfreuen und keine der Ermüdungssymptome aufweisen, wie sie sich sowohl bei den Profilen der politischen Parteien der dritten und vierten französischen Republik gezeigt haben, noch bei denjenigen der Deutschen Bundesrepublik und selbst der Vereinigten Staaten fehlen.

IV. Die Gründe für die Verankerung des Zweiparteiensystems

Wenn eine Nation während der Dauer von zweieinhalb Jahrhunderten mit einer Zähigkeit ohnegleichen an dem Pendelgang der Parteienalternierung festgehalten hat, liegt die Versuchung nahe, darin eine Art politischen Naturgesetzes zu erblicken, dem sie aus Überlegung, Instinkt oder auch Gewohnheit folgt. Den Gründen nachzugehen, ist eine Aufgabe, der hier nicht ausgewichen werden soll.

Das System von zwei und nur zwei sich in der Regierung ablösenden politischen Parteien blickt in England auf eine ehrwürdige Tradition zurück. Zumindest seit 1867, also seit einem vollen Jahrhundert, hat es sich als derart stabil erwiesen, daß von ihm, ohne daß der Begriff unzulässig ausgeweitet würde, als einem Bestandteil der britischen Verfassung gesprochen werden kann. Sein ungeschriebener Charakter erweist sich dabei als ein Vorteil, weil die Konstitutionalisierung der Parteien und ihres Alternierungsrhythmus sich ohnehin der formalrechtlichen Festlegung entziehen würden. Großbritannien gilt also nicht nur als das klassische Land des Bipartismus, sondern darüber hinaus wird aus der englischen Erfahrung auch der Schluß gezogen, die Kabinettsregierung als die britische Version des parlamentarischen Regimes sei überhaupt nur auf der Grundlage eines fest etablierten Zweiparteienmechanismus möglich. Wie ist es dazu gekommen?

1. Relative Mehrheitswahl und Zweiparteienstruktur

Zunächst wird allgemein angenommen, die relative Mehrheitswahl, wie sie von Anbeginn bestanden hatte, und vor allem ihre Anwendung auf Einerwahlkreise, wie sie zumindest seit 1884/85 besteht, sei mit dem Zweiparteiensystem kausal verbunden. Anderwärts ist es nicht unüblich, aus dieser Verbindung weitergehend zu folgern, daß gerade diese Wahltechnik dem als erstrebenswert angesehenen Zweiparteiensystem nach englischem Muster förderlich ist. Solche Schlußfolgerungen sind aber nicht ohne weiteres gerechtfertigt. Die relative Mehrheitswahl führt nicht notwendigerweise zu einer derartigen als wünschenswert angesehenen Vereinfachung des politischen Prozesses. Dies läßt sich mit zahlreichen geschichtlichen und zeitgenössischen Anwendungsfällen belegen, etwa dem Bismarckschen Reich oder der französischen Dritten Republik, solange sie diese Wahltechnik praktizierte. Im Gegenteil, auch dort, wo die Mehrheitswahl nicht durch eine Stichwahl (*second ballot*) verfeinert oder auch verfälscht ist, kann sie ebensogut zum Multipartismus wie zur Parteien-Bipolarisation führen. Dies zeigt auch der Fall Kanadas, wo trotz der relativen Mehrheitswahl neuerdings der Parteienpluralismus aufgekommen ist.

Von einer angeblich unwiderstehlichen Tendenz der relativen Mehrheitswahl, das Zweiparteiensystem zu erzielen, kann nicht einmal unter der Annahme gesprochen werden, daß der Wahlkörper national homogen ist. Die Vereinigten Staaten hatten das Zweiparteiensystem zumindest im Umriß von Anbeginn an und unbestritten seit dem Krieg zwischen den Staaten und sind infolge ihres niemals überwundenen und heute wieder stärker ausgeprägten Sektionalismus alles andere als national homogen. Auch dieser Kausalzusammenhang scheint unbewiesen.

Andererseits kann eine grundsätzlich andere Wahltechnik, die Verhältniswahl, mag sie auch in der Regel die Mehrparteienkonstellation fördern (Schweiz, Eire) zur schließlichen Ausbildung des Zweiparteiensystems führen, wie Bonn zu erweisen scheint, allerdings nur mit Zuhilfenahme der grundsätzlich undemokratischen Abwürgung der sog. Splitterparteien durch die Fünf-Prozent-Klausel. Die Bipolarisation des britischen politischen Prozesses müßte also wenigstens hilfsweise in anderen sozio-politischen und sozialpsychologischen Voraussetzungen begründet erscheinen.

2. Das Klassenargument

Zunächst: Die politische Zweiteilung der öffentlichen Meinung in Großbritannien auf den Unterschied und Gegensatz zwischen „rechts“ und „links“, zwischen einer stationär-konservativen und einer reformistisch-fortschrittlichen Grundhaltung zurückzuführen, hieße der Vielgestaltigkeit der menschlichen Natur zum Zwecke einer handlichen Vereinfachung Gewalt antun. Man kann sich aber auch gegenüber den Bemühungen einer gewissen Skepsis nicht erwehren, die Bipolarisation aus der Klassenstruktur der britischen Wählerschaft abzuleiten. Dies wäre sicherlich schon in der Vergangenheit unzulässig gewesen. Solange der Wettbewerb zwischen den Konservativen und den Liberalen lag – der klassische Fall des Zweiparteiensystems –, waren klassenmäßig bedingte Wählerpräferenzen, wenn überhaupt, nur in den gröbsten Umrissen vorhanden. Die Wähler sandten bis zur Reform von 1832 und lange danach eine Herrenschicht von wohlhabenden Honoratioren, eine gesellschaftliche Elite von Notabeln, nach Westminster. Bis zum Auftreten von Labour als dem legitimen Exponenten ihrer Interessen waren die Lohnempfänger weitgehend zwischen den beiden Honoratiorenparteien aufgeteilt, wobei die städtische Arbeiterschaft mehr den Liberalen, die landwirtschaftliche mehr den Konservativen zugeneigt sein mochte. Der Aufstieg Labours als einer echten Klassenpartei entsprach einer sozialen Notwendigkeit, die einem typisch englisch aus der Vergangenheit übernommenen Anachronismus schließlich ein Ende machte. Hätte sich dann das Klasseninteresse der Lohnempfänger wirklich in die Solidarität einer Klassenpartei umgesetzt, so wäre, da es statistisch mehr Lohnempfänger als Arbeitgeber und Selbständige gibt, eine dauernde und unbrechbare Vorherrschaft von Labour begründet worden. Dies war aber eben nicht der Fall, da zahlreiche Arbeiter in den Mittelstand einrückten und dann nicht mehr für Labour stimmten. Dem Mittelstand seinerseits war aber keine eindeutige politische Präferenz zu eigen, weil er eben keine wirklich homogene Klasse darstellt und er daher auch politisch kein homogenes Klasseninteresse besitzt; es gibt für ihn weder „rechts“ noch „links“, sondern nur die Mitte, wie schon sein Name besagt. Der Erdrutsch für Labour von 1945 war durch die lange Wahlabstinenz (seit 1935), die Kriegsmüdigkeit der Massen und ihr Bedürfnis nach einem echten *New Deal* bedingt und wiederum kein Beweis für eine Wahlmotivation nach Klasseninteresse.

Seit dem letzten Krieg aber haben sich die Grenzlinien zwischen den angeblichen Klassen vollends verwischt. Es gibt zwar mehr Hand- und

Gehirnarbeiter als irgendeine andere soziale Schicht, aber die englischen Wähler sind in ihrer Mehrheit intelligent genug, nicht nach Klassen-, sondern nach persönlich orientierten Nützlichkeitsgesichtspunkten zu stimmen. Dank des Wohlfahrtsstaats ist ganz England heute ein Mittelklassenland, vielleicht das europäische Mittelklassenland *par excellence*, hierin den Vereinigten Staaten, wenn auch auf einem niedrigeren Niveau des Lebensstandards, nicht unähnlich. Die Randschichten der Noch-Proletarisierten „links“ und der Reichen „rechts“ sind so dünn geworden, daß ihr Klassencharakter stimmenmäßig kaum mehr ins Gewicht fällt, verwischt bei ersteren infolge der Prosperität und der Sozialleistungen des Wohlfahrtsstaats, bei letzteren infolge der einkommens- und vermögensfressenden Steuern, besonders der Erbschaftssteuer, die charakteristischerweise ein Danaergeschenk der Konservativen an die Nation war. Die Parteien ringen daher seit 1945 nicht mehr um die Seele von Klassen, sondern sie appellieren an die konkreten Interessen eines die ganze Nation umfassenden, allerdings sozial und wirtschaftlich ungemein differenzierten Mittelstands. Die Labour-Partei kann heute eine Generalwahl nur dann gewinnen, wenn sie sich über die eigentlichen Lohnempfänger, immer noch ihr solider Kern, auf die Mittelklassen erstrecken kann; die Konservativen andererseits, deren wirtschaftliches Schwergewicht noch immer in der Landwirtschaft und dem selbständigen Unternehmertum liegt, könnten daraus allein keine Mehrheit bilden, sondern müssen gleichfalls ihr Programm so gestalten, daß sie weite Kreise des Mittelstands in ihren Bann ziehen und es sogar den Lohnempfängern schmackhaft machen können. Diesem Erfordernis wird dadurch Rechnung getragen, daß die Konservativen das Sozialideal ihrer Konkurrenz vollinhaltlich übernommen haben, mögen sie auch in Einzelheiten davon Abstriche machen. Sowohl die fortschreitende Verbürgerlichung der Labour-Partei wie die gesellschaftliche Auflockerung und soziale Nivellierung der Konservativen nehmen der These von der Bipolarisation des englischen Volkes, die von der Optik der Klassenzugehörigkeit bestimmt ist, viel von ihrer Überzeugungskraft.

3. Tradition und pragmatische Bewährung

Die Engländer hatten zwar keinen Mangel an bedeutenden philosophischen Geistern, in der großen Masse sind sie aber nicht philosophisch-spekulativ veranlagt. Ein so traditionsbewußtes und -befangenes Volk nimmt das Zweiparteiensystem mit seinem Alternierungsrhythmus mit der gleichen Selbstverständlichkeit als eine gewissermaßen naturgegebene Dauererscheinung hin wie ihr im Gegensatz dazu höchst veränderliches Wetter. Es paßt auch ihrem Staatsgefühl. Sie haben sich an die Parteienalternierung als die staatliche Einheit fördernd gewöhnt, sie gilt ihnen als ein positiver Integrationsvorgang zur Bildung des nationalen Willens und nicht als eine Spaltungserscheinung. Die bestehende Parteikonstellation mit ihren Alternierungschancen wird von ihnen als notwendig und natürlich angesehen. Daß die Mehrheit entscheidet, und zwar legitim entscheidet, ist den Engländern und in ihrer Nachfolge allen angelsächsischen Nationen derart in Fleisch und Blut übergegangen, daß der Zweifel daran ihnen als Mangel an Zivilisation oder gar die Auflehnung dagegen als Anarchie erscheinen würde. Der fatale Spruch des deutschen Dichters „Mehrheit ist Unsinn“ ist durchaus unenglisch.

Das Eigentümliche an dieser Einstellung ist aber, daß im Bewußtsein der Massen es zwar das Wahlvolk ist, das die Mehrheitsentscheidung trifft, daß aber die Legitimation zur Übernahme der Regierungsbildung nicht von der Mehrheit der Wählerstimmen, sondern einzig und allein von der Mehrheit der bei der Wahl erlangten Parlamentsmandate abgeleitet wird. Der Umstand, daß die Mehrheit der erlangten Sitze keineswegs immer der Mehrheit der für die gewinnende Partei abgegebenen Wählerstimmen entspricht[1] — soweit sich der Durchschnittswähler dessen überhaupt bewußt wird —, spielt dabei keine Rolle.

Daraus erklärt sich die tiefsitzende Abneigung der Engländer gegen Koalitions- und Minderheitsregierungen. Theoretiker mögen sich ein gerechteres Wahlsystem ausdenken — und es hat auch in England nicht an praktischen Experimenten dieser Art gefehlt, wie das Mehrstimmenrecht unter der Wahlreform von 1867 —, aber die Massen wollen damit nichts zu tun haben. Vielleicht sind sie politisch lethargischer als andere Nationen. Da sie aber in ihrer Geschichte ein gerüttelt Maß von Umwälzungen erlebt haben, kann man ihr Bedürfnis für das Erprobte und ihre Abneigung gegen Neuerungen wohl verstehen[2].

Auch die historische Bewährung der Zweiparteiendynamik hat wesentlich dazu beigetragen, daß sie nach wie vor als politischer Wert verabsolutiert wird, dessen Geltung theoretische Bedenken nichts anhaben können. Grundlegende politische Veränderungen konnten sich in ihrem Rahmen gewissermaßen mühelos vollziehen: Die Ablösung der *Royal Prerogative* durch die Kabinettsregierung mit demokratischer Infrastruktur, die Volldemokratisierung des Wahlrechts selbst, an der beide Parteien ihren Anteil hatten, der Übergang vom privatkapitalistischen *laissez faire* zum gemischten System des Staatssozialismus und Privatunternehmertums. Immer wieder funktionierte das Zweiparteiensystem

---

[1] Siehe unten S. 151.

[2] Daß die rechteckige Form der Commons, wo sich Regierung und Opposition gegenübersitzen, das Zweiparteiensystem bewirkt hätte, ist eine Verwechslung von Ursache und Wirkung und überdies eine romantische Verirrung. Andererseits hatte die räumliche Anordnung einen wesentlichen Einfluß auf die Ausbildung des *government by discussion* und damit grundsätzlich auf den Kompromißcharakter der englischen Regierungsführung und Politik.

als das Ventil für aufgespeicherte Reformbedürfnisse, ohne daß es zu gewaltsamen sozialen Erschütterungen großen Ausmaßes gekommen wäre. Eine Wahltechnik, die solche Verdienste für sich in Anspruch nehmen kann und bei der die Nation so wohlgefahren ist, wird von ihr nicht ohne zwingenden Grund aufgegeben.

4. Sozialpsychologische Motivationen

Neben diesen zur Nationalgewohnheit gewordenen Einstellungen kommen auch sozialpsychologische Verhaltensweisen der Wählerschaft selbst zum Zug. Dem durch lange und bittere politische Erfahrungen gereiften britischen Volk ist die Politik die Empirik des Möglichen. Zwei Parteien und nicht mehr genügen seinem praktischen Bedürfnis einer vernünftigen Auswahl. Dem Durchschnittswähler ist seine Identifizierung mit der Partei nicht Selbstzweck. Seine Zugehörigkeit zu ihr ist emotional nicht genügend geladen, um in ihm das individualistische Bedürfnis nach einer Gruppenideologie zu erwecken, der die bestehenden Parteien nicht gerecht werden könnten. Darin unterscheidet sich der Brite grundsätzlich von den romanischen Völkern. Dies mag das Fehlen von Drittparteien erklären und ihre Erfolgslosigkeit, wo sie den Versuch einer Werbung auf nationaler Ebene unternommen haben[1]. Für sie zu stimmen bedeutet dem pragmatischen Wähler, der vor allem eine regierungsfähige Regierung wünscht, eine Verschwendung seines Stimmrechts (*"to waste the vote"*). Aber ganz abgesehen von solchen Hemmungen übt hier die Technik der relativen Mehrheit einen eisernen Zwang aus, dem sich auch der Durchschnittswähler nicht entziehen kann. Im Einerwahlkreis kann nur *eine* Partei den Sitz gewinnen, das Rennen geht nur auf Sieg und nicht auf Platz. Dreieckige Wahlkämpfe (*triangular contests*) sind daher trotz ihrer Zunahme in jüngster Zeit eine wahllogische Anomalie. Die Stimme für den schwächsten Kandidaten ist von vornherein glatt verloren. Er wird daher dem einen von zwei Kandidaten den Vorzug geben, der seiner politischen Neigung und seinen sozioökonomischen Interessen am ehesten entspricht. Dreieckige Kandidaturen sind deshalb nur dann sinnvoll, wenn die Drittpartei eine vernünftige Chance hat, eine der Alternierungsparteien zu verdrängen, wie es bei Labour vor 1923 der Fall war, oder wenn eine Partei die Hoffnung auf den Wiederaufstieg nicht aufgibt, wie es anscheinend bei den Liberalen mit ihrer bewunderungswürdigen Zähigkeit zutrifft.

Es wird ferner als ein Vorteil der Mehrheitswahl in einem bevölkerungsmäßig relativ begrenzten Wahlkreis angesehen, daß damit ein verhältnismäßig enger Kontakt zwischen Wählern und Gewählten möglich

[1] Siehe oben S. 132ff.

und gewährleistet ist, wie er bei der Verhältniswahl infolge der bekannten Erscheinung der Mediatisierung der Kandidaten durch die die Liste aufstellenden Parteiinstanzen völlig undenkbar ist. Statt wie jene die Wahl zu entseelen, verstärkt das Mehrheitsprinzip das menschliche Element des Wahlverfahrens. Sowohl bei den Konservativen wie erst recht bei Labour spielen die örtlichen Parteiinstanzen eine erhebliche Rolle bei der Kandidatenaufstellung. Der Mandatsträger tut dann, schon im Interesse der angestrebten Wiederwahl[1] — und ein Unterhaussitz ist auch heute noch, trotz der Verlockungen der Geschäftswelt, mit höchstem gesellschaftlichem Prestige verbunden —, aber auch aus sachlichen Gründen gut daran, die ständige Fühlung mit seinem Wahlkreis aufrechtzuerhalten. Wochenendbesuche im Wahlkreis sind üblich und bei den Verkehrsverhältnissen eines nicht ausgedehnten Landes mit dem seit 1911 gewährten Reisekostenersatz ohne Mühe zu bewerkstelligen. Trotz der Abschwächung des politischen Gewichts des Unterhauses infolge der Verstärkung der Exekutive spielen die Wahlkreisinteressen, deren sich der Abgeordnete ohne Parteirücksicht annehmen muß, im Alltagsbetrieb der Commons eine sehr erhebliche Rolle. Wenn die zuständige Behörde sich eine örtliche Fehlleistung hat zuschulden kommen lassen, kann der dafür verantwortliche Minister mit Sicherheit auf eine schriftliche Anfrage oder sogar deren mündliche Vorbringung in der täglichen Fragestunde des Unterhauses rechnen, was dann in der Lokalpresse des Wahlkreises mit gebührendem Wohlgefallen vermerkt wird. Diese persönlichen Kontakte zwischen dem Wahlkreis und seinem Vertreter, eine unmittelbare Folge des herrschenden Wahlsystems im Einerwahlkreis, dürfen keineswegs unterschätzt werden.

Schließlich darf ein weiteres sozialpsychologisches Element nicht übersehen werden. In einem Land, in dem einstens der Pferdesport die Nationalleidenschaft war, wie es heute der Fußballsport ist, ist auch der Wahlgang ein sportliches Ereignis, dem durch intensive Wetten, gleichfalls eine Nationalleidenschaft, gehuldigt wird. Der schließliche Ausgang aber wird auch vom Verlierer, sei es der Wette, sei es der Wahl, mit Gleichmut hingenommen[2].

---

[1] Bei den Wahlen von 1959 bemühten sich nur 86 von 630 MPs, bei denjenigen von 1964 sogar nur 60 nicht um die Wiederwahl. Siehe auch die Tabelle unten S. 433.

[2] Eine ausführliche Darstellung mancher in diesem Kapitel angeschnittenen Fragen (und vieler anderer) findet sich in dem sachkundigen Buch von JEAN BLONDEL, *Voters, Parties and Leaders*, London 1963 (auf deutsch unter dem Titel *Demokratie in England* in der Fischer-Bücherei [1964] erschienen).

Siebentes Kapitel

Die politischen Parteien II: Mehrheitswahl und Parteienkonkurrenz

I. Die Falschdarstellung des Wählerwillens durch die Technik der Mehrheitswahl

1. Der „Verstärkungseffekt“

Eine britische Generalwahl, die in Einerwahlkreisen nach dem Grundsatz der relativen Mehrheit geführt wird, kann Ergebnisse zeitigen, die den durch die Wahl kundzumachenden Wählerwillen verzerren und damit den Grundsatz demokratischer Repräsentation im Parlament verfälschen. Zumindest mathematisch ist es möglich, daß, wenn drei Parteien sich um alle Sitze bewerben, eine von ihnen mehr Stimmen erzielt, als jede der beiden anderen und doch kein einziges Mandat im Unterhaus heimbringt, dann nämlich, wenn alle drei Parteien national ungefähr gleich stark und gleichmäßig verteilt sind und die eine Partei immer an zweiter Stelle liegt, während jede der beiden anderen Parteien abwechselnd jeweils mit einer Nasenlänge gewinnt, oder aber als dritte nachhinkt. Solche extremen Fälle sind naturgemäß schon durch die wahlgeographischen Gegebenheiten ausgeschlossen, wonach jede der beiden Alternierungsparteien (und auch die Liberalen als Drittpartei) in gewissen Gegenden eine massierte Anhängerschaft besitzen. Wenn man aber die von den Parteien erzielten Prozentsätze an Wählerstimmen im ganzen Land mit den Zahlen ihrer tatsächlich erlangten Parlamentssitze vergleicht, weichen die Ergebnisse von der nach dem Verhältnis von Gesamtstimmen und Parlamentssitzen an sich zu erwartenden Proportionalität mit solcher Regelhaftigkeit ab, daß man darin fast ein „Gesetz der Diskrepanzen“ erblicken möchte.

Der sog. Verstärkungseffekt besteht nun darin, daß die Mandatszahl der gewinnenden Partei im Verhältnis zu dem von ihr erzielten Anteil an Wählerstimmen stark vermehrt und sie somit im Unterhaus überrepräsentiert ist, während die Minderheitspartei dementsprechend stark unterrepräsentiert bleibt. Verstärkungs- und Abschwächungseffekt sind in der Regel komplementär. Bei einer nationalen Drittpartei, wie den Liberalen, die zwar wahlgeographisch in bestimmten Gegenden akkumuliert, sonst aber über das ganze Land verstreut sind, tritt andererseits ein Abschwächungseffekt ein, da sie ihre nach Millionen zählende Anhängerschaft nicht in Parlamentssitze umsetzen können und somit eine Splitterpartei bleiben[1]. Man kann also von einem durch die relative Mehrheitswahl in das britische Wahlsystem eingebauten „Wahlunrecht" sprechen[2].

Solche Verzerrungen der „Repräsentation" der Parteien im Unterhaus können verschiedene Formen annehmen. Einmal kann es vorkommen, daß eine Partei in zwei zeitlich nicht weit auseinanderliegenden Wahlen zwar genau die gleichen Prozentsätze der abgegebenen Gesamtstimmen erhält, daß aber dieser Prozentsatz sich in völlig verschiedenen Mandatsziffern im Unterhaus auswirkt[3]. Zum anderen kann es sein, daß eine Partei zwar nicht die Mehrheit der Wählerstimmen erlangt, trotzdem aber eine starke Mehrheit der Mandate besetzt, daß sie also im Parlament die Mehrheits-, innerhalb des Wahlkörpers aber die Minderheitspartei ist[4].

Die Erscheinung des sog. Verstärkungseffektes, der darin besteht, daß die aus den Generalwahlen als Siegerin hervorgegangene Mehrheitspartei im Verhältnis ihrer relativen Stimmstärke in der Wählerschaft eine unverhältnismäßig große Anzahl von Parlamentsmandaten erringt, ist in Großbritannien geradezu zur Regel geworden; man kann dies auch als die aus der relativen Mehrheitswahltechnik entspringende „Wahlprämie" bezeichnen. Umgekehrt ergibt sich daraus aber eine dem Verstärkungseffekt entsprechende Abschwächung, deren Opfer unfehlbar die Minder-

---

[1] So erhielten die Liberalen 1924 mit 16% der für sie abgegebenen Gesamtstimmen nur 6,5% der Parlamentssitze; 1929 war das Verhältnis 23,6 zu 9,6%. Vollends 1964 erzielten die Liberalen mit 3086000 Stimmen 11,3% der Gesamtstimmenzahl, aber mit 9 Mandaten nur 1,4% der Sitzezahl!

[2] Der Erscheinung wurde vom Verfasser schon vor vierzig Jahren in *Minderheitsregierung in Großbritannien*, München 1925, S. 53ff., die sich mit den rasch aufeinanderfolgenden Wahlen von 1922, 1923 und 1924 beschäftigte, Aufmerksamkeit geschenkt. Als die eigentlichen Opfer der relativen Mehrheitstechnik wurden die Liberalen erkannt.

[3] Beispielsweise erhielten die Konservativen bei den Wahlen von 1922 und 1929 genau je 38,2% der Gesamtstimmenzahl, im ersteren Fall aber 344, im zweiten nur 260 Mandate. Bei den Wahlen von 1964 erhielten Labour 43,8% der Gesamtstimmen, haargenau wie 1959, aber 1959 hatten sie nur 258 Mandate verglichen mit den 317 Mandaten im Jahre 1964.

[4] Vgl. die unten S. 549 in Anhang C tabulierten Anteile der Parteien an der Gesamtzahl der abgegebenen Stimmen. Das auffallendste Beispiel aus neuerer Zeit waren die Generalwahlen von 1951, bei denen die Konservativen 48%, Labour aber mit 48,8% 231000 Stimmen mehr erhielten, während das Mandatsverhältnis 321 zu 295 betrug. Das dann ans Ruder gekommene (2.) Kabinett Churchill war daher vom demokratischen Gesichtspunkt aus ein Minderheitskabinett. Trotzdem war die knappe Mehrheit der Konservativen ausreichend, sie bis 1955 unangefochten an der Macht zu halten. Diese Situation ist naturgemäß mit den dogmatischen demokratischen Grundsätzen nicht vereinbar; sie wird aber auch in den Vereinigten Staaten angetroffen, wo es nicht wenige Minderheitspräsidenten gab, das heißt solche, die weniger als die Hälfte der Wählerstimmen erhalten hatten. Es kommt aber drüben bekanntlich nicht auf diese, sondern auf die Elektorenstimmen an.

heitspartei, am schlimmsten aber eine national konkurrierende Drittpartei ist. Diese Erscheinung der Überrepräsentation der siegreichen Mehrheitspartei und der Unterrepräsentation der Minderheitspartei ist mit der angewendeten Wahltechnik so innig verbunden, daß man kaum irgendeine neuere Wahl in Großbritannien finden wird, der diese schwerwiegenden Mängel nicht anhaften. Dies gilt auch, und zwar erst recht für die sog. „Erdrutsch“- (*landslide*) Wahlen, mit wechselnden Parteivorzeichen, bei denen die Wählerschaft eine außergewöhnlich starke Präferenz für die gewinnende Partei bekundet, wie es 1906 (Liberale), 1924 und 1931 (Konservative), 1945 und 1966 (Labour) der Fall war. Einige Beispiele mögen diese zur Regel gewordene Verfälschung des Wählerwillens durch die Wahltechnik beleuchten.

	% an Gesamtstimmen	% an Mandaten	Zahl der Mandate
1935			
Konservativ	53,6	70,3	432
Labour	38,0	25,0	154
Liberal	8,3	2,1	20
1945			
Konservativ	40,0	33,3	213
Labour	48,0	61,4	393
Liberal	9,0	1,9	12
1955			
Konservativ	49,7	54,6	344
Labour	43,8	44,0	277
Liberal	5,9	0,9	6
1959			
Konservativ	49,4	57,9	365
Labour	43,8	40,9	258
Liberal	5,9	1,1	6

Von der Regel des Verstärkungs- bzw. Abschwächungseffekts scheinen nur die Wahlen von 1951 und 1964 abzuweichen: allerdings nur hinsichtlich der beiden Alternierungs-, nicht aber der liberalen Partei.

1951			
Konservativ	48,0	51,8	331
Labour	48,8	47,2	298
Liberal	2,5	1,1	6

1964			
Labour	43,8	50,6	317
Konservativ	43,7	46,6	304
Liberal	11,5	1,6	9

Beim Mandatsanfall von 1951 machte sich noch ein gewisser Verstärkungseffekt zugunsten der Konservativen bemerkbar. Die Wahlen von 1964 ergaben aber keine Überrepräsentation der siegreichen Labour-Partei. Labour erhielt mit 317 gegen die 304 konservativen Sitze nur eine schmale Mehrheit, die ziemlich genau dem Verhältnis der Wählerstimmen entsprach (Labour 12201000, Konservativ 11997000, beide Ziffern auf tausend abgerundet); die Liberalen natürlich, die 3086000 Stimmen oder mehr als 11% der insgesamt abgegebenen Stimmen erhielten, brachten es nur auf neun Mandate oder 1,6% der Sitzezahl. Sie hätten unter Zugrundelegung der Verhältniswahl es auf mehr als 70 Sitze bringen müssen.

Wie den vorstehenden Ziffern zu entnehmen ist, beschränkt sich das Phänomen der Überrepräsentation der Mehrheitspartei keineswegs nur auf die Konservativen, wie vielfach angenommen wird, sondern trat auch bei der Generalwahl von 1945 auf, bei der Labour eine absolute Mehrheit über alle anderen Parteien erlangte (393 von 640 Sitzen)[1]. Es liegt also ein allgemeines, keineswegs auf eine einzelne Partei beschränktes Phänomen vor, das bisher als die „zufällige Voreingenommenheit" (*accidental bias*) angesprochen wurde. Die „Tücke des Objekts" ist also dem Wahlsystem immanent.

Der britische Wähler findet sich mit der Situation allerdings ab. Sie gilt ihm keineswegs als eine Abwertung der Legitimität der ans Ruder kommenden Regierung, wohl aus dem Unterbewußtsein heraus, daß die Anomalie in absehbarer Zeit durch den Pendelgang bei Neuwahlen ausgeglichen werden wird.

2. Die Ursachen der Verzerrung des Wahlergebnisses

a) Der mathematische Erklärungsversuch

Die Wissenschaft der Psaephologie, die, dem neuerdings in die Sozialwissenschaften eingebrochenen Zeitgeist folgend, sich mathematisch einkleidet, verfehlte nicht, dem bestürzenden Phänomen der Über- oder Unterrepräsentation mit einer mathematischen Formel beikommen zu wollen, wie es das übrigens bereits 1909 entdeckte sog. „kubische Gesetz" (*law of the cube*) tut. Kurz gefaßt läuft es darauf hinaus, daß die Zahl der Sitze, die auf die Alternierungsparteien treffen, der Quadratwurzel der für sie abgegebenen Gesamtstimmen entspricht. Sind demnach 600 Sitze

[1] Eine entsprechende Analyse der Wahlen von 1966 lag bei Drucklegung noch nicht vor. Aber schon eine summarische Berechnung, bei der die unzureichende Mandatszahl der Liberalen im Verhältnis der für sie abgegebenen Stimmen berücksichtigt wird, läßt erkennen, daß die absolute Mehrheit Labours von 97 Sitzen, bei (nur) 47,8% der Gesamtstimmenzahl, durch den Verstärkungseffekt inflationiert sein muß.

zwischen zwei Parteien zu verteilen, so setzt sich der Vorsprung an Wählerstimmen der führenden Partei von je einem Prozent in 15 bis 20 Mehrsitze im Unterhaus um. Die Ergebnisse der Wahlen von 1931, 1935, 1945 scheinen der Formel recht gegeben zu haben[1]. Bei den Wahlen von 1950 aber scheint das „kubische Gesetz" versagt zu haben. Denn 1950 hatte Labour vor den Konservativen einen Vorsprung von 2,6% an Wählerstimmen, errang aber statt der danach zu erwartenden 30 bis 40 Mehrsitze nur 5,7% oder 17 Sitze mehr. Die Wahlen von 1964 dagegen scheinen sich um das kubische Gesetz überhaupt nicht gekümmert zu haben, weil die beiderseitigen Prozentsätze an der Gesamtstimmenzahl fast gleich waren (Labour 43,8, Konservative 43,7), und dementsprechend war die Labour-Mehrheit auch nur unbedeutend (317 gegen 304). Hier aber traten andere unberechenbare Faktoren ein: Man hatte allgemein vorausgesagt, daß die Labour-Mehrheit, wenn sie überhaupt eintreten würde, von dem Prozentsatz des Übergangs der Wählermeinung von den Konservativen zu Labour (dem sog. *swing vote*) abhängen würde und daß bei einem solchen von 3% Labour eine Mehrheit von mindestens 45 Sitzen erzielen würde. In der Tat betrug der Parteiwechsel im Landesdurchschnitt 2,9%. Aber eine Umsetzung in ein Sitzemehr blieb eben aus. Was offenbar alle Berechnungen über den Haufen warf, war einmal der überraschend große Anteil der Liberalen an der Gesamtstimmenzahl, zum anderen die nicht voraussehbaren Resultate derjenigen Wahlkreise (*marginal seats*), bei denen die beiden Alternierungsparteien so ausgeglichen sind, daß nur ein geringes Mehr von Wählerstimmen den Sitz der einen oder der anderen Partei zutreibt[2].

Wie dem auch sei, es hat den Anschein, als ob diese Formel oder andere kalkulatorische Abstraktionen ähnlicher Art weder unter allen Umständen stimmen müssen, noch daß gar mit ihrer Hilfe der Ausgang einer bevorstehenden Wahl mit einiger Sicherheit sich voraussagen ließe. Dies mag ein philosophischer Trost sein; denn man soll dem Souverän nicht in die Karten schauen und es muß dabei bleiben, daß eine englische Generalwahl eben ein Hasardspiel ist. Auch die Politik ist kein ausgeklügelt' Buch, weil sie es mit Menschen und ihren Widersprüchen zu tun hat. Das unbekannte X in all' solchen politischen Gleichungen ist die Wirkung der heutigen weitgehend elektronisch betriebenen Massenpropaganda auf die Wahlmotivationen des Einzelwählers. Dies mag

---

[1] Die notorisch geringe mathematische Begabung des Verfassers verwehrt ihm die Nachprüfung dieser Angaben, die er also lediglich seinen Quellen entnimmt, ohne sie kontrollieren zu können.

[2] In Brighton-Kempton beispielsweise gewann Labour den Sitz von den Konservativen nur mit 7 Stimmen. Mehrheiten unter 1000 ergaben sich in nicht weniger als 40 Wahlkreisen. Bei den Wahlen von 1966 waren es derer sogar 45; die kleinste Mehrheit (hier konservativ) waren drei Stimmen!

weniger auf Großbritannien zutreffen als anderswo, weil Rundfunk und Fernsehen dort politisch neutral sind und die Meinungsbildung des Durchschnittswählers sich nach wie vor vorwiegend durch die Presse und die individuellen Erfahrungen bei einer Persönlichkeitswahl abspielt. Aber gerade bei den Wahlen von 1964 hat es sich auch in England gezeigt, daß die modernen Voraussagemethoden durch die elektronischen Rechenmaschinen (*computers*) keineswegs zuverlässige Anhaltspunkte für den Wahlausgang bilden und dies nicht einmal, wenn sie in der Nacht nach der Wahl anhand der einlaufenden Resultate eingesetzt werden. Auch die Meinungsbefragungen (*polls*) sind alles anderes als ein zuverlässiges Indiz[1]. Was also die neuesten Methoden erzielt haben, ist keineswegs das Wissen, nach welchen Gesetzen oder Gesetzmäßigkeiten sich die britischen Wahlen abspielen, sondern bestenfalls, welche Gesetze oder Gesetzmäßigkeiten ihre Abweichung von einer echt demokratischen Willenskundgebung des Wahlvolkes bedingen, und mehr kann man schließlich nicht erwarten.

b) Wahlgeographische Gegebenheiten

Kehrt der der Politikwissenschaft beflissene Verfassungsjurist nunmehr von seinem mathematischen Höhenflug auf die wohlgegründete feste Erde beobachtbarer Tatsachen zurück, so wird er einige Gründe entdecken, die ihm jene tückische Nachwirkung der relativen Mehrheitswahl einigermaßen verständlich machen, wenn sie auch alles andere als eine demokratische Rechtfertigung des Zustandes darstellen. Zunächst kommen bei der Falschdarstellung des Wählerwillens, wenn er in tatsächlich erzielten Mandaten ausgedrückt wird, bestimmte wahlgeographische Gegebenheiten zum Zug. Sie sind an sich in einem Land keineswegs unabänderlich, das sich seit dem letzten Weltkrieg mit Energie der rationellen Standortsverteilung der Industrie und den damit verbundenen Bevölkerungsverschiebungen hingibt. Die britische Bevölkerung ist durch die großzügige Stadt- und Regionalplanung in Bewegung geraten. Aber bis auf weiteres können die mit dem bisherigen Standort des Industriepotentials zusammenhängenden Bevölkerungsgruppierungen nicht ausgeschaltet werden. Labour hat nämlich in bestimmten industriellen Zentren nahe am Vorkommen der Urprodukte von Kohle und Eisen oder in den Hafenmetropolen – Clyde und Mersey in Schottland, den

[1] Bei den Wahlen von 1966 konnte man zweifeln, wer sich mehr blamiert hat, die vorausgegangenen Meinungssondierungen oder die in der Nacht nach der Wahl eingesetzten *computers*. Erstere waren durch die Bank falsch, weil sie Labour einen Erdrutschsieg — mit mehr als 150 Mandaten Mehrheit — zuweisen wollten, letztere ließen sich durch die zuerst tabulierten städtischen Resultate täuschen, ohne zu berücksichtigen, daß viele langsamer einlaufenden Ergebnisse der ländlichen Wahlkreise das Gesamtergebnis zugunsten der Konservativen korrigieren würden.

wallisischen Industriebezirken oder Lancashire in England – seine traditionellen Hochburgen, so daß ihm in seinen sicheren Wahlkreisen überschüssige und damit überflüssige Mehrheiten zufallen, wo schon eine wesentlich geringere den Sitz gewonnen hätte. Die überschüssige Stimmstärke wird also letztlich verschwendet. In solchen sicheren Labour-Wahlkreisen haben die Konservativen nichts zu bestellen und ihre Wahlbeteiligung, da nunmehr so gut wie alle Sitze bestritten werden, dient als Zählkandidatur. Die in den Vereinigten Staaten bei solchen Situationen vielfach von der jeweiligen Mehrheit vorgenommene Korrektur durch den Parteiinteressen entsprechendes Zurechtschneidern der Wahlkreise (*gerrymandering*) ist in Großbritannien, wie man sagen möchte glücklicherweise, durch die gesetzliche Neutralisierung der Wahlkreiseinteilung unmöglich geworden[1].

Umgekehrt sind aber die Konservativen heute – und das galt ehemals auch für die Liberalen, solange sie noch die Alternativpartei waren – einigermaßen gleichmäßig über das ganze Land verteilt, wenn sie auch nicht überall eine Mehrheit aufbringen, und außer in den „sicheren" konservativen Sitzen, deren es vor allem in ländlichen Gegenden eine beträchtliche Anzahl gibt, brauchen sie, um den Sitz zu gewinnen, nicht jene stimmenverschwendenden Mehrheiten zusammenzuballen, wie es die Bevölkerungsschichtung Labour auferlegt.

Die heutige Situation der mehr oder minder stabilen und nur periodisch zu korrigierenden Wahlkreiseinteilung ist die Folge der von Labour mit Parteieneinverständnis vorgenommenen Sitzeverteilung nach der Gesetzgebung von 1948/49, die zum ersten Mal bei den Wahlen von 1950 zur Anwendung kam. Man hat ausgerechnet, daß die Labour-Partei bei gleicher Stärke der Wählerstimmen aus Gründen der Wahlkreiseinteilung mit mindestens 25 Sitzen hinter den Konservativen zurückbleiben müßte oder, anders ausgedrückt, daß Labour im ganzen Land eine höhere Stimmenzahl akkumulieren müßte als die Konservativen, um genau die gleiche Zahl von Mandaten zu erringen[2]. Darin liegt zweifellos eine Prämie für die Konservativen und in diesem Sinn ist der Verstärkungseffekt in der Tat eine „konservative Voreingenommenheit" der Wahltechnik. Labour hat mit der Schaffung der der objektiven Wahlgerechtigkeit entsprechenden Wahlkreiseinteilung mit erstaunlicher Selbstentäußerung gehandelt.

---

[1] Siehe oben S. 105.

[2] Um die gleiche Anzahl von Mandaten zu erlangen, müßte die Labour-Partei 47,3% der Gesamtstimmen auf sich ziehen gegen nur 45,9% der Konservativen, wobei angenommen wird, daß sich die Stimmenzahl der Drittparteien nicht verändert. In diesem Fall treffen auf die Konservativen 25 Mandate mehr. Nach Feststellung von D. E. BUTLER & RICHARD ROSE (wohl die besten Kenner des britischen Wahlsystems) in *The British Elections of 1959*, London 1960, S. 239/40 soll sich dieser arithmetische Schlüssel zum Verständnis des konservativen Vorsprungs in den vier Wahlen von 1950 bis 1959 voll bewährt haben.

c) Die „dreieckigen" Wahlbewerbungen

Das ist aber noch nicht alles. Die Liberalen kommen bei dem herrschenden System unweigerlich unter die Räder. Ihre traditionellen Hochburgen befinden sich im Westen Englands, in den sog. keltischen Randgebieten (*Celtic fringe*) von Wales, Cornwall, Devon, wo sie ihre Stärke vielfach aus den Kreisen der religiösen Nonkonformisten beziehen[1]. Sie machten aber bereits 1959 auch erhebliche Fortschritte im schottischen Hochland und bezeichnenderweise sogar in den wohlhabenden Londoner Vororten. Diese Tendenzen haben sich, wie früher ausgeführt, bei den Wahlen von 1964 und 1966 weiter verstärkt. Da die Liberalen – wie sie hoffen, nur einstweilen – der gleichmäßigen Verteilung über das ganze Land ermangeln, wie sie bei der Konservativen und zum Teil auch bei der Labour-Partei besteht, sind, wenn sie nur die zweitstärkste Partei in ihren Wahlkreisen sind, ihre dortigen Stimm-Massierungen gänzlich verloren, da ihnen der Sitz entgeht. Daraus erklärt sich die bei den Liberalen besonders akzentuierte Unterrepräsentation. Ihr kann so lange nicht abgeholfen werden, als die Liberalen nicht wieder eine echte nationale Partei geworden sind, wie sie es zum Segen Englands im 18. und 19. Jahrhundert gewesen waren. Ob man das politisch für wünschenswert hält, da damit wieder das Gespenst des Dreiparteiensystems auftauchen würde, ist eine andere Frage.

Eine weitere Komplikation der Wahlarithmetik ergibt sich aus der Tatsache, daß nunmehr nicht nur so gut wie alle Sitze von den beiden Alternierungsparteien gegeneinander bestritten werden (*straight contests*), sondern daß die dreieckigen oder dreiseitigen (*triangular contests*) stark zugenommen haben. Der dritte Partner sind in der Regel die Liberalen, aber auch Kandidaten der regionalen Gruppen und der Kommunisten oder auch die parteilosen Unabhängigen. Bei dreieckigen Wahlkämpfen wirkt sich das relative Mehrheitsprinzip mit besonderer Brutalität aus; denn nur der Gewinner bekommt den Sitz, die Verlierer gehen alle leer aus und dies selbst dann, wenn der Gewinner auch nur eine einzige Stimme mehr als sein nächstfolgender Konkurrent erlangt hat, die Partei also unzweifelhaft nur eine Minderheit im Wahlkreis ausmacht[2]. Es bleibt also bei solchen drei- oder sehr gelegentlich auch vierseitigen Bewerbungen die Minderheit, welche die Mehrheit aller Wahlkreiswähler sein kann,

---

[1] Sie erzielten 1964 in Cornwall 28,7, in Devon 25,8 und im schottischen Hochland sogar 32,4%.

[2] Von den 17 dreieckigen Wettbewerben, welche bei den Wahlen von 1964 zu einem Parteiwechsel führten, ergab sich nur in vieren eine absolute Mehrheit für die gewinnende Partei. 19 Sitze, die 1959 nur zwischen den Konservativen und Labour umstritten waren, wurden 1964 dreieckig ausgefochten. In allen diesen kamen die Liberalen an letzter Stelle. In keinem der drei Sitze, die sie den Konservativen abnahmen, hatten sie die absolute Mehrheit, ebensowenig in den ihnen 1966 zugefallenen Wahlkreisen.

völlig unvertreten, wobei die Technik der relativen Mehrheitswahl eben keinen eventuellen Ausgleich auf der gesamtnationalen Ebene zuläßt oder vorsieht. So gut wie überall sind die Liberalen die Leidtragenden.

3. Ungangbare Abhilfevorschläge

Abhilfemaßnahmen, nach denen das fehlbare System der relativen Mehrheitswahl offenbar ruft, sind naturgemäß die Verhältniswahl oder zumindest die Technik der übertragbaren Einzelstimme (*single transferable vote*). Die übertragbare Einzelstimme wird insbesondere von den Liberalen befürwortet, die, unter der Technik der relativen Mehrheitswahl zwischen den Mühlsteinen der beiden Alternierungsparteien zerrieben, sich davon eine vernünftige Chance zur Auswertung ihres Abstimmungspotentials versprechen. In ihrer Anwendung auf Großbritannien würde die Modalität bedeuten, daß, wenn ein Kandidat den Sitz mit der absoluten Mehrheit aller abgegebenen Stimmen erlangt, es dabei verbleibt, daß aber andernfalls die von den Wählern abgegebenen Zweitstimmen dem betreffenden Kandidaten zugerechnet würden. Die Methode der übertragbaren Einzelstimme ist eine Fortbildung und Verfeinerung der in England ursprünglich aufgetauchten Hare'schen Proporzmethode. Im Irischen Freistaat von Anbeginn bestehend, hat sie gegenüber der entseelten Verhältniswahl nach von den Parteileitungen aufgestellten Listen wenigstens den Vorzug der Beibehaltung der Persönlichkeitswahl. Das allgemeine Publikum weiß von ihr, wenn möglich, noch weniger als von der Verhältniswahl. Die öffentliche Meinung und die Berufspolitiker lehnen diese Möglichkeit mit seltener Einmütigkeit ab.

Eine Wahlreform nach Proporzgrundsätzen stand zwar in der Zwielichtzone der Zwanziger Jahre zur Diskussion, als die Ablösung der Liberalen durch Labour als Alternierungspartei im Gang war und führte auch zur Einbringung entsprechender Gesetzentwürfe, hatte aber schon damals keine Aussicht auf Erfolg und hat sie heute erst recht nicht.

Eine auch nur einigermaßen eingehende Untersuchung von Vor- und Nachteilen beider Techniken hieße Eulen nach Athen oder, angemessener Kohlen nach Newcastle tragen. Beide Wahlmethoden sind ungemein kompliziert. Der Proporz nach Listen überantwortet die Entscheidung des souveränen Wählers an die Parteimaschinen, die das Monopol der Kandidatenaufstellung innehaben. Im Gegensatz zur Listenwahl, die dem Wähler das Denken abnimmt, stellt hier die übertragbare Einzelstimme an ihn erhebliche geistige Anforderungen, da er seine Präferenzen unter den Kandidaten jedenfalls vor sich selbst motivieren muß; letzteres System würde überdies die Zusammenlegung der Einerwahlkreise zu größeren Wahleinheiten mit mehreren Sitzen – es werden durchschnittlich fünf vorgeschlagen – voraussetzen.

Was aber entscheidend ins Gewicht fällt ist, daß bei jeder der beiden Techniken die objektive Wahlgerechtigkeit mit einer Schwächung der Stabilität und damit der Autorität der Regierung erkauft werden müßte. Koalitionskabinette müßten aus der bisherigen unbeliebten Ausnahme zur kaum weniger beliebten Regel werden. Die Parteidisziplin im Unterhaus könnte, wenn überhaupt, nur mit Schwierigkeit aufrechterhalten werden, das persönliche Verhältnis zwischen Mandatsinhaber und seinen Wählern würde beim Proporz völlig verschwinden, bei der übertragbaren Einzelstimme wesentlich gelockert werden, während andererseits die Macht der Parteimaschinen wachsen müßte. Kurz, der gesamte politische Prozeß würde von Grund auf revolutioniert und der für Großbritannien charakteristische Typ der parlamentarischen Kabinettsregierung seinem Ende zugeführt werden. Diesen Preis für die mathematische Wahlgerechtigkeit zahlen zu müssen, erscheint den Briten zu hoch.

4. Ausgleich der Nachteile durch die Vorteile der Mehrheitswahl

Die politische Gerechtigkeit gebietet aber die Feststellung, daß die relative Mehrheitswahl trotz offensichtlicher Schwächen auch Vorzüge aufweist, die wenigstens in britischen Augen die Nachteile bei weitem aufwiegen. Eine lange Erfahrung zeigt, daß ein MP (*Member of Parliament*), selbst wenn er nur einer Minderheit der Wähler seines Wahlkreises das Mandat verdankt, sich nicht etwa nur als der Vertreter seiner Partei fühlt, sondern daß er sein Mandat in der Weise ausüben wird, daß auch die theoretisch nicht vertretenen Wähler ihm Vertrauen schenken können. Schon aus Gründen der Selbsterhaltung, um seine Wiederwahl nicht zu gefährden, wird er sich im Parteicaucus im Unterhaus für Kompromisse einsetzen, mit welchen auch seine Nicht-Wähler einverstanden sein können.

Ferner: Wenn der britische Wähler den Wahlakt vollzogen hat, erwartet er spätestens am nächsten Morgen eine klare Antwort. Mit der Stimmabgabe vollzieht er den Akt der Legitimierung der kommenden Regierung. Müßten erst elektronische Berechnungsmaschinen in Gang gesetzt werden, um ihm dies zu sagen, wie es bei den komplizierten Wahlmethoden erforderlich ist, würde er sich in seinem höchsten Bürgerrecht geschmälert fühlen. Und schließlich: Die relative Mehrheitswahl gewährleistet trotz ihrer unleugbar demokratiewidrigen Begleiterscheinungen die Etablierung einer regierungsfähigen Regierung, welche die Verantwortung vor der Wählerschaft trägt und von ihr anläßlich der nächsten Generalwahlen ihrerseits zur Verantwortung gezogen werden kann. Damit ist letzten Endes auch der demokratischen Idee voll Genüge geleistet.

II. Die verfassungsrechtliche Bedeutung des Wahlakts

1. Repräsentativprinzip und unmittelbare Demokratie

Es waren die Engländer, welche die Repräsentativtechnik für die Beteiligung der Machtadressaten an der Herrschaft gefunden oder auch erfunden und ihr in jahrhundertelangen Bemühungen ihre endgültige Gestalt gegeben haben. Solange die Machtträger eine Herren- und Honoratiorenschicht waren, welcher das Ideal des Gentleman das klassische Gepräge gab, leistete die Repräsentativtechnik auch den Machtadressaten die wertvollsten Dienste. Auch als die Demokratisierung des Wahlrechts und vor allem der Aufstieg einer echten Klassenpartei eine neue Schicht zur Teilnahme am politischen Prozeß nach Westminster trug, ist das britische Volk, sich den veränderten sozialen Verhältnissen anpassend, damit gut gefahren. Weder in ihrer historischen Entwicklung noch in ihrer heutigen Gestalt bekennt sich daher die britische Verfassung zu einer unmittelbaren Teilnahme des Volks an der Staatswillensbildung durch plebiszitäre Verfahrenstechniken. Auch die Gesetzgebung wird „repräsentativ“ geführt, indem das Parlament – und dieses allein – ausschließlich damit befaßt ist.

Gelegentliche Vorschläge zur Einführung der unmittelbaren Volksentscheidung wenigstens in Krisenlagen, wie etwa derjenige der konservativen Führer Balfour und Lansdowne im Zusammenhang mit dem Oberhauskonflikt (1910/11)[1] oder in den partei-turbulenten Zwanziger Jahren, um zur Vermeidung häufiger Neuwahlen eine Entscheidung der Wählerschaft über einen konkreten Programmpunkt zu suchen, waren niemals von Erfolg begleitet gewesen. Der zeitweise, besonders nach dem ersten Weltkrieg bestehenden Modeströmung in anderen Ländern, dem Volk durch Referendum und Initiative ein aktives Mitspracherecht zu gewähren, – das auch in britischen Dominions, wie Australien, besteht –, machte Großbritannien niemals Konzessionen. Die im Parlament versammelte Elite von Repräsentanten galt immer als voll legitimiert und qualifiziert, den in der Wählerschaft hervortretenden Strömungen gesetzgeberischen Ausdruck zu verleihen.

2. Die plebiszitären Komponenten des Wahlakts

Nichtsdestoweniger enthält der heutige politische Prozeß Großbritanniens mehr denn je – und sicherlich mehr als die vorherrschenden repräsentativen Gewohnheiten es erwarten ließen – starke plebiszitäre

---

[1] Es kam dabei zur Vorlage einer *Reference to the People Bill* im Oberhaus, welche dann durch die Ereignisse überholt wurde.

Komponenten. Diese sind durch den Wahlgang und die in ihm integrierten und ihn integrierenden Parteiorganisationen geschaffen worden. Wer dabei den Ausdruck „plebiszitär" verwendet, muß in erster Linie den Prozentsatz der sich an den Generalwahlen beteiligenden stimmberechtigten Wählerschaft berücksichtigen[1]. Die Wahlbeteiligung erreicht zwar in Großbritannien keineswegs die überaus hohen Prozentsätze anderer europäischer Länder (wie Italien oder Österreich) oder in manchen der Entwicklungsländer mit einer wenig ausgeprägten politischen Tradition, übertrifft aber bei weitem die notorisch geringe Wahlbeteiligung in den Vereinigten Staaten.

Eine britische Generalwahl ist keineswegs nur die Mechanik zur Designation der Parlamentsmitglieder, sondern darüber hinaus ein manchmal verschleiertes, manchmal offen zu Tage tretendes Plebiszit. Die plebiszitären Elemente sind sowohl personal- wie realplebiszitärer Art, wobei sich allerdings nicht immer klare Grenzlinien ziehen lassen.

a) Investitur der Regierung durch die Wählerschaft

Sobald die gigantischen Parteimaschinen, auf voller Tourenzahl laufend, zum Wahlkampf gegeneinander aufgefahren sind, befindet sich auch die britische Nation als Publikum und als Mitspieler in der Arena. Wenn sie dann nach seinem Abschluß den Gang zur Urne antritt, ist sie sich vollbewußt, daß die Stimmabgabe die unmittelbare Investitur der Regierung ins Amt darstellt. Die personalplebiszitäre Wirkung des Wahlakts besteht darin, daß sich die Wählerschaft unmittelbar und ohne die Zwischenschaltung anderer Instanzen für das eine oder das andere *team* der konkurrierenden Parteien entscheidet. Sie ist darin nicht, wie in den anderen parlamentarisch geführten Ländern, durch das Parlament mediatisiert, wo die gewählten Parteivertreter in oft lange dauernden Verhandlungen sich über die Zusammensetzung der nächsten Regierung schlüssig werden müssen und nur zu oft in der Etablierung einer Koalitionsregierung enden. In Großbritannien ist es die Wählerschaft selbst, welche über die den Wahlen folgende Regierung die Entscheidung trifft, indem sie eine von zwei Parteien, jede von einem allseits sichtbaren Chef geführt, unmittelbar ins Amt beruft. Dieser Plebiszitäreffekt des Wahlakts würde allerdings nicht eintreten, hätten nicht die Parteiorganisationen den virtuellen Volkswillen von vornherein in zwei jedermann verständlichen Parteigruppen vorformiert. Auch die Parteien sind durch das Verdikt der Wählerschaft schlechthin gebunden. Denn der offizielle

[1] 1951: 82,5%; 1955: 76,8%; 1959: 78,7%; 1964: 77,3%. Die Beteiligungsziffer hängt auch einigermaßen vom Zeitpunkt der Wahl ab; Herbstwahlen sind ihr günstiger als Frühjahrswahlen, wo die Landwirtschaft viel zu tun hat. Der auf den britischen Inseln landesübliche Regen fördert sie nicht. Auch spielt es eine Rolle, wie lange oder wie kurz vorher das Wahlregister fertiggestellt wurde.

Führer der gewinnenden Partei wird automatisch von der Krone zum Prime Minister ernannt und stellt dann sein Kabinett nach seinem Ermessen zusammen. Wird die am Ruder befindliche Partei von der Wählerschaft für eine weitere Legislaturperiode bestätigt, kann der im Amt befindliche Prime Minister das Personal seines Kabinetts auswechseln oder auch beibehalten. Wird durch den Wahlakt der Führer der bisher in der Opposition befindlichen Partei zur Prime Ministerschaft berufen, hat er bereits sein *team* in Gestalt seines „Schattenkabinetts" bereitgestellt.

Bei diesem ganzen Verfahren des Regierungswechsels bzw. der Regierungsbestätigung ist das Unterhaus selbst vollständig ausgeschaltet und hat sich zumindest seit Beginn dieses Jahrhunderts mit seiner Selbstausschaltung abgefunden. Nichts beleuchtet diese verfassungsrechtliche Situation deutlicher als der Umstand, daß der Prime Minister, der im Wahlkampf geschlagen wird, nicht mehr den Zusammentritt des neuen Parlaments abwartet – um von ihm formell desavouiert zu werden –, sondern daß er unverzüglich nach Bekanntwerden des Wahlergebnisses vom Monarchen die Entlassung erbittet, worauf dann dieser den Führer der siegreichen Partei in das Amt des neuen Prime Ministers beruft. Die einzige konkludente Handlung, die dem Unterhaus noch geblieben ist, besteht in dem nach Verlesung der Thronrede (*speech from the throne*) von der geschlagenen Partei eingebrachten Mißtrauensvotum, das unweigerlich der Ablehnung verfällt.

Gleichgültig also, welche Partei von der Regierung ab- und welche sie antritt, es ist die Wählerschaft, welche darüber souverän entscheidet, und dem Parlament ist weder ein Teilnahme- noch ein Einspruchsrecht eingeräumt.

b) Der Wahlakt als Wettbewerb der Führerpersönlichkeiten

Darüber hinaus liegt aber im Wahlakt auch eine unmittelbar plebiszitäre Funktion. Die Wählerschaft entscheidet nicht nur über die Partei, welche die Regierung bilden soll, sondern auch zwischen den zwei Persönlichkeiten, welche als Parteiführer und zukünftige Prime Minister um ihre Gunst werben. Die Wahl ist also gerade in Großbritannien – und dort noch mehr als in den meisten anderen Ländern – eine personalplebiszitäre Entscheidung. Der im Amt befindliche Prime Minister, der sich zur Wiederwahl stellt, und der Führer der Opposition, der sich an seine Stelle setzen möchte, sind die am besten bekannten politischen Persönlichkeiten und werden an öffentlicher Geltung nur vom Träger der Krone übertroffen, dessen Prestige aber eben darauf beruht, daß er oder sie keine politische Persönlichkeit ist. Die beiden Konkurrenten sind erfahrene Politiker, keineswegs immer politische Genies, die die mühsame Leiter zur Spitze der Parteihierarchie hinaufgeklettert sind. Im

Laufe einer langen publikumsoffenen politischen Laufbahn hatte jeder von ihnen Gelegenheit, sein Persönlichkeitsprofil – was die moderne Werbetechnik das *image* heißt – zu entwickeln und hat sich dem Volks- und Wählerbewußtsein durch bestimmte Persönlichkeitszüge in Bild und Karikatur eingeprägt. Diese sind oft der trivialsten Art – Stanley Baldwins Pfeife, Neville Chamberlains Regenschirm, Winston Churchills Zigarre, Harold Macmillans saloppe Jacken – oder auch mehr sublimer Art – Lloyd Georges feurige, Churchills monumentale Beredsamkeit.

In solchem Maß identifiziert der Durchschnittswähler den Parteiführer mit seiner Partei, daß eine Generalwahl mehr und mehr den Charakter eines Persönlichkeitsduells zwischen den Bewerbern angenommen hat. Er verkörpert in seiner Person, dabei ausgiebig von den ihm zugeneigten Meinungsorganen unterstützt, das Programm, die Ziele, die Hoffnungen und auch die Schwächen seiner Partei. Es soll damit nicht gesagt werden, daß der Wähler bei der Stimmabgabe sich seiner Parteipräferenzen nicht bewußt wäre; aber unzweifelhaft wird die Wahlmotivation von der Persönlichkeit der Konkurrenten beeinflußt und es kann dabei ebensowohl eine Neigung für ihn als auch eine Abneigung gegen ihn zum Zug kommen. Diese Überschattung der sachlichen durch die personalplebiszitären Wahlmotivationen ist keineswegs nur neueren Datums; sie war schon bei den Gegenspielern Disraeli und Gladstone im 19. Jahrhundert zu beobachten. Aber in ihrer zeitgenössischen Konkretisierung der Gegensatzpaare Churchill – Attlee, Macmillan – Gaitskell oder Sir Alec Douglas-Home – Harold Wilson ist diese, keineswegs auf Großbritannien allein beschränkte[1] Personalisierung der Politik eine der gerade dort besonders charakteristischen Erscheinungen des politischen Prozesses.

Ist der Wahlkampf beendet und das gewählte Parlament installiert, hat die Wählerschaft allerdings schon aufgehört, Gestalterin der Politik zu sein. Formelle Einwirkungsmöglichkeiten auf das souveräne Parlament stehen ihr nicht zu. Insbesondere gibt es kein Recht der Wählerschaft, ihren ins Parlament entsandten Vertreter zurückzurufen (*recall*). Eine dahingehende Aufforderung der Wahlkreisvereinigung oder der lokalen Parteiinstanzen wäre rechtlich unbeachtlich. Ein MP kann sogar seine Partei wechseln (*crossing the floor*), ohne seinen Wählern dafür formell Rechenschaft zu schulden; es kommt heute kaum mehr vor, daß er sich freiwillig einer Neuwahl unterzieht[2].

[1] In den Vereinigten Staaten, wo bei den Präsidentschaftswahlen die Persönlichkeitspopularität noch ausgesprochener ist und oft die Parteiloyalität überwiegt, beruht die Konfrontierung des republikanischen mit dem demokratischen Kandidaten—die nicht offizielle Parteiführer sein müssen—auf der unmittelbaren Volkswahl, der gegenüber die Mechanik des Elektorenkollegiums vollständig zurücktritt.

[2] Mr. A. G. Brown war 1959 im englischen Wahlkreis Tottenham mit erheblicher Mehrheit als Labour-Abgeordneter gewählt worden, wechselte aber dann zu den Konservativen über. Bei seiner Wiederaufstellung als konservativer Kandidat 1964 wurde er vernichtend geschlagen.

Den Nachwahlen wird als Barometer der Wählerstimmung erhebliches Interesse geschenkt. Es kann aber aus ihnen selbst dann, wenn sie ständig gegen die Regierung gehen sollten, wie dies 1963 und 1964 der Fall war, kein Auftrag der Wählerschaft an die Adresse der Regierung zur Parlamentsauflösung abgeleitet werden. Trotzdem bestehen aber zahlreiche subtile Einwirkungsmöglichkeiten der Wählerschaft auf ihre Parlamentsvertreter und durch sie auf die Regierung, durch welche die Einstellung der öffentlichen Meinung zu Parlament und Regierung zum Ausdruck gebracht wird. Sie sind aber politischer Natur und können auf keine rechtliche Formel gebracht werden.

3. Die Wahl als Regierungsmandat

Bei der Beurteilung der realplebiszitären Komponente einer Generalwahl muß zwischen dem Wahlakt als einer konkreten Sachentscheidung einerseits und dem der neuen Regierung für die Dauer der Legislaturperiode oder bis zu ihrer vorzeitigen Beendigung erteilten allgemeinen Regierungsmandat andererseits unterschieden werden. Was das erstere, das eigentliche *electoral mandate*[1] anbelangt, so hat sich hier, wie gezeigt, eine verpflichtende Konventionalregel nicht herausgebildet. Eine Sachentscheidung der Wählerschaft, ausgedrückt durch den Sieg der Mehrheitspartei, ließe sich aus dem Ausgang der Wahl nur dann ableiten, wenn ihr ein konkretes Parteiprogramm vorgelegen hätte und sich als kausal für den Sieg werten ließe. Ein solcher Fall lag zweifellos im Jahre 1945 vor, als die Wählerschaft für die Sozialisierung bestimmter Industriesegmente und den Wohlfahrtsstaat optierte, vielleicht weniger deutlich im Jahre 1924, als der von den Konservativen befürwortete Übergang zum Schutzzoll auf dem Tapet stand. Bei der Stimmabgabe spielen in der Regel derart komplizierte Sach- und Personalmotivationen der Wählerschaft mit, daß sich ein eindeutiger Wahlauftrag nur selten rein herausdestillieren lassen wird[2].

Darüber hinaus aber gibt der Wahlausgang der gewinnenden Partei und ihrer Führung ein nationales Mandat zur allgemeinen Regierungsführung. Sein Inhalt wird in der Regel dem Parteiprogramm entnommen, gleichgültig ob es in dem Wahlmanifest oder sonstigen parteioffiziellen Verlautbarungen enthalten ist. Parteiprogramme werden in Großbritannien ernster genommen und gelten als verpflichtender als meist in anderen Ländern, wo sie oft nichts mehr als rhetorische Übungen sind,

---

[1] Siehe oben S. 47f.

[2] Die gleiche Verwischung der Grenzen zwischen Sach- und Parteientscheidung läßt sich in den skandinavischen und den Benelux-Staaten beobachten, wo eine Verfassungsänderung durch die Wahl eines neuen Parlaments ratifiziert oder abgelehnt werden muß.

wie in den Vereinigten Staaten. Sie werden dann zum Gegenstand und Inhalt des von der Wählerschaft erteilten allgemeinen Regierungsmandats.

Der Wahlausgang wird damit zur verfassungsrechtlichen Legitimation der Mehrheitsregierung, dem sich alle Beteiligten – Mehrheit und Opposition und die Wählerschaft selbst – vorbehaltlos beugen. Die Generalwahl ist daher ein echter Gestaltungsakt des politischen Prozesses, gleichzeitig das politische Symbol der nationalen Solidarität und die Legalinvestitur der Regierung. Der Kern der britischen politischen Dynamik liegt also in der organischen Verschmelzung des Wahlakts mit den Parteien und der Regierung mit beiden.

4. Die Schwächung des Repräsentativgrundsatzes

Die Verstärkung der plebiszitären Elemente mußte naturgemäß eine ihnen entsprechende Abschwächung der Repräsentativfunktion des Unterhauses nach sich ziehen. Edmund Burkes und John Stuart Mills Ideologie des kraft seines Elitecharakters vom Wählerwillen völlig losgelösten Parlamentsmandats mag heute wohl noch in den Vereinigten Staaten lebendig geblieben sein, kaum mehr aber in England. Das bedeutet nicht, wie bereits ausgeführt, daß der britische MP sich seinen Wählern gegenüber unempfindlich zeigen könnte. Im Gegenteil, er muß sie bei guter Laune erhalten und sich ihnen nach bestem Vermögen nützlich erweisen. Aber sowohl die Kollektivsouveränität des Unterhauses als auch die Autonomie des einzelnen Abgeordneten sind heute durch die strikte Parteidisziplin so sehr eingeengt, daß er, solange er im Unterhaus sitzt, in der Tat zu einem bloßen Parteisoldaten geworden ist, der Parteiorder pariert. Die Verflechtung des Abgeordneten mit seiner Parteiorganisation im Parlament ist viel dichter als die Bande zwischen ihm und seinen Wählern.

Die Folge ist der Abstieg des Unterhauses als Faktor der Entscheidungsfällung, die eben für die Erteilung des Regierungsmandats an die Wählerschaft selbst und an die Parteileitungen für den politischen Betrieb übergegangen ist. Die Parlamentssouveränität hat sich weitgehend in die Volkssouveränität verwandelt.

In diesem Zusammenhang wird man sich schließlich Rechenschaft darüber geben müssen, ob die die Entscheidungsfällung treffende Mehrheitspartei eine echte Nationalrepräsentation darstellt oder ob ihre Politik durch die Parteiinteressen bedingt ist. Die richtige Antwort läßt sich wohl von zwei Gesichtspunkten ableiten: Einmal sieht sich die jeweilige Regierung, gleichgültig welcher Parteifarbe, nicht als Parteiregierung, sondern als die legitime Vertreterin der Gesamtnation an. Zum anderen aber ist es die Opposition – *His* (oder *Her*) *Majesty's*

Opposition –, welche etwa vernachlässigte Wählerinteressen zur Geltung bringen und durch ständige Kritik die Regierung von etwaigen parteipolitischen Exzessen abhalten muß. Die Betriebsmaschinerie im Unterhaus ist deshalb auf die ständige Fühlungnahme zwischen Regierung und Opposition zugeschnitten[1].

Die Bedeutung des durch die Generalwahlen erteilten Regierungsmandats liegt also darin, daß die am Ruder befindliche Regierung sich nicht als Parteiregierung fühlt oder geriert, sondern daß sie die legitime Nationalregierung darstellt, die allen Parteien dient. Von dieser Überzeugung, welche letztlich wohl der Wesenskern der britischen Regierungsweise ist, sind alle Regierungen durchdrungen, gleichgültig welcher Parteifarbe sie auch sein mögen. Daraus leitet sich auch die den Briten zur zweiten Gewohnheit gewordene Neigung zu Kompromissen ab, die auch von den Gegnern akzeptiert werden können. Es mögen dabei praktische Motivationen mitwirken, daß nämlich einer Regierung, welche die Partei- vor die Nationalinteressen stellen würde, durch den Pendelgang eines nicht fernen Tages die Quittung vorgelegt werden würde. Aber dieses Argument hieße der britischen Regierungsweise Unrecht tun. Es hat in England niemals eine revolutionäre Partei gegeben, das heißt, eine solche, die nicht mit den anderen politischen Richtungen in den *fundamentals*, den Grundlagen der Staatsordnung, übereingestimmt hätte. Meinungsverschiedenheiten zwischen den politischen Parteien und ihren Regierungen über Einzelheiten des jeweiligen Programms sind selbstverständlich. Überblickt man aber den Verlauf der neueren britischen Geschichte im ganzen, wird man unschwer feststellen, daß auf lange Sicht die Parteien sich gegenseitig komplementiert haben. Nicht umsonst wird gesagt, daß zwar die Liberalen – und neuerdings die Arbeiter – die Initiative zu sozialen Reformen genommen, aber die Tories sie schließlich durchgeführt haben.

Der britische Wähler erblickt daher im Wahlgang und der aus ihm entspringenden Regierungsbestellung einen Akt der nationalen Integration und Solidarität. Die jeweilige Regierung ist *seine* Regierung, auch wenn er nicht für sie gestimmt hat. Die Regierung repräsentiert seinen Staat. Das Zweiparteiensystem hat also den unschätzbaren Vorzug, die Parteigegensätze abzuschleifen statt sie zu vertiefen. Wie im 18. Jahrhundert, aber mit völlig anderen Vorzeichen, wäre heute der Rebell gegen die Regierung ein Rebell gegen den Staat.

---

[1] Siehe unten S. 291ff.

Achtes Kapitel

Die politischen Parteien III: Die verfassungsrechtliche Bedeutung der internen Parteiorganisation

Vorbemerkung

Die Wirklichkeit des politischen Prozesses in Großbritannien, dem allerdings von den zünftigen Verfassungsjuristen nur zögernd Rechnung getragen wird, gebietet zuvörderst die Feststellung, daß das Zweiparteiensystem, vertreten durch die zwei und nur zwei Parteien der Regierungsmehrheit und der Opposition mit begründeten Alternierungschancen verfassungsrechtlich anerkannt, also materiell „konstitutionalisiert" ist. Die politischen Parteien der Regierungsmehrheit und der Opposition sind also nicht nur etwa Beiwerk und Begleiterscheinung des politischen Prozesses, sondern Bestandteile der Verfassungsordnung selbst, ebenso echte wie das Parlament oder die Regierung oder die Gerichte, die ja gleichfalls der verfassungsrechtlichen Konkretisierung in weitem Umfang entbehren.

Existenz und Funktion der politischen Parteien kann aber auch aus anderen entscheidenden Gründen verfassungsrechtlich nicht ignoriert werden. Auf ihrer internen parteistatutarisch festgelegten oder gewohnheitsmäßig beobachteten Organisation beruht die Konventionalregel der Bestellung des Prime Ministers durch die Krone, welche gehalten ist, den offiziellen Führer der bei den Generalwahlen siegreichen Partei mit dem Amt des Prime Ministers zu betrauen. Darüber hinaus aber ist die Art und Weise der eigentlichen Regierungsführung, vor allem das Verhältnis des Parteiführers zu seiner parlamentarischen Fraktion und seine Freiheit von oder seine Bindung an die Beschlüsse seiner Parteiinstanzen von der internen Parteiorganisation bedingt. In diesem Sinn kommt auch den an sich nicht öffentlich-rechtlichen Parteistatuten und Organisationsordnungen der politischen Parteien eine unmißverständlich verfassungsrechtliche Bedeutung zu.

An dieser Stelle ist daher eine, wenn auch nur summarische Darstellung der internen Parteiorganisation der konservativen und der Arbeiterparteien unumgänglich. Von einer Behandlung der liberalen Organisation kann hier in Anbetracht ihrer im Zweiparteiensystem untergeordneten Rolle abgesehen werden[1].

---

[1] Dabei werden hier absichtlich eine große Anzahl von Materien nicht behandelt, welche die politische Wissenschaft als wesentliche Bestandteile der Parteienstruktur und -dynamik ansieht. Dazu gehören nur beispielsweise: Parteiprogramme; Klassenschichtung der Parteiwähler; Wählermotivationen; Fragen der Wahlgeographie; die Beziehungen zwischen Wählern und Gewählten; die soziologische Struktur des

Allen politischen Parteien Großbritanniens, und dies gilt auch für die Liberalen und die kleineren Parteien, sind gewisse Gestaltungsformen der Parteiorganisation gemeinsam: Bei jeder von ihnen findet alljährlich eine Parteiversammlung (*Conference*) statt; jede von ihnen unterhält einen kleineren ständigen Betriebsausschuß (*Executive Committee*) als Parteileitung; bei jeder von ihnen besteht eine Hauptbetriebsstelle in Gestalt des Zentralbüros, dem nach Maßgabe der Parteileitung die Ausrichtung der angeschlossenen Parteivereinigungen auf die Parteiziele und die zu ihrer Erreichung erforderlichen Tätigkeiten, vor allem die Parteipropaganda untersteht. Trotz solcher äußerer Übereinstimmungen im Parteiaufbau sind aber die parteiinterne Organisation der Konservativen und der Labour-Partei weitgehend verschieden, was nicht ohne Einfluß auf die Parteidynamik bleiben kann.

I. Die Organisation der konservativen Partei

Der äußere organisatorische Rahmen der konservativen Partei ist der straffe Föderativverband der konservativen Wahlkreisvereinigungen, der sich nach seiner Gründung zur Zeit Disraelis (1876) *National Union of Conservative and Constitutional Associations*, seit dem Einschluß der über der *Home Rule*-Frage in den achtziger Jahren von der liberalen Partei abgefallenen Liberalen Unionisten aber als *National Union of Conservative and Unionist Associations* bezeichnete, heute sich aber, nachdem das unionistische Element verschwunden ist, kurz *National Union* nennt. Legt man das obige allen Parteien gemeinsame Parteischema zugrunde, so zeigt sich ohne weiteres schon nach den Parteistatuten, daß das Schwergewicht der konservativen Partei beim Parteiführer liegt, dem die höchste Entscheidungsfällung eingeräumt ist. Die konservative Parteiorganisation weist unverkennbar autoritäre Züge auf. Verglichen mit der fast monarchen-ähnlichen Stellung des Parteiführers treten daher die anderen statutarischen Einrichtungen an Bedeutung und Gewicht stark zurück. Parteiinstanzen sind zwar bei einer Massenpartei schlechthin unentbehrlich, für die Führung der konservativen Partei aber sind sie bestenfalls Hilfsorgane des Parteiführers. Man wird daher am besten ein Bild von der Parteistruktur erhalten, wenn man mit dem Parteiführer beginnt.

Parteipersonals und damit des Unterhauses, und viele andere mehr. Der deutsche Leser wird hier außer auf die oben in Anmerkung 2, S. 148 erwähnte Darstellung von Jean Blondel auf das vorzügliche Buch von Thomas Oppermann, *Britisches Unterhauswahlrecht und Zweiparteiensystem,* Freiburger Rechts- und Staatswissenschaftliche Abhandlungen, Karlsruhe 1961, besonders S. 47—84 verwiesen.

1. Der Parteiführer

a) Funktion und Stellung

Der Parteiführer ist es, dem die Entscheidung über die grundsätzlichen Fragen der Parteipolitik obliegt, – was also gegebenenfalls verschieden von seiner amtlichen Funktion als Prime Minister ist. Er ernennt die wichtigsten Parteibeamten; dazu gehören die Vorsitzenden (*Chairmen*) der Partei und des Parteizentralbüros, der *Chief Whip*, der die konservative Parlamentsfraktion dirigiert, und andere Chargen. Der Parteiführer hat auch das entscheidende Wort bei der Formulierung des Parteiprogramms. Ist seine Partei in der Opposition, bestimmt er die Mitglieder des Schattenkabinetts. Inwieweit er sich bei diesen Funktionen des Rats seiner Parteifreunde bedient, hängt von seiner Persönlichkeit und den Umständen ab.

Eine heutige Massenpartei zu führen, ist eine gwaltige Aufgabe, der technologisch nur durch weitgehende Funktionsdelegation und Leistungsspezialisierung Genüge geleistet werden kann. Die britischen Konservativen sind keine Ausnahme. Aber innerhalb dieses Rahmens ist der konservative Parteiführer in einem Maß souverän, wie es im modernen Parteienstaat kaum irgendwo anders – und sicherlich nicht in den Vereinigten Staaten – der Fall ist. Er zieht seine Stärke weniger aus dem Mandat, das ihm seine Partei erteilt, als vielmehr aus der Tatsache, daß ihn der Souverän in das Amt des Prime Minister berufen hat oder nach dem Wahlsieg seiner Partei berufen wird. Solange er dieses Amt ausübt, ist er das Kraftzentrum seiner Partei. Die Elemente einer innerparteilich-demokratischen Kontrolle sind viel schwächer entwickelt als bei der Labour-Partei. Vor allem braucht er sich keiner Wiederwahl zu unterziehen. Seiner Autorität gegenüber ist die Parteiapparatur kein Gegengewicht, weil er sie so vollkommen beherrscht, daß sie sich nicht gegen ihn wenden kann. Statt ihn mit seiner Massenwählerschaft zu verbinden, isoliert sie ihn davon. An dem, was man innerparteiliche Interorgan-Kontrollen heißen könnte, fehlt es vollständig. Und trotzdem ist dafür gesorgt, daß auch dieser autoritäre Baum nicht in den Himmel wächst: Viermal in diesem Jahrhundert haben die Hinterbänkler der konservativen Parlamentsfraktion des Unterhauses ihren Parteiführer außerhalb einer Generalwahl gestürzt: Die Brüder Austen (1922) und Neville (1940) Chamberlain direkt und jüngst noch zumindest indirekt Harold Macmillan (1963) und Sir Alec Douglas-Home (1965), wenn auch in diesen letzteren Fällen der sich anbahnenden Auflehnung durch den freiwilligen Rücktritt die Spitze abgebrochen wurde.

b) Bestellung

aa) Die bisherige Regelung

Bis in die jüngste Zeit wurde der Parteiführer von der offiziellen Parteiversammlung (*Party Meeting*) gewählt. Teilnahmeberechtigt an ihr waren die konservativen Parteimitglieder beider Parlamentshäuser, soweit sie, was die Regel war, offiziell dem konservativen Einpeitscherstab unterstehen ("*receive the Conservative whip*"), ferner die für die nächsten Generalwahlen in Aussicht genommenen Parteikandidaten in den einzelnen Wahlkreisen und bestimmte Mitglieder des Exekutivausschusses (*Executive Committee*).

Dieser Massenversammlung[1] oblag formell die Wahl des Parteiführers. In der Praxis allerdings ging ihr hinter der Szene das voraus, was im Parteidialekt das „normale Befragungsverfahren" (*the normal processes of consultation*) geheißen wurde, bei dem die Parteidignitäten unter sich in einem bemerkenswerten Spiel von Intrigen, Hinterhalten und Dolchstößen in den Rücken sich über die Person des Nachfolgers einigten. Die Wahl des Parteiführers durch die eigentliche Versammlung nahm dann allerdings mehr den Charakter einer bloßen Akklamation an, bei der ein inneres Gremium der einflußreichsten Parteidignitäten, von den Außenstehenden spöttisch der „magische Kreis" genannt, die Weichen so gestellt hatte, daß ihr Kandidat mühelos einfahren konnte. Wer zu diesem inneren Gremium der Partei gehörte, blieb der Öffentlichkeit und auch der Partei selbst verborgen. Es wurde gemunkelt, die Betreffenden hätten alle die Schule von Eton besucht und die maßgebenden Drahtzieher gehörten dem Erbadel an und säßen auch im *House of Lords*. Diese innerparteiliche Designation oder besser Nomination hat meistens reibungslos funktioniert, so etwa als Stanley Baldwin von Neville Chamberlain (1937) und Winston Churchill von Anthony Eden (1953) abgelöst wurden.

Eine in der Parteiversammlung echt strittige Wahl kann allerdings vorkommen, wie es etwa 1922 der Fall war, als das Koalitionskabinett Lloyd George zusammenbrach und das berühmte *Carlton House Meeting* der konservativen Partei anstelle von Austen Chamberlain Andrew Bonar Law zum Parteiführer bestimmte, der dann unmittelbar nachher von König George V. mit der Prime Ministerschaft betraut wurde. Solche Parteiversammlungen können zwar jederzeit stattfinden, wenn sich die Notwendigkeit eines Parteiführerwechsels ergibt, aber sie finden nur selten statt, da der einmal gewählte Parteiführer sein Amt ohne zeitliche Begrenzung ausübt.

Die Situation bei der konservativen Partei läßt sich also dahin zusammenfassen, daß, falls diese als Mehrheit am Ruder ist, die Parteiführerdesignation automatisch der Bestellung zum Prime Minister nachfolgt, wie dies nach der Ernennung von Sir Alec Douglas-Home zum

[1] Beispielsweise waren 1957, als Königin Elizabeth II. Harold Macmillan als Nachfolger des zurückgetretenen Anthony Eden zum Prime Minister berufen hatte, zur Parteiversammlung nicht weniger als 942 Personen geladen worden.

Prime Minister der Fall war (1963). Demgemäß verblieb ihm auch die Parteiführung, als die Konservativen bei der Wahl von 1964 in die Minderheit geraten waren. Anders ist es aber, wenn sich die Notwendigkeit zu einem Parteiführerwechsel ergibt – etwa wegen des Rücktritts oder des Todes des bisherigen Inhabers – *während* die konservative Partei in der Minderheit ist. Dann bestehen zwei Möglichkeiten: Entweder es wird eine Parteiversammlung einberufen, die den neuen Parteiführer designiert, oder es wird von einer solchen Designation einstweilen abgesehen und die Partei begnügt sich mit der Wahl einer Parteiführers im Unterhaus, der dann, gewinnt die Partei die nächste Wahl, den zumindest politischen Anspruch hat, vom Monarchen zum Prime Minister ernannt zu werden; in diesem Fall ist die nachfolgende Bestellung zum offiziellen Parteiführer eine reine Formalität. Die konservative Partei wird sich aber mit einer solchen Zwischenlösung dann nicht begnügen, wenn sich die Vakanz der Parteiführerstellung zu Anfang einer Legislaturperiode ereignet, da es untunlich ist, die Partei auf längere Zeit ohne offiziellen Parteiführer fungieren zu lassen, und wird auch dann alsbald zur Bestellung eines neuen Parteiführers schreiten, wenn mit einer baldigen Neuwahl zu rechnen ist. Dies war bei der Wahl von Edward Heath nach dem Rücktritt von Sir Alec Douglas-Home der Fall (1965).

Man muß dabei allerdings berücksichtigen, daß bei der unabdingbaren Personalunion zwischen der Stellung des Parteiführers und dem Prime Minister-Amt die weit wichtigere Seite der Situation die Art und Weise ist, wie der Monarch sich bei der Bestellung eines konservativen Prime Ministers verhält; denn die Krone *muß* den vorhandenen Parteiführer zum Prime Minister ernennen, wenn die Konservativen die Wahl gewinnen. Ist aber eben kein Parteiführer vorhanden, weil der bisherige zurückgetreten ist, hat die Krone einen keineswegs unbeträchtlichen Spielraum[1].

bb) Die Reform von 1965

Die Art und Weise, wie Prime Minister Macmillan anläßlich seines Rücktritts (Herbst 1963) seinem bisherigen Außenminister, dem Earl of Home, zwar mit anscheinender Beobachtung eines demokratischen Konsultationsverfahrens, in Wirklichkeit aber durch dessen geschickte Manipulation das Amt zugespielt hatte[2], während politisch besser qualifizierte Bewerber hintangesetzt worden waren, hatte in weiten Kreisen der konservativen Partei und darüber hinaus in der breiten Öffentlichkeit erhebliches Unbehagen verursacht, ob die seit alters bei den Konser-

---

[1] Siehe unten S. 384 ff.

[2] Siehe darüber ausführlich unten S. 386 f.

vativen üblichen Designationsmethoden für den Parteiführer, der dann automatisch die Prime Ministerschaft erlangt, noch zeitgemäß seien. Es verstärkte sich erheblich, als sich herausstellte, daß Sir Alec Douglas-Home, wie er sich nach Verzicht auf seine erblichen Titel unter dem *Peerage Act* von 1963 (Eliz. 2, c. 48) nannte, sich nicht als die glücklichste Wahl erwies und ihm auch, sicherlich zu Unrecht, der Verlust der Generalwahlen von 1964 zugeschrieben wurde. Demgemäß unterzogen die Parteiinstanzen unter Leitung des Parteivorsitzenden Viscount Blakenham den herkömmlichen Bestellungsmodus einer eingehenden Untersuchung, als deren Ergebnis schließlich eine grundlegende Reform in die Parteistatuten[1] aufgenommen wurde (Frühjahr 1965). Sie läßt sich dahin zusammenfassen, daß auch bei den Konservativen, wie es bei Labour von Anfang an der Fall gewesen war, durch die Einführung einer voll-demokratischen Wahltechnik der bisher möglichen Willkür des inneren Zirkels der Parteimachthaber ein Riegel vorgeschoben wird, womit allerdings – ein wichtiger Nebeneffekt – auch der Ermessensspielraum der Krone bei der Auswahl eines (konservativen) Prime Ministers wesentlich eingeschränkt wird.

Nunmehr obliegt die Wahl des Parteiführers – und es handelt sich dabei um eine echte Wahl – ausschließlich den konservativen Mitgliedern der Commons. Drei Wahlgänge sind dafür vorgesehen, die schriftlich mit geheimer Stimmabgabe vorzunehmen sind. Wer im ersten Wahlgang die absolute Stimmenmehrheit erlangt hat, die überdies um 15% der Gesamtstimmenzahl über der Stimmenzahl des nächstfolgenden Bewerbers liegen muß, ist gewählt. Im zweiten, vom ersten zeitlich getrennten Wahlgang genügt die absolute Mehrheit ohne das zusätzliche Erfordernis eines fünfzehnprozentigen Vorsprungs vor dem nächstfolgenden Bewerber. Ist die Wahl auch damit nicht entschieden, findet unmittelbar darauf der dritte und letzte Wahlgang statt, an dem nur die drei Kandidaten mit der höchsten Stimmenzahl im zweiten Wahlgang teilnehmen dürfen. Bei diesem Wahlgang müssen erste und zweite Präferenzen angegeben werden. Der Bewerber mit der kleinsten Zahl erster Präferenzen scheidet aus und die zweiten werden den anderen Bewerbern zugerechnet. Es ist also auf jeden Fall dafür Sorge getragen, daß der Gewählte den vollen Parteikonsensus in Gestalt einer absoluten Mehrheit hinter sich hat. Obwohl die eigentliche Wahl somit auf die konservative Unterhausfraktion beschränkt ist, sind Vorabsprachen über die Kandidatenaufstellung keineswegs ausgeschlossen und in der Tat unentbehrlich. Der schließlich Erkorene wird als „Kandidat" der Parteiversammlung

[1] Die Reform ist nicht in den *bylaws* der *Union of Conservative and Unionist Associations* enthalten, sondern in denjenigen des mit der Konservativen Unterhaus-Fraktion praktisch identischen sogenannten *1922-Committee*.

präsentiert, die nach der Sachlage nicht umhin kann, ihn formell zu bestätigen[1].

Bei der vom neugewählten Parteiführer Edward Heath alsbald vorgenommenen Bildung seines „Schatten"-Kabinetts wurde zum ersten Mal auch die Stellung eines stellvertretenden Parteiführers begründet, allerdings nicht durch Wahl wie bei der Labour-Partei, sondern durch Ernennung von Seiten des Parteiführers.

2. Die Parlamentsfraktion

Die Organisation der konservativen Mitglieder des Unterhauses (*Parliamentary Party*) war vor der Reform von 1965 im Grunde nicht in der eigentlichen Parteistruktur mitinbegriffen. Sie konnte aber gerade in Anbetracht der Suprematie des Parteiführers als eine „Intra-Organkontrolle" eine wesentliche Rolle spielen. Sie ist neueren Datums, entstanden aus der Revolte der „Hinterbänkler" (*backbenchers*) gegen die fernere Teilnahme der Konservativen an der Koalitionsregierung Lloyd George im Carlton Club (1922); sie nennt sich daher auch heute noch das *Committee of 1922*. Kein Minister kann ohne spezielle Einladung an ihren Sitzungen teilnehmen. Diese Gruppe war es, die damals die Ersetzung des bisherigen Parteiführers Austen Chamberlain durch Andrew Bonar Law durchsetzte und die auch im Mai 1940 auf der Ersetzung Neville Chamberlains durch Winston Churchill bestand, der dann ohne Wahl zum Parteiführer von George VI. alsbald zum Prime Minister ernannt wurde[2]. Mit der der Kollektivgemeinschaft der konservativen Unterhausmitglieder nunmehr zugewiesenen Wahl des Parteivorsitzenden ist die Unterhausfraktion naturgemäß in das Zentrum der Parteiorganisation eingerückt.

Die tatsächliche Macht der konservativen Parlamentsfraktion muß soziologisch und nicht nur parteistatutarisch verstanden werden. Von jeher und selbst heute noch rekrutiert sich die konservative Parlaments-

---

[1] Nach dem überraschenden Rücktritt von Sir Alec Douglas-Home (22. Juli 1965) wurde die Wahl des neuen Parteivorsitzenden, der also automatisch der Prime Minister gewesen wäre, falls die Konservativen die nächste Wahl gewonnen hätten, am darauffolgenden 27. Juli vorgenommen. Im 1. Wahlgang erhielt Edward („Ted") Heath, ein professioneller Politiker, der seit mehr als zehn Jahren zur Führungsgruppe der konservativen Partei gehört und eine Reihe hoher Regierungsämter unter konservativen Kabinetten innegehabt hatte, 150 Stimmen gegen 133 für Reginald Maudling und 15 für Enoch Powell. Da ihm die vorgeschriebenen 15% der Gesamtstimmenzahl (298 Abgeordnete bei Abwesenheit von 5) über dem nächsten Konkurrenten fehlten, fand ein zweiter Wahlgang statt (28. Juli 1965), bei dem er einstimmig gewählt wurde, da die beiden anderen Kandidaten ihre Bewerbung zurückgezogen hatten und neue Nominationen nicht vorlagen.

[2] Aus Courtoisie wurde damals Neville Chamberlain bis zu seinem baldigen Tod (1941) nominell in der Parteiführer-Stellung belassen.

mitgliedschaft aus den oberen Gesellschaftsklassen, die auch das Hauptkontingent der Reserveoffiziere der angesehenen Regimenter stellen und deren starker gesellschaftlicher Zusammenhalt auf der Mitgliedschaft in den vornehmen Klubs beruht. Ist die konservative Partei am Ruder, so kommt diesen Bestandteilen des "*Establishment*"[1] ein in seinen Ausmaßen kaum abzuschätzender Einfluß auf die Regierungsgestaltung zu. Selbstverständlich ist der zum Prime Minister berufene Parteiführer ein hervorragendes Mitglied dieser von außen her völlig undurchsichtigen Machtgruppe. Kein Prime Minister – und mag seine Amtsführung nach den Umständen oder nach seinem Temperament auch noch so autoritär sein —, kann gegen den Willen dieser inneren Parteigruppe lange im Amt bleiben wie Anthony Eden, Harold Macmillan und jüngst Alec Douglas-Home erfahren mußten. Er muß daher darauf bedacht sein, sich ihre dauernde Gefolgschaft zu erhalten. Die Parlamentsfraktion ist also das einzige wirkliche Gegengewicht gegen die an sich nach den Parteistatuten unbegrenzte Macht des Parteiführers und Prime Ministers.

3. Die anderen Einrichtungen der Parteiorganisation

a) Die Jahreskonferenz

Die Zusammensetzung der Jahreskonferenz (*Annual Conference*) ist zwar an sich durchaus parteidemokratisch: Teilnahmeberechtigt sind alle, die an der Parteiversammlung teilnehmen dürfen, ferner die vierhundert Mitglieder des Zentralrats (*Central Council*) sowie je zwei Vertreter der Wahlkreisvereinigungen – diese die Mehrheit bildend – und schließlich die Wahlkreisagenten und -Organisatoren. Aber die Jahreskonferenz hat nur beratende Funktionen und ermangelt völlig der Autorität des *policy making*. An sich besteht volle Redefreiheit, die auch die Kritik der Parteiführung nicht ausschließt, aber in der Flut der üblichen Parteirhetorik meist überhört wird. Der Parteiführer tritt erst am letzten Tag zu einer triumphalen Abschlußrede auf. Trotz ihrer notorischen politischen Wirkungslosigkeit kann aber auch die Jahreskonferenz einen gewissen Einfluß auf die Parteipolitik gewinnen, wenn sich in ihr eine wesentliche Opposition gegen die Parteiführung bemerkbar macht.

b) Der Zentralrat und der Exekutivausschuß

Auch bei der Zusammensetzung der anderen Parteiorgane ist der Einfluß des Parteiführers so gut wie unbegrenzt. Alle maßgebenden Parteibeamten werden von ihm in ihr Amt eingesetzt. Der Zentralrat (*Central Council*) wird zwar als die leitende Parteibehörde angesehen, ist aber wegen seiner großen Mitgliederzahl (400) viel zu umständlich, um

[1] Siehe darüber ausführlich unten S. 541 ff.

wirklich Entscheidungen treffen zu können und tritt daher nur zweimal im Jahr zu einer zeremoniellen Sitzung zusammen, bei der der Bericht des Exekutivausschusses zur Verlesung und Anträge der lokalen Parteivereinigungen zur Abstimmung gelangen. Seine wichtigste Funktion ist aber die Änderung der Parteistatuten, was bei dem Beharrungsvermögen aller politischen Parteien aber nur selten von Bedeutung ist.

Der Exekutivausschuß (*Executive Committee*) andererseits ist ein weit kleineres Gremium von 150 Mitgliedern, dem außer den hauptsächlichen Parteibeamten auch Vertreter der zu Provinzbezirken zusammengefaßten Lokalvereinigungen angehören, die im übrigen zusammen mit den Vertretern der örtlichen Wahlkreisvereinigungen auch am Zentralrat teilnehmen. Der Exekutivausschuß tritt jeden Monat zusammen und dient hauptsächlich als Verbindungskanal der Wahlkreisvereinigungen mit der Parteiführung. Auch seine Entschließungen sind nicht verbindlich und gelten nur als Rat für die Parteileitung selbst. Wie alle anderen der vorerwähnten Parteiorgane bildet der Exekutivausschuß eine Art Resonanzboden für die Schwingungen der Parteimeinung, welche der Parteiführung zeigen, wie der Wind der Parteiwähler weht.

c) Das Zentralbüro

Was die moderne politische Partei von den früheren losen Parteiungen oder Parteigruppierungen unterscheidet, ist das Bestehen einer permanenten, das heißt nicht nur zur Zeit der Wahlen aktiven Parteiapparatur oder -maschinerie, die naturgemäß heute nicht mehr auf der freiwilligen Mitarbeit von Honoratioren beruht, sondern wie eine Regierungsbehörde von einem Stab berufsmäßig vorgebildeter Parteibeamten betrieben und zentral geleitet wird. Von der Leistung der Parteizentrale hängt der Zusammenhalt einer politischen Partei und ihr Erfolg bei den Wahlen weitgehend ab. Diese Funktion wird bei den Konservativen vom Zentralbüro (*Central Office*) ausgeübt, das nach seinem Londoner Domizil kurz *Abbey House* genannt wird.

Wie nach dem autoritären Aufbau der konservativen Partei zu erwarten ist, ist das Zentralbüro ein Instrument der durch den Parteiführer ausgeübten Parteiherrschaft. Er ernennt seine leitenden Beamten und kontrolliert auch indirekt den Generaldirektor, der seinerseits vom Parteivorsitzenden ernannt wird. Dem Zentralbüro obliegt die einheitliche Lenkung der gesamten Parteiarbeit; dazu gehören die Organisation der örtlichen Parteigruppen, die Ausarbeitung und Durchführung der Parteipropaganda, die Finanzierung der Parteizwecke und vor allem die Aufstellung der Liste der Kandidaten für die einzelnen Wahlkreise. Das Zentralbüro läßt sich auch – und es ist darin bahnbrechend geworden –

die Ausbildung der Parteibeamten, vor allem der Wahlagenten und Wahlorganisatoren angelegen sein. Diese Funktion bedingt engste Zusammenarbeit mit den örtlichen Wählervereinigungen und den diese zusammenfassenden regionalen oder Bezirksvereinigungen. Der Erfolg der Konservativen bei den Wahlen des Fünfziger Jahrzehnts hintereinander ist wesentlich auf diese rationelle Zusammenarbeit der Professionellen in der Zentrale und bei den Lokalvereinigungen zurückzuführen. Der bisher bestehende Vorsprung der Konservativen scheint allerdings von Labour jetzt aufgeholt worden zu sein.

Seit dem letzten Weltkrieg ist auch die Parteipropaganda zentralisiert und weitgehend mit Stromlinien versehen worden. Bei dem hohen politischen Niveau der britischen Wählerschaft wurde mehr und mehr Wert auf durchdachte und durchgearbeitete Reformvorschläge und weniger auf emotionale Bearbeitung gelegt. Damit wurde dem vor einer Generation noch als reaktionär verschrieenen konservativen Parteiprogramm jene progressive Wendung gegeben, welche dem Beiwort Tory heute einen progressiven Beiklang verliehen hat. Wie vor einem Jahrhundert Disraeli den Übergang zur Tory-Demokratie gepredigt und durchgeführt hatte, so haben sich die heutigen Konservativen vorbehaltlos zum sozialen Fortschritt und auch zum Wohlfahrtsstaat bekehrt, was wesentlich dazu beigetragen hat, daß sie bei den Massen den Wettbewerb mit der Labour-Partei aufnehmen und sie immer wieder überflügeln konnten[1].

d) Die örtlichen Wählervereinigungen

Über die Bedeutung der die Einzelwähler eines Wahlkreises zusammenfassenden Wählervereinigung (*constituency association*) sind sich die Sachverständigen nicht einig: Manchen gelten diese Ortsvereine auch heute noch als die unentbehrlichen Grundzellen der Parteiorganisation und damit des Parteierfolges bei den Wahlen. Andere halten dafür, daß angesichts der bei den Zentralleitungen konzentrierten Kandidatenaufstellung und der national gelenkten Parteipropaganda den Wählervereinigungen höchstens ein zusätzlicher und kein grundsätzlicher Nutzeffekt zukommt. Man will bei den letzten vier oder fünf Wahlgängen ausgerechnet haben, daß in fünf Sechsteln aller Wahlkreise der Wahlausgang von der zentralen Parteipropaganda und nicht von den Wahlkreis-

[1] Seit 1951 bildete sich die sog. *Bow*-Gruppe der Jungkonservativen, welche innerhalb der Partei ihre eigene Propaganda bei den Wählermassen betätigt, die nicht selten fortschrittlicher als die offizielle Parteilinie ist. Bei den Wahlen von 1959 stellte diese Gruppe ihrerseits 57 Kandidaten auf, von denen 10 erfolgreich waren und unter diesen haben fünf zum ersten Mal einen Sitz für die Konservativen erstritten.

vereinigungen bedingt war; nur bei den sog. marginalen Sitzen, wo die siegreiche Mehrheit aus ein paar Hundert oder noch weniger Stimmen besteht, würden die Wählervereinigungen den Ausschlag geben.

Psäphologisch mag dies richtig sein. Aber die Wahlkreisvereinigungen, und dies gilt für beide Parteien, lassen sich nicht über einen Kamm scheren. Manche blühen und gedeihen, andere sind verdorrt und kaum am Leben. Aber die Konservativen haben hier einen unleugbaren Vorsprung vor der Labour-Konkurrenz. Sie haben nach wie vor mindestens dreimal so viel eingeschriebene Parteiwähler und ihre Wahlkreisvereinigungen sind besser geleitet und geldflüssiger, so daß sich so gut wie alle einen bezahlten Stab und vor allem einen Wahlagenten halten können, die dann bei der Wahl die allseits unentbehrlichen Freiwilligen rekrutieren können.

Bei den Konservativen setzen sich die örtlichen Wahlkreisvereinigungen aus den sich zur konservativen Sache bekennenden Wählern zusammen, die auch einen an sich unbedeutenden Mitgliedsbeitrag zahlen. Die Zahl der bei einer Partei eingeschriebenen, also sich offen zu ihr bekennenden Wähler ist in Großbritannien relativ weit höher als in allen anderen Ländern, nicht ausgenommen die Vereinigten Staaten, wo sich die breiten Massen, wenn überhaupt, der Parteiloyalität nur bei den Wahlen bewußt werden, oder in der Deutschen Bundesrepublik, wo infolge der früheren Erfahrungen die Parteimitgliedschaft noch immer mit einer Art Stigma belastet ist.

Bei den einzelnen Wählervereinigungen herrscht unverfälschte parteiinterne Demokratie. Die leitenden Vereinigungschargen erlangen ihr Amt durch die alljährlich abgehaltene Mitgliederversammlung, zu denen gleichfalls gewählte Vertreter der Unterbezirke treten. Als Überbau bestehen ebenfalls repräsentativ bestellte Bezirks- (*area*) oder regionale Vertretungen, zu welchen verschiedene örtliche Wählervereinigungen zusammengeschlossen sind. Die weit überwiegende Mehrheit aller Wählervereinigungen wird durch beruflich geschulte Manager und professionelles Personal betrieben, so daß die ehemalige Honoratiorenwirtschaft völlig aufgegeben ist. Eine Eigentümlichkeit der konservativen Parteiorganisation sind ferner die zahlreichen konservativen Klubs (derzeit etwa 1600), die gleichfalls in den Leitungsausschüssen der örtlichen Wählervereinigungen vertreten sind.

4. Die Kandidatenaufstellung

Während in früheren Zeiten den örtlichen Wählervereinigungen erheblicher Spielraum in der Kandidatenaufstellung für ihren Wahlkreis eingeräumt war, ist seit 1945 diese wohl wichtigste aller Parteifunktionen weitgehend zentralisiert worden. Nunmehr ist es die Regel, daß der

Kandidat vor seiner Aufstellung im örtlichen Bezirk die offizielle Genehmigung eines Ausschusses der *National Union*, in der Praxis aber der Parteileitung im Zentralbüro erhalten haben muß, welche die Voraussetzung seiner offiziellen Indossierung durch die Parteiführung ist. Es kommt zwar gelegentlich vor, daß die örtliche Parteigruppe auf einem Kandidaten besteht, der diese offizielle Approbation nicht erhalten konnte. Um Stimmenzersplitterung zu vermeiden, sieht dann die Parteileitung von der Aufstellung eines offiziellen Gegenkandidaten ab. Aber solche Fälle sind angesichts der Parteiloyalität und Parteisolidarität verhältnismäßig selten und Meinungsverschiedenheiten werden in der Regel unter der Hand ausgeglichen. Die nunmehr zentral gelenkte Kandidatenaufstellung hat auch dem Brauch der örtlichen Wählervereinigungen entgegengewirkt, den wohlhabenden unter den Bewerbern, die für ihre Wahlkosten selbst aufkommen konnten, den Vorzug zu geben. Es wurde von ihnen überdies erwartet, daß sie auch einen entsprechenden Beitrag an die Parteikassen leisten würden. Da dies gerade den Konservativen als der Partei der Reichen zum Vorwurf gemacht worden war, beschloß die Parteileitung (1948), den Empfehlungen des innerparteilichen *Maxwell Fyfe-Committee* folgend, die gesetzlichen Wahlkosten, falls erforderlich auf das Zentralbüro zu übernehmen und damit die Kandidaten persönlich weitgehend zu entlasten. Den konservativen Parlamentsmitgliedern wurde außerdem untersagt, ihrem Wahlkreis mehr als 50 £ jährlich zu spenden und für die Kandidaten selbst wurde die freiwillige Beitragsleistung auf jährlich 25 £ höchstens festgelegt.

Diese parteiinternen Vorschriften werden gewissenhaft eingehalten. Trotzdem die Aufwendungen der Konservativen für ihre Parteiorganisation mindestens doppelt so hoch sind als diejenigen Labours und trotzdem sie an gesetzlich zugelassenen Wahlausgaben in der Regel gleichfalls mehr aufwenden als die Gegenpartei, spielt heute die Finanzierung des Wahlkampfes bei ihnen eine viel geringere Rolle und fällt auch bei der Kandidatenaufstellung kaum mehr ins Gewicht. Was die Parteifinanzen selbst anbelangt, so sind sie ein wohlgehütetes Geheimnis der Parteileitung und es besteht in Großbritannien auch kein Bedürfnis nach Offenlegung der Parteieinkünfte, wie sie im Bonner Grundgesetz (Artikel 21, Abs. 2) – bisher erfolglos – vorgesehen ist.

II. Die Organisation der Labour-Partei

Die konservative Parteiorganisation entspricht gewissermaßen einem monarchischen Einheitsstaat, in welchem die Autorität von oben nach unten fließt. Die Labour-Partei dagegen kann sinnvoll mit einem Bundesstaat verglichen werden, der sich aus einer Anzahl autonomer Kollektivgebilde zusammensetzt und bei dem, unter Beobachtung einer ausgeprägt demokratischen parteiinternen Technik, die Macht von unten nach oben getragen wird. Wie alle Föderativorganisationen ist auch die Labour-Partei nach Aufbau und Organisation ungemein kompliziert. Zweckmäßig wird von den einzelnen Bausteinen des Labour-Gebäudes von unten her ausgegangen.

1. Allgemeiner Charakter

Die Labour-Partei besteht strukturell aus einer Reihe von an sich selbständigen (autonomen) Kollektivgruppen, die sich zum Zweck der Erringung der politischen Macht zu einer Partei zusammengeschlossen haben. Ursprünglich eine unverfälschte Klassenpartei, deren Zielsetzung die Besserung der wirtschaftlichen und sozialen Lage der Lohnempfänger aller Arten, vor allem aber der städtischen Arbeiterschaft war[1], hat sie heute und insbesondere in den Jahren nach dem letzten Weltkrieg ihren Klassencharakter wenn nicht völlig abgestreift, so doch wesentlich gemildert. Sie will darüber hinaus auch die breite bürgerliche Mittelschicht erfassen, wobei wiederum die „Geisteselite" der freien Berufe ihr besonderes Werbungsziel darstellt. Trotz dieser Ausweitung, die allein ihr den Sieg durch den Stimmzettel verbürgen könnte, ist die Labour-Partei auch heute noch auf die städtische Arbeiterschaft ausgerichtet, die nach wie vor ihr eiserner Bestand ist. Ihre heutige Entproletarisierung entspricht der im Zeitalter allgemeiner wirtschaftlicher Prosperität und besonders im Rahmen des britischen Wohlfahrtsstaats erstaunlich gestiegenen Besserung des Lebensstandards so gut wie aller Schichten der Lohnempfänger. Als das wesentliche Charakteristikum der Parteiwählerschaft mag die Loyalität des Einzelwählers zur Partei und ihren Zielen angesehen werden, die sich auf die Dauer als weit stärker erweist als eine „charismatisch" bedingte Gefolgstreue für die jeweilige Parteiführung, wie überhaupt, was ein nationaler Charakterzug sein mag, echt charismatische Führungsbegabungen in Großbritannien verhältnismäßig selten zu sein scheinen.

2. Die Kollektivkomponenten

Das, was man als die bundesstaatlichen Territorialelemente der Labour-Partei bezeichnen könnte, sind, hier aufgezählt nach Maßgabe ihrer Bedeutung für die Parteistruktur im ganzen, die Gewerkschaften (*trade unions*), die örtlichen und regionalen Wählerorganisationsgruppen (*constituency associations*), das genossenschaftliche Element (*cooperatives*) und schließlich, oft als die Hefe im Teig wirkend, die sich zum Sozialismus

[1] In unserer Darstellung wird aus guten Gründen die Bezeichnung „Labour-Partei" allen landläufigen anderen wie „sozialistische" Partei vorgezogen.

oder allgemein zum menschlichen Fortschritt bekennenden und daher der Labour-Partei den Vorzug gebenden Vereinigungen von Intellektuellen, besonders der freien Berufe.

a) Die Gewerkschaften

Historisch gesehen ist die politische Organisation der Arbeiterschaft, die schließlich zur Labour-Partei wurde, ein Ergebnis der Gewerkschaftsbewegung. Der enge Zusammenhang zwischen ihr und der politischen Partei hat sich in den mehr als sechzig Jahren seit der Entstehung der Labour-Partei niemals gelockert und die Gewerkschaften dominieren nach wie vor in der Parteistruktur, was allerdings nicht gleichbedeutend mit ihrem Einfluß auf und in der eigentlichen Parteiführung ist. Die Parallelität der gewerkschaftlichen und der parteipolitischen Interessen ist jedoch nicht konstant; zeitweise, vor allem wenn die Partei in der Opposition und dadurch weniger wirksam ist, konzentrieren die Gewerkschaften ihr Interesse mehr auf die Förderung ihrer sozialwirtschaftlichen Ziele als auf die Wiedererlangung der politischen Macht. Im großen und ganzen erwies sich die Ehe zwischen den großen Arbeiterorganisationen und der politischen Partei als fruchtbar für beide Teile, indem sie ersteren mehr politisches Verständnis, letzterer mehr Einsicht in die Wirtschaftslage ihrer Anhänger vermittelte.

Die Gewerkschaftsmitglieder machen, wie aus den Ziffern der abstimmungsberechtigten Teilnehmer an der Jahres-Parteikonferenz hervorgeht, mehr als 90% aller Parteimitglieder aus. Gewerkschaftsmitglieder sind mit der Partei teils direkt als individuelle Mitglieder verbunden, teils aber indirekt durch ein in den Parteistatuten niedergelegtes Kollektivarrangement der einzelnen Fachverbände mit der Partei. Nun sind keineswegs alle Gewerkschaftsangehörigen gleichzeitig Mitglied der Labour-Partei. Der Gewerkschaftsverband umfaßte zu Ende von 1961 etwa 9883000 Mitglieder, von denen aber etwa nur 8 Millionen an die Kasse ihrer Gewerkschaft den sog. politischen Beitrag (*political levy*) abführten. Auch von diesen gehören der Partei nicht mehr als 65% an. Die Gewerkschaft kann die von ihr eingehobenen politischen Fonds auch einer anderen politischen Partei als Labour oder etwa für die Wahlunterstützung ihres eigenen Kandidaten verwenden[1].

Da also bei weitem nicht alle Gewerkschaftsmitglieder sich an der politischen Abgabe beteiligen und da ferner viele derer, die sie bezahlen, nicht der Labour-Partei angehören wollen, ist es der Bestimmung der Gewerkschaftsleitung überlassen, für welche Zahl ihrer Mitglieder sie den kollektiven Mitgliedsbeitrag nach Maßgabe der ihr erteilten Anweisungen an die Labour-Partei abführen soll. Von der Ziffer der somit der Partei

[1] Über den politischen Beitrag und die Stellung der Gewerkschaften im politischen Prozeß siehe Bd. II, S. 340f.

affiliierten Gewerkschaftsmitglieder hängt dann das Stimmgewicht der betreffenden Gewerkschaft beim Jahres-Parteikongreß ab, wobei je 1000 Mitglieder je eine Stimme ausmachen.

Es darf nun nicht übersehen werden, daß im letzten Jahrzehnt die Gewerkschaftsbewegung beim großen Publikum stark an Sympathie eingebüßt hat, da man sie für die in einer Wohlstandsperiode doppelt empfindlichen Streiks verantwortlich machte, wobei es sich oft um „wilde" Streiks handelte, welche die Gewerkschaftsleitung selbst zu verhindern suchte. Auch verliert die gewerkschaftlich organisierte Arbeiterschaft in Prosperitätszeiten an politischem Interesse und sie sieht die Gewerkschaft lediglich als ein Mittel zur Erzielung besserer Lohn- und Arbeitsbedingungen an. Aufs engste hängt damit zusammen, daß die Gewerkschaften sich mit jeder Regierung, ob arbeiterparteilich oder konservativ, verhalten müssen. Sie wirken daher mehr als permanente *pressure groups* denn als eigentliche Exponenten der Labour-Partei, obwohl man unter ihren Führern überzeugte Sozialisten finden wird. Vor allem aber sind die Gewerkschaften heute, wie die gesamte Arbeiterklasse, völlig entproletarisiert; sie ziehen mehr als die meisten anderen Klassen Nutzen vom Wohlfahrtsstaat und der Prosperität und ihre Mitgliedschaft ist demnach mehr oder minder in die Mittelklasse, wenn auch nur in ihre unteren Schichten eingerückt. Die Zahl der Gewerkschaftsmitglieder ist zwar noch im Ansteigen, aber weit langsamer als in den früheren Jahren der Bewegung. Ihre Opposition zum privatkapitalistischen System, ohnehin gemildert durch die Verstaatlichung gewisser Industriezweige, in denen sie beschäftigt sind, ist einem fortschreitenden Aushöhlungsprozeß unterworfen, wogegen naturgemäß vom Standpunkt der nationalen Solidarität nichts einzuwenden ist, was aber der meist unterstellten Identität der Interessen der Gewerkschaftsmitglieder und der Arbeiterpartei einigermaßen Abbruch zu tun geeignet ist. Für die Partei allerdings sind die Gewerkschaften auch deswegen ausschlaggebend, weil sie mit ihren kollektiven Mitgliedsbeiträgen den Hauptteil des Parteieinkommens ausmachen, trotzdem der Kollektivbeitrag das einzelne Gewerkschaftsmitglied nur etwa halb so hoch wie ein Einzelmitglied veranlagt. Außerdem aber tragen die Gewerkschaften sehr erheblich zu sonstigen Wahlkosten bei, indem sie die Kampagnen von Gewerkschaftsmitgliedern als Kandidaten weitgehend finanzieren und besonders nach dem Mißerfolg von 1955 auch finanziell notleidende Wahlkreise unterstützen.

Die Gewerkschaften haben auch ein wesentliches Mitspracherecht bei der Kandidatenaufstellung, da zahlreiche Labour-Wahlkreise als unangreifbare Gewerkschaftszitadellen gelten, welche die Gewerkschaften mit ihren eigenen und keineswegs immer besonders qualifizierten Leuten als Belohnung für treue Gewerkschaftsdienste besetzen. Die eigentlichen

Gewerkschaftsmagnaten lehnen es in der Regel ab, sich aufstellen zu lassen, weil sie Wichtigeres zu tun haben. Eine unverhältnismäßig große Zahl sowohl der Labour-Kandidaten wie der erfolgreichen Sitzeinhaber gehört den Gewerkschaften an oder steht ihnen nahe[1]. Ihr Einfluß in der Parlamentsfraktion (*Parliamentary Labour Party*) ist allerdings weit geringer als ihre numerische Stärke vermuten ließe.

b) Die Genossenschaftsgruppen und die sozialistischen Vereinigungen

Genossenschaften für den Konsum oder auch weitgehend für die Herstellung von Gütern spielen in Großbritannien eine außerordentliche wirtschaftliche Rolle, die weit größer ist als in der Bundesrepublik und überwältigend mehr als in den genossenschaftsfeindlichen Vereinigten Staaten. Nach dem Stand zu Ende des Jahres 1961 waren 12832000 Personen, also zwei aus je drei Familien, in irgendeiner Form genossenschaftlich organisiert. Würden sie alle ihre Stimme Labour geben, wäre die Partei einer dauernden Innehabung der Regierung gewiß. Dies ist aber natürlich keineswegs der Fall. Welcher Prozentsatz der genossenschaftlich Organisierten für Labour stimmt, läßt sich schwer abschätzen; aber die wirtschaftlichen Interessen gehen zu weit auseinander, als daß Labour von dieser Seite eine dauernde und aktive Unterstützung zu erwarten hätte. Das geht zum großen Teil auf die Geschichte der Genossenschaftsbewegung zurück, die anfänglich der Labour-Partei gegenüber neutral war, dann ab 1917 eine eigene politische Partei gebildet hatte und erst 1927 mit der Labour-Partei in ein gemeinsames Wahlarrangement eingetreten war. Örtliche Genossenschaften konnten sich seither den Wahlkreisvereinigungen von Labour anschließen. Die *Cooperative Union* ist auch seit 1941 im *National Council of Labour* vertreten. Beim Jahreskongreß der Partei ist ihr Stimmgewicht gänzlich unbedeutend[2].

Das gleiche gilt von den mit der Labour-Partei sympathisierenden Intellektuellen-Gruppen, die als Vereine (*societies*) auftreten. Die vier derzeit angeschlossenen Gruppen sind die *Fabian Society*, die sich um die Inkubation der Arbeiterbewegung besondere Verdienste erworben hatte, ferner die Sozialistische Ärztevereinigung, der Nationalverband der Arbeiter-Lehrer und die Jüdische Sozialistische Arbeiter-

---

[1] Es besteht der Brauch, daß jeder von der Labour-Partei aufgestellte Bewerber um einen Parlamentssitz wenigstens formell einer ihm berufsmäßig nahestehenden Gewerkschaft angehören muß, soweit eine solche vorhanden ist, wie etwa die der Lehrer; dies macht sie jedoch nicht zu aktiven Gewerkschaftsmitgliedern.

[2] Im Jahre 1956 waren 644 Genossenschaften mit 10059636 Mitgliedern in der *Cooperative Union* zusammengeschlossen. 1955 waren 19 der 38 von ihr ins Feld geschickten Kandidaten erfolgreich, im Jahre 1959 betrugen die Zahlen 16 bzw. 38; 1964 wiederum 19 von 38. Die Zahlen für 1966 waren bei Drucklegung nicht verfügbar.

partei. Das Stimmgewicht der vier Vereinigungen beim Jahresparteikongreß beträgt nur einen Bruchteil eines einzigen Prozents, aber sie spielen wegen ihrer intellektuellen Potenz eine nicht zu unterschätzende Rolle in der Programmformulierung und vor allem bei der politischen Erziehung der ideologischen und akademischen Elite der Partei.

c) Die Wahlkreisvereinigungen

Das eigentliche Energiezentrum der Labour-Partei liegt bei den örtlichen Wahlkreisvereinigungen, von denen es (1961) 607 mit 773000 eingeschriebenen Mitgliedern gab. Eintrittsberechtigt ist jeder, der sich durch die Unterzeichnung einer Mitgliedskarte formell zu den Parteizielen bekennt und außerdem einen kleinen Monatsbeitrag zahlt. Mitglieder der Gewerkschaften und der angeschlossenen Vereinigungen können außerdem auch als individuelle Mitglieder ihrer örtlichen Vereinigung beitreten. Bei den Wahlkreisvereinigungen herrscht unverfälschte parteiinterne Demokratie, wobei die Parteiversammlung aller Mitglieder die Grundstruktur bildet. Die örtliche Partei entscheidet über die Beitragsleistungen der Mitglieder und führt auch einen entsprechenden Zuschuß an den nationalen Parteifonds ab. Die Vereinigung ist in zahlreiche den einzelnen Stimmbezirken entsprechende Untervereinigungen eingeteilt, die monatlich eine allen Mitgliedern offene Versammlung abhalten. Der Geschäftsbetrieb obliegt einem Management-Ausschuß, der sich aus gewählten Delegierten der Unterabteilungen und der angeschlossenen Gruppen zusammensetzt. Dieser wiederum bestellt durch Wahl einen kleineren Geschäftsführungs-Ausschuß.

Zum Unterschied von den Konservativen steht der örtlichen Wahlkreisvereinigung auch die Aufstellung von Kandidaten für die Parlaments- und die Lokalwahlen zu, an welch letzteren die Labour-Partei einen weit größeren Anteil nimmt als die Konservativen, so daß die meisten Munizipalbehörden der Industriezentren und viele Bezirksausschüsse in der Regel Arbeitermehrheiten aufweisen. Die örtlich ausersehenen Kandidaten müssen aber von der Parteileitung durch das *National Executive Committee* bestätigt werden.

In der organisatorischen Erfassung der Parteiwählerschaft hatten die Konservativen bisher einen unleugbaren Vorsprung. Da der Verlust der Wahlschlacht von 1955 vor allem auf das Versagen der örtlichen Parteiorganisationen zurückgeführt wurde, ist seither von Labour hart an ihrer Verbesserung gearbeitet worden[1]. Wenn trotzdem auch die Wahlen von

[1] Ein vom *Executive Committee* eingesetzter Ausschuß unter Harold Wilson war 1955 zu einem sehr harten Urteil gekommen. Seither wurde vor allem auf die verbesserte Qualität der Wahlagenten Wert gelegt, wenn auch bis 1959 ihre Zahl (243) nur geringfügig gestiegen ist. Vor allem wurden aber die Beiträge der Parteizentrale an die Wahlkreisvereinigungen um ein Vielfaches erhöht.

1959 für Labour verloren gingen, so konnte dies nicht mehr wie 1955 auf die mangelhafte Wahlkreisorganisation zurückgeführt werden. Bei den Wahlen von 1964, auf die sich Labour organisatorisch und finanziell lange hatte vorbereiten können, scheint, soweit sich schließen läßt, die Wahlkreisorganisation befriedigend und nicht schlechter als bei den Konservativen funktioniert zu haben.

Obwohl die Wahlkreisvereinigungen im Jahreskongreß der Partei kaum 15% der den Gewerkschaften zufallenden Stimmen besitzen, sind sie es, die der Partei das Lebensblut einflößen. Dort finden sich die Militanten und die Aktivisten und ein Großteil ihrer Parteiarbeit wird aus echtem Idealismus freiwillig geleistet. In ihrem Denken mischen sich nicht selten sozialistische Vorstellungen mit religiösen Elementen der früheren Dissenters, denen manche von ihnen geistig nahestehen. Da führende Geister dieser Gruppe nicht frei von doktrinären Vorstellungen über die anzustrebende sozialistische Gesellschaft sind, ergeben sich Spannungen mit den Gewerkschaften, denen es mehr auf wirtschaftliche Sicherheit als auf die Erfüllung politischer Theorien ankommt. Aus dem Gegensatz zu den in der Parteimaschinerie dominierenden Gewerkschaften und den die Hefe im Parteiteig bildenden Aktivisten in den Wahlkreisen ist die Unzufriedenheit über dies unverhältnismäßige Stimmgewicht der Gewerkschaften in den Parteigremien entstanden, dem allerdings nicht abgeholfen werden kann, ohne die Partei zu zerbrechen. Andererseits ist es unbestreitbar, daß sich unter diesen pflichtgetreuen Parteisoldaten eine geistige Elite befindet, die ernsthaft an die Verwirklichung des Sozialstaates im Einklang mit der menschlichen Freiheit glaubt und der die Tories einstweilen nichts ideologisch Ebenbürtiges entgegenzustellen in der Lage sind. Der Gewinn der Wahlschlachten von 1964 und 1966 war nicht zuletzt den Unentwegten und Überzeugten in den Wahlkreisvereinigungen zu verdanken.

3. Der Parteiapparat

Labours Parteiorganisation besteht, kurz zusammengefaßt, aus dem alljährlichen Parteikongreß (*Annual Conference*), der die Parteileitung (*Executive Committee of the National Union*) und die Parteibeamten wählt, der Parlamentsfraktion (*Parliamentary Labour Party*), die den Parteiführer wählt, und dem *National Council of Labour* als Koordinierungs- und Beratungsorgan.

a) Der Parteikongreß

Teilnahmeberechtigt an dem alljährlich stattfindenden Parteikongreß sind die vorher beschriebenen vier Kollektivkomponenten der Partei, wobei den sie vertretenden Delegierten für je tausend der vertretenen

Mitglieder (oder einen Bruchteil davon) je ein Vertreter zusteht, ferner die Inhaber eines Labour-Sitzes in den beiden Parlamentshäusern und die von der Parteileitung als solche zertifizierten Kandidaten für die nächsten Generalwahlen. Was an dieser Ordnung vor allem im Vergleich mit anderen Parteiorganisationen auffällt, ist die vollkommene Durchführung der parteiinternen repräsentativen Demokratie. Den Vertretern der Wahlkreisvereinigungen steht zumindest parteirechtlich die gleiche Repräsentation und das gleiche Stimmgewicht wie allen anderen Gruppen zu. In der Praxis wirkt es sich allerdings anders aus. Angesichts der überwältigenden Mehrheit der Gewerkschaftsmitglieder verfügen die Gewerkschaften über ein entsprechend überwältigendes Stimmpotential. Denn bei den Abstimmungen des Kongresses wird den angeschlossenen Verbänden für je 5000 ihrer Mitglieder eine Stimme zugewiesen. Die Parlamentsmitglieder und die Wahlkreiskandidaten können zwar an den Sitzungen teilnehmen, sind aber nicht stimmberechtigt. Bei den Abstimmungen kommt es nur auf die Zahl der Stimmblöcke, nicht aber auf diejenige der anwesenden Delegierten an. Die mitgliedermächtigen Gewerkschaften entsenden niemals die volle Zahl der ihnen zustehenden Vertreter, sondern kumulieren dann die Stimmberechtigung in den Anwesenden. Der Abstimmungsvorgang wird also von den Gewerkschaften vollständig beherrscht. Fünf oder sechs der größten haben mehr Stimmgewicht als alle anderen Gruppen zusammengenommen[1]. Während die Wahlkreisvereinigungen oft gegeneinander stimmen, werden die Gewerkschaftsstimmen als monolithische Blöcke und ohne Berücksichtigung dissentierender Minderheiten abgegeben. Die Gewerkschaften stimmen, wie die Bosse es untereinander ausmachen. Ziehen nur zwei oder drei der großen Gewerkschaften am gleichen Strick, ist eine Opposition der anderen Gruppenvertreter gegen sie aussichtslos. Das Ergebnis ist also, daß der Kongreß nichts gegen den Willen der großen Gewerkschaften beschließen kann oder, was auf dasselbe hinausläuft, daß die Parteileitung diese für ihre Parteiziele gewinnen muß.

Verschieden von den Konservativen steht dem Parteikongreß von Labour eine echte Teilnahme am *policy making*-Prozeß zu. Die maßgebenden politischen Richtlinien, in den letzten Jahren etwa über Abrüstung, die atomare Bewaffnung oder den Anschluß an die Europäische Wirtschaftsgemeinschaft, werden vom Parteikongreß festgelegt und zumindest die theoretische Annahme ist, daß die Parteiführung und die parlamentarische Fraktion durch die Resolutionen gebunden sind[2]. Die Parteifüh-

---

[1] Im Jahre 1961 hatten die Gewerkschaften 5237000, die Wahlkreisvereinigungen nur 773000 Stimmen.

[2] Bei der Tagung von 1960 wurde die Entschließung, daß Grundsatzentscheidungen von der Parteikonferenz getroffen werden, mit 3586400 gegen 1874000 angenommen.

rung nimmt die Entschließungen ihres Konvents außerordentlich ernst und würde sich nur unter absolut zwingenden Voraussetzungen darüber hinwegsetzen. Außerdem obliegt dem Parteikonvent die Abänderung der Parteistatuten. Der Parteikongreß ist also die Arena nicht nur erbitterter Kämpfe zwischen den für die Parteiführung kandidierenden und damit um die Macht ringenden Persönlichkeiten, sondern auch, zum Unterschied von der auf dem Jahreskongreß der Konservativen gebotenen offiziellen Partei-Rhetorik, die Schaubühne, auf der vor dem ganzen Land die politischen und ideologischen Meinungsverschiedenheiten ausgetragen werden. Man kann wohl ohne Übertreibung der Meinung sein, daß die Jahresversammlungen der Labour-Partei, vor allem, wenn sie in der Opposition ist, das interessanteste politische Schauspiel sind, das das Land bieten kann.

Auf dem Konvent geht es durchaus demokratisch zu. Es herrscht während der fünf Tage seiner Dauer völlige Redefreiheit auch der Einzelmitglieder, wenn auch mit beschränkter Redezeit, und die Parteiführer müssen ihren Kritikern Rede und Antwort stehen. Jede Gruppe der Kollektivkomponenten kann einen Antrag stellen und da die Tagesordnung von vornherein bekannt ist, können die Delegierten bereits mit den Instruktionen ihrer Auftraggeber an der Diskussion teilnehmen. Der Verlauf der Debatten ist also keineswegs von vornherein abgekartet. Auch wenn die Parteiführung ihres Vertrauensvotums sicher ist, muß sie auf die zur Sprache gekommenen Bedenken der im Konvent vertretenen Parteiwählerschaft gebührend Rücksicht nehmen.

b) Der Nationale Exekutivausschuß

Das Zentralorgan der Labour-Partei ist das *National Executive Committee*. Es besteht aus insgesamt 28 Mitgliedern, von welchen 12 von den Gewerkschaften, sieben von den Wahlkreisvereinigungen und je einer von den genossenschaftlichen, sozialistischen und Berufsgruppen nominiert und delegiert sind. Ferner werden die fünf Frauenvertreter und der Parteischatzmeister vom Parteikongreß insgesamt gewählt. Außerdem sind der von der *Parliamentary Labour Party* gewählte Parteiführer und sein Stellvertreter *ex officio*-Mitglieder. Da die Mitglieder regelmäßig auf Wiederwahl rechnen können, liegt bei ihnen die eigentliche parteipolitische Entscheidungsmacht. Sie sind die eigentlichen Parteiprofessionellen[1]. Sie treten meist einmal im Monat für einige Tage zur Beratung zusammen. Von ihnen wird im Benehmen mit dem Parteikongreß auch der Geschäftsführer bestellt, der als "*Secretary of the Labour Party*" dauernd angestellt und der oberste Technokrat der Partei ist, seinerseits einem großen Stab von berufsmäßigen Parteibeamten vorstehend.

---

[1] Man beachte den Unterschied zwischen der Partei*leitung* und der Partei*führung*.

Theoretisch ist der Exekutivausschuß nur das Ausführungsorgan des Parteikongresses; da dieser aber nur die großen Richtlinien festlegen kann, devolviert die eigentliche Entscheidungsmacht, allerdings innerhalb dieses Rahmens, auf den kleineren und daher arbeitsfähigeren Ausschuß. Da die Gewerkschaftsmitglieder (mit den Frauen) die Mehrheit haben, kann damit gerechnet werden, daß seine Entschließungen vom Kongreß nicht desavouiert werden. Damit ist eine einheitliche Parteileitung auf demokratischer Basis gesichert, der die Konservativen nichts Gleichwertiges entgegenstellen können.

Dem Exekutivausschuß untersteht auch die Parteizentrale, die nach dem Sitz des Gewerkschaftskongresses, wo sie untergebracht ist, kurz *Transport House* heißt. Dem Zentralbüro obliegt die Handhabung der Parteimaschine und alles dessen, was damit bei einer modernen Massenpartei zusammenhängt: Die Gesamtpropaganda vor und während der Wahlen, die Sammlung und Verwaltung der Parteimittel, die Ausbildung der Parteiagenten, -Manager und Parteibeamten, die Unterstützung der Wählervereinigungen und ähnliches mehr. Im Hinblick auf diesen gut geölten Parteiapparat sind Parteiabsplitterungen kaum möglich, weil ihnen die Propagandatechniken nicht zur Verfügung stehen, wozu die der Parteizentrale zustehende Handhabung der Parteidisziplin mit dem Recht des Ausschlusses dissidenter Vereinigungen das ihre beiträgt. Wichtig ist außerdem die dem Exekutivausschuß zustehende Bestätigung der örtlich aufgestellten Parteikandidaturen.

c) Der National Council of Labour

Von seinen 21 Mitgliedern werden sieben von den Gewerkschaften, sieben von den Genossenschaften, vier von der *Parliamentary Labour Party* und drei vom Exekutivausschuß bestellt, und zwar sind die Delegierten immer die Spitzenexponenten der sie entsendenden Gruppen. Dadurch können die Interessen der Gruppen auf einen gemeinsamen politischen Nenner gebracht werden. Da sie hier kein Übergewicht haben, können auch die Gewerkschaften den sozialwirtschaftlichen und politischen Zielen der anderen Komponenten der Partei zugänglich gemacht werden. Die Institution verdeutlicht die bei allen Massenorganisationen bestehende Notwendigkeit der exekutiven Koordinierung und Harmonisierung divergierender Interessen.

4. Die Parliamentary Labour Party und der Parteiführer

Wenn der Parteiapparat der Akkumulator ist, der alle der Labour-Sache zugeneigten Kräfte der Wählerschaft zusammenschließt und in Gang hält, so sind es die Labour-Mitglieder im Unterhaus, als *Parliamentary Labour Party* konstituiert, die innerhalb der Partei das eigentliche

Machtzentrum darstellen. Denn sie sind es, welche, ist Labour an der Regierung, dem Labour-Prime Minister die zur Regierungsführung erforderliche Mehrheit geben und die, ist Labour in der Minderheit, als die offizielle Opposition einen indirekten, aber nicht minder wirksamen Einfluß auf die Regierungspolitik ausüben. Vor allem aber wird der Parteiführer (*Party Leader*) von der Labour-Unterhausfraktion gewählt und er muß sich – zum Unterschied von der unbegrenzten Amtsdauer des konservativen Führers – alljährlich, falls Labour in der Opposition ist, der Wiederwahl unterziehen. Diese ist, da Labour von jeher verschiedene Richtungen aufweist und die daraus entspringenden Gegensätze in der Öffentlichkeit ausgetragen werden, alles andere als eine bloße von den Parteihierarchen abgekartete Formalität, wie sich bei der hartumstrittenen Wiederwahl Hugh Gaitskells (1960) nach den verlorenen Generalwahlen von 1959 und ebenso nach dessen Tod bei der Wahl Harold Wilsons (1963) erwies. Die alljährliche Wiederwahl ist allerdings, wie sich versteht, nur dann erforderlich, wenn sich die Partei in der Opposition befindet. Ebenso wird der stellvertretende Parteiführer (*Deputy Leader*) von der Fraktion gewählt. Der so gekürte Parteiführer hat den durch Konventionalregel verbrieften Anspruch, von der Krone zum Prime Minister berufen zu werden, falls Labour die nächsten Generalwahlen gewinnt. Tritt ein Wechsel in der Prime Ministerschaft ein, während Labour an der Regierung ist, so wählt die *Parliamentary Labour Party* zuerst den neuen Parteiführer, den dann die Krone zum Prime Minister berufen muß. Die Krone hat also bei der Bestellung eines Labour-Prime Ministers überhaupt keine andere Wahl und muß sich dem Parteientschluß fügen, während der Souverän bei den Konservativen, wie gezeigt, immerhin unter bestimmten Umständen einen gewissen Spielraum haben kann. Die Tatsache allein seines potentiellen Aufstiegs zum höchsten politischen Amt des Landes verleiht dem Führer der Labour-Partei einen außerordentlichen Einfluß auf Strategie und Taktik der Parteigeschicke.

Andererseits ist aber das Verfahren der Entscheidungsfällung und -ausführung bei Labour weit demokratischer und elastischer als bei der Gegenpartei. Dabei muß die Situation, wenn die Partei den Prime Minister und das Kabinett stellt, von derjenigen unterschieden werden, wenn sie sich in der Opposition befindet.

Ist die Partei in der Opposition, so wird mindestens jede Woche eine Fraktionsversammlung (*caucus*) abgehalten, deren Entschließungen für die Parteiführung bindend sind. Ebenso wird das „Schattenkabinett", das die vorderste Oppositionsbank in Unter- und Oberhaus einnimmt, von der Fraktion gewählt. Da diese immer eine mehrere hundert Leute umfassende Gruppe ist, wird von einem *Executive Committee* als Liaisonorgan zwischen der Parteiführung und den Parteisoldaten im Parlament

Gebrauch gemacht, dem außer dem Parteiführer, seinem Stellvertreter und dem Haupteinpeitscher der Partei (*Chief Whip*) zwölf von der Fraktion gewählte Delegierte angehören. Es ist also auch innerhalb des Führungsgremiums für die Aufrechterhaltung demokratischer Verfahrenstechniken gesorgt.

Kommt andererseits die Labour-Partei an die Regierung und ist ihr Führer mit der Prime Ministerschaft betraut, so kann er, anders als bei den Konservativen, sein Kabinett nicht nach freier Entschließung zusammenstellen, sondern muß die vorher im „Schattenkabinett" designierten Personen heranziehen, die sich bereits lange vorher mit dem ihnen zugedachten Ressort vertraut gemacht haben. Es obliegt ihm dann zwar eine weitgehende Entscheidungsfreiheit über die einzuschlagende Politik, nicht zuletzt deswegen, weil im Druck der Tagespolitik nicht immer die Meinung der Parteiabgeordneten eingeholt werden kann, aber es bestehen regelmäßige und enge Kontakte der Beratung und Information zwischen dem Prime Minister und seiner Parlamentspartei. Als Liaison fungiert ein Ausschuß, gebildet aus einigen Hinterbänklern, dem *Chief Whip*, dem *Lord President of the Privy Council*[1] und einem Labour-Oberhausmitglied, der die Regierungspolitik der Fraktion nahebringt und von ihr Anregungen erhält, und die Fraktion tritt mindestens alle zwei Wochen zum *Caucus* zusammen, an dem auch der Prime Minister und wichtige Kabinettsmitglieder teilnehmen. Daneben besteht auch eine sehr lebendige formlose Gruppenkonsultation innerhalb der Labour-Fraktion, deren Kritik und Vorschlägen sich der Prime Minister nicht entziehen kann. Innerhalb der Labour-Parlamentspartei spielen die dem Gewerkschaftsmilieu entstammenden Abgeordneten trotz ihrer bedeutenden Zahl erfahrungsgemäß eine weit geringere Rolle als die aus den freien Berufen kommenden Intellektuellen, die das geistige Niveau bestimmen. Solche Leute besonders der jüngeren Jahrgänge fehlen neuerdings auch bei den Konservativen nicht, treten aber dort gegenüber dem Traditionselement der älteren Generation zurück. Eine Labour-Regierung ist daher immer interessanter als eine konservative.

All dies bedeutet, daß, ist eine Labour-Regierung im Amt – die Erfahrungen beschränken sich bisher allerdings auf die Zeit von 1945 bis 1950 und mögen sich gegenüber einer so starken Persönlichkeit wie Harold Wilson seit 1964 nicht unbedingt bestätigen lassen[2] –, der Prime

[1] Dies ist der Präsident des mit wichtigen Kronfunktionen betrauten *Privy Council* (siehe unten S. 524ff.), der immer Kabinettsmitglied ist.

[2] Der Außenstehende kann es zwar schwer beurteilen, aber der Schluß ist naheliegend, daß Prime Minister Wilson angesichts der überaus prekären Mehrheitsverhältnisse während seiner ersten Regierung Kabinett und Parlamentspartei monolithisch führen mußte und konnte, ohne deswegen von Haus aus eine autoritäre Persönlichkeit zu sein. Nach den Wahlen von 1966 kam es aber zu schweren Unstimmigkeiten innerhalb des Kabinetts.

Minister seiner Partei und damit dem Unterhaus weit weniger „diktieren" kann als es bei den Konservativen der Fall ist und daß sich die Regierungsführung, ohne *de facto* „kollektiv" zu sein, weit mehr im Einklang mit der *rank and file*, den Parteisoldaten in „Reih und Glied" befinden muß als dies bei den Konservativen üblich ist.

Die Parlamentspartei besitzt auch die Disziplinargewalt gegenüber ihren Mitgliedern. Im allgemeinen – und dies gilt auch für die Konservativen, wo allerdings Kandidaten mit Neigung zu Extratouren selten sind – behandeln die Parteileitungen die Dissidenten mit Glacéhandschuhen, um eine immer unerwünschte Spaltung der Parteisolidarität zu vermeiden.

5. Die Kandidatenaufstellung

Das Verfahren der Kandidatenauswahl, zweifellos eine der wichtigsten Voraussetzungen des Wahlerfolges, wird von Labour schon deswegen mit weit größerer Rationalisierung und unter den Augen der Öffentlichkeit gehandhabt, weil es in den Parteistatuten niedergelegt ist. Man kann wohl sagen, daß das Erfordernis der parteiinternen Demokratie, das in der Mehrzahl der anderen Länder gerade bei der Kandidatenauswahl zu kurz kommt, bei Labour seinen optimalen Stand erreicht hat, und zwar dadurch, daß den örtlichen Wählervereinigungen die Initiative zugewiesen ist.

Die erste Etappe ist die Befragung der Zentrale (*National Executive Committee*), ob im Wahlkreis ein Kandidat aufgestellt wird; sie ist heute eine reine Formalität, da Labour als die offizielle Alternierungspartei seit 1945 so gut wie alle Sitze bestreitet[1]. Die Initiative geht dann von der örtlichen Parteivereinigung aus, deren Vorstand die Parteiangehörigen und die Mitglieder der angeschlossenen Verbände, besonders der Genossenschaften und der Gewerkschaften, zu Nominierungen einlädt. Auf diese Weise kommen diese wichtigen Kollektivkomponenten der Labour-Partei schon im Nominationsverfahren zum Zug. Falls der von ihnen präsentierte Bewerber schließlich auf den offiziellen Schild erhoben wird, tritt er mit dem entsprechenden Spezial-Etikett neben demjenigen Labours auf, um die Anziehungskraft zu erhöhen. Weiter fällt ins Gewicht, daß Gewerkschafts- und zu einem gewissen Grad auch Genossenschaftskandidaten eher die Wahlkosten tragen können als unaffiliierte Bewerber. Der Nominationsvorschlag wird sodann vom *National Executive Committee* eingehend geprüft. Voraussetzung seiner Annahme ist, daß der Bewerber der Partei oder einer ihrer angeschlossenen Organisationen angehört, also nicht Mitglied einer anderen Partei ist – die Technik des doppelten

[1] Im Jahre 1959 sogar den des Speakers, nicht aber in neun der hoffnungslosen nordirischen Wahlkreise; 1964 blieben nur zwei aussichtslose Sitze in Ulster unbestritten.

Parteibuchs zieht hier nicht – und daß er sich formell den Satzungen der Labour-Partei unterworfen hat. In Einzelfällen allerdings, wenn es sich um notorische Dissidenten mit ebenso notorischer Zugkraft handelt, wie 1955 bei K. Zilliakus, muß die Parteizentrale ein Auge zudrücken[1]. Aber Krypto-Kommunisten werden dabei unweigerlich ausgemerzt.

Trotz des theoretischen Rechts der Parteizentrale, ihr nicht genehme Kandidaten, die aus dem örtlichen Wettbewerb hervorgegangen sind, zurückzuweisen, ist im großen und ganzen die Auswahl durch die örtliche Organisation ausschlaggebend. Wenn diese auf einem Kandidaten besteht, den die Zentrale abgelehnt hat, stellt letztere in der Regel ihren offiziellen Kandidaten auf, so daß ein unabhängiger und ein offizieller Kandidat den Sitz bestreiten, was aber immer eine riskante Sache ist, da dadurch das Mandat der Gegenpartei zugespielt werden kann. In solchen Fällen verzichtet daher die konservative Zentrale auf einen parteioffiziellen Kandidaten.

Die eigentliche Nomination erfolgt dann wiederum parteiintern-demokratisch durch die allgemeine Mitgliederversammlung, die je nach der Sachlage mehr oder minder stark besucht ist. Der somit gekürte Bewerber erhält dann durch die Zentralinstanzen den offiziellen Stempel als Kandidat für den betreffenden Wahlkreis. Die Mitwirkung der Parteizentrale bei der Kandidatenaufstellung beschränkt sich also im wesentlichen auf die Ausscheidung nicht-parteiloyaler Kandidaten. Die Vorhand der örtlichen Organisation wird weiterhin durch ein soziologisches Element verstärkt. Im Gegensatz zu den Konservativen, die meist ein Überangebot an geeigneten Kandidaten haben, fehlte es Labour bisher vielfach an solchen, was vor allem auf die Frage der Wahlfinanzierung zurückzuführen ist. Die Parteizentrale hilft zwar notleidenden Wahlkreisen und Kandidaten finanziell aus, übernimmt aber nicht, wie die Konservativen, die Wahlkampfkosten generell. Erst die 1911 eingeführten und jüngst (1964) wieder erhöhten Abgeordneten-Diäten machten den Beruf der Politik auch für Minderbemittelte zugänglich, aber trotzdem ist die berufliche Laufbahn in der Politik nach wie vor für die Labour-Bewerber schwieriger als für die Konservativen mit ihrer breiten *leisure*-Schicht. Wenn also ein wohlhabender *solicitor* oder *accountant* sich für Labour um einen Sitz bewirbt, spricht von vornherein viel für seine Nomination. Die Zunahme der freien Berufe hat ihrerseits wiederum zur Intellektualisierung

---

[1] Als extrem Linker 1945 ins Unterhaus gewählt, wurde er 1949 aus der Labour-Partei ausgeschlossen und erst 1952 wieder zugelassen. 1955 erlangte er in einem Wahlkreis von Manchester mit Approbation der Parteizentrale die Nomination und wurde damals und in allen seitherigen Wahlen wieder nach Westminster entsandt. Er ist einer der interessantesten MPs: In Japan geboren, in Finnland, Schweden und Frankreich aufgewachsen und Graduierter der Yale-Universität, spricht er zehn Sprachen.

der parlamentarischen Labour-Partei beigetragen und damit ein unentbehrliches Gegengewicht gegen die klassenmäßig orientierten oder gebundenen Gewerkschaftsmitglieder geschaffen. Das weitgehend dezentralisierte System der Kandidatenaufstellung hat sicherlich den Vorteil, daß dem wirklichen politischen Talent weniger Hindernisse in den Weg gelegt werden als es bei der stark zentralisierten Technik der Konservativen der Fall sein mag, wo sich allerdings die soziale Homogenität der Parlamentsmitglieder, mag dies ein Vorteil oder ein Nachteil sein, leichter aufrechterhalten läßt. Nachdem Labour sich nunmehr durch einen überzeugenden Wahlsieg nach Art von 1966 als echte Alternierungspartei ausgewiesen hat, wird es an ehrgeizigen, geeigneten und finanziell unabhängigen Bewerbern sicherlich nicht mangeln. Der eindrucksvolle Erfolg Labours kann als schlüssiger Beweis dafür gelten, daß die Partei sich endgültig als der echte Alternierungspartner der Konservativen in der Nation eingewurzelt hat und mag wohl den noch jüngst von einem einflußreichen konservativen Politiker stammenden Ausspruch widerlegen: „Wir sind ein konservatives Volk, erlauben aber Labour von Zeit zu Zeit eine Wahl zu gewinnen".

6. Parteiorganisation und parteiinterne Demokratie

Seit Roberto Michels und Max Weber ist die oligarchische Struktur für die politischen Parteien axiomatisch. Man darf sich daher zum Abschluß Rechenschaft darüber geben, wie es sich damit bei den britischen Parteiorganisationen verhält. Bei den Konservativen findet das soziologische Gesetz seine volle Bestätigung. Parteiführung und Parteiapparat arbeiten nicht nur oligarchisch, sondern autoritär. Bei der Labour-Partei andererseits wird man sich fragen müssen, inwieweit die Parteiorganisation den Anforderungen der parteiinternen Demokratie entspricht und, verbunden damit, inwieweit die politische Verantwortung der Parteiführung und der *Parliamentary Labour Party* durch die Parteiinstanzen beschränkt ist. Die Labour-Partei hat den wohl unmöglich scheinenden Beweis erbracht, daß die parteioligarchische Führung mit der parteiinternen Demokratie jedenfalls nicht *a limine* unvereinbar ist. Es unterliegt keinem Zweifel, daß sowohl in der Zusammensetzung der Mitgliedschaft des Parteikongresses wie in der Betriebsführung der parlamentarischen Fraktion den Bedürfnissen der parteiinternen Demokratie weitgehend Rechnung getragen und Genüge geleistet wird. Auch der Einfluß der Gewerkschaften auf die Entschließungen des Parteikongresses darf nicht überschätzt werden; denn die Gewerkschaften tragen zwar den Löwenanteil der Parteifinanzen und ihr Stimmgewicht im Parteikonvent ist überwältigend, aber sie hüten sich, die Partei zum Instrument ihrer wirtschaftlichen Interessen zu machen, wohl wissend, daß sie als Parteiwähler allein niemals einen Sieg der Labour-Partei herbeiführen könnten.

Ebensowenig kann der Auffassung beigetreten werden, die Labour-Partei sei nur ein Werkzeug der Parteitechnokraten im Zentralbüro der Parteimaschine. Was das Verhältnis der Labour-Parlamentspartei und des Labour-Führers zur Partei und ihrer Organisation anbelangt, so scheint in manchen Labourkreisen und auch außerhalb die Auffassung vertreten zu sein, die politische Führung sei durch die Entschlüsse des Parteikongresses ein für alle Male gebunden. Das mag theoretisch zutreffen, nicht aber für die Praxis der Politik. Die *Parliamentary Labour Party* hält dafür, daß sie den Parteikongreß-Entschließungen nach Möglichkeit Rechnung tragen wird, sich aber auch ihnen gegenüber gegebenenfalls die Freiheit des Handelns vorbehält. Weder die Gewerkschaften noch eine nicht-repräsentativ bestellte Schicht von Parteimanagern sind in der Lage, die bei dem demokratisch bestellten Parteiführer und der *Parliamentary Labour Party* liegende politische Verantwortung für die Geschicke der Partei und, wenn diese an der Macht ist, für diejenigen der Nation zu beeinträchtigen. Die Parlamentsfraktion andererseits muß sich dem Parteiführer als Prime Minister mit der konventionalregelhaften Disziplin unterordnen, will sie nicht eine Niederlage erleiden und die Macht verlieren. Letzten Endes erzwingen also die Tatsachen des politischen Prozesses auch bei Labour die Hierarchie der Machtausübung, die im Parteiführer und seinen engsten Beratern gipfelt.

Dritter Teil

Die Staatsorgane I: Das Parlament

Neuntes Kapitel

Die Organisation des Parlaments: Das Unterhaus

Vorbemerkung

Die Regierungsweise Großbritanniens ist eine parlamentarische. Das bedeutet, daß das Parlament der Angelpunkt ist, um den sich der politische Prozeß bewegt. Zur Bildung des verbindlichen Staatswillens ist das Parlament unentbehrlich. Im Laufe einer mehr als zweihundertjährigen Entwicklung und zumindest seit 1867 hat sich in Großbritannien jene Variante des Parlamentarismus ausgebildet, die von der Verfassungslehre als die parlamentarische Kabinettsregierung bezeichnet wird. Jede realistische Darstellung des britischen Regierungssystems muß also mit dem Parlament beginnen[1].

Einführend sei bemerkt, daß dem Parlament im Rahmen des politischen Prozesses dreierlei Funktionen zustehen, nämlich die Gesetzgebung einschließlich der Finanzgesetzgebung, die Regierungskontrolle und schließlich auch gewisse richterliche Aufgaben; denn das Parlament wird auch heute noch bei offiziellen Anlässen als der *High Court of Parliament* angesprochen. Da aber die judiziellen Funktionen des Parlaments außer in Fragen der parlamentarischen Privilegien, die jedem der beiden Häuser für sich unterstehen, heute im wesentlichen dem *House of Lords* zukommen, wird davon im Zusammenhang mit diesem, bzw. der Gerichtsorganisation die Rede sein[2].

---

[1] In der Systematik des britischen Verfassungsrechts zeigt sich insofern ein zeitbedingter Bedeutungswandel, als nicht mehr die Krone, die noch im 19. Jahrhundert den Ausgangspunkt gebildet hatte, dem Parlament vorangestellt, sondern ihm nachgeordnet werden muß. Unsere Darstellung zieht es, wie es der Verfassungswirklichkeit entspricht, sogar vor, die Krone der Regierung (Kabinett) nachzuordnen, während die führenden Lehrbücher (Phillips, Wade & Phillips) die Behandlung der Monarchie derjenigen der eigentlichen Exekutive voranstellen. Siehe darüber auch unten S. 483.

[2] Siehe Bd. II, S. 40ff.

I. Der Mechanismus der Parlamentstagungen

1. Die Rolle der königlichen Prärogative

Formell war es seit alters und ist es nach wie vor die Krone, welche das Parlament zur Tagung für eine Legislaturperiode einberuft (*summons*), die Sessionen, in welche die Legislaturperiode eingeteilt ist, abschließt (*prorogation*), die Parlamentstagung durch Auflösung (*dissolution*) beendet. Eine Auflösung erfolgt entweder bei oder kurz vor Ablauf der gesetzlichen Legislaturperiode oder aber, falls dies politisch geboten ist, vorzeitig während ihres Verlaufs. Ebenso erfolgt nach der Auflösung die Ausschreibung von Neuwahlen und die Einberufung des neuen Parlaments durch Akt der Krone. Die königliche Proklamation (*Royal Proclamation*), welche die Auflösung verfügt, enthält gleichzeitig die Modalität der Einberufung des neuen Parlaments, so daß die in den meisten geschriebenen Verfassungen enthaltene Vorschrift der Einberufung des neuen Parlaments innerhalb einer verfassungsrechtlich festgelegten Frist entbehrt werden kann.

Alle diese Staatshandlungen sind aber seit langer Zeit, in der Tat seit Jahrhunderten, kein selbständiger Akt des Monarchen, sondern werden von ihm auf Veranlassung des Prime Ministers und unter dessen ausschließlichen Verantwortung vollzogen. Dem Träger der Krone ist dabei keinerlei Ermessensspielraum eingeräumt[1]. Es ist also aus systematischen Gründen vorzuziehen, das Auflösungsrecht als unter die sachliche Zuständigkeit des Prime Ministers fallend erst im Zusammenhang mit dem Amt des letzteren zu behandeln[2].

2. Zusammentritt des Parlaments

Im Hochmittelalter, bald nachdem die Repräsentativtechnik sich eingebürgert hatte, wurden unter der Regierung von Edward III. Gesetze von 1330 (4 Edw. 3, c. 14) für jährliche Parlamente und von 1362 (36 Edw. 3, st. 1, c. 10) für, falls erforderlich, noch häufiger einzuberufende Parlamente erlassen. Aber da das Aufgebot durch *writ of summons* im Belieben des Monarchen stand, waren die Gesetze unerzwingbar. Später wurden Parlamente je nach dem Temperament des Monarchen und vor allem je nach den Finanzbedürfnissen der Krone mehr oder minder häufig einberufen[3]. Charles I. konnte elf Jahre lang ohne Parlament

[1] Darüber, ob ein solcher bei der Auflösung besteht, siehe unten S. 393ff.

[2] Siehe unten S. 391ff. Auch hier weichen die führenden Lehrbücher von unserer Systematik ab, indem sie die Auflösung im Zusammenhang mit der *Royal Prerogative* als monarchisches Attribut behandeln.

[3] Beispielsweise berief Henry VI. 22 Parlamente in 29 Jahren, Edward IV. nur 7 in 22 Jahren. Von den Tudors brachte es Henry VII. in 24 Regierungsjahren auf deren 22, Henry VIII. während 38 Jahren nur auf neun, von denen das sog. Refor-

regieren (1629–1640), bis das schließlich einberufene sogenannte Lange Parlament ihm den *Triennial Act* von 1641 (16 Cha. 1, c. 1) abzwang: Ein neues Parlament mußte vor dem 10. September des dritten Jahres seit der Beendigung des vorhergegangenen zusammentreten. Sollte der König den *writ* nicht aussenden, so war eine Einberufung durch den *Lord Chancellor* und falls dieser versagte, durch andere Instanzen bis hinab zur Selbstversammlung der Wähler vorgesehen. Auch durfte kein einberufenes Parlament außer mit seiner Zustimmung innerhalb von 50 Tagen seit seinem Zusammentritt aufgelöst oder vertagt werden.

Das Gesetz wurde nach der Restauration durch den zweiten *Triennial Act* von 1664 (16 Cha. 2, c. 1) dahingehend abgeschwächt, daß die Zeitspanne, während welcher kein Parlament einberufen war, drei Jahre nicht übersteigen dürfe. Wiederum blieb das Gesetz wirkungslos, da keine Maßnahmen bei seiner Mißachtung vorgesehen waren. Nach der Glorreichen Revolution kehrte aber der *Meeting of the Parliament Act* von 1694 (6 & 7 Will. & Mary, c. 2) zur früheren Regelung zurück, wonach ein neues Parlament mindestens alle drei Jahre zu berufen war. Diese Regelung ist auch heute noch in Kraft. Seit der Glorreichen Revolution jedoch tritt das Parlament jedes Jahr zu einer Tagung zusammen. Der eigentliche Grund dafür lag weniger in der Bestimmung der *Bill of Rights* von 1688 (Sektion 13), die „häufige Parlamente" vorschrieb, als darin, daß in Großbritannien seither die wichtigsten Steuergesetze, vor allem die Einkommensteuer, jeweils nur für ein Jahr genehmigt sind und daher nur während dieser Zeit erhoben werden können. Außerdem mußten bis in die jüngste Zeit die Heer und Flotte betreffenden Gesetze alljährlich vom Parlament erneuert werden und die Ausgaben für die meisten öffentlichen Dienste bedurften der jährlich zu erneuernden Genehmigung. Schließlich muß auch dafür gesorgt werden, daß die auslaufenden Gesetze vom Parlament in Gestalt der *Expiring Law Continuance Acts* alljährlich erneuert werden, da sie sonst außer Kraft treten würden. Seit der Glorreichen Revolution sind also alljährliche Parlamente zur unabdingbaren Voraussetzung des britischen Staatsbetriebs geworden. Großbritannien ohne ein Parlament – außer wenn es in den Ferien ist – ist schlechthin undenkbar.

3. Dauer der Legislaturperiode

Verschieden vom jeweiligen Zusammentritt eines Parlaments ist seine Dauer, das heißt nach der modernen Terminologie die Dauer der jeweili-

---

mationsparlament (1529—1536) mit seinen sieben Jahren das bisher längste war. Elizabeth I. berief in 45 Regierungsjahren 10 Parlamente, mit demjenigen von 1572—1581 als dem bis dahin längsten überhaupt. James I. berief in 22 Jahren nur 5 Parlamente, alle von kurzer Dauer, und Charles I. verbrauchte vier Parlamente in den ersten vier Jahren seiner Regierungszeit.

gen Legislaturperiode. Hier hatte der vorerwähnte *Triennial Act* von 1694 auch bestimmt, daß kein Parlament länger als drei Jahre dauern dürfe, daß also in höchstens dreijährigen Abständen dem Wähler- oder Volkswillen durch Neuwahlen Rechnung zu tragen ist. Die Legislaturperiode wurde sodann nach Antritt der Hannoveraner im *Septennial Act* von 1715 (1 Geo. 1, st. 2, c. 38) von drei auf sieben Jahre verlängert. Dies hatte weittragende soziologische Folgen, weil damit das verlängerte Mandat zu einem wesentlichen Vermögenswert der *ruling class* und dementsprechend nach den damaligen politischen Sitten zu einem hochwertigen Handelsobjekt wurde. Erst im *Parliament Act* von 1911 (Sektion 7) wurde die Legislaturperiode wieder von sieben auf fünf Jahre verkürzt und damit in Einklang mit der neueren politischen Theorie gebracht, die allzu kurze wie allzu lange Legislaturperioden gleichermaßen vermieden wissen will, das erstere um den Souverän, das Volk, nicht allzu oft zu bemühen, das letztere um zu vermeiden, daß eine Repräsentativkörperschaft an der Macht ist, die infolge von Zeitablauf und Zeitwandel nicht mehr den Wählerwillen widerspiegelt.

Kraft seiner Souveränität hat das Parlament die Zuständigkeit, sein eigenes Leben durch Parlamentsakt zu verlängern. Dies ist in Kriegszeiten durch Novellen zum *Septennial Act* von 1715 und zum *Parliament Act* von 1911 üblich geworden, so daß das 1910 gewählte Parlament bis 1918, das 1935 gewählte bis 1945 sich keiner Neuwahl unterziehen mußte. Doch hatte sich in beiden Fällen die personelle Zusammensetzung des Unterhauses durch die erforderlich gewordenen zahlreichen Nachwahlen, die selbstverständlich auch in Kriegszeiten stattfinden, wesentlich verändert.

4. Abschnitte der Legislaturperiode

Die Legislaturperiode eines Parlaments ihrerseits ist in Sessionen eingeteilt. Vor 1914 gab es im allgemeinen deren jährlich nur eine, seit 1918 aber zwei, wodurch die Sitzungstage des Parlaments eine Vermehrung erfuhren. Normalerweise tagt das Parlament etwa acht Monate im Jahr. Die Session wird formell durch die auf Veranlassung der Regierung bzw. des Prime Ministers verfügte Vertagung (*prorogation*) geschlossen. Sie wird den beiden Häusern entweder durch den *Lord Chancellor* im Auftrag der Krone oder durch königliche Proklamation kundgemacht. In jedem Fall setzt diese auch den Tag des Beginns der nächsten Session fest, außer es handelt sich um eine Session, welche durch Parlamentsauflösung beendet wird[1]. Unterbrechungen zwischen den Sessionen heißen offiziell *recess*.

[1] Gewisse Gesetzgebungsbestimmungen (*Meeting of the Parliament Act* von 1797 [37 Geo. 3, c. 127], derselbe Titel von 1870 [33 & 34 Vict., c. 81] und *Parliament (Elections and Meetings) Act* von 1943 [6 & 7 Geo. 6, c. 48]) ermöglichen es der

Der Sessionsschluß hat die bedeutsame gesetzestechnische Folge, daß alle *public bills*, die in diesem Zeitpunkt noch nicht erledigt sind, verfallen und gegebenenfalls in der nächsten Session neu eingebracht werden müssen. Andere Vorlagen wie *private* und *local bills* können von jedem Haus durch Beschluß in ihrem derzeitigen Stand auf die nächste Session übertragen werden. Diese traditionelle, aber keineswegs glückliche Regelung zwingt die Regierung bei der Planung ihres Gesetzgebungsprogramms zu Beginn der Session darauf zu sehen, daß die ihr wichtig erscheinenden Vorlagen auch wirklich innerhalb der Session erledigt werden können, was wiederum zur Folge hat, daß das britische Parlament gesetzgeberisch viel schneller arbeitet als etwa der amerikanische Kongreß, der unerledigte Entwürfe von der ersten auf die zweite (Jahres-)Session überweisen und sich daher mit der Erledigung Zeit lassen kann.

Die der monarchischen Staatsstruktur entstammende frühere Bestimmung, wonach ein Parlament beim Tod des Souveräns automatisch der Auflösung verfällt, wurde im *Representation of the People Act* von 1867 (30 & 31 Vict., c. 102) als unzeitgemäß aufgehoben. Tritt der Tod während einer Prorogationsperiode ein, so versammelt sich das Parlament ohne weiteres Aufgebot von selbst. Die Mitglieder beider Häuser müssen den Treueid auf den Thronnachfolger leisten.

Alle bisher erwähnten Regelungen gelten für beide Häuser gleichermaßen. Jedem Haus steht aber unabhängig vom anderen das Recht zu, seine Sitzungen für bestimmte Zeitabschnitte, die nach Stunden, Tagen, Wochen oder Monaten bestimmt werden können, zu vertagen (*adjournment*), ohne daß dadurch der Stand der anhängigen Entwürfe berührt würde. Auch hier kann die Krone auf Wunsch der Regierung den Wiederzusammentritt des betreffenden Hauses durch Proklamation anordnen, wenn die Vertagung mehr als vierzehn Tage dauern soll[1]. Im übrigen ist Sorge dafür getragen, daß das Parlament notfalls sofort einberufen

---

Krone, das heißt wiederum dem Prime Minister, das Parlament vor oder nach dem bereits festgesetzten Tag zu einer neuen Session einzuberufen, was jedoch als ungewöhnlich gilt. Im Jahre 1963 wurde statt dessen zu einer formellen Prorogation gegriffen, um es dem eben zum Prime Minister ernannten Earl of Home, der nach der Niederlegung seiner Peerswürde unter dem *Peerage Act* von 1963 (Eliz. 2, c. 48) zum Commoner geworden war, zu ermöglichen, sich bei einer Nachwahl in einem schottischen Wahlkreis um einen Unterhaussitz zu bewerben; die Session hätte sonst ohne den Prime Minister im Unterhaus beginnen müssen. Das ursprünglich auf den 24. Oktober einberufene Parlament wurde demgemäß auf den 12. November prorogiert, wobei es zu scharfen Rügen dieses Akts der Courtoisie durch die Labour-Opposition kam, die sich über Willkür und mangelnden Respekt gegenüber dem Parlament beklagte. Dies ging sogar so weit, daß die Opposition im Oberhaus einen formellen Antrag auf Ablehnung der Prorogation einbrachte, der selbstverständlich erfolglos war.

[1] Diese Ermächtigung beruht gleichfalls auf den in der vorigen Anmerkung angeführten Gesetzen.

werden kann, falls die Kammerpräsidenten, der *Lord Chancellor* bzw. der Speaker, dies für erforderlich halten.

5. Die Thronrede

Jede Session wird durch die Verlesung der Thronrede (*speech from the Throne*) eröffnet, im Parlamentsjargon als "His oder *Her Majesty's most gracious speech*" bezeichnet. Es ist dies heute, dem jahrhundertealten Brauch gemäß, das einzige Mal, daß es dem Monarchen gestattet ist, die geheiligten Bezirke des Parlaments zu betreten[1]. Das zur Konventionalregel erhärtete Verbot des persönlichen Erscheinens des Monarchen im Parlament – außer eben anläßlich der Thronrede – bestand bereits im Mittelalter und war eine Garantie der von der Krone unbeeinflußten Redefreiheit der Parlamentsmitglieder. Der seinerzeitige Bruch des Brauchs durch Charles II. führte letztlich die englische Revolution herbei. Auch von den Lords, wo seine Anwesenheit ursprünglich im *Great Council* staatsrechtlich erforderlich war, hält der Monarch sich seit Königin Anne fern. Alle anderen in den Rahmen der Prärogative der Krone fallenden Staatsakte wie die Prorogation, die Parlamentsauflösung und die Erteilung der königlichen Zustimmung zu den vom Parlament verabschiedeten Gesetzen (*Royal Assent*)[2] werden niemals vom Monarchen selbst wahrgenommen, sondern an seiner Stelle durch Proklamation von einer damit beauftragten Kommission[3].

Die Sessionseröffnung durch den Monarchen selbst wird von den zeremoniell-liebenden Briten mit großem Pomp inszeniert und gehört zu

---

[1] Am 12. November 1963 wurde von der persönlichen Verlesung durch Elizabeth II. wegen ihrer Schwangerschaft abgesehen; dies war bereits 1959 der Fall gewesen, als die hohe Frau ihr drittes Kind erwartete. Die Thronrede wurde an ihrer Statt vom *Lord Chancellor* verlesen. Die Behinderung der Königin hatte aber noch eine weitere und typisch englische Folge. Am 5. November 1615 hatte ein gewisser Guy Fawkes sechsunddreißig Fässer mit Pulver in die unteren Gewölbe des Parlamentsgebäudes geschmuggelt, um König James I. mitsamt seinem Parlament in die Luft zu sprengen. Der Anschlag war rechtzeitig entdeckt worden. Seither findet bei jedem Erscheinen des Monarchen im Parlament eine Durchsuchung durch die malerisch gekleideten *Yeomen of the Guard* oder *beefeaters* statt, um den Monarchen vor einem neuen Attentat zu bewahren. Dies geschieht in einer farbenprächtigen Zeremonie, bei der die *beefeaters* wie ehemals mit Laternen — des elektrischen Lichtes ungeachtet — die Kellerräumlichkeiten absuchen, zur karnevalistischen Belustigung der zahlreichen Zuschauer. Erst wenn nichts gefunden wird, tritt der Monarch in einer von weißen Pferden gezogenen Staatskarosse — seine Rolls Royce bleiben dabei in der Garage — die Fahrt nach Westminster an. Da sich die Königin 1963 entschuldigen ließ, unterblieb auch die rituelle Untersuchung. Niemand kann sich erinnern, daß die Zeremonie jemals unterlassen wurde.

[2] Siehe unten S. 326.

[3] Dies gilt insbesondere auch für die Parlamentsauflösung, die früher vom Monarchen dem Parlament persönlich kundgemacht wurde, die letzten Male 1681 (von König James II.) und 1818 (vom Prinz-Regenten George).

den sehenswerten Schaustücken der britischen Monarchie, geeignet und bestimmt, den zuschauenden Volksmassen das Bild der monarchischen Staatsführung lebendig vor Augen zu führen und damit die Monarchie in den Massen zu integrieren. Die beiden Häuser versammeln sich zur gemeinsamen Anhörung der Thronrede, unter Beobachtung eines ehrwürdigen Rituals. Noch ehe in die Debatte über sie eingetreten wird, bekräftigt jedes Haus sein uralt-verbrieftes Recht, auf der Abstellung von Beschwerden zu bestehen und Angelegenheiten zur Sprache zu bringen, mit denen die Krone nichts zu tun hat. Der symbolische Akt besteht bei den Commons in der ersten Lesung einer heute gegenstandslosen Bill betreffend die Unterdrückung geheimer Machenschaften (*suppression of clandestine outlawry*); vor den Lords wird eine ebenso mysteriöse Bill betreffend *Selected Vestries* eingebracht.

Die Thronrede selbst wird zwar in Gegenwart der in der Lordskammer versammelten beiden Häuser vom Monarchen persönlich verlesen, ist aber von A bis Z von der jeweiligen Regierung verfaßt und die Krone kann daran keinerlei Änderungen vornehmen. Sie enthält das von der Regierung für die Session geplante Programm[1]. Es kommt ihr insofern eine hohe politische Bedeutung zu, als sich alsbald um die vom Speaker als Antwort darauf beantragte Dankadresse an den Monarchen die erste hochpolitische Debatte der Session entspinnt, stets mit einem von der Opposition eingebrachten und nach der Mehrheitslage immer hoffnungslosen Mißtrauensvotum gegen die Regierung verbunden. Nach unverbrüchlichem Herkommen darf die Krone dabei — oder überhaupt in den Parlamentsdebatten — nicht erwähnt werden. Alle Kritik richtet sich gegen die an ihrer Stelle verfassungsrechtlich handelnde und verantwortliche Regierung. Die Debatte über die Thronrede ist eine der seltenen Gelegenheiten, bei denen die *private members* — das heißt diejenigen Unterhausmitglieder aller Parteien, die nicht zur Regierung gehören — völlig frei von den Einpeitschern zum Zug kommen können. Gleichermaßen wird bei den Lords Gelegenheit zur Generaldebatte über die Thronrede geboten.

6. Die Einberufung des neuen Parlaments

Hat ein Parlament, sei es durch Zeitablauf der Legislaturperiode, sei es durch vorzeitige Auflösung, sein Ende erreicht, dann fällt die nächste Session mit der Einberufung des neuen Parlaments zusammen. In diesem Fall wird ein bis in alle Einzelheiten festgelegtes Verfahren, jetzt in Teil I

[1] Da sie seit einigen Jahren auch durch die Telekommunikationsmedien verbreitet wird, sah die Labour-Partei darin eine ungerechtfertigte Propaganda für die konservative Gegenspielerin, wovon allerdings nicht gesprochen wird, wenn sie selbst am Ruder ist.

des *Representation of the People Act* von 1949 (12, 13 & 14 Geo. 6, c. 68), in Gang gesetzt.

Vorauszuschicken ist, daß eine Auflösung des Parlaments den Lebensfaden beider Parlamentshäuser abschneidet, so daß das nächste Parlament eine völlig erneuerte Körperschaft ist, trotzdem das Oberhaus sich aus den gleichen Mitgliedern wie bisher zusammensetzt; letzteres ist also, verschieden vom amerikanischen Senat, keine kontinuierliche oder „ewige" Versammlung.

Die Auflösung erfolgt durch eine königliche Proklamation, die gleichzeitig den Zeitpunkt für den Zusammentritt des neuen Parlaments festsetzt. Sie muß vom Monarchen in Gegenwart eines speziell einberufenen *Privy Council* unterzeichnet werden. Für Nordirland wird eine gesonderte Proklamation erlassen. Mit der Proklamation ergeht die in ihr vorgesehene *Order in Council*, welche den *Lord Chancellor* und den Gouverneur von Nordirland anweist, die zur Neubestellung des Parlaments erforderlichen Aufgebote oder Ladungen (*writs*) auszustellen. Die Ausfertigung der Ladungsschreiben selbst erfolgt durch einen Kronbeamten, den *Clerk of the Crown in Chancery*. Die *writs* werden durch Spezialpost unter Staatssiegel den teilnahmeberechtigten Oberhausmitgliedern[1] und den für die Unterhauswahlen zuständigen Wahlbeamten (*returning officers*) zugestellt, die darin angewiesen werden, in ihrem Wahlkreis gemäß den gesetzlichen Vorschriften die Wahl zum Unterhaus zu veranstalten und die Namen der somit Gewählten dem *Crown Office in Chancery* amtlich zu melden[2].

Ist dann schließlich der vorbestimmte Tag des Zusammentritts des neugewählten Parlaments gekommen, so vollzieht sich seine Konstituierung mit einem aus dem Mittelalter überkommenen und bis in die Gegenwart erhaltenen symbolträchtigen Ritual, das nirgends in der westlichen Welt ein Gegenstück hat. Jedes Haus versammelt sich in dem ihm bestimmten Sitzungssaal des Parlamentsgebäudes. Die Commons warten, bis der oberste Zeremonialbeamte des *House of Lords*, der *Gentleman Usher of the Black Rod*, dreimal an die vorher verschlossene Eingangstür gepocht hat und ihm schließlich nach den anfänglichen Zurufen: "*Keep him out*" der Eintritt gewährt wird. Er entbietet dann die Gemeinen zur Bar des *House of Lords*, jene imaginäre Linie, welche die äußere Grenze der Jurisdiktion der Lords bezeichnet. Nachdem dies in feierlicher Prozession unter Vorantritt des *Clerk of the House of Commons* geschehen ist — und soweit in der kleinen Lordskammer für die Flut der MP's Platz ist —, verliest dort der *Lord Chancellor* die feierliche

[1] Einzelheiten darüber siehe unten S. 243 im Zusammenhang mit dem *House of Lords*.

[2] Das Wahlverfahren selbst wurde oben S. 101ff. beschrieben.

Eröffnungserklärung für das neue Parlament. Die Commons kehren dann in ihren eigenen Saal zurück und nehmen unter dem Vorsitz des *Clerk of the House of Commons* die Wahl des Speakers für die ganze Legislaturperiode vor. Dies ist, falls er es wünscht, derjenige Abgeordnete, der das Amt während der vorausgegangenen Legislaturperiode geführt hat. Damit endet der erste Tag.

Am zweiten Tag begibt sich der neugewählte Speaker wiederum mit den Gemeinen an die Bar des Oberhauses und teilt den Lords seine Wahl mit, die sodann vom *Lord Chancellor* feierlich bestätigt wird. Es kommt dann vor beiden versammelten Häusern zur Verlesung der Thromrede, entweder durch den Monarchen selbst oder in seiner Abwesenheit durch den *Lord Chancellor,* worauf sich die Gemeinen wieder in ihren Saal zurückziehen.

Sodann schreitet jedes Haus für sich zur Verifizierung der Mitgliedschaft, was eine Formalität ist, da dies längst durch die *returning officers* festgestellt ist, und die Mitglieder beider Häuser leisten den Treueid auf die Krone. Beide Häuser sind damit formell konstituiert und der normale Parlamentsbetrieb beginnt. In den Commons besteht dies darin, daß der Speaker eine Abschrift der Thronrede verliest und eine Dankadresse an die Krone beantragt, die von zwei Mitgliedern unterstützt wird. Daran schließt sich dann die bereits dargestellte Generaldebatte.

II. Die Mitgliedschaft im Unterhaus

1. Mitgliederzahl

Die Mitgliederzahl des Unterhauses wechselte auch in der neueren Zeit nach Maßgabe der jeweils in den *Redistribution of Seats Acts* bestimmten Neueinteilung und Vermehrung der Wahlkreise. Nach der Reform von 1832 hatte sie 658, 1880 670 betragen und war durch die mit dem Wahlgesetz von 1918 verbundene Neueinteilung auf 707, ihren geschichtlich höchsten Stand, gestiegen, um nach dem Ausscheiden Irlands als Irischer Freistaat auf 615 zu sinken. Bei den Wahlen von 1945 bestanden 640 Sitze, 1950 und 1951 je 625. Durch *Order in Council* unter dem *House of Commons (Redistribution of Seats) Act* von 1949 (12, 13 & 14 Geo. 6, c. 66) wurde die Zahl schließlich auf 630 festgesetzt, um welche bei den seitherigen Wahlen von 1955 an gefochten wurde.[1]

[1] Mit dem bereits früher erwähnten Schlüssel von annähernd ("*substantially no more and no less*") 511 Sitzen für England, 71 für Schottland, 36 für Wales und 12 für Nordirland.

2. Die Wählbarkeitsvoraussetzungen: Geschichtliche Entwicklungen

In der Inkubationszeit der Repräsentativtechnik im 13. Jahrhundert läßt sich kaum eine Trennungslinie zwischen dem aktiven und dem passiven Wahlrecht ziehen, da die Wahlhandlung bestenfalls rudimentär war. Wer zum Parlament aufgeboten wurde, mußte sicherlich dieselben Qualifikationen haben wie diejenigen, welche die Wahl vornahmen. Dem feudalen Zeitklima entsprechend hing die Wählbarkeit vom Sozialstatus ab, weil in den *counties* nur Ritter, in den *boroughs* nur angesehene Bürger — *burgesses* — in Frage kamen. Für das aktive Wahlrecht hatte das Gesetz Henrys VI. von 1429/30 das berühmte 40 Schilling-Jahreseinkommen aus einem *freehold* festgelegt, dem zweifellos auch die Gewählten zu entsprechen hatten.

Von den geschichtlich wichtig gewordenen Wählbarkeitsvoraussetzungen seien die folgenden erwähnt:

a) Wohnpflicht im Wahlbezirk.

Sie bestand nach *common law*, was schon aus dem Wortlaut der an den *sheriff* erteilten Anweisung im *writ* ("*de comitatu suo*") hervorging. Ein Gesetz Henrys V. von 1413 (*Parliamentary Elections Act* [1 Hen. 5, c. 1]) ordnete dann ausdrücklich die Residenzpflicht des Repräsentanten in seinem Wahlbezirk an. Die Bestimmung wurde aber von Anfang an umgangen, geriet in Vergessenheit und wurde schließlich 1774 formell aufgehoben (14 Geo. 3, c. 58), ein in der britischen Rechtsgeschichte insofern fast einzigartiger Vorgang, als die Außerkraftsetzung eines formell noch gültigen Gesetzes durch die Gewohnheit der Nichtbeachtung erfolgte. Heute haben weniger als die Hälfte der MPs ihren Wohnsitz in dem Wahlkreis, der sie gewählt hat.

b) Eigentumsnachweis.

Ein Gesetz Henrys VI. von 1445 (23 Hen. 6, c. 14) führte erstmals, außer diejenigen (und selbst Ritter) auszuschließen, die nicht als "Gentleman" geboren waren, eine Vermögensqualifikation ein, indem nur Personen mit dem für damalige Verhältnisse sehr beträchtlichen Jahreseinkommen aus Grundeigentum von schätzungsweise 20 £ wählbar waren. Seither bildete Grundbesitz ein unabdingbares Mitgliedschaftsmonopol. Das nachmals berühmte und berüchtigte Gesetz der Königin Anne von 1710 (9 Anne, c. 5) verfügte, um die durch Bestechung erlangten Sitze der kommerziellen Interessenten zu verhindern, daß nur Grundbesitzer mit einem Jahreseinkommen von 600 £ in der Grafschaft und 300 £ in einem *borough* wählbar sind, und das Einkommen mußte ausschließlich von einem *freehold* oder *copyhold* stammen. Die soziologische Bedeutung des Gesetzes für die Zusammensetzung und den Stil des Unterhauses im 18. Jahrhundert kann kaum überschätzt werden. Die Wählbarkeitsvoraussetzung wurde erst unter Victoria (1838 [1 & 2 Vict., c. 48]) aufgehoben. Damit war das Grundbesitzermonopol endgültig gefallen und auch mobiles Vermögen als Wählbarkeitsvoraussetzung zugelassen. Schließlich entfielen 1858 alle Vermögensqualifikationen (21 & 22 Vict., c 26).

c) Konfession.

Seit den Zeiten Elizabeths I. war die Mitgliedschaft in den Commons nur für Bekenner der anglikanischen Konfession möglich, welche den den Parlamentariern vorgeschriebenen Bekenntniseid mit gutem Gewissen leisten konnten. Katholiken (Popisten) und religiöse Dissenters waren ausgeschlossen. Das Wählbarkeitshindernis gegen Katholiken entfiel erst mit dem *Roman Catholic Relief Act* von 1829 (10 Geo. 4, c. 7). Eine Änderung des Treueids durch den *Jews Relief Act* von 1858 (21 & 22 Vict., c. 49) ließ die Mitgliedschaft auch von Juden zu[1]. Atheisten schließlich wurde der Zugang zum Unterhaus durch die Ersetzung der religiösen Eidesformel durch eine Treuebekräftigung ohne diese ermöglicht (*Oaths Act* von 1888 [51 & 52 Vict., c. 46]).

d) Geschlecht.

Das Männermonopol wurde erst 1918 durch die Zulassung auch von Frauen gebrochen (*Parliament* [*Qualification of Women*] *Act* [8 & 9 Geo.5, c. 47])[2].

3. Die Wählbarkeitsvoraussetzungen: Geltendes Recht

a) Allgemeine Ausschließungsgründe

Nach dem heute geltenden Recht sind bestimmte Kategorien von Personen von der Wählbarkeit zum Unterhaus ausgeschlossen, wie es in der überwiegenden Mehrzahl anderer konstitutionell geführter Staaten in gleicher oder ähnlicher Weise der Fall ist. Kurz aufgezählt sind es die folgenden:

1. *Unmündige* (*Parliamentary Elections Act* von 1695 [7 & 8 Will. 3, c. 25]).[3]

---

[1] Lionel Rothschild, Sproß der berühmten Bankiersfamilie und Freund Disraelis, war viermal ins Unterhaus gewählt worden, das ihm jedes Mal die Einnahme des Sitzes versagte, da er den christlichen Treueid nicht leisten konnte. Nach Aufhebung des konfessionellen Hindernisses saß er dann von 1858—1874 im Unterhaus.

[2] Seit die streitbare Lady Nancy Astor 1919 als erste Frau für die Konservativen ins Unterhaus gewählt worden war, sind alle Parteien dazu übergegangen, sich bei der weiblichen Wählerschaft dadurch einzuschmeicheln, daß sie Frauen als Kandidaten aufstellten. Die Zahl der weiblichen Unterhausmitglieder aber blieb verhältnismäßig gering (seit der Zulassung im Jahre 1919 insgesamt 130) und hat 4% der Gesamtmitgliedschaft niemals überstiegen; 1959 wurden 25, 1964 28, 1966 26 weibliche Abgeordnete gewählt. Labour ist hier den anderen Parteien einen Schritt voraus. Regierungsmitglieder waren unter Macmillan sieben Frauen, darunter erstmals auch ein Kabinettsmitglied (Florence Horsbrugh, nachmals eine Peeress auf Lebenszeit). Im (1.) Kabinett Wilson saß gleichfalls eine Frau (Barbara Castle als *Minister of Overseas Development*). Unter der Regierung Wilson wurde auch eine Frau erstmals Partei-Einpeitscherin.

[3] Vor 1832 wurde diese Bestimmung gelegentlich umgangen, wenn es sich um die frühreife Brillianz (James Fox, John Russell) handelte, die die britische *ruling class* früher auszeichnete.

2. *Geistig Unzurechnungsfähige.* Geisteskranke waren schon nach *common law* disqualifiziert. Nach dem neuen *Mental Health Act* von 1959 (7 & 8 Eliz. 2, c. 72) (Sektion 137) wird, wenn ein Mitglied während der Mandatsinnehabung geistig erkrankt und anstaltsgebunden ist, in einem vom Speaker durchgeführten ärztlichen Gutachterverfahren die Sitzvakanz erklärt.

3. *Ausländer*, also Personen, die der britischen Staatsangehörigkeit ermangeln (*British Nationality and Status of Aliens Act* von 1914 [4 & 5 Geo. 5, c. 14] und *British Nationality Act* von 1948 [11 & 12 Geo. 6, c. 56]).

4. *Gerichtlich für zahlungsunfähig Erklärte* (*Bankruptcy Acts* seit 1883) sind innerhalb einer Frist von fünf Jahren nach Abschluß des Verfahrens nicht wählbar, außer wenn eine gerichtliche Erklärung vorliegt, daß die Zahlungsunfähigkeit nicht auf Verschulden beruhte.

5. *Strafrechtlich Verurteilte (felons)*, früher nach *common law*, sind jetzt unter dem *Forfeiture Act* von 1870 (33 & 34 Vict., c. 23) ausgeschlossen, solange die Strafe nicht verbüßt ist und wenn sie mehr als zwölf Monate betragen hat. Zu diesen allgemein gebräuchlichen Disqualifizierungsgründen kommen noch einige, die dem britischen sozialen Milieu eigentümlich sind:

6. *Geistliche*, welche die bischöfliche Ordination empfangen haben, soweit sie der Anglikanischen Kirche von England, der schottischen presbyterischen Kirche oder dem römisch-katholischen Glauben angehören; sonderbarerweise sind die Geistlichen der Kirche von Wales mandatsberechtigt.

7. Von geringer Bedeutung ist dagegen heute der Ausschluß von Personen, bei denen vom zuständigen *Election Court* festgestellt wurde, daß sie sich gegen die gesetzlichen Bestimmungen der *Corrupt and Illegal Practices Acts* vergangen haben.

8. Schließlich waren bis zum Erlaß des *Peerage Act* von 1963 auch Personen ausgeschlossen, die das Recht zur Einnahme eines Oberhaussitzes haben. Nach Verzicht auf die erbliche Peerswürde steht diesen nunmehr der Zugang zum Unterhaus offen[1].

b) Inkompatibilität mit öffentlicher Anstellung

aa) Die politische Bedeutung des Problems

Bei dieser Materie handelt es sich um Fragen zwar geschichtlichen Charakters, aber von solcher Tragweite für die Entwicklung und den schließlichen Triumph des parlamentarischen Systems, daß keine Darstellung des heutigen britischen Verfassungsrechts an ihnen vorübergehen kann. Denn wären nicht besondere Umstände eingetreten, die als

[1] Siehe darüber unten S. 246.

glücklich zu bezeichnen man nicht umhin kann, wäre jene spezielle Variante einer freiheitlichen Regierung, die sich in England ausgebildet hat, schon im Keim erstickt worden. Es handelt sich hier einerseits um die Unvereinbarkeit von Staatsstellen oder vielmehr bestimmter Staatsstellen mit dem parlamentarischen Mandat, andererseits aber um die Notwendigkeit, die vom parlamentarischen System auferlegte Personalunion von bestimmten Ministerialämtern und dem Mandat aufrechtzuerhalten, ohne die eine parlamentsverantwortliche Regierung nicht denkbar ist. Historisch kam noch die Notwendigkeit hinzu, die Unabhängigkeit des Unterhauses von der Regierung dadurch zu gewährleisten, daß Staatsbeamte (und, anfänglich, auch Empfänger von staatlichen Dotationen [*pensions*]) aus dem Unterhaus ferngehalten würden, um dem im 17. und 18. Jahrhundert eingerissenen Brauch oder Mißbrauch entgegenzuwirken, daß die Regierung durch die Vergebung von staatlichen Sinekuren von vornherein über eine Horde ihr aus wirtschaftlichen und finanziellen Gründen ergebener Anhänger verfügen konnte. Was die seit 1700 einsetzende Gesetzgebung bezweckte, war also die Ausschaltung der in manchen kontinentalen Parlamenten heute noch üblichen und politisch durchaus verurteilenswerten Institution des Beamten-Abgeordneten und gleichzeitig die Schaffung eines Regierungspersonals, das als Inhaber von Mandaten nur dem Parlament verantwortlich war. Die Engländer waren also die ersten, welche die kardinale Bedeutung des Problems für den modernen Staat erfaßt und einer praktischen Lösung zuzuführen verstanden haben.

bb) Geschichtliche Entwicklung

Der *Act of Settlement* von 1700, eine der Grundlagen der britischen Verfassungsordnung, bestimmte (Sektion 6), daß niemand, der dem König dient („. . . *has an office or place of profit or pension under the king* . . ."), einen Unterhaussitz einnehmen kann; die Bestimmung sollte mit der Thronbesteigung der Dynastie Hannover in Kraft treten, die damals bereits voraussehbar war, wenn auch der genaue Zeitpunkt nicht feststand. Wäre dies tatsächlich erfolgt, so hätte weder eine parlamentarische Kabinettsregierung, die dem Parlament verantwortlich ist, noch ein Parteiensystem entstehen können, unter dem eine Regierung von der Mehrheit getragen ist und mit einer anderen Partei alternieren könnte. Dabei wäre es durchaus denkbar gewesen, daß eine von der Krone ins Amt berufene Regierung, die sich aus Nichtparlamentarien zusammensetzt, sich zurückzuziehen hätte, wenn sie für ihre Gesetzgebung vom Parlament mehrheitlich desavouiert wird[1]. Denn die Zugehörigkeit der Regierungsmitglieder zur Mehrheitspartei und die Gegenüberstellung

[1] Bekanntlich bekannte sich die de Gaulle-Verfassung von 1958 zu diesem Schema.

der Regierung mit der Opposition innerhalb der Parlamentsmauern gehören zu den unabdingbaren Requisiten der echten parlamentarischen Regierung.

Schon damals, als das Inkompatibilitätsproblem erstmals auftauchte, hatte es sich für die Krone als ein großer Vorteil erwiesen, ihre Minister im Unterhaus zu haben, wo sie ein wichtiges Bindeglied zwischen ihr und dem Parlament, vor allem bei den immer dringlicher werdenden Finanzfragen, bildeten. Die politische Unklugheit und praktische Untunlichkeit der obigen Bestimmung wurde also schon vor ihrem Inkrafttreten erkannt. Der *Succession to the Crown Act* von 1707 (6 Anne, c. 41), der wegen der Union mit Schottland eine Änderung des vorherigen Gesetzes gleichen Titels von 1705 erforderte, fand daher eine Kompromißlösung: Sektion 24 ließ die Inkompatibilität nur für solche Neuanstellungen im Staatsdienst weitergelten, die nach dem 25. Oktober 1705 erfolgen würden; Sektion 25 bestimmte weiter, daß, wenn ein Unterhausmitglied eine Staatsstellung übernimmt, sein Mandat für verfallen erklärt ist, daß er aber bei der nunmehr bestehenden Sitzvakanz selbst sich wieder darum bewerben dürfe. Mit anderen Worten, ein Unterhausmitglied, das in die Regierung eintritt, muß sich einer Neuwahl unterziehen[1]. Es wurde also damit der ausschlaggebende Unterschied zwischen „alten" und „neuen" Anstellungen gemacht. Ein Staatsamt, das nach Erlaß des Gesetzes begründet wurde, war ein „neues" und zog die Unvereinbarkeit mit dem Mandat nach sich. Wer aber zu einem „alten" Amt berufen wurde, mußte sich lediglich der Neuwahl unterziehen. Damit war die Zugehörigkeit der Regierungsmitglieder zum Unterhaus gerettet und das parlamentarische System konnte sich entfalten.

Nachfolgenden Gesetzen blieb es dann vorbehalten, die ursprüngliche Unterscheidung zwischen „alten" und „neuen" Ämtern in die eindeutigere und praktischere zwischen politischen Ämtern umzuwandeln, die vorbehaltlich der Neuwahl kompatibel sind, und den nichtpolitischen im eigentlichen Staatsdienst, die schlechthin parlamentsunfähig machen. Dabei mußte naturgemäß, wenn ein neues Ministerium geschaffen wurde, das von einem Parlamentsmitglied zu führen war — mandatlose Fachminister gibt es in Großbritannien nicht —, durch entsprechende Gesetzesbestimmungen Vorsorge dafür getroffen werden, daß das neue Amt als ein „altes", das heißt politisches gilt. Das wichtigste Gesetz, das bis in die jüngste Gegenwart in Kraft blieb, war der *House of Commons (Disqualification) Act* von 1742 (15 Geo. 2, c. 22), der zahlreiche neue

[1] Die Inkompatibilität der eine Rente (*pension*) von der Krone beziehenden Leute blieb weiterhin bestehen; sie interessiert hier nicht. Sektion 27 machte auch eine Ausnahme für aktive Offiziere des Heeres und der Flotte, die sich nur bei Annahme ihrer ersten Bestallung (*commission*), nicht aber bei einer erneuten der Neuwahl zu unterziehen hatten.

Ämter von der ihnen anhaftenden Inkompatibilität befreite und ebenso alte Ämter damit belegte oder wiederum davon ausnahm[1].

Mit der Zeit erwies sich die Notwendigkeit einer Neuwahl als besonders betriebsstörend, da ein neuer Prime Minister bei der Zusammenstellung seines Kabinetts und seiner Regierung in Verlegenheit war, für die ihm geeignet erscheinenden Mitarbeiter jeweils sichere Parlamentssitze aufzutreiben, die ihre Wiederwahl garantierten. Es ergingen daher die zwei *Reelection of Ministers Acts* von 1919 (9 & 10 Geo. 5, c. 2) und von 1926 (16 & 17 Geo. 5, c 19): Ersterer erklärte die Sitzvakanz und die Neuwahl für entbehrlich, wenn ein Abgeordneter innerhalb von neun Monaten nach der Einberufung des neuen Parlaments ein an sich disqualifiziertes Ministeramt annahm, und letzterer schließlich verzichtete für die Minister auf Mandatsniederlegung und Neuwahl überhaupt.

cc) Die gegenwärtige Regelung: Der House of Commons Disqualification Act von 1957.

Bis in die Gegenwart hinein war die verfassungsrechtliche Regelung der Wählbarkeitsvoraussetzungen durch Ausnahmen von den Regeln und wiederum Ausnahmen von den Ausnahmen außerordentlich kompliziert. Eine der unerfreulichsten Folgen war, daß zahlreiche sog. Freistellungsgesetze (*indemnity acts*) erlassen werden mußten, durch die solche Mitglieder des Unterhauses, die aus nicht verschuldetem Irrtum sich hatten wählen lassen, obwohl ihnen eine Disqualifizierung anhaftete, von den nachteiligen Folgen, insbesondere von der zulässigen Schadenszahlung von je 500 £ (!) für jeden Tag (!!), den sie trotzdem im Unterhaus gesessen oder abgestimmt hatten, freigestellt werden mußten. Auch die dadurch an sich ungültigen Wahlen wurden meist nachträglich für gültig erklärt. Besondere Schwierigkeiten machten dabei die älteren Gesetze von 1782 und 1801, die Unterhausmitglieder ausschlossen, die einen Vertrag mit der Regierung abgeschlossen hatten, wobei in den zwanziger Jahren die Entdeckung gemacht wurde, daß schlechthin *alle* Unterhausmitglieder sich gegen das Gesetz vergangen hatten, weil sie mit der in England staatlichen Post einen Vertrag über die Benutzung des Telefons abgeschlossen hatten[2]. Hier brachte der *House of Commons Disqualifi-*

[1] Die amerikanische Bundesverfassung ist hier aber nicht mitgegangen und hielt an der ausnahmslosen Regel des unbedingten Ausschlusses von zivilen Staatsbeamten, ob politisch oder nicht, vom Kongreß fest (Artikel I, Sektion 6, Klausel 2). Solange diese Verfassungsbestimmung in Kraft ist, ist die Einführung des parlamentarischen Systems in den Vereinigten Staaten unmöglich. Eine ähnliche Folge hatte der damals berühmte Artikel 9, S. 2 der Bismarckschen Reichsverfassung von 1871, der die Bundesratsmitglieder vom Reichstag ausschloß und damit gleichfalls die Einführung der parlamentarischen Kabinettsregierung in Deutschland unmöglich gemacht hatte.

[2] Die Frage der Regierungskontrakte wurde erst mit dem *House of Commons Disqualification (Declaration of Law) Act* von 1931 (21 & 22 Geo. 5, c. 13) bereinigt.

cation Act von 1957 (5 & 6 Eliz. 2, c. 20), gleichzeitig eines der grundlegenden Verfassungsgesetze Großbritanniens, unter Aufhebung zahlreicher älterer, bis 1693 zurückgehender Gesetze endlich die längst fällige eindeutige Regelung, indem alle früheren Unterscheidungen zwischen disqualifizierten und nicht-disqualifizierten Ämtern aufgehoben und an ihre Stelle nur die ersten, und zwar erschöpfend aufgezählt werden[1]. Sektion 1 des Gesetzes, zusammen mit der *First Schedule* (I. Tabelle), enthält eine Aufzählung der mit dem Parlamentsmandat schlechthin unvereinbaren öffentlichen Ämter. Diese umfassen:

1. das gesamte Richterpersonal, vom *High Court* und *Court of Appeal* bis hinunter zu den *County Courts*, mit alleiniger Ausnahme der Friedensrichter (*justices of the peace*);

2. alle Berufsbeamten (*civil service*) ohne jede Ausnahme; wenn ein solcher sich als Kandidat für einen Parlamentssitz aufstellen läßt, muß er sein Amt niederlegen (*Servants of the Crown* [*Parliamentary Candidature*] *Order* von 1950); Beurlaubungen auf die Dauer des Parlamentsmandats sind nicht gestattet und wären dem britischen Staatsgefühl unerträglich;

3. Offiziere und Mannschaften der Streitkräfte auf der aktiven Liste (*on the active list*)[2];

4. Mitglieder nicht-britischer Gesetzgebungskörperschaften selbst dann, wenn sie die doppelte Staatsangehörigkeit ihres Landes und die britische besitzen.

5. Eine weitere Kategorie der unvereinbaren Stellungen betrifft die leitenden Mitglieder der staatlichen Verwaltungsbehörden, die seit einer Generation und insbesondere im Zusammenhang mit der Errichtung von nationalisierten Industrien an Zahl ständig zugenommen haben. Die Liste wird andauernd nach Maßgabe neu errichteter Behörden durch Spezialgesetze erweitert. Nur beispielsweise seien erwähnt: Die Mitglieder der Leitungsausschüsse (*Boards*) der nationalisierten Industrien für Gas, Elektrizität, Kohle, Transport, atomische Energie und der zahlreichen Gerichtsbarkeiten der lokalen Verwaltungsbehörden.

---

[1] Das Gesetz enthält auch sonstige wichtige Verfassungsbestimmungen wie die Zahl der im Unterhaus sitzberechtigten Minister und anderer Regierungsmitglieder; (siehe unten S. (410f.), die von der Regierung Wilson im *Ministers of the Crown Act* von 1964 (Eliz. 2, c. 98) erhöht wurde. Die jetzige Fassung des *House of Commons Disqualification Act* gilt ab 1. Januar 1966; das Gesetz wird mit den inzwischen eingetretenen Änderungen alljährlich mit Gültigkeit ab 1. Januar veröffentlicht.

[2] Die Inkompatibilität gilt also nur für Berufsmilitärs. Andere Personen im Militärdienst müssen daraus entlassen werden, wenn sich der Betreffende als Bewerber für einen Unterhaussitz aufstellen läßt. Bei den Nachwahlen von 1962 häuften sich derartige Bewerbungen von Leuten, die ihrer Dienstpflicht ein vorzeitiges Ende bereiten wollten. Ein zum Studium der *bona fide*-Bewerbungen eingesetzer Parlamentsausschuß legte bisher keine Abhilfevorschläge vor.

6. Ausgeschlossen sind ferner die diplomatischen Beamten, die Gouverneure der *British Broadcasting Corporation* und die leitenden Funktionäre der staatlichen Luftfahrtgesellschaften, außerdem — eine wichtige Klasse — die beamteten *Clerks* der Grafschafts- und Distriktsräte, die wichtige verwaltungstechnische Funktionen zu leisten haben.

Bei bestimmten Kategorien des öffentlichen Dienstes tritt insofern eine gewisse Milderung der absoluten Unvereinbarkeit ein, als sie nur in ihrer Eigenschaft als Bewerber oder Vertreter für bestimmte Wahlbezirke ausgeschlossen sind. So sind der *Lord-Lieutenant* und der *sheriff* — beide von der Krone ernannte Funktionäre der Lokalverwaltung in den Grafschaften – nur für die unter ihrer Jurisdiktion kommenden Wahlkreise disqualifiziert, können sich also, da es für Parlamentsbewerber keine Residenzpflicht mehr gibt, in jedem anderen Wahlkreis aufstellen lassen.

Das Gesetz stellt ausdrücklich fest (Sektion 1 (4)), daß nur die im ersten Anhang (*schedule*) zum Gesetz aufgeführten Stellungen unvereinbar sind, was bedeutet, daß eine nicht darin enthaltene Stellung nicht disqualifiziert ist und daß ein Parlamentsmitglied nach seiner Wahl eine solche Stellung annehmen kann, ohne disqualifiziert zu werden. Die Liste kann nach ergangenem Beschluß des Unterhauses durch *Order in Council* auf bestimmte Ämter und Stellungen im öffentlichen Dienst ausgedehnt werden.

Einen berühmten historischen „Zopf" dagegen ließ das Gesetz bestehen (Sektion 4). Wenn ein Unterhausmitglied seinen Sitz aufgeben wollte — wegen Erkrankung, aus geschäftlichen oder irgendwelchen anderen Gründen —, mußte es dem seit 1750 bestehenden Brauch folgen und beim Schatzamt um die Ernennung zu einem der insgesamt vier Scheinämter einkommen. Diese — *Steward* und *Bailiff of the Chiltern Hundred* und *Steward* und *Bailiff of the Manor of Northstead* — sind zwar bloße Titel ohne jede Einkünfte, gelten aber nach wie vor als „alte" *offices of profit under the Crown* unter dem *Succession Act* von 1707 und machen daher ihren Inhaber wahlunfähig. Wer also sein Unterhausmandat niederlegen will, erbittet auch heute noch die Ernennung zu einer solchen Stellung, die selbstverständlich alsbald gewährt wird. Das altertümliche Verfahren hat kein Gegenstück in irgendeinem anderen Land.

Die Wirkung dieser gesetzlichen Disqualifizierungen ist, daß, wird eine Person trotzdem gewählt, die Wahl ungültig ist. Ergibt sich die Unvereinbarkeit bei einem bereits gewählten Mitglied, so wird das Mandat für verfallen erklärt. Der Tatbestand der Unvereinbarkeit einer Stellung mit dem Mandat kann von jedermann vor dem *Privy Council* geltend gemacht werden (Sektion 7), das den Fall zur Entscheidung an seinen Gerichtsausschuß — *Judicial Committee* — gemäß dem *Judicial*

Committee Act von 1833 (3 & 4 Will. 4, c. 41) (Sektion 3) verweist. Dieser kann seinerseits die Verhandlung über Rechtsfragen zur endgültigen Entscheidung an den *High Court* überweisen[1].

Weiterhin erklärt der Akt (Sektion 8), daß kein Mitglied des Unterhauses und kein Bewerber um einen Parlamentssitz verpflichtet ist, ein öffentliches Amt anzunehmen. Die Bestimmung gilt jedoch nicht für den Dienst in den Streitkräften nach Maßgabe des *National Service Act* von 1948 (11 & 12 Geo. 6, c. 64). Für das Recht eines Abgeordneten, eine Ernennung zu einer öffentlichen Stellung abzulehnen, liegen gleichfalls historische Gründe vor, da beispielsweise Charles I., um Coke und vier andere Unterhausmitglieder loszuwerden, diese gegen ihren Willen zu *sheriffs* gemacht hatte. Die Annahme dieses Amts war damals obligatorisch und konnte nicht abgelehnt werden. Es ist auch heute noch das einzige Amt, bei dem ein Annahmezwang besteht[2]. Die Commons beschlossen dann (1675), daß eine solche Ernennung als Bruch der Parlamentsprivilegien (*breach of parliamentary privileges*) fortan nicht mehr geduldet würde. Die Ernennung zum *sheriff*, die zur Bewerbung in dem betreffenden Wahlkreis disqualifiziert, kann nunmehr gesetzlich von einem Bewerber um einen Sitz oder einem gewählten Mitglied abgelehnt werden. Die Bestimmung mag heute gegenstandslos sein, da es unvorstellbar ist, daß eine Regierung sich führender Oppositionsmitglieder durch eine Ernennung zu einem disqualifizierenden Amt entledigen würde.

Schließlich machte das Gesetz (Sektion 9) kurzen Prozeß mit den alten Problemen der Inkompatibilität von Personen, die eine Pension oder Dotation von der Krone beziehen, und der leidigen und kontroversen Frage, unter welchen Umständen der Abschluß eines Vertrages mit der Regierung eine Inkompatibilität darstellt. Was das erstere anbelangt, so galt das Verbot schon seit langem nicht für die Bezieher von Alters- oder sonstigen Pensionen für Zivil- oder Militärdienst — pensionierte Militärpersonen finden sich in überraschender Zahl im Unterhaus —, sondern betraf ohnehin nur Personen, die etwa Pensionen aus der Zivilliste bezogen. Diese Inkompatibilität wurde also als überholt abgeschafft. Was die Frage der Regierungskontrakte anbelangt, so hatten sich in der neueren Zeit zahlreiche Auslegungsschwierigkeiten ergeben. Wie es auch in anderen Ländern bei ähnlichen Bestimmungen der Fall ist, sollte dadurch verhindert werden, daß ein Regierungslieferant in eine bewußte oder

[1] Das Unterhaus ist berechtigt, seinerseits einen Fall an das *Judicial Committee of the Privy Council* zur gutachtlichen Äußerung über eine Rechtsfrage zu verweisen, wie es im *MacManaway*-Fall ([1951] [A.C. 161]) geschah; dort hatte es sich um die Wählbarkeit eines Pfarrers der Kirche von Irland gehandelt.

[2] Der *sheriff* ist ein ehrenamtlicher königlicher Beamter in den Grafschaften, dem verwaltungstechnische und gerichtliche Befugnisse zustehen.

unterbewußte Abhängigkeit von der Regierung geriete. Der *House of Commons Disqualification (Declaration of Law) Act* von 1931 (21 & 22 Geo. 5, c. 13) hatte insofern eine Einschränkung gebracht, als er die Inkompatibilität nur auf solche Regierungsverträge bezog, bei denen Waren für den Publikumsabsatz bestimmt waren, also etwa Heereslieferungen nicht berührt wurden. Nachdem sich bei Regierungskontrakten im glücklichen Inselland seit mehr als einem Jahrhundert keine Korruptionserscheinungen mehr gezeigt hatten, hob das Gesetz auch diese Ausschlußkategorie sang- und klanglos auf.

Im großen und ganzen bereinigte das Gesetz von 1957 eine ungemein komplizierte und unübersichtlich gewordene Materie in befriedigender Weise. Bemerkenswert für andere Länder ist dabei der Ausschluß von richterlichen und Berufsbeamten und derjenige eines weiten und sich immer mehr erweiternden Kreises von Verwaltungsbeamten mit dem politisch unschätzbaren Ergebnis, daß die Mitglieder des Unterhauses von jeder auch nur indirekten Beeinflussung durch Staat und Regierung völlig frei sind. Man mag dies auch anders und nicht ohne polemische Spitze ausdrücken: Ein Parlament, das mit Beamten oder anderen Personen durchsetzt ist, die die Regierung als ihren Brotherrn betrachten, kann nicht wirksam Opposition gegen eben diese Regierung betreiben und daher wirklich frei sein.

4. Abgeordneten-Diäten

In mittelalterlichen Zeiten erhielten die aus den Grafschaften zum Parlament entsandten Ritter eine tägliche Entlohnung von 4 Schillingen, die Bürger aus den Flecken eine solche von 2 Schillingen, für welche ihr Wahlbezirk aufzukommen hatte und welche als Gegenleistung die tatsächliche Ausübung des Mandats unter Strafandrohungen bedingte. Noch 1681 hatte ein Abgeordneter seine Wähler mit Erfolg auf Bezahlung seiner Entlohnung verklagen können. Geldentwertung und Zeitumstände ließen diese Zahlungen verschwinden. In der späteren Zeit, als der landwirtschaftliche Grundbesitz das Monopol zur Parlamentsbeschickung hatte, waren die Abgeordneten finanziell durchaus imstande, ihr Mandat als Honoratiorenpflicht umsonst auszuüben und für die erheblichen Auslagen eines Londoner Aufenthaltes selbst aufzukommen. In der Blütezeit des oligarchisch getragenen Parlamentarismus im 18. und 19. Jahrhundert, als die beiden Traditionsparteien der Konservativen und Liberalen im Grunde nichts anderes als die zwei Flügel einer an sich herrschenden Klasse waren, hätte die überwältigende Mehrheit der Landedelleute und reichen Fabrikherren oder wohlhabenden Anwälte es als unvereinbar mit der Würde ihres parlamentarischen Amtes angesehen, hätte man ihnen von staatswegen eine Bezahlung für ihren Ehrendienst angesonnen.

Es ist also kein Zufall, daß die Diätenzahlung, gleichzeitig mit dem *Parliament Act* von 1911 eingeführt, mit dem um die Jahrhundertwende beginnenden Aufstieg der Labour-Partei zusammenfällt, welche eine völlig neue soziale Schicht der Handarbeiter und Gewerkschaftsfunktionäre ins Unterhaus brachte. Ohne die Diätenzahlung wäre die Politik dauernd ein Beruf nur für die Wohlhabenden geblieben[1].

Das Parlamentsgehalt von ursprünglich 400 £ wurde in der Folgezeit auf 600 £ (1937) und schließlich auf 1000 £ (1946) erhöht. Dabei ist es trotz fortschreitender Geldentwertung bis 1964 verblieben. Doch wurde (1954) eine Vergütung von 2 £ für jeden Sitzungstag (außer Freitag) gewährt und (1957) wurde der (steuerfreie) Auslagenersatz auf maximal 750 £ festgesetzt, so daß die Gesamtbezüge eines Unterhausmitglieds 1750 £ betrugen. Die Diätenzahlung ist nicht mit einer Anwesenheitsverpflichtung verbunden. Alle Zahlungen an die Parlamentsmitglieder erfolgen durch Belastung des *Consolidated Fund*, sind also praktisch wiederkehrende Verpflichtungen des Fiskus, die keiner alljährlichen Neubewilligung unterliegen. Die in den Commons sitzenden Minister bezogen außer ihren Amtsgehältern eine jährliche Vergütung von 750 £.

Eine der ersten Amtshandlungen der Labour-Regierung Wilson war die von einem noch von der konservativen Regierung Macmillan eingesetzten neutralen Sachverständigenausschuß (Cmnd. 2516) vorgeschlagene längst fällige Erhöhung der Abgeordnetenbezüge (Diäten und Auslagenvergütung) auf insgesamt 3250 £ und zwar mit Wirkung vom 3. November 1964 an, dem Sitzungsbeginn des neugewählten Parlaments. Der kurz darauf ergangene *Ministerial Salaries and Members Pensions Act* von 1965 (Eliz. 2, c. 58) stellte auch die auf Grund früherer Gesetze bereits bestehende Pensionszahlung auf eine neue Basis, indem einem Unterhausmitglied mit zehnjähriger Dienstleistung, das das 65. Lebensjahr vollendet hat, bestimmte Pensionsbezüge aus einem Fonds zukommen, der aus jährlichen Beiträgen des Schatzamts und aus den Diäten gespeist wird. Auch für Pensionszahlungen an Witwen und minderjährige Kinder solcher Berechtigter ist Vorsorge getroffen[2]. Die nunmehr festgesetzten Bezüge sind im Rahmen der britischen Einkommensstruktur nicht unbeträchtlich, wenn sie sich auch nicht mit den Bezügen etwa der Mitglieder des amerikanischen Kongresses[3] oder anderer Gesetzgebungskörperschaften vergleichen lassen.

---

[1] Über die gegenwärtige Sozialstruktur des Unterhauses siehe unten S. 235ff.

[2] Über die mit letzterem Gesetz erfolgte Gehaltserhöhung für Minister, den Speaker und den *Chief Whip* der Opposition sowie für die erstmalige amtliche Vergütung für den Führer der Opposition im Oberhaus und ihren *Chief Whip* in beiden Häusern siehe unten S. 407.

[3] Diese beziehen (ab Januar 1965) 30000 $ jährlich, dazu kommen aber noch die Sondervergütungen für die Aufrechterhaltung eines Büros in Washington und im Heimatstaat, die bei den Senatoren in die Hunderttausende gehen, außerdem Portofreiheit, Zuschüsse für Telefon und Telegraf und Reisespesenvergütungen.

Niemand würde so weit gehen zu behaupten, finanzielle Gründe bildeten einen wesentlichen Anreiz für eine Berufslaufbahn in der Politik. Für die überwiegende Mehrheit der MPs, die nicht ohnehin in London oder seinen Vorstädten wohnen, ist die parlamentarische Laufbahn mit hohen Ausgaben verbunden. Er muß in London eine eigene Wohnung unterhalten, außerdem aus den Diäten und anderen Vergütungen den gesamten Geschäftsbetrieb eines Abgeordneten decken, wozu die Aufrechterhaltung eines Büros oder Sekretariats, Post- und Telefongebühren, Kosten der Unterhaltung von Besuchern aus dem Wahlkreis und ähnliches mehr gehören. Die Mehrzahl der Mitglieder ist also auf andere Einkünfte angewiesen, sei es, daß ein Labour-Abgeordneter gleichzeitig ein Gewerkschaftsfunktionär, oder ein Konservativer Gesellschaftsdirektor ist. Unter allen Umständen wird er seine Praxis als *solicitor* oder *accountant* aufrechtzuerhalten versuchen. Bei den Konservativen sind ausreichende Privatmittel weit häufiger als bei Labour. Daß von den Diäten genügend erspart werden könnte, um die Wahlkampfkosten zu bestreiten, scheint außerhalb des Möglichen zu liegen. Auch die neuerliche Erhöhung der Bezüge bettet den sonst mittellosen MP nicht auf finanzielle Rosen.

Die Versuchung läge also für ein Parlamentsmitglied nahe, sich, wie das anderswo gang und gäbe ist, durch die Vertretung wirtschaftlicher Interessen im Parlament Einkünfte zu verschaffen. Dem steht aber die in Großbritannien mit größter Gewissenhaftigkeit beobachtete parlamentarische Ethik entgegen, welche die in solchen Fällen unvermeidlich auftretenden „Interessenkonflikte" nicht dulden würde. Es ist im britischen Parlamentsbetrieb für ein Parlamentsmitglied verpönt, mit Dritten in Vertragsverhältnisse einzutreten, die seine politische Entscheidungsfreiheit ungünstig beeinflussen könnten[1]. Unter dieser Voraussetzung wird die Bezahlung eines MP im Rahmen eines Angestelltenverhältnisses von den Commons selbst nicht als anstößig erachtet.

Dazu kommt aber noch ein Weiteres: Der britische Parlamentarier ist in der physischen Ausübung seines Mandats viel ungünstiger gestellt als die meisten seiner Kollegen anderswo, hier die sog. Entwicklungsländer keineswegs ausgenommen. Der Sitzungssaal des Unterhauses ist räumlich zu klein, um allen Mitgliedern gleichzeitig Sitzgelegenheit zu bieten. Bei besuchten Debatten müssen viele mit Stehplätzen vorlieb nehmen. Wer einen Sitzplatz auf den ledergepolsterten Bänken gefunden hat, hat nicht einmal ein Schreibpult, auf dem er seine Akten ausbreiten kann. Nicht genug damit: Das MP hat weder ein eigenes Arbeitszimmer noch ein eigenes Telefon im Parlamentsgebäude. Eine amtliche Schreibhilfe ist nicht vorhanden, er muß sich die seinige außerhalb des Gebäudes selbst besorgen. Innerhalb gibt es nicht einmal einen Platz, wo er in Ruhe seine Briefe schreiben oder Akten studieren oder seine persönlichen

[1] Siehe H. C. 118 (1947) (Fall W. J. Brown).

Besprechungen abhalten kann. Der Besucher des Unterhauses kann beobachten, wie Abgeordnete ihre Klienten in der Vorhalle empfangen oder auf irgendeiner Bank sitzen mit dem Schreibblock auf dem Knie. Diese Zustände sind der „Mutter der Parlamente" durchaus unwürdig und auf die Dauer unhaltbar. Es muß ihnen durch ein neu zu erstellendes Bürogebäude abgeholfen werden, das seit einiger Zeit auch zur amtlichen Diskussion steht[1]. Solange ein MP auf ein ihm von Amts wegen zur Verfügung gestelltes Büro verzichten muß, mag ihm die jüngste Diätenerhöhung eine gewisse finanzielle Erleichterung in der Erfüllung seiner parlamentarischen Verpflichtungen ermöglichen. Eine Dauerlösung für die Mißhelligkeiten des gegenwärtigen parlamentarischen Milieus ist aber davon nicht zu erwarten.

Auch in einer anderen Beziehung ist der britische Parlamentarier im Vergleich zu anderen Parlamenten, insbesondere dem amerikanischen Kongreß, ungünstig gestellt. Die ihm zur Verfügung stehenden Informations- und Studienmöglichkeiten sind einigermaßen unterentwickelt. Üblicherweise bezogen die Parlamentsmitglieder die für ihre Gesetzgebungsfunktion benötigten Informationsunterlagen von den Ministerien, welche einen Entwurf einbrachten, oder aus Untersuchungen einer *Royal Commission* oder anderen einschlägigen Studien; sie konnten daher die vorbereitende Unterrichtung aus eigenen Informationsquellen mehr oder minder entbehren. Die seit geraumer Zeit bestehende und für die ausschließliche Benutzung durch die Parlamentsmitglieder bestimmte Parlamentsbibliothek wurde erst seit 1945 ernstlich aufgebaut. In entsprechenden Räumen des Parlamentsgebäudes selbst untergebracht umfaßt sie derzeit etwa einhunderttausend Bände und etwa sechzehnhundert Zeitschriften aus allen Ländern, zusammen mit einem jetzt systematisch entwickelten offiziellen Dokumentenmaterial. In allerdings sehr bescheidenem Umfang dient sie auch als eine Art *legislative reference bureau,* das dem Einzelabgeordneten in der Materialbeschaffung und auch in der Formulierung der von ihm gewünschten Gesetzentwürfe behilflich ist. Aber die in anderen Parlamenten vorhandenen eigenen und spezialisierten Sachverständigen-Stäbe fehlen vollständig. Vielleicht mag bisher ein wirkliches Bedürfnis hierfür nicht bestanden haben, weil die Abfassung der Regierungsgesetze bei den versierten Beamten der *Treasury* liegt,

---

[1] Ein von der konservativen Regierung Macmillan eingesetzter Parlamentsausschuß, dessen elf Mitglieder allen Parteien entnommen waren, konnte nicht umhin (1964) die Notwendigkeit einer Erweiterung der Parlamentsbaulichkeiten zu bejahen und entschied sich einstimmig für die Errichtung eines solchen im gotischen Stil Westminsters. Die Parlamentsmitglieder beider Häuser sind aber in die „Goten" und die „Vandalen" gespalten: erstere, nicht unerwarteterweise die Mehrheit, sind für die Beibehaltung des bisherigen gotischen oder besser pseudogotischen Stils, die Vandalen dagegen befürworten eine moderne Architektur. Daß die Goten die Vandalen zu Paaren treiben werden, erscheint außer Zweifel.

und *private memberbills* im großen und ganzen beim gegenwärtigen Parlamentsbetrieb eine nur untergeordnete Rolle spielen[1].

Aber eine Verbesserung und Modernisierung der technischen Hilfsdienste könnte wohl dazu beitragen, das bestehende Informationsmonopol der Regierung zu lockern und dem Einzelabgeordneten eine größere legislative Selbständigkeit zu verschaffen.

III. Die Organisation des Unterhausbetriebs

Die Art und Weise, wie der Geschäftsbetrieb des Unterhauses organisiert ist und sich in der Praxis vollzieht, unterscheidet sich nach zwei Richtungen von den meisten anderen Parlamenten und dient als Vorbild für alle *Commonwealth*-Staaten, nämlich in der überragenden Stellung des Vorsitzenden — Speaker — innerhalb des Unterhauses und in der von den beiden Alternierungsparteien über ihre Mitglieder ausgeübten politischen Disziplin, ohne welche der auf der Zweiparteienstruktur aufgebaute Parlamentarismus nicht realisierbar wäre.

1. Der Speaker

a) Zur geschichtlichen Entwicklung des Amtes

Die Notwendigkeit eines Versammlungsleiters ergab sich, sobald im Hochmittelalter das Parlament als Kollektivkörperschaft in Erscheinung getreten war. Darüber hinaus war es aber auch erforderlich, jemand zu finden, der als Sprecher — Speaker — die Meinungen oder Beschlüsse der Commons sowohl den von ihnen räumlich getrennten Lords wie dem König übermitteln würde. Erstmals wird 1376/77 von einer solchen Persönlichkeit berichtet, wobei es offen bleiben muß, ob sie auch den Sitzungen präsidiert hat. Der Betreffende scheint eine Zeitlang auch den Sitzungen des *Great Council* beigewohnt zu haben. Seine Stellung zwischen dem Monarchen und den Commons war, wenn diese sich nicht vertrugen, nicht ohne Schwierigkeiten und persönliches Risiko[2]. Viele Jahrhunderte danach, im Grunde bis ins 19. Jahrhundert, fand sich der Speaker, weit entfernt von seiner heutigen über den Parteien schwebenden Stellung, in der Arena des politischen Kampfes. Zuerst war er lange Zeit ein Werkzeug der Krone, um die Commons in deren Interesse zu „managen“,

---

[1] Siehe unten S. 323ff.

[2] Ein symbolischer Überrest dieser prekären Situation hat sich bis heute darin erhalten, daß der von einem neugewählten Parlament gewählte Speaker sich erst scheinbar sträubt, ehe er von den Vertretern aller Parteien zu seinem erhöhten Sitz im Unterhaus geleitet wird.

ähnlich wie es der Prime Minister des 18. Jahrhunderts tat. Noch während der Verfassungskonflikte des 17. Jahrhunderts wurde er von der Krone als ihr Vertreter angesehen. Als in der zweiten Session von Charles' I. zweiten Parlament (Januar 1629) Eliots Resolutionen gegen die königlichen Mißbräuche vorgebracht wurden, wollte der damalige Speaker im Auftrag des Königs die Vertagung aussprechen und den Stuhl verlassen, was nach Herkommen als die Aufhebung der Sitzung galt, wurde aber dort mit Gewalt festgehalten, bis diese angenommen worden waren; erst dann wurde der unglückliche Mann losgelassen und die Vertagung vom Haus angenommen. Er war also damals, wie er sich ausdrückte, „nicht weniger Diener der Krone als der Commons". Das Blatt hatte sich aber gewendet, als nach den elf parlamentslosen Jahren unter Charles I. das Lange Parlament einberufen worden war. Nunmehr erwies sich der Speaker unzweideutig als der Repräsentant der Commons. Als der König (Januar 1642) töricht genug war, in die geheiligten Bezirke des Parlaments mit seinen Söldnern einzubrechen, um die Rädelsführer der Opposition persönlich zu verhaften, zeigte der Speaker mit seinem heroischen Verhalten deutlich an, daß er dem Haus und nicht dem König diene. Dabei ist es dann in der Folgezeit auch verblieben. Nunmehr aber drohte der Stellung des Speakers eine andere Gefahr, daß er nämlich in die Parteipolitik hineingezogen würde. Zu Beginn des 18. Jahrhunderts betrachteten die Speaker die Stellung als Sprungbrett zu hohen Regierungsposten. Addington vertauschte (1801) das Speaker-Amt sogar mit dem des Prime Ministers. Jedoch gelang es Arthur Onslow, der die Speaker-Stellung von 1729—1761 innehielt, das Amt sowohl vom Einfluß der Krone und des Kabinetts wie von den Parteien loszulösen und ihm seine heutige neutrale Gestalt zu geben.

b) Bestellung

Seit alters wird der Speaker zu Beginn einer neuen Legislaturperiode vom Unterhaus aus den Reihen seiner Mitglieder gewählt. Er wird von der Regierungspartei nach eingehender Fühlungnahme mit der Opposition vorgeschlagen, der Vorschlag wird von einem Mitglied der Oppositionspartei formell unterstützt. In der überwiegenden Mehrzahl der Fälle erfolgt die Wahl dann einstimmig. Der außergewöhnliche Vorgang von 1895, als die Opposition mit dem Vorschlag nicht einverstanden war, blieb bis in die jüngste Zeit ohne Nachfolge, als es sowohl 1951 als auch 1959 infolge der verschärften Parteiengegensätze zu harmoniestörenden Auseinandersetzungen um den Speaker kam[1].

---

[1] Im ersteren Jahr widersprach die Labour-Partei, die gerade die Wahl verloren hatte, der Nomination des von den Konservativen vorgeschlagenen Kandidaten, da sie einem der bisherigen *Deputy Speaker* wegen seiner größeren Erfahrung den Vorzug gab, und es kam zu einer Kampfabstimmung im Unterhaus; damit war der bis-

Es ist seit Generationen üblich, den im letzten Parlament amtierenden Speaker auch für die Dauer des folgenden zu nominieren und zu wählen, vorausgesetzt er ist zur Wiederübernahme des Amtes bereit. Dabei wird im Gegensatz zum Speaker des amerikanischen Repräsentantenhauses, der mit der Parteimehrheit wechselt, keine Rücksicht auf seine Parteizugehörigkeit genommen, da er, wiederum im Gegensatz zu den Vereinigten Staaten, wo der jeweilige Speaker Parteimann bleibt und die Interessen seiner Partei nach Möglichkeit fördert, als parteineutral gilt und sein Prestige — und es ist von einem für den Ausländer kaum vorstellbaren Ausmaß — eben auf seiner parteipolitischen Unparteilichkeit beruht. Seit 1835 wurde der Wiederwahl eines bisherigen Speakers keine Opposition entgegengebracht. Tritt ein Speaker dann endgültig zurück, wird er üblicherweise mit einer *viscountcy* im Oberhaus ausgezeichnet.

Handelt es sich um die Wahl eines neuen Amtsinhabers, so wird Wert darauf gelegt, daß er sich in seiner bisherigen parlamentarischen Laufbahn nicht als ein Parteikampfhahn erwiesen und außerdem bereits Erfahrungen in der Handhabung des Vorsitzes, etwa in einer Kommission, gesammelt hat. Die meist erfolgende Einstimmigkeit seiner Wahl beruht eben auf der vorhergegangenen Konsultation mit der Opposition, die hier voll zum Zuge kommt[1].

In der Mehrzahl der Fälle steht es schon bei Ende des ablaufenden Parlaments fest, wer im neuen Parlament als Speaker präsidieren wird. Die Wahl des Speakers in seinem Wahlkreis war daher in der Regel ohne Opposition, das heißt, er gewinnt den Sitz mit der vollzogenen Nomination. Die nicht opponierte Wahl bedeutet praktisch, daß die Wählerschaft dem Beispiel des Unterhauses in der einstimmigen Aufstellung zu folgen geneigt ist. Davon gibt es jedoch in neuerer Zeit einige Ausnahmen, wobei aber die aufgestellten Gegenkandidaten niemals einen Erfolg buchen konnten[2].

---

herige Brauch, wonach bei erwartetem Widerspruch der Opposition die Kandidatur vorher zurückgezogen wird, durchbrochen. Im Jahre 1959 mußte der von den Konservativen zuerst Vorgeschlagene zurückgezogen werden, da er Labour nicht genehm war; die Labour-Partei protestierte auch gegen den zweiten Kandidaten, da er Mitglied der früheren Regierung gewesen war. Als die Konservativen aber nicht nachgaben, sah Labour von einer Kampfabstimmung ab.

[1] Einstimmigkeit nach zwischenparteilicher Konsultation lag auch der am 29. Oktober 1965 erfolgten Wahl des ersten von der Labour-Partei gestellten Speakers, Dr. Horace M. King, zugrunde, der das Amt nach dem plötzlichen Tod seines konservativen Vorgängers Sir Harry Hilton-Foster übernahm. Er ist nicht nur der 151. Inhaber des Amts seit seiner mittelalterlichen Begründung, sondern außerdem der erste, der vorher eine öffentliche Volksschule besucht hatte, Gewerkschaftler gewesen war und vor seiner Amtsperücke einen philosophischen Doktorhut erworben hatte.

[2] 1935 und 1945 opponierte Labour dem konservativen Speaker in seinem Wahlkreis, aber nicht wegen Bedenkens gegen seine Person, sondern weil sonst ihre Wahl-

Seit mehr als hundert Jahren ist dem Speaker ein Amtssitz angewiesen (*House of Commons [Speaker] Act* von 1834 [2 & 3 Will. 4, c. 105] und *House of Commons [Officers] Act* von 1834 [4 & 5 Will. 4, c. 70]). Sein Gehalt, das mehr als eineinhalb Jahrhunderte mit 5000 £ gleichgeblieben war, beträgt seit der Neuregelung von 1964 8500 £, und wird gleichfalls aus dem *Consolidated Fund* bezahlt.

c) Funktionen

Die Wichtigkeit des Speakers für die Betriebsführung in den Commons und der Umfang seines Aufgabenkreises innerhalb ihres Rahmens übersteigen bei weitem die Rechte und Pflichten der Kammerpräsidenten anderer parlamentarischer Körperschaften, obwohl sie alle dem britischen Speaker nachgebildet sind. Er präsidiert bei den Sitzungen, außer wenn das Haus als *Committee of Ways and Means* tagt, in welchem Fall er durch dessen Vorsitzenden als *Deputy Speaker* vertreten wird (*Deputy Speaker Act* von 1855 [18 & 19 Vict., c. 84]), regelt die Debattenführung durch die Kenntnisnahme von einer Wortmeldung — *recognition* —, soweit nicht vorher eine Rednerliste im Einvernehmen mit den beiderseitigen Parteiführungen vereinbart worden ist, und er kann durch die absichtliche Nichtbeachtung einer Wortmeldung der Debatte die von ihm gewünschte sachliche Richtung geben. An den Debatten selbst nimmt er niemals teil, seit 1870 auch nicht mehr an Kommissionsberatungen. Ebensowenig beteiligt er sich an der Stimmabgabe. Nur in den an sich äußerst seltenen Fällen der Stimmengleichheit — *tie* — gibt seine Stimme den Ausschlag[1], wobei er darauf sieht, daß die Entscheidung

---

kreisorganisation völlig abgestorben wäre. 1950 und 1955 stellte die *Independent Labour*-Partei einen gleichfalls hoffnungslosen Gegenkandidaten auf. Labour selbst enthielt sich. Auch bei den Wahlen von 1964 wurden dem konservativen Inhaber des Speaker-Amtes, der 1959, als er noch nicht Speaker gewesen war, seinen Wahlkreis mit einer Mehrheit von mehr als 17000 Stimmen gewonnen hatte, ein Labour- und ein liberaler Gegenkandidat entgegengestellt, die aber in dem erzkonservativen fashionablen Wahlkreis des Londoner Westens keine Chancen hatten. Es war das erste Mal überhaupt, daß zwei Gegenkandidaten aufgestellt wurden. Da also meist keine Kampfwahl stattfindet, muß der betreffende Wahlkreis als in Wirklichkeit nicht vertreten gelten, weshalb vorgeschlagen wurde, daß nach der Wahl des Speakers durch das Unterhaus eine Nachwahl in seinem Wahlkreis stattzufinden hätte. Der Vorschlag ist nicht ohne verfassungsrechtliche Bedenken. Der im Jahre 1963 von den Commons erörterte Vorschlag, für den Speaker einen eigenen Wahlkreis ohne Wähler zu schaffen, fand bisher keine Verwirklichung, weil damit der Tradition Abbruch getan würde; die Konservativen empfahlen die Wahl des Speakers ohne Gegenkandidaten.

1966 hatten zwar Konservative wie Liberale von der Aufstellung eigener Kandidaten abgesehen, aber ein sich als „Demokratischer Nicht-Parteilicher Nationalist“ bezeichnender „Wilder“ konnte es immerhin auf rund 5000 Stimmen (gegenüber 30000 für Dr. King) bringen.

[1] Das 1. Kabinett Wilson wurde durch die Stimmabgabe des (konservativen) Speakers einmal vor einer Niederlage bewahrt.

nicht endgültig ist. Niemals kann seine Stimme den Sturz der Regierung herbeiführen. Er wählt unter den vorgelegten Zusätzen (*amendments*) zu den Gesetzesvorlagen diejenigen aus, die er für wesentlich und sachförderlich hält; er schützt die Minderheit vor einer Vergewaltigung durch die Mehrheit, indem kein Debattenschlußantrag (*motion for closure*) ohne seine Zustimmung angenommen werden kann. Vor allem aber erledigt er durch seine unanfechtbaren Entscheidungen (*rulings*) die häufig streitigen Fragen, die sich aus der Anwendung und Auslegung der Geschäftsordnung — *standing orders* — ergeben, was heute zu einer Spezialwissenschaft geworden ist. Er veranlaßt die Abhaltung einer Nachwahl bei Vakanz eines Sitzes durch die Unterzeichnung der Anweisung (*warrant*) zur Ausschreibung der Neuwahl. Dem Speaker obliegt die unanfechtbare und auch gerichtlich nicht nachprüfbare Erklärung eines von den Commons erlassenen Gesetzes als Finanzgesetz (*money bill*), das gemäß dem *Parliament Act* von 1911 dem Einspruch der Lords entzogen ist[1]. Schließlich ist es auch der Speaker, dem der Schutz der Würde des Hauses anvertraut ist und der daher gegenüber den Mitgliedern die parlamentarische Disziplinargewalt ausübt.

Im allgemeinen sind die Commons eine vorbildlich manierliche Körperschaft[2]. Verstöße gegen den Stil des Unterhauses sind heute sehr selten geworden; in der Zeit des Aufstiegs von Labour, als manchen Besitzern schwieliger Arbeiterfäuste die Assimilation zum *gentleman* nicht ganz leicht fiel, waren sie weit häufiger. Entfleucht einem MP in der Hitze des parlamentarischen Gefechts ein anstößiger Ausdruck, so genügt fast ausnahmslos der Wunsch des „Stuhls" zu seiner Zurücknahme zur Wiederherstellung der Ordnung. Im Laufe der Zeit hat sich ein kleines Lexikon der mit der Würde des Hauses unvereinbaren Ausdrücke herausgestellt, die in der Bibel der Commons, Thomas Erskine Mays *Parliamentary Procedure*, getreulich registriert werden. Dieser Katalog der verbotenen Worte würde in den meisten anderen Parlamenten als zu rigoros gelten[3].

---

[1] Siehe unten S. 257f.

[2] Das galt allerdings ausnahmsweise nicht für die parlamentarische Session 1964/65, während welcher die von der knappen Labour-Mehrheit verursachte andauernde Spannung zu nicht seltenen Lärm- und Unruheszenen führte, die im Normalbetrieb nicht üblich sind.

[3] Kein Mitglied darf Heuchler oder Pharisäer genannt werden. Nach Winston Churchills berühmtem Vorbild wird ein Lügner als „Vermittler terminologischer Ungenauigkeiten" charakterisiert. "*Impertinent puppy*" (frecher Dachs) wurde 1907, unverschämter junger Dachs (*cheeky young puppy*) 1953 auf den Index gesetzt. Als Prime Minister Wilson in der ersten Sitzung des 1964 neu zusammengetretenen Parlaments von einem Konservativen, den er für die in seinem Wahlkreis betriebene Rassenhetze verantwortlich machte, als von einem „parlamentarischen Aussätzigen" sprach, sah der Speaker keine Veranlassung, die Rücknahme anzuordnen, da der Betreffende nicht unmittelbar angesprochen worden war. Der Purismus des englischen Parlaments hat auf die Gesetzgebungskörperschaften des gesamten

Bei wirklich groben Verstößen gegen die Hausordnung, wozu vor allem Ungehorsam gegen eine *ruling* des *chair* gehört, kann das fehlbare Parlamentsmitglied vom Speaker mit Namen angesprochen werden (*naming*) — sonst sprechen die parlamentarischen Herrschaften voneinander nur höflich als dem Inhaber seines Wahlkreissitzes —, was zur Folge haben kann, daß der so Getadelte durch Mehrheitsbeschluß bis auf Widerruf oder sogar auf die Dauer der Session von den Sitzungen ausgeschlossen werden (*suspension*) kann[1].

Bei allen diesen mannigfaltigen Tätigkeiten fungiert der Speaker als der neutrale Schiedsrichter zwischen den Parteien und als das *alter ego* des Hauses selbst, wobei er dann nicht verfehlen kann, bei Gelegenheit das Haus gegen sich selbst zu schützen und es vor Übereilungen und Mißhelligkeiten zu bewahren. Mit der Wahl ihrer Speaker haben die Briten bisher eine besonders glückliche Hand bewiesen, glücklicher will es scheinen, als mit der Bestellung ihrer Prime Minister.

2. Andere Funktionäre des Unterhauses

Das *House of Commons* wäre keine britische Institution, hätte es sich nicht in Gestalt von gewissen Funktionären ein gut Teil seines Zeremoniells erhalten. Diese sind Kronbeamte, nämlich der *Clerk of the House* (mit zwei Gehilfen) — das Amt geht auf das Jahr 1363 zurück — und der *Serjeant-at-Arms*. Ersterer führt für ein paar Augenblicke während der Wahl des Speakers den symbolischen Vorsitz, ist aber in der Hauptsache der offizielle Urkundsbeamte, der die Sitzungsprotokolle führt und alle amtlichen Materialien und Urkunden in Verwahrung nimmt. Letzterer ist gewissermaßen das Vollstreckungsorgan des Speakers in der Aufrechterhaltung der Hausordnung des Unterhauses und dient auch als solcher

---

Commonwealth abgefärbt und nimmt dort oft groteske Ausmaße an; beispielsweise darf in Neuseeland keinem Parlamentsmitglied „eine falsche Behauptung" imputiert oder von ihm gesagt werden, man könne „sein Gehirn in einer Nußschale unterbringen". Eine 1959 zusammengetretene Konferenz der Präsidenten der *Commonwealth*-Parlamente veröffentlichte die Liste der verbotenen Ausdrücke in Band XXVIII ihres Fachorgans *The Table, The Journal of the Society of Clerks-at-the-Table in Commonwealth Parliaments.*

[1] Ein besonders schwarzes Schaf ist der Labour-Abgeordnete J. Silverman, von rein proletarischer Herkunft, der es zum *barrister* gebracht hat, seit 1945 Inhaber sicherer Labour-Wahlkreise, zuletzt Birmingham-Aston. Er war an ungefähr allen Rebellionen gegen die Labour-Führung beteiligt. 1954 wurde er mit einer Handvoll anderer Arbeiter-Abgeordneter aus der Partei ausgestoßen, weil er, die Parteiorder mißachtend, gegen die Aufrüstung Deutschlands, 1961 desgleichen, weil er, statt sich — wie angewiesen — der Stimme zu enthalten, gegen die Rüstungskredite gestimmt hatte. Er erfreut sich aber als alter Kämpfer innerhalb der Partei eines solchen Ansehens, daß er immer wieder in Gnaden aufgenommen werden mußte — bis zum nächsten Mal. Auch mit dem Speaker reibt er sich andauernd. 1952 wurde er auf fünf Tage ausgeschlossen, weil er dem Befehl, sich zu setzen, nicht nachgekommen war. Die 1965 beschlossene Abschaffung der Todesstrafe für Mord (Elit. 2, c. 71) ist sein dauerndes Denkmal.

für die Anordnungen des Speakers, soweit sie außerhalb des Hauses Geltung haben; denn durch ihn können die Commons jedermann, der sich gegen ihre Privilegien vergangen hat, ohne Inanspruchnahme der Gerichte im Vollzug ihrer eigenen Gerichtsbarkeit festnehmen, vorführen und einsperren lassen. Zur Aufrechterhaltung der Hauspolizei kann er gegebenenfalls auf Anweisung des Speakers die im Hause diensttuende Metropolitanpolizei heranziehen. Da sich aber die Sitzungen jetzt meist in mustergültiger Ordnung vollziehen und die in den Flegeljahren der Labour-Partei manchmal vorgekommenen Ausschreitungen völlig verschwunden sind, hat er zur Anwendung der Hauspolizei kaum je Gelegenheit mehr.

Dem fremden Besucher des *House of Commons* fällt besonders auf, daß der *Serjeant-at-Arms* bei Eröffnung und Schließung der Sitzung dem Speaker mit der *mace* auf einem samtenen Kissen voranschreitet, jenem stark vergoldeten barocken Zepter, das, ursprünglich und auch heute noch sein Amtstribut, mit der Zeit zum mit einer Art heiliger Ehrfurcht angesehenen Symbol der Würde des Parlaments geworden ist. Solange die Sitzung im Gang ist, liegt das Zepter auf dem Tisch vor dem Thron des Speakers[1].

Wichtiger als diese Zeremonialfunktionäre ist aber der gleichfalls zu Beginn der Legislaturperiode vom Haus aus der Mehrheitspartei gewählte Vorsitzende des *Committee on Ways and Means* (und anderer *Committees* des ganzen Hauses), bei denen die Geschäftsordnungsregeln erleichtert sind[2]. Seine Befugnisse sind sachlich identisch mit denen des Speakers. Er ist gleichzeitig der *Deputy Speaker* und es ist ihm seinerseits ein Stellvertreter beigegeben, der wiederum als *Deputy Speaker* fungieren kann.

IV. Die Parteiorganisation im Unterhaus

1. Die Parteidisziplin

Amtliche Funktionäre des Unterhauses sind schließlich die Einpeitscher (*whips*) der Regierungs- und der Oppositionsparteien. Ihre für das britische Regierungssystem ausschlaggebende Bedeutung liegt darin,

[1] Ein in seiner Art einzigartiger Zwischenfall ereignete sich vor einer Generation (17. Juli 1930), als der Labour-Abgeordnete Beckett während einer Geschäftsordnungsauseinandersetzung zwischen dem Speaker und einem anderen Labour-Abgeordneten plötzlich die auf dem Tisch vor dem Speaker liegende *mace* ergriff und mit ihr den Saal verlassen wollte. Das Haus, zunächst fast sprachlos über das Sakrileg, beschloß mit allen gegen 6 Stimmen den Ausschluß des Frevlers von den Sitzungen. Da das ganze Land die Ausschreitung verdammte, verlor Beckett bei den nachfolgenden Wahlen von 1931 den Sitz in einem sonst sicheren Kreis mit großer Mehrheit.

[2] Siehe unten S. 348ff.

daß sie die Abstimmungsdisziplin oder, um eine unvollkommene Umschreibung zu benutzen, den Fraktionszwang gegenüber ihren Parteimitgliedern aufrechterhalten. Ohne sie ist ein ordnungsgemäß funktionierendes Zweiparteiensystem unmöglich.

Unter Parteidisziplin wird in England jene unbedingte Loyalität gegenüber der Partei verstanden, die das einzelne Parlamentsmitglied veranlaßt, sich in einem in anderen Ländern kaum vorstellbaren Umfang der eigenen Willensentschließung im Parteienverhalten und insbesondere bei den parlamentarischen Abstimmungen zu begeben und sich den Anordnungen der Parteiinstanzen zu fügen, die mehr als Wünsche oder Direktiven, die in der Tat Parteibefehle sind. Dabei handelt es sich um einen komplizierten, wenn auch in der Praxis vereinfachten psychologischen Prozeß, dem der Ausdruck Fraktionszwang keineswegs voll gerecht wird; denn dem letzteren liegt mehr der äußere Zwang als die innere Bereitwilligkeit zugrunde. Gerade diese Parteiloyalität ist es aber, welche den äußeren Zwang, sich dem Gebot der Parteileitung unter allen Umständen zu fügen, zum ethischen Postulat der Politik sublimiert.

An sich ist die Parteidisziplin geradezu das Gegenteil der Grundsätze einer echten Repräsentation, wie sie von Burke und Mill verstanden wurde: daß der Abgeordnete als Angehöriger einer gesellschaftlichen und geistigen Elite nicht an Weisungen oder Instruktionen seiner Wähler gebunden sein sollte. Diese Auffassung hat sich in der Tat voll durchgesetzt, da nach der britischen Verfassungstheorie und -praxis ein an die Wähler-Auftraggeber gebundenes Mandat in diesem strengen Sinne wohl seit dem Mittelalter nicht mehr bestanden hatte. An die Stelle der Bindung durch Wahlaufträge ist aber seit einem Jahrhundert die unbedingte Unterwerfung des Abgeordneten unter das Parteigebot getreten, ein imparatives Mandat von weit rigoroserem Charakter als es Wahlaufträge je hätten sein oder werden können.

Diese unabdingbare Parteidisziplin ist eine moderne Erscheinung, den Notwendigkeiten einer geregelten politischen Dynamik nach dem Alternierungsgrundsatz der Zweiparteiendynamik entstammend und daher untrennbar mit der britischen Version des Parlamentarismus verbunden. Im 17. und 18. Jahrhundert und bis tief ins 19. hinein waren die Abgeordneten in der Tat eine Elite aus den privilegierten Klassen, wie sie den Wählbarkeitsvoraussetzungen notwendigerweise entsprechen mußte. Sie verdankten ihre Wahl einer zahlenmäßig beschränkten und vermögensmäßig privilegierten Wählerschaft und fühlten und gerierten sich als die Treuhänder der Wähler- und der Nationalinteressen. In der als die der Parlamentssouveränität (charakterisierten Periode) zwischen den beiden Wahlreformen von 1832 und 1867, als die Parteizersplitterung ihren Höhepunkt erreicht hatte, konnte von einer Unterordnung des einzelnen gewissermaßen souveränen Abgeordneten unter seine Partei schon deswegen keine Rede sein, weil die Parteien keine festumrissenen geschlossenen Organisationen waren. Über sein Parlaments- und vor allem sein Abstimmungsverhalten entschied das einzelne Parlamentsmitglied einzig und allein nach seinem selbstherrlichen Gewissen.

Als aber die Wahlreformen von 1867 und nachher die Massenwählerschaft zur Grundlage des Wahlverfahrens machten, verlor der Wahlakt weitgehend seinen bisherigen elitistischen Charakter. Der Kandidat wie der Gewählte war zunehmend von seiner Parteiorganisation abhängig, auf die er, außer er war persönlich wohlhabend genug, um die Wahlkosten zu tragen, unbedingt angewiesen war und die ihm den Rahmen für eine erfolgreiche Kandidatur schuf. Von der Wirksamkeit der Parteiorganisation auf der lokalen wie der nationalen Ebene hing der Wahlerfolg ab. Als sich damals die Konservativen und die Liberalen ihre Parteimaschinen schufen — und Labour folgte ihnen um die Jahrhundertwende getreulich nach —, ergab es sich von selbst, daß, wer durch die Partei den Sitz gewann, ihr auch nachher in seiner parlamentarischen Tätigkeit verpflichtet und ergeben blieb. Stimmte ein Abgeordneter nachher gegen seine Partei, konnte er, da es in zunehmender Zahl Berufspolitiker waren, beim nächsten Wahlkampf nicht mehr mit ihrer Unterstützung rechnen. Der Ursprung der Parteidisziplin fällt also notwendigerweise mit der Ausbildung der Parteiorganisation zusammen.

Aber von solchen Nützlichkeitserwägungen abgesehen, hat sich seit Generationen die Tradition der gefühlsmäßigen Verbundenheit des Abgeordneten mit seiner Partei gebildet. Es tat dieser Regel keinen Abbruch, daß Abgeordnete, die es sich nach ihremPersönlichkeitsgewicht leisten können, nicht ganz selten die Partei wechseln („*crossing the floor*"), wofür Winston Churchill, einst ein Liberaler, das bekannteste Beispiel bildet. Beide Motivationen, Nützlichkeitserwägungen und gefühlsmäßige Einstellung, bringen es also mit sich, daß der Abgeordnete sein persönliches Gewissen den Parteiinteressen unterordnet. Man kann heute sogar so weit gehen, zu sagen, daß die ihm eingeborene Parteiloyalität seiner Parteidisziplin weit mehr Vorschub leistet als die Befürchtung, durch mangelnde Abstimmungstreue das Parteiwohlwollen zu verscherzen und damit Gefahr zu laufen, den Sitz zu verlieren. Die in den Vereinigten Staaten oder in der Dritten und Vierten französischen Republik üblichen Verwischungen der Parteilinien bei den Abstimmungen (*cross voting*) sind also in Großbritannien ausgeschlossen. Die beiden Parteien geben ihre Stimmen als geschlossene Blöcke nach Maßgabe der ihnen zur Kenntnis gebrachten Parteiparolen ab.

Ein weiteres, die Parteidisziplin förderndes Element ist auch die in Großbritannien bestehende Zentralisation der beiden Alternierungsparteien, die, unbehindert von Regionalismus oder Sektionalismus, der sozialen Homogenität der Wählerschaft und auch dem verhältnismäßig kleinen Umfang des Landes entspringt und entspricht. Daraus ergibt sich ein weit stärkerer Zusammenhalt der für eine Partei tätigen Professionellen; er hat sein Gegenstück in der — wenn auch in der neueren Zeit sich auflockernden — Parteitradition innerhalb der Wählerschaft selbst. Alle diese Dinge wirken zusammen, um die Parteidisziplin des einzelnen Abgeordneten im Unterhaus zur wirksamen Grundlage des politischen Prozesses zu machen.

2. Der Parteiausschluß

Allerdings, auch die parlamentarische Parteidisziplin findet an der individuellen Selbstbestimmung des einzelnen Mitgliedes ihre Grenze. Bei allen Parteien, vor allem aber bei Labour, hat es von jeher Parteirebellen gegeben, immer ausgeprägte Individualitäten und Individualisten, welche wider den Stachel der Parteidisziplin lökten. Können sie durch die ihnen reichlichst gebotenen Aussprachemöglichkeiten nicht zur Raison und damit zum Einschwenken auf die offizielle Parteilinie gebracht werden und stimmen sie im Unterhaus gegen diese, kann der Bruch der Parteiloyalität mit der Ausschließung von der Partei geahndet werden. Bei Labour sind solche Fälle häufiger als bei den Konservativen, besonders wenn Labour in der Opposition ist, wo es angesichts der Mehrheitsverhältnisse nicht auf ein paar Stimmen mehr oder weniger ankommt.

Die berühmteste Parteirebellion war diejenige von Sir Stafford Cripps, Aneurin Bevan und George Strauss, die 1939 zeitweise aus der Partei ausgeschlossen wurden, weil sie ein Zusammengehen mit den Kommunisten in einer Volksfront empfohlen hatten. Aneurin Bevan, bis zu seinem Tod (1960) wohl die brillanteste Begabung seiner Partei und ihr anerkanntes *bête noire*, wurde auch in den fünfziger Jahren wiederholt ausgeschlossen, von seinen getreuen Wählern aber unentwegt nach Westminster entsandt, so daß er wieder vorbehaltslos von seiner Partei aufgenommen werden mußte. Nur Leute von wirklicher Prominenz können sich solche Extratouren leisten, weil sie sicher sind, ihre Wähler würden ihnen das nächste Mal genauso oder sogar williger Gefolgschaft leisten, als wenn sie treu in der Parteihürde geblieben wären. Im Jahre 1961 mußte die Parteiführung von Hugh Gaitskell mit Abstimmung der Fraktion fünf Labour-Abgeordnete ausschließen, weil sie, der Parteipolitik in der Verteidigungsfrage feindlich gesinnt, beim Wehretat gegen die Parteiparole gestimmt hatten. In solchen Fällen verlieren die Gemaßregelten zwar den Partei-*whip*, bleiben aber als unabhängige Labour-Abgeordnete selbstverständlich Parlamentsmitglieder und können überdies mit Sicherheit darauf rechnen, daß sie über kurz oder lang, selbst wenn sie nicht Reu' und Leid gebetet haben sollten, wieder in Gnaden in die Partei aufgenommen werden, da keine Partei es sich leisten kann, auf die Dauer ihre Prominenz entbehren zu müssen[1].

Wie Labour seinen extremen linken, so haben die Konservativen ihren extremen rechten Flügel, der geneigt ist, in allen Angelegenheiten, in denen Englands Geltung bei seinen *Commonwealth*-Mitgliedern hereinspielt, von der Regierungspolitik aus nationalen Gründen abzuweichen. Zu einem formellen Parteiausschluß kommt es aber bei ihnen so gut wie nie, da die Gegensätze immer hinter der Szene ausgeglichen werden können. Mit solchen rebellischen Einzelgängern werden die Parteileitungen in der Regel ohne große Mühe fertig, es sei denn, es handle sich um einen Partei-Prominenten mit einer ergebenen Gefolgschaft. Ein derartiger Zusammenbruch der Parteisolidarität kann sich dann zu einer „Revolte der Hinterbänkler" auswachsen[2], die jeder Parteiführung höchst unerwünscht ist und ihr unter Umständen sogar gefährlich werden kann.

3. Die Instrumente der Parteidisziplin: Die Whips

Für die politische Dynamik unter dem Zweiparteiensystem ist die Einrichtung der Partei-„Einpeitscher" — *whips* — unentbehrlich. Keine Partei, die über eine numerisch starke Anhängerschaft im Unterhaus verfügt, kann ihrer entraten. Die *whips* der Regierungspartei sind beamtete und bezahlte hohe Regierungsfunktionäre, die im Parlament sitzen, nämlich der *Parliamentary Secretary to the Treasury* als der *Chief Whip*, der *First Junior Lord of the Treasury* als sein Stellvertreter und die vier anderen *Junior Lords of the Treasury*. Sie sind alle in der nach dem *House of Commons Disqualification Act* von 1957 (Sektion 2, Part III) auf siebzig Personen festgelegten und im *Ministers of the Crown Act* von 1965 (Eliz. 2, c. 98) neuerdings auf einundneunzig angesetzten Höchstzahl von Regierungsmitgliedern eingeschlossen, die im Unterhaus sitzen dürfen. Dazu kommen noch die drei Titelträger von *Household*-Ämtern (*Treasurer*, *Comptroller* und *Vice-Chamberlain*), insgesamt also neun Funktionäre, die sowohl öffentliche Amtsträger als auch Inhaber von Parlamentssitzen sind. Die *whips* sind in einem Regierungsgebäude (Nr. 12 Downing Street) nebenan von Amtssitz des Prime Ministers untergebracht, womit schon äußerlich der Zusammenhang zwischen der die Parteileitung verkörpernden Regierungsspitze und den *whips* versinnbildlicht ist. Eine Besonderheit ist, daß der *Chief Whip* über den Parteifonds verfügt, der rechtlich sein persönliches Eigentum ist, also

[1] So blieb die Revolte des linken Labour-Flügels gegen den Lohn- und Preisstop der Regierung Wilson (August 1966) (siehe Bd. II, S. 393ff.) ohne parteidisziplinäre Folgen.

[2] Siehe unten S. 231ff.

nicht etwa ihm nur als Trust zustünde oder dem Exekutivausschuß der Partei unterstellt wäre[1]. Er ist auch immer noch, obwohl nicht mehr offiziell, derjenige, der über die Patronage zu bestimmen hat und hierfür das Ohr des Prime Ministers hat.

Die Oppositionspartei verfügt gleichfalls über einen Stab von Einpeitschern. Bislang hatten diese weder amtliche Stellungen inne, noch waren sie staatlich bezahlt. Der *Ministerial Salaries and Members' Pensions Act* von 1965 (Eliz. 2, c. 58) schuf hier Wandel, indem nunmehr der *Chief Opposition Whip* in den Commons und derjenige im Oberhaus amtlich besoldet (mit 3750 bez. 1500 £) sind (Sektion 2 (2)).

Die Einpeitscher, deren Zahl nach Bedarf durch nichtbeamtete Abgeordnete verstärkt wird, sind das Auge, Ohr und wohl auch das Gewissen der Masse der Parteianhänger (*rank and file*) oder, wenn man es gröber ausdrücken will, Wachhunde, welche die Schafe umkreisen und sie in der Parteihürde halten. Sie stellen die Kanäle dar, durch welche die Wünsche und Anordnungen der Parteileitungen den Einzelmitgliedern bekannt gemacht werden. Sie sind aber auch Zweibahnstraßen, auf welchen umgekehrt Auffassungen und Meinungen der Einzelabgeordneten an die Parteileitungen gelangen. Allerdings sind die *whips* nicht die einzigen Möglichkeiten zur Fühlungnahme zwischen Parteileitung und Gefolgschaft, da regelmäßige Parteiversammlungen (*caucus*) stattfinden, bei der *Parliamentary Labour Party* noch häufiger als bei den Konservativen. Außerdem werden bei beiden Parteien die *backbenchers* in kleine Sachgruppen eingeteilt, welche die laufende Gesetzgebung besprechen und die auch den nicht zugeteilten Mitgliedern offenstehen, so daß reichlich Aussprachemöglichkeiten vorhanden sind. Den beiderseitigen *whips* aber obliegt der Tagesbetrieb des Parlaments mit seinen unzähligen Einzelheiten der Information über anhängige und abstimmungsreife Entwürfe, mit denen auch der versierteste und fleißigste MP nicht immer vertraut sein kann.

Der Ausdruck „*whip*" mag zwar eine historische Berechtigung haben, gilt aber nicht für die Praxis; denn der einzelne Einpeitscher muß vor allem psychologisches Einfühlungsvermögen und weite Menschenkenntnis besitzen, um die auseinandergehenden Auffassungen der ihm anvertrauten Gruppe von Abgeordneten auf einen gemeinsamen Nenner bringen und eine einheitliche Parteieinstellung herbeiführen zu können. Mit Diktaten, geschweige denn Drohungen würde er nichts ausrichten, die Abgeordneten, die schließlich gestandene Männer und Frauen sind, würden es sich nicht gefallen lassen, wenn auch bei notorisch bockigen

[1] Der Umstand, daß David Lloyd George während der Zeit seiner Koalition mit den Konservativen über den national-liberalen Parteifonds allein verfügen konnte und ihn auch nach seinem Abgang von der Prime Ministerschaft nicht herausgab, wird in England als der größte Vertrauensbruch eines hohen Regierungsbeamten angesehen, der in der neueren Geschichte vorgekommen ist.

Abgeordneten gelegentlich die Überredung durch Mahnung verstärkt sein wird. Die allseits vorhandene Parteiloyalität hilft dabei wesentlich; aber oft gilt es, die Gewissensskrupel oder auch die wirtschaftlichen Bedenken des Einzelabgeordneten mit der Parteipolitik zu versöhnen. Außerdem sind die *whips* ein Stück des die britische Politik auszeichnenden Selektionsverfahrens der Führungsschicht. Wer unter den parlamentarischen Novizen sich der Parteileitung empfehlen will, muß es durch die *whips* tun. Nicht ihre Reden im Unterhaus[1], sondern ihre politische Persönlichkeit ist es, die ihnen die Bahn zum Aufstieg freimacht.

Vor allem aber müssen die *whips* den gesetzgeberischen Tagesbetrieb gewährleisten und für die Abstimmungssolidarität ihrer Parteibrüder sorgen. Der Ausdruck "*whip*" ist auch für die schriftlichen Benachrichtigungen üblich, die von den Büros der *whips* an die Einzelabgeordneten gerichtet werden, um sie über ihre laufenden Abstimmungsverpflichtungen während der kommenden Woche zu unterrichten. Die auf dieser Wochenliste zur Behandlung stehenden Gegenstände sind je nach ihrer Wichtigkeit unterstrichen oder nicht unterstrichen. Ist letzteres der Fall, so ist die Sache nicht wichtig und der MP braucht nicht im Unterhaus dafür zur Stelle zu sein. Einmalige Unterstreichung zeigt an, daß die Sache wichtig, aber nicht dringend ist, zweimalige, daß sie es ist und daß der Abgeordnete zur Abstimmung an Ort und Stelle sein muß. Ist aber ein Gegenstand dreimal unterstrichen — *three lined whip* —, wie bei allen Mißtrauensanträgen, dann besteht für ihn absoluter Anwesenheits- und Abstimmungszwang nach Parteigesichtspunkten, und nur Krankheit kann sein Ausbleiben entschuldigen. In diesem Fall wird versucht, seine Stimmabgabe mit einem ähnlich Verhinderten der Gegenpartei auszugleichen (*pairing*). Bleibt er trotzdem der Abstimmung fern, so wird dies von den *whips* als Disziplinbruch vermerkt und eine Wiederholung kann zur parteiamtlichen Ermahnung und sogar zum Parteiausschluß führen, was mit der Formel gekennzeichnet ist, daß er den *whip* nicht länger empfängt oder empfangen darf. Wem seine parlamentarische Laufbahn am Herzen liegt, wird sich davor hüten.

Die Parteileitungen bestimmen auch durch die *whips* im gegenseitigen Einvernehmen, bei welchen Abstimmungen und unter welchen Bedingungen eine Abstimmungssolidarität weder gefordert noch erwartet, sondern die Stellungnahme der Einzelentscheidung überlassen wird (*free vote*). Dies geschieht nicht selten, aber auch nicht gerade häufig bei Abstimmungen über nicht-politische Entwürfe, wie etwa über die Neugestaltung des anglikanischen Gebetbuches — in Großbritannien durch

[1] Den *whips* ist nichts an den Reden gelegen, welche die Mitglieder halten, und kein Geringerer als Sir Winston Churchill schrieb einmal in seiner Biographie seines Vaters Randolph (Neuauflage 1951), daß den Ministern eine Rede zugunsten der Regierung nur um einen Grad weniger peinlich ist als ein Angriff auf ihre Politik.

das Parlament zu entscheiden —, auf die die Commons (1928) nicht weniger als 28 Tage verwendeten oder auch verschwendeten, oder die Abschaffung der Todesstrafe (1956 und 1965). Die Regierung wird sich dann mit einer bloßen Empfehlung für die Abstimmung begnügen.

Dieser rigorose Fraktionszwang mag Außenstehenden, besonders etwa einem amerikanischen Kongreßmann, als eine Travestie der echten Repräsentation und eine Vergewaltigung des Abgeordnetengewissens erscheinen. Schon Bagehot, der nur die Anfänge erlebt hatte, kennzeichnete das System gebührend mit den Worten: "*Any welltrained poodle could do most of the duties of the average member of parliament*". Ein neuerer Beobachter meinte[1]: "*The member is the obedient servant of the party machine. He tramps into the division lobby voting for or against he knows not what upon subjects which as a general rule no opinion save of the specialist is of the least value.*" Aber die verfassungspolitische Bedeutung der Parteidisziplin liegt auf der Hand. Dahinter steht die Konventionalregel, daß eine Regierung, die in einer von ihr als vital bezeichneten Abstimmung in die Minderheit versetzt wird, zurücktreten und gegebenenfalls, falls sich keine neue derselben Parteifarbe herstellen ließe, Neuwahlen ausschreiben muß. Der Abgeordnete weiß also, was bei seiner Abstimmung auf dem Spiel steht, und was die ohnehin vorhandene Parteiloyalität nicht tut, um ihn bei der Stange zu halten, vollbringt die inmitte liegende Gefahr, daß er bei einer Neuwahl mit einer Drehung des Glücksrades sein Mandat einbüßen kann, das für den Berufspolitiker Status und zumindest auch die Butter auf dem Brot bedeutet[2].

Fühlt also ein Abgeordneter, daß er gewissensmäßig nicht so abstimmen kann, wie es von ihm gewünscht und gefordert wird, so muß er sich mit seinem *whip* in Verbindung setzen und es wird ihm unter gewissen Umständen Stimmenthaltung erlaubt werden. Gegen die Partei zu stimmen — was in den letzten Jahrzehnten äußerst selten vorgekommen ist —, würde ihn unfehlbar in schwere Ungelegenheiten mit der Parteileitung bringen und könnte sogar zum Parteiausschluß führen. Unter diesen Umständen ist die Regierung auch dann in der Lage, bei einer Abstimmung eine die Opposition überwindende Mehrheit aufzubieten, wenn ihre Politik die eigene Partei tief gespalten hat, wie es etwa bei den Abstimmungen über die Suezkrise im Dezember 1956 der Fall war und sich auch, wenn auch in milderem Maß, bei der Profumo-Krise des

[1] Christopher Hollis, *Can Parliament survive?*, London 1949, S. 64.

[2] Man beachte, daß in der überwiegenden Mehrzahl die Wiederwahl angestrebt und von der Aufstellung der Kandidatur nur aus zwingenden persönlichen Gründen abgesehen wird. Demgemäß erneuert sich das Parlamentspersonal verhältnismäßig langsam. Bei den Wahlen von 1964 kamen 107 (von 630) Abgeordnete als Novizen nach Westminster; die Zahl war wegen des inmitte liegenden Regierungswechsels ungewöhnlich hoch.

Jahres 1963 zeigte[1]. Unter dieser durch die Zweiparteiendynamik gebotenen Zwangslage stimmen Regierung und Opposition als geschlossene Blöcke mit der Regelmäßigkeit eines Uhrwerks gegeneinander ab und die nur unter bestimmten Umständen gewährte Stimmenthaltung ist die einzig gestattete Geste eines mit der Parteileitung nicht übereinstimmenden Mitgliedes.

4. Parteidisziplin und der Einzelabgeordnete

a) Die Stellung des private member

Stellt man die Parteidisziplin in den ihr gebührenden verfassungspolitischen Rahmen, wird man unschwer zum Schluß kommen, daß sie allein es ist, welche der durch die Wählerschaft erkorenen Regierung die Möglichkeit verschafft, das zu tun, was einer Regierung obliegt: nämlich zu regieren. Der Prime Minister und sein Kabinett verfügen über die *political leadership*, die sich in der Entscheidungsfällung — *policy decision* — und ihrer Durchführung — *policy execution* — umsetzt, ohne daß das Parlament sie darin hemmen oder blockieren könnte. Die Regierung führt, das Parlament folgt. Es gibt hier keine Nebenregierungen, sei es der Parteien, sei es von außerparteilichen Sozialkräften oder pluralistischen Gruppen. Kommt es allein auf die Effizienz der Regierungsführung an, so wird man diesem Regierungstyp seine Bewunderung nicht versagen.

Trotzdem kann man der Frage nicht entgehen: Ist der Preis, der für die Regierungsmacht bezahlt werden muß, nicht zu hoch? Wird sie nicht auf Kosten der Individualität der Einzelabgeordneten erkauft und damit die Idee der Repräsentation selbst als der freien Entschließung des demokratisch gewählten Volksvertreters entscheidend abgewertet? Besteht nicht Rousseaus unheimlich scharfe Beobachtung zu Recht, daß das englische Volk nur einen einzigen Tag, nämlich am Wahltag, frei ist, nachher aber nichts als Sklaven ohne Freiheit?

Diese Fragen sind berechtigt und die Antworten auf sie sind keineswegs ermutigend. In der Tat ist es um die Entschließungsfreiheit des Einzelabgeordneten — *private member* —, das heißt also aller Parlamentsmitglieder, die nicht zur Führungsgruppe der Regierung gehören, schlecht bestellt. Die große Masse der MPs, die nicht an der Kommandogewalt beteiligt sind, sind nur die Soldaten ihrer Parteigeneräle, die als Befehls-

---

[1] Bei der entscheidenden Abstimmung (18. Juni 1963) wurde zwar das von der Regierung Macmillan verlangte Vertrauensvotum mit 321:252 Stimmen gutgeheißen, also mit einer an sich durchaus ausreichenden Mehrheit von 69 Stimmen; aber 25 bis 30 Konservative enthielten sich der Stimme, ein Zeichen der tiefen Unzufriedenheit besonders der Jüngeren mit Macmillans Führung. Dieser, ein Meistertaktiker wie er im Buch steht, verstand es aber in der Folgezeit, seine erschütterte Position derart zu befestigen, daß er mehr als ein Jahr später selbst den Zeitpunkt seines Ausscheidens bestimmen konnte.

empfänger gehorchen müssen. Freie und echte Repräsentanten sind sie nur bei den relativ seltenen und dann immer nicht-politischen Gelegenheiten, wo die Parteileitungen die Abstimmung freigeben (*free vote*).

Die parlamentarische und insbesondere die gesetzgeberische Bewegungsfreiheit des *private member* ist außerordentlich eingeschränkt. Eine eigene Gesetzesinitiative besitzt er so gut wie überhaupt nicht mehr[1]. Seine Teilnahme an der Plenardebatte ist infolge der rigorosen Redezeitbeschränkungen[2] gleichfalls in der Praxis minimal. Höchstens bei den Kommissionsberatungen kann er zeigen, aus welchem Holz er geschnitzt ist. Ganz gelegentlich kann er, wenn sein Gewissen ihm keine andere Wahl läßt, ihm dadurch gerecht werden, daß er sich, wie gezeigt, bei der Abstimmung der Stimme enthält, was ihm die *whips*, wenn auch ungern, zugestehen. Daß er zum offenen Parteirebellen wird und mit der Gegenpartei stimmt, kommt überhaupt nicht mehr vor.

Allgemein läßt sich feststellen, daß der Einfluß der *private members* seit dem letzten Krieg fühlbar abgenommen hat. Paradoxerweise ist ihre Wirksamkeit um so geringer, je größer die jeweilige Regierungsmehrheit ist. Die Hauptursache des abnehmenden Einflusses der *rank and file* ist naturgemäß die Komplexität der parlamentarischen Aufgaben, denen der Einzelabgeordnete ohne Leitung und Anweisung hilflos gegenübersteht, daneben aber auch die technischen Schwierigkeiten des Parlamentsbetriebs, die nur bei langer Erfahrung zu beherrschen sind.

Die neuerdings häufiger und dringender gewordenen Beschwerden der *private members* über ihren abnehmenden Einfluß auf den Gang des Unterhausbetriebs führten im Jahre 1958 zur Aufstellung eines *Select Committee on Parliamentary Procedure*. Geklagt wurde außer über die bereits erwähnten, eines Parlaments unwürdigen äußeren Arbeitsbedingungen vor allem über die geringen Debattiermöglichkeiten der *rank and file*, was dem Labour-Abgeordneten, auf dessen Antrag der Parlamentsausschuß errichtet wurde, Gelegenheit zu der bissigen Bemerkung gab, es sei ein Irrtum anzunehmen, die geringeren Tiere seien immer begierig, die Löwen der *front bench* brüllen zu hören. Weiter wurde auch über die endlosen Nachtsitzungen geklagt und die Notwendigkeit, ununterbrochen über unwichtige Dinge abzustimmen, die ohnehin durch die Parteidisziplin abgekartet seien. Da aber bei der Konstituierung des Ausschusses das Anschneiden der eigentlichen Verfassungsfragen von der konservativen Regierung von vornherein ausgeschlossen worden war, ist bisher bei seinen Vorschlägen[3] so gut wie nichts von Belang herausgekommen.

---

[1] Siehe unten S. 229ff.
[2] Siehe unten S. 307ff.
[3] H. C. 92 von 1958/59.

b) Die „Revolte der Hinterbänkler"

Allerdings, es kann vorkommen — und es ist auch heute nicht ganz selten —, daß sich unter den *private members* der Regierungspartei, den „Hinterbänklern", eine ganze Gruppe zusammenfindet, welche mit der von der Regierung diktierten Politik und Abstimmungsverhalten nicht einverstanden ist. Man spricht in solchen Fällen von einer Revolte der Hinterbänkler (*revolt of the backbenchers*). Sie ist für jede Regierung, auch eine solche, die an sich über eine ausreichende Mehrheit verfügt, eine durchaus ernsthafte Angelegenheit, der durch Überredung oder auch Konzessionen von seiten der Regierung Rechnung getragen werden muß. Aber seit mehreren Generationen ist es keiner solchen Revolte mehr gelungen, die Regierung durch den Übergang zur Opposition zu stürzen, und nur unter außergewöhnlichen Umständen, sie in einer ihr wichtig erscheinenden Frage zum Nachgeben zu veranlassen. Denn alle Beteiligten sind sich bewußt, daß eine erfolgreiche Rebellion die Partei verhängnisvoll spalten kann, wie es bei den Liberalen über der *Home Rule-Bill* der Fall war (1886), und daß in solchen Fällen nicht nur die Parteileitung, sondern gerade und erst recht die Wählerschaft das Racheschwert führen würde[1]. Um ein charakteristisches Beispiel einer Revolte der Hinterbänkler aus der jüngsten Zeit (1964) anzuführen: Sie ereignete sich zwar nur bei einer nicht unmittelbar politischen Regierungsvorlage, und überdies nur im Zusammenhang mit einer Verfahrensabstimmung, die nicht über das Schicksal der Bill entschied; aber sie richtete sich gegen die Regierung Macmillan, die im Unterhaus über eine Mehrheit von an die hundert MPs gebot, und ließ keinen Zweifel darüber, wie der Wind blies. Bei offener Stimmabgabe wurde der dreimal unterstrichene Mahnzettel der Regierungs-Einpeitscher von einer so beträchtlichen

[1] Das bemerkenswerteste Beispiel aus der neueren Zeit war die Spaltung der konservativen Partei nach der mißglückten Suezexpedition (1956), deren vorzeitiger Abbruch von dem rechten Flügel der Konservativen als national entehrend angesehen wurde. Die konservative Regierung Eden wäre zwar bei dem damaligen Stärkeverhältnis der Parteien (345:277) nicht in Gefahr gewesen, aber eine starke Minderheit, die mit Labour gestimmt hätte, wäre von ihr zweifellos als Mißtrauensvotum mit dem Rücktritt und Neuwahlen beantwortet worden. Bei der entscheidenden Abstimmung im Dezember 1956 aber war es viel Lärm um nichts geworden, da nur eine Handvoll von unentwegten Rebellen sich der Stimme enthielt, nicht ein einziger aber gegen die Regierung stimmte. Diesen erteilten nachher ihre Wähler die Quittung. Einer davon trat innerhalb eines Monats zurück; einer ließ sich bei der nächsten Wahl nicht mehr aufstellen, zwei wurden von ihren Wahlkreisorganisationen mit dem Bann belegt; einer (Nigel Nicolson) veranstaltete ein Referendum der Parteiwählerschaft seines Wahlkreises, wurde desavouiert und gab das Mandat auf; einer wurde ein Unabhängiger, zwei wurden von ihren lokalen Parteiinstanzen streng getadelt. — Auch die Regierung Wilson sah sich solchen Hinterbänkler-Revolten gegenübergestellt (Vietnamfrage [Juli 1966]) und Einkommens- und Preisstopp- Bill [August 1966]; in beiden Fällen enthielten sich einige dreißig Labour-Abgeordnete der Stimme.

Zahl von Regierungsanhängern mißachtet, daß die Regierung nur durch eine einzige Stimme vor einer Niederlage in einer ihr vital erscheinenden Maßnahme gerettet wurde. Die Opposition brach aber, wie zu erwarten war, zusammen, als die Regierung auf der Annahme der Bill bestand und der sie durch das Unterhaus steuernde Minister Edward Heath, der seinen kurz vorher erhaltenen hochtrabenden Titel eines *Secretary of Industry, Trade and Development* rechtfertigen wollte, mit seinem Rücktritt gedroht hatte[1].

Verschieden davon ist selbstverständlich die Situation, wenn die Opposition sich spaltet und ein Teil mit der Regierung stimmt; denn die Opposition ist angesichts der bestehenden Mehrheitslage ohnehin machtlos, so daß, bekundet sie offene Uneinigkeit, dies ohne Einfluß auf das Schicksal einer Regierungsvorlage oder der Regierung selbst bleibt. Solche Fälle sind zwar nicht häufig, aber sie kommen vor[2].

Andererseits bricht eine Revolte der Hinterbänkler nur selten in hellen Flammen vor der Öffentlichkeit aus. Die Parteileitungen auf beiden Seiten des Hauses sind durch die Partei-Einpeitscher laufend über die Stimmung der *rank and file* unterrichtet und wissen es, wenn eine Auflehnung gegen ihre Wünsche droht. Die Regierung wird dann das ihre

[1] Die konservative Regierung hatte eine Vorlage eingebracht, nach welcher aus Gründen einer bewußten Wettbewerbsverschärfung die Hersteller und Verkäufer von Markenartikeln von den ihnen auferlegten Preisbindungen (*resale price maintenance*) befreit sein sollten. In einzelnen Fällen sollte jedoch die Preisbindung aufrecht erhalten bleiben, falls eine neubestellte behördliche Instanz zur Auffassung komme, daß dies nicht gegen das öffentliche Interesse verstoße. Die Maßnahme war wirtschaftlich zweischneidig, da viele kleinere Hersteller und zahlreiche kleine Ladengeschäfte auf die vorgeschriebene Preisspanne angewiesen sind, um überhaupt sich gegen die großen Geschäfte behaupten zu können, während andererseits für den tüchtigeren Ladeninhaber ein Anreiz bestünde, die Preise zu ermäßigen und durch billigeren Verkauf seinen Umsatz zu vergrößern. Die wirtschaftliche Bedeutung der Vorlage ergab sich daraus, daß mindestens 40% aller Detailpreise sich auf preisgebundene Markenartikel erstrecken. In der zweiten Lesung kam es zu einer der sehr selten gewordenen und zwar diesmal erfolgreichen Auflehnung der Hinterbänkler und dies, obwohl die *whips* eine dreimal unterstrichene Weisung ausgegeben hatten, für die Vorlage zu stimmen. Beim Antrag, die Entscheidung über die Vorlage auf sechs Monate zu verschieben, was angesichts der bevorstehenden Auflösung ihr Begräbnis bedeutet hätte, stimmten 21 Konservative dafür und 35 enthielten sich der Stimme, was auch die gesamte Labour-Partei tat, der die Angelegenheit als eine konservative Privatangelegenheit galt. Die Vorlage beschäftigte die Commons fünf Monate lang und die Regierungsvorlage trat schließlich mit gewissen, den Hinterbänklern gemachten Konzessionen im *Resale Price Act* von 1964 (Eliz. 2, c. 58) in Kraft.

[2] Bei der Abstimmung über das Ölembargo gegen Rhodesien hatte die konservative Parteileitung Stimmenthaltung angeordnet um damit ihr Mißfallen mit der harten Politik des Kabinetts Wilson gegen die Rebellen zum Ausdruck zu bringen. Die konservative Opposition zerfiel in drei Gruppen! 30 Konservative stimmten mit Labour (und den Liberalen) für das Embargo, 48 stimmten dagegen, und nur die übrigen Abgeordneten enthielten sich, wie befohlen, der Stimme; siehe Tagesspiegel vom 23. Dezember 1965.

tun, sie durch Konzessionen zu beschwichtigen; denn sie weiß, wo Rauch ist, ist auch Feuer, und Unzufriedenheit in der Parteiwählerschaft spiegelt sich immer bei aufrührerischen Abgeordneten wider. Hilft aber das nichts, nimmt die Regierung auch keinen Anstand, eine ihr ungünstige Abstimmung dadurch wettzumachen, daß sie die Vertrauensfrage stellt[1]. Kurz, der Einzelabgeordnete lökt nicht wider den Stachel; Parteiabtrünnige sind weder bei der Partei noch bei der Wählerschaft beliebt. Er stimmt daher so ab, wie es befohlen wird.

Aus dem hier vorgelegten Material darf nicht geschlossen werden, daß der Einzelabgeordnete gänzlich einflußlos ist. Aber er hat unter einem System, das mit Recht als Kabinettsregierung bezeichnet wird, keine Macht. Sicherlich hat er Gelegenheit, sich nützlich zu betätigen und sogar auszuzeichnen, so daß er der Parteihierarchie auffällt und möglicherweise von der Regierungsschicht kooptiert wird. Aber sein Einfluß spielt sich hinter den geschlossenen Türen in den Parteiberatungen und Parlamentsausschüssen ab. Das parlamentarische Mandat ist mit einem hohen Prestige, aber auch mit intellektuellem Opfer verbunden.

5. Parteidisziplin und Parteienkompromisse

Oberflächliche Beobachter sprechen gern von einer angeblichen „Diktatur des Kabinetts". Dem ist aber nicht so. Das Problem der Parteidisziplin hat nämlich noch eine andere oft vernachlässigte Seite. In der überwiegenden Regel majorisiert die Regierung weder ihre eigene Partei, noch vergewaltigt sie kraft ihrer Mehrheit die Opposition. Sowohl im Innenverhältnis der Mehrheitspartei als auch im Verhältnis zur Opposition sind in die Parteidisziplin subtile Techniken eingebaut, welche sie mildern und dadurch dem Gewissen des Einzelabgeordneten eine Brücke schlagen. Die Parteidisziplin bindet die Mehrheit, weil die Regierung bei ihren Gesetzesvorlagen wie bei ihrer gesamten Politik sich der Stimmung ihrer Partei wie des Hauses im ganzen geschickt anzupassen versteht. Gerade zu diesem Zweck sind die *whips* unentbehrlich. Die Vorlagen werden der zu erwartenden Kritik der Mehrheits-Hinterbänkler und soweit möglich, auch der Opposition angepaßt. Auftauchenden Widerständen wird durch Annahme der eingebrachten Abänderungsvorschläge Rechnung getragen. Wenn irgend möglich wird es die Regierung niemals auf eine offene Rebellion ankommen lassen. Eine wichtige, wenn auch wegen der strengen Geheimhaltungspflicht dem Außenseiter schwer erkennbare Rolle spielen dabei die nach Sachgebieten bestimmten Aus-

[1] Dies geschah beispielsweise sogar während des letzten Krieges, als eine aus allen Parteien zusammengesetzte Mehrheit sich für die gleiche Bezahlung von Männern und Frauen im Zivildienst entschied, der aber das Kabinett ablehnend gegenüberstand. Schon am nächsten Tag erzwang Churchill die Aufhebung der Abstimmung durch Stellung der Vertrauensfrage. Erst 1956 bequemte sich die konservative Regierung, die gleiche Bezahlung stufenweise einzuführen.

schüsse, die bei jeder der beiden Parteien gebildet werden. Die dort ihre Gesetzgebungspläne vortragenden Departments-Chefs wissen aus der sich entwickelnden Opposition, mag sie noch so zurückhaltend und diskret sein, wie weit sie gehen sollen und wo ihre Führung an der Haltung der Geführten ihre Grenze findet. Berichten die *whips* über auftretende Widerstände, ist dies immer ein deutliches Warnungssignal, daß ein Kompromiß angebracht ist, den auch der Gegner ohne Gewissenszwang annehmen kann. In der gleichen subtilen Weise wird gegenüber der Opposition verfahren, um zu verhindern, daß sich die Nation über einer Frage offen spaltet. Wenn es daher dem Außenstehenden so vorkommt, als ob sich Regierung und Opposition andauernd in unversöhnlichem Gegensatz gegenüberstünden — und die Abstimmungsformalien verführen dazu —, so werden in der tatsächlichen Praxis die Parteigegensätze nach bester Möglichkeit gemildert. Die beiderseitigen Parteileitungen handeln ständig — und darin liegt wesentlich das Geheimnis des Erfolges der britischen Regierungsweise — im gegenseitigen Einvernehmen: "*Behind the Speaker's chair*" oder "*through the usual channels*", wird ausgemacht, was und zu welchem Zeitpunkt es zur Debatte gelangen und wieviel Zeit darauf verwendet werden soll, wobei den Wünschen der Minderheit immer weitgehend Rechnung getragen wird. Eine Majorisierung der Minderheitspartei und eine Verkürzung ihrer Debattenfreiheit ist damit so gut wie ausgeschlossen. Der Speaker als Vermittler leistet dabei unschätzbare Dienste. Vorlagen werden nicht kraft brutaler Mehrheit durchgepeitscht. Auch bei solchen, denen sie grundsätzlich nicht zustimmen kann, hat die Minderheit volle Gelegenheit, ihre abweichende Stellungnahme dem Parlament und dank der Informationsdienste auch dem Land zur Kenntnis zu bringen. Das Zweiparteiensystem ist also durch die freiwillige Integrierung der Parteien im Parlamentsbetrieb aufgelockert. Der politische Prozeß beruht auf einer Technik des Kompromisses durch gegenseitiges Geben und Nehmen. Die Opposition wird sich bereit finden, eine Vorlage, an der der Regierung besonders gelegen ist, zu beschleunigen, wenn ihr andererseits Konzessionen bei anderen Gelegenheiten gemacht werden. Die *whips* sind also hier sozusagen die Maschinisten, welche den Parlamentsbetrieb ölen. Wenn die Minderheit auch weiß, daß sie letztlich machtlos ist, bis sie eben wieder an die Regierung kommt, so verbleibt ihr jene allseits faire Freiheit der Kritik und der Opposition, welche der britischen Version des Parlamentarismus eigentümlich ist. Dieser freiwilligen und formlosen Absprachen zwischen den Parteileitungen muß man sich auch erinnern, wenn man den gewissermaßen vorher abgekarteten Mechanismus der Plenardebatten betrachtet. Vielfach sind die Gegensätze schon hinter den Kulissen bereinigt worden. Dies hat allerdings dem heutigen Parlamentsbetrieb viel von der Spontaneität und Originalität und damit den Glanz geraubt, der das britische

Parlament in vergangenen Jahrhunderten zum vielbewunderten Schauplatz politischer Beredsamkeit gemacht hat.

V. Bemerkungen zur Sozialstruktur des Unterhauses

Die nachfolgenden Übersichten[1] ermöglichen einen, wenn auch flüchtigen Einblick in die Sozialstruktur des heutigen Unterhauses nach Maßgabe der Wahlen von 1964. Es kommt der Analyse zugute, daß die beiden Alternierungsparteien von annähernd gleicher Stärke sind, so daß sie nach Bildungsgang und Berufsausübung der Mitglieder sich objektiv vergleichen lassen, ohne daß auf Verschiebungen infolge der ungleichen Parteienstärke Rücksicht genommen werden müßte.

Was den Bildungsgang der Unterhausmitglieder anbelangt (Tab. 1), so zeigt sich, daß weit mehr als die Hälfte (357 von 630) eine Universitätsausbildung genossen hat. Die berühmten und prestigeverleihenden alten Universitäten von Oxford und Cambridge wurden von zwei Dritteln besucht, andere Universitäten (die sog. *red brick-Universities*) von einem

Tabelle 1

Bildungsgang

	Labour	Konservative	Liberale	Gesamtzahl
Oxford und Cambridge	62	162	4	228
Andere Universitäten	88	37	4	129
Eton und Harrow	2	80	3	85
Andere Public Schools	57	143	—	200
Mittelschulen	88	44	3	135
Öffentliche Berufsschulen	60	7	2	69
Volksschulen und Erwachsenenschulung	32	3	—	35
Volksschule ausschließlich	39	1	—	40

Drittel. Aber bei den Leuten mit einem Universitätsbesuch in Oxford und Cambridge haben die Konservativen einen weiten Vorsprung vor Labour (162:62), so daß letztere mit einem weit stärkeren Besuch (88:31) der neuen Universitäten aufholen müssen. Insgesamt hatten von den Konservativen MPs 199, von den Labour-Abgeordneten nur 150 eine Universitätsausbildung erlangt. Beim Besuch der zwei vornehmsten und teuersten Internate Eton und Harrow („*public schools*" geheißen, obwohl

[1] Sie sind *The Times, Guide to the House of Commons* 1964, S. 250—51, entnommen.

sie Privatschulen sind) zieht Labour bei weitem den kürzeren: nur 2 gegen 80 bei den Konservativen. Im großen und ganzen verhält sich der Anteil der Konservativen an dieser nach wie vor als exklusiv betrachteten Ausbildung zu dem von Labour wie 5:1 (223:59). Dementsprechend haben 209 Labour-Mitglieder nur die üblichen öffentlichen Schulen besucht, verglichen mit nur 55 der Konservativen. Leute mit bloßer Volksschulbildung gibt es bei Labour 39 gegen einen einzigen bei den Konservativen. Bildungsmäßig liegen die Konservativen also nach wie vor weit vorne im Rennen, wenn auch der Vorsprung an Leuten mit Universitätsbildung nicht mehr so bedeutend ist wie in früheren Unterhäusern.

Auch die Berufsschichtung (Tab. 2) ist lehrreich. Die am zahlreichsten vertretene Berufsgruppe sind die Juristen (*barristers* und *solicitors*) mit mehr als einem Sechstel der Gesamtzahl, was allerdings noch weit hinter den Parlamenten in Frankreich, den Vereinigten Staaten und der Deutschen Bundesrepublik zurückbleibt. Bei den *barristers* verhalten sich die Anteile der Konservativen zu denen Labours wie 2:1, bei den *solicitors*

Tabelle 2

Berufsausübung

Barristers	32	64	4	100
Solicitors	14	13	—	27
Gesellschaftsdirektoren	7	83	1	91
Journalisten, Schriftsteller u. ähnl.	40	31	—	71
Lehrer und Dozenten	46	6	—	52
Landwirtschaft	1	43	3	47
Gewerkschaftsfunktionäre	43	1	—	44
Geschäftsleute	28	14	—	42
Industriearbeiter	24	2	—	26
Bergwerksarbeiter	21	—	—	21
Frühere Offiziere	1	16	—	17
Ärzte	7	3	—	10

Außerdem: 19 Ingenieure, 9 frühere Berufsbeamte, 9 Wirtschaftssachverständige, 7 Buchprüfer, 6 Börsenmakler. Über die Parteizugehörigkeit dieser Berufe ist keine Information vorhanden.

sind die beiden Parteien gleich vertreten. Die Konservativen beziehen den Löwenanteil der Gesellschaftsdirektoren (83:7) und mit einer einzigen Ausnahme sind alle landwirtschaftlichen Grundbesitzer Konservative (43 gegen 1). Diese großbürgerliche Schicht erweist sich also nach wie vor als ein Reservat der Konservativen. Bei den Handarbeitern kehrt sich das Verhältnis um: 45 bei Labour, nur 2 bei den Konservativen. Die Gewerkschaftsfunktionäre sind dagegen ein Labour-Monopol (43 gegen 1). Ärzte und frühere Militärs fallen überhaupt nicht mehr ins Gewicht. Ein wesentliches Labour-Element sind aber die Lehrer und Dozenten (46 gegen 6), was auf die Anziehungskraft Labours für die geistigen Arbeiter schließen läßt.

Alles in allem rekrutiert sich also das parlamentarische Personal der Konservativen nach wie vor hauptsächlich aus den großbürgerlichen Besitzklassen und der Schicht der Wohlhabenden, während Labour ein zunehmend weites Reservoir der geistigen Berufe zur Verfügung steht.

Zehntes Kapitel

Das Oberhaus

I. Organisation

Großbritannien gehört zu den — heute an Zahl stark verminderten — Staaten, welche in der Organisation ihres Parlaments das Zweikammer-System beibehalten haben. Außerdem hat es auch als so gut wie einziges Land an dem unserem Jahrhundert anachronistisch erscheinenden Grundsatz der Erblichkeit der Mitgliedschaft — *peerage* — festgehalten, allerdings mit einigen, erst in der jüngsten Zeit eingeführten Milderungen. Andererseits war Großbritannien das erste europäische Land, das, dem demokratischen Zeitgeist Rechnung tragend, durch den *Parliament Act* von 1911 die damalige erste Kammer der zweiten Kammer politisch unterordnete, ein Beispiel, dem seither die Mehrzahl der unitarischen Staaten gefolgt ist, die mit dem Zweikammersystem arbeiten.

1. Zur geschichtlichen Entwicklung

a) Ursprünge und Anfänge

Das Oberhaus — *House of Lords* — leitet sich historisch vom *Great Council (Magnum Concilium)* in der Zeit nach der normannischen Eroberung ab und mag darüber hinaus sogar auf den angelsächsischen *witenagemot*, jene Versammlung der „Weisen" zurückgehen. Wohl schon seit Beginn der normannischen Herrschaft und sicherlich von der Plantagenetdynastie an (Henry II., 1154) bestand der Großrat des englischen Reichs aus denjenigen Groß- und Kronvasallen (*tenants-in-chief*), die der König zur Beratung einzuberufen (*summons*) wünschte. Der Charakter der feudalen Gesellschaftsstruktur legt den Schluß nahe, daß alle Einberufenen durch erblichen Großgrundbesitz qualifiziert waren, auf dem damals Rang, Einfluß und Macht hauptsächlich beruhten. Auch die geistlichen Prälaten mögen zumindest anfangs kraft ihrer feudalrechtlichen Landinnehabung und nicht wegen ihres kirchlichen Amts einberufen worden sein. Der Einberufung Folge zu leisten, gebot Vasallenpflicht, auch wenn sie nicht immer beobachtet und auch gemäß den Zeitumständen nicht immer erzwingbar war.

Mit der Zeit löste sich das Recht, zum *King's Council of Parliament* einberufen zu werden, vom Landbesitz — der *barony by tenure* — los und verwandelte sich in eine erbliche Würde als Peer, was für ihn und seine Erben die Zugehörigkeit zu einer privilegierten Adelsschicht bedeutete. Die Verbindung von Landbesitz und Peerswürde ist demnach seit Jahrhunderten, zumindest seit Henry VI. (1422—1461), verschwunden (*Arundel Peerage*-Fall [1433] [Rot. Parl. II Hen. 6, nos. 32—35]; *Fitzwalters Barony Claim* [1688] [*Collins Claims* 268]; *Berkeley Peerage*-Fall [1861] [8 H.L.C. 21]). Wann die Lords sich faktisch von dem *Great Council* abspalteten und selbsttätig wurden, läßt sich nicht feststellen.

Es bedarf keiner Betonung, daß diese Notabelnversammlungen lange bestanden und floriert hatten, ehe es als Gegenstück die Körperschaft gab, die sich mit der Einberufung von Rittern und Bürgern der Flecken und Städte als die Commons konstituierte. Die Teilung der Beratungen des Parlaments in Lords und Gemeine, deren genauer Zeitpunkt gleichfalls nicht feststellbar ist, liegt sicherlich nach Edwards I. Modellparlament, vermutlich im letzten Drittel des 14. Jahrhunderts. Dies läßt sich daraus schließen, daß nach einer Anordnung Henrys VI. (1407)[1] den beiden schon damals separat tagenden Häusern nahegelegt wurde, sich über die der Krone zu gewährenden Leistungen zu einigen, wobei die Commons den Vortritt hatten und die Lords lediglich zustimmten, ehe sie durch ihren Speaker dem König Mitteilung machten.

b) Der Begriff der Peerage

Der juristische Kern dessen, was später als *peerage* bezeichnet wurde, ist unter den englischen Verfassungshistorikern streitig. Es wird angenommen, daß der Ursprung in der normannischen Dignität eines Barons — *baron* — lag, dem die gleichfalls früh erscheinende Würde eines Grafen — *earl* — angeglichen wurde. Auch die kirchlichen Würdenträger saßen im Großrat ursprünglich kraft ihrer Eigenschaft als Barone. Bei den Baronen galt der Ertragswert ihres Landbesitzes mehr als die Ritterwürde. Während des 13. Jahrhunderts, der für die Entstehung der parlamentarischen Einrichtungen fruchtbarsten Zeit, wurden die vermögenswertlich wichtigsten Barone vom König persönlich zu den Sitzungen des Großrats aufgeboten, die Inhaber von Land mit geringerem Wert

[1] *Rot. Parl.* III, 610/11.

aber kollektiv durch den königlichen *sheriff*. Schließlich wurde diese Klasse der niedrigeren Barone von der Ritterschaft des Landbezirks (*shire*) mitvertreten, war also zum Rang der Commoners herabgesunken. Erst nachher scheint der eigentliche Begriff der Peerage sich ausgebildet zu haben. Im Zusammenhang damit, daß die Teilnahme an den Ratssitzungen zu einem politisch bedeutungsvollen Prestigeelement geworden war, galt die Einberufung durch die Krone und die Einnahme eines Sitzes in dem sich nunmehr vom Großrat abgespaltenen *House of Lords* als ein erbliches auf die Nachkommen übergehendes Recht. Den ursprünglichen Adelsklassen der Barone und Grafen wurden in der Folgezeit die nachher entstandenen Rangklassen der Herzöge (*duke*) (erster Titelinhaber war Edward der Schwarze Prinz, 1337), der Marquis (*marquess*, erstmals 1385) und Vicomten (*viscount*, erstmals 1440) hinzugefügt. Dazu trat sicherlich schon vor Beginn des 13. Jahrhunderts das jurisdiktionelle Privileg, daß gegen jemanden, der ein Peer war, nur vor einem Gericht von Ebenbürtigen, eben seinen *peers*, im Königsgericht der *Curia Regis* und im *King's Council in Parliament* prozediert werden dürfte[1]. Daraus entstand dann die Rechtslage, daß allein das *House of Lords* für die Aburteilung eines Peers wegen Hochverrats (*treason*), Verbrechens (*felony*) oder unterlassener Anzeige eines solchen (*misprision*) zuständig war, alles Anklagen, die auch den Verlust der Würde und des Vermögens zur Folge haben konnten. Dieses Gerichtsprivileg der Peers wurde erst durch den *Criminal Justice Act* von 1948 (Sektion 30) (11 & 12 Geo. 6, c. 58) abgeschafft[2].

Kirchliche Würdenträger saßen im Großrat von Anfang an, als aufgebotsberechtigte Kronvasallen und Inhaber von Landbaronien, gegebenenfalls wohl auch als Träger von Staatsämtern, wofür im Mittelalter schreibkundige Kleriker herangezogen wurden. In der Frühzeit bildete der Klerus im Rahmen der als Parlament geltenden Zusammenkünfte einen eigenen Stand, der aber nur ungern teilnahm und schon im 14. Jahrhundert eigene kirchliche Versammlungen (*convocations*) veranstaltete, welche auch die der Kirche zugunsten der Krone aufzuerlegenden Steuern bewilligte. Seither nahmen nur noch die sog. geistlichen Lords (*spiritual peers*) an den Oberhaussitzungen teil, wurden aber von ihren weltlichen Kollegen niemals als vollwertige Peers angesehen. Vor der Reformation überwogen die Prälaten — Bischöfe, Äbte, Prioren — die weltlichen an Zahl und Einfluß und von den beiden Häusern war das Oberhaus sicherlich das gebildetere und geschäftsgewandtere. Nach der

[1] Diese Auslegung muß dem berühmten c. 39 der *Magna Charta* gegeben werden, wonach ein *freeholder* nur *per legale judicium parium suorum* abgeurteilt werden konnte. Für die königlichen Vasallen war der Gerichtsstand normalerweise die *Curia Regis* und später der *King's Council in Parliament*.

[2] Siehe Bd. II, S. 6.

Abschaffung der Klöster durch Henry VIII. (1539) verblieben nur die Bischöfe im Oberhaus. Infolge der zahlreichen Neubegründungen von Peerages seither sind die Prälaten – zwei Erzbischöfe und vierundzwanzig Bischöfe – heute nur eine kleine Minderheit.

c) Die Inflation der Peerages in der neueren Zeit

Vor dem 17. Jahrhundert saßen im *House of Lords* ungefähr 70 bis 100 vom König einberufene weltliche und geistliche Würdenträger, von denen die Mehrzahl Bischöfe und Äbte waren, außerdem zwischen 20 und 50 Barone und eine Handvoll von Earls und von Mitgliedern der anderen Rangklassen. Während des *Commonwealth* (nach 1649) war das Oberhaus überhaupt abgeschafft gewesen, bis es unter dem *Instrument of Government* umgebildet und nach der Restauration wiederhergestellt wurde. Bis zum Regierungsantritt von George III. (1760) gab es etwa 200 weltliche Peers. Ihre Zahl wuchs aber besonders unter dessen Regierung mit nicht weniger als 388 Neukreierungen außerordentlich an. Am Ende des 19. Jahrhunderts betrug die Mitgliederzahl an die 600, um sich bis zur Gegenwart um ein weiteres volles Drittel auf mehr als 900 zu erhöhen[1].

[1] Selbst in den sonst zuverlässigen Nachschlagewerken und Lehrbüchern herrscht keine Einigkeit über die tatsächliche Zahl der weltlichen Peers. Beispielsweise kommt Walter H. Mallory (Herausgeber), *Political Handbook and Atlas of the World*, New York 1964, S. 258 nach dem Stand von 1963 auf insgesamt 903 weltliche Peers, die sich wie folgt zusammensetzen: Herzöge 22; Marquesses 26; Earls 136; Viscounts 109; Barons 546; lebenslängliche Barone und Baroninnen 44; Schottische Repräsentativ-Peers 16, insgesamt 899, wozu noch 4 königliche Prinzen und die 26 geistlichen Peers kommen, womit die Gesamtzahl von 929 erreicht wird. Dazu kämen noch die fünfzehn richterlichen Lords (*Lords of Appeal in Ordinary*) im aktiven Dienst oder außer Dienst. Diese Aufstellung bedarf aber *a limine* der Richtigstellung, da mit dem am 31. Juli 1963 in Kraft getretenen *Peerage Act* von 1963 (Eliz. 2, c. 48) (Sekt. 4) nunmehr alle schottischen Peers — und nicht nur die sog. *Representative Peers* von Schottland — den *Peers of the United Kingdom* gleichgestellt sind; wieviele es deren gibt, ist nirgends feststellbar. Nach der *New York Times* vom 18. Oktober 1964 beträgt die Gesamtzahl 967 Mitglieder. Auch die vom *Office of the Lord Chancellor* gütigst übermittelte neuere offizielle Liste — *Roll of the Lords Spiritual and Temporal*, H. M. Stationary Office (Stand vom 12. November 1963) schafft keine Klarheit. Sie enthält die Namen von 993 Personen, wovon wegen Doppeleintrags mindestens fünf abgezogen werden müssen, so daß sich eine Gesamtzahl von 988 Personen ergibt. Außerdem haben 128 Personen keinen *writ of summons* erhalten, was bedeutet, daß sie aus den verschiedensten Gründen — Minderjährigkeit, unbekanntem Aufenthalt oder mangelndem Interesse — sich nicht um die Mitgliedschaft bemüht haben. Man kommt also auf eine Gesamtzahl von etwa 860 weltlichen Peers. Aber die amtliche Liste läßt weder die seit November 1963 ernannten lebenslänglichen Peers noch die seitherigen Verzichtserklärungen ersehen. Die im Text oben gebrachte Aufstellung fußt auf den Angaben in Vacher's *Parliamentary Companion* No. 957 (1. Quartal von 1965) nach dem Stand vom 1. Februar 1965. Diese Veröffentlichung, obwohl privaten Charakters, kann sich auf Informationen der amtlichen Stellen stützen.

Die derzeitige (anfangs 1965) Mitgliedschaft des *House of Lords* setzt sich aus den folgenden Klassen zusammen, die nach ihrer Rangordnung angegeben werden:

Peers von königlichem Geblüt	4
Erzbischöfe	2
Herzöge (*Dukes*)	25
Marquis (*Marquesses*)	30
Grafen und Gräfinnen (*Earls and Countesses*)	165
Vicomten (*Viscounts*)	110
Bischöfe	24
Barone und Baronessen	646
	1006

Um aber die wirkliche Zusammensetzung des Oberhauses festzustellen, sind von dieser Gesamtzahl von eintausendundsechs Peers und Peeresses wesentliche Abstriche zu machen[1]. Nicht mitgerechnet werden können nämlich

Peers, die wegen Minderjährigkeit, Konkurs, unbekannten Aufenthalts usw. keine Ladung erhalten haben	90
solche, denen die dauernde Abwesenheit gestattet wurde	198
solche, die an sich teilnahmeberechtigt wären, aber den Eid nicht geleistet haben	63
	351

Die Netto-Belegschaft des Oberhauses beläuft sich also nach Abzug obiger Kategorien auf 655 Personen, wobei übrigens die elf von der Regierung Wilson am 1. Mai 1965 zur *Life Peerage* erhobenen Personen nicht mitgerechnet sind. Überdies kann natürlich keine Rede davon sein, daß alle diese theoretisch teilnahmeberechtigten Oberhausmitglieder auch in der Tat entweder dauernd oder auch nur gelegentlich an den Sitzungen teilnehmen, also „aktiv" sind.

Die Aufstellung[2] S. 242 zeigt, nach Rangklassen geordnet, die Entstehungszeit und damit das Alter der bestehenden Peerages an. Daraus wäre zu entnehmen, daß mehr als die Hälfte aller heutigen Peerages im 20. Jahrhundert begründet wurden, dreißig Prozent dem 19. Jahrhundert, nicht mehr als zehn Prozent dem 18. und weniger als sieben Prozent den früheren (13.—17.) Jahrhunderten entstammen. Mit dem britischen „Uradel" ist es also nicht so weit her, wie manchmal im Ausland (und auch im britischen Inland) geglaubt wird.

[1] Siehe die Angaben des Earl of Longford, des Labour-Führers in den Lords, am 29. April 1965 (265 H.L. Deb. 68 c. 807ff.)

[2] Sie ist dem im allgemeinen zuverlässigen Buch von Sidney D. Bailey, *British Parliamentary Democracy*, 2. Aufl. Boston 1964, S. 44 entnommen; sie nachzuprüfen wäre nur mit Hilfe einer Datenverarbeitungsmaschine möglich gewesen, für welche Bemühung der Gegenstand nicht wichtig genug erscheint; die Ziffern decken sich nur annähernd mit den oben im Text angegebenen.

Century of Creation or Elevation to Rank	Dukes	Marquesses	Earls	Viscounts	Barons (including Life Peers)	Total
13. Century	0	0	0	0	4	4
14. Century	0	0	0	0	5	5
15. Century	1	0	2	0	3	6
16. Century	1	1	3	1	6	12
17. Century	7	0	15	0	9	31
18. Century	7	7	27	6	38	85
19. Century	4	12	57	17	163	253
20. Century	2	6	30	87	351	476
Total	22	26	134	111	579	872

d) Die aristokratische Komponente des britischen Regierungssystems

Bei den mit dem *House of Lords* zusammenhängenden Fragen handelt es sich nicht allein um institutionelle Probleme der Staatstechnik und des politischen Betriebs wie bei den Oberhäusern anderer Staaten, sondern es werden damit wesentliche Elemente der britischen Sozialstruktur berührt. An sich wäre die im Oberhaus vertretene und es beherrschende Adelsschicht für den politischen Prozeß von nur untergeordneter Bedeutung, weil seit dem *Parliament Act* von 1911 das Oberhaus selbst im Vergleich mit dem volksgewählten Unterhaus nur von untergeordneter Bedeutung ist. Damit ist aber die Rolle der Aristokratie und besonders der Erbaristokratie, derjenigen Familien also, die seit Generationen die Peerwürde innehaben, keineswegs erschöpft. Denn sowohl im Unterhaus als auch in den konservativen Kabinetten sind Mitglieder alter Adelsfamilien stark und weit über ihren prozentualen Anteil an der Gesamtbevölkerung vertreten. Eine unverhältnismäßig große Zahl von konservativen Unterhausmitgliedern gehört der Adelsschicht an, einmal, weil konservative Wählerschaften nach wie vor solche Kandidaten bevorzugen, zum anderen, weil sie vielfach in der Lage sind, selbst ihre Wahlkosten zu tragen und dem Wahlkreis darüber hinaus die — allerdings nunmehr beschränkten — Zuwendungen zu machen. Es soll auch nicht verschwiegen werden, daß sich darunter viele jüngere Leute mit ausgesprochenen Fähigkeiten befinden; an der berühmten politischen Erbweisheit der englischen Führungselite hat der Adel, der sich seit dem 18. Jahrhundert dauernd mit neuem Blut versorgt hat, vielleicht nicht mehr den früheren, aber heute noch einen sehr erheblichen Anteil. Läßt man ferner die Listen der konservativen Kabinette und Ministerien selbst der jüngsten Zeit Revue passieren, so wird man unschwer feststellen, daß der Hochadel in ihnen ein gleichfalls unverhältnismäßig starkes Kontingent stellt, wofür besonders die „blau-blütigen" Kabinette von Harold Macmillan bezeichnend waren. Diese Betonung des aristokratischen

Elements mag wohl einen seltsamen Kontrast zur sonstigen Volldemokratisierung Großbritanniens darstellen, findet aber staatstechnisch eine gewisse Berechtigung darin, daß in dieser Schicht eine Familientradition für die Politik besteht und daß sie materiell noch immer in der Lage ist, als *leisure class* sich den öffentlichen Dienst zu leisten. Das vorwiegend aristokratische Oberhaus ist also nur ein Teilausschnitt und nicht einmal der wichtigste in der Rolle, die das aristokratische Element nach wie vor im britischen politischen Prozeß spielt.

2. Die heutige Zusammensetzung der Mitgliedschaft

a) Weltliche Peers

Man teilt die Mitglieder des Oberhauses herkömmlich in die weltlichen (*temporal*) und die geistlichen (*spiritual*) Peers ein. Die Rangordnung ist (in absteigender Linie): Peers von königlichem Geblüt; Erzbischöfe; Herzöge (*dukes*); Marquis (*marquesses*); Grafen (*earls*); Vicomten (*viscounts*); Bischöfe; Barone (*barons*[1]), in welch' letzterer Klasse neben den erblichen auch die neuerdings (seit 1958) kreierten lebenslänglichen (männlichen) Peers und (weiblichen) Peeresses eingeschlossen sind; und schließlich (bis 1963) die schottischen Repräsentativ-Peers.

aa) Verleihung der Peerswürde

Was die Erlangung der Peerswürde anbelangt, so beruht sie nach Maßgabe des *common law* auf einem Prärogativakt der Krone, die nach wie vor als die Quelle der Ehre und Würde gilt, erfolgt aber seit Jahrhunderten ausschließlich auf Veranlassung und mit Zustimmung des Prime Ministers. Von den zwei gültigen Methoden der Verleihung einer Peerage ist die ältere durch Aufgebot zur Sitzeinnahme im Oberhaus (*summons to Parliament*) seit James I. so gut wie völlig durch königliches Patent (*letters patent*) ersetzt (*peerage by writ*). Erstere bedarf aber der Erwähnung, da viele der zöpfischen Eigentümlichkeiten der ganzen Materie damit zusammenhängen. Denn die Nachfolge vollzieht sich nach den allgemeinen Erbschaftsregeln an männliche und weibliche Deszendenten in linearer und kollateraler Nachfolgeberechtigung, also nach Haupt- und Seitenlinien, bis der Stamm als solcher ausgestorben ist. Daraus erklärt sich die oft in Romanen beschriebene Erscheinung, daß jemand, der davon keine Ahnung hat, plötzlich ein britischer Lord wird. Bis zum

[1] Der Titel *baronet* ist nicht identisch mit dem des *baron*, vielmehr eine von James I. ins Leben gerufene persönliche Würde, die nicht zum Oberhaussitz berechtigt; es soll deren derzeit 1500 geben, davon sitzt eine stattliche Anzahl im Unterhaus, alles Konservative. Die Labour-Regierung vergab nach 1945 keine solchen Titel mehr außer jedes Jahr einen an den Lord Mayor von London, die Konservativen haben seit 1951 die Verleihung wieder aufgenommen. Er gehört natürlich zu dem gesellschaftlichen Zement, der die konservative Partei zusammenhält.

Peerage Act von 1963 (Sekt. 6) konnte aber eine nachfolgeberechtigte Frau (*peeress in her own right*) den Sitz nicht einnehmen; hatte sie einen Sohn, so ging die Würde an diesen; traf die Nachfolge zweimal eine Frau, verfiel die Peerage überhaupt.

Bei Verleihung der Peerage dagegen durch königliches Patent, zum ersten Mal nachweisbar unter Richard II. (1387), bestimmt die Verleihungsurkunde, wie sich die Nachfolge vollziehen soll[1], und dies ist fast immer, wenn auch nicht ausschließlich, die Beschränkung auf die direkten männlichen Erben, so daß die Peerage auch heute noch erlischt, wenn kein männlicher Deszendent vorhanden ist.

Das Recht zur Sitzeinnahme und Abstimmung im Oberhaus ist vom Erlaß eines Aufgebotsschreibens (*writ of summons*) abhängig, auf welches der Berechtigte auf Grund des königlichen Verleihungspatents Anspruch hat, oder aber es kann geltend gemacht werden, daß einer seiner Vorfahren ein solches Aufgebot erhalten und zufolge dessen den Sitz eingenommen hat. Der neubestellte Peer übergibt vor der Sitzeinnahme sein Aufgebotsschreiben dem *Lord Chancellor* als dem Vorsitzenden des *House of Lords*, wenn dieser amtlich präsidiert (*at the woolsack*); ist dies nicht der Fall, wird das Aufgebotsschreiben dem Urkundsbeamten (*at the table of the House*) präsentiert.

bb) Zur Sozialstruktur der heutigen Peerage

Die Verleihung einer Peerage ist heute die Belohnung für öffentliche Dienste in der Politik, der Diplomatie, als Militär, im Berufsbeamtentum oder für ausgezeichnete Leistungen in Industrie und Handel, den Künsten und der allgemeinen Kultur[2]. Auch heute noch gilt die Peerswürde als die erstrebenswerte Krönung einer öffentlichen oder national bedeutsamen Laufbahn, und dies der Tatsache zum Trotz, daß die Peerswürde neuzeitlich außerordentlich inflationiert worden ist, wenn auch weit weniger als die französische Ehrenlegion. Das berufliche Herkommen der Oberhausmitglieder spiegelt also die Mannigfaltigkeit einer pluralistischen Gesellschaft eindrucksvoll wieder. Dazu gehören die Kapitäne der

[1] Es bestehen hier gewisse gewohnheitsrechtliche Beschränkungen, deren Einzelheiten nur dem juristischen Spezialisten in der Materie zugänglich sind. Die wichtigsten sind wohl, daß eine Peerage nicht auf eine bestimmte Zahl von Jahren verliehen werden und ihre Dauer nicht nach dem Ermessen der Krone bestimmt werden darf. Daher scheiterte auch ein früherer Versuch der Krone, einen gelehrten Juristen (Sir James Parke) eine lebenslängliche Peerswürde mit Stimmrecht zu verleihen (*Wensleydale Peerage*-Fall [1856] [H. L. C. 958]).

[2] Eine Zeitlang, besonders unter Lloyd Georges Prime Ministerschaft (1916 bis 1922), wurde die Peerswürde auch als Belohnung für parteipolitische Dienste, besonders für finanzielle Beiträge verliehen. Die nachher eingesetzte parlamentarische Untersuchungskommission konnte zwar keine ausgesprochene Korruption feststellen; es ist aber seither Vorsorge getroffen, daß solche Fälle nicht mehr vorkommen (siehe unten S. 398).

Industrie und Leiter der großen Bank-, Versicherungs- und Handelsunternehmungen, Bergwerkseigentümer, Leute, die durch Zucker, Petroleum, Tabak, Whisky und Bier[1], durch Seife, Automobile, Elektrizität groß geworden oder sich als Schiffsreeder, Pressemagnaten, Universitätspräsidenten, Gelehrte, Sozialreformer einen Namen gemacht haben[2]. Jahr für Jahr enthält die anläßlich des Geburtstags des Monarchen oder auch zu Neujahr veröffentlichte *Honours List* Erhebungen in die Peerage oder auch Rangerhöhungen innerhalb ihrer Stufenfolge. Über die Hälfte der derzeit bestehenden Dignitäten sind Kreierungen des 20. Jahrhunderts, welche die älteren erbadligen Peerages an Zahl bei weitem übersteigen. Je ein Fünftel sind Peerages der ersten und zweiten Generation[3].

Angesichts des neuerlichen Zustroms von Bürgerlichen mit erfolgreichen Berufslaufbahnen kann mit Fug und Recht nicht mehr behauptet werden, wie man es auch heute noch in Labour-Kreisen hören mag, das *House of Lords* sei noch immer die Hochburg des reaktionären Erbadels und der als untalentiert verschrienen Blutsaristokratie. Wie sehr sich heute das aristokratische Element verwischt hat, zeigt sich daran, daß nur eine Peerage unter fünfzehn auf 1689 und nur eine unter fünfzig auf 1485 zurückgeht. Die Sozialstruktur des Oberhauses hat sich außerordentlich und zweifellos zu ihrem Vorteil verändert, was allerdings das Bedürfnis nach einer Reform hinsichtlich der Mitgliederzusammensetzung und der Funktionen keineswegs verringert[4]. Dazu kommt, daß das Oberhaus, wenigstens insoweit als es sich um aktive Mitglieder handelt, eine Körperschaft von älteren und alten Leuten ist, die eine im öffentlichen Dienst angesammelte Erfahrung mitbringen und die, ließen sich bessere Teilnahme- und Arbeitsmethoden erzielen, der Nation von großem Nutzen sein könnten.

---

[1] Von der Brauerfamilie der Guiness sitzen drei im Oberhaus, ein Earl, ein Viscount und ein Baron; sie sind dort als die „Beerage“ bekannt.

[2] Grundbesitz als Anlaß zur Verleihung einer Baronie ist sehr selten geworden; doch haben die zehn ältesten, alle mittelalterlichen Ursprungs, noch immer ein sehr wesentliches Einkommen. Die vorletzte Kreierung eines Marquess war 1926 (Rufus Isaacs, ein früherer Vizekönig von Indien), die letzte 1936 (I. B. Freeman-Thomas). Nur acht Earls wurden seit 1945 verliehen, darunter an Militärs wie Mountbatten und Alexander, hervorragende Politiker wie Attlee und Eden, gegenüber den 39 Viscounts, heute ein beliebter Titel für öffentliche Verdienste (Feldmarschall Montgomery).

[3] Berufsmäßig verteilten sich die 380 zwischen 1911 und 1956 begründeten Peerages wie folgt: Bisherige oder frühere Unterhausmitglieder: 193; dies ist die bei weitem stärkste Gruppe, ein Anzeichen also, daß die Würde die Belohnung für politische oder Parteidienste ist; die zweitstärkste Gruppe (70) sind Handel und Industrie, mit Abstand gefolgt von Auszeichnungen für kulturelle (31) und militärische (34) Leistungen. Labour-Parteifunktionäre (16) wurden vor allem während der kurzen Regierungszeiten von Labour zur Verstärkung des Parteielements ins Oberhaus delegiert.

[4] Siehe die Aufstellung oben S. 242.

Seit der Mitte des 19. Jahrhunderts werden auch Juden zur Peerage erhoben, mit Lord Nathaniel Rothschild als dem Bahnbrecher. Neuerdings gibt es auch einen Peer, der Kommunist ist und die Peerage nach dem Tod seines Vaters antrat. Das erstaunte Haus wurde in seiner Jungfernrede mit einer Dissertation über marxistische Staatsphilosophie traktiert.

cc) Beendigung der Peerseigenschaft

Juristisch gilt die Peerage als ein immaterielles Erbgut (*incorporeal hereditament*) oder auch als eine Realgerechtigkeit (*real property*) und wäre nach der deutschen Terminologie vielleicht als ein dem Berechtigten zustehendes persönliches Fideikommiss zu umschreiben. Eine seit undenklichen Zeiten im Schwung befindliche, uns Heutigen als abgestanden erscheinende Theorie hielt dafür, daß mit der legalen Empfangnahme des *writ* und der Einnahme des Sitzes der so Ausgezeichnete auch blutsmäßig geadelt ist. Die rechtliche Folge ist, daß die Peerage nicht unter Lebenden oder letztwillig übertragen werden kann und daß auf sie vom Berechtigten bis vor kurzem (1963) freiwillig nicht verzichtet werden konnte.

Dies erwies sich als ein besonders schwerwiegender Mißstand, weil damit befähigten Unterhausmitgliedern, die in eine Peerage einrückten, mit einem Schlag ihre politische Laufbahn abgeschnitten wurde, wie es bei dem Labour-Abgeordneten Anthony Wedgewood Benn und dem Konservativen Quintin Hogg der Fall gewesen war. Hier schuf der *Peerage Act* von 1963 (11 Eliz. 2, c. 48) endlich Wandel. Diesem zufolge kann nunmehr ein Peer auf seine Würde verzichten, wenn er eine diesbezügliche Urkunde (*instrument of disclaimer*) ausgefertigt hat, diese dem *Lord Chancellor* übermittelt und ihr Inhalt in das amtliche Register eingetragen ist, das beim *Clerk of the Crown in Chancery* geführt wird. Die Verzichtserklärung muß innerhalb von zwölf Monaten nach Anfall der Peerage bzw. nach Erreichung des 21. Lebensjahres erfolgen. Ist die Person, der die Peerage zufällt, in diesem Zeitpunkt ein Mitglied der Commons, beträgt die Verzichtsfrist einen Monat. Nach der Verzichtleistung kann der ehemalige, nun zum Commoner gewordene Peer nicht nur ins Unterhaus gewählt werden, sondern hat auch das aktive Wahlrecht zum Unterhaus, das ihm bisher versagt gewesen war. Die Verzichterklärung ist unwiderruflich: dem Verzichtserklärenden kann keine andere erbliche Peerage zufallen; die Peerage, auf die verzichtet wurde, geht aber bei seinem Tod an den Nachfolge-Berechtigten über[1]. Nach einer Entscheidung des für die Rangliste verantwortlichen Kronbeam-

---

[1] Bis zum 1. Februar 1965 machten acht Peers davon Gebrauch, nämlich Lord Stanhope, bekannt als der "*reluctant peer*", dessen hartnäckigem Kampf um die Abschaffung der Unverzichtbarkeit der Peerswürde das neue Gesetz wesentlich zu verdanken ist (siehe die ihm den Unterhaussitz versagende Entscheidung in *The Parliamentary Election for Bristol South East* ([1961] [J.W.L.R. 577]); er konnte

ten, des *Earl Marshal*[1], können Frau und Kinder des Verzichtleistenden ihre ihnen kraft eigenen Rechts zustehenden Titel weiterführen.

Die Regelung entspricht zweifellos einem dringenden politischen Bedürfnis, damit fähigen und ehrgeizigen Politikern die erstrebenswerte Unterhauslaufbahn wieder zugänglich gemacht wird. Sie stellt aber andererseits eine unmißverständliche Abwertung der Oberhausmitgliedschaft dar, welche die im Vergleich zum anderen Haus schwindende Bedeutung der Lords aufzeigt.

Im übrigen erlischt die Peerage normalerweise nur aus natürlichen Gründen dadurch, daß keine erbberechtigten Nachkommen vorhanden sind. Die früher mögliche strafweise Verfallerklärung durch einen parlamentarischen Akt (*attainder*) ist seit Beginn des 18. Jahrhunderts in Vergessenheit geraten, kann aber durch Spezialgesetz des Parlaments vorgenommen werden, wie es im *Titles Deprivation Act* von 1917 (7 & 8 Geo. 5, c. 47) hinsichtlich derjenigen Peers geschehen ist, die auf Feindesseite am Kriege teilnahmen.

dd) Streitfragen

Wie es bei den verwickelten und oft abstrusen Erblichkeitsvoraussetzungen insbesondere der älteren auf *common law* beruhenden Peerages

---

als der Commoner Anthony Wedgewood Benn wieder seinen angestammten Sitz in Bristol im Unterhaus einnehmen und wurde *Postmaster-General* im (1.) Kabinett Wilson; Lord Altrincham, durch seine Kritik am Stil des Königshauses bekannt geworden, der als John Gregg Commoner geworden ist, ferner der (14.) Earl of Home, der nach seiner Ernennung zum Prime Minister als Nachfolger Harold Macmillans (19. Oktober 1963) zunächst formell auf seine Titel verzichtete (insgesamt sieben, davon fünf in der Peerage von Schottland und je einen derjenigen von England und des Vereinigten Königreichs), sodann nach einer kurzen Zwischenzeit, in der kurioserweise der Prime Minister weder Unter- noch Oberhausmitglied war, in einem sicheren konservativen Wahlkreis in Schottland als Sir Alec Douglas-Home ins Unterhaus gewählt wurde; Lord Hailsham, dem der Erbanfall einer Peerage bereits 1960 eine aussichtsreiche politische Karriere abgeschnitten hatte und der dann nach Niederlegung der Peerswürde als Quintin Hogg erfolgreich, wenn auch mit stark verminderter Mehrheit in St. Marylebone den Sitz gewann (Dezember 1963); ferner Lord Southampton (Charles Fitzroy); Lord Monkswell (William Collier); Lord Beaverbrook (Maxwell Aitken), der Sohn des bekannten Presse„lords" und schließlich der Earl of Sandwich (Victor Montagu). Es waren also sicherlich nicht die Ärmsten im Geiste, die sich des ihnen lästigen Titels entledigten.

[1] Das Amt ist in der Familie des (in dieser Klasse rangältesten) Herzogs von Norfolk erblich, es wird derzeit vom 16. Herzog mit dem imponierenden Namen Bernard Marmaduke Fitzalan Howard eingenommen; die Familie hält auch den Titel eines Grafen von Arundel, den sie 1139 erlangte. Sein Jahresgehalt, anläßlich seiner Ernennung festgelegt, beträgt 20 £, was aber wenig ausmacht, da die Norfolks, die allein in Arundel noch 25000 acres Grundbesitz haben, nach wie vor sehr wohlhabend sind; es gehören ihnen außerdem ein großer Brocken von Sussex und wesentliche Teile von Sheffield. Von ihrem Londoner Grundbesitz stießen sie jüngst einen Teil in der Strandgegend ab, mit Straßen, die Norfolk, Howard und Arundel heißen.

nicht anders zu erwarten ist, ergaben sich im Laufe der Jahrhunderte zahlreiche Streitigkeiten um die Peerseigenschaft, welche der Auslegungskünste einer Gruppe von Spezialisten der Juristengilde bedürfen. Streitfragen, ob die Schaffung einer neuen Peerage rechtsgültig ist — jedoch unter Ausschluß der Ermessensfrage der Krone, wem sie eine solche zuwenden will — und ob der Anspruchserhebende berechtigt ist, den *writ of summons* zu empfangen, werden vom *House of Lords* selbst nach Maßgabe eines Gutachtens seines *Committee of Privileges* unter Ausschluß des Rechtswegs vor den ordentlichen Gerichten endgültig entschieden (*Wensleydale Peerage*-Fall) ([1856] [5 H. L. C. 958]). Das *Committee of Privileges* besteht aus sechzehn Peers und vier *Law Lords*[1], von denen drei an der Verhandlung teilgenommen haben müssen. Ein Anspruch auf eine alte, noch bestehende Peerage muß durch Vermittlung des *Home Secretary* mit Petition an die Krone entschieden werden, die, einem Gutachten des *Attorney-General* folgend, ihm stattgibt oder ihn verwirft. Die Zweifelsfälle werden wiederum dem *House of Lords* überwiesen, das nach Maßgabe einer ein streitiges Verfahren in sich schließenden Vorentscheidung seines *Committee of Privileges* die Entscheidung trifft. Bei Peerage-Ansprüchen gab es früher keine Verjährung (*Hastings Peerage*-Fall [1840] [8 Cl. & Fin. 144])[2], gegenwärtig wird aber, eine erfreuliche Selbstbeschränkung, keine Peerage erneuert, die mehr als hundert Jahre nicht in Anspruch genommen worden war. Die Gerichte sind zur Entscheidung von Peerage-Ansprüchen, auch wenn es sich um Inzidentfragen handelt, schlechthin unzuständig (*Earl Cowley v. Countess Cowley* [1901] [A. C. 450])[3].

Erwähnenswert unter den Streitfragen um die Peerage ist die Berechtigung auf Sitz und Stimme im Oberhaus, wenn eine weibliche Person als *peeress in her own right* darauf Anspruch erhebt. Bis zum Erlaß des vorerwähnten *Peerage Act* von 1963 war dies unmöglich; der Schlüsselfall war die vom *Committee of Privileges* des Oberhauses erlassene Entscheidung in *Vicountess Rhondda's Claim* von 1922 (2 A. C. 339), wonach, wie der berühmte Jurist Lord Birkenhead ausführte, der kurz vorher erlassene *Sex Disqualification (Removal) Act* von 1919 (9 & 10 Geo. 5, c. 71) keine Anwendung findet, weil eine solche Neuerung wie die Zulassung weiblicher Peers darin hätte ausdrücklich erwähnt werden sollen. Da außerdem ein weiblicher Peer auch nicht zum Unterhaus wählbar ist, lag eine, wenn auch nur eine ganz kleine Gruppe betreffende Ungerechtig-

---

[1] Über diese siehe unten S. 250 und Bd. II, S. 41ff.

[2] Hier hatte die Peerage 450 Jahre geruht.

[3] Dies galt bisher allerdings nicht für den *Election Court*, der im Fall von Anthony Wedgewood Benn (siehe oben) ihm die Wahlvoraussetzung für das Unterhaus absprach, eben weil er erblicher Peer war; siehe *The Parliamentary Election for Bristol South East* (1961) (*Report from the Committee of Privileges* H. C. no. 142).

keit vor, die schließlich im *Peerage Act* von 1963 (Sekt. 6) beseitigt wurde, indem Peeresses zu eigenem Recht nunmehr das königliche Aufgebot empfangen und den Sitz einnehmen können[1].

b) Geistliche Peers

Die geistlichen Würdenträger im Oberhaus sind die jeweiligen Inhaber der erzbischöflichen Sitze von Canterbury und York — ersterer der ranghöchste (*primate*) unter den anglikanischen Geistlichen —, und vierundzwanzig Bischöfe; unter den letzteren sind die Inhaber der alten Bistümer von London, Durham und Winchester auf Grund von noch immer geltenden Gesetzen Henrys VIII. dauernd sitzberechtigt, während die anderen einundzwanzig nicht an ein bestimmtes Bistum geknüpft sind und jeweils nach der Anciennität des Inhabers wechseln[2].

c) Die Repräsentativen Peers

Mit den sechzehn sog. Repräsentativ-Peers für Schottland — nur diese kommen derzeit in Betracht, da eine ähnliche Einrichtung von 28 Repräsentativ-Peers für Irland seit dem Ausscheiden Süd-Irlands aus dem

---

[1] Der erste Fall einer Inanspruchnahme des Sitzes unter dem neuen Gesetz betraf eine 79jährige Dame, die sich nach ihrem verstorbenen Mann die Dowager Viscountess von St. Davids nennen darf. Ihre eigenen Peerageberechtigungen bestanden gleich aus drei Titeln (Strange of Knokin aus dem Jahre 1299, Hungerford von 1426 und de Moleyns von 1445). Dieser Champion der weiblichen Gleichberechtigung präsentierte sich mit ihrem Aufgebotsschreiben ohne Hut und mit einer alten braunen Handtasche vor dem auf dem Wollsack sitzenden *Lord Chancellor*, der ihr Schreiben dem Haus vorlas; sodann leistete sie den Eid vor dem *Clerk*, zeichnete sich in das Register ein und nahm ihren Sitz ein. Diese sang- und klanglose Zeremonie kontrastiert lebhaft mit dem Gepränge der Lords bei festlichen Gelegenheiten; wo sie in den (vielfach geliehenen) Hermelinmänteln mit Diadem erscheinen und viel Aufsehen beim staunenden Publikum erregen.

[2] Der zeitweilige Ausschluß der Bischöfe durch den *Clerical Disabilities Act* von 1642 (16 Cha. 1, c. 27) wurde durch das Gesetz von 1661 (13 Cha. 2, st. 1, c. 2) wieder rückgängig gemacht. Nach 1800 saßen einige (anglikanische) Bischöfe aus Irland im Oberhaus, bis der *Irish Church Act* von 1869 (32 & 33 Vict., c. 42) die dortige anglikanische Kirche entstaatlichte. Ebenso sind die wallisischen Bischöfe seit dem *Welsh Church Act* von 1914 (4 & 5 Geo. 5, c. 91) nicht mehr sitzberechtigt. Die Zahl der englischen Bischöfe im Oberhaus wurde anläßlich der Begründung des Bistums Manchester (1847) auf ihrem damaligen Stand eingefroren, so daß die seitherigen zahlreichen Neubegründungen von Bistümern keinen Einfluß darauf hatten. Es gibt also zahlreiche Bischöfe, die nicht im Oberhaus sitzen. Die sitzberechtigten Sitzinhaber verlieren die Oberhausmitgliedschaft mit ihrem Rücktritt von dem kirchlichen Amt, das sie dazu berechtigt, behalten aber nach der *Bishops (Retirement) Measure* von 1951 (14 & 15 Geo. 5, c. 2) Rang, Würde und Privilegien ihrer vorherigen Oberhausmitgliedschaft. Die in früheren Zeiten politisch und moralisch überaus einflußreichen Erzbischöfe von York und Canterbury erscheinen kaum je im Oberhaus; für ihre die Öffentlichkeit angehenden Äußerungen stehen ihnen andere Kommunikationsmittel zur Verfügung.

britischen Staatsverband obsolet geworden und heute so gut wie ausgestorben ist — hat es folgende Bewandtnis: Nach dem *Act of Union* von 1707 war bestimmt, daß vor Zusammentritt eines neuen Parlaments die schottischen Peers, das heißt alle Träger einer vor 1706 begründeten Peerage, durch königliche Proklamation nach Holyrood in Edinburgh aufgeboten werden, um aus ihren Reihen sechzehn zu wählen, die sie im Oberhaus zu vertreten hätten. Das Gesetz sah die Neukreierung schottischer Peers nicht vor, und seither sind auch keine neuen mehr verliehen worden. *Der Peerage Act* von 1963 (Sekt. 4) ließ alle noch vorhandenen schottischen Peers zum Oberhaus zu.

d) Die Law Lords

Da sich mit Rücksicht auf die gerichtlichen Aufgaben des Oberhauses[1] mehr und mehr das Bedürfnis nach Mitgliedern mit den einem höchsten Gericht entsprechenden juristischen Qualitäten nicht durch den normalen Zufluß zur Mitgliedschaft befriedigen ließ und der Versuch der Krone, dem Mangel durch die Verleihung der lebenslänglichen Peerswürde an hervorragende Juristen zu steuern (der bereits erwähnte *Wensleydale Peerage*-Fall von 1856), gescheitert war, schuf der *Appellate Jurisdiction Act* von 1876 (39 & 40 Vict., c. 59) durch die Einführung von qualifizierten Berufsjuristen als den *Lords of Appeal in Ordinary*, den sog. *Law Lords*, Abhilfe. Nach dem ursprünglichen Gesetz nur dazu berechtigt, während der Dauer ihres richterlichen Amts im Oberhaus zu sitzen, machte sie der gleichnamige Akt von 1887 (50 & 51 Vict., c. 70) zu lebenslänglichen Mitgliedern mit dem Rang eines Barons. Ihre Zahl, anfangs zwei, ist nunmehr seit dem gleichnamigen Gesetz von 1947 (10 & 11 Geo. 6, c. 11) auf neun gestiegen. Die Amtsvoraussetzungen sind eine mindestens fünfzehnjährige Tätigkeit als *barrister* oder die Innehabung eines anderen höchsten Justizamts nach gesetzlicher Aufzählung. Jeder Fall muß von mindestens dreien derselben als Quorum verhandelt werden. Daneben können auch solche Oberhausmitglieder als Richter mitwirken, die früher eines der höchsten Justizämter innegehabt haben, so daß nunmehr die richterlichen Funktionen des Oberhauses von einem Richterpersonal erfüllt werden können, welches den Vergleich mit den höchsten Gerichten anderer Länder nicht zu scheuen hat. Die Stellung eines *Law Lord* ist eine der höchsten Auszeichnungen, die dem britischen Juristenstand zur Verfügung stehen. Die Zahl der im Oberhaus sitzenden *Law Lords* belief sich am 1. Februar 1965 auf zehn[2].

---

[1] Siehe Bd. II, S. 40ff., 60.

[2] Von den höchsten Juristen sind ferner Oberhausmitglieder: der *Chief Justice* von Nordirland, der *Master of the Rolls* (Lord Denning) und der Lord *Chief Justice* H. L. Parker, letzterer als lebenslänglicher Peer.

e) Die lebenslänglichen Peers beider Geschlechter

Eine nach dem letzten Krieg abgehaltene Konferenz der Parteiführer, die sich mit der Reform des Oberhauses beschäftigte (Cmd. 7380/1948), hatte neben anderen Vorschlägen auch die Schaffung von lebenslänglichen, nicht erblichen Peerages empfohlen. Der Vorschlag hatte eine lange parlamentarische Vorgeschichte. Sie beginnt mit dem oben erwähnten Fall des Richters Sir James Parker, dem 1856 eine lebenslängliche persönliche Peerage zu verleihen erfolglos geblieben war (der erwähnte *Lord Wensleydale*-Fall), gefolgt von einer Bill von Lord Russell (1869), die alljährlich vier solche Peerages bis zur Höchstzahl von 28 vorsah. Dieser Vorschlag wurde dann modifiziert von Marquess of Salisbury wieder aufgenommen (1888). Alle scheiterten am Widerstand der konservativen Traditionalisten, bis schließlich auf Grund der Initiative von Lord Simon (1953) der *Life Peerages Act* von 1958 (6 & 7 Eliz. 2, c. 21) erging. Das Gesetz entsprang im wesentlichen dem Wunsch der konservativen Regierung, die sichtlich abnehmende Vitalität des Oberhauses durch die Verstärkung seiner Oppositionsmitglieder zu beleben. Denn nach der Sachlage gehört die überwältigende Mehrheit der erblichen Peers, vor allem derer, die vor dem Aufstieg von Labour kreiert worden waren, der konservativen Partei an oder steht ihr zumindest nahe, während die liberalen Mitglieder, seitdem es keine liberalen Regierungen mehr gab, dezimiert sind und die Verleihung der Peerage an Labour-Freunde oder -Mitglieder zwar keineswegs ausgeschlossen, aber doch verhältnismäßig selten gewesen war. Das Ziel der Gesetzgebung war also die Vermehrung vor allem der Labour-Lords. Es war daher vorgesehen, daß bei der Auswahl der letzteren der Prime Minister, dessen Vorschlag an die Krone entscheidend ist, sich den Wünschen des Führers der Opposition geneigt zeigen sollte. Labour stand der Vorlage aber ablehnend gegenüber, da sie weit hinter seinen Vorstellungen einer grundsätzlichen Reform der ehemals ersten, seit 1911 zweiten Kammer zurückblieb. Außerdem lag die Schwierigkeit weniger darin, Leute von Kaliber zur Annahme einer erblichen Peerswürde zu bewegen, als qualifizierte Mitglieder zur regelmäßigen Teilnahme an der Oberhausarbeit zu veranlassen[1]. Im übrigen kann wohl angenommen werden, daß eine Labour-Regierung überhaupt keine erblichen Peers mehr ernennen lassen würde, da die Erblichkeit der Würde ihrer Staatsauffassung widerspricht.

Die Zahl der nach der neuen Gesetzgebung ernennbaren lebenslänglichen Peers, die sowohl Männer als auch Frauen sein können, ist gesetzlich nicht begrenzt. Die Ernennung erfolgt mit dem Rang eines Barons oder einer Baronin mit Sitz und Stimme.

---

[1] Über die Teilnahmesituation siehe unten S. 264ff.

Zu Anfang des Jahres 1965 befanden sich 97 Personen als lebenslängliche Peers im Oberhaus, darunter 85 Männer und 12 Frauen, wovon einige dreißig von der konservativen Regierung auf Vorschlag des Oppositionsführers ernannt worden waren.

Für die Befürworter einer grundlegenden Reform des Oberhauses war die Einführung von lebenslänglichen Mitgliedern nicht viel mehr als eine Schönheitsreparatur am stark überalterten Bauwerk der Lordskammer. Die bisherige Praxis läßt zwar keinen Zweifel zu, daß damit ein wesentlicher Beitrag zur Erneuerung der Mitgliedschaft und zur Hebung des Debatten-Niveaus gemacht worden ist. Wenn sich aber trotzdem die Hoffnungen nicht erfüllt haben, der Zufluß neuen nicht-erblichen Bluts würde dem Prestige und der Nützlichkeit der Körperschaft zugute kommen, so liegen die Gründe sowohl in der Institution selbst wie in der Auswahl des Personals der lebenslänglichen Mitglieder. Wie die Dinge seit dem *Parliament Act* von 1911 nun einmal liegen, ist die politische Bedeutung des Oberhauses so stark gesunken, daß nur eine grundsätzliche Rekonstruktion sie wieder herstellen könnte. Und weiter: Zudem gilt die Würde eines Peers auf Lebenszeit als die staatliche Anerkennung für Auszeichnung im Gemeinschaftsleben und hat an sich mit der politischen Einstellung des Betreffenden nichts zu tun, was zur Folge hat, daß dabei weder auf seine aktive Mitarbeit im Oberhaus noch auf seine Unterstützung einer bestimmten politischen Partei gerechnet werden kann[1]. Deshalb bleibt die mangelhafte Vertretung Labours, sei es als Opposition, sei es als Regierungspartei, nach wie vor einer der wunden Punkte des ganzen Systems, der auch durch gehäufte Ernennungen von lebenslänglichen Peers durch eine Labour-Regierung nicht wirklich geheilt werden könnte. Auch wenn genügend politisch geeignete Labour-Freunde aufzutreiben wären, die mit einer lebenslänglichen Peerage ins Oberhaus delegiert werden könnten, um eine einigermaßen starke Labour-Fraktion zu schaffen — was fraglich ist —, könnten nur die wenigsten davon sich ein solches unbezahltes und anspruchvolles Amt leisten. Auf eine politisch versierte *leisure class*, wie sie die Konservativen im Laufe von Generationen aufgebaut hatten, wird Labour noch recht lange warten müssen.

f) Mitgliedschaft-Ausschließungsgründe

Diese sind ungefähr die gleichen, wie sie beim Ausschluß der Wählbarkeit zum Unterhaus bestehen, also Ausländer, was von einiger Wichtig-

---

[1] So waren beispielsweise unter den vier vom Kabinett Wilson zum 1. Januar 1965 ernannten *Life Peers* ein führender Architekt, ein berühmter Naturwissenschaftler, ein Großindustrieller und der bisherige Vorsitzende des Leitungsstabs einer nationalisierten Industrie. Es war kaum anzunehmen, daß diese vielbeschäftigten Leute viel Zeit zur Mitarbeit im Oberhaus finden würden.

keit ist, falls ein erbberechtigter Nachkomme eine fremde Staatsangehörigkeit besitzt, ohne sich die britische vorbehalten zu haben; Unmündige, wegen eines Verbrechens Verurteilte, bis sie ihre Strafe verbüßt haben oder begnadigt wurden; Bankerotteure, es sei denn, es liegt ein richterliches Entlastungszeugnis vor, daß der Konkurs nicht verschuldet war.

3. Funktionäre

a) Der Lord Chancellor als Speaker

Der Präsident — Speaker — des *House of Lords* ist der *Lord High Chancellor,* der allein in dieser Eigenschaft ein Jahresgehalt von 4000 £ bezieht, die aus dem *Consolidated Fund* bezahlt werden. Seine Stellung innerhalb des britischen Regierungsaufbaues ist insofern einzigartig, als er — was Montesquieu wahrscheinlich erstaunt hätte, wäre es ihm nicht entgangen[1] — in seiner Person richterliche, exekutiv-verwaltungsmäßige und gerade als Vorsitzender des gesetzgebenden Oberhauses auch gesetzgeberische Funktionen vereinigt. Als der *Keeper of the Great Seal* ist er der höchste Urkundsbeamte des Vereinigten Königreichs. Seine richterlichen Befugnisse überschatten alle anderen; denn er ist der Vorsitzende des *House of Lords* als Gerichtsorgan und desgleichen des *Judicial Committee of the Privy Council* als Revisionsinstanz; außerdem ist es *ex officio* Chef-Präsident aller anderen britischen Gerichte. Gleichzeitig aber übt er Funktionen aus, die im kontinentalen Regierungsaufbau dem Justizminister zustehen, da er (mit unbedeutenden Ausnahmen) alle Richter ernennt[2]. Als Speaker des Oberhauses braucht er an sich kein Peer zu sein, denn — wieder eine der dem Ausländer reichlich unverständlichen, dem Engländer aber tief vertrauten Eigentümlichkeiten seiner Staatsordnung — sein amtlicher Platz im Oberhaus, der sog. Wollsack (*woolsack*)[3], gilt als außerhalb des Bannkreises des *House of Lords* gelegen. Früher war der *Lord Chancellor* immer ein Bischof, der durch offiziellen *summons* aufgeboten werden mußte. Später konnte er auch ein Nicht-Kleriker (Laie) und sogar ein Commoner sein, in welchem Fall er nicht formell aufgeboten war, sondern von sich aus erschien und auch nicht an den Abstimmungen teilnehmen konnte. Heute — und so war es wohl noch

[1] Es ist immerhin möglich, daß der Speaker des Oberhauses zur Zeit des Besuches Montesquieus in England nicht der *Lord Chancellor,* sondern nur ein *Lord Keeper* war, ein Commoner. An die Stelle dieses erst seit 1760 in Vergessenheit geratenen Amts ist der Lord *Chancellor* getreten.

[2] Siehe über die Einzelheiten seiner richterlichen und quasi-justizministeriellen Zuständigkeiten Bd. II, Kapitel 2, S. 26ff.

[3] Der Name rührt von der Polsterung seines Amtsstuhls im Oberhaus mit Wolle her, Zeichen der mittelalterlichen Prosperität; ob er es heute noch ist, entzieht sich der Kenntnis des Verfassers.

zu Zeiten Montesquieus — ist er unfehlbar ein hoher Jurist, und da es ihm obliegt, die *summons* an die Mitglieder auszuschicken, braucht er selbst nicht geladen zu werden. Er wird, falls er es bei der Ernennung nicht bereits ist, zum *Viscount* erhoben und ist so gut wie immer ein Mitglied des Kabinetts, verdankt also seine Stellung parteipolitischen Erwägungen, was erst recht nicht mit der orthodoxen Gewaltentrennungslehre in Einklang zu bringen ist.

Unterschiedlich vom Speaker in den Commons nimmt der *Lord Chancellor* an den Abstimmungen teil und gibt, wie seinerzeit der *princeps Senatus,* als erster seine Stimme ab. Er besitzt auch nicht die dem Commons-Speaker zustehende Hausordnungsgewalt; Ordnungsfragen werden von den Lords selbst entschieden. Auch richtet ein Redner in den Lords seine Äußerungen nicht an den Speaker wie im Unterhaus, sondern an das Haus selbst.

b) Andere Funktionäre

Diese sind: Der für die ganze Legislaturperiode gewählte *Chairman of the Committees,* der den Vorsitz führt, wenn das Oberhaus als Kommission tagt und sich vor allem der *private bills* anzunehmen hat; der früher bereits erwähnte *Gentleman Usher of the Black Rod*[1] ist Zeremonialbeamter und gleichzeitig Exekutivorgan des Oberhauses; er fungiert auch als eine Art neutraler *whip,* da er, wenn nötig, Teilnahmeanweisungen erläßt. Er ist ein Mitglied des königlichen Haushalts und unweigerlich Angehöriger des erblichen Hochadels. Der *Serjeant-at-Arms* trägt dem Speaker bei Eintritt und Ausgang die *mace* voran. Der *Clerk of Parliament* schließlich ist der Protokoll- und Urkundsbeamte, sowie Direktor des Beamtenstabs des Oberhauses und ihm obliegt es, die königliche Zustimmung (*royal assent*) zu den von beiden Häusern verabschiedeten Gesetzen auszusprechen, da entgegen der im Ausland noch vielfach verbreiteten Auffassung der Monarch heute und schon seit langem kein Gesetz persönlich unterschreibt[2].

So weit die Organisation des *House of Lords.* Da seine Zuständigkeiten und Funktionen durch die Reformgesetze von 1911 und 1949 entscheidende Veränderungen erfahren haben, erscheint es angezeigt, eine Darstellung der letzteren der Beurteilung der Stellung des Oberhauses im heutigen politischen Prozeß voranzustellen.

---

[1] Die Bezeichnung stammt von dem schwarzen Zepter (*mace*) mit einem goldenen Löwen als Spitze, das ihm anvertraut ist.

[2] Siehe unten S. 326.

II. Die Zähmung der Lords

1. Zur Vorgeschichte der Beziehungen zwischen Lords und Commons

Seit Anbeginn der parlamentarischen Institution war es unbestritten und blieb es in der Folgezeit während vieler Jahrhunderte, daß verfassungsrechtlich beide Kammern den gleichen Rang besitzen. Trotzdem konnte das Oberhaus, solange der Adel unbestritten die *ruling class* war, das Unterhaus oft überspielen. Die Whigaristokratie trieb die Stuarts außer Landes und setzte den Oranier auf den Thron; Adelscliquen managten das Unterhaus während des 18. Jahrhunderts unter den Hannoveranern. Erst als sich nach der ersten Wahlreform die Praxis der Kabinettsverantwortlichkeit vor dem Unterhaus voll eingespielt hatte, war die politische Vormacht der Lords endgültig gebrochen. Lediglich auf zwei Gebieten stand das Oberhaus hinter dem Unterhaus zurück: Einmal konnte es niemals eine Regierung stürzen, zum anderen hatte sich schon zu Ende des 17. Jahrhunderts der Vorrang der Commons in Finanzfragen, Steuergesetzen, Abgaben und Geldbewilligungen durchgesetzt. Die Rechtslage beruhte auf zwei Resolutionen der Commons von 1671 und 1678, aus der Zeit also, in welcher sich das Unterhaus seiner gesteigerten politischen Bedeutung im Kräftespiel der Nation bewußt zu werden begonnen hatte. Die erste derselben bestimmte, daß alle der Krone gewährten Finanzhilfen von den Commons bewilligt werden und daß daher das Oberhaus den Steuer- oder Abgabensatz nicht ändern könne. Die zweite, viel weitergehende, legte im Grunde das Finanzmonopol des Unterhauses fest und versagte den Lords jede Änderung der Commons-Beschlüsse, was allerdings nicht ausschloß, daß die Lords eine von den Commons gebilligte Finanzbill überhaupt verwerfen konnten. Das Initiativrecht des Unterhauses für Finanzgesetze gilt seither als Gewohnheit und Privileg der Commons, ebenso wie, daß ein Finanzvorschlag von einem Minister der Krone eingebracht werden muß, eine Regel des *common law*, die dann (1713) auch in einer ausdrücklichen Bestimmung der Geschäftsordnung ihren formellen Niederschlag fand. Gegenüber der Verfassungstradition der finanziellen Vorrangstellung der Commons hat sich das Oberhaus seither einer außerordentlichen Zurückhaltung befleißigt, wohl wissend, daß dem volksgewählten Unterhaus die Schnüre des Geldbeutels gebühren.

Zu Konflikten sich auswachsende Meinungsverschiedenheiten zwischen den beiden Häusern, bei denen es sich vorher vorwiegend um von den Lords beanspruchte und den Commons bestrittene Jurisdiktionsansprüche straf- und zivilrechtlicher Natur gehandelt hatte, ist es seit dem Anfang des 18. Jahrhunderts nicht mehr gekommen. Anders verhält es sich aber mit Zusammenstößen auf dem Gebiet der Gesetzgebung.

Sie reichen bis in die puritanische Revolution zurück und begleiten die britische Parlamentsgeschichte bis an die Schwelle der Gegenwart. Die Erscheinung, für alle Zweikammersysteme charakteristisch, die auf dem Gleichrang der beiden Häuser beruhen, hat ihre Gründe in den parteipolitischen Gegensätzen eines grundsätzlich konservativ orientierten Oberhauses und dem eine fortschrittliche Mehrheit aufweisenden Unterhaus. Ohne den Versuch einer erschöpfenden Aufzählung zu machen, seien die folgenden Zusammenstöße zwischen den beiden Häusern erwähnt: Die Lords widersetzten sich der Wahlreform von 1832 und mußten erst durch die Drohung mit einem Peersschub nach dem Vorgang von 1712/13 gefügig gemacht werden, der sie damals zur Annahme des Friedens von Utrecht gezwungen hatte. Im Jahre 1860 verwarfen die Lords die Aufhebung der Papiersteuer, was ihr gutes Recht war, von den Commons aber als ein Einbruch in ihre Privilegien und Reservate angesehen wurde. Letztere behielten aber schließlich die Oberhand, da Gladstone als Schatzkanzler die streitige Bestimmung in das Jahresbudget einschloß, welches zu verwerfen den Lords nicht geraten erschien. Den Widerstand der Lords gegen die *Army Purchase Bill* (1872), an welcher die aristokratischen Klassen als die hauptsächlichen Nutznießer des Kaufs von Offiziersstellen ein erhebliches Interesse hatten, konnten die Commons ohne Gesetzgebung abbiegen. Der *Representation of the People Act* von 1884 konnte nur dadurch Gesetz werden, daß die Königin Victoria bei den Lords intervenierte. Gladstones zweite *Home Rule Bill* von 1893, die 80 irische Abgeordnete nach Westminster bringen sollte, scheiterte nach Annahme in den *Commons* überwältigend im Oberhaus und führte letztlich zur Ablösung Gladstones durch Lord Rosebery, der den Entwurf nicht mehr einbrachte. Der konservative Wahlsieg von 1895 schien — obwohl kaum ein Sachzusammenhang bestehen mochte — die Auffassung des Oberhauses zu rechtfertigen, wonach es der Hüter der Volksrechte ist, der das Recht habe, sich den bei der Wählerschaft unpopulären Maßnahmen der volksgewählten Kammer zu widersetzen.

2. Die Verfassungskrise von 1910/11 und der Parliament Act von 1911

Im Rückblick waren alle diese Vorgänge nur Vorhutgefechte. Die eigentliche Schlacht um den Gesetzgebungsgleichrang des Oberhauses wurde nach dem großen Wahlsieg der Liberalen im Jahre 1906 um die fortschrittliche Finanzgesetzgebung des Schatzkanzlers Lloyd George im liberalen Kabinett Asquith geführt. Sie brachte England kurz vor dem Ausbruch des ersten Weltkrieges in seine schwerste Verfassungskrise seit der puritanischen Revolution. Seit Anbeginn der liberalen Herrschaft stießen ihre hauptsächlichsten Reformmaßnahmen auf den erbitterten Widerstand der überwältigend konservativen Mehrheit der

Lords. Gewissermaßen als Antwort auf den formellen Anspruch der Commons, daß alle von ihnen erlassenen Maßnahmen einschließlich der Finanzvorlagen innerhalb einer (damals noch sieben Jahre dauernden) Legislaturperiode Gesetz werden sollten, verwarfen die Lords 1908/09 die *Licensing Bill* und andere Finanzmaßnahmen. Im Jahre 1909 wurde sodann — ein beispielloser Vorgang — sogar das Budget von Lloyd George als Ganzes abgelehnt. Damit war der offene Krieg zwischen beiden Häusern ausgebrochen, der das Land nunmehr zwei Jahre lang in Atem halten sollte. Bei den nach Auflösung erfolgenden Generalwahlen (Januar 1910) konnten die Liberalen trotz starker Verluste mit Hilfe der Iren und Labours die Mehrheit aufrechterhalten. Die Lords waren einsichtig genug, die wiedereingebrachte Finanzbill anzunehmen.

Gleichzeitig war aber auch die nachmalige *Parliament Bill* eingebracht worden, welche der Willkür des Oberhauses ein für alle Male eine Grenze setzen wollte. Die Parteiführer wollten dem nach dem Tode Edwards VII. gerade auf den Thron gelangten jungen George V. eine Verfassungskrise ersparen; Kompromißvorschläge brachen jedoch zusammen. Es kam zur zweiten Auflösung und Neuwahlen innerhalb des gleichen Jahres (Dezember 1910), anläßlich welcher das liberale Kabinett Asquith von der Krone die — nur ungern abgegebene — Zusage erlangt hatte, es würde die erforderliche Anzahl neuer Peers — etwa vierhundert — kreiiert werden, falls die Lords auf ihrer Obstruktion bestünden. Die Wahlen brachten keine wesentlichen Verschiebungen in der Parteienstärke. Die neu eingebrachte *Parliament Bill* wurde von den Commons mit starker Mehrheit angenommen, von den Lords begehrte *amendments* wurden abgelehnt. Als schließlich Prime Minister Asquith die Drohung mit dem Peersschub öffentlich bekanntgab, gaben die Lords, die mit Recht eine Entwertung der Peerswürde befürchteten, nach. Im August 1911 wurde der (1.) *Parliament Act* (1 & 2 Geo. 5, c. 13) Gesetz.

Auf eine kurze Formel gebracht, beseitigte er das Veto des Oberhauses gegen Finanzgesetze (*finance bills*) überhaupt und verwandelte das ihnen zustehende absolute Veto gegenüber anderen Gesetzentwürfen der Commons in ein zeitlich beschränktes Veto.

3. Der Parliament Act von 1949

Das Oberhaus fügte sich, wie es britische Art ist, in die ihm durch die Gesetzgebung von 1911 auferlegte *capitis deminutio*. Es ergaben sich auch kaum Gelegenheiten zu politischen Spannungen mit dem nun weit stärkeren Unterhaus, zunächst wegen des ersten Weltkrieges und seiner Nachwirkungen, sodann weil von 1923 bis zum Ausbruch des zweiten Weltkriegs mit der kurzen Unterbrechung des (2.) Kabinetts MacDonald nur konservative Regierungen am Ruder waren, denen zu opponieren sinnlos gewesen wäre. In der Zeit zwischen 1911 und 1947 machten die Lords nur zweimal von ihrem suspensiven Veto Gebrauch[1]. Im übrigen fügten sich die Lords durchaus dem im Unterhaus verkörperten Willen der Nation. Als Labour sodann (1945) mit großer Mehrheit an die Macht kam, war die konservative Mehrheit der Lords staatsklug genug, sich der Labour-Gesetzgebung mit ihren Nationalisierungen nicht offen zu widersetzen und sie trugen sogar eine Reihe wertvoller Amendments bei, die von den Commons angenommen wurden. Aber es war zu erwarten, daß sie sich der Nationalisierung von Stahl und Eisen, die im ursprünglichen Nationalisierungsplan nicht enthalten war und daher den Wählern nicht vorgelegen hatte, widersetzen würden. Dies und wohl auch das Gefühl, nicht allzuviel Zeit zu haben, veranlaßte Labour (1947), die nachher zum *Parliament Act* von 1949 (12, 13 & 14 Geo. 6, c. 103) gewordene Novelle zu dem früheren *Parliament Act* durch die Commons zu bringen, wodurch die Geltendmachung des suspensiven Vetos von zwei auf ein Jahr und von drei auf zwei Sessionen verkürzt wurde. Eine 1948 einberufene Konferenz der Führer aller drei Parteien in beiden Häusern endete ergebnislos, weil man sich über die Minimalforderung der Konservativen: zwölf Monate nach der dritten Lesung einer Bill in den Commons und der Maximalforderung von Labour: neun Monate nach der dritten oder ein Jahr nach der zweiten Lesung in den Commons nicht einigen konnte. Die Konservativen erwiesen sich dabei insofern demokratischer als ihre Rivalen, weil letztere nur den Commons Gelegenheit zur Berücksichtigung von Amendments der Lords geben, während die Konservativen mit der von ihnen begehrten längeren Überlegungspause auch der Wählerschaft eine Stellungnahme ermöglichen wollten. Nach Ablehnung der Vorlage durch das Oberhaus in zweiter Lesung wurde die Bill nach Maßgabe des *Parliament Act* von 1911 schließlich ohne Zustimmung der Lords Gesetz.

4. Die heutigen Beziehungen zwischen Oberhaus und Unterhaus

a) Das geltende Recht

Nach Maßgabe der beiden Gesetze von 1911 und 1949 besteht für die Beziehungen von Unterhaus und Oberhaus nunmehr die folgende Rechtslage.

1. Wenn ein von den Commons angenommenes Finanzgesetz (*money bill*), das mindestens einen Monat vor Ende der betreffenden Session den

[1] Dies geschah beide Male im Jahre 1914. Der *Government of Ireland Act* von 1914 (4 & 5 Geo. 5, c. 90), dessen Einbringung im Parlament zur sog. Ulster-Rebellion der konservativen Diehards geführt hatte, wurde gegen den Widerstand der Lords Gesetz, trat aber wegen des Krieges nicht in Kraft und wurde schließlich durch den *Government of Ireland Act* von 1920 (10 & 11 Geo. 5, c. 67) ersetzt. Das andere nach dem Gesetz von 1911 ohne Zustimmung der Lords in Kraft getretene Gesetz war der *Welsh Church Act* von 1914 (4 & 5 Geo. 5, c. 91).

Lords zugegangen und von diesen nicht binnen eines Monats nach Eingang ohne Änderung angenommen worden ist, wird die Bill auch ohne ihre Zustimmung dem Souverän zur Erteilung des *royal assent* unterbreitet (Sektion 1 (1)). Das Veto der Lords gegen ein Finanzgesetz und ebenso Änderungen desselben sind also ausgeschlossen.

2. Unter einem Finanzgesetz wird eine *public bill*, also ein allgemein verbindliches Gesetz verstanden, das ausschließlich Bestimmungen über Steuern, öffentliche Auflagen, Anleihen, Geldbewilligungen für öffentliche Zwecke und deren Verwendung und damit im Zusammenhang stehende Angelegenheiten zum Gegenstand hat (Sektion 1 (2)).

3. Die Übersendung der Bill an das Oberhaus und die Unterbreitung an den Souverän muß von einer amtlichen Bestätigung (*certificate*) des Unterhaus-Speakers des Inhalts begleitet sein, daß es sich um ein Finanzgesetz handelt. Diese Bestätigung des Speakers ist endgültig und gerichtlich weder anfechtbar noch nachprüfbar (Sektion 3).

4. Für alle anderen Bills, das heißt solche, die nicht als *money bills* qualifiziert sind, und mit der alleinigen Ausnahme eines Gesetzes, das die Legislaturperiode allgemein über fünf Jahre ausdehnen sollte, gilt folgendes: Wenn eine *public bill* von den Commons in zwei aufeinanderfolgenden Sessionen, die jedoch nicht zur selben Legislaturperiode gehören müssen, angenommen und mindestens einen Monat vor dem Ende der Session den Lords zugegangen ist und von diesen in jeder dieser Sessionen verworfen wurde, dann soll die Maßnahme ohne Zustimmung der Lords dem Souverän zur Erteilung des *royal assent* zugeleitet werden. Voraussetzung dieser Prozedur ist aber, daß mindestens ein Jahr zwischen dem Zeitpunkt der Annahme der Bill in zweiter Lesung in der ersten der beiden in Frage kommenden Sessionen und dem Zeitpunkt der endgültigen Annahme in der zweiten Session verstrichen sein muß. (Sektion 2 (1)). In der Praxis wirkt sich diese Bestimmung so aus, daß das Oberhaus das Inkrafttreten eines solchen Gesetzes um mindestens neun Monate verzögern kann. Auch in diesem Fall muß der Speaker eine amtliche Bestätigung mit der gleichen gerichtlichen Unanfechtbarkeit ausstellen (Sektion 2 (2)). Eine Bill gilt als von den Lords abgelehnt, wenn die Version des Unterhauses nicht unverändert angenommen oder wenn über eine vom Oberhaus geplante Änderung keine Einigung zwischen den beiden Häusern erzielt wurde. Letztere Modalität ist praktisch von besonderer Bedeutung, weil Meinungsverschiedenheiten zwischen den beiden Kammern somit durch gegenseitiges Einvernehmen der Parteiführer, dem sich ohne weiteres jedes Haus fügt, ausgeglichen werden, — es besteht also ein, wenn auch inoffizielles Vermittlungsverfahren, wie es in allen Ländern mit einem Zweikammersystem angezeigt und praktisch gegeben ist. Dem gleichen Ziel dient eine weitere Bestimmung (Sektion 2 (4)), wonach die Commons

anläßlich der Passage der Bill in ihrer zweiten Session Änderungsvorschläge machen können, die, wenn sie von den Lords ihrerseits angenommen werden, als von beiden Häusern gebilligt gelten. Damit kann den Bedenken der Lords gegen einen Entwurf, welche die Commons für gerechtfertigt halten, rechtzeitig entgegengekommen werden.

Gewissermaßen zum Ausgleich der durch diese Gesetzgebung außerordentlich gesteigerten Macht der Commons gegenüber den Lords verfügte der Akt von 1911 außerdem eine Verkürzung der bisherigen siebenjährigen Legislaturperiode auf nur fünf Jahre (Sektion 7), um damit dem Volkswillen Gelegenheit zu geben, sich durch häufigere Generalwahlen in eine ihm entsprechende Repräsentation umzusetzen.

Schließlich enthält Sektion 6 die rein deklaratorische Bestimmung, daß nichts in dem Akt den bisherigen Unterhausprivilegien Abbruch zu tun geeignet ist, womit etwa die ausschließliche Einbringung von Finanzmaßnahmen im Unterhaus gedeckt ist.

b) Politische Würdigung

Die *Parliament Acts* von 1911 und 1949 gehören zu den grundlegenden Normen der britischen Verfassungsordnung, die bei Vorliegen einer geschriebenen Verfassungsurkunde dort ihren Platz gefunden hätten. Sie ziehen das den Zeitumständen der Volldemokratisierung entsprechende Fazit, daß der Wille der volksgewählten Versammlung unter allen Umständen demjenigen einer zweiten Kammer vorgehen muß, und setzen die dafür erforderliche Maschinerie mit vorbildlicher Klarheit fest. Die Regelung ist um so vernünftiger, als gerade in Großbritannien das Oberhaus als vorwiegend erbliche Mitgliedschaftskammer vom Strom der Demokratie unberührt geblieben ist. Großbritannien ist damit zum Schrittmacher einer heute weltweiten Bewegung geworden, welche dem Gebot des schließlichen Vorrangs der volksgewählten Kammer Rechnung trägt. Um Verfassungsklemmen oder -blockierungen zu vermeiden, müßte eine solche Regelung selbst dann vorgesehen werden, wenn auch die zweite Kammer auf Volkswahl beruhen sollte. Von den geltenden Verfassungen der konstitutionellen Demokratie sind lediglich die Vereinigten Staaten nach Maßgabe ihrer viel älteren Verfassung und Italien unter der Verfassung von 1948 dem englischen Vorbild nicht gefolgt[1]. Praktisch läuft die Regelung darauf hinaus, daß Großbritannien letzten Endes sozusagen auf kaltem Weg den Übergang zum Einkammersystem vollzogen hat, allerdings mit dem noch zu dokumentierenden Vorbehalt, daß das *House of Lords* auch heute trotz seines verkümmerten politischen Gewichts und des damit Hand in Hand gehenden gesunkenen Prestiges dem Gesetzgebungsverfahren nützliche Dienste erweisen kann und erweist.

---

[1] Siehe Karl Loewenstein, *Verfassungslehre*, 1959, Tübingen S. 181ff.

III. Die gegenwärtige Bedeutung des Oberhauses im politischen Prozeß

1. Zuständigkeiten

Um der gegenwärtigen Stellung des Oberhauses im Rahmen des politischen Prozesses gerecht zu werden und damit zu einer Beurteilung der britischen Variante des Zweikammersystems zu gelangen, muß man sich der verfassungsrechtlichen Beschränkungen bewußt sein, welche die beiden *Parliament Acts* den Lords auferlegt haben. Auf finanziellem Gebiet sind sie seit 1911 nur ein Gummistempel, der auf die vom Unterhaus beschlossenen Maßnahmen gedrückt wird, die ihrerseits in Wirklichkeit die Parteidiktate des Kabinetts darstellen. Daran ist nichts auszusetzen; denn Finanzfragen müssen von dem Haus endgültig entschieden werden, das die steuerzahlende Wählerschaft vertritt und ihr verantwortlich ist. Bei sonstigen Gesetzen haben die Lords das unbeschränkte Initiativrecht und volle Freiheit der Debatte einschließlich des Rechts der Abänderung von Vorlagen der Commons. Die zur Annahme oder Verwerfung von Vorlagen der Commons gewährte Frist von mindestens neun Monaten, praktisch aber bis zu einem Jahr, erscheint ausreichend. Auch an dieser Regelung ist also grundsätzlich nichts auszusetzen. Man wird daher zum Schluß kommen, daß auch im Rahmen der geltenden Beschränkungen das Oberhaus genügend Ellenbogenraum hat, um als zweite Kammer gesetzgeberisch von Nutzen zu sein.

In dem Bericht der unter dem Vorsitz des berühmten Meisters der politischen Wissenschaft, Viscount James Bryce, tagenden Konferenz über die Reform des Oberhauses (1917/18) (Cd. 9038) werden die Aufgaben des Oberhauses im Lichte der vorausgegangenen Zuständigkeitsbeschränkung durch den *Parliament Act* von 1911 wie folgt umrissen: 1. Prüfung und Änderung der von den Commons verabschiedeten Entwürfe. Es wurde dabei mit Nachdruck darauf hingewiesen, daß infolge der durch die Geschäftsüberlastung notwendig gewordenen Debattenbeschränkungen in den Commons[1] dem Oberhaus eine besonders wichtige Aufgabe zufällt; 2. Die Erstbehandlung von nicht-kontroversen, also von vorwiegend nichtpolitischen Bills, was ohne Zeitbeschränkung erfolgen kann und dem Unterhaus als zweite Instanz dann zeitraubende Vorarbeiten und Debatten erspart; 3. Das Oberhaus sollte bei Fragen von allgemeiner Bedeutung, vor allem der auswärtigen Politik, als öffentliches Forum wirken, wozu es um so mehr berufen ist, als sich unter seinen Mitgliedern hervorragende Sachverständige gerade auf diesem Gebiet befinden und auch eine der Regierung kritische Stellungnahme niemals deren Bestand gefährden kann; 4. Schließlich: Die Einschaltung

[1] Siehe unten S. 370ff.

einer zeitlich begrenzten Atempause vermittels der suspensiven Vetos soll der Nation Gelegenheit geben, sich bei grundlegenden Verfassungsfragen und neuen Orientierungen der Gesetzgebungspolitik über die Tragweite der Maßnahme Klarheit zu verschaffen. Wie steht es heute mit diesen Erwartungen in Wirklichkeit?

Mit Ausnahme der einigermaßen zweifelhaften letzterwähnten Funktion hat das Oberhaus in dem seit dem *Bryce Report* verflossenen Menschenalter seine Aufgaben befriedigend erfüllt.

Als Revisionsinstanz gegenüber den von den Commons verabschiedeten Entwürfen leistet das Oberhaus entschieden nützliche Arbeit, was angesichts der potentiellen Mitwirkung von zahlreichen hervorragenden Juristen und älteren Staatsmännern nicht weiter zu verwundern ist. Dies bewährte sich besonders gegenüber der Labour-Gesetzgebung nach 1945, als im Oberhaus buchstäblich tausende von Amendments vorgeschlagen wurden, von denen die in Hast und nervöser Spannung arbeitenden Commons nachher 95% angenommen haben. Die Revisionstätigkeit der Lords ist aber auch gegenüber konservativen Bills nicht geringer und nicht weniger nützlich, wie sich etwa bei der Debatte über den *Television Act* von 1954 (2 & 3 Eliz. 2, c. 61) zeigte. Auch in der Behandlung der *private bills* in den Kommissionen, deren Tätigkeit allerdings mehr gerichtsähnlich als gesetzgeberisch ist, haben die Lords den stets von Zeitnot geplagten Commons eine wesentliche Entlastung verschafft.

Gleichermaßen konstruktiv, wenn auch im Gesamtbetrieb des Gesetzgebungsverfahrens nicht zu überschätzen, erwiesen sich die Lords in der Vorberatung erstmals bei ihnen eingebrachter Entwürfe. Seit 1945 brachte die Regierung etwa ein Viertel aller ihrer Vorlagen beim Oberhaus ein, von dem sie sich mit Recht eine eingehendere, weniger unter Druck stehende und daher sachgerechtere Behandlung versprach als in den Commons. Dies waren meist technisch komplizierte und politisch nicht umstrittene Vorlagen[1]. In solchen Fällen kam das Oberhaus einem technologischen oder Wirtschaftsparlament nahe.

Ist auf diesen beiden Gebieten der Nutzen des Oberhauses so gut wie unbestritten, so bestehen bei den beiden anderen von der Bryce-Konferenz herangezogenen Funktionen nicht unbeträchtliche Meinungsverschiedenheiten. Was die durch das suspensive Veto gewährte Atempause anbelangt, so muß zunächst festgestellt werden, daß das Oberhaus klug genug war, sich der einschneidenden Sozialgesetzgebung Labours nach 1945 nicht zu widersetzen und sie durch konstruktive Änderungsvor-

[1] Zu nennen wären hier etwa Gesetze zur Regelung der Beziehungen zum *Commonwealth*, wie die verschiedenen Kanada betreffenden *British North America Acts*; der außerordentlich komplizierte *Crown Proceedings Act von 1947* (10 & 11 Geo. 6, c. 44) (siehe Bd. II, S. 106ff.); der *Companies Act* von 1948 (11 & 12 Geo. 6, c. 38) und der *Copyright Act* von 1956 (4 & 5 Eliz. 2, c. 74).

schläge sogar weitgehend zu verbessern, in der richtigen Erwägung, Labour hätte dafür das Mandat der Wählerschaft in den Generalwahlen erhalten. Der Widerstand gegen die Novelle zum *Parliament Act* war begreiflich, blieb aber im Lande völlig ohne Echo. Die Verstaatlichung von Eisen und Stahl, wohl die in den Lords am meisten umstrittene Bill der Periode, konnte nicht verhindert werden, aber das Inkrafttreten des Gesetzes erst nach der nächsten Generalwahl (1951) konnte für die Lords gebucht werden. Das Aufschubsargument verliert jedoch viel von seiner Überzeugungskraft, wenn man bedenkt, daß keine Regierung, mag ihre Mehrheit auch noch so groß sein, es riskiert, verfassungsrechtliche Grundentscheidungen ohne Wählermandat vorzunehmen. Außerdem: Das nunmehr formell auf ein Jahr begrenzte Suspensivveto kann nur dann zu einem absoluten werden, wenn es in der letzten Session einer Legislaturperiode ausgeübt wird, weil bei den nachfolgenden Wahlen die Opposition ans Ruder kommen kann, die den Gegenstand nicht weiter verfolgen würde. Aber Grundsatzentscheidungen kommen eben in so später Stunde eines Parlaments nicht vor.

Die Erwartung, das Oberhaus werde als öffentliches Forum für Debatten der auswärtigen Politik dienen, hat sich nicht erfüllt. Fanden solche statt, nahm die Öffentlichkeit davon kaum Notiz; denn die für die Außenpolitik verantwortliche Regierung hält eben das Unterhaus mit seinen verschiedenen dazu bestimmten Anlässen, wie der Thronrede, für das allein maßgebende Organ. Auch während der Außenministerschaft des Earl of Home (1960–1963), einem Oberhausmitglied, war das Unterhaus der Brennpunkt der kritischen Debatten und dies trotz der Unbequemlichkeit, daß der für die Außenpolitik verantwortliche Minister an den Debatten und Abstimmungen nicht teilnehmen konnte.

2. Die Mängel des Oberhausbetriebs

a) Ungleichheit der Parteivertretungen

Solche Leistungen oder Fehlleistungen werden eher verständlich, wenn man den Geschäftsbetrieb des Oberhauses in Betracht zieht. Auch die Lords sind parteimäßig organisiert und haben ihre *whips*, aber die Parteienbindung und -disziplin ist weit loser als im anderen Haus; Abstimmungen erfolgen nicht unabdingbar nach Parteigesichtspunkten[1].

[1] Das *Office of the Lord Chancellor* war auf Anfrage nicht in der Lage, über die Parteizugehörigkeit der Oberhaus-Mitglieder verbindliche Auskunft zu erteilen und verwies auf die Angaben in Vacher's *Parliamentary Companion* (1. Quartal 1965). Dieser Quelle sind die folgenden Angaben entnommen: Konservative: 313; Labour: 85; Liberale: 39; National-Liberale: 9; Unabhängige: 17. Jedoch ist die Parteizugehörigkeit bei weniger als der Hälfte angegeben, was den Schluß zuläßt, daß mehr als die Hälfte politisch nicht interessiert ist und wohl auch nie oder nur sehr selten zu den Sitzungen kommt. Im übrigen bedeutet auch die Bekanntgabe der

Parteizugehörigkeit oder das Fehlen einer solchen bei den die Nettostärke des Oberhauses ausmachenden 655 Peers wurden Anfang 1965 von Regierungsseite[1] wie folgt angegeben:

Mitglieder, die den konservativen *whip* empfangen:	382
solche, die den Labour *whip* empfangen:	80
solche, die den liberalen *whip* empfangen:	41
Unabhängige (die sog. *cross benchers*)	152
	655

Aus der Aufstellung ist ohne weiteres ersichtlich, daß die Konservativen die überwältigende Mehrheit der weltlichen Lords ausmachen, zumal, wenn zulässigerweise angenommen wird, daß auch diejenigen Peers, deren Parteifarbe nicht bekannt ist, in ihrer überwiegenden Mehrheit sich als Konservative fühlen. Eine konservative Regierung kann also immer und unter allen Umständen auf die Unterstützung in den Lords, und umgekehrt muß ein Labour-Kabinett potentiell immer mit ihrer Gegnerschaft rechnen.

Solange also die Konservativen an der Macht waren, konnte mit einer ins Gewicht fallenden Vermehrung der Labour-Anhänger im Oberhaus nicht gerechnet werden; die Praxis der lebenslänglichen Peers, die auf Veranlassung der Labour-Opposition von der Regierung ernannt wurden, fiel überhaupt nicht ins Gewicht. Wenn also das Kabinett Wilson alsbald nach Übernahme der Regierung der Königin die Ernennung von dreizehn lebenslänglichen Labour-Peers — zusammen mit drei Liberalen — vorschlug, welchem Verlangen konventionalregelhaft sofort nachgekommen wurde, so war dies nur ein Tropfen auf den heißen Stein.

Um das konservative Übergewicht wirklich auszugleichen, müßten in einem echten „Pairsschub" buchstäblich hunderte von Labour-Peers ernannt werden, was nicht nur politisch, sondern auch wegen mangelnder Persönlichkeiten schlechthin unmöglich ist. Es kann also durchaus möglich sein, daß als radikal angesehene Labour-Maßnahmen, wie es etwa die neuerliche Verstaatlichung von Eisen und Stahl wäre, im Oberhaus auf ernstliche Schwierigkeiten stoßen könnten.

b) Mangelhafte Teilnahme an den Sitzungen

Die Parteienkonstellation fällt aber im Oberhaus weniger ins Gewicht, weil — und damit ist der Kardinaldefekt des gegenwärtigen Systems berührt —, seit sich die Wirkung des *Parliament Act* geltend machte, der

Parteizugehörigkeit durch das einzelne Oberhausmitglied keineswegs, daß es sich aktiv an den Oberhausarbeiten beteiligt. Es wäre auch zu beachten, daß die als „Unabhängige" (*Independents*) und erst recht die als National-Liberal Bezeichneten gegebenenfalls weit eher mit den Konservativen als mit Labour stimmen würden.

[1] Durch den Earl of Longford, den Führer der Labour-Partei im Oberhaus, der es schließlich wissen muß, am 29. April 1965 (265 H.L. Deb. 68, c. 807—808).

Besuch des Oberhauses immer schwächer geworden ist. Die bisherigen Versuche zu seiner Belebung erwiesen sich als erfolglos. Von den an die neunhundert derzeitigen Mitgliedern erscheint weit mehr als die Hälfte niemals, viele andere kommen nur gelegentlich, wenn gerade etwas verhandelt wird, was sie interessiert[1]. Nicht mehr als durchschnittlich sechzig bis siebzig Mitglieder nehmen an den Sitzungen mit einiger Regelmäßigkeit teil, worunter verstanden wird, daß sie etwa die Hälfte besuchen, einige Ausschußarbeit verrichten und an den Abstimmungen sich beteiligen. Rechnet man noch die Gelegenheitsbesucher dazu, so kann die Teilnehmerzahl an einer Sitzung an die hundert betragen, was aber nicht häufig ist. Bei den Abstimmungen der „Regulären" sind etwa zwei Drittel Konservative, ein Drittel Labour und Liberale. Mit einer so kleinen parlamentarischen Mannschaft ist kein Staat zu machen und es ist erstaunlich, wieviel von den fleißigen Regulären trotzdem geleistet wird[2]. Es war daher eine Sensation nicht nur im Oberhaus, sondern im ganzen Land, als an der Abstimmung bei der zweiten Lesung des Gesetzes zur Abschaffung der Todesstrafe für Mord (20. Juli 1965) sich mehr als dreihundert Peers beteiligten, eine seit vielen Jahren nicht mehr erlebte Rekordzahl, ganz abgesehen von dem Umstand, daß zwei Drittel für die Abschaffung stimmten, nachdem das Oberhaus seit 1949 nicht weniger als zwei vom Unterhaus angenommene Bills verworfen hatte[3].

Somit mußten auch neueste Versuche einer Rationalisierung der Sitzungsteilnahme erfolglos bleiben. Ein Ausschuß der Lords kam zum Schluß (1956), daß das Oberhaus zwar durch die Geschäftsordnung den Teilnahmezwang anordnen könne — was seit 1841 nicht mehr geschehen war —, daß aber die Verletzung derartiger Vorschriften nicht den Ausschluß eines Mitglieds, also den Verlust des Rechts auf Sitz und Stimme nach sich ziehen könne. Man hielt jedoch dafür, daß ein Peer, der unfähig oder unwillig zur Teilnahme an den Sitzungen ist, gehalten sei, um Urlaub einzukommen und daß er also, wenn er nicht innerhalb eines Monats nach Zusammentritt eines neuen Parlaments den Eid geleistet habe, als dauernd beurlaubt gelten solle. Anläßlich des Erlasses des *Life Peerage Act* von 1958 wurde demnach die Geschäftsordnung (Rule Nr. 21) dahin geändert, daß die Mitglieder teilnahmeverpflichtet sind oder im Falle des Unvermögens um Urlaub einkommen sollen. Dieser kann für eine Session,

---

[1] Beispielsweise haben von den 25 Herzögen zwischen 1955 und 1960 nur acht irgendwann einmal das Wort genommen, meist wenn es sich um Landwirtschaft, Forst- oder Jagdwesen handelte.

[2] Im Juni 1958 stellte der *Lord Chancellor* fest, daß in dem seit 1955 laufenden Parlament 228 Mitglieder des Oberhauses es nicht der Mühe wert gehalten hatten, den Eid zu leisten und daß weitere 331 während der im Gang befindlichen Session nicht ein einziges Mal an einer Sitzung teilgenommen hatten.

[3] Lord Harwood, ein Verwandter der Königin, der den Lords volle achtzehn Jahre angehört hatte, hielt bei dieser Gelegenheit seine Jungfernrede!

für einen Teil derselben oder für die noch verbleibende Legislaturperiode gewährt werden. Die Handhabung dieser Bestimmung durch Umfrage bei allen Mitgliedern obliegt dem *Lord Chancellor*. Wird ein solcher Urlaub gewährt, so wird erwartet, daß der Beurlaubte sich während seiner Dauer des Besuchs der Sitzungen überhaupt enthält. Diese Maßnahme stellt darauf ab, den den Betrieb störenden sporadischen Besuch durch die „Hinterwäldler" auszuschalten, damit die „Regulären" sich besser der Arbeit widmen können. Viel geholfen hat die neue Regelung nicht[1], wie auch die neuesten Vorschläge zur Verkürzung der Redezeit nicht viel mehr sind als Mätzchen.

Bei dem beklagenswert schwachen Besuch des Oberhauses liegt natürlich ein vitiöser Zirkel vor, aus dem es ohne eine durchgreifende Reform des britischen Zweikammersystems keinen Ausweg gibt. Der *Parliament Act* von 1911 nahm den Lords den Großteil ihrer politischen Macht und damit ihres Prestiges. Selbst wenn das nicht der Fall gewesen wäre, wäre der Erbadel nicht mehr wohlhabend genug, sich gratis und franco einem Beruf zu widmen, der nichts einträgt. Dies gilt erst recht für solche Labour-Peers, die kein Privateinkommen haben. Da der Labour-Partei das Oberhaus in seiner derzeitigen Gestalt als ein Anachronismus erscheint, war sie nie für Oberhausdiäten zu haben[2]. Wirtschaftsbarone und Industriemagnaten nehmen zwar die Peerswürde gern an, aber sie haben Wichtigeres zu tun, als sich im Brackwasser des Oberhauses zu tummeln. Leute mit politischen Ambitionen sind nicht dafür zu haben. Die jüngste Schönheitsreparatur im *Peerage Act* von 1963 warf ein grelles Schlaglicht auf die Situation: Nichts zeigt die Abwertung des Oberhauses deutlicher als die Abschüttelung der Peerswürde, um politisch Karriere machen zu können.

IV. Reformvorschläge

Die im *Parliament Act* von 1911 vorgenommene Kastrierung des Oberhauses war nur eine Notoperation gewesen, um die Lahmlegung des Staatsbetriebs abzuwehren, aber nicht als dauernde Lösung für das Verhältnis der beiden Kammern gedacht. Vielmehr hatte die Präambel dem Wunsch Ausdruck gegeben, das Erblichkeitsprinzip der Mitgliedschaft gegebenenfalls durch die Volkswahl zu ersetzen "... *to substitute for the*

---

[1] Bei der Umfrage des *Lord Chancellor* im Juni 1958 ergab sich, daß 133 Mitglieder Urlaub für die laufende und 62 für die nächste Session erbeten hatten. 47 gaben nicht einmal eine Antwort auf die Umfrage!

[2] Seit 1957 wird ein Anwesenheitsgeld von drei Guineas pro Tag (etwa 35 DM), jetzt 4 £ 14 sh 6 d (etwa 40 DM) bezahlt und die Reisekosten werden vergütet.

House of Lords as it at present exists a Second Chamber constituted on a popular instead of a hereditary basis." Unmittelbar nachher und noch während des ersten Weltkrieges im Brennpunkt der öffentlichen Diskussion stehend, ist es nach einer Generation um das Problem still geworden. Dafür gibt es gewichtige Gründe: Für die praktischen Engländer mit ihrem institutionellen Beharrungsvermögen hat sich die seinerzeitige Notlösung als einigermaßen brauchbar erwiesen. Was sich durch die beiden *Parliament Acts* ergeben hatte, war, daß das Oberhaus keinen ernstlichen Schaden im politischen Betrieb anrichten und ihm sogar einigermaßen nützlich sein kann. Und überhaupt hatte man Wichtigeres zu tun.

Nach dem Vorgang der Bryce-Konferenz von 1917/18 muß bei einer Reform des Oberhauses an sich zwischen der Zusammensetzung und den Zuständigkeiten unterschieden werden, obwohl die beiden Materien in gegenseitiger Abhängigkeit stehen. Hinsichtlich der Zusammensetzung der Lordskammer behandelte die Bryce-Konferenz die verschiedenen Alternativen zur Erzielung einer mehr dem Volkswillen entsprechenden Mitgliedschaft, nämlich: Ernennung durch die Regierung, unmittelbare Wahl durch das Volk, mittelbare Wahl durch die örtlichen Vertretungskörperschaften, durch einen gemeinsamen Ausschuß beider Häuser und durch das Unterhaus selbst. Für alle diese Modalitäten finden sich Beispiele in der zeitgenössischen Verfassungspraxis[1]. Die Konferenz selbst, verständlicherweise allem theoretischen Radikalismus abhold, schlug die Bestellung von 246 Mitgliedern vor, welche von regional gebildeten Abgeordnetengruppen des Unterhauses gewählt werden sollten; weitere 81 wären durch einen gemeinsamen Ausschuß beider Häuser zu wählen. Beide Kategorien wären mit einem zwölfjährigen Mandat auszustatten. Dazu sollten schließlich noch die erforderlichen gerichtlichen Mitglieder treten. Was die Zuständigkeiten einer so reformierten Kammer anbelangt, so stellte sich die Konferenz auf den Boden der vollzogenen Tatsachen. Das neue *House of Lords* sollte an politischem Gewicht dem Unterhaus nachstehen und seine oberste Aufgabe in der Respektierung des Volkswillens sehen.

Dem Plan wurde nicht Folge geleistet. Als Labour anstelle der Liberalen die Alternierungspartei geworden war, war erst recht kein Fortschritt zu erzielen. Auch die nach bald dreißig Jahren einberufene Konferenz der Parteiführer, die sich (1947/48) über die Novelle zum Gesetz von 1911 schlüssig werden wollte, konnte in ihrem Bericht keine Einigung erzielen (Cd. 7380/1948). Unter den von ihr erörterten Vorschlägen befanden sich die folgenden: Auch ein reformiertes Oberhaus soll sich mit der Rolle am zweiten Pult begnügen und als Ergänzung, nicht aber als Konkurrenz des Unterhauses fungieren. Die Umbildung in eine echte

---

[1] Siehe Karl Loewenstein, *Verfassungslehre*, S. 181ff. Tübingen 1959.

zweite Kammer sei daher untunlich. Statt auf erbliche Peers beschränkt zu sein, solle die Mitgliedschaft auf öffentlichem Verdienst beruhen; Mitglieder mit dem Titel *Lords of Parliament* würden von der Regierung aus den Reihen der erblichen Peers sowie aus den Commoners auf Lebenszeit ernannt werden. Es soll Vorsorge dafür getroffen werden, daß die Mehrheit nicht dauernd aus den Anhängern einer einzelnen politischen Partei besteht. Mitglieder des reformierten Oberhauses sollen Diäten beziehen. Erbliche Peers sollen zum Unterhaus wählbar sein und auch das aktive Wahlrecht besitzen. Frauen seien ebenso mitgliedschaftsbefähigt wie Männer. Weiter wurden Bestimmungen in Aussicht genommen, die ein Oberhausmitglied disqualifizieren, wenn es seine Pflichten vernachlässigt oder sonst amtsunfähig geworden ist.

Diese Vorschläge waren an sich sehr maßvoll; sie ließen die erbliche Peerage als Würde bestehen, nahmen ihr aber den politischen Einfluß und ließen auch die Mitgliedschaft befähigter erblicher Peers zu, derer es zu allen Zeiten gegeben hat und auch heute noch gibt. Einige der Vorschläge — die Ernennung von lebenslänglichen Peers, die Gleichberechtigung der Geschlechter und das Recht auf Verzicht auf die Peerswürde, um sich für das Unterhaus aufstellen zu lassen —, wurden in der Folgezeit von der konservativen Regierung Macmillan im *Life Peerages Act* von 1958 und im *Peerage Act* von 1963 verwirklicht, womit allerdings der Hauptmißstand, nämlich die überwältigende Mehrheit der erblichen Peers und ihre ebenso überwältigende konservative Parteieinstellung, nicht angetastet wurde. Da aber eine Einigung über die Vetobefugnisse des Oberhauses nicht erzielt werden konnte, wurde die Novelle zum *Parliament Act* von 1911 über den Widerstand der Lords nach Maßgabe des *Parliament Act* von 1949 Gesetz.

Die jüngsten Maßnahmen zur Modernisierung des Oberhauses kamen ohne aktive Mitwirkung der Labour-Opposition zustande, da diese von bloßen Schönheitsreparaturen an einem ihr völlig veraltet erscheinenden Bauwerk nichts und einen völligen Neubau für angezeigt hält. Welcher Architektur er zu folgen hätte, ob Wirtschaftsparlament, bloße Revisionskammer oder was sonst, bleibt einstweilen offen.

Die Reform des Oberhauses steht also derzeit auf einem toten Gleis. Daß sie in absehbarer Zeit wieder in den Verkehr gebracht werden wird, ist unwahrscheinlich. Eine siegreiche Labour-Partei könnte nicht zu einer grundlegenden Reform schreiten, ohne dafür bei der vorangegangenen Generalwahl ein Volksmandat erhalten zu haben. Dies war bei den Wahlen von 1964 und 1966 nicht im entferntesten der Fall. Labour und das Land im ganzen haben an dem einst so brennenden Problem das Interesse verloren. Die Lords haben sich bisher gehütet, dem Programm der Labour-Regierung irgendwelche ernstlichen Schwierigkeiten zu machen; denn Prime Minister Wilson gab sowohl außerhalb wie innerhalb der Commons unmißverständlich bekannt (27. März und 13. April 1965), er werde, falls sein Programm auf Obstruktion von seiten der Lords stieße, vor die Wählerschaft mit einem Mandat zur völligen Abschaffung des Vetos gehen, und eine bessere Auflösungsparole könnte sich Labour gar nicht wünschen[1].

In seiner gegenwärtigen machtbeschnittenen Stellung ist das *House of Lords* kein ernsthaftes Hemmnis für den politischen Betrieb. Nicht mehr in der Lage, sich dem in den Commons kristallisierten Volkswillen über eine Zeitspanne von mehr als einem Jahr zu widersetzen, leistet es überdies auch bei reduzierten Kompetenzen im großen Ganzen nützliche Arbeit. Es wird also mit der Reform des Oberhauses einstweilen — und das einstweilen mag in Großbritannien eine Generation und mehr dauern — alles beim alten bleiben.

Elftes Kapitel

Die parlamentarischen Privilegien

Der in diesem Kapitel zu behandelnden Materie wird in den Lehrbüchern des britischen Verfassungsrechts und den politikwissenschaftlichen Darstellungen des Parlamentsbetriebs eine Bedeutung eingeräumt, die dem auswärtigen Betrachter unverhältnismäßig erscheinen muß. Vom nationalbritischen Standpunkt aus mag dies gerechtfertigt sein; denn der in jahrhundertelangen Kämpfen errungene Schutz des Parlaments und seiner Mitglieder gegen die Regierungswillkür war für die politische Freiheit der westlichen Welt bahnbrechend. Die nachfolgende Darstellung sieht sich aber veranlaßt, den Stoff auf die ihm heute im Rahmen der konstitutionellen Demokratie angemessenen Dimensionen zurückzuführen. In der Praxis im großen und ganzen den üblichen parlamentarischen Immunitäten entsprechend, sind die parlamentarischen Privilegien heute von verhältnismäßig untergeordneter Bedeutung, weil allgemein anerkannt, und praktisch nur selten streitig. Was aber in

[1] In der Tat befleißigte sich das Oberhaus in der Session 1964/65 einer außerordentlichen Zurückhaltung gegenüber den Commons. Soweit ersichtlich, kam es überhaupt nur dreimal zu Regierungsniederlagen — bei der *War Damage Bill* (siehe unten S. 521), der *Trade Disputes Bill* und bei einem Amendment zur *Law Commission Bill* — und zwar jedesmal nur im *Committee*, wo es nicht entscheidend war. Ein am 14. April 1964 vom Labour-Abgeordneten William Hamilton eingebrachter Antrag zur völligen Abschaffung des Oberhausvetos kam erwartungsgemäß nicht zur zweiten Lesung.

Großbritannien unter den Parlamentsprivilegien herkömmlich verstanden wird, umfaßt auch einen Bereich selbständiger Jurisdiktionsgewalt des Parlaments, die in anderen Ländern, von den Dominions vielleicht abgesehen, kein Gegenstück hat. Nachfolgend werden die Privilegien des Unterhauses in den Mittelpunkt gestellt, ergänzt, soweit erforderlich, durch diejenigen der Lords.

I. Die Rechtsnatur der Parlamentsprivilegien

Im weitesten Sinn des Begriffs umschreiben die Parlamentsprivilegien die Stellung des Parlaments im Verhältnis zur Krone, zu den Gerichten, zur Öffentlichkeit und, allerdings in einem eingeschränkteren Sinn, auch diejenige der beiden Häuser zueinander. Die Materie ist, mit Ausnahme der letzteren Beziehung und einiger Einzelaspekte, nicht statutarisch geregelt, sondern beruht auf dem zum Gewohnheitsrecht gewordenen parlamentarischen Herkommen (*custom*). Sachlich umfassen die Privilegien sowohl die eigentlichen Immunitäten, die sich im Laufe der Zeit gebildet haben, um Unabhängigkeit und Entscheidungsfreiheit der Parlamentsmitglieder gegenüber den Einwirkungen anderer Machtträger zu schützen, als auch das Recht jedes der beiden Häuser, souverän über seine interne Organisation und Geschäftsordnung zu bestimmen. Darüber hinaus ist aber in den Privilegien auch das Recht mitinbegriffen, durch geeignete Maßnahmen Dritten gegenüber die Würde und das Prestige des Parlaments zu wahren. In diesem Sinn reichen die britischen Parlamentsprivilegien weiter als die üblichen Immunitäten der konstitutionellen Demokratie. Innerhalb der allgemeinen Kategorie müssen weiter die Kollektivrechte des Parlaments von denen der einzelnen Parlamentsmitglieder unterschieden werden.

Nach Herkommen wird der Anspruch auf die Gewährleistung der "*ancient and undoubted privileges*" der Commons durch die Krone von ihrem Speaker anläßlich der Eröffnung einer jeden Parlamentssession formell geltend gemacht und vom *Lord Chancellor* im Namen des Monarchen jeweils anerkannt. Diese Privilegien umfassen nach Herkommen: Redefreiheit der Parlamentsmitglieder innerhalb des Parlaments; Immunität gegen Inhaftnahme während der Sitzungsperiode; Zugang zur Krone, der kollektiv durch den Speaker ausgeübt wird und schließlich, daß die Krone den Verhandlungen des Parlaments durch „wohlwollende Auslegung“ (*construction*) keine Hindernisse in den Weg legen wird[1].

[1] Letztere Bestimmung, aus dem politischen Klima der Tudorzeit verständlich, ist heute bedeutungslos.

Die Rechtsnatur der parlamentarischen Privilegien leitet sich aus dem *common law* ab. Sie gelten seit alters, wie schon von Coke ausgesprochen (4 Inst. 15), als wesentliches Attribut des Parlaments in seiner Eigenschaft als *High Court* und sind daher der alleinigen Entscheidung durch das betreffende Haus selbst unterstellt, also der Jurisdiktion der ordentlichen Gerichte entzogen. Aus diesem Vorhandensein zweier voneinander unabhängiger Jurisdiktionskreise sind allerdings im Laufe der Zeit erhebliche Kontroversen mit den Gerichten entstanden. Letztere enthalten sich zwar der Einmischung, soweit es sich um den inneren Betrieb handelt, lassen aber die Neubegründung eines Privilegs durch das Parlament nicht zu und sind auch, neuerdings zunehmend, einer Ausdehnung des Privilegienanspruchs des Unterhauses auf den Bürger abgeneigt[1].

Man zieht manchmal eine Parallele zwischen der *royal prerogative* und den Parlamentsprivilegien, indem beide im *common law* begründet sind und beide nicht justiziabel sind. In beiden Fällen erkennen die Gerichte das Vorliegen einer speziellen Handlungsfreiheit an und beschränken sich darauf, sie innerhalb der herkömmlichen Grenzen zu halten. Aber während die königlichen Prärogative in ihrer Auswirkung auf die Bürger gerichtlich erzwingbar ist, ist dies bei den parlamentarischen Privilegien nicht der Fall, da sie von jedem Haus unmittelbar und ohne Zwischenschaltung der Gerichte durch seine eigenen Funktionäre erzwungen werden. Es wird ferner angeführt, daß auch eine gewisse Ähnlichkeit zwischen den Parlamentsprivilegien und den Konventionalregeln bestehe, weil beide sich der Justiziabilität durch die ordentlichen Gerichte entziehen. Aber mit dem Vergleich ist nicht viel gedient. Denn die Konventionalregeln beziehen sich ausschließlich auf die politische Dynamik, was sicherlich nicht bei allen Parlamentsprivilegien der Fall ist. Außerdem ist für die Konventionalregel typisch, daß sie grundsätzlich einstweilig gilt, das heißt sie gilt nur solange, als nicht infolge veränderter Umstände an ihre Stelle eine andere getreten ist. Die Parlamentsprivilegien dagegen gelten ein für allemal; das Parlament kann zwar entscheiden, ob sie in einem bestimmten Fall zur Anwendung kommen, aber es kann nicht ihren bisherigen Inhalt durch einen anderen ersetzen. Die Gerichte können entscheiden, ob ein in Anspruch genommenes Privileg als solches existiert, und das ist gerade bei den Konventionalregeln ausgeschlossen. Was schließlich die Quellen der Parlamentsprivilegien anbelangt, so sind diese die in den Sitzungsprotokollen niedergelegte parlamentarische Erfahrung selbst und die dabei entstehenden Präjudizien; andererseits sind aber gewisse Privilegien, wie die Redefreiheit und die Verfahrensautonomie des Parlaments, auch statutarisch, etwa in der *Bill of Rights* niedergelegt.

---

[1] Siehe unten S. 283ff.

II. Die Parlamentsprivilegien im einzelnen

1. Geschäftsordnungs- und Betriebsautonomie

Zu den die parlamentarische Autonomie angehenden Privilegien, die vom Speaker bei Sessionseröffnung nicht in Anspruch genommen werden, aber deswegen als nicht weniger fest etabliert gelten, gehören das Recht der Commons, über ihre eigene Zusammensetzung zu bestimmen, über alle Vorgänge innerhalb des Hauses souverän zu entscheiden, Mitglieder und Fremde wegen Privilegienbruchs zur Verantwortung zu ziehen, das Recht zur Erhebung der Staatsanklage (*impeachment*) — heute obsolet geworden —[1] und schließlich, heute am wichtigsten, die Kontrolle über die Finanzgebarung einschließlich des Rechts der Einbringung (Initiative) von Finanzvorlagen im Unterhaus[2].

a) Entscheidung über die Mitgliedschaft

Die Betriebsautonomie des Unterhauses besteht hauptsächlich darin, daß das Haus völlig frei ist, seine eigene Geschäftsordnung zu bestimmen und — dies jedoch im Rahmen der darauf bezüglichen Gesetzgebung — über die Zusammensetzung seiner Mitgliedschaft zu entscheiden. Im einzelnen umfaßt die interne Autonomie der Commons die folgenden praktischen Anwendungsfälle: a) Die Veranstaltung von Neuwahlen bei erledigten Mandaten außerhalb der Generalwahlen; in diesem Fall erläßt der Speaker einen Befehl (*warrant*) zum Erlaß eines Wahlausschreibens (*writ*). Ist das Haus in Sitzung, geht die Ermächtigung dazu von ihm aus, ist dies nicht der Fall, handelt der Speaker nach Maßgabe der Wahlgesetze. b) Entscheidung von Wahlstreitigkeiten: Wie früher bereits ausgeführt[3] sind Wahlstreitigkeiten, unter formeller Wahrung des Parlamentsprivilegs, nunmehr seit dem einschlägigen Gesetz (*Parliamentary Elections Act von 1868* [31 & 32 Vict., c. 125]) den *Election Courts* übertragen. Andererseits hat sich das Haus das Recht der Entscheidung vorbehalten, ob eine sonst ordnungsgemäß gewählte Person gesetzlich zur Sitzeinnahme berechtigt ist, beispielsweise etwa, ob ihr als Peer nicht die Wählbarkeit versagt ist. In solchen Fällen wird die Sitzeinnahme verweigert oder der Sitz entzogen und es muß eine Neuwahl dafür ausgeschrieben werden[4]. Verschieden davon aber ist die den Commons

---

[1] Siehe Bd. II, S. 4.

[2] Siehe unten S. 345ff.

[3] Siehe oben S. 120.

[4] Ein neuerer Fall ist *Re McManaway* ([1951] [A. C. 161] [P. C.]), wo es sich um die Wählbarkeitsberechtigung eines Geistlichen der Kirche von Irland gehandelt hatte. Da die Commons sich über die sehr verwickelte Rechtslage nicht im klaren waren, wurde die Entscheidung an das *Judicial Committee of the Privy Council* verwiesen.

überlassene Entscheidung, ob ein an sich legal gewähltes Mitglied der Mitgliedschaft auch für würdig befunden wird. In der Regel macht sich das Unterhaus darüber schlüssig, wenn es von den Gerichten von der Verurteilung eines Mitglieds wegen eines Vergehens (*misdemeanour*) verständigt worden ist. In solchen Fällen kann zum Ausschluß (*expulsion*) geschritten werden, der aber die Wiederwahl des Betreffenden nicht hindert, wie es in dem berühmten Fall von John Wilkes im 18. Jahrhundert (1769—1774) nicht weniger als dreimal geschehen ist, bis das Unterhaus nachgeben mußte.

b) Autonomie in Fragen des internen Geschäftsbetriebs

In der Frage der Festlegung seiner eigenen internen Betriebsregelung ist das Unterhaus völlig souverän; weder die Regierung noch die Gerichte können darauf Einfluß ausüben. Der Schlüsselfall ist *Bradlaugh v. Gossett* ([1884] [12 Q. B. D. 271])[1].

c) Maßnahmen der Commons gegen Privilegienbruch

Jedes Haus ist berechtigt, seine Privilegien zu schützen und diejenigen, die sie verletzen, gleichgültig ob Mitglieder oder Nicht-Mitglieder, wegen eines Bruchs zur Verantwortung zu ziehen. Es muß sich dabei immer um konkrete Privilegien handeln. Andererseits erstreckt sich die Strafgewalt auch auf Handlungen, die die Würde des Hauses durch Mißachtung (*contempt*) verletzen; diese Tatbestände lassen sich, wie es auch bei der Mißachtung der Gerichte der Fall ist, nicht im einzelnen aufzählen. Bei den letzteren wird in den meisten Fällen auf Präjudizien zurückgegriffen; dies ist aber nicht notwendig und der Tatbestand der Mißachtung kann auch neu begründet werden. Die Grenzlinie zwischen den beiden Tatbeständen, der Privilegienverletzung und der Mißachtung, ist allerdings nicht immer leicht zu ziehen. Die Entscheidung erfolgt durch das Haus selbst nach Vorbehandlung durch sein *Committee of Privileges*. Ebenso wie bei Mißachtung der Gerichte ist weder die mangelnde Absicht der Mißachtung noch die Wahrheit etwa dabei gebrauchter Worte entlastend. Das Recht des Parlaments, Verletzung seiner Privilegien und Mißachtung zu ahnden, hat seit dem sechzehnten Jahrhundert unangefochten be-

[1] Hier hatte es sich um einen ordnungsgemäß gewählten Atheisten gehandelt, der sich weigerte, den Eid zu leisten und daraufhin vom *Serjeant-at-Arms* am Betreten des Hauses verhindert worden war. Der um eine einstweilige Verfügung angegangene *High Court* lehnte den Antrag ab, da interne Vorgänge des Hauses für die Gerichte nicht justiziabel sind. In ähnlicher Weise lehnte es das Gericht (in diesem Fall der *Chief Metropolitan Magistrate* und der *Divisional Court*) ab, die Küchenkommission des Unterhauses wegen Verletzung der Bestimmungen gegen den Alkoholausschank in Anspruch zu nehmen (*R. v. Graham Canpbell ex. p. Herbert* [1935]) [1 K. B. 594].

standen und ist letztlich ein Ausfluß des Charakters des Parlaments als eines Gerichts (*High Court of Parliament*).

Derartige Fälle sind niemals ganz selten gewesen, da das Parlament hier sehr empfindlich ist, was wiederum sich in seinem unbestrittenen Prestige als Institution ausdrückt. Neuerdings sind einschlägige Fälle eher häufiger geworden, was mit dem gesteigerten Einfluß der Kommunikationsmedien, vor allem der Presse, auf die Öffentlichkeit zusammenhängt. Aus der reichen Kasuistik mögen die folgenden Beispiele Erwähnung finden: Ungebührliches Benehmen von „Fremden" (*strangers*) in Gegenwart eines der beiden Häuser; Mißbrauch des Petitionsrechts durch Vorbringen falscher oder verleumderischer Angaben; schriftliche oder mündliche Äußerungen außerhalb des Parlaments, die seiner Würde Abbruch zu tun geeignet sind; dies gilt für Mitglieder wie für Nicht-Mitglieder; Veröffentlichung unwahrer oder entstellter Berichte über die Vorgänge innerhalb des Parlaments; Vorladung eines Mitglieds als Zeuge oder Geschworener, wenn die Zustellung innerhalb des Hauses erfolgt[1]; Verhaftung eines Mitglieds innerhalb der gesetzlichen Immunitätsfristen, außer wenn es ein Verbrechen begeht, in welchem Fall es nicht anders als jeder Bürger behandelt wird; Bestechung oder Versuch dazu; Einschüchterung eines MP, um ihn zu einer bestimmten Stellungnahme hinsichtlich seiner parlamentarischen Aufgaben zu veranlassen[2], eine Vorkehrung, welche die Rolle der *pressure groups* und *lobbies* in Großbritannien in weit engeren Grenzen hielt als in den meisten anderen Ländern; und schließlich alle Handlungen, welche als eine Obstruktion der Beamten des Parlaments in der Ausübung ihrer amtlichen Pflichten angesehen werden[3]. In letzter Zeit haben sich Handlungen, die als Privilegienbrüche angesehen werden, insbesondere bei Journalisten, vermehrt,

---

[1] Erfolgt die Ladung außerhalb des Hauses, so erteilt dieses in der Praxis immer eine Beurlaubung, um dem Mitglied die Zeugenaussage zu ermöglichen.

[2] Als anläßlich der Beratung des Gesetzentwurfes über Aufhetzung zum Rassenhaß (*Racial Discrimination and Incitement*) (1965) einige Mitglieder Briefe aus faschistischen Kreisen erhalten hatten, die sie mit dem Tod bedrohten, wenn sie für das Gesetz stimmen würden, hielt es das Unterhaus für unter seiner Würde, gegen die Briefschreiber wegen Privilegienbruchs einzuschreiten.

[3] Die Praxis mag an den neueren Fällen *Allighan* [1947] [H.C. Pap. 138]) und *Walkden* (443 H.C. Deb. 5s, 1200—1231) erläutert werden. Ein Labour-Abgeordneter hatte in der Presse geschrieben, vertrauliche Informationen über Sitzungen der *Parliamentary Labour Party* seien von Teilnehmern teils für Geld, teils unter dem Einfluß von Alkohol an die Presse gelangt. Es stellte sich heraus, daß die Schuldigen niemand anders als der Schreiber Allighan selbst und ein Kollege namens Walkden waren. Allighan wurde nach Verhandlung vor dem *Committee of Privileges* wegen unehrenhaften Verhaltens von den Commons ausgeschlossen und verlor den Sitz, Walkden kam mit einer Mißbilligung (*reprimand*) davon; der Herausgeber der Zeitung wurde vor die Bar des Hauses zitiert und erhielt, nachdem er sich entschuldigt hatte, die gleiche Mißbilligung.

konnten aber meist durch formelle Entschuldigung vor den Commons ausgeglichen werden. Selbst Programme der *British Broadcasting Corporation* und politische Karikaturen sind unter Feuer genommen worden.

Das Verfahren einer Beschwerde wegen Bruchs der Parlamentsprivilegien ist neuerdings (1959) einigermaßen elastischer gestaltet worden, indem anstelle der sofortigen Erhebung der Beschwerde bei Beginn der Sitzung nunmehr dazu eine Frist von 24 Stunden gewährt wird. Die Entscheidung, ob ein *prima facie*-Fall vorliegt, steht dem Speaker zu, der die Angelegenheit dann dem *Committee of Privileges* überweist. Dieses kann Zeugen vernehmen und berichtet dann an das Haus, das seinerseits in freier Abstimmung darüber entscheidet.

Ein amerikanischer Beobachter, der an die Robustheit gewöhnt ist, mit der die Tagespresse andauernd mit dem Kongreß im ganzen und einzelnen ihr mißliebigen Mitgliedern desselben umgeht, wird darin wohl die Möglichkeit einer Begrenzung der Pressefreiheit erblicken. Für den Briten sind solch weitgehende Abschirmungen der parlamentarischen Funktion gegen bösartige oder entstellende Kritik durchaus akzeptabel. Was die Pressefreiheit angeblich verlieren mag, gewinnen der Ton und die Atmosphäre der öffentlichen Meinung. Keinem Engländer würde es beikommen, von seinem Parlament als einer „Schwatzbude“ oder in ähnlich despektierlicher Weise öffentlich zu sprechen.

Es gibt allerdings eine Kehrseite der Medaille, auf die man neuerdings aufmerksam wird. Die Furcht vor einem Privilegienbruch legt den Parlamentsmitgliedern zwar eine begrüßenswerte Zurückhaltung bei ihren inner- und außerparlamentarischen Äußerungen auf, kann aber auch zu einer unerwünschten Behinderung der Meinungsfreiheit und damit des legitimen politischen Kampfes führen, wie aus einer ganzen Reihe von jüngsten Zwischenfällen ersichtlich ist, bei denen selbst führende Mitglieder beider Parteien unter die Räder kamen[1]. Angesichts der in unserer

---

[1] George Brown, der stellvertretende Prime Minister und *Chief Secretary* und damit der Zweitkommandierende der Labour-Partei, hatte (Februar 1965), durch einen Zwischenruf gereizt, in einer Versammlung gesagt, die Regierung von Neville Chamberlain sei letztlich für Auschwitz und die Judenvernichtung verantwortlich gewesen; auf Protest von siebzig Tory-MPs über diese „monströse Beleidigung“ mußte er sich vor dem Haus zu einer demütigen Abbitte bequemen und konnte dadurch die formelle Behandlung der Beschwerde durch das *Committee of Privileges* vermeiden. Seinem Kollegen, dem Schatzkanzler James Callaghan, gelang dies aber nicht, als er, gleichfalls in einer Versammlung, von einigen konservativen Parlamentsmitgliedern, jedoch ohne sie zu nennen, als den Vertretern von gewissen finanziellen Sonderinteressen sprach. Obwohl er vor dem Unterhaus zerknirscht beteuerte, er habe damit der Würde des Hauses keineswegs zu nahe treten wollen, ging der Fall an das *Committee of Privileges.* Eine ganze Gruppe von Labour-MPs beschloß daraufhin, das bestehende System *ad absurdum* zu führen, indem sie die beanstandeten Äußerungen des Schatzkanzlers am Wochenende wortgetreu in der Öffentlichkeit wiederholten, in der durchaus zutreffenden Annahme, das Haus werde nicht

Zeit sich überall verschärfenden politischen Gegensätze muß also mit einer Vermehrung der offensichtlichen Konflikte zwischen Meinungs- und Pressefreiheit und der traditionellen Wahrung der Parlamentsprivilegien gerechnet werden. Der Einsetzung einer *Royal Commission* oder eines anderen neutralen Ausschusses zur Untersuchung des Gesamtproblems der parlamentarischen Privilegien und zu ihrer eventuellen Reform wäre also durchaus das Wort zu reden.

d) Disziplinargewalt der Commons

Nach dem Gesagten ergibt sich, daß die Commons eine Disziplinargewalt über ihre Mitglieder wie über Nicht-Mitglieder — „Fremde" — ausüben. Vorbemerkt sei, daß das Unterhaus die in kontinentalen Parlamenten übliche Form der Mißbilligung durch den Ordnungsruf nicht kennt. An seine Stelle tritt, hat ein Mitglied sich in der Hitze des Gefechts im Ausdruck vergriffen, die Aufforderung des Speakers, den Ausdruck zurückzuziehen. Da das Unterhaus ein Klub ist, in welchem sich die Klubmitglieder gegenseitig Achtung entgegenbringen, wird nur in ganz seltenen Ausnahmefällen der Aufforderung keine Folge gegeben. Die Mutter der Parlamente ist sicherlich auch das höflichste und der Ausdruck der „parlamentarischen Redeweise" stellt eben auf die englischen Gebräuche ab.

Die mildesten Formen der Disziplinarmaßnahmen sind die Ermahnung (*admonition*) und die Mißbilligung (*reprimand*), die vom Speaker ausgesprochen werden, wobei ein Mitglied sie stehend an seinem Platz, ein Fremder an der Bar des Hauses entgegenzunehmen hat. Eine schärfere Form der Mißbilligung ist die Namensnennung eines Mitglieds, das sonst in der Debatte immer mit seinem Wahlkreis identifiziert und nicht persönlich angesprochen wird. Sie gilt als wesentliche Prestigeeinbuße. Ferner kann ein Mitglied von der Sitzung oder von den Sitzungen überhaupt auf eine bestimmte Zeit ausgeschlossen werden (*suspension*). Der dauernde Ausschluß eines Mitglieds (*expulsion*) kann wegen mangelnder persönlicher Eignung verfügt werden; er ist naturgemäß selten und zieht nicht nur den Verlust des Sitzes nach sich, sondern bedeutet in der Regel

---

gleichzeitig gegen einige zwanzig seiner Mitglieder wegen Privilegienbruchs vorgehen. — Als der damalige konservative Minister für Wissenschaft, Quintin Hogg, den Mitgliedern der Oppositionspartei Zuneigung zu „subversiven Betätigungen" unterstellte, erhielt er vom *Committee of Privileges* unter dem Gesichtspunkt der Meinungsfreiheit Absolution, hatte sich aber außerdem in aller Form entschuldigt. Ein Labour-Abgeordneter beschwerte sich (Februar 1965) darüber, daß ihm die angesehene Zeitschrift *The Spectator*, dessen Herausgeber der führende konservative Politiker Iain Macleod war, unterstellt hatte — was durchaus der Wahrheit entsprach —, er habe bei einer Reise nach Nord-Vietnam kommunistische Gastfreundschaft genossen; der Beschwerdeführer hielt dies für eine Anzweiflung seiner parlamentarischen Integrität.

auch eine solche Prestigeeinbuße, daß der so Gemaßregelte bei der Wählerschaft das Gesicht verliert und sich nicht mehr aufstellen läßt. Schließlich kann das Unterhaus auch einem Mitglied oder einem Dritten wegen *contempt* eine Gefängnisstrafe zudiktieren — was heute wohl kaum mehr vorkommen wird —; die Einsperrung darf aber nicht über die Dauer der laufenden Session hinausgehen. Geldstrafen wurden von den Commons seit 1666 (*White's*-Fall [3 Burr. 1335]) nicht mehr auferlegt und es ist zweifelhaft, ob es noch zulässig ist, da das Unterhaus selbst kein vollwertiges Gericht (*court of record*) ist.

Alle diese Zuständigkeiten der Commons mögen dem ausländischen Betrachter seltsam und sogar anachronistisch und den Rechtsstaat abwertend anmuten. Das mag wohl sein, aber ist es nicht zuletzt ihnen zuzuschreiben, daß das Parlament und vor allem das Unterhaus nach wie vor ein außerordentliches nationales Ansehen genießt, das den in anderen Ländern so häufigen grundsätzlichen „Antiparlamentarismus" nicht aufkommen läßt und dem Parlament eine in anderen Ländern, die Vereinigten Staaten nicht ausgenommen, unvergleichliche Dignität verleiht; sie ist ihm, wie hinzugefügt werden muß, trotz seiner stark verminderten Bedeutung im politischen Prozeß voll verblieben.

2. Die Rede- und Debattierfreiheit

Die innerhalb des Parlaments schlechthin unbegrenzte Rede- und Debattierfreiheit, vorbehaltlich einer Verletzung der üblichen Anstandspflichten in der Ausdrucksweise, ist heute im Grund das hauptsächliche Parlamentsprivileg. Uns Zeitgenossen mag dies als selbstverständlich erscheinen, weil es ein „Parlament" ohne volle Redefreiheit begrifflich nicht geben kann. Erfahrungen in den „Parlamenten" der autoritären oder totalitären Regime können diese Grundtatsache einer freien Gesellschaft nur verstärkt haben. Die Engländer sind aber auch hier wie in so zahlreichen anderen Fällen die geschichtlichen Bahnbrecher gewesen und um die Erringung der uns heute selbstverständlichen Freiheit der Meinungsäußerung im Parlament haben sich in der Vergangenheit die heftigsten politischen Kämpfe abgespielt.

a) Geschichtliches

Redefreiheit in dem Sinn, daß sich die Commons mit jeder ihnen gut dünkenden Angelegenheit beschäftigen könnten, bestand schon im ausgehenden Mittelalter und wurde auch von der Krone seit Henry IV. anerkannt (*Haxey's*-Fall [1397])[1]. Unter dem Regime der autoritären

[1] Rot. Parl. III, 434. Der Fall betraf Sir Thomas Haxey, der, Geistlicher und langjähriger Kronbeamter, zwar nicht den Commons als Mitglied angehörte, dort aber eine Bill (*petition*) angeregt hatte, die neben anderen, an sich staatsrechtlich

Tudors war es mit der parlamentarischen Debattierfreiheit weniger gut bestellt. Es erging zwar der *Privilege of Parliament Act* von 1512 (4 Hen.8, c. 8) (der sog. *Strode's Act*), der alle Mitglieder des damaligen und der folgenden Parlamente von allen Anklagen und Verfolgungen wegen Handlungen oder Äußerungen im Parlament freistellte; aber die Tudors und besonders Elizabeth I. unterbanden alle Ansprüche der Commons, auch solch delikate Gegenstände wie die immer prekäre Thronnachfolge oder die auswärtige Politik zu diskutieren. Da sie sich keineswegs scheute, Mitglieder wegen parlamentarischer Meinungen in den Tower zu werfen, legten sich die Commons gegenüber der mächtigen und allseits respektierten Monarchin erhebliche Zurückhaltung auf. Die Stuarts sahen sich dann im Unterhaus einer neuen Gesellschaftsschicht rebellischen Temperaments gegenüber, die sich keinen Maulkorb umbinden lassen wollte. Eine von Charles I. durchgesetzte Verhaftung und Verurteilung dreier Unterhausmitglieder wegen angeblich aufrührerischer Worte im Parlament (*R. v. Eliot, Hollis and Valentine* [3 St. Tr. 294]), bei welcher der *Strode's Act* beiseite geschoben wurde, wurde vom *House of Lords* 1668 formell aufgehoben (*Lords' Journals* XII, 223)[1]. Seither sind Eingriffe der Krone in die parlamentarische Redefreiheit nicht mehr vorgekommen. Die *Bill of Rights* von 1688 (Art. 9) schließlich entzog alle innerparlamentarischen Vorgänge gesetzlich der gerichtlichen oder irgendeiner anderen Jurisdiktion: "*that the freedom of speech and debates or proceedings in parliament ought not be impeached or questioned in any court or place out of parliament*".

b) Neuere Anwendungsfälle

Im Fall *Duncan Sandys* (1938) (H. C. Pap. 173) handelte es sich um einen Konflikt zwischen der parlamentarischen Redefreiheit und dem, was ein *Army Council* als die Erfordernisse der Staatssicherheit ansah, da sich Sandys geweigert hatte, die Informationsquellen für seine Kritik an dem Londoner Luftschutz zu enthüllen. Mitglieder des Hauses wurden

berechtigten Beschwerden verlangte, die übermäßigen Ausgaben in König Richards II. Haushalt, vor allem die Unterhaltung der vielen im Palast wohnenden Damen, sollten gekürzt werden. Die eingeschüchterten Commons gaben seinen Namen preis, worauf der wutentbrannte König ihn durch die Lords als Hochverräter verurteilen ließ, weil niemand sich anmaßen dürfe, irgend etwas zu rügen, was die königliche Person betraf. Die beiden Häuser von Henrys IV. erstem Parlament hoben das Urteil, das übrigens niemals vollstreckt worden war, als Bruch der parlamentarischen Privilegien auf.

[1] Der Fall steht im Zusammenhang mit einer der berühmtesten Episoden der englischen Revolutionsgeschichte, als nämlich am 2. März 1629 der Speaker der Commons durch einige Mitglieder am Verlassen des Stuhls gehindert worden war, bis Eliots Resolutionen über Beobachtung der parlamentarischen Rechte durch die Krone verlesen worden waren. Sir John Eliot und acht der oppositionellen Rädelsführer wurden daraufhin verhaftet.

nach dem im Anschluß daran ergangenen *Official Secrets Act* von 1939 (2 & 3 Geo. 6, c. 121) von einer Strafverfolgung für Äußerungen ausgenommen, die sie im Verfolg ihrer parlamentarischen Tätigkeit innerhalb der Commons gemacht hatten. Da über Parlamentsdebatten öffentlich berichtet werden darf, besteht somit keine Gewähr, daß das, was bestimmte Behörden als Staatsgeheimnis betrachten, nicht doch der Öffentlichkeit zugänglich gemacht wird, aber die Engländer nehmen dieses Risiko gegenüber dem schutzwürdigeren Privileg der Redefreiheit mit in Kauf, ohne daß daraus irgendwelche Nachteile erwachsen wären.

Wiederum ein grundsätzliches Problem wurde im Fall des Labour-Abgeordneten *G. R. Strauss* angeschnitten (1958), der sich in einem an den zuständigen Minister gerichteten Brief über die Verwendung von gebrauchten Kabeln durch den *London Electricity Board*, die dafür zuständige Behörde dieser nationalisierten Industrie, beschwert hatte. Die Leitung des *Board*, die den Angriff für ungerechtfertigt erachtete, was sich dann auch tatsächlich herausstellte, wollte gegen den Abgeordneten eine Verleumdungsklage (*libel*) einleiten, was dieser von den Commons als einen Bruch der Privilegien behandelt wissen wollte. Der Fall war deswegen bedeutsam, weil sachdienliche Informationen von Parlamentsmitgliedern, die an den zuständigen Minister gerichtet werden, ein wesentliches Element der den Commons obliegenden Verwaltungskontrolle darstellen. Es war außerdem eine von einer unabhängigen *public corporation* betriebene nationalisierte Industrie im Spiel, für deren Routine-Geschäftsführung, wie es die Kabelangelegenheit war, der zuständige Minister (hier derjenige für Energiewirtschaft) nicht verantwortlich ist. Der Fall wurde schließlich vom Unterhaus nach Zwischenschaltung des *Judicial Committee of the Privy Council* (*Re Parliamentary Privilege Act*, 1770 [1958] [A. C. 331]) bei einer freien Abstimmung mit nur fünf Stimmen Mehrheit dahin entschieden, daß der *London Electricity Board* und seine Anwälte keinen Privilegienbruch begangen hätten. Die schließliche Regelung — die Angelegenheit wurde fallen gelassen, nachdem der zuständige Minister eine Untersuchung durch eine unabhängige Kommission zugesagt hatte — erscheint unbefriedigend, da die *Bill of Rights* unzweideutig alle Äußerungen eines Mitglieds in seiner Eigenschaft als Mitglied, das heißt unterschiedlich von seinen Privatangelegenheiten, der unbedingten Äußerungsfreiheit unterstellt.

Wiederum anders ist die Rechtslage, wenn es sich um Mitteilungen eines Wählers an seinen Abgeordneten handelt, durch welche Beschwerden an den zuständigen Minister gelangen sollen. Zieht es der Abgeordnete vor, solche Beschwerden in eine Anfrage umzuwandeln, so sind er und der Schreiber voll gedeckt, da ihm die Enthüllung seiner Informationsquellen nicht zugemutet werden kann. Auch bei der Übermittlung an den zuständigen Minister ist er gedeckt, wenn er in gutem Glauben handelt, weil er ja unmöglich alle solche Beschwerden sachlich nachprüfen kann. Der betreffende Abgeordnete ist also bei der Verwendung solcher Informationen privilegiert, nicht aber der Schreiber selbst, der allerdings nach den allgemeinen Grundsätzen des *law of tort* (unerlaubte Handlungen) geschützt ist, wenn er sich auf *qualified privilege* beruft, das ihn deckt, wenn also die Mitteilung nicht bewußt böswillig (*maliciously*) gewesen ist. Da dies in der Mehrzahl solcher von den Wählern kommenden Informationen zutrifft, ist auch in solchen Fällen die Handlungsfreiheit des MP voll geschützt. Auch hier liegt der Kern in der wichtigen Funktion des Unterhauses, die Regierungsverwaltung unter Kontrolle zu halten. Aber die Gefahr ist nicht von der Hand zu weisen, daß bei zu weiter Ausdehnung der Redefreiheit-Privilegien gegebenenfalls die gerichtliche Jurisdiktion zu kurz kommt, wenn Parlamentsprivilegien mit dem allgemeinen Publikumsschutz kollidieren.

Die in der Geschäftsordnung enthaltenen Debattenbeschränkungen zur Erleichterung des Gesetzgebungsverfahrens[1] gelten nicht als Beeinträchtigungen der Redefreiheit. Sie ist ferner auch durch das dem Haus zustehende Recht des Ausschlusses von Fremden geschützt, eine Maßnahme, die heute kaum mehr vorkommt, und schließlich kann das Haus eine Sitzung für geheim erklären, in welchem Fall kein Mitglied bei Gefahr einer Anklage wegen *contempt* etwas über den Inhalt Dritten gegenüber verlauten lassen darf. Solche Geheimsitzungen kommen in der Regel nur in Kriegszeiten vor, wenn die Regierung dem Haus für die Öffentlichkeit nicht bestimmte Mitteilungen machen will.

c) Das Recht der Debattenveröffentlichung

Verbreitung und Zugänglichmachung der Parlamentsdebatten und Abstimmungen gelten heute als wesentliche Elemente demokratischer Teilnahme und Erziehung, wenn auch selbst in England, wo nur die seriösen Tageszeitungen sich einer ausführlichen Berichterstattung widmen, der Einfluß der Parlamentsdebatten auf die demokratische Meinungs- und Willensbildung nicht überschätzt werden darf. Es war aber keineswegs immer so. Im 17. Jahrhundert hatten die Mitglieder ein Interesse an der Geheimhaltung ihrer Debatten, um sich vor der Krone zu schützen, im 18. Jahrhundert hatte die in Westminster versammelte Honoratiorenelite das gleiche Interesse, um die Öffentlichkeit und ihre Wähler nicht allzu sehr hinter die Kulissen sehen zu lassen. Unautorisierte Auszüge, die von Parlamentsmitgliedern souffliert wurden, kamen mit dem politischen Erwachen der Öffentlichkeit auf, mit der Folge, daß die Drucker später eingesperrt oder schuldbare Mitglieder wegen Privilegienbruchs in den Tower gesetzt wurden. Erst 1835 wurde beim Neubau des Parlaments auch eine Pressetribüne eingebaut. Abstimmungslisten durften

[1] Siehe unten S. 307 ff..

seit 1836 veröffentlicht werden. Im Parlament mußten natürlich Dinge besprochen werden, die Drittpersonen außerhalb des Parlaments oft unerwünscht erscheinen mochten. Daß eine Petition, die nur den Parlamentsmitgliedern zugänglich war, auch dann privilegiert war, wenn sie Dritten zu nahetrat, war seit langem entschieden worden (*Lake v. The King* [1667] [1 Wms. Saund. 131]). Aber die berühmte Entscheidung in *Stockdale v. Hansard* ([1839] [9 A. & E. 1]) stellte fest, daß auch eine von einem der beiden Häuser autorisierte Veröffentlichung den Drucker nicht von der Verantwortung für Beleidigung oder Verleumdung freistellt, eine Situation, die natürgemäß eine wahrheitsgetreue Berichterstattung über die Vorgänge im Parlament reichlich erschwerte.

Die Unsicherheit der Rechtslage verlangte gebieterisch nach einer gesetzlichen Regelung, die nach einer Reihe von sensationellen Gerichtsverfahren schließlich im *Parliamentary Papers Act* von 1840 (3 & 4 Vict., c. 9) zustande kam. Das Gesetz, zur Zeit der beginnenden Demokratisierung der Wählerschaft erlassen, kann in seiner Bedeutung für die Ausgestaltung der konstitutionellen Demokratie kaum überschätzt werden. Gerichtliche Verfolgung (strafrechtlich wie zivilrechtlich) wird nicht zugelassen, wenn die Veröffentlichung im Auftrag des Parlaments erfolgt ist; eine eidesstattliche Versicherung oder ein amtliches Zeugnis erbringen den Beweis der Authentizität (Sektion 1). Der gleiche Schutz wird für Auszüge aus Parlamentsmaterialien gewährt, die im guten Glauben und ohne böswillige Absicht hergestellt sind (Sektion 3). Drucker und Verleger sind also durch das, was im Ehrenschutz als „absolutes Privileg" gilt, vollständig gedeckt, es sei denn, sie handelten bei der Veröffentlichung böswillig. Auch ein Parlamentsmitglied, das im guten Glauben einen Auszug aus einer Debatte für seine Wähler veröffentlicht, ist gedeckt (*Davison v. Duncan* [1887] [7 E. & B. 229]). Da es aber immer böswillige Leute geben mag, die den Veröffentlichungsschutz mißbrauchen, wird er dem entzogen, der absichtlich, um einen Dritten zu schädigen, einen zugestutzten oder aus dem Zusammenhang gerissenen Bericht wiedergibt[1]. Der gutgläubige Schutz wahrheitsgetreuer Parlamentsberichte ist also der gleiche wie bei der Veröffentlichung von Berichten über Gerichtsverhandlungen.

3. Immunität gegen Inhaftnahme

Um das parlamentarische Mandat ungestört ausüben zu können, muß ein Abgeordneter gewiß sein, daß ihn die Staatsbehörden nicht aus sachlich begründeten oder aber auch abgekarteten Gründen festnehmen und ihn dadurch daran verhindern. Dies galt bis in unsere Zeit als eine Grundmaxime des Verfassungsstaats, bis eben ihr Bruch ein beliebtes Mittel der

[1] Siehe auch Bd. II, S. 310ff. im Zusammenhang mit der Pressefreiheit.

totalitären Regime geworden ist, um sich unliebsamer Opposition zu entledigen. Die Praxis der Immunität geht in England bis auf die angelsächsischen Zeiten zurück, als die zur Teilnahme am *King's Council* Aufgebotenen vierzig Tage vor und nach der Session – eine angesichts der damaligen Reiseverhältnisse angemessene Frist – gegen Inhaftierung geschützt waren. Das Privileg wurde in zahlreichen Fällen von 1315 an bis ins 17. Jahrhundert von den Gerichten anerkannt, bis der *Privilege of Parliament Act* von 1603 (1 Ja. 1, c. 13), bezeichnenderweise zu Beginn der Stuart-Herrschaft vom Parlament erzwungen, die Bestrafung derjenigen vorsah, welche die Verhaftung eines Parlamentsmitglieds veranlassen, und auch, daß ein in Haft genommenes Unterhausmitglied auf Veranlassung des Hauses freigelassen werden müsse. In allen Ausnahmegesetzen des 18. und frühen 19. Jahrhunderts, welche die Geltung der *habeas corpus*-Gesetze zeitweilig aufhoben, war die Bestimmung enthalten, daß zur Inhaftnahme eines Parlamentsmitglieds dasjenige Haus, dem es angehörte, seine Zustimmung zu geben hätte. Aber erst in *Goudy v. Duncombe* ([1847] [1 Exch. 430]) wurde die traditionelle Vierzig-Tage-Frist vor und nach Beginn einer Session gerichtlich festgelegt. Sie gilt gleichermaßen für den Fall der Prorogation und der Auflösung des Parlaments und auch zugunsten desjenigen, der bei der Wahl seinen Sitz im früheren Parlament nicht wiedererlangte. Seitdem aber die Schuldhaft beschränkt wurde (*Debtors Act* von 1869 [32 & 33 Vict., c. 62]), hat das Problem viel von seiner Bedeutung verloren.

Das Privileg der Immunität von Inhaftnahme gilt aber nicht unbedingt und wird einigermaßen elastisch gehandhabt; es gilt nicht für Hochverrat, Verbrechen (*felony*) oder Friedensbruch. Begeht daher ein Parlamentsmitglied ein Verbrechen, so kann es verhaftet werden wie jeder andere auch, und wenn das Gericht dann dem Haus von seiner Verurteilung amtliche Mitteilung gemacht hat, wird ohne weitere Debatte der Ausschluß verfügt. Glücklicherweise gehört Gewalttätigkeit gegen Abgeordneten-Kollegen nicht zu den britischen parlamentarischen Gepflogenheiten. Da aber das Haus in einem Einzelfall jederzeit auf das Privileg verzichten kann, wird angenommen, daß es bei Begehung eines Verbrechens oder eines Friedensbruchs innerhalb des Hauses selbst nicht in Anspruch genommen werden kann[1]. Die neuere Tendenz in der Anwendung des Privilegs deutet auf seine Einengung hin; Konkursverfahren sind zulässig, ebenso Verfahren wegen *contempt of court*. Zivilklagen sind gegen Mitglieder selbstverständlich unbegrenzt zulässig.

---

[1] Unter der berühmt gewordenen *Regulation 18 B* der zu Beginn des zweiten Weltkriegs unter dem *Emergency Powers (Defence) Act* von 1939 (2 & 3 Geo. 6, c. 62) in Kraft gesetzten *Defence (General) Regulations* wurde ein Mitglied (Ramsey) auf Antrag des *Home Secretary* in Schutzhaft genommen, ohne daß darin ein Privilegienbruch gefunden wurde; er wurde erst nach dem Krieg in Freiheit gesetzt.

4. Privilegien der Lords

Hinsichtlich der den Mitgliedern des Oberhauses zustehenden Privilegien ist nicht viel hinzuzufügen. Die dem Oberhaus kollektiv zustehenden Privilegien sind: Die Entscheidung über die Rechtmäßigkeit der Kreierung einer neuen Peerage; der Schlüsselfall ist der mehrfach erwähnte *Wensleydale Peerage*-Fall ([1858] [5 H. L. C. 958]); das Recht der Ahndung wegen Privilegienbruchs oder Mißachtung des Oberhauses; die Entlassung eines verhafteten Peers durch Erlaß eines *warrant.* Das Privileg der Aburteilung eines Peers wegen Hochverrats (*treason*) oder eines Verbrechens (*felony*) ist seit 1948 erloschen[1]. Individuell sind die Peers privilegiert, indem sie nicht wegen eines Zivilanspruchs in Haft genommen werden können, was seit der Beschränkung der zivilen Schuldhaft bedeutungslos geworden ist[2]; sie genießen Redefreiheit analog den Unterhausmitgliedern. Das Recht des persönlichen Zugangs zum Monarchen mag zwar heute noch gelten, wird aber, da die Ministerverantwortlichkeit besteht, nicht mehr geltend gemacht. Bei den Commons besteht das Zugangsrecht nur als durch den Speaker auszuübender Kollektivakt. Nach heutiger Konventionalregel wird dem Souverän nur durch seine verantwortlichen Minister Rat erteilt[3].

III. Parlamentsprivilegien und die gerichtliche Zuständigkeit

Im Hinblick darauf, daß zwei gesonderte Jurisdiktionskreise bestehen, derjenige des Parlaments hinsichtlich seiner Privilegien und derjenige der ordentlichen Gerichte, denen die rechtsstaatliche Sicherung der Individualrechte obliegt, hat es im Laufe der Zeiten nicht an Jurisdiktionskonflikten zwischen ihnen gefehlt.

---

[1] Siehe Bd. II, S. 276.

[2] Eine der sehr seltenen Entscheidungen ist *Stourton v. Stourton* ([1963] [1 All E.R. 606]), welche den Beklagten, einen Peer, gegen eine gerichtliche Festnahme zur Erzwingung einer in einer Ehescheidungssache ergangenen Gerichtsanweisung mit dem Verhaftungsprivileg deckte, weil es sich um eine Zivilsache und nicht um einen *criminal contempt* handelte.

[3] Der Kuriosität halber sei angeführt, daß jeder Peer berechtigt ist (*Charter of the Forest* von 1225 [9 Henry 3]), auf der Reise zum und vom Parlament ein oder zwei Rehe im königlichen Wald umzubringen — wahrscheinlich weil er sonst verhungert wäre — und zwar ohne weiteres, wenn der königliche Förster anwesend ist; ist dies aber nicht der Fall, muß er vorher sein Horn blasen, um nicht in den Verdacht zu kommen, er eigne sich seines Königs Wild heimlich an. Die Gelehrten sind sich nicht einig, ob das Privileg heute noch zu Recht besteht. Der Verfasser konnte in jahrzehntelanger Lektüre der englischen Presse keinen derartigen Fall feststellen; er ist daher unmaßgeblich der Auffassung, das Privileg sei erloschen.

Nach englischer Gepflogenheit halten sich die ordentlichen Gerichte zurück, wenn die Commons sich mit der Verletzung eines der ihnen unstreitig zustehenden Privilegien befassen; aber sie sehen nicht nur darauf, daß die Commons kein neues Privileg in Anspruch nehmen, sondern auch darauf, ob das geltend gemachte Privileg wirklich zu Recht besteht. In der Vergangenheit trat der Gegensatz in zwei getrennten Entscheidungspaaren deutlich hervor. Zu Beginn des 18. Jahrhunderts hatte in *Ashby v. White* ([1703/04] [2 Ld. Raym. 938, daselbst 3, 320 und 14 St. Tr. 695]) ein armer Schuhmacher (mit Whig-Parteipräferenz) den Tory-Bürgermeister und den Wahlkommissar verklagt, weil sie ihm böswillig sein Wahlrecht vorenthielten. Das Gericht wies die Klage mangels Aktivlegitimation ab, da damals die Commons allein über Wahlrechtsvoraussetzungen zu entscheiden hatten. Doch hob das *House of Lords* als Revisionsinstanz das Urteil auf, wobei es außer dem Konflikt zwischen den Commons und dem Gericht auch noch zu einem solchen zwischen beiden Häusern kam. In dem gleichzeitigen und ähnlich gelagerten Fall einer böswilligen Verweigerung der Wahlrechte *R. v. Paty* ([1704] [2 Ld. Raym. 1105, 1115; 14 St. Tr. 849]) gingen die Commons so weit, daß sie die Antragsteller und nachher auch ihren Anwalt, der eine Revision an die Lordskammer beantragen wollte, einsperren ließen, und es kam wieder zu einem dreieckigen Konflikt zwischen dem Gericht, den Commons und den Lords. Königin Anne löste die Verfassungsklemme durch Prorogation des Parlaments, welche die Inhaftierten freisetzte. Die Kläger obsiegten daraufhin vor den Gerichten. Heute könnte die Entscheidung des *returning officer* vor den Gerichten (*County Court*) angefochten (*Representation of the People Act* von 1949, Sektion 45) und gegebenenfalls eine Entscheidung des *Election Court* herbeigeführt werden.

Eineinhalb Jahrhunderte später kam es wieder zu einem schweren Zusammenstoß zwischen den Commons und den Gerichten in dem früher erwähnten Fall *Stockdale v. Hansard* ([1839] [9 A. & E. 1]). Ein gewisser Stockdale hatte sich durch die Veröffentlichung eines Parlamentsberichts über Gefängnisinspektion beleidigt gefühlt und klagte vor der *Queen's Bench*. Der Bericht war auf Anweisung des Hauses vom Drucker Hansard gedruckt, der seit 1803 der inoffizielle Verleger der Debatten der Commons gewesen war, und er machte daher geltend, er sei durch das Parlamentsprivileg voll gedeckt. Das Gericht dagegen entschied für den Kläger, weil der Bericht nicht nur zum Umlauf bei den Mitgliedern innerhalb des Parlaments bestimmt, sondern auch öffentlich zum Verkauf angeboten war; es hielt dafür, daß die Commons kein neues Privileg, eben die Erlaubnis zur öffentlichen Bekanntgabe, begründen und sich auch nicht auf eine Resolution des Hauses berufen könnten, die 1837 ergangen war, wonach jeder Eingriff in ein Parlamentsprivileg als ihr Bruch angesehen würde. Anachronistisch wie die Entscheidung unzweifelhaft war, dürfte sie doch der damaligen Rechtslage entsprochen haben. Der Fall hatte einen ganzen Rattenschwanz anderer Prozesse zur Folge, unter anderem auch denjenigen gegen den *Sheriff of Middlesex* ([1840] [11 A. & E. 273]), welcher sich geweigert hatte, einem obsiegenden Urteil Stockdales gegen Hansard voll Genüge zu leisten. Die Situation führte schließlich zum Erlaß des *Parliamentary Papers Act* von 1840, der statutarisch erzielte, was die Commons durch eine bloße Resolution nicht hatten fertigbringen können, nämlich daß von nun an die Veröffentlichung der Parlamentsdebatten und -Papiere durch das Privileg gedeckt war.

Man kann sich bei der heutigen Sachlage der zwei gegebenenfalls konkurrenzierenden Jurisdiktionen eines gewissen Unbehagens nicht erwehren. Das Gebiet, auf welchem die Privilegienautonomie der Commons gegenüber dem Bürger sich auswirken kann, mag heute ein verhältnismäßig enges sein, enger jedenfalls als noch vor einem Jahrhundert, aber da es sich um die Geltendmachung der allen Bürgern zustehenden Meinungsfreiheit auch gegenüber dem sakrosankten Parlament handelt, werden delikate Probleme der Rechtsstaatlichkeit berührt. Wer strafverantwortlich die Krone angreift, wird nicht von der Krone selbst, sondern von den ordentlichen Gerichten zur Rechenschaft gezogen; wer dagegen ein Parlamentsprivileg verletzt, setzt sich einem Verfahren aus, bei dem der Ankläger gleichzeitig der Richter ist. Solche Fälle mögen jetzt selten sein; denn der Privilegienschutz des Unterhauses hat heute wohl mehr moralische als praktisch-rechtliche Bedeutung. Aber wie das *Judicial Committee of the Privy Council* im Strauss-Fall ([1958] [A. C. 331])[1] jüngst zum Ausdruck brachte, haben die britischen Bürger das unentziehbare Recht, Abhilfe gegen ihnen angetanes Unrecht bei den ordentlichen Gerichten zu suchen. Dies sollte auch dann gelten, wenn ein vom Parlament wegen Privilegienbruchs oder *contempt* in Haft Genommener von den ordentlichen Gerichten die einstweilige Freilassung unter den verschiedenen *habeas corpus*-Gesetzen verlangt. Wenn die Einsperrung wegen *contempt* erfolgte, dann versagt auch die *habeas-corpus*-Prozedur und die Gerichte sind machtlos.

Damit soll nicht gesagt werden, daß das Unterhaus von seiner gerichts-immunen Jurisdiktion einen willkürlichen Gebrauch macht, aber es könnte so sein. Dies gilt insbesondere, wenn das Haus in dem Verhalten eines Mitglieds oder auch eines Dritten eine Mißachtung erblickt, was begriffsnotwendig nicht mit einem Privilegienbruch zusammenfallen muß (*Allighan*-Fall [1947] [H. C. Pap. 138]). Bezieht sich das inkriminierte Verhalten auf den internen Geschäftsbetrieb, was wohl die Regel sein wird, so ist der *High Court* überhaupt nicht zuständig. Ebensowenig können die Gerichte tätig werden, wenn das Haus den Gegenstand

[1] Siehe oben S. 279.

oder Anlaß der Mißachtung nicht spezifiziert, weil sie die Veranlassung (*validity*) der *contempt*-Erklärung nicht nachprüfen können. Nur dann, wenn in der Erklärung des Hauses der Grund für die angenommene Mißachtung angegeben ist, können sie nachprüfen, ob der Grund rechtmäßig den Anlaß bilden kann. Die Inhaftsetzung für *contempt* ist also rein ermessensmäßig (*arbitrary*). Dem Beschwerten stehen bei Inhaftnahme durch das Parlament wegen Privilegienbruchs oder Mißachtung auch nicht die Rechtsbehelfe des *habeas corpus*-Verfahrens zur Seite. Er ist also weit schlechter gestellt als gegenüber der Exekutive.

Zweifellos haben die Parlamentsprivilegien und ihre eifersüchtigen Hüter wesentlich dazu beigetragen, das Prestige des Unterhauses auch in einer Zeit seiner abnehmenden politischen Bedeutung zu stärken und seine Autorität aufrecht zu erhalten. Man muß sich aber fragen, ob dieser veritable Anachronismus von zwei Jurisdiktionen, mit denen sich der Bürger gegebenenfalls auseinanderzusetzen hätte, nicht dadurch beseitigt werden sollte, daß das Parlament nach Analogie des *Parliamentary Papers Act* von 1840, den ihm ein rachsüchtiges Individuum mit der entsprechenden Entschlossenheit abgezwungen hatte, ein Gesetz erlassen sollte, das die strafrechtliche Verfolgung von Privilegienbrüchen insoweit an die ordentlichen Gerichte überträgt, als sie von Drittpersonen begangen sind, während es sich die Jurisdiktionshoheit über seine eigenen Mitglieder nach wie vor vorbehielte. Damit wäre dem Rechtsstaat gedient, der bei der gegenwärtigen Lage insbesondere dann zu kurz kommen kann, wenn es sich um die Pressefreiheit handelt. Die Annahme, nur das Parlament selbst könne beurteilen, ob sein Prestige und seine Autorität verletzt sind, unterschätzt die englischen Gerichte; sie sind mit viel delikateren Angelegenheiten fertig geworden.

IV. Pflichten der Parlamentsmitglieder

Ein Kapitel, das von den Privilegien oder Rechten der Parlamentsmitglieder handelt, sollte nicht abgeschlossen werden, ohne daß auch von ihren Pflichten gehandelt worden wäre. Wie steht es damit? Streng juristisch betrachtet, hat das Unterhausmitglied – vom Oberhaus gar nicht zu reden – überhaupt keine Pflichten, die erzwingbar wären. Da das Moralische sich bekanntlich von selbst versteht, wird an das dienstliche und außerdienstliche Verhalten der britischen MPs ein strenger Maßstab angelegt. Als der Schatzkanzler Hugh Dalton des Kabinetts Attlee unvorsichtig genug war, ein Detail des sorgfältigst gehüteten Geheimnisses des kommenden Budgets vor seiner öffentlichen Bekanntgabe in den Commons einem Journalisten zugänglich zu machen, mußte er unverzüglich zurücktreten. Von einem MP verlangt die Öffentlichkeit eine fleckenlos reine Weste und auch der leiseste Zweifel an seiner charakterlichen Intaktheit wird unnachsichtig geahndet. Charakteristisch hierfür waren die – heute und seit Jahrzehnten an sich äußerst seltenen – Fälle nachweisbarer oder auch nur behaupteter Korruption, wie auf verschiedenen Seiten des politischen Spektrums die Fälle des Labour-Regierungsmitglieds John Belcher (1948) und des konservativen Kriegsministers John Profumo (1963) erwiesen[1]. Es besteht keine Anwesenheitspflicht bei den Sitzungen und die Diätenzahlung ist nicht von der tatsächlichen Sitzungsteilnahme abhängig. Ebensowenig bestehen Verpflichtungen zur Kommissionsteilnahme oder zur Abstimmung. Rechtlich könnte also das MP es ebenso halten wie die überwiegende Mehrzahl der Lords, die es vorziehen, durch Abwesenheit zu glänzen und es vielfach nicht einmal der Mühe wert halten, sich durch Eingabe um einen Urlaub wenigstens eine formelle Entschuldigung für ihr Fernbleiben zu verschaffen.

An die Stelle rechtlich nicht erzwingbarer Verpflichtungen in der Mandatsausübung treten aber die gewichtigen politischen Verpflichtungen und diese sind durch die Parteidisziplin erzwingbar. Das Unterhausmitglied ist moralisch-politisch gehalten, seinen Sitz einzunehmen, an der Unterhausarbeit nach Maßgabe der Parteiweisungen teilzunehmen und sich, wiederum nach Parteiweisung, an den Abstimmungen zu beteiligen, ganz abgesehen davon, daß ein Unterhausmandat eine gesuchte soziale Auszeichnung ist, so daß mit der Würde die Bürde ohne weiteres hingenommen wird. Wer gewählt wird, kann gar nicht anders, als das Mandat ernst zu nehmen und sich dort in den Unterhausbetrieb einzufügen, wo sein Platz ist.

Und das ist keineswegs alles. Der Abgeordnete hat auch politische Verpflichtungen gegenüber seinem Wahlkreis. Bei der Technik der britischen Wahlen, die auf Persönlichkeitspräferenzen im Einerwahlkreis beruht, muß der Abgeordnete seinem Wahlkreis vollste Aufmerksamkeit und ein Gutteil seiner Zeit widmen. Recht eigentlich ist es der von ihm gepflegte persönliche Kontakt mit seinen Wählern und den Wahlkreis-Parteiinstanzen, der ihm den Treibstoff für seine parlamentarische Tätigkeit liefert und ihn vor allem in die Lage setzt, Verwaltungsbeschwerden seiner Konstituenten bei der richtigen Stelle vorzubringen;

---

[1] Ersterer war, wie sich herausstellte, zu Unrecht beschuldigt worden, von einem Spekulanten seiner Bekanntschaft Geld und Geschenke angenommen zu haben. Trotzdem eine amtliche Untersuchung der Commons ihm seine völlige Unschuld attestierte, verzichtete er auf seinen Posten in der Regierung und auf seinen Parlamentssitz. Über den Fall Profumo, der über seine sexuellen Seitensprünge seine Partei, den Prime Minister Macmillan und das Parlament belogen hatte, siehe unten S. 425.

dies kann entweder schriftlich oder durch persönliche Rücksprache mit dem zuständigen Minister und seinen Beamten oder aber durch Einreichung einer Anfrage in der nachmittäglichen Fragezeit geschehen. Allein die Innehabung des Parlamentsmandats bringt es mit sich, daß ein verantwortungsbewußter Abgeordneter – und dies gilt für die weit überwiegende Mehrheit – sich für die Gesamtwählerschaft seines Wahlkreises, gleichgültig welcher Parteifarbe, mitverantwortlich fühlt.

Solche persönlichen Kontakte zwischen Abgeordneten und Wählern sind eine alte Tradition der englischen Repräsentativtechnik. Abgeordnete unternahmen früher, als das Reisen über Land alles andere als angenehm war, häufige Reisen in den heimischen Wahlkreis, teils zur Berichterstattung in einer Zeit, wo es andere Kommunikationsmöglichkeiten nicht gab, teils um seinen Sold zu holen, den er zur Lebenshaltung in der Hauptstadt brauchte. Er brachte auch Petitionen seiner Konstituenten zurück ins Parlament. Im 18. Jahrhundert bestanden vielfach noch die Wahlversprechungen (*pledges*), vor oder nach der Wahl abgegeben, wie er sich der Interessen seines Wahlkreises anzunehmen gedächte.

Heute sind die Beziehungen zwischen dem Mandatsträger und seinem Wahlkreis weit enger geworden, als sie es früher bei den primitiven Verkehrsverhältnissen sein konnten. Da das Unterhaus Samstag und Sonntag nicht sitzt, hat er Gelegenheit zur persönlichen Fühlungnahme. Das Land, überzogen von einem dichten Eisenbahn- und Flugzeugnetz, ist räumlich klein genug, um häufige Besuche zu ermöglichen. Die Abhaltung von Sprechstunden im Wahlkreis mindestens einmal monatlich, bei vielen Abgeordneten häufiger, ist allgemein üblich und er steht seinen Konstituenten für ihre Beschwerden und Anliegen auch in London jederzeit in der dem allgemeinen Publikum zugänglichen Vorhalle *(lobby)* des Parlamentsgebäudes zur Verfügung, wovon sich dann die im modernen Gesetzgebungsbetrieb so wichtig gewordene Technik des *lobbying* – der direkten Einflußnahme von Interessenten auf das Parlamentsmitglied – abgeleitet hat. Außerdem unterhält der Abgeordnete eine umfangreiche Korrespondenz mit seinen Wählern, die ihm vorzugsweise Bitten um Hilfe oder Beschwerden vortragen. Sie führt unfehlbar zu Briefen an die zuständigen Ministerial- oder Verwaltungsstellen und dies wiederum verlangt seine persönliche Arbeit, da ihm dafür kein Büro und keine Assistenten zur Verfügung stehen. Diese persönlichen Kontakte aller Art sind allerdings eine Zweibahnstraße, da der Abgeordnete, vor allem, wenn er es sich finanziell leisten kann, sich in seinem Wahlkreis sozialen Verpflichtungen nicht entziehen kann. Diese *nursing* genannte Pflege von persönlichen Beziehungen im Wahlkreis gilt selbstverständlich nur während der Mandatsdauer und nicht für die Wahlperiode selbst, wo strenge Kontrolle der Ausgaben vorgeschrieben und geübt wird. Wiederwahl und in den mutmaßlich partei-sicheren Wahlkreisen immer wiederholte Wiederwahl[1] vertiefen das beiderseitige Vertrauensverhältnis und tragen dazu bei, es in eine echte Repräsentation umzugestalten.

In die gleiche Richtung weist die neuestens (1965) von der Regierung Wilson vorgeschlagene Errichtung des Amts eines *Parliamentary Commissioner for Administration* – die britische Version des aus Skandinavien stammenden *ombudsman*[2]: Der Unterhausabgeordnete ist gehalten, die in seinem Wahlkreis aufgetauchten Beschwerden gegen die Verwaltungshandhabung zu überprüfen und gegebenenfalls an den *Commissioner* zur materiellen Überprüfung weiterzuleiten. Das Ausmaß dieser gesetzlichen Verpflichtung läßt sich einstweilen nicht abschätzen; aber auf jeden Fall ist sie geeignet, die Beziehungen des MP zu seinem Konstituenten zu vertiefen und auch seine Arbeitslast nicht unerheblich zu vergrößern.

Dies führt schließlich zu der Frage, die angesichts des Vorhergesagten keineswegs nur eine staatsphilosophische oder -theoretische ist: Wen vertritt der Abgeordnete wirklich? Seine Wahlkreispartei, seinen Wahlkreis im ganzen, die Parlamentspartei, der er angehört, oder die Gesamtunion? Auch hier ist die juristische von der politischen Stellungnahme zu unterscheiden. Juristisch ist er souverän in dem Sinn, daß er an keine Instruktionen seiner Wähler gebunden ist; es gibt kein Imperativmandat und es hat es rechtlich auch nie gegeben. Dem 18. Jahrhundert, in welchem die Abgeordneten eine soziale und geistige Elite der Nation waren, galt der Abgeordnete als völlig von seinen Wählern gelöste autonome Persönlichkeit, wie es Edmund Burke in seiner berühmten Rede vor den Wählern von Bristol (3. November 1774) klassisch formuliert hat: "*Parliament is not a congress of ambassadors from different and hostile interests,... but parliament is a deliberative assembly of one nation, with one interest, that of the whole, where not local purposes ought to guide, but the general good, resulting from the general reason of the whole. You choose a member indeed; but when you have chosen him, he is not a member for Bristol but he is a member of parliament.*"[3]

Das 19. Jahrhundert hielt daran fest, daß der Abgeordnete weder seinen Wahlkreis, noch seine Partei in ihm, noch die Partei vertritt, der er sich angeschlossen hat und für die er gewählt worden ist, sondern die Gesamtnation, das britische Volk im ganzen. Dies mag angesichts des Abstimmungszwangs im Unterhaus, der dort herrschenden Parteidisziplin und der Abhängigkeit des Kandidaten von der Partei für seine Wahl oder Wiederwahl heute nicht viel mehr als eine noble Fiktion sein. Sie

---

[1] Lloyd George vertrat 55 Jahre lang seinen Wahlkreis Carnavon in Wales.

[2] Siehe hinsichtlich der Einzelheiten des Vorschlages unten S. 481/82.

[3] Siehe auch oben S. 163f über das analoge Problem des der Regierung in der Wahl erteilten Regierungsmandats.

aber hat, wenn alle soziologischen und politischen Faktoren berücksichtigt werden, in Großbritannien eine größere Realität als meist anderswo. Damit wird die oberste Pflicht des Abgeordneten gekennzeichnet, die jenseits aller juristischen Bindungen, jenseits aller Parteiunterwürfigkeit und aller betrieblichen Verpflichtungen gegenüber dem Wahlkreis dem Unterhausmandat den unzerstörbaren Charakter einer Nationalrepräsentation verleiht.

Zwölftes Kapitel

Die Funktionen des Parlaments und das Verfahren zu ihrer Durchführung

I. Die politischen Aufgaben

1. Vorbemerkung

Fragt man einen Engländer, was nach seiner Auffassung die Funktionen und Aufgaben seines Parlaments sind, so wird er, vorausgesetzt, er könnte mit der Frage überhaupt etwas anfangen, je nach seinem Bildungsgrad verschiedene Antworten geben: Meist wird man hören, daß es die Gesetze berät und verabschiedet. Politisch Erfahrenere lassen verlauten, es sei einerseits dazu da, die volksgewählte Regierung zu unterstützen, andererseits aber auch, es solle durch die Kritik der Opposition verhindern, daß die Regierungsbäume in den Himmel wachsen. Nur die ganz Gewitzten werden antworten: Es ist die Schule unserer Führungsschicht.

Jede dieser Antworten ist richtig; man muß sie aber an der Wirklichkeit des politischen Prozesses in England messen. Formell ist das Parlament – und heute vorwiegend das Unterhaus – das Gesetzgebungsorgan; keine allgemein gültige Norm kann ohne seine Zustimmung in Kraft treten, sei es, daß sie von ihm selbst erlassen oder ihr Erlaß von ihm ermächtigt wird.

Darüber hinaus wird oft, allerdings kaum von den Briten, übersehen, daß das Unterhaus heute die stärkste Kontrollinstanz gegenüber der Regierung ist und daß diese entscheidend wichtige Funktion der Opposition, mag sie sich auch in einer noch so hoffnungslosen Minderheit befinden, zugefallen ist.

Schließlich: Das Unterhaus ist zu einem in kaum einem anderen Land in diesem Maß bestehenden Instrument der Führungsauslese geworden, ohne welche die sich ständig erneuernde Gruppe von befähigten Offizieren auf der Kommandobrücke nicht denkbar wäre.

Zur Erfüllung all dieser Aufgaben bedient sich das Parlament eines bis ins einzelne geregelten Verfahrens, das einer sich über Jahrhunderte erstreckenden Erfahrung entspricht, unter welchen Bedingungen eine sich aus vielen Köpfen zusammensetzende Kollektivgruppe am besten zusammenarbeitet. In der Aufstellung dieser Verfahrensweisen – *parliamentary procedure* – sind die Engländer die Lehrmeister der westlichen und damit der gesamten Welt geworden: Präsidium und Versammlungsteilnehmer, Mehrheit und Minderheit wirken in vorbildlicher Weise zusammen, um eine zivilisierte Geschäftsführung und Willensbildung zu erzielen. Was man das „parlamentarische Verfahren" heißt, gilt heute auch in allen nicht-politischen Vereinigungen und Gruppen, die auf Fairness Wert legen. Das deliberative Element des Parlamentarismus bildet somit recht eigentlich die Antithese der auf Befehl und Gehorsam eingestellten Technik der Willensbildung der Militärorganisation und der ihnen nachgebildeten staatlichen Regime.

Vor Erörterung der gesetzgeberischen Funktionen des Parlaments soll den anderen Aufgaben des Parlaments eine Betrachtung gewidmet werden, wobei das Unterhaus im Brennpunkt steht.

2. Das Unterhaus als Kontrollorgan der Regierung

a) Allgemeine Bedeutung der Opposition

Auszugehen ist hierbei von dem politischen Faktum, daß eine Regierung, die bei den vorhergegangenen Generalwahlen eine Mehrheit der Mandate erzielt hat, infolge der Parteidisziplin und Parteiloyalität ihrer Mitglieder im Unterhaus nicht gestürzt werden kann und daß sie an sich die Macht hätte, jede ihr gut dünkende Maßnahme durch die Commons zur Annahme zu bringen. Hat die Legislaturperiode einmal begonnen, so setzt die effektive Kontrolle der Regierung durch die Wählerschaft aus, wenn auch die Regierung es sich angelegen sein läßt, sorgsam den Puls der öffentlichen Meinung zu fühlen – mit den Nachwahlen als einflußreiches, wenn auch nicht ausschlaggebendes Barometer – und dabei bestrebt ist, mit ihrer Politik im Einklang mit dem artikulierten oder unartikulierten Volkswillen zu bleiben. Es wurde auch bereits darauf hingewiesen, daß angesichts des Zweiparteiendynamismus die oberste und dabei unangreifbare Führungsmacht dem Kabinett und vor allem dem Prime Minister zufällt. Die konstitutionelle Monokratie des letzteren ist nur durch subtile Verhaltensweisen seiner eigenen Anhänger und der Opposition gemildert.

Hält man sich diese Grundtatsachen des politischen Prozesses vor Augen, so liegt in der Einstellung der Opposition im Unterhaus der eigentliche Schlüssel zum Verständnis derjenigen Aufgabe des Parlaments, die als die Kontrolle der Exekutive bezeichnet wird. Die Rolle der Opposition ist nicht minder scharf umrissen und rationalisiert als die der Regierung und ihrer Mehrheitspartei. Wie es verfassungsrechtlich *Her* (oder *His*) *Majesty's Government* gibt, so gibt es offiziell *Her* (oder *His*) *Majesty's Opposition.* Der Führer erhält daher von Staats wegen ein Gehalt (*Ministers of the Crown Act* von 1937 [1 Edw. 8 & 1 Geo. 6, c. 38] [Sektion 5]), das nach dem *Ministerial Salaries and Members' Pensions Act* von 1965 (Eliz. 2, c. 11) von 3000 auf 4500 £ erhöht wurde; darüber hinaus wurden in dem gleichen Gesetz auch der Führer der Opposition im Oberhaus sowie die *Chief Opposition Whips* in beiden Häusern erstmals mit staatlichen Gehältern ausgestattet. Außerdem hat die Opposition bestimmte Vorrechte in der Geschäftsbehandlung der Commons. Daraus ergibt sich mittelbar gewissermaßen als oberste Konventionalregel des britischen politischen Betriebs die Anerkennung der offiziellen Aufgabe der Opposition, sowohl als Kollektivgruppe als auch durch Handlungen ihrer Einzelmitglieder, an der Regierungs- und Verwaltungsführung der Regierung Kritik zu üben, sie dadurch vor Machtüberspannung zu bewahren und mit Hilfe der aufmerksam gemachten öffentlichen Meinung auf Abstellung bestehender Mißstände zu dringen.

Im Rahmen des Unterhausbetriebs – und zwar auch außerhalb des eigentlichen Gesetzgebungsverfahrens – bestehen verschiedene Möglichkeiten und Anlässe zur Geltendmachung der Opposition, die naturgemäß jede sich ihr bietende Gelegenheit zur Kritik der Regierung benutzen wird. Dies gilt vor allem bei gesetzgeberischen Grundsatzfragen, die zur Einbringung neuer Gesetzesvorschläge Anlaß geben, es sei denn, daß von vornherein eine überparteiliche Einigung über die Notwendigkeit erzielt worden ist. Aber die Opposition kommt weniger bei Grundsatzentscheidungen als bei der Routine-Gesetzgebung zum Zug, wo sie die Verwaltung durch die Bürokratie unter Feuer nimmt oder die Verletzung von Grundrechten rügt oder sich über Regierungsverschwendung beklagt. Dieser Tag für Tag unterhaltene Beschuß der Regierung nimmt bei bestimmten offiziellen Gelegenheiten die Formen eines Frontalangriffs an, wie bei der Debatte über die Thronrede, ferner alljährlich anläßlich der Budgetrede des Schatzkanzlers, bei den Voranschlägen für die einzelnen Departments, wo der Form halber ein Abstrich vom Gehalt des zuständigen Ministers von vielleicht 100 £ beantragt wird, und schließlich bei den Großkampftagen, wenn die Opposition um einen Tag der Debatte über die Einbringung eines Mißtrauensvotums (*vote of censure*) ersucht hat und die Regierungsführung in Grund und Boden verdammt. In all diesen Fällen besteht ein formloses Einverständnis zwischen den Parteien, durch die *whips* vermittelt, welches Ministerium oder welche Angelegenheit der Opposition zur Kritik am geeignetsten erscheint. Es braucht kaum hinzugefügt zu werden, daß alle diese Attacken von vornherein zur Aussichtslosigkeit verurteilt sind, eben weil die Regierung über die Stimmen verfügt, um jeden Angriff abzuschlagen; aber die Regierung weiß andererseits, daß das Land die Dinge mit scharfer Aufmerksamkeit verfolgt und daß Schwächen in der Geschäftsführung von der Wählerschaft vermerkt und erinnert werden.

b) Die Fragestunde (question time)

Von diesen immerhin nicht alltäglichen Gelegenheiten abgesehen, gibt aber die Geschäftsordnung des Unterhauses (*Standing Orders Nr. 9*) der Opposition eine eigens auf sie zugeschnittene Möglichkeit der konstruktiven Kritik und Kontrolle der Regierung durch die Fragestunde (*question time*). Sie erstreckt sich an den vier ersten Wochentagen nach der Sitzungseröffnung von etwa 2.45 PM bis 3.45 PM. Die Praxis, daß den verantwortlichen Ministern Fragen vorgelegt wurden, entwickelte sich langsam, teils weil dem Unterhaus andere Möglichkeiten zur Vorbringung von Beschwerden zur Verfügung standen, teils aber weil es sich nicht um administrative Details kümmerte; sie kam aber nach 1832 in Aufnahme und stellt heute das wohl wichtigste praktische Kontrollmittel der Unterhaus-Opposition gegenüber der Regierung und der ihr unterstellten Verwaltung dar. Die Fragen müssen sich auf öffentliche Angelegenheiten beziehen, mit denen ein Minister amtlich befaßt oder für die die ihm unterstellte Verwaltungsbehörde verantwortlich ist, oder auch auf Dinge, die im Parlament selbst anhängig sind. Die Frage muß rechtzeitig vor der Sitzung schriftlich eingereicht und in eine Fragenliste beim *Clerk of the House* eingetragen sein. Ist dies nicht geschehen, so kann eine Frage mit besonderer Erlaubnis des Speakers auch mündlich erhoben werden, die aber ungern gewährt wird, damit der Minister und seine Beamten sich entsprechend darauf vorbereiten können. Fragen, auf die eine mündliche Antwort erwartet wird, was vom Standpunkt des Fragestellers immer die erwünschtere Publizitätsmethode ist, müssen mit einem Sternchen versehen sein. Mehr als zwei Fragen darf ein Mitglied jetzt nicht stellen. Nicht selten kommt es auch vor, daß die Frage zwischen dem Fragesteller und dem zuständigen Minister vereinbart ist, um der Regierung Gelegenheit zu geben, eine ihr wesentlich erscheinende Angelegenheit vor die Öffentlichkeit zu bringen. Die Fragen müssen an den zuständigen Minister selbst gerichtet sein, der sie dann persönlich oder durch ein anderes Regierungsmitglied, etwa seinen parlamentarischen Sekretär, beantworten läßt; solange der *Foreign Secretary* im Oberhaus saß, war dies für alle Fragen der Außenpolitik notwendig. Besteht keine Gelegenheit zur mündlichen Beantwortung – etwa weil der Fragesteller bei Aufruf durch den Speaker gerade abwesend ist –, so wird die Antwort vom zuständigen Minister schriftlich erteilt und bei den Mitgliedern in Umlauf gesetzt. Die Fragen müssen sachlich kurz sein und der Fragesteller hat für die Richtigkeit der darin enthaltenen Tatsachen einzustehen. Die Fragen dürfen nicht den Namen des Souveräns erwähnen und nicht den Einfluß der Krone oder eines Mitglieds der königlichen Familie berühren[1]. Auch das im Namen der Krone ausgeübte Gnadenrecht kann nicht zum Gegenstand gemacht werden. Insinuationen privaten Charakters sind nicht erlaubt. Über die Zulässigkeit einer Frage entscheidet allein der Speaker. Ist der Fragesteller mit der Antwort nicht zufrieden, steht es ihm frei, sie in der halben Stunde zwischen dem Schluß der offiziellen Tagesordnung und der Vertagung zu wiederholen, wenn der Speaker mit ihm der Ansicht ist, es handele sich um eine „dringende öffentliche Angelegenheit", und wenn der Antrag von vierzig Mitgliedern unterstützt wird. Dies muß bei Ende der Fragestunde erfolgen, so daß die Zeitspanne vor der täglichen Vertagung (*adjournment period*) dazu benutzt werden kann. Im übrigen steht letztere den Mitgliedern täglich für Angelegenheiten zur Verfügung, die sie zur Sprache bringen wollen und der ganze Tag vor einer Parlamentsvertagung wird zur Erörterung von Angelegenheiten verwendet, die entweder die Opposition oder die *private members* ventiliert zu sehen wünschen.

Da das Verfahren beiderseits sorgfältig vorbereitet ist, können innerhalb der Fragestunde manchmal vierzig bis fünfzig Einzelfragen erledigt werden, besonders wenn zusammengehörige in einer einzigen Antwort behandelt werden[2]. Besonders empfindlich reagiert die öffentliche Meinung auf eine Verletzung der Bürgerfreiheiten durch die Verwaltung, mag es sich um brutale Untersuchungsmethoden der Polizei oder um den als ungerechtfertigt empfundenen Entzug landwirtschaftlichen Grundbesitzes handeln. Wer sich hier beeinträchtigt fühlt, wird meist, ohne auf die Austragung eines langwierigen Verfahrens mit der Behörde angewiesen zu sein, einen Abgeordneten finden, der die Sache im Unterhaus zur

---

[1] Als Prinz-Gemahl Philip (Juli 1965) eine an sich harmlose Bemerkung zum damals schwebenden Konflikt mit Südrhodesien gemacht und eine starke Labour-Gruppe den Antrag eingebracht hatte, in der konstitutionellen Monarchie müsse sich das Königshaus absoluter Neutralität befleißigen, wurde kein Mitglied desselben mit Namen genannt.

[2] Die folgende Auslese der Fragen an zwei Tagen im Juli 1961 gibt einen Begriff von der Mannigfaltigkeit der aufgebrachten Gegenstände: Sozialrenten und Familienzuschüsse; Öleinfuhr von Kuweit; Trinkgelder an die Träger im Londoner Flughafen; Nutzbarmachung neuer ballistischer Geschoßtechniken durch die königliche Luftwaffe; Zustände in bestimmten Krankenhäusern; das Schwein, das sich am besten für die Speckräucherung eignet; der Mangel an Mathematiklehrern in den Mittelschulen; die Ausbildung britischer Truppen in Deutschland; Auswirkung des Gemeinsamen Markts auf die britische Wirtschaft.

Sprache bringt, und hier muß dann der Minister besondere Vorsicht walten lassen, um nicht einen Sturm heraufzubeschwören.

Wenn die Fragestunde manchmal mit den in anderen Ländern üblichen Pressekonferenzen der führenden Männer verglichen wird, so stimmt das nicht. Denn bei diesen kann der Befragte immer ausweichen, nicht aber der befragte Minister; die beiderseitige Sachkenntnis von Fragesteller und Befragten ist im Unterhaus weit größer als es bei Journalisten der Fall wäre.

Neuerdings ergaben sich besonders schwierige Probleme, wenn die Fragestunde dazu benutzt werden soll, um eine Kontrolle der als öffentliche Anstalten organisierten nationalisierten Industrien zu betätigen. Die Minister und ihre parlamentarischen Vertreter (*parliamentary secretaries*) müssen hier nur dann Rede und Antwort stehen, wenn sie gesetzlich für die betreffende Materie verantwortlich sind, was je nach der die Nationalisierung begründenden gesetzlichen Ermächtigung verschieden sein kann. In der Regel sind sie für den täglichen Routinebetrieb in der Geschäftsführung nicht verantwortlich. Meist wird ein interessierter Abgeordneter hier durch Anfrage beim Leitungsstab (*board*) der betreffenden Industrie sich Auskunft beschaffen können; aber die Nationalisierung hat zweifellos dem Fragerecht weite Gebiete der wirklichen Publikumsinteressen entzogen.

Die politische Bedeutung der Fragestunde liegt vor allem darin, daß hier der sonst parteigegängelte Abgeordnete nach eigener Initiative handeln und sich bei seinen Wählern selbst Lorbeeren verdienen kann; die Presse in seinem Wahlkreis wird selten verfehlen, die Sache an die große Glocke zu hängen. Viele Fragen sind sicherlich ein wirksames Mittel der Verwaltungskontrolle, aber nicht alle sind völlig frei von Publizitätsbedürfnis, vor allem wenn einer offensichtlich harmlosen Frage eine bösartige Zusatzfrage angehängt wird, wie das jetzt üblich geworden ist. Aber es ist die Gelegenheit, wo die Herren Hinz und Kunz ihre Beschwerden gegen eine Verwaltungsmaßnahme vorbringen können und der zuständige Minister Farbe bekennen muß, wenn es ihm nicht gelingt, der Frage durch eine geschickte Antwort die Giftzähne auszubrechen. Bei diesem Frage- und Antwortspiel zeigt sich die britische Debattiertechnik von ihrer besten Seite und nimmt oft die Formen eines mittelalterlichen Tourniers an, bei dem jeder Beteiligte den Gegner aus dem Sattel zu heben versucht. Der Minister muß sich bei der Beantwortung naturgemäß auf seine Beamten verlassen, aber es ist der Vorteil des vollentwickelten Parlamentarismus, daß er oder sein Stellvertreter da sein und, populär gesprochen, ihren Kopf hinhalten müssen; sie können die Sache nicht durch einen ihrer Beamten erledigen lassen, wenn sie auch auf deren Information und juristischen Rat durchgehend angewiesen sind, da ihnen selbst das persönliche Wissen oder auch die Sachkenntnis abgeht.

Damit wird indirekt auch die Bürokratie des *Civil Service* unter Kontrolle des Unterhauses gestellt. Eine geschickte Frage mag daher nicht nur den Minister selbst, sondern auch seine Beamten in Verlegenheit bringen, was zur Folge hat, daß dem der Frage zugrundliegenden Sachverhalt von seiten der Beamten sehr sorgfältig nachgegangen und eine beträchtliche Zeit auf die Informierung des Ministers verwendet werden muß. Ob diese Situation die Bürokratie übervorsichtig macht und, wie gesagt wird, ihrer Initiative in der Verwaltungsführung beraubt, vermag ein Außenstehender nicht zu beurteilen.

Was sich hier also abspielt, ist echter Parlamentarismus: Fragesteller und Minister stehen sich persönlich Auge in Auge und in voller Gleichberechtigung gegenüber. Mit einem Mal wird die politische Verantwortung aller Fiktionen entkleidet und präsentiert sich echt und nackt.

Die Fragestunde mag dem Publikum nützlich und vor allem den Ministern unbequem sein, ihre Bedeutung darf jedoch nicht überschätzt werden. Sie verhilft dem Unterhaus keineswegs zu einer auch nur annähernd vollständigen Kontrolle der Verwaltungsführung durch die Regierung. Bestenfalls muß sie sich auf Stichproben beschränken. Von einer wirklich wirksamen Verwaltungskontrolle gegenüber den Ministerien, geschweige denn den nationalisierten Industrien, kann in Großbritannien ebensowenig die Rede sein wie anderswo. Es gibt im heutigen parlamentarischen Betrieb keine Möglichkeit, der Bürokratie Zügel anzulegen und es läßt sich auch angesichts der Überlastung des Unterhauses kein Weg ausfindig machen, auf dem dies zu bewerkstelligen wäre, ganz abgesehen davon, ob das Parlament überhaupt zuständig und geeignet zur Überwachung einer modernen technologischen Verwaltung ist[1].

3. Das Unterhaus als Instrument der Führerauslese und der politischen Erziehung

a) Die Führungsauslese

Seit Jahrhunderten ist der politische Prozeß Englands von dem Grundsatz beherrscht, daß der Zugang zur politischen Führung und damit zur politischen Macht nur durch das Parlament zu erlangen ist. Großbritannien ist wohl die einzige Demokratie der Geschichte, in welcher kein Raum

[1] Reformvorschläge für dieses Grundproblem, das allen modernen Parlamenten eigentümlich ist, laufen entweder auf Entlastung des Parlaments von Westminster durch die Aufrichtung von Regionalparlamenten für England, Schottland und Wales hinaus, woran seit den zwanziger Jahren, als das Problem einer Föderalisierung Großbritanniens ernsthaft zur Diskussion stand (siehe oben S. 34f), nicht mehr zu denken ist, oder auf eine intensivere Kontrolle der Departments durch parlamentarische Kommissionen, was gleichfalls nicht den erwünschten Erfolg bringen könnte, wie die Erfahrung in den Vereinigten Staaten zeigt. Über den neuesten Vorschlag eines *ombudsman* siehe unten S. 481/82.

für Demagogen ist. Zweifellos gelangten demagogische Persönlichkeiten von Zeit zu Zeit ins Parlament, sei es, daß sie ihre Wählerschaft genügend behexen konnten, sei es, daß die Parteileitungen ihnen Kandidatur und Mandat verschafften. War ein Demagoge aber einmal ins Unterhaus gelangt, so sorgte die Atmosphäre des Klubs dafür, ihn zu zähmen. Wer sich nicht anpaßte, wurde abgehalftert. Die parlamentarische Laufbahn ist also die unabdingbare Voraussetzung politischer Macht.

Wie früher erwähnt, betrachtet die Mehrzahl der Leute, die einen Parlamentssitz anstreben, die Politik als eine ihrer Lebensaufgaben, wenn nicht, wie es vielfach der Fall ist, als ihren eigentlichen Lebensberuf. Zwischen dem parlamentarischen Mandat und dem dafür bestimmten Personal besteht eine Wechselwirkung. Wie es für viele als Eingangspforte zu einer politischen Laufbahn anziehend ist, zieht es seinerseits das im Land verfügbare Talent an. Der Magnetismus mag sich heute einigermaßen abgeschwächt haben: Die einst erbliche aristokratische Führungselite ist dezimiert oder verdrängt, mit der Nivellierung der Klassengegensätze insbesondere seit dem zweiten Weltkrieg beginnen die materiellen Interessen zu überwiegen. Viele talentierte und ehrgeizige junge Männer aus guter Familie ziehen heute der politischen eine Laufbahn im Geschäftsleben oder als Anwalt oder die stillere, aber vielleicht befriedigendere Tätigkeit im Laboratorium oder dem akademischen Hörsaal vor. Aber es bleibt noch immer ein relativ starkes Reservoir von Leuten übrig, die sich den einzig möglichen Zugang zur Politik durch das Unterhaus verschaffen.

Hierfür hat sich ein bestimmtes Ritual ausgebildet. Der Novize wird zuerst von der Partei auf einem ziemlich hoffnungslosen Wahlkreis ausprobiert. Verliert er, macht aber seine Sache gut, wird er das nächste Mal in einem sicheren Wahlkreis kandidieren und das Rennen machen. Einmal im Unterhaus, steht er unter der dauernden Beobachtung sowohl seiner Parteioffiziere, der *whips*, als auch der eigentlichen Parteileitung. Seine Jungfernrede (*maiden speech*) wird ihm wenig Gelegenheit zur Auszeichnung geben, weil sie über einen Gegenstand ohne allgemeines Interesse und vor leeren Bänken vom Stapel gelassen wird. Will er sich bewähren, so muß er dies in der Kommissionsarbeit und in den Partei-Caucussen tun. Die nächste Stufe kann dann eine untergeordnete Regierungsstellung sein, etwa als Privatsekretär eines nicht zum Kabinett gehörenden Ministers. Dort mag er während einer ganzen Legislaturperiode sitzen bleiben, aber er lernt den politischen Betrieb kennen. Bewährt er sich, steht ihm der Aufstieg in der Partei und – ist seine Partei an der Regierung – in der Regierungshierarchie offen. Bei der nächsten Ministeriumsbildung wird ihm dann ein Posten in einem der politisch weniger wichtigen Departments zufallen; dies mag dann mit zunehmender parlamentarischer Reife und Erfahrung zum Sprungbrett in die Reihe der Kabinettsmitglieder werden. Es trägt daher jedes Unterhausmitglied, hat es Begabung, Ausdauer und vor allem politischen Takt und Anpassungsfähigkeit, sozusagen den politischen Marschallstab in seiner Aktentasche. Wie überall sind viele berufen und nur wenige auserkoren. Aber eine jahrhundertelange Erfahrung läßt den Schluß zu, daß das *House of Commons* eine in seiner Art einzig dastehende Schule der Führerausbildung und -auslese ist, sicherlich eine weit zuverlässigere als die Zufallserscheinungen anderer parlamentarischer Staaten. Damit soll nicht behauptet werden, daß es auch in Großbritannien außergewöhnlichen Außenseitern nicht gelingen würde, kometengleich in die Führungsschicht zu gelangen – es ist vorgekommen und kommt noch immer vor –, noch soll angenommen werden, daß das britische System nur Spitzenleistungen und nicht auch Mittelgut produziert; letzteres überwiegt zweifellos. Aber das Unterhaus bleibt die hohe Schule, in der die Führung sich kooptiert, und ein außergewöhnliches Talent kann nicht übersehen werden.

b) Die politische Integration der Nation

In ähnlicher Weise dient das Unterhaus, wie kaum anderswo, als ein Mittel der politischen Erziehung für die Massen des Volkes und vor allem der Integration der Gebildeten in den politischen Prozeß. Dadurch, daß sich im Unterhaus auf beschränktem Raum die beiden Heerlager der Regierung und der Opposition in ständigem Kampf gegenüberstehen, wird das politische Leitbild des britischen Regierungssystems für den Durchschnittsbürger klar und eindeutig dargestellt. Wichtige Entscheidungen mögen in den Handelskontoren der City, in den opulenten Räumen der Banken, Versicherungen, Schiffahrtsgesellschaften, Klubs getroffen, weltbewegende Erfindungen in den Laboratorien in Oxford oder Cambridge gemacht werden, aber in der Politik gibt es nur eine Bühne, die des Unterhauses in Westminster. Sicherlich ist angesichts der heutigen Verwandlung des Gesetzgebungs- in den Verwaltungsstaat die eigentliche Verwaltung für das tägliche Leben des Bürgers weit wichtiger geworden als das, was im Parlament vorgeht. Das hat aber dem Prestige des Unterhauses beim Volk kaum nennenswerten Abbruch tun können, wenn auch das allgemeine Interesse sich mehr und mehr Nummer 10 Downing Street, dem Amtssitz des Prime Ministers, zuwendet als den Beratungen in Westminster. Wieweit die Publizität der Parlamentsdebatten dazu beigetragen hat, läßt sich schwer ab- und sollte nicht überschätzt werden, da nur die großen Tageszeitungen darüber ausführlich berichten und der britische Durchschnittsleser seine geistige Nahrung genau wie anderswo vom Sport und den Sensationsnachrichten bezieht. Für die breite Masse des britischen Volkes ist das Parlament neben der Krone noch immer die wichtigste Nationalinstitution, und die von den

Commons bewußt gepflegte Zeremonialtradition sorgt für die entsprechende Dramatisierung. Als Mittel der politischen Erziehung und damit der nationalen Integration ist das Parlament auch heute noch unentbehrlich und unersetzlich.

4. Andere Funktionen des Unterhauses

Die Haupttätigkeit des Parlaments ist selbstverständlich die Gesetzgebung. Das Gesetzgebungsverfahren wird im nächsten Kapitel dargestellt. An dieser Stelle ist der Vollständigkeit halber noch einiger anderer Funktionen zu gedenken.

a) Petitionen

Sich zur Abstellung von Übelständen mit einer Petition an das Parlament zu wenden, ist ein unverbrüchliches Recht des britischen Bürgers (*Chaffers v. Goldsmid* [1894] [1 Q. B. 186]). Solche Petitionen können durch einen Abgeordneten eingereicht werden, der allerdings dazu rechtlich nicht verpflichtet ist, oder dem Parlament unmittelbar zugehen. Petitionen werden dem *Committee of Public Petitions* zugeleitet, das dem Haus in einer Session zwei oder dreimal darüber Bericht erstattet, ohne sich sachlich darüber zu äußern oder Beschwerden zu untersuchen. Die Fragestunde, insbesondere wenn sie zu einem Antrag auf Vertagung mit voller Debatte führt, ist heute eine wirksamere Methode, um individuelle Beschwerden vor das Haus zu bringen; die Zahl der Petitionen, früher in die Tausende gehend, hat sich daher heute auf nicht mehr als ein paar Dutzend in jeder Session verringert.

b) Untersuchungsaufgaben

Die Technik der Untersuchungsausschüsse ist in Großbritannien weit weniger ausgebildet als etwa in den Vereinigten Staaten. Der Anlaß kann jede Angelegenheit von öffentlicher Bedeutung sein, ist in der Regel aber auf wirklich wichtige Dinge beschränkt. Untersuchungskommissionen, die sich ausschließlich aus Parlamentsmitgliedern zusammensetzen, sind selten. Meist wird in einem solchen Fall, nach Maßgabe des *Tribunal of Inquiry (Evidence) Act* von 1921 (11 & 12 Geo. 5, c. 7), eine gerichtsähnliche Instanz in einem *Tribunal of Inquiry* geschaffen, dem, unter dem Vorsitz eines dazu bestellten Richters des *High Court*, in der Regel alle dem *High Court* zustehenden Rechte zum Zeugenverhör und zur Urkundenvorlage übertragen sind. Dem Verfahren werden nicht mit Unrecht rechtsstaatliche Bedenken entgegengebracht, weil die dort als Zeugen erscheinenden Parteien zwar aussagen dürfen und müssen, ihnen aber die bei einem echten Gerichtsverfahren zustehenden Schutzrechte vorenthalten bleiben. Immerhin werden die in den Vereinigten Staaten häufig zu beobachtenden partei-indizierten Auswüchse vermieden[1].

II. Das Verfahren des Unterhauses: Allgemeine Übersicht

1. Der äußere Rahmen

a) Sitzungsarrangement

Über den äußeren Rahmen, in dem sich der Parlamentsbetrieb abspielt, ist seit langem so viel geschrieben worden, daß hier wenige Angaben genügen. Das während des zweiten Weltkriegs durch Luftangriffe völlig zerstörte Parlamentsgebäude in Londons Westminster-Viertel – einer der am meisten abgebildeten zeitgenössischen Profanbauten – wurde nach dem Krieg wiederhergestellt, und zwar, nachdem Sir Winston Churchill sein gewichtiges Wort in die Waagschale geworfen hatte, im wesentlichen in seiner früheren historischen Gestalt[2]. Es enthält also nicht, wie die meisten anderen Parlamentshäuser, als Sitzungssaal ein amphitheatralisches Rund, sondern ein nicht allzu geräumiges Rechteck, in welchem die längsweise gestellten und hintereinander aufsteigenden Mitgliederbänke sich nach dem auf der einen Breitseite befindlichen Stuhl des Speakers ausrichten. Die vordersten Bänke auf beiden Seiten (*front* und *opposition bench*) sind für die Mitglieder der Regierung und des Schattenkabinetts der Opposition reserviert, getrennt durch einen sehr breiten Tisch, an dessen Ende unterhalb des Speakers die drei amtierenden Clerks plaziert sind. Die Regierungsbank mit ihren dahinter aufgereihten Anhängern befindet sich rechts, die Opposition links vom Speaker. Das Haus, an sich würdig, ohne ablenkenden Prunk und nicht ohne Atmosphäre, ist mit seinen nur 346 Sitzgelegenheiten nicht groß genug, um bei Vollbesetzung allen 630 Mitgliedern Sitzraum zu gewähren,

---

[1] Fälle solcher Untersuchungsgerichte waren: Vermutung einer vorzeitigen Enthüllung von Einzelheiten des Etats (1936); Untersuchung behaupteter Beeinflussung von Regierungsmitgliedern (1948); vorzeitige Bekanntgabe einer Änderung des Zinsfußes durch die *Bank of England* (1957); Mißbrauch der Polizeigewalt in Schottland (1957); hierher gehört auch die Beauftragung des zweithöchsten Richters von Großbritannien, Lord Denning, mit der Untersuchung des Profumo-Skandals (1963).

[2] Als Kuriosum mag vermerkt werden, daß das britische Parlament das einzige des *Commonwealth*, wenn nicht überhaupt das einzige ist, das nicht in seinem eigenen Haus tagt. Denn die beiden Parlamentshäuser gehören zum Palast von Westminster und dieser ist Eigentum der Krone, die ihn wie alle anderen königlichen Paläste durch den *Lord Great Chamberlain* verwalten läßt. Wünschen der Commons, Herren im eigenen Haus zu sein, wurde bisher vom Monarchen nicht Rechnung getragen.

was aber den Vorteil hat, daß es auch bei schlechtem Besuch nicht leer erscheint. Die Mitglieder müssen es sich auf den mit grünem Leder überzogenen Bänken bequem machen, soweit bei großem Andrang von Bequemlichkeit die Rede sein kann; außerhalb der beiden Frontbänke hat niemand Anspruch auf einen bestimmten Platz. Schreibpulte glänzen durch Abwesenheit. Das Haus enthält außerdem mäßig große Tribünen oder Balkone für Zuhörer und Vorzugsgäste (*distinguished visitors*). Gleichgültig, was innen vorgeht, steht das Einlaß suchende Publikum Tag für Tag in langen Schlangen an.

b) Der parlamentarische Redestil

Die Raumbeschränkung innerhalb des Hauses konnte nicht ohne Einfluß auf die Betriebsführung und die Geschäftsordnung sowie auf den Debattenstil bleiben. Es gibt keine Rednertribüne; Mitglieder der Regierung und der Opposition, nur durch einen breiten Tisch getrennt, sprechen von ihren Sitzen aus. Sie fechten Auge in Auge und brauchen, um gehört zu werden, ihre Stimme nicht zu erheben. Der Saal ist klein genug, um dem Speaker zu gestatten, denjenigen, der sich durch Aufstehen zum Wort meldet, zu „erkennen" (*recognize*), wobei er dank seiner Personalkenntnis einer bestimmten Taktik folgt, wem er als Nächstem das Wort erteilen will. Bei Routinebetrieb ist das Haus nur mäßig besucht; auch die Frontbänke sind dann nur leicht bestückt. Vor allem während der Fragestunden ist das Haus voll besetzt und es kann bei großen Anlässen von Mitgliedern derart überflutet sein, daß, wer keinen Sitzplatz gefunden hat, in den Gängen oder auf den Galerien stehend zuhören muß. Die „Stimmung" des Hauses ist also eher warm und intim als kalt und pompös. Sie lädt zum freien Austausch von Meinung und Gegenmeinung, zu spontanen Unterbrechungen und Zwischenrufen und den so beliebten witzigen oder sarkastischen Gegenparaden ein; das Geplänkel kann allerdings, besonders in Zeiten scharfer Parteigegensätze, sehr leidenschaftlich werden und zu Tumultszenen ausarten. Hier kann sich kein grandioser Redestil entwickeln, er würde deplaziert wirken. Bei der britischen Neigung zum *understatement*, dem bewußten Verharmlosen von wichtigen Dingen, ist eine rednerische Demagogie ausgeschlossen, wenn auch das Haus in der Vergangenheit seinen großen Rednern die Bewunderung nicht versagt hat und ihnen bei seltenen Gelegenheiten auch heute noch zollt. Es hat sich also ein dem Unterhaus eigentümlicher Redestil herausgebildet, der kaum irgendwo anders anzutreffen ist. Man tauscht Meinungen aus, die den Gegner überzeugen wollen, aber es wird weder gepredigt noch doziert. Diese Vorzüge mögen den unzweifelhaften Nachteil aufwiegen, daß es oft langweilig zugeht, was viele Mitglieder in die im übrigen durchaus bescheidenen „Gesellschaftsräume", die *lobbies*, das Rauchzimmer oder das im übrigen berühmt gute Restaurant vertreibt. Im Vergleich mit anderen luxuriösen Parlamentsgebäuden selbst unterentwickelter Länder ist Westminster bescheiden und sogar primitiv. Aber für ein Regierungssystem, das sich berühmt, *government by discussion* zu sein, ist das Haus nahezu ideal.

Es ist daher durchaus verständlich, daß sich das Unterhaus beharrlich gegen die Übertragung seiner Sitzungen im Fernsehen wehrt[1]. Dadurch würde sich aller Voraussicht nach der Debattenstil grundlegend ändern, weil mehr für das Fernsehpublikum als für das Haus selbst gesprochen würde und damit die Reden ihrer Spontaneität und Intimität verlustig gingen. Jedoch wird seit einigen Jahren die Oberhauszeremonie anläßlich der Thronrede auf dem Bildschirm gezeigt.

c) Parlamentszeremonien als Prestigesymbolik

Unter dem gleichen Gesichtspunkt, der das Parlamentsverfahren als eine Art permanenten Dialogs zwischen Regierung und Opposition sieht, muß auch die Durchsetzung des Unterhausbetriebs mit Zeremonialakten – *pomp and circumstances* – bewertet werden. Diejenigen bei der Sessionseröffnung wurden bereits erwähnt. Andere wären der täglich sich wiederholende feierliche Einzug des Speakers in Perücke und Talar, dem der gleichfalls heftig kostümierte *Serjeant-at-Arms* mit Schwert und der Träger des Zepters würdevoll voranschreiten, während die Zuschauer ihren Hut abziehen; das Besteigen seines thronartigen Amtssitzes mit dem Baldachin, während das Zepter zum Zeichen der Sitzungseröffnung auf dem vor dem Speaker befindlichen Tisch niedergelegt wird, und die nachfolgende Gebetsverlesung. Das Schauspiel wiederholt sich dann getreulich bei Sitzungsschluß. Anderer Gepflogenheiten ist bereits gedacht worden: daß kein Mitglied mit seinem Namen angesprochen, sondern nur nach seinem Wahlkreis bezeichnet wird, daß alle Mitglieder bei ihren Reden sich an den Speaker wenden, daß die Krone nicht in die Debatte gezogen werden darf, daß vom *House of Lords* nur als „dem anderen Platz" gesprochen werden darf und manch anderes mehr. Das Altmodisch-Zeremonielle und oft geradezu Zopfige wird nicht nur aus Gründen der Tradition beibehalten, sondern einerseits, weil es dazu beiträgt, das Haus nach außen mit der Symbolik des Machtzentrums zu imprägnieren, andererseits aber, weil das Zeremonielle innerhalb des Hauses jene klubartige Atmosphäre erzeugt, welche den gegenseitigen Umgang der Mitglieder erleichtert und letztlich im Ton des Hauses und Gehalt seiner Debatten ihren Niederschlag findet. Das Unterhaus ist ein Klub, in

---

[1] Der *First Reform from the Select Committee on Broadcasting of Proceedings in the House of Commons* (H. C. Paper 146/1966) schlug vor, Fernsehaufnahmen während einer zweimonatlichen Probezeit nur für den Hausgebrauch der Mitglieder einzurichten, um ihnen Gelegenheit zu geben, sich über die Tunlichkeit der Publikumsübertragung schlüssig zu machen.

dem man sich gut benimmt und die hemdärmeligen Umgangsformen vermeidet. In der Vergangenheit hat es sicherlich nicht an Radauszenen gefehlt, jene, als der Speaker gewaltsam auf seinem Stuhl festgehalten wurde, bis die gegen den König gerichteten Eliot-Resolutionen verlesen waren (1629), gehört zu den stolzesten Momenten der Parlamentsgeschichte. Sie können sich heute schon wegen der Autorität des Speakers nicht mehr wiederholen. Eine bloße Geste von ihm hält das Haus im Zaum. Sollte Unordnung ausbrechen, so genügt es, daß er sich von seinem Sitz erhebt und damit die Sitzung beendet, um augenblickliche Ordnung zu schaffen. Somit trägt auch das, was dem Ausländer als zopfig erscheint, dazu bei, das *House of Commons* zur würdevollsten politischen Versammlung unserer Zeit zu machen.

2. Die Verfahrensmechanik

Das Gesetzgebungsverfahren steht zwar im Mittelpunkt der parlamentarischen Tätigkeit; aber die Verfahrensregeln stellen keineswegs auf die Gesetzgebung allein ab, sondern sie gelten für den gesamten Geschäftsbetrieb einschließlich der nicht-gesetzgeberischen Angelegenheiten, wie die auswärtige Politik, die Verwaltungskontrolle und alle anderen öffentlichen Angelegenheiten.

a) Die Quellen des Parlamentsverfahrens

Verfahrensregeln für die Commons haben sich seit Bestehen parlamentarischer Einrichtungen entwickelt, sind aber erst seit Einführung der amtlichen Protokolle (*Commons Journals*) (1547) belegbar. Sie beruhen auch heute noch zum größeren Teil auf ungeschriebenem, das heißt nicht normenmäßig formuliertem Recht und sind nur zum kleineren Teil in der Geschäftsordnung (*Standing Orders*) niedergelegt. Letztere werden außerdem durch Regelungen, die nur für eine Session gelten (*sessional orders*), und von Fall zu Fall erlassene Beschlüsse (*resolutions*) ergänzt. Das ungeschriebene Verfahrensrecht wird vom Speaker autoritativ erklärt oder authentisch interpretiert. Schließlich enthalten auch Parlamentsgesetze wichtige Verfahrensregelungen[1]. Unter diesen Quellen nehmen die Entscheidungen des Speakers (*ruling from the Chair*) den größten Raum ein. Die *Standing Orders* sind alles andere als erschöpfend und setzen die Geltung des ungeschriebenen Parlamentsrechts voraus. Beispielsweise ist die Regel der dreimaligen Lesung einer Bill (*reading*) und welche Art von Zusatzanträgen (*amendments*) bei der zweiten und dritten Lesung zulässig sind, nicht in der Geschäftsordnung enthalten. Es muß also andauernd auf Präjudizien des Speakers und die frühere Praxis des Hauses

[1] Solche gesetzlichen Regelungen enthalten unter anderem: *Exchequer and Audit Departments Act* von 1866 (29 & 30 Vict., c. 39), die beiden *Parliament Acts* von 1911 und 1949, der *Representation of the People Act* von 1949 (Teil III), der *Provisional Collection of Taxes Act* von 1913 (3 & 4 Geo. 5, c. 3).

zurückgegriffen werden. Die *Standing Orders* gelten nur für die Dauer der Session und müssen, wie in den Vereinigten Staaten, zu Beginn der neuen Session erneuert werden. Ihr Hauptzweck heute ist nicht die Gesamtregelung des Geschäftsbetriebs, sondern vor allem die Debattenbeschleunigung und die Erledigung der *private bills*. Jede Verfahrensnorm kann von dem betreffenden Haus durch eine nachfolgende aufgehoben oder abgeändert werden. Nur bei den in Gesetzen enthaltenen Normen ist ein Parlamentsgesetz erforderlich.

Schließlich: Ein Teil der Verfahrensmechanik beruht auf Konventionalregeln, über welche der Speaker keine Kontrolle hat und die dem vorherrschenden Gefühl des Hauses gemäß sind; dazu gehört beispielsweise die Gepflogenheit, daß die Opposition diejenigen Posten der Geldbewilligung (*supply*) bestimmt, über welche debattiert werden soll.

Die *Standing Orders* des Oberhauses sind hinsichtlich der Verfahrensordnung ausführlicher und vollständiger; ein Viertel etwa befaßt sich mit den Privilegien der Lords.

b) Der Sitzungsverlauf

Der Sitzungsverlauf (*Order of Business*) oder die Tagesordnung vollzieht sich an den ersten vier Wochentagen wie folgt: Sitzungseröffnung: 2.30 nachmittags, zu welcher Zeit das tägliche Gebet gesprochen wird; Behandlung von *private bills* (rein formell) und Petitionen, falls mündlich vorgebracht (sehr selten); Fragestunde ab 2.45; dringende Anträge nach *Standing Order Nr. 9*[1]. Schließlich beginnt spätestens ab 4 Uhr nachmittags die eigentliche Tagesordnung (*Order of the Day*) mit der Behandlung der öffentlichen Bills in ihren verschiedenen Stadien, die mit Unterbrechung für das Nachtessen (etwa 7.30 bis 9 Uhr) in der Regel bis 11 Uhr nachts dauert. Bei vorgerückter Session sind Nachtsitzungen, die sich bis in den hellen Morgen ausdehnen können, nichts Ungewöhnliches. Eine Sitzung, bei der die Labour-Partei eine ihr unerwünschte Vorlage verhindern wollte, dauerte bis in den folgenden Nachmittag hinein (1965).

An den Freitagen beginnt die Sitzung schon um 11 Uhr vormittags und geht etwa 4.30 Uhr nachmittags zu Ende. Samstag und Sonntag sind sitzungsfrei, ein Brauch, von dem nur selten und ungern abgewichen wird. Während der Vormittage sind die Mitglieder in den Ausschüssen und die

---

[1] Wenn sich bei der Fragestunde die Dringlichkeit weiterer Debatte ergeben hat, wird auf Antrag von vierzig Mitgliedern (oder wenn sich kein Widerspruch erhebt) ab 7 Uhr abends, aber nicht später als bis 10 Uhr, Zeit zur weiteren Debatte gegeben, die aber nicht mit einer Abstimmung enden kann; der Speaker entscheidet, ob nach der Geschäftsordnung der Dringlichkeitsantrag zulässig ist. Diese bisher hauptsächlich von der Opposition genutzte Möglichkeit einer volleren Debatte über vorgebrachte Verwaltungsbeschwerden ist aber jetzt in Abnahme begriffen, teils weil der Speaker die Geschäftsordnungsregel einschränkend auslegt, teils weil die Commons in andauernder Zeitnot sind.

Minister in ihren Ämtern in Anspruch genommen. Vormittagssitzungen, zu denen die chronische Zeitnot manchmal zwingt, sind bei allen Beteiligten höchst unbeliebt. Schließlich muß ja irgendwann Zeit für Privatangelegenheiten gewährt werden. Das Unterhaus ist also eine hart arbeitende und die Arbeitskraft aller Beteiligten voll in Anspruch nehmende Körperschaft.

c) Die Debattenregelung

Die Regeln der Debattenführung sind dazu bestimmt, ihre reibungslose Abwicklung unter Wahrung der Würde des Hauses und der Minderheitsrechte zu gewährleisten. Die Zweckbestimmung der Commons als eines Instruments des *government by discussion* kommt vordringlich in der vom Speaker geleiteten Debattenführung zum Ausdruck. Sie trägt auch heute noch unverkennbar forensische Züge, Überbleibsel aus der weit zurückliegenden Zeit, als das Parlament noch ein Gerichtshof war. Eine Debatte kann nur auf Antrag (*motion*) eines Mitglieds erfolgen. Jede Entscheidung über die Debattenführung wird vom Speaker dem Haus in der Form einer Frage vorgelegt und durch Mehrheitsbeschluß angenommen oder abgelehnt. Die Partei, die einen Antrag einbringt – mag er sich auf eine Gesetzesvorlage oder irgendeinen anderen Gegenstand beziehen –, bestimmt, welcher ihrer Parteiführer ihn vertritt und welcher die Debatte dann abschließt, ebenso wie dies bei der Gegenpartei der Fall ist. Eine formelle Rednerliste, der der Speaker dann zu folgen hätte, besteht nicht; vielmehr macht er bei Aufruf weiterer Redner von seinem Recht Gebrauch, unter den sich durch Aufstehen vom Sitz zum Wort Meldenden denjenigen zu „erkennen", dem er nächstfolgend das Wort geben will. Meist wird er über die Wortmeldungen durch die *whips* oder auch durch die Aspiranten selbst informiert. Bei der Bemühung der einzelnen Redner, sich ihm bemerkbar zu machen (*"to catch the Speaker's eye"*), befleißigt er sich aber einer ihm durch seine intime Sach- und Personalkenntnis nahegelegten subtilen Taktik der Worterteilung nur an solche Mitglieder, von denen er sich eine wirkliche Förderung der Debatte verspricht. Dabei sieht er einmal darauf, daß auch Drittparteien und Unabhängige zu Wort kommen, zum anderen, daß möglichst verschiedenartige Stellungnahmen vorgetragen werden. Seinem taktischen Geschick bleibt es vorbehalten, die Debatte wie ein Tennisspiel, bei dem die Bälle hin- und herfliegen, flüssig zu halten. *Privy Councillors* und früheren Kabinettsmitgliedern wird von ihm beim Redneraufruf der Vorzug gegeben. Vor allem aber muß der Minderheit vollste Gelegenheit zur Stellungnahme gewährt werden. Bei Gesetzgebungsdebatten schicken die Parteien ihre wirklichen Sachverständigen ins Gefecht. Dem Neuling auf den Hinterbänken wird keine Gelegenheit zur Teilnahme geboten und er tut am besten, sich während seines Noviziats still zu verhalten. Der Speaker besteht darauf, daß nur zur Sache gesprochen wird, Abschweifungen und Weitschweifigkeiten werden mitleidslos abgeschnitten. Ein Redner darf nur einmal zur gleichen Sache zu Wort kommen, außer wenn er eine Richtigstellung vornimmt oder einen Antrag zur Geschäftsordnung stellt. Ablesen von Reden ist verpönt, wenn auch Notizen benutzt werden dürfen. Angelegenheiten, die gerichtsanhängig sind, dürfen nicht erwähnt, von der Krone nur mit Respekt gesprochen werden, aufrührerische Äußerungen sowie Anwürfe gegen Mitglieder des Parlaments sind strengstens tabu. Der Speaker ist es auch, der die Debatte abschließt. Erscheint ihm der Gegenstand erschöpft, oder kommen die Vorschriften der Geschäftsordnung zur Debattenbeschränkung zum Zug, stellt er die zur Abstimmung führende Frage über den ursprünglichen Antrag.

An politischer Wichtigkeit mögen die Plenardebatten in den Commons heute wohl viel von ihrer ehemaligen Bedeutung verloren haben, weil die Annahme einer von der Regierung eingebrachten Bill – und das ist die Mehrzahl – von vornherein feststeht. Aber diese straffe Debattenführung hat den im Vergleich zu anderen Gesetzgebungskörperschaften kaum überschätzbaren Vorteil, daß ein Entwurf zügig durch die Commons rollt und nicht im parteipolitischen Gestrüpp unrettbar stecken bleibt. Denn ein Entwurf, der nicht innerhalb einer Session zum Abschluß gekommen ist, verfällt ganz und gar und müßte zu Beginn der nächsten Session erneut eingebracht werden. Alle diese Formalitäten tragen also dazu bei, die Debatten des *House of Commons* sachlich und zielbewußt zu gestalten. Was die Theorie unter dem „Willen des Gesetzgebers" versteht, ist in Großbritannien deutlicher aus den Debatten zu ersehen als anderswo.

d) Sitzungsfähigkeit (Quorum)

Unter dem Quorum wird die Mindestzahl von Abgeordneten verstanden, deren Anwesenheit im Sitzungssaal zur Fortführung der Sitzung unumgänglich ist, sie deckt sich also nicht mit der Beschlußfähigkeit. Sie beträgt (seit 1641) vierzig, den Speaker miteingerechnet. Fehlt es daran an den ersten vier Wochentagen nach 4 Uhr nachmittags, am Freitag nach 1 Uhr, müssen die Mitglieder durch Klingelzeichen aus den anderen Räumlichkeiten herbeigerufen werden und innerhalb von zwei Minuten im Sitzungssaal anwesend sein. Ist die Mindestzahl auch bei der zweiten dann folgenden Abzählung nicht erreicht, vertagt sich das Haus bis zum nächsten Sitzungstag. Eine nochmalige Anzweiflung des Quorums wird vom Speaker erst nach Ablauf einer Stunde zugelassen, was eine schikanöse Häufung der immer zeitraubenden Prozedur abriegelt. Normalerweise ist das Haus aber immer ausreichend besetzt.

e) Abstimmungen

Ist nach Ansicht des Speakers die Angelegenheit genügend erörtert, wird die Debatte von ihm durch die Formel der Entscheidung über die

Fragestellung – *"putting the question"* – zur Abstimmung gebracht, zuerst durch Aufforderung zur mündlichen Stimmabgabe und, wenn ihm diese zweifelhaft erscheint oder wenn er eine amtliche Feststellung des wirklichen Abstimmungsergebnisses haben will, durch die Anordnung einer Teilung nach Stimmen (*division*). In diesem Fall werden die Vorhallen von anderen Personen geräumt und die Mitglieder betreten sie durch eine der beiden nach Ja und Nein getrennten Türen, an welchen die Zähler (*tellers*) postiert sind[1]. Nachdem sich die Mitglieder wieder versammelt haben, wird das Abstimmungsergebnis von dem dienstältesten Zähler der Mehrheit dem Speaker bekanntgegeben. Die Abstimmung als „Hammelsprung" nimmt einige Zeit in Anspruch; sie durch elektronische Mittel zu ersetzen (wie bei den Tulpenzwiebelauktionen in Holland), erscheint den Briten als eine Art Gotteslästerung.

Abstimmungen können dann zu einer gefährlichen Waffe der Opposition werden, wenn die Regierung im Unterhaus nur über eine knappe Mehrheit verfügt, wie es bei Labour 1950/51 und 1964/66 der Fall war. Im ersteren Fall hatte Labour eine absolute Mehrheit von nur sieben Sitzen gegenüber den anderen Parteien. Die Konservativen nutzten die Geschäftsordnung bis in ihre letzten Möglichkeiten durch ununterbrochene Abstimmungen aus, um den Widerstand der Labour-Partei zu untergraben. Es kam zu verschiedenen Niederlagen durch Abstimmungsüberraschungen. Als schließlich die Labourmehrheit durch Tod und Krankheit hauchdünn geworden war, war die Fortführung der Regierung unmöglich geworden. Prime Minister Attlee löste auf und verlor, wie erwartet, an die Konservativen unter Churchill. Ähnliche Taktiken haben sich aber gegenüber dem auf eine ähnlich kleine Mehrheit angewiesenen Kabinett Wilson nicht wiederholt, vor allem deswegen, weil die Konservativen keinen erneuten Wahlkampf unter der Führung des Verlierers Sir Alec Douglas-Home riskieren wollten, im übrigen aber auch fairerweise Labour die Chance des Regierens nicht beschneiden wollten.

f) Debattenbeschränkungen

Für die Komplexität einer Apparatur des zeitgenössischen politischen Prozesses ist es bezeichnend, daß sich bei näherem Zusehen hinter anscheinenden Verfahrensfragen wesentliche Strukturprobleme verbergen. Die Mehrzahl der heutigen Parlamente leidet auch dann unter der durch die außerordentliche Geschäftsüberlastung bedingten Zeitnot, wenn die Parteien loyal mit dem Präsidium zusammenarbeiten, um die Debatte in Gang zu halten und jede politische Meinung nach Möglichkeit zum Zug kommen zu lassen. Sind aber Oppositionsparteien vorhanden, welchen grundsätzlich oder aus nur taktischen Gründen eine Verschleppung der Debatte und schließlichen Abstimmung willkommen ist, und die daher

[1] Dabei gehen nach uralter Gepflogenheit die Ja durch die rechte, die Nein durch die linke Tür.

aus jeder Schlaufe der Geschäftsordnung einen Strick drehen können, um eine Vorlage überhaupt zu Fall zu bringen, so entstehen für den parlamentarischen Betrieb immer erhebliche und oft nicht zu überwindende Schwierigkeiten. Dahinter steht die staatstheoretische Erwägung, daß, da ein Parlament eine deliberierende Versammlung ist und sein Geschäft durch Reden besorgt – *government by discussion* –, künstliche Debattenbeschränkungen dem demokratischen Prinzip selbst Abbruch tun. Wohl das hervorragendste – und gleichzeitig abschreckendste – Beispiel ist der Filibuster im amerikanischen Senat, bei dem jeder der hundert Senatoren solange sprechen darf, wie es ihm beliebt oder solange er es physisch aushält; eine Debattenbeschränkung ist dabei angesichts der einschlägigen Bestimmungen der Geschäftsordnung außerordentlich erschwert[1].

Auch Großbritannien ist dieser gefährlichen Klippe nahegekommen, konnte sie aber bereits in den achtziger Jahren des vorigen Jahrhunderts durch die Einführung außerordentlicher Maßnahmen zur Herbeiführung des Debattenschlusses glücklich umsteuern. Diese Maßnahmen zum vorzeitigen Debattenabschluß sind nunmehr alle in der Geschäftsordnung verankert[2]. Die folgenden Debattenbeschränkungen sind nunmehr zulässig:

---

[1] Siehe Karl Loewenstein, *Verfassungsrecht und Verfassungspraxis der Vereinigten Staaten* (1959), S. 213ff.

[2] Der Strohhalm, der dem geduldigen Kamel schließlich das Rückgrat brach, war die Obstruktion der einigen achtzig irischen Abgeordneten gegen eine im Hinblick auf die irischen Unruhen erforderliche Ausnahmebill (1881). Es kam schließlich zu einer 41 Stunden lang ununterbrochen dauernden Sitzung, bis der zeitweilig abgelöste Speaker Brand, im Einvernehmen mit dem Prime Minister Gladstone, aus eigenem Ermessen und ohne durch Präzedenzien dabei gedeckt zu sein, beschloß, der Obstruktion, als der Würde des Hauses abträglich, ein Ende zu setzen und die Frage sofort zur Abstimmung zu bringen. Eine diesbezügliche Dringlichkeitsresolution konnte dank des gleichzeitigen Ausschlusses aller Iren wegen ungebührlichen Benehmens gegenüber dem Speaker angenommen werden, wobei es nicht zu einer weiteren Debatte kommen durfte. War ein solcher Dringlichkeitsantrag bei einem mit 300 Abgeordneten besetzten Haus mit Dreiviertelmehrheit angenommen, so erhielt der Speaker volle Verfügungsgewalt über die Geschäftsordnung, solange die Vorlage beraten wurde. Diese Notmaßnahme, die mit dem Ende der laufenden Session erlosch, wurde sodann 1882 mit starken Milderungen der Mehrheitserfordernisse dauernd in die Geschäftsordnung aufgenommen und 1887 dahin ergänzt, daß die Initiative zum Antrag auf Debattenschluß von der Regierung auf die einzelnen Abgeordneten überging. Die Zustimmung des Speakers blieb aber stets als unumgänglich vorbehalten. Damit war die heutige Regelung grundsätzlich erreicht. 1887 wurde dann die sog. Guillotine (siehe oben im Text) experimentell eingeführt und schließlich (1893) nach gleichfalls bitteren Obstruktionserfahrungen — das Haus mußte 28 Abende auf die Debatte von nur vier Paragraphen (von insgesamt 40) der *Home Rule Bill* verwenden — auch, als letzte Verfeinerung, das sog. Känguruh (siehe gleichfalls oben). Auch dies wurde 1909 in die *Standing Orders* aufgenommen. Weitere historische Einzelheiten interessieren hier nicht.

aa) Der Antrag auf Debattenschluß (closure). Jedes Mitglied kann zu jeder Zeit den Antrag auf Debattenschluß stellen (*"that the question be now put"*). Wird der Antrag von mindestens hundert Mitgliedern unterstützt und ist der Speaker der Auffassung, die Minderheit sei bereits genügend zum Zug gekommen, wird die Debatte geschlossen.

bb) Die „Guillotine". Unter dieser Maßnahme, deren Name sich von der bekannten handlichen Erfindung des Dr. Guillotin zur Zeit der Französischen Revolution ableitet, wird der von der Regierung mit Zustimmung des Speakers ausgearbeitete Plan verstanden, bei der Beratung eines Gesetzentwurfes bestimmte Tage oder auch kleinere Zeitabschnitte für die Behandlung einzelner Abschnitte oder auch von Einzelparagraphen zu reservieren (*closure by compartments*). Der „Fahrplan" muß vom Haus angenommen werden, was der Regierung bei ihrer Mehrheit nicht schwer fällt. Ist dann die vorbestimmte Zeit abgelaufen, fällt die Guillotine und es wird ohne Fortsetzung der Debatte zur Abstimmung über die einzelnen Teile oder Bestimmungen des Entwurfs geschritten. In der Praxis wird dies immer mit der Opposition gütlich vereinbart; nur wenn dies versagt, stellt die Regierung ihrerseits den Antrag auf Einführung der Guillotine, aber hier nur, wenn sie sich vergewissert hat, daß der Minderheit kein Unrecht geschieht. Die Praxis hat neuerdings (seit 1947) auch auf die Kommissionsberatung übergegriffen.

cc) Das „Känguruh". Die bislang letzte Verfeinerung der Debattenkürzung im Interesse der Beschleunigung heißt das Känguruh, das seinen Namen von dem sich sprungweise fortbewegenden australischen Nationaltier ableitet. Um der Flut der bei streitigen Entwürfen von den Mitgliedern eingebrachten Abänderungsvorschläge (*amendments*) Herr zu werden, ist bei der Finanzberatung dem Vorsitzenden des *Committee of Ways and Means*, ebenso dem Vorsitzenden eines *Standing Committee* und dem Speaker, wenn sich die Bill im *Report*-Stadium befindet, nach der Geschäftsordnung das Recht eingeräumt worden, einzelne ihm wesentlich erscheinende Abänderungsanträge zur Debatte zu stellen, über alle anderen aber ohne Debatte abstimmen zu lassen. Seit 1959 müssen diese somit ausgewählten Abänderungsvorschläge vorher bekanntgegeben werden. Erzielung eines Einvernehmens mit der Opposition wird auch hier stets angestrebt.

Betrachtet man diese geschäftsordnungsmäßigen Ermächtigungen zum vorzeitigen Debattenschluß in ihrer Gesamtheit nach ihrer Wirkung auf den politischen Prozeß, so ergeben sich folgende wesentlichen Gesichtspunkte: Sie sind eine mächtige Waffe in der Hand der Regierung, die sie kraft ihrer unangreifbaren Mehrheit jederzeit einsetzen kann. Sie bedeuten eine fühlbare Schwächung der Teilnahme des Parlaments an der staatlichen Willensbildung, da somit Regierungsentwürfe in der Form angenommen werden können, wie sie von den Regierungsdepartments vorgelegt werden. Die Entscheidungsfreiheit des Gesetzgebers wird damit wesentlich beeinträchtigt oder überhaupt ganz und gar abgeschnitten. Damit soll nicht gesagt sein, daß die Ministerialbürokratie, welche das Gesetz entwirft, technisch schlechter arbeitet als das Parlament; im Gegenteil, viele Köche mögen oft den Brei verderben. Aber das Unterhaus als Gesetzgebungsorgan zieht erheblich den Kürzeren, zumal solche Debattenbeschränkungen seit dem letzten Krieg eher die Regel als die Ausnahme geworden sind. Wer also noch immer des Glaubens ist, das Unterhaus sei das Gesetzgebungsorgan, muß sich bewußt sein, daß es infolge der Debattenbeschränkungen oft und zwar bei den wichtigsten Gesetzen nicht mehr voll als Gesetzgeber funktionieren kann.

Und ferner: Die Hinterbänkler kommen überhaupt nicht mehr zum Zug, da vorwiegend Regierungs- und Oppositionsführer bei solch drastischen Debattenbeschränkungen zum Wort kommen und somit das Monopol auf die zur Verfügung stehende Zeit haben. Die gewöhnlichen Mitglieder geraten auch dadurch in ein hoffnungsloses Hintertreffen, daß sie keinen Zugang zu den Materialien haben, aus denen ein Gesetzentwurf entsteht, und daß es ihnen vielfach an den technischen Kenntnissen mangelt, welche zur Abfassung und Beurteilung einer technisch komplizierten Materie unentbehrlich sind. Sachverständige sind meist allein die Regierungsbeamten, welche die Bill entwerfen[1], und eine neutrale Stelle, ein *Legislative Reference Bureau*, das allen Mitgliedern gleichermaßen bei der technischen Abfassung von Gesetzentwürfen zur Seite steht, ist, abgesehen von gelegentlichen Hilfeleistungen durch die Bibliotheksbeamten, nicht vorhanden. Andererseits liegen die objektiven Vorteile auf der Hand. Dank der Debattenkontrolle besteht die Gewißheit, daß die Regierung ihr Gesetzesprogramm auch wirklich innerhalb der zur Verfügung stehenden Zeit durchbringen kann und nicht durch die Opposition dauernd daran verhindert wird. Der Schutz der letzteren bleibt allein der Fairneß der Regierungsführung und dem Speaker überlassen, die so etabliert sind, daß Proteste, der Minderheit werde ein Maulkorb aufgezwungen, heute einigermaßen deplaziert erscheinen. Der unbestreitbare Vorteil ist, daß die Regierung den Verlauf der Gesetzgebungsprozedur von Anfang an planen kann und nicht, wie anderswo häufig, den Zufälligkeiten des parlamentarischen Parteibetriebs ausgesetzt ist.

g) Die Ausschüsse

Mit der Erörterung der Parlamentsausschüsse (*committees*) wird zwar ein wichtiges Stück des nachfolgend zu behandelnden Gesetzgebungsverfahrens vorweggenommen, aber sie ist hier einschlägig, weil das britische *Committee*-System seinerseits ein wesentliches Mittel zur Verfahrens-

[1] Siehe unten S. 445.

beschleunigung ist. Nach dem letzten Krieg wurde der Ausschuß-Technik des Unterhauses im Zusammenhang mit Vorschlägen zur Reform des Commons-Verfahrens erhebliche Aufmerksamkeit gewidmet[1], ohne daß es allerdings einstweilen zu entscheidenden Änderungen gekommen wäre. Bemerkt sei aber, daß das britische Kommissions-System sich grundlegend von dem in anderen Ländern – Vereinigte Staaten, Frankreich, Deutschland – unterscheidet. Die Ausschüsse tagen entweder an den sitzungsfreien Vormittagen oder nachmittags und auch abends gleichzeitig mit den Parlamentssitzungen; kommt es dann im Plenum zu Abstimmungen, werden die Ausschußmitglieder durch Klingelzeichen rechtzeitig herbeigerufen. Der oft beobachtete scheinbar schlechte Besuch eines Parlaments erklärt sich aus der Tatsache, daß die Mehrzahl der Abgeordneten bei den Kommissionsberatungen zu tun hat.

Es bestehen heute die folgenden Ausschüsse: Das *Committee of the Whole House*; die Ständigen Kommissionen (*Standing Committees*); die Ausschüsse für bestimmte Zwecke (*Select Committees*); und schließlich die *Royal Commissions*, die allerdings mehr ein Instrument der Exekutive als des Parlaments sind.

aa) Das Committee of the Whole House. Man versteht darunter die Situation, daß das Plenum mit allen seinen Mitgliedern sich als Ausschuß konstituiert, was entweder bei der Beratung einer *public bill* nach der zweiten Lesung oder dann erfolgt, wenn das Haus als *Committee of the Whole on Supply* oder *on Ways and Means* Finanzgesetze berät[2]. Sitzt das Haus als Gesamtausschuß, wird der Speaker von einem *Chairman* abgelöst; die Verfahrensregeln sind gelockert; ein Mitglied mag mehr als einmal sprechen und ähnliche Erleichterungen mehr[3].

bb) Ständige Ausschüsse. Ständige Ausschüsse (*Standing Committees*) sind entweder allgemein von der Geschäftsordnung oder sessionsweise durch *Sessional Orders* vorgesehen. Hier zeigt sich der Unterschied von den Legislativtechniken anderer Staaten am deutlichsten. Denn statt Kommissionen aufzustellen, die nach Sachgebieten eingeteilt sind (etwa auswärtige Politik, Justiz, Inneres, Wirtschaft, Arbeit, Streitkräfte usw.) wird jede Vorlage einem der lediglich mit Buchstaben (A–G) bezeichne-

[1] *Select Committee on Procedure in Commons* (1948) (H.C. Nr. 191) und dasjenige von 1959 (H.C. Nr. 92). Die maßgebende Monographie über den Gegenstand ist K. C. WHEARE, *Government by Committee*, London 1955.

[2] Siehe darüber unten S. 348ff.

[3] Aber das Verfahren gilt allgemein als sehr zeitraubend. Es wurde ausgerechnet, daß innerhalb der letzten zehn Jahre vor 1959 die Commons mindestens ein Viertel ihrer gesamten Zeit als Gesamtausschuß getagt haben. Es sollte durch Kommissionsberatung in kleineren Ausschüssen ersetzt werden, die sich aus den sachverständigen MPs zusammensetzen; letzten Endes empfehle sich die Beibehaltung nur bei nichtstreitigen Vorlagen, bei solchen, die besonders dringlich sind und solchen von erstrangiger verfassungsrechtlicher Bedeutung.

ten Ausschüsse überwiesen, so daß also der betreffende Ausschuß ohne dauernde Zuweisung bestimmter Sachgebiete sich mit jeder beliebigen Materie befassen kann und muß. Jeder derselben besteht aus zwischen zwanzig und fünfzig Mitgliedern, die nach Entscheidung des *Committee on Selection* angewiesen werden, eine bestimmte Vorlage zu beraten und Änderungsvorschläge zu machen[1]. Der Kern wird von einigen zwanzig Mitgliedern gebildet, die dort gewissermaßen die Regulären sind, da sie kaum eine Sitzung versäumen. Um aber das Sachverständigenelement stärker zu betonen, werden ihm bei der Beratung der einzelnen Vorlagen noch andere Abgeordnete beigegeben, bei denen man besondere Sachkenntnis voraussetzt, was festzustellen Sache der Einpeitscher ist. Aber auch dieses Personal ist keineswegs permanent und mag von Zeit zu Zeit für die verschiedenen Vorlagen ausgewechselt werden. Die Technik hat den unbestreitbaren Vorteil des größeren Sachverständnisses der Beratungsteilnehmer, was der Sachbehandlung zugute kommt. Verglichen mit dem *Committee of the Whole House* sind die Ausschüsse in der Tat in der Lage, ein Vielfaches an Vorlagen zu erledigen[2].

[1] Eine Sonderstellung nehmen die Regional-*Committees on Scottish* und *on Welsh Affairs* ein, die aus den in Schottland bzw. Wales gewählten Abgeordneten, unter Hinzufügung einiger anderer, bestehen und sich mit den Schottland bzw. Wales allein betreffenden Angelegenheiten befassen, also gleichfalls nicht nach Sachgebieten organisiert sind. Auch das sich nur mit den von den *private members* eingebrachten Vorlagen beschäftigende *Committee* kann nicht als sachspezialisiert gelten.

[2] Die folgenden lehrreichen Angaben sind dem auf Veranlassung des *Deputy Chairman of Ways and Means* zusammengestellten Bericht über die *Standing Committees* für die Session 1963/64 entnommen: Von den 630 Unterhausmitgliedern leisteten insgesamt 514 Ausschuß-Dienste. Die Zahl der Ausschuß-Sitzungen, zu denen sie aufgeboten wurden, ist außerordentlich verschieden und reicht von einer einzigen bis zu 69. Hohe Ziffern wurden besonders dann erreicht, wenn die allgemeinen neben dem schottischen Ausschuß zu besuchen waren. Ebensosehr wechselt das Verhältnis der tatsächlich besuchten Sitzungen zu denjenigen, die abgehalten wurden; im allgemeinen ist aber die Teilnahme durchaus befriedigend und vielfach wurden alle oder fast alle Ausschuß-Sitzungen besucht, zu denen eingeladen worden war. Die Arbeitsleistung ist gleichfalls sehr verschieden:

Standing Committee A	behandelte	8	Bills in	17	Sitzungen
Standing Committee B	behandelte	6	Bills in	19	Sitzungen
Standing Committee C	behandelte	17	Bills in	25	Sitzungen
Standing Committee D	behandelte	5	Bills in	24	Sitzungen
Standing Committee E	behandelte	3	Bills in	40	Sitzungen
Standing Committee F	behandelte	3	Bills in	27	Sitzungen
Standing Committee G	behandelte	4	Bills in	9	Sitzungen
Scottish Standing Committee	behandelte	5	Bills in	31	Sitzungen
		51		192	

Die Zahl der auf eine einzelne Vorlage verwendeten Sitzungen war je nach dem Sachgegenstand verschieden; am meisten Zeit nahm eine *Housing Bill* (29 Sitzungen) und eine solche über das neue Polizeigesetz (18) in Anspruch.

Die wesentliche Aufgabe der ständigen Ausschüsse wird lediglich in der Durchpflügung und, soweit angezeigt, der Verbesserung der Regierungsvorlagen erblickt. Man erwartet daher von den Ausschuß-Mitgliedern nicht, daß sie an deren Stelle ihre eigenen Lösungen bieten. Sie sind verpflichtet, die vorhergegangene Entscheidung durch die Commons in der zweiten Lesung als maßgebend anzunehmen, können also nicht, wie in den Vereinigten Staaten, der Vorlage ein völlig anderes Gesicht geben. Auch fehlt es den Ausschüssen an der Gelegenheit, Publikumswünsche durch *hearings* zur Sprache kommen zu lassen, was aber kaum als Nachteil gilt, weil der Ausschuß sich auf die Berufsbeamten verlassen kann, die dem ständig anwesenden Fachminister beratend zur Seite stehen. In der Kommissionsberatung kann sich jeder sachverständige Hinterbänkler hervortun, wie auch der Vorsitzende, vom Speaker ernannt, immer ein angesehener Hinterbänkler ist, der darauf sieht, daß die Minderheitsrechte dabei nicht zu kurz kommen.

Das Ausschußsystem muß im allgemeinen Zusammenhang der Funktion des Unterhauses im politischen Prozeß beurteilt werden. Die Debattenbeschränkungen im Plenum, unumgänglich wie sie bei der heutigen Überlastung der Commons geworden sind, beeinträchtigen zweifellos die Rolle des Parlaments im Gesetzgebungsverfahren und lassen es mehr als Instrument des Kabinetts erscheinen als seinem Prestige zukommt. Aber das Schwergewicht des Legislativverfahrens hat sich eben, wie in allen anderen Parlamenten auch, vom Plenum auf die Ausschüsse verlagert und damit findet auch eine Verlagerung der Fiktion der parlamentarischen Verantwortung statt, die in Kauf genommen werden muß. Obwohl die Ausschüsse nach wie vor stark verbesserungsbedürftig sind[1], stehen sie an technischem Sachverständnis – worauf es hier allein ankommt – den Einrichtungen anderer Parlamente keineswegs nach.

Seit langem bildet die Kontroverse: sachspezialisierte oder allgemeine Ausschüsse? ein Hauptanliegen der seit Jahrzehnten angestrebten, aber niemals über kleinere Reparaturen hinausgediehenen Reform des Unterhausbetriebs[2]. Was dabei, etwa in Nachfolge des amerikanischen Kongresses oder der französischen Nationalversammlung, zur Erörterung steht, ist die Einsetzung von der Departements-Ordnung entsprechenden Ressortausschüssen, die sich der für ein bestimmtes Department einschlägigen Gesetzgebung, oder auch derjenigen für mehrere zusammen-

---

[1] Verbesserungsvorschläge sind nach folgenden Richtungen gemacht worden: Vermehrung der ständigen Ausschüsse und mehr Zeit für sie; Überweisung aller *public bills* an sie (außer auf ausdrückliche Anweisung der Commons). Erwägenswert wäre vor allem eine Verbreiterung der sachlichen Informationsmöglichkeiten der Ausschußmitglieder, die angesichts des zunehmend technischen Charakters der Vorlagen auf die Dauer nicht zu umgehen sein wird.

[2] Siehe *Parliamentary Reform 1933—1960*, veröffentlicht für die *Hansard Society*, London 1961, S. 43ff.

gefaßt, annehmen würden. Die Schwierigkeiten, die sich der Verwirklichung solcher Pläne entgegenstellen, liegen vor allem darin, daß damit die Forderung verbunden wird, der einzelne Ausschuß solle darüber hinaus auch die Verwaltungskontrolle „seines" Departments vornehmen. Dem steht entgegen, daß die Commons als Kollektivorgan bereits für diesen Zweck über bewährte Sonderausschüsse verfügen, von denen gleich die Rede sein wird. Eine den gesamten Unterhausbetrieb erschütternde Kompetenzen-Konkurrenz würde also die ausausweichliche Folge sein. An sich unterliegt es kaum einem Zweifel, daß solche Ressortausschüsse in der Lage wären, mit der Zeit einen Stamm wirklicher Sachverständiger unter den MPs auszubilden, zumal wenn man die normalerweise übliche Wiederwahl berücksichtigt; wer lange Mitglied eines Militärausschusses ist, wird *nolens volens* zum Sachverständigen im Militärwesen. Vielleicht ist dieser Mangel im britischen Milieu aber weniger fühlbar, da bei der Ausschußberatung einer bestimmten Bill ohnhin Sachverständige, soweit vorhanden, von Fall zu Fall zugezogen werden.

Mit einer so revolutionären Umgestaltung des Ausschußwesens ist also in absehbarer Zeit kaum zu rechnen. Das (2.) Kabinett Wilson erzielte aber hier einen bemerkenswerten Durchbruch, indem es beabsichtigt, einzelne sachspezialisierte Ausschüsse aufzustellen, wobei als zunächst zweckdienliche Gebiete das *Home Office*, Erziehungswesen und Wissenschaft, Wohnungswesen und Lokalverwaltung angeführt wurden. Darüber hinaus wird nach der Regierungserklärung auch an Experimente mit regionalen Ausschüssen für Wirtschaftsgebiete nach dem Vorgang der schottischen und wallisischen Kommissionen gedacht[1].

cc) Select Committees. Diese, aus nicht mehr als fünfzehn Mitgliedern bestehend, beruhen teils auf der Geschäftsordnung und sind quasi-ständig, wenn auch mit wechselnder Mitgliedschaft, teils sind sie für die Session bestellt. Sie werden jetzt nur mehr sehr selten zur Vorberatung (vor dem eigentlichen Ausschußstadium) bestimmter öffentlicher Bills benutzt. Mehrere von ihnen befassen sich mit dem Betrieb der Commons selbst, nämlich das wichtige *Committee of Selection*, dem die Zuweisung der Mitglieder an die ständigen Ausschüsse obliegt; das mehrfach erwähnte *Committee of Privilegs*, das Privilegienbrüche untersucht und darüber an das Plenum berichtet, und das den Mitgliedern keineswegs gleichgültige *Committee on Kitchen and Refreshment Rooms*, dem das leibliche Wohl der MPs anvertraut ist. Weit bedeutungsvoller aber für den politischen Betrieb sind vier andere *Select Committees*, denen die wichtige Funktion der Regierungs- und Verwaltungskontrolle zukommt, die das Kabinett den rein legislativen Ausschüssen durchwegs vorenthält. Diese sind das *Public Accounts Committee* (seit 1861), das sachlich

[1] Thronrede vom 21. April 1966; siehe *The Times* vom 22. April 1966, S. 16, Sp. 3.

die Funktion eines obersten Rechnungshofs ausübt. Es überprüft die Ausgabengebarung der einzelnen Ministerien, dabei von einem nur dem Parlament und nicht der Regierung verantwortlichen Beamten, dem *Comptroller and Auditor-General* und seinem gesiebten Beamtenstab unterstützt. Es fungiert als eine Art Wachhund über die Ministerialbürokratie, die ihm die gebührende Aufmerksamkeit schenkt. Die anderen sind das *Estimates Committee*, das *Statutory Instruments Committee* und das *Committee on Nationalized Industries*, die später an den einschlägigen Stellen zu behandeln sind[1].

dd) Joint Committees beider Häuser. Gemeinsame Ausschüsse der Commons und der Lords werden von Zeit zu Zeit aufgestellt, wenn es sich um beide Häuser angehende und nichtpolitische Angelegenheiten handelt. Ein Beispiel ist der ständige Ausschuß über die Zusammenfassung (*consolidation*) von Gesetzesmaterien nach Maßgabe des *Consolidation of Enactments (Procedure) Act* von 1949 (12, 13 & 14 Geo. 6, c. 33). Dies ist eine in Großbritannien angesichts der endlos verschachtelten Gesetzgebung wichtige Aufgabe, der nunmehr mit der von der Regierung Wilson errichteten dauernden *Law Commission* zuleibe gegangen werden soll (*Law Commission Act* von 1965 [Eliz. 2, c. 22]).

ee) Royal Commissions. Wiederum eine Einrichtung, in der England vorbildlich ist, sind die *Royal Commissions.* Eher Instrument der Regierung als des Parlaments, sind ihre von der Regierung ernannten Mitglieder, meist nicht dem Parlament entnommen, Sachverständige ersten Ranges und Persönlichkeiten von anerkanntem öffentlichem Gewicht. Sie dienten in der Vergangenheit zur Berichterstattung über öffentliche Angelegenheiten, die einer Grundentscheidung bedurften, haben keinerlei politische Färbung und genießen bei den Abgeordneten wie beim Publikum mit Recht das höchste Ansehen als neutrale Instanzen, welche in grundlegenden Fragen nicht nur berichten, sondern der einzuschlagenden Politik die Richtung weisen.

---

[1] Siehe unten S. 352, 366ff. und Bd. II, S. 210ff.

Dreizehntes Kapitel

Das parlamentarische Gesetzgebungsverfahren I: Die allgemeinen Gesetze

1. Theorie und Praxis der parlamentarischen Gesetzgebungskompetenz

Bei der Beurteilung der Gesetzgebungsfunktion im Rahmen des Regierungstyps Großbritanniens sieht man sich einer erstaunlichen Divergenz von Theorie und Praxis gegenübergestellt. Der klassischen Staatslehre gilt die Gesetzgebung als die wesentlichste der Staatsfunktionen und das Parlament als der eigentliche Träger der Gesetzgebungsfunktion. Einer realistischeren Auffassung allerdings erscheint die Gesetzgebung eher als ein Attribut der Regierungsführung, als die Aus- und Durchführung der von der Regierung getroffenen Entscheidungsfällung (*policy determination*). Aber auch von diesem Gesichtswinkel her betrachtet ist das Parlament nach wie vor zum Erlaß der Gesetzgebung formell unentbehrlich. Keine Regierungsvorlage kann ohne die Zustimmung der Commons zum gültigen Gesetz werden. Die Parlamentssouveränität[1] gilt also nach wie vor insofern, als jedes allgemein gültige Gesetz – *public bill* – vom Parlament erlassen werden muß und daß dieses jede beliebige Materie zum Gegenstand der Gesetzgebung machen kann. Demgemäß gehen die Gerichte von der Grundtatsache aus, daß keine andere Instanz zum Erlaß von allgemein gültigen Normen berechtigt ist, es sei denn, sie sei dazu durch ein Parlamentsgesetz ermächtigt worden (*delegated* oder *subordinate legislation*). Zahlreiche Gerichtsentscheidungen sprechen von der Gesetzgebungsmacht des Parlaments als *absolute, supreme, omnipotent,* und noch in neuester Zeit konnte ein hoher Richter sagen (*National Union of General and Municipal Workers v. Gillian* [1946] [1. K. B. 81] [C. A.]): "*Parliament* ... can *make new legal creatures if it desires*". In der Wirklichkeit der Staatspraxis aber ist die theoretisch aufrechterhaltene Gesetzgebungssouveränität des Parlaments nichts mehr als eine Fiktion. In keiner anderen konstitutionellen Demokratie hat sich Royer Collards Epigramm: "*Initier la loi c'est gouverner*" mehr bewahrheitet als in Großbritannien. Mit ganz verschwindenden Ausnahmen der *private members* besitzt das Kabinett die Gesetzgebungsinitiative und damit das Gesetzgebungsmonopol, da es kraft seiner Beherrschung der Verfahrensordnung und seiner unangreifbaren Mehrheit auch die Macht hat, die schließliche Verabschiedung

[1] Siehe oben S. (62ff.).

seiner Vorlagen durchzusetzen. In der Tat liegt die Klinke der Gesetzgebung nicht in der Hand des angeblich souveränen Parlaments, sondern der Regierung.

Die Gesetzgebungssouveränität des Parlaments besteht allerdings auch heute noch insofern zu Recht, als weder der Regierung als solcher eine Normensetzungsbefugnis zu eigenem Recht zusteht noch, wie dies in den meisten kontinentalen Staaten der Fall ist, daß sie von sich aus ohne parlamentarische Ermächtigung berechtigt wäre, auf dem Verordnungsweg die Anwendung eines Gesetzes im einzelnen zu bestimmen, wie der *Case of Proclamations*, jener Meilenstein der britischen Verfassungsgeschichte, bereits 1611 festlegte (12 Co. Rep. 74; 2 St. Tr. 723). Nur insoweit kann das Parlament im Normensetzungsverfahren entbehrt werden, als die Krone kraft ihrer Prärogative auf den ihr noch vorbehaltenen Gebieten (beispielsweise bei den Streitkräften oder für Kolonialgebiete ohne Selbstverwaltung) durch *Order in Council* normensetzungsberechtigt ist, was aber nach der heutigen Praxis ausnahmslos durch das Kabinett vollzogen wird[1].

2. Zur geschichtlichen Entwicklung der Parlamentsgesetzgebung

Es ist jedoch nicht immer so gewesen. In der Feudalzeit war die Krone als *King in Council* die ausschließliche Gesetzgebungsautorität, oft nichts anderes als Verträge des Monarchen mit den Magnaten betreffend und unter den verschiedensten Bezeichnungen (*Charter*, *Constitution*, *Ordinance* und auch *Assizes*) ergangen. Erst allmählich schaltete sich das Parlament – oder was damals dafür galt – durch Petition (*petition*) ein, die dann mit der Erstarkung der Repräsentativeinrichtungen die vorzugsweise Form der Gesetzgebung wurde[2]. Die Form der Petition für die Parlamentsgesetzgebung wurde bis ins 17. Jahrhundert beibehalten, so die *Petition of Rights* von 1628 (3 Cha. 1, c. 1). Der Nachteil der Petition war, daß die Krone nach Gutdünken sie ablehnen, ihren Wortlaut abändern oder ihren Inhalt durch eine königliche Verordnung ersetzen konnte, die dann jederzeit wieder aufgehoben werden konnte, während ein formgerecht erlassenes und in das amtliche Gesetzesregister einge-

---

[1] Siehe unten S. 508ff. Der letzte Fall einer Gesetzgebung durch *proclamation* auf Grund der Prärogative ereignete sich unter dem Ministerium des älteren Pitt (Lord Chatham) (1766), als wegen einer schlechten Ernte die Weizenausfuhr verboten werden mußte. Da die Handlungsweise unmißverständlich verfassungswidrig war, mußten die zuständigen Minister durch einen Indemnitätsakt gedeckt werden.

[2] Das frühe Gesetz (*Quia Emptores* von 1289/9) unter Edward dem Bekenner (18 Edw. 1) wurde ausdrücklich *instantia magnatum*, der *Treason Act* von 1352 (25 Edw. 3, st. 5, c. 2) auf Veranlassung der Commons erlassen, die sich gegen die willkürliche Auslegung des Hochverratstatbestandes durch die Krone wehren wollten.

tragenes (*enrolled*) Parlamentsgesetz nur durch ein gleichartiges abgeändert oder aufgehoben werden konnte. Unter Henry V. (1413–1422) setzte das Parlament es durch, daß die Krone ihr Abänderungsrecht gegenüber dem Wortlaut der Petition aufgab und sich nur mehr Annahme oder Ablehnung vorbehielt. Daraus ergab sich dann logisch unter seinem Nachfolger Henry VI. (1422–1461) die Ersetzung der Petition durch das vollgültige Parlamentsgesetz (*bill*), das mit der Zeit die ausschließliche Form geworden ist. Mit der Einführung der Technik der *bill* ergab sich die Notwendigkeit der Verfahrensregelung innerhalb des Parlaments und auch ihrer sachverständigen Abfassung (*drafting*). Zur Ausgestaltung einer eigentlichen Gesetzgebung durch die Krone ist es nachher nie mehr gekommen, wenn man nicht die vom Parlament Henry VIII. in der *Statute of Proclamations* von 1539 (31 Hen. 8, c. 8) erteilte Ermächtigung als solche ansehen will[1].

3. Arten der Parlamentsgesetze

Nach der heutigen Praxis wird eine Gesetzesvorlage, solange sie noch der parlamentarischen Behandlung unterliegt, als *bill* bezeichnet. Die endgültig verabschiedete Bill heißt *statute*. Bills werden in *public* und in *private* eingeteilt. Der Unterschied besteht darin, daß die erstere das allgemeine, für jedermann gültige Recht zum Gegenstand hat, die letztere aber sich auf Angelegenheiten einer öffentlichen Gebietsverwaltung (*local*) oder auf solch einer Korporativgruppe oder auch eines Individuums bezieht. Eine *public bill* kann sich auch nur mit einer bestimmt bezeichneten, aber zahlenmäßig nicht bestimmbaren Personengruppe, z. B. den Ärzten, befassen. Heute werden *public bills* meist von einem Minister im Namen der Regierung eingebracht und heißen daher *government bills*. Dem nicht zur Regierung gehörigen Parlamentsmitglied aller Parteien, also dem *private member*, wird nur eine höchst beschränkte Gelegenheit zur Gesetzesinitiative geboten[2]. Bei der Behandlung der *public bills* im Parlament kommen alle Verfahrensregeln, wie sie früher beschrieben wurden – also Antrag, Debatte, Abstimmung usw. –, zur Anwendung.

Für die *private bills* besteht ein Sonderverfahren; sie gehen von Gruppen oder Personen außerhalb des Parlaments aus, die an ihrem Erlaß ein Interesse haben, wobei die alte Form der Petition zur Anwendung kommt[3]. Das Durchbringen einer *private bill* ist mit erheblichen

---

[1] Siehe oben S. 63.

[2] Dies sind die sogenannten *private member bills* (siehe unten S. 323 ff.), die aber nicht mit der Kategorie der *private bills* verwechselt werden dürfen.

[3] Zwischen *public* und *private bills* bestehen sehr erhebliche Unterschiede sowohl hinsichtlich der Terminologie wie des Verfahrens und überdies auch zwischen den beiden Häusern, die wegen ihrer außerordentlichen Komplexität hier nicht erörtert werden können. Das Verfahren ist weniger ein gesetzgeberisches als ein gerichtsähnliches, bei dem die davon betroffenen oder daran beteiligten Parteien sich durch

Kosten verbunden, da beide Häuser Gebühren je nach dem Gegenstand erheben, solche auch für die vorgeschriebenen parlamentarischen Agenten[1] anfallen und überdies die achtmalige Veröffentlichung in der Lokalpresse und der *London Gazette* zu bezahlen ist.

Schließlich besteht noch eine dritte Kategorie von Vorlagen, die als *hybrid bills*, etwa mit gemischten Vorlagen zu übersetzen, bezeichnet werden. Sie werden als *public bills* meist von der Regierung eingebracht, unterscheiden sich aber dadurch von diesen und nähern sich damit den *private bills* an, daß sie bestimmte Personen im öffentlichen Interesse angehen, denen dann von Anfang an Nachricht gegeben werden muß, daß sie eingebracht werden und denen auch in einem bestimmten Stadium der parlamentarischen Behandlung, wenn sie nach der 2. Lesung einem *Select Committee* überwiesen sind, Gelegenheit zur Geltendmachung ihrer Stellungnahme gegeben werden muß. Das Verfahren ist von dem der *public bills* verschieden. Die Entscheidung, um welche Kategorie es sich handelt, – wovon das einzuschlagende Verfahren abhängt–, wird von einem *Select Committee* getroffen und ist oft sehr schwierig. Soll ein Grundstück enteignet werden, um darauf ein Postamt zu errichten, handelt es sich unzweideutig um eine solche Mischungslage. Wichtige Wirtschaftsgesetze wie dasjenige, das die Bank von England nationalisierte, das allgemeine Londoner Transport- und Verkehrsgesetz (*London Passenger Transport Bill*) oder die Regelung des Rundfunks (*Cable and Wireless Bill*) wurden als *hybrid bills* behandelt, dagegen die großen Nationalisierungsgesetze der vierziger Jahre für Gas, Elektrizität und Kohle als *public bills*. Solche *hybrid bills* haben neuerdings an Zahl und wirtschaftlicher Bedeutung stark zugenommen[2].

Eine vierte Art von Bills ist schließlich die *Provisional Order Confirmation Bill*; sie ist dazu bestimmt, den Anweisungen der Departments, soweit sie nach statutarischer Ermächtigung erfolgen und soweit sie Privatrechte betreffen, Gesetzeskraft zu verleihen. An sich handelt es sich dabei um Gegenstände, die als *private bills* behandelt werden müßten, aber zur Zeitersparnis wird nunmehr unter dem *Statutary Orders (Special Procedure) Act* von 1945 (9 & 10 Geo. 6, c. 18) ein spezielles Verfahren verwendet, das Beschleunigung und Anhörung der betroffenen Privat-

---

Anwälte vertreten lassen und Zeugen vernommen werden können. Es müssen aber dabei die gleichen Stadien durchlaufen werden wie bei den *public bills*. An der Behandlung der *private bills* wirken die beiden Häuser zu ungefähr gleichen Teilen mit; das Oberhaus kann dabei gründlicher vorgehen.

[1] Von diesen erstklassigen juristischen Spezialisten gibt es im ganzen Vereinigten Königreich derzeit nicht mehr als etwa zwanzig; siehe D. C. M. YARDLEY, *The Work and Status of the Parliamentary Agent*, Parliamentary Affairs, Bd. 18 (1965), S. 162ff.

[2] Das Verfahren wurde nach Maßgabe des *Report of Select Committee on Procedure in Commons* (H.C. Nr. 191) (1948) entsprechend geregelt.

interessen ermöglicht. Die Technik gilt besonders für die Lokalverwaltung[1].

4. Das Verfahren bei den Public Bills

a) Abfassung und Einbringung

So gut wie alle *public bills* kommen als Regierungsvorlagen vor das Parlament. Eine gesetzgeberische Initiative „aus der Mitte des Hauses" besteht also überhaupt nicht; die kaum je erfolgreichen *private member bills* zählen nicht. Die Regierungsinitiative mag aus den verschiedenen Quellen gespeist sein: Es hat sich ein öffentliches und öffentlich bekundetes Bedürfnis zur gesetzlichen Regelung einer Materie ergeben; ein einflußreicher Interessentenverband erhebt eine diesbezügliche Anregung oder Forderung; ein Programmpunkt der Regierungspartei soll aktualisiert werden; meist aber wird der Anstoß zur gesetzlichen Regelung von den Berufsbeamten der einzelnen Ministerien ausgehen, die am ehesten in der Lage sind, Lücken oder Verbesserungsnotwendigkeiten der geltenden Gesetzgebung festzustellen und sich mit ihren Vorschlägen bei ihren politischen Vorgesetzten Gehör zu verschaffen; hier wird es sich in der Regel um Utilitätsgesetze handeln, die den Normalablauf des Sozial- und Wirtschaftslebens betreffen.

Was immer der Ausgangspunkt ist, die Vorbereitung des Entwurfs obliegt den Berufsbeamten der Ministerien und in letzter und entscheidender Linie einem speziellen Regierungsbüro, dem *Parliamentary Secretary of the Treasury*[2]. Wenn ein Vorschlag von einem bestimmten Department ausgeht, so wird er bei allen daran interessierten Ministerien in Umlauf gesetzt; auch werden schon in diesem Vorstadium die davon betroffenen Interessentenverbände und andere Sozialgruppen formlos verständigt und gehört. Unabhängige Sachverständige mögen befragt werden. Erst wenn all diese Informationen gesammelt und verarbeitet sind, beschließt das Kabinett die Vorlage eines Entwurfs an das Parlament, entweder an das Unterhaus, wenn es sich um politisch wichtige, jedoch auch zuerst an das Oberhaus, wenn es sich um technisch komplizierte, aber politisch nicht-streitige Vorlagen handelt. Diese Vorarbeiten werden mit großer Sorgfalt geführt und nehmen oft geraume, sich über Jahre erstreckende Zeit in Anspruch. Der sachverständige Beamtenstab in dem vorerwähnten Büro, zu dem außer den unentbehrlichen Juristen auch Sachkenner des betreffenden Gebiets gehören, arbeitet dann den Entwurf aus, der in seiner endgültigen Form wieder dem zuständigen Minister und schließlich dem Kabinett vorgelegt wird. Diese „*drafting*"-Technik erfordert neben den juristischen auch Spezialkenntnisse sachlicher und techni-

[1] Siehe darüber Bd. II, S. 165.

[2] Dieser ist ein oft mit Ministerrang ausgestattetes Mitglied des Unterhauses und amtiert als der Stellvertreter des Schatzkanzlers; siehe unten S. 445.

scher Natur. Vor allem muß bei der Formulierung auf bereits bestehende gesetzliche Regelungen Rücksicht genommen werden, die nicht selten im neuen Gesetzentwurf nur zitiert, ohne neugefaßt zu werden. Diese Technik der Verweisung (*legislation by reference*), in allen angelsächsischen Ländern mehr ausgeprägt als in den Staaten mit römischer Rechts-Tradition, hängt letztlich damit zusammen, daß das englische Gesetzesrecht wie die ausgegrabene Stadt Troja aus zahlreichen historischen Schichten besteht, die miteinander verflochten oder geradezu verfilzt sind. In keinem anderen Land haben ältere und alte Normensetzungen sich so weitgehend erhalten wie in England. Es ist allerdings zu bemerken, daß neuerdings großzügige Zusammenfassungs- und Bereinigungsarbeiten (*consolidation statutes* genannt) unternommen wurden, welche einzelne Gesetzgebungsmaterien modernisieren, Überholtes ausmerzen, sie übersichtlich zusammenfassen und auch dem Ausarbeitungsstab sein Werk erleichtern[1].

Im allgemeinen sind englische Regierungsvorlagen mit sachverständiger Kompetenz entworfen. Infolge ihrer Beherrschung des Gesetzgebungsverfahrens ist die Regierung in der Lage, sich dilettantischen und nicht durchdachten, hastigen oder unsachlichen Motiven entspringenden Abänderungsvorschlägen der Abgeordneten mit Erfolg zu widersetzen. Die federführende Ministerialbürokratie hält sich nicht für unfehlbar und ist wirklich relevanten Abänderungsvorschlägen durchaus zugänglich; die Freiheit des Unterhauses in der Behandlung einer Regierungsvorlage ist nicht unzulässig beschränkt. Erfahrungsgemäß werden viele Änderungen angenommen und es kann auch sein, daß die eine oder andere wichtigere Bestimmung geändert wird. Aber im großen und ganzen ist das legislative Endprodukt dem ursprünglichen Regierungsentwurf weit näher als in den meisten anderen konstitutionellen Demokratien. Findet ein Entwurf wirklich einen starken Widerstand auch bei der Regierungspartei, nimmt die Regierung keinen Anstand, ihn überhaupt zurückzuziehen. Aber dank der Beherrschung der Debattenzeit durch die Regierung kann mit Sicherheit damit gerechnet werden, daß ein Entwurf während der Session, in der er eingebracht wurde, auch wirklich erledigt und verabschiedet wird.

b) Die Gesetzgebungsstadien im Unterhaus

Die im Laufe der Jahrhunderte vom britischen Parlament entwickelten Techniken des Gesetzgebungsverfahrens sind für alle anderen Parlamente

[1] Modernisierungsgesetze dieser Art sind beispielsweise: *Local Government Act* von 1933 (23 & 24 Geo. 5, c. 51); *Public Health Act* von 1936 (26 Geo. 5 & 1 Edw. 8, c. 49); *Companies Act* von 1948 (11 & 12 Geo. 6, c. 38); *Marriage Act* von 1949 (12 & 13 Geo. 6, c. 76) und, einschlägig für unseren Gegenstand, der *Representation of the People Act* von 1949 (11, 12 & 13 Geo. 6, c. 68). Der *Magistrates' Court Act* von 1952 (15 & 16 Geo. 6 & 1 Eliz. 2, c. 55) konnte nicht weniger als 64 vorherige Gesetze entweder ganz oder zum Teil aufheben.

vorbildlich geworden, unterliegen aber jeweils national bedingten Abwandlungen. Die heutige britische Gesetzgebungspraxis ist durch drei Merkmale ausgezeichnet, die keineswegs in allen anderen Ländern im selben Umfang gelten: Die Regierung hat die Klinke der Gesetzgebung fest in der Hand und läßt sie sich nicht entwinden; Regierungsgesetze sind also unbedingter Annahme sicher. Der Minderheit ist ausreichende Gelegenheit zur Geltendmachung ihrer Bedenken gegeben, die aber die schließliche Annahme der Vorlage weder vereiteln noch wesentlich verzögern können. Die Regierungsvorlagen werden zeitgerecht nach Maßgabe des Regierungsfahrplans, jedoch im Einvernehmen mit der Opposition und dem Speaker, behandelt und verabschiedet.

Wie bereits vermerkt, können nach Verfassungskonvention Geldgesetze und solche, welche die Volksvertretung und andere verfassungsrechtliche Bestimmungen zum Gegenstand haben, nur in den Commons eingebracht werden. Die Vorlage oder Einbringung einer *public bill*, gleichgültig ob als Regierungsvorlage durch einen Minister oder als *private member bill*, erfolgt durch Aufnahme in eine gedruckte Liste (*Order Paper*) und ihre Niederlegung auf den „Tisch des Hauses". Dann wird die *Erste Lesung* als bloße Formalität vorgenommen, indem der *Clerk* lediglich den Titel vorliest; dann erfolgt die Drucklegung. Zu der von der Regierung mit dem Speaker anberaumten Zeit, in der Regel innerhalb von zwei bis drei Wochen, erfolgt dann die *Zweite Lesung*, wiederum ohne daß die Bill *in toto* vorgelesen würde; lediglich ihre Hauptgesichtspunkte werden von einem Regierungsmitglied dargelegt und erörtert. Wird gegen die Bill ernsthafter Widerstand erhoben, kann dies nur an den Tagen stattfinden, wo solche Bills behandelt werden dürfen[1]. Die Prozedur dauert ein bis zwei Tage, bei ganz wichtigen Vorlagen auch drei Tage. Die Opposition hat volle Gelegenheit zur Darlegung ihres Standpunktes.

Bei einer *Government Bill* ist aber die Annahme in der zweiten Lesung meist in den späten Abendstunden absolut sicher. Der Entwurf geht dann an einen Ausschuß nach Maßgabe der Anweisung des *Committee of Selection*. Handelt es sich um verfassungsrechtlich wichtige Fragen, kann die Kommissionsbehandlung durch das *Committee of the Whole House* beschlossen werden, was aber die Regierung immer kraft ihrer Mehrheit verhindern kann. Bei Finanz-Bills, die den *Consolidated Fund* betreffen, und bei Geldbewilligungsgesetzen ist das Ausschußstadium immer das *Committee of the Whole House*. Hier ist der Vorteil, daß alle Mitglieder sich beteiligen können, da die Debattenregeln erleichtert sind.

[1] Opposition dagegen kann dadurch geltend gemacht werden, daß der Antrag auf Verschiebung für sechs Monate gestellt wird oder es wird ein überhaupt nicht damit in Zusammenhang stehender Antrag mit der gleichen Wirkung gestellt.

In der nunmehr folgenden Ausschußberatung wird der Entwurf Paragraph (Sektion) für Paragraph, Absatz für Absatz, Satz für Satz und Wort für Wort durchberaten und die Abänderungsvorschläge desgleichen, es sei denn, daß die früher behandelten Debattenbeschränkungen zum Zuge kämen. Minderheitsgesichtspunkte finden hier immer Berücksichtigung und der Hinterbänkler kann sein Sachverständnis zur Geltung bringen.

Hat eine Bill die Ausschußberatung ohne Abänderungen überstanden, kann sie nach ihrem Abschluß sofort zur *Dritten Lesung* gebracht werden. Sind aber Änderungen vorgenommen worden, wird erst das Berichtsstadium (*report stage*) eingeschoben. Auch hier sind weitere Abänderungsvorschläge zulässig, doch sieht der Speaker darauf, daß nur solche behandelt werden, die neu sind, und kein Wiederkäuen dessen stattfindet, was bereits im Ausschuß erörtert wurde.

Dem Report-Stadium folgt dann die *Dritte Lesung*, für die höchstens ein Sitzungstag reserviert ist. Es findet zwar eine Debatte über ihre Grundlinien statt, Abänderungsvorschläge sind aber nur hinsichtlich des Wortlauts zulässig. Sie schließt mit dem Antrag *"that the bill be now read a third time"* – *lucus a non lucendo*, da sie im ganzen Verfahren vor dem Plenum überhaupt niemals verlesen worden ist –, und wird er angenommen, was bei Regierungsvorlagen unweigerlich der Fall ist, so hat das Unterhaus sein Werk getan und die Vorlage geht durch die amtlichen Kanäle an das Oberhaus[1].

c) Die Rolle des private member bei der Gesetzgebung

Das Los der *private members* beim Gesetzgebungsverfahren ist nicht beneidenswert. Die ständig zunehmende Geschäftslast und die dadurch bedingte Monopolstellung der Regierungsvorlagen haben es mit sich gebracht, daß die Gesetzgebungsinitiative des einzelnen Parlamentsmitglieds, das nicht zur Regierung und auch nicht zum „Schattenkabinett" gehört – und das sind gut fünf Sechstel der gesamten Mitgliedschaft – so gut wie völlig abgewürgt wird. Daß ein *private member* keine Finanzbill einbringen kann, die mit einer Ausgabe verbunden ist, mag noch angehen, weil der Konventionalregel nach solche Anträge nur von einem Regierungsmitglied mit der Fiktion einer Empfehlung der Krone eingebracht werden können. Niemand kann also seinem Wahlkreis dadurch imponieren wollen, daß er die dortige Errichtung eines Flughafens vorschlägt. Andere Gesetzgebungsvorschläge mögen zwar eingebracht werden, aber wer dies tun will, muß zu Beginn der Session um die allein zur Veranstaltung einer zweiten Lesung reservierte Zeit an bestimmten Freitagen losen. Wem Fortuna dabei lächelt, ist noch lange nicht aus dem

[1] Die altertümliche Formel ist: *Soit baillé aux Seigneurs.*

Gestrüpp heraus; denn in früheren Jahren strich die Regierung ihre Zeit an allen Freitagen nach Ostern und neuerdings überhaupt an allen Freitagen (so schon 1939—1949), so daß das Dutzend Leute, die das große Los eines Freitags gezogen haben, das Nachsehen hatte. Angesichts der absoluten Vormacht der Regierung bei der Gesetzgebungsplanung hat eine *private member*-Bill nur dann Aussicht auf Annahme, wenn sie von der Regierung selbst als *government bill* übernommen oder zumindest dadurch gefördert wird, daß Zeit für ihre zweite Lesung gefunden wird. Einer der wichtigsten Fälle dieser Art in der neueren Zeit war die von dem Labour-Abgeordneten Silverman eingebrachte Vorlage zur völligen Abschaffung der Todesstrafe für Mord, die am 21. Dezember 1964 in einer von den Parteileitungen freigegebenen Abstimmung vom Unterhaus mit einer Mehrheit von 2 zu 1 angenommen und auch vom Oberhaus mit überzeugender Mehrheit bestätigt wurde (*Murder [Abolition of Death Penalty] Act* von 1965 [Eliz. 2, c. 71])[1]. Was bei Ende der Session nicht erledigt ist, verfällt überhaupt und bestenfalls kann das Mitglied sich dann in der nächsten wieder an der Lotterie beteiligen[2].

Eine weitere Möglichkeit für das *private member* ergibt sich aus der Ausnutzung der sog. *Ten Minutes Rule*, die darin besteht, daß unmittelbar nach Abschluß der Fragenperiode ein Antrag auf Erörterung einer *private member bill* gestellt werden kann, der dann kurz vom Antragsteller begründet und dem gegebenenfalls opponiert wird. Die Maßnahme führt nie zu einem Gesetzgebungsverfahren, sondern dient dazu, die öffentliche Aufmerksamkeit auf einen bestimmten Gegenstand zu lenken, in der Hoffnung, die Regierung werde dann daraus eine eigene Vorlage machen.

---

[1] Es kann aber auch vorkommen, daß eine *private member*-Bill zum Gegenstand heftigster Parteifehde wird. Ein Tory-Abgeordneter hatte eine *private member*-Vorlage eingebracht, nach welcher etwa einer Viertelmillion alter Leute, die bei einer früheren Labour-Maßnahme aus hier nicht zu erörternden Gründen zu kurz gekommen waren, eine entsprechende Aufbesserung ihrer Renten zuteil werden sollte. An sich wäre die Maßnahme durchaus nach dem Geschmack Labours gewesen, aber die Regierung konnte aus Prestigegründen nicht zulassen, daß die Opposition sich des Erfolges rühmen würde. Ebensowenig aber konnte sie es sich leisten, die Vorlage kurzerhand in der zweiten Lesung abzuwürgen. Sie schritt deshalb (26. März 1965) unter Ausnutzung bestimmter Vorschriften der Geschäftsordnung zu einem regelrechten *filibuster* — Totreden — nach amerikanischem Muster, indem Redner auf Redner in einer gerade zur Behandlung stehenden *Consolidated Fund*-Vorlage vorgeschickt wurden, um die Abstimmung über die Bill zu verhindern. Es kam dadurch zu einer bis in den Nachmittag des nächsten Tages dauernden Sitzung von 22 Stunden und 32 Minuten, welche den bisherigen Rekord vor elf Jahren um neun Minuten übertraf. Solche Geschäftsordnungsscherze sind aber selten und nicht gerade ehrenvoll.

[2] Vgl. die unten S. 342 ff. behandelte Statistik der verabschiedeten und der gescheiterten Bills. Regierungsförderung kann bei der überwiegenden Mehrzahl der schließlich verabschiedeten *private member*-Bills angenommen werden.

Trotzdem sind, wie bereits früher angedeutet, die *private members* nicht macht- und einflußlos. Sie haben volle Bewegungsfreiheit in der Fragestunde, die zur Kritik der Regierung und zur Kontrolle ihrer Verwaltung benutzt werden kann; sie kommen in den Ausschußberatungen mit ihren sachverständigen Beiträgen zur Gesetzgebung zum Zug. Und überdies: Ein Krieg kann nicht nur von Generälen und Obersten, er muß mit Soldaten geführt werden, und die Soldaten müssen bei guter Laune erhalten werden. Ohne sie würde die Parteiloyalität leiden und ohne Parteiloyalität wäre das britische System nicht funktionsfähig. Letztlich ist es also die *rank and file*, die große Masse der Hinterbänkler, die den Generalbaß abgibt, auf dem die Harmonie der Regierungsführung durch die Mehrheitspartei beruht.

d) Die Mitwirkung des Oberhauses

Das Gesetzgebungsverfahren bei den Lords gleicht im großen und ganzen dem des Unterhauses, ist aber elastischer und ein wenig formloser. Nur ein kleinerer Teil der Regierungsvorlagen, und zwar diejenigen, die politisch nicht streitig sind, wird vor dem Oberhaus eingebracht, wie etwa die bis in die jüngste Zeit erforderlichen Gesetze zur Abänderung der kanadischen Verfassung (*British North America Acts*) oder der juristisch ungemein komplizierte *Crown Proceedings Act* von 1947 (11 Geo. 6, c. 44)[1], bei denen eine Parteieinstellung nicht in Frage kam. Nimmt das Oberhaus den Entwurf in der ihm vom Unterhaus gegebenen Form ohne Änderungen an, ist er für die königliche Zustimmung fertig[2]. Vom Oberhaus vorgenommene Änderungen gehen an das Unterhaus zur weiteren Beratung zurück. Die Commons mögen es dann bei den Änderungen des Oberhauses belassen – was häufig ist –, so daß die Bill wieder zur königlichen Zustimmung reif ist, oder sie mögen damit nicht einverstanden sein und den Entwurf zur neuerlichen Behandlung an die Lords zurückverweisen[3]. Das Verfahren ist umständlich; ein Vermittlungsausschuß zur Beschleunigung besteht nicht, hätte auch bei der verminderten Bedeutung der Lords wenig Sinn. Kommt überhaupt keine Einigung zustande, so gilt der Entwurf entweder als endgültig gescheitert, oder aber, bestehen die Commons auf ihrer Fassung, tritt die Regelung nach den *Parliament Acts* in Kraft, wonach der Entwurf innerhalb von längstens einem Jahr in der ihm vom Unterhaus gegebenen Form Gesetz wird; darauf lassen es die Lords nicht mehr ankommen. Finanzgesetze werden gleichfalls nach den *Parliament Acts* auch ohne Zustimmung der Lords Gesetz.

---

[1] Siehe Bd. II, S. 106 ff.

[2] Die Formel ist: "*A ceste bille avecque les amendemens les Seigneurs sont assentis*".

[3] Die Formel ist: *Ceste bille est remise aux Seigneurs avecque des raisons.*

e) Die königliche Sanktion

Kein Gesetz kann ohne formelle königliche Zustimmung oder Sanktion (*royal assent*) zur Rechtskraft erwachsen. Formell ist sie ein Akt der Prärogative, materiell aber besteht überhaupt kein Ablehnungsrecht.

Bis zu Beginn des 18. Jahrhunderts stand Zustimmung oder Ablehnung im Ermessen der Krone; der letzte Fall einer Ablehnung war eine schottische Milizbill durch Königin Anne (1707). Seither hat sich die Kabinettsregierung mit der Kabinettsverantwortung ausgebildet. Die Ablehnung der Unterzeichnung einer ordnungsgemäß von den beiden Häusern verabschiedeten Vorlage wäre nicht nur verfassungswidrig, sondern ein Willkürakt, der dem Monarchen unfehlbar sein Kabinett und möglicherweise sogar den Thron kosten würde. Denn königliche Prärogativrechte sind nur nach Rat und unter Verantwortung des Kabinetts auszuüben und kein Kabinett würde dem Monarchen zur Ablehnung einer Vorlage raten, die von der Regierung selbst eingebracht und von ihr durch das Parlament gesteuert worden ist.

Entgegen einer im Ausland noch weit verbreiteten Auffassung wird die königliche Zustimmung niemals durch den Monarchen selbst abgegeben, sie erfolgt vielmehr in der Regel durch Stellvertretung einer *Royal Commission* nach Maßgabe des ehrwürdigen *Royal Assent by Commission Act* von 1541 (33 Hen. 8, c. 21). Das letzte Mal, daß ein Gesetz vom Monarchen persönlich unterschrieben wurde, war unter Victoria 1854. Von den meisten Gesetzen weiß die Königin wahrscheinlich nur, daß sie erlassen wurden und nicht, was sie enthalten. Die Abgabe der königlichen Zustimmung vollzieht sich durch hierzu beauftragte Mitglieder des *Privy Council* und erfolgt im Oberhaus, wo der Akt dann beurkundet wird[1].

Das Parlamentsgesetz tritt an dem Tage in Kraft, an welchem es die königliche Zustimmung erhalten hat, außer wenn es selbst ein späteres Datum als den Zeitpunkt bestimmt hat (*Acts of Parliament (Commencement) Act* von 1793 [33 Geo. 3, c. 13]). In der Regel erscheint die königliche Kommission, welche im Namen der Krone die Sanktion vollzieht, vor dem Oberhaus erst am Ende der Session und spricht sie für die während dieser erlassenen Gesetze gemeinsam aus[2].

[1] Die beim *royal assent* gebrauchten Formeln sind: Bei *public* oder *local bills*: "*La Reine le veult*", ausgesprochen durch den *Clerk of the House*; bei anderen *private bills*: "*Soit fait comme il est désiré*"; bei Finanzgesetzen: "*La Reine remercie ses bons sujets, accepte leur bénévolence et ainsi le veult*". Bei der Ablehnung der Unterzeichnung, heute verfassungsrechtlich ausgeschlossen, würde der Monarch taktvollerweise sagen lassen: "*La Reine s'avisera*".

[2] Bei Abschluß der letzten Session des 1959 gewählten Parlaments (31. Juli 1964) wurde der *royal assent* von der in feierlichen Amtsroben auftretenden Kommission für 42 Gesetze und zwei Maßnahmen der Kirche von England im Namen der Königin Elizabeth II. erteilt; siehe *New York Times* vom 1. August 1964.

5. Das Verfahren bei den Private Bills

Die als *private bills* bezeichnete Klasse von Parlamentsgesetzen, an Zahl die der *public bills* erreichend oder übertreffend, bezieht sich, statt allgemeingültig für oder gegen jedermann zu sein, auf Angelegenheiten der örtlichen Selbstverwaltung oder auch auf solche Angelegenheiten, die nur eine bestimmte Person oder Personengruppe betreffen. Die Lords haben eine Einteilung der *private bills* in lokale (*local*) und persönliche (*personal*) angenommen, der auch die Commons folgen. Im ersteren Fall handelt es sich um die Erweiterung gesetzlicher Zuständigkeiten eines Lokalverwaltungsbezirks oder -behörde, etwa die Ermächtigung zum Bau oder zur Änderung einer öffentlichen Installation (Kanal, Brücke, Hafen, Dock) oder zu öffentlichen Dienstleistungen (Gas, Elektrizität, Wasserversorgung) betreffend. Die Technik, solche erweiterte Lokalverwaltungs-Zuständigkeiten nur durch Parlamentsgesetz zu gewähren, geht darauf zurück, daß sich das Parlament trotz der heutigen weitgehenden Selbstverwaltung durch gewählte Vertretungskörperschaften nie hat entschließen können, den Lokalverwaltungen völlige Autonomie in der Art und Weise einzuräumen, wie sie ihre lokalen Aufgaben erfüllen, hauptsächlich wohl deswegen, um selbst den Interessenausgleich zwischen allgemeinen und örtlichen Bedürfnissen vornehmen zu können. Bei als persönlich klassifizierten *private bills* andererseits, welche bestimmte Personengruppen oder auch Einzelpersonen betreffen, handelte es sich früher um Sonderregelungen für Nachlässe (*estates*), Einbürgerung, Peerage-Fragen und ähnliches. Diese Art ist aber in neuerer Zeit infolge der fortgeschrittenen allgemeinen Gesetzgebung immer seltener geworden.

Während durch die Geschäftsordnungen dafür Sorge getragen wird, daß jährlich etwa die gleiche Zahl solcher *private bills* bei jedem der beiden Häuser eingereicht wird, müssen alle als persönlich bezeichneten Vorlagen dieser Art zuerst vom Oberhaus behandelt werden.

Der Entwurf einer *private bill* muß bei dem betreffenden Haus bis spätestens 27. November eines jeden Jahres mit den entsprechenden Unterlagen eingereicht sein, eine weitere Gelegenheit dazu besteht nicht.

Das Verfahren bei *private bills* unterscheidet sich von dem für *public bills* vorgesehenen einmal dadurch, daß es sich, wenn die Vorlage nach der zweiten Lesung einem Ausschuß (von vier Mitgliedern in den Commons und fünf Mitgliedern in den Lords) überwiesen worden ist, in gerichtsähnlichen Formen abspielt, zum anderen, daß es gerade dadurch für die Interessenten sehr kostspielig wird. Das Ausschußstadium prüft, ob die Zielsetzung der *private bill* sich mit den nationalen Gesamtinteressen vereinbaren läßt. Viele solche Vorlagen scheitern hier. In diesem Stadium sind die Parteien durch Anwälte vertreten und Zeugen können ins Kreuzverhör genommen werden. Einwendungen gegen die

Vorlage müssen bis spätestens 30. Januar vorgebracht werden. Durch eine Reihe sehr komplizierter Verfahrensvorschriften wird allen Beteiligten rechtliches Gehör gewährt. Die oft sehr schwierigen Streitfragen werden vom *Select Committee on Private Bills* der beiden Häuser sowie von einem *Court of Referees* in den Commons bzw. dem Vorsitzenden des *Committee* in den Lords entschieden.

Auch wenn alle diese Hürden überwunden sind, ist die Annahme der Bill noch keineswegs gesichert; denn nicht nur können auch im Berichtsstadium nach Abschluß des Ausschußstadiums Einwendungen und Änderungen vorgebracht werden; selbst wenn das eine Haus die Bill angenommen hat, kommt es nicht selten zu ihrer Verweigerung im anderen. Haben schließlich beide Häuser zugestimmt, so muß die *private bill* wie eine *public bill* die königliche Zustimmung erhalten[1].

Das bei den *private bills* durchzuführende Verfahren ist so umständlich, unberechenbar und auch kostspielig, daß diese Klasse von Parlamentsgesetzen seit dem letzten Krieg im Rückgang begriffen ist. Einmal wurden durch die allgemeinen Gesetze, etwa auf dem Gebiet des öffentlichen Gesundheitswesens oder beim Landerwerb für öffentliche Zwecke (*Acquisition of Land* [*Authorization Procedure*] *Act* von 1946 [9 & 10 Geo. 6, c. 49]), die Befugnisse der Lokalverwaltungsbehörden allgemein so ausgedehnt, daß es für die fortschrittlichen unter ihnen nicht mehr notwendig ist, spezielle Vollmachten im Wege der *private bills* zu suchen, zum anderen aber bestehen in den *Provisional Order Confirmation Acts* oder auch zunehmend durch eine ministerielle Verordnung zugunsten einer Lokalverwaltung Mittel und Wege, um das *private bill*-Verfahren zu vermeiden. Erstere sind einstweilige Ermächtigungen durch den zuständigen Minister, die dann vom Parlament als gewöhnliche Gesetze endgültig gemacht werden, bei letzteren wird je nach dem den Minister ermächtigenden Akt entweder überhaupt keine parlamentarische Zustimmung erforderlich oder sie kann durch eine einfache bestätigende Resolution erteilt werden.

Beurteilt man das *private bill*-Verfahren im Zusammenhang mit der allgemeinen Gesetzgebungstechnik von heute, so erscheint es vielfach veraltet und könnte wohl überhaupt durch den Lokalverwaltungsbehörden in den allgemeinen Gesetzen erteilte Vollmachten ersetzt werden.

6. Die kirchliche Gesetzgebung

An dieser Stelle ist noch einer tief in die Vergangenheit reichenden Besonderheit des englischen Gesetzgebungsverfahrens zu gedenken: Dem Parlament obliegt auch die Beschlußfassung über die kirchliche Gesetzgebung.

---

[1] Bei ihr wird aber eine andere Verbalformel angewendet: "*Soit fait comme il est désiré*".

a) Die englische Staatskirche

Seit mehr als einem Jahrhundert besteht in Großbritannien volle Glaubens- und Gewissensfreiheit für die Mitglieder aller religiösen Konfessionen und Sekten. Der Staat und seine Gerichte sind allen religiösen Organisationen und Bekenntnissen zur gleichen Behandlung verpflichtet. Letztere greifen in die Autonomie religiöser Gemeinschaften nur dann ein, wenn sie ihre eigene Doktrin oder die Grundsätze der natürlichen Gerechtigkeit[1] verletzen; der Schlüsselfall ist *Free Church of Scotland* v. *Lord Overton* ([1904] [A. C. 515]). Innerhalb des religiösen Bereichs aber nimmt die anglikanische Staatskirche – *Church of England* –, der derzeit (1963) 27 Millionen bekennende Mitglieder angehören, eine Sonderstellung ein, die in diesem Zusammenhang deswegen interessiert, weil die von den zuständigen kirchlichen Instanzen erlassenen Kirchengesetze der staatlichen, hier der parlamentarischen, Genehmigung bedürfen[2]. Die enge Verbindung zwischen Staat und Kirche geht auf die Reformation zurück, die in der anglikanischen Kirche eine eigene Konfession schuf. Gemäß dem *Act of Supremacy* von 1558 (1 Eliz. 1, c. 1) ist der Monarch ihr Haupt, übt aber die ihm zustehenden religiösen Aufsichtsrechte seit 1689 unter ministerieller und damit parlamentarischer Verantwortung aus. Der *Act of Settlement* von 1700 bestimmte, daß der Träger der Krone der Kirche von England angehören muß, mit der Folge, daß Bekenner des römisch-katholischen Glaubens und solche, die mit einem römisch-katholischen Ehepartner verheiratet sind, von Thron und Thronfolge ausgeschlossen sind. Der Souverän trägt auch den offiziellen Titel "*Defender of the Faith*". Angelegenheiten der Kirche von England regeln sich nach anglikanischem Kirchenrecht, das somit Bestandteil des Landesrechts ist. Die Erzbischöfe von Canterbury und von York, sowie vierundzwanzig Bischöfe sind *ex officio*-Mitglieder des *House of Lords*[3]. Die obersten kirchlichen Würdenträger, Erzbischöfe und Bischöfe, Dekane und Kanoniker, werden von der Krone auf Rat des Prime Minister ernannt.

b) Die Mitwirkung des Parlaments an der kirchlichen Gesetzgebung

Die Kirche von England besaß seit alters das Recht der autonomen Gesetzgebung in den eigentlich kirchlichen Angelegenheiten. Ihre Gültigkeit aber bedurfte gleichfalls von Anfang an der staatlichen Zustimmung. Dazu gehört insbesondere die Änderung des anglikanischen Gebetbuchs (*prayer book*).

---

[1] Siehe Bd. II, S. 18 f.

[2] Dies gilt jedoch nicht für eine zweite Staatskirche in Großbritannien, die schottische presbyterische Kirche, für welche die oberste gesetzgeberische und gerichtliche Instanz die *General Assembly* ist. Alle anderen protestantischen Kirchen des Inselreiches, wie die irische und die wallisische, sind entstaatlicht.

[3] Siehe oben S. 249.

Die gesetzgebenden Körperschaften innerhalb der Kirche von England sind die ehrwürdigen Kirchenversammlungen (*convocations*), die gesondert für die Kirchenprovinzen von Canterbury und York bestehen und jeweils von der Krone einberufen werden. Ihre Gesetzgebungsakte (*canons*) bedürfen, um über den Kreis des Klerus hinaus gültig zu sein, der Zustimmung des Parlaments. Seit 1919 aber, begründet auf Veranlassung der beiden Konvokationen, besteht als die gemeinsame Versammlung der beiden Kirchenprovinzen die *National Assembly of the Church of England*, der im *Church of England Assembly (Powers) Act* von 1919 (9 & 10 Geo. 5, c. 76) die Gesetzgebungsbefugnis in kirchlichen Angelegenheiten für die gesamte anglikanische Kirche übertragen wurde. Die gemeinsame Kirchenversammlung besteht aus drei Häusern. Das Bischofs- und das Klerushaus setzen sich aus den entsprechenden Mitgliedern der Provinzialversammlungen zusammen, wozu noch ein auf einem indirekten Wahlsystem beruhendes Laienhaus tritt.

Die von der Nationalversammlung der Kirche von England erlassenen gesetzgeberischen Maßnahmen kirchlicher Natur werden dem *Ecclesiastic Committee of Parliament* unterbreitet, das aus je fünfzehn zu Beginn jeder Wahlperiode vom *Lord Chancellor* bzw. vom Speaker ernannten Mitgliedern des Ober- und des Unterhauses besteht. Diesem stehen bereits wesentliche Einspruchsrechte gegen die Kirchengesetzgebung zu; denn es ist üblich, ehe ein Bericht über eine geplante Kirchenmaßnahme an das Parlament geht, ihn dem *Legislative Committee* der Nationalversammlung vorzulegen. Er wird dann dem Parlament nur auf dessen Wunsch zugeleitet, was bedeutet, daß schon in diesem Stadium die Kirchenmaßnahme fallengelassen werden kann. Wird jedoch die Maßnahme mit dem Bericht den beiden Parlamentshäusern vorgelegt, so erwächst sie zur Rechtskraft nur, wenn sie von beiden Kammern mit einfacher Resolution gutgeheißen wurde. Abänderungen können dabei vom Parlament nicht vorgenommen werden. Auch bleibt das Recht des Parlaments, für die Kirche selbst Gesetze zu erlassen, an sich unberührt; es wurde aber seit 1921 davon kein Gebrauch mehr gemacht. Die vom Parlament angenommene Maßnahme bedarf auch der königlichen Zustimmung. Ein somit angenommenes Kirchgesetz hat die Gültigkeit eines formellen Parlamentsgesetzes und wird wie dieses in der amtlichen Sammlung veröffentlicht[1].

c) Reformwünsche

Die aus der Zeit der ersten Elizabeth stammende Regelung, unter welcher Maßnahmen rein kirchlichen Charakters, welche bereits von den zustän-

---

[1] Solche Kirchengesetze sind nach der Sachlage nicht häufig. Beispiele aus der jüngsten Zeit sind: *Faculty Jurisdiction* (Eliz. 2, 1964, c. 5); *Clergy (Ordination and Miscellaneous Provisions), ibidem*, c. 6); *Vestures of Ministers, ibidem*, c. 7); *Church Commissioners, ibidem*, c. 8; *Ecclesiastical Jurisdiction* (Eliz. 2, 1963, c. 1); *Cathedrals, ibidem*, c. 2; *Prayer Book (Versions of the Bible)* (Eliz. 2, 1965, c. 4).

digen Kirchenorganen gutgeheißen sind, überdies noch der Zustimmung des weltlichen Parlaments bedürfen, ist von der Zeit überholt und wird sowohl von den kirchlichen Stellen als unerwünscht bezeichnet, wobei kein Geringerer als der Erzbischof von Canterbury sich zum Sprecher gemacht hat, wie auch vom Parlament als unbequem und seine Arbeitslast vermehrend angesehen. Die ursprünglich in der Reformationszeit bestehende Einheit von Staat und Kirche, welche die Staatskirche rechtfertigte, besteht längst nicht mehr. Dem Parlament gehören zahlreiche laue Protestanten, Andersgläubige und sogar ausgesprochene Atheisten an. Die Parlamentsentschließung in rein kirchlichen Angelegenheiten ist daher zu einer leeren Formalität geworden, zumal da Eingriffe von Kirchenbehörden in die Bürgerrechte vor den ordentlichen Gerichten gerügt werden können[1]. Besonders verstimmend für die Kirche ist das Erfordernis, daß das anglikanische Gebetbuch, auf dem der Ritus der Kirche beruht, nach dem noch immer geltenden *Act of Uniformity* von 1558 (1 Eliz. 1, c. 2) vom Parlament gutgeheißen werden muß. In den Jahren 1662 und 1872 wurden Modernisierungen vom Parlament angenommen, in den Jahren 1927 und 1928 aber, trotzdem sie von beiden Konvokationen und der Nationalversammlung der Kirche angenommen worden waren, vom Unterhaus verworfen; daß dieses wochenlang einem gelehrten Theologenkonzil glich, verstärkte lediglich die Anomalie der Situation.

Es kann daher mit einiger Wahrscheinlichkeit damit gerechnet werden, daß, sollte eine Labour-Regierung, in der nonkonformistische Tendenzen von jeher stark waren, längere Zeit am Ruder bleiben, das Erfordernis der parlamentarischen Zustimmung zu rein kirchlichen Gesetzen aufgehoben werden wird.

Andere Reformwünsche beziehen sich auf die Verwaltung und Verwendung des Kirchenvermögens. Die auf dem Grund und Boden lastende altertümliche Verpflichtung zur Abgabe des Kirchenzehnten ist zwar längst abgeschafft (*Tithe Acts* von 1925 [15 & 16 Geo. 5, c. 87] und von 1936 [26 Geo. 5 & 1 Edw. 8, c. 43]), aber die anglikanische Staatskirche ist im Laufe der Zeit sehr reich geworden. Allein das in Grundstücken Hypotheken, Aktien, Obligationen und anderweitig angelegte Kirchenvermögen wurde in dem 1963 veröffentlichten Bericht von Lord Monckton auf über 300 Millionen £ geschätzt (Stand von 1962). Das Eigentum daraus steht an sich den innerhalb der Kirche bestehenden Korporationen zu, also etwa dem Dekan und dem Kapitel einer Kathedrale, oder als Ein-Mann-Korporation (*corporation sole*) dem Rektor oder neuerdings dem Vikar einer Pfarrei. Die Gesamtverwaltung des Kirchenvermögens obliegt den drei *Church Estates Commissioners*, von denen zwei von der Krone ernannt werden – einer davon nach Herkommen ein Parlaments-

[1] Siehe beispielsweise *Att.-General v. Dean and Chapter of Ripon Cathedral* (1944) (Ch. 239).

mitglied – und einer vom Erzbischof von Canterbury. Die Kritik richtet sich vor allem dagegen, daß die verfügbaren Mittel nicht entsprechend zur Verbesserung der Bezüge des kirchlichen Personals verwendet werden; das Durchschnittseinkommen beträgt wenig mehr als 1000 £, die Pensionsbezüge nicht mehr als 900 £. Auch wird das beachtliche Argument vorgetragen, eine so reiche Kirche sei ihrem *image* nachteilig. Der Monckton-Report schlug eine Trennung der eigentlichen Vermögensverwaltung von der Einkommensverwendung vor, um eine weitere Streuung der kirchlichen Einkünfte zu ermöglichen.

Maßgebende Autoritäten der Staatskirche wünschen auch eine grundsätzliche Änderung des bestehenden Kirchenregiments, die darauf abzielt, die *Church Assembly* und die beiden Provinzial-Konvokationen durch eine synodale Organisation zu ersetzen, bei der die Entscheidungsfällung in kirchlichen Angelegenheiten einem kleineren Ratsgremium anvertraut wird. An eine Trennung von Staat und Kirche – *disestablishment* – wird allerdings nirgends ernsthaft gedacht.

Die zweite Staatskirche in Großbritannien ist die presbyterische Kirche von Schottland, deren Aufrechterhaltung von England in der Unionsakte von 1707 feierlich gewährleistet und im *Church of Scotland Act* von 1921 weiter ausgebaut wurde. Die Krone ist in der obersten Kirchenbehörde, der *General Assembly*, durch den *Lord High Commissioner* vertreten, hat aber keinerlei Mitwirkungsrechte bei der Bestellung der Kirchendignitäre. Die schottische Staatskirche hat sich durch die Jahrhunderte ihre völlige Freiheit vom Staat erhalten, bestimmt selbst über die Einsetzung ihrer eigenen Seelsorger und Verwaltungsbeamten und über ihre Doktrin und Disziplin. Ihre Entscheidungen unterliegen auch nicht der Bestätigung durch das Parlament.

7. Die Authentizität der Parlamentsgesetze

Ist man sich der begriffsmäßig unbegrenzten Ausdehnung der Parlamentssouveränität bewußt, so ist es doppelt notwendig zu wissen, was ein Parlamentsgesetz ist; mit anderen Worten: man muß sich über die Authentizität eines solchen Gewißheit verschaffen. In Großbritannien aber, wo die Gerichte eben wegen der Parlamentssouveränität dem einmal erlassenen Parlamentsgesetz machtlos gegenüberstehen und es weder auf seine Übereinstimmung mit der Verfassung noch mit einer ihr übergeordneten Rechtsordnung eines *higher law* prüfen können, gewinnt diese Frage eine grundsätzliche Bedeutung, die auch dadurch nicht vermindert wird, daß in der Praxis Zweifel kaum vorkommen.

Schon zu Zeiten Cokes vor dreieinhalb Jahrhunderten stand fest (4 Inst. 25), daß es keinen Parlamentsakt geben kann, der nicht die Zustimmung des Monarchen, der Lords und der Gemeinen erhalten hat – die Reihenfolge entsprach der damaligen Verfassungsauffassung. Nur diese dreifache Zustimmung macht eine Parlamentsverlautbarung zu einem gültigen Gesetz. Dem entspricht die nach wie vor geltende Sanktionsformel des Gesetzes: "*Be it enacted by the Queen's most Excellent Majesty by and with the advice and consent of the Lords Spiritual and Temporal and Commons, in this present Parliament assembled and by the Authority of same, as follows*"[1].

Unter diesen Umständen ist eine Resolution des Unterhauses, auch wenn es sich um die von ihm beanspruchten Privilegien handelt, kein gültiges Parlamentsgesetz, wie es in der Markstein-Entscheidung *Stockdale v. Hansard* [1839] [9 A. & E. 1] unmißverständlich ausgesprochen worden war, so daß das Parlament gezwungen war, ein entsprechendes Parlamentsgesetz zu erlassen, um die von ihm autorisierten Parlamentsberichte zu legalisieren[2]. Ebensowenig wären übereinstimmende Resolutionen der beiden Häuser oder sogar eine Resolution nur des einen Hauses mit Zustimmung des Monarchen ein gültiges Gesetz (*The Prince's Case* [1606] [8 Co. Rep. 1 a]). Als im Jahre 1670 die Verfassungsmäßigkeit des *Parliament Act* von 1660 (12 Cha. 2, c. 1), der die Restauration rechtlich begründete, in Frage gezogen wurde, weil beim Aufgebot der Lords und der Commons kein königlicher *writ* verwendet worden war – es gab damals keinen König, der dies hätte tun können –, erteilte das Gericht eine brüske Abfuhr: Nachdem das Gesetz mit der Übereinstimmung von Monarch, Lords und Gemeinen zustande gekommen sei, sei es ungehörig, Fehler der Einberufung nachweisen zu wollen (*Heath v. Pryne* [1670] [1 Vent. 14])[3].

Eine Ausnahme von der Regel der Zustimmung der beiden Kammern besteht nur nach den *Parliament Acts* von 1911 und 1949, wenn ein Finanzgesetz ohne Zustimmung der Lords oder wenn eine andere Bill nach Ablauf der suspensiven Vetofrist Gesetz geworden ist; aber diese Ausnahme ist ihrerseits in einem gültigen Parlamentsgesetz gesetzeskräftig gemacht worden. Das Zertifikat des Speakers schafft hier unwiderlegbaren Beweis der Authentizität. Die oben zitierte Promulgationsformel räumt also alle Zweifel aus und es ist sehr unwahrscheinlich, daß die Gerichte sich auf die Prüfung einlassen würden, eine der drei erforderlichen Zustimmungen sei in Wirklichkeit nicht gegeben worden.

---

[1] Man beachte, daß die Formel "*by advice and consent*" in die amerikanische Bundesverfassung (Artikel II, Sektion 2, Klausel 3) hinsichtlich der Senatszustimmung für den Abschluß völkerrechtlicher Verträge und der Ernennung bestimmter Beamtenkategorien durch den Präsidenten übergegangen ist.

[2] Siehe oben S. 280.

[3] Hätte der Einwand durchgeschlagen, wäre alle Gesetzgebung seit Beginn der Restauration rechtsungültig gewesen, eine Parallele etwa zur Verfassungswidrigkeit des Hitler'schen Ermächtigungsgesetzes vom 24. März 1933.

Ebensowenig würden die Gerichte eingreifen, wenn in irgendwelcher Weise von den üblichen Beratungsformen – jedes Haus für sich und getrennt vom anderen – abgewichen würde, etwa durch eine gemeinsame Sitzung beider Häuser, vorausgesetzt allerdings, jedes der beiden Häuser hätte dies formgerecht beschlossen und es läge kein Privilegienbruch inmitte. Auch wären die inneren Verfahrensvorgänge beim Erlaß eines Gesetzes, etwa ob es wirklich drei Lesungen gehabt hat, nicht justiziabel (so das *House of Lords* in *Edinburgh and Dalkeith Ry. v. Wauchope* [1842] [8 Cl. & F. 710 auf S. 725]): *"All a court of justice can do is to look at the parliamentary roll"*. Ebenso wie die Gerichte sich einer Stellungnahme über den Inhalt eines Parlamentsgesetzes enthalten, würden sie sich hüten, dort enthaltene Verfahrensvorschriften zu beanstanden, mit Ausnahme des Grundsatzes, daß kein Parlament seinen Nachfolger binden oder verpflichten kann (*Ellen Street Estates, Ltd. v. Minister of Health* [1934] [1 K.B. 590]). Wenn also ein Parlamentsakt vorschreiben würde, daß er nur mit Zweidrittelmehrheit abgeändert oder aufgehoben werden könnte, würde das Gericht sich nur dann damit auseinanderzusetzen haben, weil darin eine unzulässige Bindung des nachfolgenden Gesetzgebers liegen könnte. Aber auch dies scheint keineswegs sicher zu sein. Es ist allerdings schwer abzusehen, wie ein solches Gesetz überhaupt zur gerichtlichen Kognition gebracht werden könnte, da es sich auf eine Nachprüfung von Verfahrensregeln nicht einlassen darf[1]. Die Gerichte könnten auch nichts tun, wenn ein Parlamentsakt vorschreiben würde, er könne erst nach Annahme durch ein Referendum in Kraft treten, oder daß der *Trade Union Congress* ihm zugestimmt haben müsse. In allen diesen Fällen darf angenommen werden, daß die Gerichte hier nicht-nachprüfbare Verfahrensnormen der Gesetzgebungsfunktion annehmen, wenn auch nicht zu Unrecht geltend gemacht werden könnte, mit der Einschaltung einer nicht zur traditionellen Trinität von Krone, Ober- und Unterhaus gehörigen Instanz würde das Gesetz den Charakter eines echten „Parlaments"gesetzes einbüssen. Es stünde aber nichts im Wege, solche Bestimmungen, eben weil kein Parlament seinen Nachfolger binden kann, durch ein späteres Parlament mit einfachen Mehrheiten aufheben zu lassen, es sei denn, daß bei Erlaß solcher Erschwerungsbestimmungen die Zuständigkeiten der Gerichte ausdrücklich ausgeschlossen würden, wie es hinsichtlich des Speakerzertifikats bei den Finanzgesetzen der Fall gewesen ist (*Parliament Act* von 1911, Sektion 3).

Wie wird schließlich die Authentizität der Parlamentsakte amtlich festgestellt? Vor 1849 geschah dies durch Einsicht- oder Bezugnahme

[1] Dies ist in den Dominions wiederholt vorgekommen, etwa das neuseeländische Wahlgesetz von 1956, in welchem gewisse Bestimmungen nur mit einer Mehrheit von 75% der gesetzlichen Mitglieder der (einkammrigen) Legislative abänderbar sind.

auf die bei der *Chancery* geführten amtlichen Register der *Statutes* und der *Parliament Rolls*. Seither fertigt der königliche Drucker zwei Exemplare eines jeden Gesetzes auf Pergament aus, von denen je eines, von den zuständigen Beamten jedes Hauses unterzeichnet, im *House of Lords* und beim *Public Record Office* aufbewahrt wird. Außer in den äußerst seltenen Zweifelsfällen genügt zum Authentizitätsnachweis für Gesetze, die seit 1713 erlassen wurden, der Normalabdruck, für die vorhergehenden[1] die Aufnahme in die Sammlung der *Statutes of the Realm*.

8. Die Gesetzgebung und die Verbände

Jedermann weiß heute, daß die Gesetzgebungsfunktion zwar in dem parlamentarischen Gesetzgebungsverfahren institutionalisiert, aber weitgehend auch von dem Einfluß abhängig ist, den die Interessentenvertretungen und -verbände – die *pressure groups* und deren Lobbies – ausüben, sei es direkt durch Einwirkung auf die Machtträger der Legislative und der Exekutive, sei es indirekt durch die Bearbeitung und Mobilisierung der das Publikum repräsentierenden öffentlichen Meinung. Von dieser alle modernen Industriestaaten mit einer technologisch orientierten Massengesellschaft beherrschenden Tendenz ist auch Großbritannien erfaßt, mit dem Unterschied jedoch zu anderen Ländern, daß die Einwirkungsmethoden dort zivilisierter oder disziplinierter erscheinen als anderswo. Der Gegenstand erfordert hier eine sich notgedrungen auf die Umrisse beschränkende Darstellung[2].

a) Arten der Verbände

Das Sozial- und Wirtschaftsleben ist in hohem Maße durchorganisiert. Die Grundeinteilung ist auch in Großbritannien diejenige der Arbeitgeber und der Arbeitnehmer, aber es bestehen außerdem zahlreiche nicht-sozioökonomisch orientierte Idealgruppen, deren Mitgliedschaft die wirtschaftliche Trennungslinie überschneidet. Charakteristisch für den britischen Pluralismus ist die weitgehende Erfassung der Berufsangehörigen durch die einschlägigen Verbände. So umfaßt der Wirtschaftsverband der *National Farmers Union* etwa 60% aller Bauern in England und Wales, das den Interessen der Manager dienende *Institute of Directors* etwa den gleichen Prozentsatz aller leitenden Angestellten der Privatindustrie. Von den 24 Millionen der Lohnempfänger waren (1962) etwa zehn Millionen bei einer Gewerkschaft eingeschrieben und davon wiederum 6,3 Millionen dem mit der Labour-Partei affiliierten *Trade*

[1] Fast alle Originalfassungen der Gesetze in der Form von Niederschriften der *Clerks of Parliament* sind seit Henry VII. erhalten.

[2] Seine Behandlung ist auch in England seit etwa einem Jahrzehnt zur politikwissenschaftlichen Mode geworden. Der deutsche Leser sei auf Blondel, a. a. O., S. 174ff. verwiesen.

Union Congress zugehörig. Mit den Konsumgenossenschaften (*cooperatives*), die in der *Cooperative Union* ihre Zusammenfassung finden, waren (1961) über 12,8 Millionen verbunden. Über 2500 Verbände dienen den Interessen von Handel und Industrie. Die wichtigste ist die als Zentralorganisation dienende *British Employers Confederation*, welche die Dachorganisation für an die sechzig autonome Verbände bildet, die ihrerseits etwa 70% der in der Privatindustrie beschäftigten Personen umfassen. Außerdem sind zu nennen: Die *Federation of British Industries* als Zentralorganisation von etwa 8500 Einzelfirmen und etwa 280 Handelsverbänden, mit einer Gesamtmitgliedschaft also von 440000 Firmen; die *National Association of Manufacturers* betreut meist mittlere und kleinere Fabrikanten und umfaßt etwa 5000 Einzelfirmen und etwa 60 angeschlossene Verbände. Schließlich besteht seit mehr als einem Jahrhundert die *Association of British Chambers of Commerce*, der 98 lokale Handelskammern und eine größere Anzahl von solchen angehören, die im Exportgeschäft tätig sind. Schottland hat im *Council of Scottish Chambers of Commerce* seine eigene Zentralorganisation. Im gegenwärtigen Zeitpunkt (1965) sind die drei letztgenannten Organisationen im Begriff, sich zu einem einheitlichen Gesamtverband zusammenzuschließen, was wesentlich zur Verstärkung ihres wirtschaftlichen Einflusses dienen wird.

Außerdem sind aber auch die freien Berufe in einer anderswo kaum anzutreffenden Dichtigkeit und Vollständigkeit der Berufsangehörigen zusammengeschlossen, wobei die *National Union of Teachers* der Lehrer, die *British Medical Association* der Ärzte, die *National and Local Government Officers Association*, welche die Interessen der Bürobeamten der Lokalverwaltungen betreut, an erster Stelle zu nennen wären. Bei allen vorgenannten Verbänden sind 80% und mehr der Berufsangehörigen organisiert. Eine britische Eigentümlichkeit sind ferner die zahlreichen Bürgergruppen (*civic groups*), die, meist ohne feste Organisation und Beitragsverpflichtungen der Mitglieder, sich einer ideellen, nicht notwendig wirtschaftlichen Sache annehmen; sie setzen sich etwa für die Abschaffung der Todesstrafe oder gegen die Nuklearrüstung, für oder gegen zahllose andere dem Publikum jeweils am Herzen liegende Angelegenheiten ein. Dank ihrer unter dem Schutz der Freiheitsrechte entfalteten Propaganda stellen sie oft eine moralische Macht dar, mit der Parlament, Regierung und die öffentliche Meinung im allgemeinen zu rechnen haben.

b) Techniken der Einflußnahme auf die Gesetzgebung

Alle diese Berufs- und Interessentenorganisationen wollen in irgendeiner Form auf die Gesetzgebung Einfluß nehmen. Dies vollzieht sich, zumindest theoretisch, auf drei verschiedenen Ebenen, nämlich die Einwirkung auf die Regierung mit ihren Departments und den ihnen eingegliederten Berufsbeamten des *Civil Service*, auf das Parlament und seine Einzelmitglieder – hier kommt nur das Unterhaus in Betracht – und schließlich auf die öffentliche Meinung, also das breite Publikum. Für diese Einwirkungen bestehen zahlreiche offizielle, halb-offizielle und privatgesellschaftliche Möglichkeiten. Das Eigentümliche bei der Stellung der britischen Pluralgruppen ist, daß sie zwanglos und meist ohne rechtliche Regelung in den institutionellen Rahmen des Gesetzgebungsprozesses eingebaut oder integriert sind.

aa) Gegenüber der Regierung. Das vordringlichste Bearbeitungsobjekt der Verbände ist die Regierung selbst und die mit der technischen Vorbereitung der Sozial- und Wirtschaftsgesetzgebung in erster Linie beauftragten leitenden Beamten des *Civil Service* in den Fachministerien. Nach der Sachlage kann weder die Regierung noch ihr Berufsbeamtenstab sich der Zusammenarbeit mit den Verbänden entschlagen. Vor allem bei der Vorbereitung der Gesetzgebung muß ihnen aufmerksames Gehör gewährt werden. Die heutige Sozial- und Wirtschaftsgesetzgebung ist technisch so kompliziert, daß auch dem bestinformierten Beamten Fähigkeit und Erfahrung abgehen, Reichweite und Auswirkung geplanter Maßnahmen völlig zu übersehen. Schon bei der Aufstellung der Parteiprogramme, die heute an alle Kreise des Publikums appellieren, kommen die Berufsverbände zum Zug, indem sie bei den Parteiinstanzen ihre Forderungen anmelden und, wird ihnen durch Aufnahme in das Parteiprogramm stattgegeben, oft auch die Formulierungen liefern. Beabsichtigt dann die nach den Generalwahlen ans Ruder gekommene Partei, ein Stück des Parteiprogramms in konkrete Gesetzgebung umzusetzen, so kommen die Verbände bei der Ausarbeitung der Entwürfe durch die Bürokratie erneut und oft entscheidend zum Zug. Die Zusammenarbeit zwischen den Regierungsinstanzen und den Verbänden wird hier besonders eng. Die Vorlagen werden mit den einschlägigen Verbänden abgestimmt und vorberaten. Vielfach besteht ein offizielles Beratungsverhältnis der *de lege ferenda* betroffenen Pluralgruppe mit dem federführenden Department. Es nimmt meist die Form eines dem Department angegliederten Beratungsausschusses (*advisory committee*) an, von denen es derzeit fünfhundert und mehr gibt. Ihre Zusammensetzung wechselt; manchmal sind die Mitglieder den Pluralgruppen entnommen, die sich mit den Departmentsbeamten zusammenfinden, manchmal sind es Sachverständigengruppen, die von sich aus Vorschläge machen. Viele solche Beratungsausschüsse werden vom zuständigen Minister ernannt, und es gibt kaum irgendeine wichtige Berufsgruppe, die nicht durch solche Beratungsinstrumente mit der für sie zuständigen Regierungsstelle in Verbindung stände. Jedem Interessentenverband ist daher in erster Linie an der

Erstellung eines solchen Beratungsverhältnisses gelegen, durch das ihm von der zuständigen Behörde Gehör gegeben wird. Es kommt auch nicht selten vor, daß ein Berufsverband, etwa die Lehrer oder die Lokalverwaltungsbeamten, seinerseits bei der einschlägigen Instanz eine Vorlage anregt und dabei eines aufmerksamen Ohrs sicher sein kann; allerdings ist die Einreichung ausgearbeiteter Gesetzesvorlagen nicht üblich, da sich die sachverständigen Beamten der Departments, denen die Abfassung obliegt, nicht gerne ins Handwerk pfuschen lassen.

Bedarf weiterhin, wie es so gut wie immer der Fall ist, ein bereits erlassenes Gesetz der Ausführungsverordnungen durch das zuständige Ministerium, so wird von der Ministerialbürokratie wiederum auf die Erfahrungen der davon betroffenen Verbände gebührend Rücksicht genommen, weil diese am besten wissen, wie sich die geplanten oder zu planenden Maßnahmen in der Praxis auswirken. Hierfür bestehen sogar gesetzliche Vorschriften. Wenn ein Gesetz die Normensetzungsbefugnis in Gestalt der sog. delegierten Gesetzgebung[1] an Ausführungsbehörden – meist die Ministerien – überträgt, schreibt es nicht selten vor, daß der zuständige Minister sich mit den Interessenten oder einem der amtlichen Beratungsausschüsse ins Benehmen setzen kann oder sogar soll, wobei die Interessenten im Gesetz selbst benannt sind oder ihre Auswahl dem Ermessen des Ministers überlassen ist[2]. In solchen Fällen kann die übertragene Gesetzgebung auch die Form eines von der Interessentengruppe vorgelegten Entwurfs annehmen, der dann vom Ministerium gebilligt werden muß. Der Minister braucht den Rat zwar nicht anzunehmen, aber die ihn beratenden Beamten werden ihn nur in den seltensten Fällen außer Acht lassen. Die Zusammenarbeit zwischen den Departments und den Pluralgruppen ist also heute durchaus die Regel geworden. Die Interessentengruppen sind auch in der praktischen Verwaltung für die Departments und die Regierung unentbehrlich. Dabei arbeitet die betreffende Gruppe oft direkt mit dem zuständigen Ministerium, etwa die *British Medical Association* mit dem Gesundheits-, die Lehrervereinigung mit dem Erziehungs-, der Farmerverband mit dem Landwirtschaftsministerium. In allen diesen Fällen sind die Verbände die offiziellen Kanäle, um ihre Forderungen und Wünsche den Departments und damit gegebenenfalls dem Kabinett selbst zuzuleiten. Angesichts der notori-

---

[1] Siehe unten S. 354 ff.

[2] Beispiele sind *National Insurance Act* von 1946 (9 & 10 Geo. 6, c. 67) (Sektion 77); Ausführungsverordnungen müssen hier im Entwurf dem *National Insurance Advisory Committee* vorgelegt werden, dessen Stellungsnahme mit derjenigen der Regierung dem Parlament vorgelegt werden muß. Der *Legal Aid and Advice Act* von 1949 (12, 13 & 14 Geo. 6, c. 51) wurde in engster Zusammenarbeit mit den Juristenverbänden ausgearbeitet. Kein Medikament wird in die Liste der gefährlichen Substanzen aufgenommen, ohne daß die pharmazeutischen Sachverständigen zu Rate gezogen worden wären.

schen Neutralität, Unvoreingenommenheit und Unbestechlichkeit des Berufsbeamtentums hat sich dabei keineswegs jene in anderen Ländern oft zu beobachtende korrumpierende Wirkung enger gesellschaftlicher Beziehungen zwischen prominenten Sprechern der Lobbies und den einzelnen Mitgliedern des *Civil Service* eingestellt.

bb) Gegenüber dem Unterhaus und seinen Mitgliedern. Verglichen mit der organischen und organisierten Zusammenarbeit der Interessentengruppen mit der Regierung treten dagegen die Einflußmöglichkeiten der Lobbies auf das Unterhaus selbst und die einzelnen Parlamentsmitglieder einigermaßen zurück. Die Gründe ergeben sich aus der Struktur des politischen Prozesses in Großbritannien von selbst. Zunächst sind alle Vorlagen Regierungsbills, so daß, wo Einfluß sich geltend macht, er nur gegenüber der das Einbringungsmonopol besitzenden Regierung wirksam sein könnte. Ein *private member* zum Sturmbock einer Interessentenvorlage zu machen, wäre angesichts seiner legislativen Entmachtung eine sinnlose Zeitverschwendung. Dazu kommt, daß das Einzelmitglied sich den Wünschen der Wirtschaftsgruppen wenig zugänglich zeigt. Der MP ist sich durchaus bewußt, daß er seinen Sitz der Partei und nur der Partei verdankt. Wahlunterstützung durch eine Wirtschaftsgruppe mag zwar nicht unerwünscht sein, aber auch die mächtigste unter ihnen könnte ihm nicht den Sitz verschaffen, wenn ihn die Partei im Stich ließe. Die Parteiloyalität ist also bei ihm stärker als alle beruflichen oder wirtschaftlichen Bindungen.

Immerhin haben die Verbände Gelegenheiten, sich auch einzelner Parlamentsmitglieder als ihrer Fürsprecher zu bedienen. So gut wie alle gehören irgendeinem Berufsverband als Mitglied an, als Gesellschaftsdirektor, Jurist, Farmer, Unternehmer, Gewerkschaftssekretär. Wo also die Hinterbänkler sich zur Geltung bringen können, vor allem in den Ausschußberatungen und im Report-Stadium, wird das Einzelmitglied nicht verfehlen, die Sache seines oder eines ihm nahestehenden Verbandes zu fördern. Aber verglichen mit anderen Milieus, wo das eigentliche Bearbeitungsobjekt der Verbände der einzelne Abgeordnete oder Senator ist, sind diese Einwirkungsmöglichkeiten begrenzt. Für die anderswo leider eingerissenen Gepflogenheiten der groben Bearbeitung etwa durch Freihaltung in einem teuren Restaurant, Einladung auf einen opulenten Landsitz, Ausnutzung gesellschaftlicher Beziehungen oder andere fragwürdige Liebesdienste ist daher in England kein Raum; sie sind von den Parlamentssitten streng verpönt und würden mit dem Verlust des Mandats geahndet werden.

Das Bild wäre allerdings einseitig, würde nicht in Betracht gezogen werden, daß der Einfluß der Interessentengruppen je nachdem verschieden ist, welche Partei an der Regierung ist. Ist es Labour, so ergibt sich eine Art Interessengemeinschaft zwischen der Regierung und ihrem mächtigsten Bundesgenossen, den Gewerkschaften. Dies ist unvermeidlich, nachdem ein gutes Drittel oder mehr der Labour-Abgeordneten ihren Sitz den *Trade Unions* oder der *Cooperative Union* verdankt. Während der Labour-Regierung nach 1945 wurde nicht mit Unrecht angenommen, die offizielle Politik und Gesetzgebung sei mit derjenigen ihrer stärksten *pressure group* identisch. Eine Labour-Politik gegen die Interessen der Gewerkschaften wäre unnatürlich und unmöglich gewesen und würde es auch in Zukunft sein[1].

Solche Allianzen bestehen allerdings bei den Konservativen nicht, mag sich auch die Mehrheit ihrer Abgeordneten aus Angehörigen der Arbeitgeberklasse oder ähnlich orientierten Berufsgruppen zusammensetzen. Der Einfluß der Berufsverbände ist bei den Konservativen zwar weniger greifbar, aber kaum geringer. Die konservative Partei neigt weltanschaulich und wirtschaftspolitisch dem auch in einer gemischten Wirtschaft nach wie vor starken Sektor des *big business* zu. Aber da sich die Konservativen heute unumschränkt zum Wohlfahrtsstaat bekennen, läßt sich nicht sagen, wie man es von Labour-Abgeordneten in der Hitze des politischen Gefechts hören kann, ihre Politik sei von den Sozial- und Wirtschaftsinteressen der Großindustrie beherrscht oder auch nur bedingt. Dafür sorgt schon die Tatsache, daß auch die Konservativen auf die Wahlunterstützung eines erheblichen Teils der Lohnempfänger angewiesen sind, ebenso wie Labour heute seine Stimmkraft weitgehend aus den Kreisen des Besitzbürgertums beziehen muß, um eine Mehrheit zu erlangen. *Cum grano salis* kann also gesagt werden, daß keine Regierung, gleichgültig was ihre Parteifarbe, eine ausgesprochene Klassenregierung sein kann.

cc) Gegenüber dem Publikum. Die angedeuteten offiziellen und halboffiziellen Kontakte zwischen den Pluralgruppen und der Regierung, den Departments und auch dem Unterhaus mögen nicht immer genügen, um der Gesetzgebung die von ihnen gewünschte Richtung zu geben. Was dann eintritt, ist die direkte Einflußnahme der Verbände auch auf die öffentliche Meinung mit Hilfe der modernen Propagandatechniken der Presse und anderer Publizitätstechniken. Diese Propagandafeldzüge mögen zur Unterstützung der bestehenden Integrationsmöglichkeiten dienen oder auch erst die öffentliche Meinung für die Ziele der Verbandsinteressen sturmreif machen. Die britische Meinungsfreiheit erlaubt volle Entfaltung aller Möglichkeiten. Gegebenenfalls verwischen sich dann die Grenzlinien zwischen Kapital und Arbeit völlig, wie es jünst etwa bei der gemeinsamen Abwehr der Einfuhr billiger Textilien aus Übersee der

---

[1] Der *Trade Union Congress* schluckte sogar, wenn auch mit schmalster Mehrheit, den allen Gewerkschaftsgrundsätzen widersprechenden Lohnstopp des Kabinetts Wilson (7. September 1966). (siehe Bd. II, S. 392 ff.)

Fall war. Im allgemeinen aber, und das ist das Charakteristische des britischen Pluralismus, sind die in den Gesetzgebungsvorgang und den politischen Prozeß institutionell eingebauten Zusammenarbeitsmethoden zwischen ihm und den maßgebenden Regierungsstellen die eigentlich wirksamen.

c) Die Bedeutung der Verbände im Gesetzgebungsverfahren

Man wird also zum Schluß kommen, daß die Interessentenverbände und Wirtschaftsgruppen heute einen wesentlichen, nicht mehr wegzudenkenden Bestandteil des britischen Gesetzgebungsverfahrens und damit des politischen Prozesses im allgemeinen bilden. Sie liefern den Departments und dem Unterhaus die unentbehrliche sachverständige Information, bewahren die Regierungspolitik vor Einseitigkeit und Erstarrung und sind auch für die aus der Anwendung der Gesetze entspringende Verwaltungstätigkeit der Behörden schlechthin unentbehrlich. Wären die Briten nicht so traditionsbewußt oder -befangen, könnte man wohl der Auffassung sein, die mannigfachen Zusammenarbeitstechniken, die sich im Laufe der letzten Jahrzehnte zwischen den Departments und den Verbänden mit sozusagen organischer Zufälligkeit herausgebildet haben, stellten die geeignete Vorstufe zu einer rationalisierten Eingliederung der Verbände dar, etwa in Gestalt eines Wirtschaftsparlaments, möglicherweise anläßlich einer Oberhaus-Reform. Damit hat es gute Weile.

Man wird sich aber schließlich fragen, welche Bedeutung den Pluralgruppen im Vergleich mit und neben den politischen Instanzen zukommt. Die Antwort ist, daß sie trotz ihres starken Einflusses den politischen Prozeß keineswegs beherrschen und damit korrumpieren. Dafür sorgt einmal, was man die *countervailing force* heißt, die Erscheinung, daß sich die *pressure groups* gerade wegen der unendlichen Mannigfaltigkeit ihrer Zielsetzungen und der von ihnen angewendeten Techniken letztlich gegenseitig neutralisieren und gewissermaßen aufheben, so daß das Kräfteverhältnis zwischen „links“ und „rechts“ erstaunlich ausgeglichen erscheint. Zum anderen: Die Alternierung zwischen den Parteien verhindert, daß, wenn Labour am Ruder ist, sich die Gewerkschaften, sind die Konservativen an der Regierung, sich die Großindustrie im Machtprozeß dauernd eingraben können, wie es in Amerika bei der letzteren der Fall ist. Ein weiteres Gegengewicht gegen eine Herrschaft der Verbände ist der *Civil Service*. Schließlich aber sind es das nach wie vor unerschütterte Prestige der Gesetzgebung durch das Parlament und das daraus entspringende Staatsgefühl der Massen, die institutionellen Faktoren also, welche eine Überwucherung des politischen Prozesses durch die Pluralgruppen nicht dulden würden. Noch niemals ist es in England zu einer „Nebenregierung“ irgendwelcher Art gekommen. Damit ist letztlich auch dem demokratischen Geist Genüge geleistet, weil die wirkliche politische Verantwortung nicht bei den anonymen Imperien der Verbände, sondern bei der durch die Generalwahlen verfassungsrechtlich legitimierten Regierung und damit beim Souverän, der Wählerschaft liegt. Im demokratischen Klima Großbritanniens können auch die Bäume der Verbände nicht in den Himmel wachsen.

9. Bemerkungen zur Gesetzgebungsleistung des Parlaments

Bei den folgenden statistischen Angaben über die Gesetzgebungsleistung des britischen Parlaments ist zu berücksichtigen, daß sie sich nur auf die *public bills* (einschließlich der Finanzgesetze) beziehen, also sowohl die *private bills* als auch die, die ordentliche Gesetzgebung an Umfang bei weitem übersteigende übertragene (*delegated*) Gesetzgebung nicht mitumfassen[1]. Die Übersichten lassen auch wertvolle Schlüsse auf die Verteilung der Gesetzgebungsarbeit zwischen den Commons und den Lords zu.

a) Während der Session 1962/63 (bis zum 31. Juli 1963) passierten insgesamt 60 Bills die beiden Häuser des Parlaments und erhielten die königliche Zustimmung. Von diesen waren 42 *government bills*, 18 fielen nicht in diese Kategorie. Von den angenommenen Gesetzen waren insgesamt elf im Oberhaus erstmals eingebracht worden, mit einer einzigen Ausnahme alle als Regierungsbills. Unter den nicht von der Regierung eingebrachten Vorlagen befand sich offenbar keine von irgendwelcher politischen Bedeutung. Außerdem nahm das Parlament fünf *Provisional Order Confirmation Bills* an, worunter Angelegenheiten verstanden werden, welche von den Departments auf Grund statutarischer Ermächtigung erlassen sind, aber an sich als *private bills* zu behandeln gewesen wären. Sie bezogen sich ausschließlich auf Angelegenheiten der Lokalverwaltung, wie dies auch bei weiteren sieben während der Session erlassenen Gesetzen nach Maßgabe einer nur für Schottland nach dem *Private Legislation Procedure (Scotland) Act* von 1936 (26 Geo. 5 & 1 Edw. 8, c. 52) geltenden Regelung der Fall war. Die Gesamtzahl der verabschiedeten Gesetze belief sich demnach auf 72.

Damit wären nun die insgesamt 33 zu vergleichen, die während der hier in Frage kommenden Parlamentssession aus irgendwelchen Gründen die königliche Zustimmung nicht erlangen konnten. Darunter befand sich, was für die Vormacht der Regierung bei der Gesetzgebungsinitiative charakteristisch ist, nur eine einzige Regierungsbill (ein kompliziertes

[1] Das Material bezieht sich sowohl a) auf die als normal anzusehende Session von 1962/63 (siehe *Return for Session 1962/63*, zusammengestellt vom *Deputy Chairman of Ways and Means*, *H. M. Stationary Office* Nr. 345/1964) als b) auf die letzte Session einer Legislaturperiode (1963/64), bei der die Gesetzgebungsmühle bekanntlich heftiger klappert (siehe den Bericht vom 3. November 1964), und schließlich c) auf die erste Session der Regierung Wilson 1964/65 (*H. M. Stationary Office* Nr. 362 vom 8. November 1965).

Gesetz, das schottische Erbrecht betreffend), die, in zweiter Lesung befindlich, wegen der Parlamentsvertagung am Ende der Session verfiel. Alle anderen 32 Bills stammten von *private members*, waren also bei ihrer Einbringung nicht von der Regierung befürwortet. Zehn dieser Entwürfe befanden sich bei Sessionsschluß noch in der zweiten Lesung, darunter so weltbewegende Angelegenheiten, wie was mit auf den Straßen sich verlaufenden Tieren geschehen solle; die übrigen 23 wurden entweder von ihren Initianten zurückgezogen (*withdrawn*) oder aus den verschiedensten Gründen nicht weiter behandelt (*dropped*) oder auch, in einigen Fällen, abgelehnt (*negativated*). Auch unter diesen gescheiterten Entwürfen befindet sich keiner von irgendwelcher politischen Bedeutung, obwohl dem einen oder anderen wirtschaftliches Gewicht nicht abzusprechen sein mag.

Was das Verhältnis der beiden Häuser zueinander anbelangt, so wurde in keinem einzigen Fall ein von den Commons angenommener Entwurf von den Lords abgelehnt, während eine Bill der Lords, den überaus wichtigen Gegenstand des Verkaufsverbots wilder Gänse betreffend, in den Commons durch die Prorogation verfiel. Das Unterhaus hat sich also während der Session mit insgesamt 105 Bills befaßt und zwei Drittel davon (72) verabschiedet. In keinem einzigen Fall scheiterte eine Bill, weil sich die beiden Häuser nicht über Abänderungsvorschläge hatten einigen können. Insgesamt 33 Bills wurden also nicht verabschiedet, und unter diesen befand sich nur eine einzige Regierungsbill.

b) Während der letzten Session (1963/64) der abgelaufenen Legislaturperiode ergibt die Gesetzgebungsleistung das folgende Bild: Von beiden Häusern verabschiedet (und mit der königlichen Zustimmung in Kraft getreten) wurden insgesamt 97 Gesetze, also etwa ein Drittel mehr als in der vorhergegangenen Session. Von diesen waren 63 *government bills*, während 34 offensichtlich *private member bills* waren, für deren zweite Lesung die Regierung Zeit gefunden oder die sie sonstwie gefördert hatte, so daß sie verabschiedet werden konnten. Die Zahlen allein besagen natürlich nichts. Man muß vielmehr auf den Gegenstand der *private member bills* abstellen. Unter ihnen befanden sich Materien, die zwar regulierungsbedürftig erscheinen, aber kaum von allgemeinem Interesse waren, wie die Registrierung von Friseusen, oder Feuerwerkskörper und Schrotthändler betreffend, aber auch Dinge von einiger Wichtigkeit, wie die Strafrechtsnovelle, welche das Recht zur Entgegnung bei Beleidigung betrifft. Die Zahl der Gesetze, die vom Unterhaus ausgingen, betrug 75, derjenigen des Oberhauses 22 und der *Order Confirmation Bills* 5. Dem stehen 52 Bills gegenüber, welche in den Commons eingebracht wurden, aber dort stecken geblieben waren, darunter wie im Vorjahr nur eine einzige *government bill*, die sich überdies auf eine schottische

Spezialregelung für den Tourismus bezog. Nur eine einzige Bill, die von den Commons angenommen worden war, konnte, ohne formell abgelehnt zu werden, die Lords nicht passieren. Umgekehrt haben die Commons allen ihnen vom Oberhaus zugekommenen Entwürfen zugestimmt. Es lag auch kein einziger Fall vor, in welchem ein Entwurf zwar beide Häuser passiert, man sich aber über Änderungsanträge nicht geeinigt hätte. Von den 52 Entwürfen, welche das Rennen in den Commons nicht machen konnten, wurden 17 nach der zweiten Lesung nicht weiterbehandelt und dadurch fallen gelassen, bei sechsen kam es gar nicht zur zweiten Lesung und sie wurden zurückgezogen und nur einer wurde überhaupt abgelehnt. Allen anderen 27 schnitt die Auflösung den parlamentarischen Lebensfaden ab.

c) Im Gesamtbild der Gesetzgebungsleistung während der Session 1964/65, der ersten, welcher nach dreizehn Jahren eine Labour-Regierung den Stempel aufdrückte, sind die vorstehend aufgezeigten Linien unverändert. Insgesamt 94 Vorlagen passierten beide Häuser und traten mit der königlichen Zustimmung in Kraft. Von diesen können die *Provisional Order Bills* (4) und die *Order Confirmation Bills* (8) hier außer Betracht bleiben. Von den übrigen 82 Bills waren 65, also 80%, Regierungsvorlagen und nur 17 solche von *private members*. Während erstere wichtige Gesetzgebungsakte umfaßten, ist unter den letzteren kaum irgend eine Maßnahme von besonderer Bedeutung, mit Ausnahme allerdings des *Murder (Abolition of Death Penalty) Act*, der der fast lebenslänglichen Hartnäckigkeit eines *private member* zu verdanken war. 18 der Regierungsbills waren zuerst in den Lords eingebracht worden.

Andererseits verfehlten nicht weniger als 64 Vorlagen den *royal assent* zu erlangen. Unter diesen war aber nur eine einzige Regierungsvorlage (ein Gesetzentwurf zur Regelung der Patentrechte von Angestellten, den das Oberhaus angenommen hatte, der aber in den Commons wegen der Parlamentsvertagung unerledigt geblieben war). Insgesamt 6 Entwürfe waren von den Lords angenommen worden, wurden aber in den Commons entweder nach der zweiten Lesung fallen gelassen oder verfielen durch die Vertagung. Von den 58 in den Commons eingebrachten *private member*-Bills verfielen 22 durch den Sessionsschluß, 27 konnten die Hürde der zweiten Lesung nicht machen, und 9 wurden von den Initianten zurückgezogen. Der Vorrang sowohl der Regierungsentwürfe wie der Commons im Gesetzgebungsverfahren ist somit eindrucksvoll bestätigt worden.

Verglichen mit den Gesetzgebungsmühlen anderer Länder, etwa der Deutschen Bundesrepublik[1] oder gar der Vereinigten Staaten, wo alljährlich die Zahl tausend erreicht oder überschritten wird, nimmt sich

[1] Der 4. Deutsche Bundestag erließ 328 neue Gesetze.

diese Gesetzgebungsleistung des britischen Parlaments einigermaßen bescheiden aus. Es befanden sich darunter aber neben zahlreichen bloßen Utilitätsregelungen, wie Ergänzungen bestehender Gesetze, auch umfangreiche und wichtige Regelungen und Kodifikationen. Andererseits muß beachtet werden, daß die englische Gesetzgebungstechnik sich auf einem im allgemeinen von anderen Ländern selten erreichten hohem Niveau bewegt. Man kann also aus diesen dürren Ziffern den Schluß ziehen, daß rein legislatorisch, von allen anderen politischen Zuständigkeiten und Tätigkeiten abgesehen, das britische Parlament zwar voll beschäftigt, aber keineswegs so übermäßig in Anspruch genommen wäre, daß darunter die Qualität der Gesetzgebung zu leiden hätte. Und außerdem wäre zu berücksichtigen, daß die britische Technik der delegierten Gesetzgebung vor allem das Unterhaus gesetzgeberisch stark entlastet.

Vierzehntes Kapitel

Das parlamentarische Gesetzgebungsverfahren II: Finanzgesetze und parlaments-ermächtigte Gesetzgebung

I. Die Finanzgesetzgebung

Bei der Finanzgesetzgebung greift ein von der anderen Gesetzgebung abweichendes Verfahren Platz. Auf keinem anderen Gebiet wirkt sich die Vormacht der Exekutive gegenüber der Legislative so entscheidend aus als auf diesem. Verfassungspolitisch gesehen ist dabei die Handlungsfreiheit des Unterhauses – nur dieses kommt seit dem *Parliament Act* von 1911 in Betracht – gegenüber dem Kabinett noch eingeschränkter als bei den gewöhnlichen Gesetzen.

1. Die verfassungsrechtlichen Grundlagen

Unter öffentlichen Finanzen (*public finance*) werden alle Maßnahmen verstanden, die mit der Beschaffung von Einnahmen (*revenue*) für die Staatsaufgaben und mit der Bewilligung von Geldern zu ihrer Erfüllung (*supply*) zu tun haben. Um die Steuerhoheit der Commons sind die heftigsten Kämpfe mit der Krone ausgefochten worden. Die Finanzgebarung beruht auf den folgenden verfassungsrechtlichen Grundsätzen:

1. Ein Einnahmen oder Ausgaben betreffender Finanzvorschlag muß von der Krone ausgehen, was schon nach dem *common law* bedeutete, daß er von einem Minister eingebracht werden muß. Dieser Grundsatz ist seit 1713 in der Geschäftsordnung (*Standing Orders* Nr. 82) niedergelegt. Den Commons ist also die selbständige Initiative in Finanzfragen vollständig entzogen.

2. Ein die öffentlichen Finanzen angehender Vorschlag muß in den Commons eingebracht werden; die Lords haben sich damit schon seit Jahrhunderten abgefunden.

3. Erhebung und Verausgabung von öffentlichen Mitteln ist nur durch ein Parlamentsgesetz zulässig (*Bill of Rights* von 1688)[1].

4. Die Lords können ein Geldgesetz nicht abändern; darin liegt eine Konventionalregel und zugleich ein Commons-Privileg. Das Oberhaus kann verfassungsrechtlich zwar eine Finanzbill ablehnen, in welchem Fall jedoch nunmehr nach dem *Parliament Act* von 1911 die Situation eintritt, daß eine vom Speaker als solche attestierte Finanzbill auch ohne Zustimmung der Lords Gesetz wird; das Inkrafttreten verzögert sich um höchstens einen Monat. Ob eine Bill ein Finanzgesetz ist, entscheidet allein der Speaker[2].

5. Schließlich – und die Regel ergibt sich aus der jeweiligen Mehrheitssituation: Die von der Regierung vorgelegten Finanzgesetze, sowohl soweit sie sich auf Einnahmen als auch auf Ausgaben beziehen, werden in der von ihr gewünschten Form vom Unterhaus angenommen. Die Ablehnung einer Finanzbill ist ausgeschlossen. Dies bedeutet in der Praxis, daß die Opposition weder als Gesamtpartei noch durch einzelne Abgeordnete die Erhöhung eines Voranschlages beantragen darf; sie kann höchstens auf seine Herabsetzung dringen.

2. Staatliche Einnahmen und Ausgaben

a) Einnahmen

Einnahmen fließen der Staatskasse – *Treasury* – in der Hauptsache aus dem Steueraufkommen zu. Jedoch bestehen sie außerdem aus Zöllen und anderen Abgaben und aus dem Einkommen der verstaatlichten Kronländereien. Aus diesen wird der Krone alljährlich eine Appanage (Zivilliste) gewährt[3]. Alle Steuern, mit einer Ausnahme, werden auf die Dauer (*permanent act*) bewilligt; sie gelten also, bis sie abgeändert

[1] Es ist dort allerdings nur in der negativen Form ausgedrückt, daß die Benutzung der *royal prerogative* für Finanzzwecke ohne Bewilligung (*grant*) des Parlaments illegal ist.

[2] Vielfach enthalten gewöhnliche Gesetze auch finanzielle Bestimmungen, hier bestehen besondere Verfahrensbestimmungen.

[3] Siehe unten S. 492 f.

oder aufgehoben werden[1]. Die Ausnahme ist die Einkommensteuer, sie wird nur Jahr für Jahr bewilligt. Lediglich für die Veranlagung und Einhebung bestehen dauernd gültige Gesetze. Da aber die Einkommensteuer das Rückgrat der Staatsfinanzen darstellt, ist formell die Kontrolle der Commons über die Einnahmen gesichert; praktisch ist sie jedoch ebenso fiktiv wie ihre anderen Finanzkontrollen, da der jeweils für ein Jahr geltende Ansatz – eine bestimmte Zahl von Schillingen und Pences von jedem Pfund Einkommen –, der vom Schatzkanzler in der Budgetrede angekündigt wird, von den Commons angenommen werden muß.

Seit der großen Finanzreform des jüngeren Pitt (1787) fließen alle Einnahmen, gleichgültig aus welcher Quelle, der Bank von England zu, welche sie in einem *Consolidated Fund* genannten Konto ansammelt und dem Schatzamt als Kredit zur Verfügung stellt. Ein bei Ende des Finanzjahres dort etwa verbliebener Überschuß geht auf Grund gesetzlicher Anweisung automatisch in den Fond zur Verringerung der Nationalschuld.

b) Ausgaben

Die Ausgaben – *expenditures* – bestehen aus zwei Klassen: Dauernde Ausgaben, die nicht einer jährlich erneuerten Bewilligung unterliegen, werden dem *Consolidated Fund* ein für alle Male belastet; dazu gehören die königliche Zivilliste, die Gehälter der Richter an den oberen Gerichtshöfen, des Speakers der Commons, des Oppositionsführers, der anderen neuerdings staatlich besoldeten Oppositionsfunktionäre, und des *Comptroller und Auditor-General.* Durch ihre auf Grund von Gesetzen dauernde Veranlagung auf den *Consolidated Fund* sind diese Ämter der politischen Kontrolle vollständig entzogen, so daß Bestand und Funktion derselben überparteilich gewährleistet ist. Alle anderen Ausgaben einschließlich der Kosten für die Streitkräfte, den *Civil Service* und alle anderen Regierungsdienste werden jährlich in den *supply services* bewilligt.

3. Das Budget

Das Finanzjahr läuft vom 1. April bis zum 31. März des folgenden Jahres. Alljährlich in den ersten Apriltagen[2] legt der Schatzkanzler den Etat (*Budget*) für das laufende Finanzjahr vor, sein großer Tag und eine der großen Gelegenheiten des Parlaments und des Landes überhaupt, da ihm der jeweilige Ansatz der Einkommensteuer bekanntgegeben wird[3].

---

[1] Die Tabaksteuer allein bringt ein Fünftel des jährlichen Steueraufkommens.

[2] Wegen der vorausgegangenen Auflösung und Generalwahlen fand die Budgetrede im Jahre 1966 erst am 3. Mai statt.

[3] Das Einkommensteuerjahr läuft vom 6. April bis zum 5. April des nächstfolgenden Jahres.

Der Inhalt des Budgets ist ein bis zur Kundmachung sorgfältigst gehütetes Staatsgeheimnis. Vorzeitige Indiskretionen kosteten in neuerer Zeit zwei Schatzkanzlern, dem Konservativen James Thomas (1936) und dem Labour-Minister Hugh Dalton (1947), ihren Posten und ihre politische Karriere. Das Budget besteht aus einer Übersicht über die Finanzgebarung des abgelaufenen Jahres, dem schätzungsweisen Betrag des Geldbedarfs für das laufende Jahr und den Voranschlägen, und es bestimmt, wie durch Beibehaltung oder auch Abänderung der bestehenden Steuergesetze die Mittel aufgebracht werden sollen. Es enthält auch immer die allgemeinen Richtlinien der Wirtschafts- und Finanzpolitik des Kabinetts. Was den auswärtigen, insbesondere den amerikanischen Betrachter dabei mit einigem Neid erfüllt, ist die einheitliche Gestaltung des Etats, der alle voraussehbaren Einnahmen und Ausgaben systematisch aufgliedert, so daß die anderwärts üblichen Nachtragsetats sich grundsätzlich erübrigen, mögen solche auch gelegentlich nicht zu umgehen sein. Die Einnahmen und vor allem das Steueraufkommen werden nach Maßgabe der bisherigen Erfahrungen und der allgemeinen Wirtschaftslage geschätzt. Die voraussehbaren Ausgaben – *estimates* – wurden bereits im Herbst des vorausgegangenen Jahres von der *Treasury* als der Zentralstelle, die also hier nach Art des amerikanischen *Bureau of the Budget* funktioniert, von den einzelnen Departments eingefordert und dort koordiniert und konsolidiert, wobei Abstriche im Rahmen der zu erwartenden Einnahmen vorgenommen werden. Meinungsverschiedenheiten zwischen dem Schatzamt und den einzelnen Departments werden vom Kabinett entschieden.

4. Das Verfahren bei der Finanzgesetzgebung

Die Voranschläge der Departments werden den Commons durch die *Treasury* bereits im März, also schon vor Beginn des Finanzjahres und der Vorlage des Budget, zugeleitet und zunächst vom *Select Committee on Estimates* überprüft. Seine Arbeit ist neuerdings wirksamer gestaltet worden als es früher der Fall war[1], indem gegebenenfalls Herabsetzung vorgeschlagen und auch ein Vergleich mit den einschlägigen Voranschlägen des letzten Finanzjahres gemacht wird.

Die Behandlung der Finanzgesetze ist in jeder Session die erste und vordringliche Aufgabe, nachdem die Debatte über die Thronrede aus dem Weg geschafft ist. Hierfür bedienen sich die Commons zweier *Committees of the Whole House*, nämlich des *Committee of Supply*, das sich mit der Geldbewilligung für die Regierung befaßt, und des *Committee of Ways and Means*, das sich über die Aufbringung der öffentlichen Mittel für die

[1] Die Grundlage bildete auch hier der *Report of the Select Committee on Procedure* von 1946 (H.C. Nr. 189).

Ausgaben schlüssig macht. Die *Committees of the Whole House* werden nicht vom Speaker, sondern von einem eigenen *chairman* präsidiert[1]. Die Verfahrensregeln sind erleichtert, so daß jedes Mitglied sich zum Wort melden und zur Debatte aufgerufen werden kann.

a) Das Committee of Supply

Während der Monate April bis Juli jeder Session hat das *Committee of Supply* nach Anordnung der *Standing Orders* Nr. 18 (1) nicht weniger als 26 Sitzungstage, die sog. *supply days*, zu seiner Verfügung. Die Voranschläge werden dem *Committee* nach Maßgabe von Bewilligungsnotwendigkeiten – also reguläre, berichtigte und zusätzliche Maßnahmen – und nach Sachgebieten gegliedert vorgelegt, also Bewilligungen für die einzelnen Zweige der Streitkräfte und für die zivilen und die Einkommens-Departments[2]. Sind die 26 verfügbaren Sitzungstage verstrichen, wird über die nicht behandelten Voranschläge ohne weitere Diskussion abgestimmt, wie nicht anders zu erwarten ist, mit ihrer Annahme endend.

Die *supply days* im *Committee of Supply* sind die Großkampftage der Opposition. Diese bestimmt im Benehmen mit dem Vorsitzenden, welche Voranschläge der einzelnen Departments erörtert werden sollen. Dies wird zur allgemeinen Kritik der Regierungsführung benutzt, wobei alle formell eingebrachten Anträge auf Verminderung des Gehalts des betreffenden Ministers um den Nominalbetrag von 100 £ unfehlbar und erbarmungslos niedergestimmt werden. Eine kritische Einzelüberprüfung der Voranschlagsposten kommt überhaupt nicht in Betracht, dazu würde es an Zeit und auch meist an Sachverständnis fehlen[3]. Was unter Feuer genommen wird, ist die allgemeine Regierungspolitik, wie sie sich beim einzelnen Department widerspiegelt. Aber trotz des voraussehbaren Ausgangs muß jeder Minister die Kritik der Opposition durchaus ernst nehmen. Ende Juli werden dann die angenommenen Voranschläge in einer *Appropriation Bill* zusammengefaßt, welche schließlich als der *Appropriation Act* den Rahmen der Ausgabengebarung der Regierung für das laufende Finanzjahr darstellt. Es läßt sich auch bei dem an sich logischen britischen System des Einheitsetats nicht vermeiden, daß der

[1] Die Praxis eines *Committee of the Whole House* geht auf die parlamentarische Kampfzeit mit der Krone unter den ersten Stuarts zurück, als damals der Speaker noch mehr oder minder ein Aufsichtsorgan der Krone war und Finanzverhandlungen ohne seine Gegenwart stattfinden sollten. Der noch heute gebrauchte Antrag lautete: "*that the Speaker do now leave the chair*".

[2] Unter *civil departments* werden die gesamten Regierungsstellen (außer dem *Board of Internal Revenue*, dem *Board of Customs and Excise* und der Post) verstanden, eine altmodische Gliederung, die kaum mehr den Sachanforderungen entsprechen mag.

[3] Über die Möglichkeiten einer eingehenderen Überprüfung der Ausgabengebarung siehe unten S. 352 ff.

Geldbedarf der Departments befriedigt werden muß, ehe der *Appropriation Act* zustande gekommen ist. Dies geschieht durch nach Bedarf erlassene Resolutionen des *Committee of Ways and Means*, die in *Consolidated Fund Acts* verwandelt werden. Der eigentliche *Appropriation Act* behandelt dann nur die bisher nicht in Anspruch genommene Geldbewilligung und bestätigt die vorhergegangenen *Consolidated Fund Acts*.

b) Das Committee of Ways and Means

Zur gleichen Zeit zwischen April und Juli konstituiert sich das Unterhaus, wieder an bestimmten Tagen, als das *Committee of Ways and Means* (*Standing Orders* Nr. 17 und 18), das sich mit der Aufbringung der zur Deckung der Regierungsaufgaben erforderlichen Mittel beschäftigt. Dort entwickeln sich die Debatten über die *Budget Resolutions*, den im Budget vorgesehenen Mitteln zur Ausgabendeckung. Auch hier kann sich die Regierung auf ihre Annahme verlassen. Erhebt sich in den Commons, meist auch in der eigenen Regierungspartei, erheblicher Widerstand gegen eine von der Regierung gewünschte Steuererhöhung oder eine neue Besteuerung, wird er entweder durch Vermittlung der *whips* ausgeräumt oder die Regierung zieht den Vorschlag überhaupt zurück; dies ist aber seit längerer Zeit nicht mehr vorgekommen. Die *Budget Resolutions* werden dann im *Finance Act* zusammengefaßt, der das Steuerprogramm der Regierung für das laufende Jahr enthält. Er muß ebenso wie der *Appropriation Act* des Parallel-*Committee* vor Beginn der Sommerferien des Parlaments anfangs August verabschiedet sein[1]. Auch erläßt das *Committee of Ways and Means* die erforderlichen Anweisungen an den *Consolidated Fund* zur Vornahme von Zahlungen an die einzelnen Departments in der Form von *Consolidated Fund Acts* oder dies geschieht durch den *Appropriation Act* des *Committee of Supply*[2].

---

[1] Auf den *Finance Act* von 1965, der am 15. Juli 1965 mit einer Mehrheit von 291:285 Stimmen die Commons passierte und damit in Bälde Gesetz wurde, mußten vom Unterhaus nicht weniger als 42 Sitzungstage mit 220 Stunden Debatte verwendet werden. Lange, bis in den Morgen dauernde Nachtsitzungen waren erforderlich, da die konservative Oppostion, die Interessen des Besitzbürgertums vertretend, sozusagen Posten für Posten bekämpfte. Das Gesetz brachte längst fällige Steuerreformen nach amerikanischem Muster, wie eine (bisher fehlende) Kapitalgewinnsteuer und eine Einschränkung der bei der Einkommensteuer absetzbaren Geschäftsausgaben (*expense account*). Die ohnehin gespannten Beziehungen zwischen der Labour-Regierung und der "City", dem Sitz des Finanzkapitals, wurden dadurch nicht freundlicher.

[2] Die altertümliche Formel der Präambel zum *Finance Act* geht nach wie vor von der historischen Theorie aus, daß "*the Queen's most excellent Majesty*" gebeten wird, die von den *most dutiful and loyal subjects the Commons* bewilligten Steuern nach *advice and consent of the Lords* gesetzeskräftig zu machen. Die Königin gibt ihre Zustimmung mit der Formel "*La Reine remercie ses bons sujets, accepte leur bénévolence et ainsi le veult*".

Mehr als ein Jahrhundert war es üblich gewesen, auf Grund der Resolutionen des *Committee of Ways and Means* die Steuern vor Verabschiedung des *Finance Act* einzuheben. Nachdem in *Bowles v. Bank of England* [1913], [1 Ch. 57]) der Abzug der Einkommensteuer von angesammelten Zinsen als eine Verletzung der *Bill of Rights* gekennzeichnet worden war, mußte ein diesbezügliches Spezialgesetz (*Provisional Collection of Tax Act*, 1913 [3 & 4 Geo. 5, c. 3]) erlassen werden, wonach auf die Dauer von vier Monaten die Resolutionen des *Committee* hinsichtlich der Geltung von Zöllen, Verbrauchsabgaben und der Einkommensteuer vorweg für rechtsgültig erklärt sind. Es braucht also der Erlaß des endgültigen *Finance Act* zur Steuererhebung nicht mehr abgewartet zu werden.

Vielfach enthalten auch gewöhnliche Gesetze Finanzklauseln; auch diese müssen dann von einem *Committee of the Whole House* auf Antrag eines Ministers nach der zweiten Lesung autorisiert werden.

5. Die Finanzkontrolle

a) Die Maschinerie der Geldanweisung

Die beschränkte Zeit, die den Commons zur Debatte der Budgetpositionen und der übrigen Finanzgebarung zur Verfügung steht, und die absolute Herrschaft, welche die Regierung kraft ihrer Mehrheit darüber ausübt, könnten dazu verführen, die tatsächlich bestehenden Kontrollmöglichkeiten des Unterhauses zu unterschätzen. Das willkürliche Manipulieren mit den ihr zugewiesenen Geldern ist der Regierung völlig unmöglich. Bei der Auszahlung oder Freigabe der Regierungsgelder durch den Depositar, die Bank von England, sind gewisse Formalitäten zu erfüllen. Eine Anweisung (*order*), die von zwei *Junior Treasury Lords* gegengezeichnet werden muß, weist die *Treasury Commissioners* an, bewilligte Gelder den einzelnen Departments zur Verfügung zu stellen; letztere wenden sich ihrerseits an den *Comptroller and Auditor-General*. Nachdem dieser seinerseits geprüft hat, ob alle gesetzlichen Bestimmungen erfüllt sind, weist er die Bank von England an, das Geld an den offiziellen Kassier der Regierung, den *Paymaster-General* – ein politisches Ministeramt – anzuweisen. Dieser übernimmt die Verantwortung, läßt aber diese Funktionen weitgehend durch die Zahlstelle des Schatzamtes ausführen. Es werden also eine Reihe von Instanzen eingeschaltet, die darauf sehen, daß die Legalität der öffentlichen Ausgabengebarung eingehalten wird.

b) Die Rechnungsprüfung durch den Comptroller and Auditor-General

Es bestehen außerdem zwei Kontrollmöglichkeiten von erheblicher Wichtigkeit. Der amtlich bestellte Wachhund ist der *Comptroller and*

Auditor-General, der Leiter eines bereits 1866 durch den *Exchequer and Audit Act* (29 & 30 Vict., c. 39) errichteten eigenen Amts, des *Exchequer and Audit Department*, das zwar mit der *Treasury* sachlich eng zusammenarbeitet, mit ihr aber nicht identisch ist. Dieser Beamte wird von der Krone auf Vorschlag des Kabinetts auf Lebenszeit ernannt und kann nur durch einen Beschluß beider Häuser aus seinem Amt entfernt werden. Er ist also sowohl von den Commons wie von der Regierung unabhängig. Seine Aufgaben sind doppelt: Einmal sieht er darauf, daß kein Betrag vom *Consolidated Fund* ausbezahlt wird, der nicht gesetzlich ermächtigt ist, und außerdem, daß das angewiesene Geld ordnungsgemäß verwendet wird. Ferner obliegt ihm *ex post facto*, als einer Art obersten Rechnungshofs, die Überprüfung der Einnahmen und Ausgaben jedes Departments, worüber er dann einen jährlichen Bericht an das *Committee of Public Accounts* der Commons schickt.

c) Die nachträgliche Kontrolle durch das Public Accounts Committee

Dieser aus fünfzehn Mitgliedern bestehende Ausschuß wird zu Beginn der Session bestellt. Sein Vorsitzender ist immer ein Mitglied der Opposition, wodurch zum Ausdruck gebracht wird, daß es ihr verbrieftes Recht ist, an die Finanzgebarung der Regierung die kritische Sonde zu legen. Der Ausschuß prüft die ihm von den Departments vorgelegten Abrechnungen über die ihnen bewilligten Gelder und kann dabei alle Unterlagen anfordern. Diese Prüfung kommt zwar, wie beim *Comptroller General* des amerikanischen Kongresses, reichlich *ex post facto*, aber im Gegensatz zur amerikanischen Situation ist sie durchaus wirkungsvoll. Denn die Finanzbeamten der Departments müssen vor dem Ausschuß erscheinen und können dort ins Kreuzverhör genommen werden, wenn eine Etatüberschreitung, Verschwendung, Fehlanlage oder ein sonstiger Mangel entdeckt wird. Naturgemäß kann es sich auch hier meist nur um Stichproben handeln. Aber das Berufs-Prestige der *Civil Service*-Beamten, die mit der Finanzgebarung der Departments betraut sind, ist derart, daß ihnen auch die bloße persönliche Rechenschaftsablage höchst unerwünscht ist, ein Grund mehr, weshalb sie sich von Anfang an der peinlichsten Korrektheit befleißigen.

d) Die Wirksamkeit der Finanzkontrolle im allgemeinen

Man pflegt zu sagen, daß das britische Unterhaus die Schnüre des Geldbeutels (*strings of the purse*) in der Hand hat. Davon ist aber heute und schon seit langem nicht mehr die Rede. Es ist dank ihrer unangreifbaren Mehrheit die Regierung, welche sie zieht, und sie allein bestimmt, was in den Beutel hineingetan und was herausgenommen wird. Auf die naheliegende Frage, wie es denn mit der allgemeinen Finanzkontrolle durch das Parlament oder durch andere Instanzen bestellt ist, wird man daher auch in Großbritannien – übrigens ebensowenig in den meisten anderen Ländern – keine befriedigende Antwort finden.

Nach der Sachlage ist der alleinige Garant gegen die Verschwendung oder die Falschinvestition öffentlicher Gelder die Opposition, für die dazu vielerlei Möglichkeiten in die Verfahrenstechnik eingebaut sind. Aber angesichts der enormen Komplexität einer modernen Verwaltung und im Hinblick auf die beschränkten Debattenmöglichkeiten genügen sie eben nicht. In Wirklichkeit ist es also das Schatzamt, das mit der Überwachung der Ausgabengebarung der Departments betraut ist und auch diese weist dabei erhebliche Mängel auf, wie der schließlich zur Untersuchung eingesetzte Plowden-Ausschuß (1961) aufzeigte[1]. Eine Verbesserung der Ausgabengebarung ließe sich letztlich nur durch einen sich auf mehrere Jahre im voraus erstreckenden Plan – es braucht nicht unbedingt ein Fünfjahresplan zu sein – erreichen, mit dessen Hilfe das einzelne Department auf längere Sicht seine Aufgaben in Aussicht nehmen und die dafür benötigten Mittel bereitstellen lassen kann. Bewilligte Gelder werden ja vielfach erst in den folgenden Jahren eingesetzt und verbraucht. Solche Wirtschaftsplanungen sind naturgemäß in einem parlamentarisch betriebenen Lande weniger leicht ein- und durchzuführen als in autoritären Staaten, weil die Regierungen wechseln und die Nachfolgerin nicht an den Plan gebunden werden kann. Aber das gegenwärtige System, wo die Departments sozusagen von der Hand in den Mund leben müssen und deshalb langfristige Investitionen nicht in Angriff nehmen können, wird auf die Dauer nicht aufrecht zu halten sein. Auch ließe sich die Betriebsführung in den einzelnen Departments durch eine Schulung der Beamten in den Management-Techniken wesentlich rationeller gestalten. Die meisten Regierungen können hier von den Großunternehmungen der Privatindustrie lernen.

Ein greifbares Ergebnis des Plowden-Ausschusses war die Errichtung des *National Economic Development Council* (1961), der die Wirtschaftsentwicklung auf dem öffentlichen und dem privaten Sektor wissenschaftlich untersucht und Vorschläge unterbreitet. Er setzt sich unter dem Vorsitz des Schatzkanzlers aus etwa zwanzig Mitgliedern zusammen, die teils den Gewerkschaften entnommen, teils Manager der nationalisierten Wirtschaftszweige und der Privatindustrie sind, also auch hier wieder eine offizielle Einschaltung der Interessenverbände in den Regierungsprozeß.

Damit wäre ein bescheidener Anfang gemacht, aber nicht viel mehr. Er unterstreicht die unabweisbare Tatsache, daß die bestehenden parlamentarischen Einrichtungen nicht in der Lage sind, eine wirklich wirk-

---

[1] *Control of Public Expenditure* (Cmnd. 1432).

same Finanzkontrolle auszuüben. Ein wesentliches Stück des klassischen Parlamentarismus ist damit auf dem Weg des modernen technologischen Staates liegen geblieben.

II. Die parlaments-ermächtigte Gesetzgebung

1. Zur Vorgeschichte

Der Ausdruck „delegierte Gesetzgebung" – *"delegated"* oder *"subordinate" legislation*[1] – bezieht sich auf jene Normen, zu deren Erlaß das Parlament durch ein formelles Gesetz – es wird manchmal als „Mutter"-Gesetz (*parent statute*) bezeichnet – die Departments, andere öffentliche Behörden und selbst gewisse Privatinstanzen ermächtigt hat. Damit wird eine Materie angeschnitten, die mindestens sechshundert Jahre in die Geschichte zurückreicht[2]. Aber erst vor etwa einer Generation erregte sie die Aufmerksamkeit weiter Kreise, als ein Buch des damaligen *Lord Chief Justice*, Lord Hewart of Bury, unter dem charakteristischen Titel *"The New Despotism"* (London 1929) erschien. Die Diskussion führte zu einem der bedeutsamsten neueren Staatsdokumente Großbritanniens, dem *Report of the Committee on Ministers' Powers* (*Donoughmore Committee*) von 1932 (Cmd. 4060), und schließlich, durch den letzten Krieg verzögert, zu dem wichtigen *Statutory Instruments Act* von 1946 (9 & 10 Geo. 6, c. 36) und zur Aufstellung entsprechender parlamentarischer Einrichtungen. Kaum ein anderer Gegenstand des öffentlichen Rechts hat die englische Juristenwelt und das mit der Verwaltung in Berührung kommende Publikum – und wer wäre das nicht – seither derart beschäftigt, wobei sich grundsätzliche Fragen hinsichtlich der Stellung des Parlaments im politischen Prozeß und des Verhältnisses zwischen ihm und der Regierung im Rahmen des modernen technologischen Staates nicht umgehen ließen. Auch ist das englische und ausländische Schrifttum über den Gegenstand sehr beträchtlich. In den Lehrbüchern nimmt die Behandlung einen ungewöhnlichen Umfang an.

---

[1] Er wäre wörtlich mit „delegierter", „abgeleiteter" oder auch „untergeordneter" Gesetzgebung zu übersetzen. Aus Zweckmäßigkeitsgründen wird hier die Bezeichnung „delegierte Gesetzgebung" beibehalten.

[2] Der erste nachweisbare Fall (*Statute of the Staple* 1385 [Rot. Parl. III, 204]) datiert aus der Zeit Richards II., als die Parlamentsgesetzgebung sich noch nicht konkretisiert hatte; die Technik findet sich häufiger unter den Tudors mit der bereits behandelten *Statute of Proclamations* (1539), fortgeführt im 17. bis ins 18. Jahrhundert hinein. Ein wichtiges Beispiel aus dem 18. Jahrhundert ist der *Mutiny Act* von 1717 (4 Geo. 1, c. 4), der die Krone zur Errichtung von Militärgerichten autorisierte. Im 19. Jahrhundert wurde die Praxis allgemein.

Worum es sich bei diesem Gegenstand rechtssystematisch handelt, ist nichts anderes als die der Regierung und ihren Behörden eingeräumte Verordnungsgewalt. Da die Exekutive in Großbritannien, wie mehrfach betont, kein selbständiges und originäres Verordnungsrecht besitzt, muß dieses durch das Parlamentsgesetz in jedem Einzelfall an sie übertragen oder ihr delegiert werden.

2. Anlässe und Gründe

Die Anlässe und Gründe, welche zur Inanspruchnahme und schließlich zum heutigen Überhandnehmen der delegierten Gesetzgebung führten, sind in allen industriewirtschaftlichen Staaten unserer Zeit dieselben, wenn auch die jeweils angewendeten Techniken verschieden sind. Sie lassen sich etwa wie folgt kurz zusammenfassen: Das Unterhaus leidet unter solcher Zeitnot, daß selbst bei schärfster Debattenbeschränkung kaum die großen Richtlinien der wichtigeren Gesetze, geschweige denn ihre Details, diskutiert werden können. Die Abschiebung aller Ausführungsvorschriften auf die ermächtigten Ministerien und andere Behörden ist daher eine außerordentliche Zeitersparnis, was zur Folge hat, daß das Rahmen- oder Ermächtigungsgesetz kürzer und präziser gefaßt werden kann und daß mehr Zeit zur Beratung und Erlaß anderer Gesetze besteht. Viele, ja die überwiegende Mehrheit der heutigen Gesetze sind technischen Charakters und in der Praxis ihrer Anwendung derart kompliziert, daß ein Parlament, selbst wenn es die Zeit dafür aufbringen könnte, des Sachverständnisses zum Erlaß vernünftiger Regelungen ermangelt; nur die mit der Verwaltung der Materie betrauten spezialisierten Berufsbeamten sind dazu in der Lage, und diese können sich dabei dauernd von Sachverständigen, gegebenenfalls aus den betroffenen Interessentenkreisen beraten lassen. Das Parlament muß sich also damit begnügen, in einem Rahmengesetz die allgemeine Zielsetzung und die großen Linien festzulegen, an denen sich dann die Aus- und Durchführungsvorschriften der Behörden zu orientieren haben. Ferner: Bei der Anwendung eines Gesetzes durch die Verwaltungsbehörden und ihre Beamten können sich unerwartete und nicht voraussehbare Situationen einstellen, welche nur durch elastische Anpassung gemeistert werden können; dies ist Aufgabe der Ausführungsbehörden, da der Erlaß eines parlamentarischen Ergänzungsgesetzes sachlich untunlich wäre und auch nicht zeitgerecht erfolgen kann. Die Flexibilität in der Normengestaltung erlaubt auch das Experiment mit neuartigen Ideen und Techniken, wie etwa bei den *Town and Country Planning*-Gesetzen. Besonders in wirklichen Notstandssituationen wie im Krieg ist die Delegationstechnik unumgänglich und unentbehrlich.

Die rechtsstaatliche Zulässigkeit und die unabweisbare Notwendigkeit solcher den Verwaltungsbehörden übertragener Gesetzgebungsbefugnisse sind heute nicht mehr bestritten. Die Techniken, deren sich die einzelnen Länder bedienen, um des Problems Herr zu werden, mögen verschieden sein, etwa in Deutschland Ermächtigungsgesetze, in Frankreich *lois-cadres*, in den Vereinigten Staaten die Übertragung der normensetzenden Befugnis an die *Independent Regulatory Agencies*, denen durch Kongreßgesetz nur die allgemeinen Richtlinien und Zielsetzungen vorgeschrieben, im übrigen aber die Einzelregelung überlassen wird. Was dagegen streitig ist – und dies gilt für Großbritannien in kaum geringerem Maß als für die anderen Länder mit einer analogen Praxis –, ist, ob das Parlament gegenüber den immens anwachsenden Normensetzungen der Behördenbürokratie auch diejenige Kontrolle ausüben kann, welche das rechtsuchende Publikum nach den Grundsätzen der Rechtsstaatlichkeit und Gesetzmäßigkeit von der Verwaltung zu fordern berechtigt ist. In die gleiche Richtung geht die Kontrolle der Gerichte gegenüber der delegierten Gesetzgebung, über welche aber erst im Rahmen der Gerichtsorganisation gehandelt werden kann[1].

3. Arten der delegierten Gesetzgebung

Nachdem die Technik der delegierten Gesetzgebung keinem vorbedachten Plan entsprang, sondern sich aus den Anforderungen der Praxis ergeben hatte, besteht derzeit eine verwirrende Fülle von Arten und eine noch größere in der Terminologie, in welche auch die neuere Gesetzgebung keine Ordnung hat bringen können. Nach der amtlichen Stelle, welche die Normensetzungsbefugnis ausübt, werden die folgenden Kategorien unterschieden: 1. Wie bereits früher ausgeführt, steht der Regierung als solcher keine Verordnungsgewalt zu eigenem Recht zu. Jedoch kann das Parlamentsgesetz die Krone zum Erlaß von *Statutory Orders in Council* ermächtigen, die dann jeweils vom Kabinett oder dem zuständigen Ministerium ausgehen; Beispiele wären die allgemein gültigen *Orders in Council* nach Maßgabe des *Emergency Powers Act* von 1920 (10 & 11 Geo. 5, c. 55), wo die Regierung bei inneren Notständen handlungsberechtigt ist, oder die überaus weitgehenden Ermächtigungsgesetze der Kriegszeit (*Emergency Powers* [*Defence*] *Acts* von 1939 [2 & 3 Geo. 6, c. 62] und 1940 [3 & 4 Geo. 6, c. 20]) die der Regierung schlechthin unbegrenzte Vollmachten zur Kriegsführung einräumten[2] und die nach Beendigung des zweiten Weltkrieges in weitem Umfang auch in die Friedenspraxis überführt wurden; 2. Normensetzungsdelegation an die Minister und andere Behördenvorstände. Sie beziehen sich zwar nur auf das von der betreffenden Behörde verwaltete Gebiet, sind aber oft von allgemeiner Publikumswirkung. Sie bilden heute die große

[1] Siehe Bd. II, S. 48 ff.
[2] Siehe Bd. II, S. 387 ff.

Masse der delegierten Gesetzgebung; 3. Ermächtigung an Lokalinstanzen, gültig nur für die ihnen unterstellte Territorialeinheit; 4. Ermächtigungen an die öffentlichen Anstalten (*public corporations*), heute infolge der Nationalisierung bestimmter Industrie- und Erzeugungsgebiete immer weitere Kreise umfassend; 5. Normensetzung der *Rules Committees* der Obergerichte oder der Grafschaftsgerichte, welche für ihren Amtsbereich Regelungen, etwa prozeßrechtlicher Natur, treffen können, was in den Staaten mit römischer Rechtstradition immer ein Parlamentsgesetz erfordern würde; 6. Schließlich ist die Normensetzungsbefugnis auch gewissen außerhalb der Regierung stehenden Kollektivgruppen, vor allem der freien Berufe, eingeräumt; sie bindet aber lediglich die freiwillig oder innungsmäßig mit einer solchen Gruppe affiliierten Berufsgenossen wie Anwälte (*solicitors*), Architekten, Ärzte, Wirtschaftsprüfer und andere freie Berufe. Der britische Pluralismus ist in solchen Fällen weitgehend rationalisiert.

Bei allen Typen der delegierten Gesetzgebung liegt jedoch ein und dieselbe rechtliche Situation vor: Die zu ihrem Erlaß berechtigte Behörde ist entweder unmittelbar dem Parlament verantwortlich oder mittelbar dadurch, daß sie ihrerseits einem verantwortlichen Minister unterstellt ist.

Die Einteilung wird weiter dadurch kompliziert, daß häufig die gesetzlich ermächtigte Instanz ihrerseits zur Weiterdelegierung (*subdelegation*) ermächtigt ist. Dadurch entstehen Ketten von hierarchisch über- und untergeordneten Normenquellen[1]. Nach dem Grundsatz *delegata potestas non potest delegare* muß das Recht zur Weiterdelegation im ursprünglichen Ermächtigungsakt ausdrücklich zugewiesen sein (*Allingham v. Minister of Agriculture* [1948] [1 All. E. R. 780]). Dabei kann in Frage kommen, ob die delegierte Unterbehörde sich im Rahmen ihrer Delegationsbefugnisse gehalten oder sie überschritten, also *ultra vires* gehandelt hat.

4. Terminologie

Die von diesen mannigfachen Instanzen erlassenen Normen tragen die verschiedensten Bezeichnungen: Die Krone erläßt (durch das Kabinett) *Proclamations* oder *Orders in Council*; *by-laws* werden von den Behörden der lokalen Selbstverwaltung erlassen, ebenso aber auch von gewissen öffentlichen Anstalten; *rules* oder *orders* heißen die von den Gerichten ausgehenden Regelungen. Die Ministerien aber, die Haupt-

[1] Beispielsweise war unter der Nachkriegsgesetzgebung der Labour-Regierung in den verschiedenen *Supply and Services Acts* (1945—1951) die Subdelegation vierfach gestaffelt, was als Vorwegnahme späterer Entscheidungen durch eine unkontrollierte Bürokratie stark getadelt wurde. Es erschwert jedenfalls die gerichtliche Nachprüfung erheblich. Die Praxis kann aber trotzdem nicht als ungesetzlich gelten, wenn die Subdelegation ausdrücklich ermächtigt ist.

quelle aller delegierten Gesetzgebung, befleißigen sich einer vollständigen terminologischen Anarchie, indem nicht nur *rules* und *orders*, sondern auch *regulations*, *directions* und *schemes* kunterbunt durcheinander purzeln[1].

Nicht zu den Kategorien der delegierten Gesetzgebung gehören aber die zahllosen und sich ständig anhäufenden Auslassungen der Departments, die lediglich im Interesse der davon unmittelbar betroffenen Kreise Gesetzesauslegungen, interne Büroanweisungen oder Einzelanordnungen oder sonstige Betriebsinstruktionen enthalten. Man gibt dieser Art von amtlichen Kundmachungen die Bezeichnung *administrative quasi-legislation*, was wörtlich etwa mit gesetzgebungsartigen Verwaltungsanordnungen übersetzt werden mag. Ihre rechtliche Bedeutung ist zwielichtig. Sie sind jedenfalls für die Gerichte nicht bindend, in der Regel auch nicht für die sie erlassende Behörde oder die Parteien, an die sie gerichtet sind. Niemand weiß genau, wo und wie sie veröffentlicht sind. Sie sind aber für jeden, der in seinem Geschäftsbetrieb mit der Verwaltung zu tun hat, unentbehrlich und dabei sowohl eine Hilfe wie eine Quelle der Unsicherheit. Diese Umstände machen auch in Großbritannien die Verwaltungsbehörden nicht zu Lieblingen der Nation.

5. Spezialfälle der Gesetzgebungsdelegation

Im Alltagsbetrieb unserer technologischen Gesellschaft ist also die Technik der Gesetzgebungsdelegierung an die Ausführungs- und Verwaltungsbehörden unumgänglich geworden. Darüber hinaus gibt es aber auch Delegationssituationen außerordentlichen Charakters, bei denen nicht nur Ausführungs-Vollmachten übertragen, sondern Grundsatzentscheidungen dem Parlament entzogen werden. Solche Ermächtigungen sind in der Vergangenheit wiederholt vorgekommen. Diese außerordentlichen Ermächtigungen lassen sich etwa wie folgt klassifizieren:

a) Delegierung von Grundsatzentscheidungen

Solche Globalermächtigungen enthielt beispielsweise der (jetzt aufgehobene) *Poor Law Act* von 1930 (20 & 21 Geo. 5, c. 17, Sektion 136), der dem Gesundheitsminister das Recht zu allen Verordnungen gab, die er im Interesse der Armen (*"for the managment of the poor"*) für gut

[1] Nicht alles, was sich den Namen *Order* beilegt, gilt als delegierte Gesetzgebung; beispielsweise sind die auf Grund der Prärogative erlassenen *Orders in Council* für Kolonien ohne Selbstverwaltung nicht vom Parlament ermächtigt. Die Maßnahmen, die von der *National Assembly* der *Church of England* erlassen sind (siehe oben S. 330), sind gesetzesähnlich, da sie eine Resolution der beiden Häuser und den *royal assent* brauchen. Gesetzgebung unter den *Provisional Order Confirmation Acts* ist echte Gesetzgebung für *private bills*, wenn auch in vereinfachter Form. Weitere Einzelheiten interessieren hier nicht.

befand. Bei solch weitreichendem Ermessen weiß man nicht, was das Parlament damit sagen wollte, und die Gerichte sind außerstande, zu beurteilen, ob eine Verordnung den Ermächtigungsrahmen überschreitet (*ultra vires*). Neuerdings jedoch sieht die Ministerialbürokratie bei der Abfassung des Gesetzes auf die größtmögliche sprachliche und sachliche Genauigkeit.

b) Ermächtigung zur Steuererhebung

Bei einer solchen ist die Abgrenzung gegenüber den echten Parlamentsrechten besonders delikat. Sie war beispielsweise unter dem *Emergency Powers (Defence) Act* von 1939 (2 & 3 Geo. 6, c. 62) zulässig, indem das Schatzamt nach Maßgabe der *Defence Regulations*, die ihrerseits delegierte Gesetzgebung waren, ihm gut dünkende Abgaben erheben durfte. Das mochte wegen der Kriegssituation noch hingehen. Die Delegation von Finanzgewalten ließ sich auch in der Kriesenzeit von 1931 rechtfertigen[1]. Aber die neuere Friedensgesetzgebung schlägt munter in die gleiche Kerbe. Besonders auf dem Gebiet der Zolltarife erwies sich die Delegationstechnik als unumgänglich[2].

c) Vollmacht zur Abänderung oder Anpassung des Ermächtigungsgesetzes selbst

In nicht wenigen Fällen wurde einem Minister das Recht gegeben, den die Delegierung ermächtigenden Akt selbst abzuändern oder zu Übergangszwecken umzustellen, was in ironischer Analogie zur *Statute of Proclamations* von Henry VIII. als die „Henry VIII.-Klausel" bezeichnet

---

[1] Es ergingen nicht weniger als fünf einschneidende Wirtschaftsgesetze dieser Art, nämlich der *Gold Standard (Amendment) Act* (21 & 22 Geo. 5, c. 46), der *National Economy Act* (ebenda, c. 48), der *Foodstuffs (Prevention of Exploitation) Act* (ebenda, c. 51), der *Abnormal Importations (Customs Duties) Act* (22 & 23 Geo. 5, c. 1) und der *Agriculture Products (Emergency Customs) Act* (ebenda, c. 3). Die Ermächtigungen waren alle zeitlich begrenzt.

[2] Der *Import Duties Act* von 1932 (22 & 23, Geo. 5, c. 8) erlaubte der *Treasury* auf Antrag eines von ihr ernannten und vom Parlament unabhängigen *Duties Advisory Committee*, nach ihrem Ermessen Einfuhrzölle auf den Wert des Erzeugnisses, mit Ausnahme speziell aufgeführter Artikel, zu erheben. Nach 1939 entfiel das *Committee*; überhaupt wurden durch den Akt von 1932 Präferenzzölle für die Einfuhr aus bestimmten Ländern ermächtigt. Der *Import Duties Act* von 1958 (6 & 7 Eliz. 2, c. 6) erlaubt der *Treasury*, auf Empfehlung des Handelsministeriums Einfuhrzölle neu aufzuerlegen oder bestehende zu erhöhen. Zwar wird im gleichen Gesetz den beiden Ministerien eine Anweisung gegeben, wie sie diese Befugnis gebrauchen sollen, aber die Regelung ist vom klassischen Parlamentsstandpunkt höchst unorthodox. Und der *Finance Act* von 1961 (9 & 10 Eliz. 2, c. 36, Sektion 9) bevollmächtigte den Schatzkanzler, im Verordnungsweg alle Zölle, Verbrauchssteuern und die Umsatzsteuer (*purchase tax*) um maximal 10% zu erhöhen oder herabzusetzen, wovon dieser prompt durch die 10%ige Erhöhung Gebrauch machte.

wurde. Dies war sogar bei dem politischen *Representation of the People Act* von 1945 (8 & 9 Geo. 6, c. 5) (Sektion 12, seither aufgehoben) zulässig. Zugegeben, daß diese Technik dem Parlament sehr erhebliche Abänderungsarbeit an bestehenden Gesetzen erspart, rechtsstaatlich ist sie aber zweifellos höchst bedenklich.

d) Ausschluß der Überprüfung der delegierten Normen durch die Gerichte

An sich gilt es im Hinblick auf die Parlamentssouveränität als verfassungsrechtlich zulässig, daß ein Parlamentsgesetz den Gerichten die Nachprüfung der von ihm ermächtigten Normen entzieht (*exclusion*) (*Chester v. Bateson* [1920] [1 K. B. 829] [Schlüsselfall]; *Commissioner of Customs and Excise v. Cure and Deely* [1961] [3 W. L. R. 796]. Dies mag bei wirklichen nationalen Notstandssituationen gerechtfertigt sein, nicht aber im Routinebetrieb der Verwaltung, etwa wenn bei Plangestaltungen private Grundstücksrechte berührt werden oder bei bestimmten Entschädigungen für entzogene Privatrechte. Die Praxis wird damit gerechtfertigt, daß die Gerichte ohnehin nur nachprüfen dürfen, ob sich die Verordnung im Rahmen des Ermächtigungsgesetzes hält, nicht aber, ob sie sachlich vernünftig oder angemessen war[1].

6. Der Umfang der delegierten Gesetzgebung

Die Masse der delegierten Gesetzgebung ist in den letzten Jahrzehnten außerordentlich gestiegen und steigt ständig weiter. Als das eigentlich legitime Gesetzgebungsorgan ist das britische Unterhaus heute dadurch weitgehend unterwandert worden. Wie früher ausgeführt[2], ist Westminsters Gesetzgebungsleistung eindrucksvoll, besonders was die Qualität anbetrifft, aber sie wird von der von den Departments und der Regierung in Gestalt der *Orders in Council* ausgehenden Masse der Verordnungen quantitativ weit überboten. Darin mag insofern ein Vorteil erblickt werden, als es gerade die Abwälzung weiter Gesetzgebungszuständigkeiten auf die Departments ist, welche dem Parlament selbst die sorgfältige Ausarbeitung der eigentlichen Gesetzgebung erst wirklich ermöglicht. Im übrigen ist heute auch dafür gesorgt, daß die von der delegierten Gesetzgebung betroffenen Interessentenkreise und das Publikum im allgemeinen über die zu den Parlamentsgesetzen erlassenen Ausführungs- und Durchführungsverordnungen ausreichend und zuverlässig informiert werden. Dies geschieht in erster Linie durch die den Großteil der amtlichen Verordnungen enthaltende amtliche Sammlung der *Statutory Instruments*. Andere Sammlungen unterrichten darüber, welche davon und wann außer Kraft getreten sind.

---

[1] Siehe Bd. II, S. 98 ff.

[2] Siehe oben S. 342 ff.

Nach dem *Documentary Evidence Act* von 1868 (31 & 32 Vict., c. 37) wird vor Gericht der Nachweis für das Bestehen einer Verordnung durch Vorlage eines von der Staatsdruckerei (*Her Majesty's Stationary Office*) herausgegebenen amtlichen Exemplars erbracht. Jede Verordnung trägt das Datum, wann sie von der ermächtigten Behörde erlassen, wann sie, soweit dies gesetzlich erforderlich war, dem Parlament vorgelegt und wann sie in Kraft getreten ist

7. Die parlamentarische Kontrolle

In der angemessenen parlamentarischen Kontrolle der Art und Weise, wie die ermächtigten Behörden von der ihr durch die Delegation übertragenen Verordnungsbefugnis Gebrauch machen, liegt die rechtsstaatliche *crux* der Materie. Um eine Verordnung prüfen zu können, müssen zwei Voraussetzungen erfüllt sein: Sie muß durch angemessene Veröffentlichung dem Publikum bekanntgegeben und dem Parlament selbst zur Kenntnisnahme vorgelegt worden sein. Beide Voraussetzungen bedingen einander, sind aber nicht miteinander identisch.

a) Veröffentlichungspflicht

Der *Statutory Instruments Act* von 1946 (9 & 10 Geo. 6, c. 36), vielleicht nicht ganz zufällig zur gleichen Zeit erlassen wie der amerikanische *Administrative Procedure Act* von 1946, der ähnliche Erscheinungen in den Vereinigten Staaten gesetzgeberisch regelt[1], befaßt sich in erster Linie mit der Art und Weise, wie die sog. *statutory instruments*[2] zu veröffentlichen sind. Dies setzt aber eine Bestimmung dessen voraus, was unter dem Begriff zu verstehen ist. Das Gesetz bezeichnet (Sektion 1) als *statutory instrument* eine amtliche Anordnung, die nach parlamentarischer Ermächtigung als *order*, *rule*, *regulation* oder andere *subordinate legislation* von der Krone *in Council* oder von einem Minister in Ausübung der übertragenen Normensetzungsfunktion erlassen ist. Der Begriff als solcher bezieht sich also hauptsächlich auf die zwei wichtigsten Quellen der delegierten Gesetzgebung, diejenigen, welche die Krone unter ministerieller Verantwortung als *Statutory Orders in Council* erläßt, und diejenigen, welche unter den verschiedensten Bezeichnungen von den Departments und anderen Behörden ausgehen. Die *Treasury* kann mit Zustimmung des *Lord Chancellor* und des Unterhaus-Speakers Ausführungsbestimmungen (*regulations*) zu dem Gesetz selbst erlassen (Sektion 8) und dadurch auch den Begriff selbst weiter definieren. Um aber unter die Begriffsbestimmung zu fallen, muß die Anordnung gesetzgeberischen

[1] Siehe KARL LOEWENSTEIN, *Verfassungsrecht und Verfassungspraxis der Vereinigten Staaten* (1959), S. 464.

[2] Der Ausdruck wird nachfolgend — zugegebenermaßen sehr unvollkommen — mit „Verordnung“ oder auch „Ausführungsverordnung“ übersetzt.

und nicht exekutiven Charakter haben, also normensetzend und nicht lediglich eine Ausführungsmaßnahme sein, was jedoch in der Praxis nicht immer leicht zu unterscheiden ist.

Was die öffentliche Bekanntgabe solcher Ausführungsverordnungen anbelangt, so schreibt das Gesetz unter Aufhebung des früheren *Rules Publication Act* von 1893 (56 & 57 Vict., c. 66)[1] nunmehr die allgemeine Veröffentlichungsprozedur *nach* Erlaß durch die betreffende Behörde vor; die vorherige Bekanntgabe hielt das *Committee on Ministers' Powers*, dem das neue Gesetz weitgehend Rechnung trägt, für nicht mehr notwendig, da inzwischen die Interessentenkreise sich bereits derart in das Verfahren eingeschaltet hätten, daß sie ohnehin Kenntnis von einer geplanten Regelung besäßen. Nunmehr ist bestimmt, daß jedes *statutory instrument* im Sinne des Gesetzes sofort nach Erlaß gedruckt und zum Verkauf gestellt werden muß. Das von der Staatsdruckerei beigegebene Datum gilt als der rechtlich ausreichende Beweis für den Zeitpunkt des Erlasses. Anordnungen, die als delegierte Gesetzgebung anzusehen sind, gelten also vom Tag ihres Erlasses durch die zuständige Behörde an, außer wenn sie selbst ein späteres Inkrafttreten bestimmen[2].

Nach den unter dem Gesetz erlassenen Ausführungsbestimmungen von 1947 – *Statutory Instruments Regulations* – wird seither vom *Stationary Office* ein amtliches Register der erlassenen *Statutory Instruments* geführt, also ein amtliches Verordnungsregister analog der amtlichen Sammlung der Parlamentsgesetze in den *Statutes of the Realm*[3], das nach einem einheitlichen, für alle *statutory instruments* geltenden Verfahren aufgestellt ist und die fortlaufende Numerierung, Drucklegung, Veröffentlichungsbedingungen und die Zitierweise vorschreibt (Gesetz von 1946, Sektion 2). Das Ergebnis dieser Regelung ist also eine regelmäßige Veröffentlichung des ungemein weitschichtigen und schwer zugänglichen Materials der delegierten Gesetzgebung, jedenfalls soweit sie von der Krone und den Ministerien ausgeht, die den Veröffentlichungs- und Informationsbedürfnissen des Publikums weitgehend Genüge leistet. Die lange als ungenügend beklagte Publizität und Übersichtlichkeit der

---

[1] Dieses Gesetz hatte die Bekanntgabe auch von den betreffenden Behörden bloß geplanter Verordnungen vorgeschrieben, ehe sie in Kraft traten, und außerdem die sofortige Drucklegung und den öffentlichen Verkauf, nachdem sie in Kraft getreten waren, hatte also nichts über die Vorlage an das Parlament vorgeschrieben.

[2] Im Verfahren gegen eine Person, die sich der Verletzung eines *statutory instrument* schuldig gemacht haben soll, ist der Nachweis eine zulässige Verteidigung, daß das vom *Stationary Office* angegebene Datum nicht richtig ist, außer wenn die erlassende Behörde ihrerseits beweisen kann, sie hätte schon vorher das Erforderliche getan, um die Anordnung dem Publikum oder den sie angehenden Personen zur Kenntnis zu bringen.

[3] Die damals noch in Kraft befindlichen *Statutory Instruments* sind in der *revised 3rd edition* bis einschließlich 31. Dezember 1948 enthalten; seither wird fortlaufend alljährlich ein neuer Band veröffentlicht.

erlassenen und noch gültigen Verordnungen ist nunmehr in einem befriedigenden Umfang gesichert. Es bestehen allerdings noch fühlbare Lücken, da die erlassende Behörde ihrerseits durch eine ausdrückliche Erklärung (*certificate*) eine Verordnung von der Publikationspflicht aus einer Reihe von Gründen – weil sie in anderen Registern regelmäßig abgedruckt werden oder weil die Anlagen zu umfangreich sind – ausnehmen kann[1].

Als Beispiel der Veröffentlichungstechnik sei auf das Jahr 1963 verwiesen. Die *Statutory Instruments* erschienen in drei starken Bänden für die Zeitabschnitte vom 1. Januar bis 30. April, 1. Mai bis 31. August und 1. September bis 31. Dezember. Der erste Band umfaßt XLVII und 1423 Seiten und enthält nicht weniger als 809 Einzelverordnungen. Die Anordnung ist nunmehr chronologisch nach Maßgabe des Tages, an welchem die Verordnung in Kraft getreten ist, und nicht mehr nach Gegenständen zusammengefaßt, wie es früher der Fall gewesen war. Ob dies besonders praktisch ist, wird von manchen Rechtsberatern mancher Firmen bezweifelt. Jede Regelung hat ihre eigene Nummer und Titel und muß angeben, ob es sich um allgemeine (*general*) oder nur örtliche (*local*) Gültigkeit handelt. Gesonderte Tabellen in jedem Band unterrichten, inwieweit die betreffende Verordnung bestehende Gesetze oder frühere Verordnungen abändert oder außer Kraft setzt. Ein Index führt die einzelnen Ermächtigungen auf, auf Grund derer die Verordnung erlassen ist, so daß die Rechtsgrundlage alsbald festgestellt werden kann.

Der Quelle nach stehen die von den Departments erlassenen und die als *Orders in Council* ergangenen Verordnungen der Regierung an der Spitze, doch gibt es außerdem zahlreiche andere Behörden, wie den *Privy Council*, die verordnungsberechtigt sind. Gegenständlich decken sie sich mit der gesamten Verwaltung eines modernen technologischen Staates, wobei aufs Geratewohl die folgenden Materien herausgegriffen sein mögen: Überseeische Gebiete; Verkehrsregelungen für Kraftfahrzeuge; Handelsmarine; Postwesen; zivile Luftfahrt; Zuckerbewirtschaftung; Flußregulierungen; Pensionen; Arbeitnehmerentlohnung, die von den verschiedenen *Wage Councils* festgesetzt wurde; staatliche Versicherung. Wie anderswo auch sind die Regelungen so kompliziert geworden, daß sich die größeren Unternehmungen ihre eigenen Rechtsbüros halten und die kleineren oder auch Privatpersonen sich ihres *solicitor* oder *accountant* bedienen müssen.

---

[1] In *Simmonds v. Newall* ([1953] [1 W. L. R. 826]) wurde der wegen Verletzung einer Eisen- und Stahl-Preisfestsetzungsverordnung Angeklagte freigesprochen, weil die in Frage kommende *schedule* nicht veröffentlicht war und kein Ausnahme-Zertifikat von der Veröffentlichungspflicht vorlag. In *R. v. Sheer Metalcraft* ([1954] [1 Q. B. 586]) verurteilten aber die Geschworenen trotz der gleichen Situation, weil die Angeklagten vom Inhalt der Verordnung anderweitig genügend unterrichtet gewesen waren.

b) Vorlagepflicht an das Parlament

Eine gesetzliche Verpflichtung zur Vorlage aller Erlasse der delegierten Gesetzgebung an das Parlament besteht nicht, auch nicht nach dem *Statutory Instruments Act*. Ein aus der gleichen Zeit stammendes Gesetz, der *Laying of Documents before Parliament (Interpretation) Act* von 1948 (11 & 12 Geo. 6, c. 59) schreibt lediglich vor, in welcher Weise sich die Vorlage vollziehen muß, wonach im Grunde jedoch das Haus das Verfahren selbst regeln kann. Aber damit ist noch nicht bestimmt, ob überhaupt eine Vorlagepflicht besteht und in welcher Art und Weise das betreffende Haus auf die ihm vorgelegte Verordnung reagieren wird. Um ausfindig zu machen, ob die Vorlagepflicht überhaupt besteht, müssen die Vorschriften des einzelnen zur Delegation ermächtigenden Gesetzes herangezogen werden. In der Regel wird dort die Vorlage vorgeschrieben sein, aber eine allgemeine Vorlagepflicht besteht eben nicht. Dies mag an sich bedauerlich sein, aber auch die globale Vorlagepflicht könnte kaum wirksamer sein als die gegenwärtige unsystematische Vorlage, da die Verordnungsflut unzähmbar ist und die physischen Prüfungsmöglichkeiten einer ohnehin stark überlasteten Gesetzgebungskörperschaft an sich begrenzt sind.

Wo also die Vorlagepflicht besteht, wird ihr durch die Niederlegung des gedruckten Exemplars auf den Tisch eines jeden der beiden Häuser Genüge geleistet. Wie verhält sich dann das Haus dazu?

Die gebräuchlichste Form ist das sofortige Inkrafttreten unter dem Vorbehalt einer Annullierung durch Resolution eines der beiden Häuser (die sog. negative Parlamentskontrolle); die Aufhebung selbst muß dann durch *Order in Council* erfolgen. Unter dem *Statutory Instruments Act* von 1946 (Sektion 7) beträgt die Aufhebungsfrist jetzt 40 Tage nach Vorlage, wobei die Zeit nicht mitgerechnet wird, in welcher das Parlament nicht sitzt. Über den Aufhebungsantrag (*prayer*), durch ein Mitglied gestellt, kann nur zwischen 10 und 11.30 Uhr abends debattiert werden, nach welchem Zeitpunkt die Abstimmung stattzufinden hat[1], außer der Speaker verschiebt die weitere Behandlung auf den nächsten Abend. In der Praxis ist dieses negative Verfahren nie erfolgreich, weil der Minister mit seiner Mehrheit den Aufhebungsantrag der Opposition immer niederstimmen lassen kann. Aber es kommt dabei oft zu wesentlichen Debatten und nicht ganz selten sogar dazu, daß der Minister die angegriffene Verordnung zurückzieht.

---

[1] Das Verfahren gewährt der Opposition willkommene Gelegenheit zur Obstruktion der Regierung, wie sich im Frühjahr 1951 zeigte, als die Konservativen Abend für Abend solche Anträge vorbrachten, um bis in die Morgenstunden die dünne Labour-Mehrheit zur Erschöpfung zu bringen. Seit 1953 muß daher die Abstimmung um 11.30 Uhr stattfinden.

Eine weitere Variante ist, daß die vorgelegte Maßnahme zwar sofort mit der Vorlage in Kraft tritt, daß aber das Haus nach Ablauf einer bestimmten Frist das Recht der nachträglichen Aufhebung hat. Ein einschlägiges Beispiel sind die unter dem *Emergency Powers Act* von 1920 erfolgten Regierungsmaßnahmen, weil hier die Regierung bei einem inneren Notstand zwar ohne Verzug handeln muß, aber zu länger dauernden Vollmachten die Zustimmung des Parlaments braucht.

Die andere übliche Methode ist, daß eine Verordnung entweder als Entwurf vor Erlaß oder, wenn erlassen, mit der Maßgabe vorgelegt wird, sie solle erst nach einer bestätigenden Resolution des Hauses in Kraft treten (die sog. positive Parlamentskontrolle). Hier muß ein Minister den Antrag auf Bestätigung stellen und auch die Zeit dazu finden. Wiederum bestimmt das betreffende Ermächtigungsgesetz selbst, ob für die vorgelegten Verordnungen die negative oder die positive Kontrollmethode zum Zug kommt; es gibt dafür keine allgemeine Regel. Aber die positive Bestätigungsmodalität wird bei allen Ermächtigungen verwendet, die politisch bedeutsam sind oder der delegierten Behörde besonders weite Befugnisse einräumen, wie die Auferlegung von finanziellen Belastungen, die Abänderung bestehender Parlamentsgesetze und ähnliches.

Eine Vorlage, welche überhaupt keine Aktion des Parlaments, entweder negativ oder positiv, erfordert, ist jetzt nicht mehr gebräuchlich.

Keine der angeführten Modalitäten ist befriedigend. Oft liegen bei Sitzungseröffnung gleich Dutzende der technisch kompliziertesten Verordnungen auf dem Tisch des Hauses. Dem Unterhaus fehlt die Zeit und auch die Sachkenntnis zur meritorischen Behandlung der delegierten Normensetzung. Es ist ein Dilemma, das unter den heutigen parlamentarischen Zuständen keiner Lösung zugänglich ist und letztlich der Normensetzung der Regierung und den ermächtigten Instanzen mehr oder minder freie Hand läßt, was, anders ausgedrückt, wieder auf eine Entmachtung des Parlaments auf seinem eigensten Gebiet der Gesetzgebung hinausläuft. Im Oberhaus, das weniger zeitbedrängt ist, liegen die Dinge etwas günstiger, weil ein interessierter Peer das Erforderliche veranlassen kann, um eine ihm abwegig erscheinende Ministerialanordnung aufzuheben.

Fraglich ist auch die Rechtswirkung, wenn die Vorlagepflicht mißachtet wird. Ist die betreffende Ausführungsverordnung dann überhaupt ungültig oder liegt ein bloßer Verstoß gegen Ordnungsvorschriften vor? Das Gesetz von 1946 bringt darüber keine Klarheit, doch sind neuerdings verschiedene Indemnitätsgesetze zur Deckung des für die Vorlage verantwortlichen Ministers ergangen[1].

[1] *National Fire Service Regulation (Indemnity) Act* von 1944 (7 & 8 Geo. 6, c. 35) (zugunsten des *Home Secretary*) und *Price Control and Other Orders (Indemnity) Act* von 1951 (14 & 15 Geo. 6, c. 59).

c) Der parlamentarische Überprüfungsausschuß

Noch vor Erlaß des *Statutory Instruments Act* von 1946 und wiederum den Vorschlägen des *Committee on Ministers' Powers* von 1932 Rechnung tragend, wurde schließlich (1944) in den Commons das *Select Committee on Statutory Rules and Orders* errichtet, 1946 in *Select Committee on Statutory Instruments* umgetauft und allgemein als das *Scrutiny Committee* – Überprüfungs-Ausschuß – bekannt. Es stellt eine wesentliche Ergänzung der als ungenügend angesehenen allgemeinen Vorlage-Prozeduren dar, bei denen es nur in ganz seltenen Fällen zur Überprüfung der delegierten Gesetzgebung kommen konnte[1]. Das *Scrutiny Committee* wird zu Beginn jeder Session neubestellt und tagt immer unter dem Vorsitz eines Mitglieds der Opposition, das keine Hemmungen hat, einem Department der Regierung am Zeug zu flicken. Es ist dem Ausschuß aber versagt, sich mit der sachlichen Angemessenheit (*policy*) einer Verordnung zu befassen, also die Absichten des Gesetzgebers unter die kritische Lupe zu nehmen; dies ist allein Sache des Parlaments, wenn es das betreffende Ermächtigungsgesetz erläßt. Das *Committee* darf sich auch nicht mit der Frage befassen, ob die Ausführungs- oder Ergänzungsregelung sich im Rahmen der Ermächtigung hält oder sie überschreitet (*ultra vires*); das wiederum ist Sache der Gerichte. Aber es richtet seine Aufmerksamkeit darauf, ob die zur Untersuchung stehende Normensetzung sachentsprechend oder sachfremd ist, was sehr viel mehr als eine nur formale Feststellung ist. Die dem *Committee* erteilte Aufgabe erstreckt sich im wesentlichen auf die folgenden Gesichtspunkte: Wird durch ein *statutory instrument* dem Publikum oder dem davon Betroffenen eine finanzielle Verpflichtung auferlegt, etwa für ihm geleistete Dienste oder für eine gewährte Lizenz oder Konzession? Ist die Überprüfung der Rechtmäßigkeit durch die Gerichte ausgeschlossen und aus welchen sachlichen Gründen? Besteht die Gefahr, daß die mit der Normensetzung betraute Behörde von ihrer Vollmacht einen ungewöhnlichen oder nicht zu erwartenden Gebrauch gemacht hat oder machen kann? Ist die Verordnung in Kraft getreten, ohne daß dem Speaker die vorgeschriebene Unterrichtung rechtzeitig zugegangen wäre? Bedarf die Verordnung aus irgendwelchen anderen Gründen der näheren Erläuterung durch das sie autorisierende Department? Wo immer ein Anlaß oder Grund zum Nachbohren besteht, berichtet das *Committee* darüber an das Haus. Das in Frage kommende Department muß gehört werden und sich rechtfertigen. Die Wichtigkeit der dem *Committee* anvertrauten Befugnisse geht auch daraus hervor, daß ihm der amtliche Rechtsbeistand des Speakers (*Counsel to*

[1] Im Oberhaus besteht ein ähnlicher Ausschuß (*Special Orders Committee*) schon seit 1925, mit einer im Vergleich zum Unterhaus-Ausschuß weiteren Zuständigkeit, da er sich auch darum kümmern muß, ob eine Verordnung sich innerhalb des Rahmens der Ermächtigung (*intra vires*) hält.

the Speaker), einer der angesehensten und erfahrensten Juristen des Landes, zur Verfügung steht. Bemerkt sei, daß auch bei Vorliegen eines Berichts an das Haus letzteres nicht in der Lage ist, eine Verordnung selbst zu ändern. Sie kann durch ein erfolgreiches *prayer* aufgehoben werden – was selten vorkommt –, aber sie zu verbessern ist das Haus weder berechtigt noch sachlich in der Lage, ganz abgesehen von der Schwierigkeit, gegebenenfalls verschiedene Lösungen der beiden Häuser miteinander in Übereinstimmung zu bringen.

In allen Ländern, welche den Übergang vom klassischen Gesetzgebungs- zum modernen Verwaltungsstaat vollzogen haben, ist das Verhältnis der politischen Instanzen zur Fachbürokratie ein oder sogar das Kernproblem. Von diesem Gewichtspunkt aus ist der hier behandelte Parlamentsausschuß von kaum zu überschätzender Bedeutung. Er handhabt anstelle des Parlaments eine weitgehende Kontrolle gegenüber der Bürokratie der Ministerien und der ihnen unterstellten Unterbehörden. Und es spricht sowohl für seine Sachkunde als auch für die disziplinierte Gewissenhaftigkeit der britischen Bürokratie, daß alles in allem die Fälle, in denen aus den besagten Gründen an das Haus berichtet werden mußte, im Vergleich zu der Masse der überprüften *statutory instruments* absolut und relativ sehr gering ist[1].

[1] In der fünfzehnjährigen Periode von 1944 bis 1958/59 prüfte der Ausschuß 10232 der *statutory instruments* aller Art. Nur bei 120 davon veranlaßten Beanstandungen einen Bericht an das Haus. Die Gründe waren dabei: Ungewöhnlicher oder nicht zu erwartender Gebrauch der Vollmachten (47); Verzögerung der Veröffentlichung der Vorlage (36); weiterer Erklärung durch das Department bedürftig (34); unerlaubte Rückwirkung (1); Erhebung einer finanziellen Auflage (1); Ausschluß der gerichtlichen Nachprüfung (0). Bemerkt sei ferner, daß von den zwischen 1948/49 bis 1958/59 untersuchten 7138 Verordnungen die überwiegende Mehrheit (6207) zu denjenigen gehörte, die innerhalb einer 40tätigen Frist vom Parlament widerrufen werden konnten, und nur 544 zu der Kategorie, die vom Parlament bestätigt werden muß, ehe sie in Kraft treten. Die die Verordnungen erlassenden Departments und Behörden schneiden wenn möglich noch besser in dem neuesten Bericht des *Scruting Committee* für die Sessionen 1960/61, 1961/62 und 1962/63 ab (*Special Report of the Select Committee on Statutory Instruments*, Session 1963/64 Nr. 10 [1]). Während dieser drei Jahre wurden insgesamt 1924 Verordnungen geprüft, von denen nur elf, also kaum mehr als ein halbes Prozent, durch den vorgeschriebenen Bericht an das Haus beanstandet werden mußten. Von diesen bedurften sieben der weiteren Aufklärung durch das erlassende Department, bei dreien wurde ein ungewöhnlicher oder unerwarteter Gebrauch der Vollmachten angenommen und eine legte sich eine Rückwirkung bei, welche das ermächtigende Gesetz nicht vorgesehen hatte. Bei einer Reihe von Verordnungen wurden geringfügige Beanstandungen wegen der Formulierung erhoben und dem betreffenden Department zur Kenntnis gebracht. Der Ausschuß verfehlte aber nicht, seiner Befriedigung über das hohe Niveau der Abfassung durch die Departments Ausdruck zu geben, was angesichts der technisch außerordentlich komplizierten Natur vieler solcher Instrumente um so bemerkenswerter ist. Was der Ausschuß zu beanstanden hatte, war, daß in manchen Fällen die zu prüfenden Verordnungen ihm nicht prompt

Trotzdem also die praktische Ausbeute dieses parlamentarischen Spür- und Wachhundes erfreulich gering ist und die Berichte an das Haus nur selten zu einer ernsthaften Debatte führen, hat die Überprüfungsmöglichkeit als solche dazu beigetragen, die mit der Abfassung der delegierten Verordnungen betrauten Beamten, insbesondere die Ministerialbürokratie der Zentralverwaltung, auf die Grenzen ihrer Machtvollkommenheiten hinzuweisen und die Praxis der delegierten Gesetzgebung dadurch zu verbessern, daß man dazu überging, nicht nur zu verordnen, sondern auch dem Publikum und den Interessenten zu erklären, warum man so und nicht anders vorgeht.

Damit ist zwar das vorerwähnte Kernproblem des modernen Verwaltungsstaats, nämlich das Verhältnis einer allmächtigen Bürokratie zu den politischen Gewalten keineswegs gelöst, vorausgesetzt es wäre überhaupt einer Lösung zugänglich. Aber daß in Großbritannien jener anderwärts oft zum kalten Krieg ausartende Antagonismus vermieden worden ist, hängt nicht nur mit den institutionellen Arrangements zur Verwaltungskontrolle zusammen, die notgedrungen immer mangelhaft bleiben müssen, sondern vielmehr mit dem Berufsethos und der Dienstmentalität des britischen Berufsbeamtentums im *Civil Service*, der sich in weiser Selbstbeschränkung als pflichtgetreuer Diener der politischen Führung und nicht als ihr arroganter Meister fühlt und geriert[1].

Schlußbetrachtung: Die Rolle des Parlaments im politischen Prozeß

Nach Abschluß der systematischen Darstellung sind hier einige zusammenfassende Bemerkungen über die Rolle des Parlaments – und das bedeutet praktisch das Unterhaus – im heutigen politischen Prozeß Großbritanniens am Platze. Seit einer Generation sprechen maßgebende Sachverständige viel von „Niedergang des Parlaments", von seiner Überflügelung durch das Kabinett und seiner Machtlosigkeit gegenüber dem dem Kabinett und seinen Ministerien dienenden Berufsbeamtentum des *Civil Service*. Diese Abwertung des Unterhauses ist auch dem Publikum nicht verborgen geblieben, das mit dem die Situation plastisch beschreibenden Gegensatz von Whitehall, dem Sitz der Ministerialbürokratie, und Westminster, der traditionellen Versammlungsstätte des Parlaments, vertraut geworden ist.

---

zugeleitet worden waren. Mit welcher Sorgfalt und Sachkenntnis das *Scrutiny Committee* zu Werk geht, mag dem Sitzungsprotokoll vom 24. Februar 1964 entnommen werden, wo es sich um Einvernahme von Beamten des *Department of Agriculture and Fisheries* über die Körordnung von Stieren und Ebern in England-Wales und in Schottland handelte (*Second Report from the Committee on Statutory Instruments*, Session 1963/64 [10-IX-1]).

[1] Siehe unten S. 475 ff.

Dem widerspricht, daß für die Öffentlichkeit das Unterhaus noch immer im Brennpunkt des Interesses steht. Die ernsthafte Presse wie die Telekommunikationen widmen ihm nach wie vor die größte Aufmerksamkeit; ist es in Tagung, stehen einlaßbegehrende Menschenschlangen vor seinen Toren. Der gebildete Fremde, der den Commons pflichtgemäß seinen Besuch abstattet, kann nicht umhin, von dem Stil, wenn auch nicht immer von dem Gehalt der Debatten, und erst recht dem sie umgebenden Zeremoniell beeindruckt zu sein und mag geneigt sein, die historischen Formen als die Verfassungswirklichkeit hinzunehmen. Wo liegt die Wahrheit?

Das objektive Beweismaterial läßt keinen Zweifel darüber zu, daß das *House of Commons* heute nur mehr ein Schatten dessen ist, was es noch vor einem Jahrhundert und lange vorher gewesen war: eine Versammlung der Honoratioren-Elite des Landes, zusammengesetzt aus den wohlhabenden Dilettanten des Erbadels, des Großgrundbesitzes und des Großbürgertums mit einem Zuschuß bedeutender Intellektueller. Sie agierten auf einer weithin sichtbaren Bühne, die mit Recht als der politische Mittelpunkt der damals führenden Weltmacht gelten konnte. Wenig von dieser Glorie hat sich in unsere Zeit gerettet. Zwar ist das Parlament – und vor allem das Unterhaus – nach wie vor das unentbehrliche Gesetzgebungsorgan, ohne dessen formelle Zustimmung keine allgemein verbindliche Norm Geltung hat. Aber seine Bedeutung in der faktischen Gestaltung der Gesetzgebung ist weitgehend verblaßt. Die Regierung besitzt das Monopol in der Einbringung wie in der Durchführung der Vorlagen. Die Regierung bestimmt dank ihrer Kontrolle der Geschäftsordnung den Fahrplan der Gesetzesbehandlung. Die Mehrzahl der Entwürfe, die zur Gesetzeskraft erwachsen, vor allem alle gegenständlich wichtigen, sind Regierungsvorlagen.

Die Masse der Parlamentsmitglieder, die weder zur Regierungs- noch zur Oppositions-Frontbank gehören, hat auf die Gestaltung des Gesetzgebungsinhalts kaum irgendeinen Einfluß. Der *private member* kann sich bestenfalls in den Ausschußberatungen nützlich erweisen. Seine frühere Selbständigkeit, vorausgesetzt sie habe je bestanden, ist heute durch die Parteidisziplin erwürgt. Die Abgeordneten stimmen ab, wie es ihnen von den Parteileitungen anbefohlen wird, nur zu oft, ohne eigentlich zu wissen, wofür oder wogegen sie stimmen. Sie mögen nur deswegen der zwar unfreundlichen, aber sonst angemessenen Bezeichnung als Stimmvieh entgehen, weil ihr Abstimmungsverhalten durch das edlere Motiv der Parteiloyalität bedingt ist, das sich mit den weniger edlen Motiven der eigenen Karriere glücklicherweise deckt. Mit der Opposition gegen die eigene Regierung zu stimmen, ist das *crimen laesae majestatis*, das heute überhaupt nicht mehr begangen wird. Kann ein MP wirklich die Stimmabgabe nach Parteibefehl nicht mit seinem Gewissen vereinbaren, kann es sich mit Genehmigung seines *whip* bestenfalls der Stimme enthalten, und dies nur dann, wenn es damit seine Regierung nicht in Gefahr bringt. Der Betriebserfolg des britischen Parlamentarismus beruht also auf der Parteidisziplin. Dazu kommt, daß die Praxis der delegierten Gesetzgebung zwar das Parlament entlastet, aber damit auch den Griff auf die Klinke der Gesetzgebung lockert und diese in die Hand der Ministerien und ihrer Berufsbürokratie legt.

Damit hängt aufs engste zusammen, daß die von den landläufigen Beschreibungen so geflissentlich in den Mittelpunkt gestellte Verantwortlichkeit des Kabinetts vor dem allerhöchsten Forum des *House of Commons* zur frommen Lüge geworden ist. Die Mehrheit, über die das Kabinett verfügt, sorgt dafür, daß niemals die praktische Probe auf das theoretische Exempel gemacht wird. Was auch immer auf der Regierungsseite geschehen mag, in den entscheidenden Abstimmungen wird die Regierung gedeckt. Mißtrauensanträge der Opposition und andere ähnliche Demonstrationen verfallen unweigerlich der Ablehnung. Die Parteidisziplin, von der Parlamentspolizei der *whips* gehandhabt, ist derart rigoros, daß ein Kabinett unter normalen Umständen überhaupt nicht mehr gestürzt werden kann. Der viel-berufene Fall Neville Chamberlains (1940), der wegen seiner Fehlleistungen mitten im Krieg dem Kabinett Churchill Platz machen mußte, war und blieb ein Sonderfall, für den auch der Rücktritt Anthony Edens (1957) und derjenige Harold Macmillans (1963) keine zutreffenden Parallelen bilden[1]. Ist die Regierung wirklich einmal in einem Ausschuß oder im Report-Stadium in die Minderheit geraten, kann die Niederlage im Plenum jederzeit korrigiert werden. Fürchtet die Regierung, in einer Routinefrage in die Minderheit zu geraten, kann sie die Abstimmung zur Vertrauensfrage erklären und ist dann wieder ihrer Mehrheit sicher.

Der Niedergang des Unterhauses als Gesetzgebungsorgan und als Teilnehmer an der politischen Entscheidungsfällung läßt sich auch kaum auf eine Abminderung der Qualität des Parlamentspersonals zurückführen, mag auch neuerdings vielfach darüber geklagt werden, daß die talentierte und ehrgeizige Jungmannschaft sich mehr und mehr dem Wirtschaftsleben oder den freien Berufen zuwende, die ihnen größere materielle Vorteile, mehr intellektuelle Freiheit und einen besseren Zugang zur Macht versprechen. Um hier sinnvolle Vergleiche mit der gerühmten aristokratisch-großbürgerlichen Vergangenheit anzustellen, fehlt es einstweilen an wissenschaftlich einwandfreien Maßstäben. Auch mochte das Durchschnittsmitglied früher kaum mehr Einfluß auf die wirklichen politischen Entscheidungen gehabt haben als sein heutiger Nachfahr. Überdies waren sie in ihrer überwiegenden Mehrheit krasse

---

[1] Siehe unten S. 385 ff.

Dilettanten, die gegenüber den heutigen Aufgaben des Parlaments eine herzlich schlechte Figur geschnitten hätten.

Die tieferen Ursachen der abnehmenden Funktionsfähigkeit der Commons liegen wohl anderswo: Einmal befindet sich das an sich hart arbeitende *House of Commons* in andauernder und sich ständig steigernder Zeitnot, trotzdem die von der Geschichte erzwungene Befreiung von den früheren imperialen Aufgaben und die von den technologischen Bedingungen verursachte Abwälzung der Detailgesetzgebung auf die Ministerien die Geschäftsführung eigentlich hätten entlasten sollen. Selbst die glänzendste Rede eines Parteimitglieds ist der Regierung heute unerwünscht, da sie Zeit kostet. Nur die äußerste Ökonomie in der Ausnutzung der Parlamentszeit macht die erhebliche Gesetzgebungsleistung überhaupt erst möglich; ohne sie würden auch in England in jeder Session eben nur ein oder zwei grundlegende Gesetze verabschiedet werden können, wie es in den Vereinigten Staaten üblich geworden ist, wo weit weniger rigorose Debattenbeschränkungen bestehen.

Zum anderen aber haben sich die intellektuellen Anforderungen an die Gesetzgebungsfähigkeiten der Parlamentsmitglieder in unvorstellbarem Maß gesteigert. Die Komplexität der technologischen Gesetzgebung übersteigt das Sachverständnis des Durchschnittsmitglieds, mag es auch in seinem Privatberuf Tüchtiges leisten. Das gesamte Sozial- und Wirtschaftsleben einer modernen Industriegesellschaft, bei dessen Ausgestaltung nunmehr auch die Naturwissenschaft zum Zug kommt, unterliegt der parlamentarischen Gesetzgebung. Während einer einzigen Session (1945/46) wurde eine Sozialrevolution großen Stils mit einigen siebzig höchst komplizierten Gesetzen durch die Commons getrieben, von deren technischen Einzelheiten die Mehrheit der Labour-Abgeordneten nichts verstand. In Normalzeiten mag der Gesetzgebungsdruck sich verringern, aber die geistigen Schwierigkeiten gegenüber den vorwiegend technischen Vorlagen bleiben bestehen. Die große Masse der Abgeordneten muß sich also den wirklichen Sachverständigen des Regierungs-*Civil Service* mehr oder minder passiv fügen. Selbst der Minister, der seine politische Laufbahn keinem Fachwissen verdankt, muß, wenn er eine komplizierte Vorlage im Unterhaus zu vertreten hat, vorher von seinen Beamten eingepaukt werden. Der Triumph Whitehalls über Westminster ist unvermeidlich geworden.

Die Schwierigkeiten, denen sich jedes einzelne Parlamentsmitglied und mit ihm das britische Parlament im ganzen gegenüber gestellt sieht, sind aus den geschilderten Gründen so grundsätzlicher Art, daß an sich durchaus begrüßenswerte Geschäftsordnungsmaßnahmen, um den parlamentarischen Betrieb mit einigen Stromlinien zu versehen, an der Sachlage nichts ändern können. Die konservative Regierung Macmillan hatte ein aus Mitgliedern aller Parteien zusammengesetztes *Select Committee on Procedure* eingesetzt, dem aber nach den Anweisungen (*terms of reference*) nur die Verfahrens- und nicht die Verfassungsfragen für seine Untersuchung zugewiesen worden waren. Einige seiner Vorschläge[1] wurden auf Vorschlag der Regierung Wilson kurz vor Sessionsschluß in die Geschäftsordnung des Unterhauses aufgenommen (Oktober 1965). Die einzig wichtige Neuregelung betrifft die zweite Lesung bei nicht-streitigen Bills, wonach ein All-Parteien-Ausschuß die Annahme ohne Debatte beschließen kann[2]. Eine in der Tat einschneidende Betriebsmodernisierung, die das *Select Committee* vorgeschlagen, die Regierung aber verständlicherweise nicht befürwortet hatte, wäre der Übergang der Commons zu einer Art *Committee*-System gewesen, wie es in den Vereinigten Staaten besteht, so daß sich mit der Zeit das Schwergewicht vom Plenum auf die Ausschüsse hätte verlagern können[3]. Was immer der Wert solcher Betriebsverbesserungen sein mag, sie sind bestenfalls Schönheitsreparaturen, aber bei den derzeitigen Funktionsklemmen der ehrwürdigen Commons nicht mehr als Tropfen auf den heißen Stein.

Aber man würde sich mit Recht dem Vorwurf der Einseitigkeit aussetzen, wollte man die positiven Seiten des heutigen Parlamentsbetriebs unterschätzen. Das jeweilige Kabinett hat zwar die unangreifbare Mehrheit, um sein Programm durchzuführen, aber es hütet sich, dem Parlament förmlich zu diktieren. Die Rolle der Opposition ist es zu verhindern, daß die Regierung und ihre Mehrheit ihre Macht mißbrauchen. Die zahlreichen Gelegenheiten, welche sich der Minderheit dazu bieten, sind in unserer Darstellung aufgezeichnet worden. Geschäftsordnung und politische Sitten sorgen dafür, daß die Minderheit, mag sie auch letztlich überstimmt werden, mit ihrer Kritik und ihren Verbesserungsvorschlägen nicht zu kurz kommt. Die Opposition in Großbritannien ist eine wirkliche und echte Opposition und nicht etwa der gerade nicht an der Macht befindliche Flügel einer Einheitspartei wie in den Vereinigten Staaten, oder der hoffnungslose Schatten der Mehrheitspartei, wie es in der Deutschen Bundesrepublik seit Anbeginn der Fall war. Eben weil die Opposition eine historisch erhärtbare Chance hat, über kurz oder lang selbst an die Macht zu kommen, kann sie es sich leisten, eine echte Opposition zu sein. Auf die Wünsche und Interessen der Minderheit wird ständig Rücksicht genommen, ebenso wie auf die Haltung der Hinterbänkler, die hinter den Kulissen als eine keineswegs unwirksame Bremse

---

[1] Siehe *First Report from the Select Committee on Procedure*, H. C. 149/1965.

[2] Die beiden anderen Neuerungen sind zweckmäßig, aber relativ unwichtig: Eine Anfrage an die Regierung darf höchstens einundzwanzig Tage vorher eingebracht werden, damit ihr Gegenstand nicht an Interesse verloren hat, wenn sie beantwortet wird. Eine weitere Maßnahme spart täglich etwa vierzig Minuten an Unterhauszeit ein, indem das Recht eines *private member* zur Einbringung einer *bill* vom Nachmittag auf das Ende der Sitzung verlegt wird.

[3] Siehe oben S. 313 f.

gegenüber einer etwaigen Hybris der Regierung wirkt. Mag die Regierung durch eine noch so große Mehrheit gedeckt sein, sie wird immer darauf sehen, daß sie den Bogen ihrer Macht nicht überspannt und den unerläßlichen nationalen Konsensus herbeiführt. Dies fällt der jeweiligen Regierung um so leichter, als sich die Alternierungsparteien im Laufe der Zeit mit ihren Grundeinstellungen einander annähern. Wenn eine Partei vorgeprellt ist, wie es bei den Liberalen im 19. und bei Labour im 20. Jahrhundert der Fall war, zieht die andere Partei im Laufe der nächsten Generation nach. Diese Dinge treten weit weniger in das Licht der Öffentlichkeit als die an sich fruchtlosen Kampfabstimmungen um die Thronrede oder die rituellen Mißtrauensvoten. Es sind diese Imponderablien, welche dem Unterhausbetrieb von heute sein eigentliches Gepräge geben.

Schließlich und endlich: Das Unterhaus ist auch heute noch diejenige Einrichtung, in der sich die nationale Solidarität verkörpert und die Nation sich selbst integriert. Es gibt auch heute noch Gelegenheiten – und sie sind nicht auf nationale Notzeiten beschränkt –, in denen das Unterhaus trotz aller Parteigegensätze mit einer einzigen Stimme für die gesamte Nation spricht. Das *House of Commons* ist noch immer der Angel- und Drehpunkt der Legitimität der Regierung. Solange dies der Fall ist, wird in Großbritannien die Kluft zwischen dem *pays réel* und dem *pays légal* nicht in Erscheinung treten.

Aber auch diese positiven Bewertungen ändern letztlich nicht an dem Bild der britischen Machtpyramide, in welcher der Prime Minister mit seinem Kabinett die Spitze, die Wählerschaft die Basis und das Unterhaus nicht viel mehr als der Transmissionsgürtel ist, der den Wählerwillen auf die Führung überträgt. Bestenfalls ist das Parlament heute – mit Harold Laskis treffender Formulierung – die *principle confirming assembly*, die Körperschaft also, welche die vom Kabinett getroffenen politischen Entscheidungen bestätigt.

Vierter Teil

Die Staatsorgane II: Die Regierung

Fünfzehntes Kapitel

Der Prime Minister

Vorbemerkung

Der in Großbritannien heute geltende Regierungstyp der Kabinetts-Regierung bedeutet, daß die Regierung – das Kabinett – nicht nur nach dem Vorbild der klassischen Gewaltentrennungslehre das Ausführungsorgan – Exekutive – der vom Gesetzgebungsorgan getroffenen Entscheidungen ist, sondern daß sie selbst tatsächlich die Regierung ausübt, also die politischen Entscheidungen trifft und diese vom Parlament in Gesetze umwandeln läßt. Das Kabinett führt, das Parlament folgt ihm. Die Regierung als solche ist mehrgestaltig. Aufgrund der geschichtlichen Entwicklung seit bald drei Jahrhunderten besteht sie *erstens* aus dem Prime Minister, der von der Krone normalerweise nach Maßgabe des bei den Generalwahlen sich manifestierenden Wählerwillens bestellt wird und der solange im Amt bleibt, als er mit einer ihn unterstützenden Parteimehrheit im Unterhaus rechnen kann; *zweitens* und *drittens* aus dem Kabinett und den Ministerien – beide zum Unterschied von den meisten anderen Staaten personell und sachlich verschiedene Gruppen –, die sich zur Durchführung ihrer Regierungsaufgaben eines Stabes geschulter Berufsbeamten – *Civil Service* – bedienen. Schließlich und *viertens* gehört zur Regierung aber auch die Krone.

In der Mehrzahl der politischen Beschreibungen und verfassungsrechtlichen Lehrbücher des britischen Regierungswesens wird noch immer, vielleicht aus traditioneller Ehrerbietung gegenüber der Institution, die Krone der Behandlung der eigentlichen Regierungsorgane, Prime Minister, Kabinett und Ministerien, vorangestellt. Davon wird jedoch in unserer Darstellung aus wohlerwogenen Gründen abgewichen. Zwar könnte auf den Gebieten der Regierungstätigkeit, welche unter den Begriff der königlichen Prärogative fallen, die Regierung auch gegenwärtig noch nicht ohne die Autorität des Monarchen handeln, die sich in den meisten Fällen nicht mit seiner wirklichen Autorisierung deckt; die königliche Prärogative ist aber heute durch Parlamentsgesetz und Konventionalregel derart eingeschränkt, daß die Krone an der eigentlichen Regierungsführung nur mehr in sehr beschränktem Umfang beteiligt ist.

Der nachfolgende vierte Teil gliedert sich also in die Kapitel: Der Prime Minister, das Kabinett, die Ministerien, das Berufsbeamtentum und die Krone.

I. Zur geschichtlichen Entwicklung der Regierungseinrichtungen

1. Das Kabinett vor der Glorreichen Revolution

Das Kabinett als eigentliche Regierung und der Prime Minister als ihr Führer sind erst im 18. Jahrhundert in Erscheinung getreten. Aber die Technik der Beratung des Monarchen mit einer kleinen Gruppe von Vertrauten im „Kabinett" geht viel weiter zurück. Ein engerer Beratungsausschuß hatte sich im Laufe der Zeit schon innerhalb des königlichen Rats, des *Privy Council*, gebildet und schließlich von ihm abgelöst. Da der Prime Minister aus dem Kabinett hervorgegangen, dieses ihm aber vorausgegangen und seinerseits aufs Engste mit dem *Privy Council* verbunden ist, liegen geschichtliche Überkreuzungen vor, die einen Rückgriff auf die Anfänge erfordern.

Von Anfang der normannischen Periode an beriet sich der Monarch mit maßgebenden Persönlichkeiten seines Reichs, die zur Teilnahme an seinem *Council* aufgeboten wurden. Die Mitgliedschaft wechselte und war nicht immer mit den den persönlichen Stab des Monarchen bildenden Kronbeamten identisch. In der Zeit zwischen William dem Eroberer und Edward I. dem Bekenner war der hauptsächlichste Kronbeamte der Justiziar (*justiciar*), dem, wie der Name besagt, vordringlich die Justizgebarung unterstellt war, der sich aber auch um Finanzfragen zu kümmern hatte. Diese nach dem Monarchen selbst wichtigste Würde verschwand aber mit der Zeit[1]. An seine Stelle trat unter Edward I. der Kanzler – *Chancellor* –, der, als des Königs Seelsorger und Bewahrer des großen Staatssiegels, nunmehr der erste Beamte des Königreichs war, bis ins 17. Jahrhundert immer ein Prälat, nachher ein Jurist. Außerdem bestanden von Anfang an die Ämter des Schatzmeisters – *Treasurer* –,

[1] Das Amt endet mit dem Fall des Inhabers Hubert de Burghe (1232), wird zwar in den *Provisions of Oxford* von 1258 noch erwähnt, hatte aber seine Bedeutung verloren.

der im 16. Jahrhundert zu einer wichtigen politischen Figur wurde, und des *Secretary*, der als Verwalter aller anderen nicht den königlichen Beamten anvertrauten Angelegenheiten unter den Tudors erhöhte politische Bedeutung gewann und als Vorläufer des *Secretary of State* gelten mag.

Die Inhaber dieser Kronämter waren so gut wie immer auch Mitglieder des geheimen königlichen Rats (*Privy Council*), der den Monarchen in politischen und Verwaltungsangelegenheiten zu beraten hatte. Ihm gehörten bis zum 16. Jahrhundert etwa zwölf bis zwanzig Würdenträger an, keineswegs aber alle Inhaber von Kron- und Staatsämtern. Der *Privy Council* seinerseits war ein engerer Ausschuß des vorwiegend sich mit juristischen Angelegenheiten befassenden *Ordinary Council* – die Unterscheidung datiert aus der Zeit des Tudors Henry VIII. –, der aber allmählich verschwand, so daß nur der *Privy Council* übriggeblieben war. Da aber solchen Gruppen die Tendenz innewohnt, sich dauernd zu vergrößern, mußte auch innerhalb des *Privy Council* zur Bildung von Ausschüssen für Spezialaufgaben geschritten werden. Man ist hier weitgehend auf Mutmaßungen angewiesen, da die Mitgliedschaft im *Privy Council* keiner gesetzlichen Regelung unterlag, die Beratungen geheim und ohne Protokoll geführt und die verschiedenen Einrichtungen von den Zeitgenossen mit verschiedenen Bezeichnungen belegt wurden[1]. Fest steht jedoch, daß es schließlich im 17. Jahrhundert nach der Restauration der Stuarts zur Bildung eines besonderen Gremiums der engeren Vertrauten des Monarchen kam, dem von der Öffentlichkeit, soweit sie davon unterrichtet war, die Spottnamen *Junto* oder *Cabal* – „Kabale" bekannt aus Schillers berühmter Gegenüberstellung – und endlich auch "*Cabinet*" *Council* beigelegt wurden[2]. Diese Gruppen umfaßten sowohl politische Figuren als auch Verwaltungsleute, ohne daß eine klare Trennungslinie erkennbar gewesen wäre. Königliche Beamte fehlten niemals in diesem engsten Beratungsausschuß und sie mögen zu Zeiten die Mehrheit gewesen sein.

2. Das Kabinett seit dem 18. Jahrhundert

Das erstarkende Parlament sah die Entwicklung aus einer Reihe von Gründen ungern: Es hatte auf die Auswahl dieser wichtigen Leute

---

[1] Ob das, was heute als Kabinett angesprochen wird, überhaupt je mit einem *Committee* des *Privy Council* identifiziert werden kann, ist zweifelhaft und wird von angesehenen Historikern bestritten.

[2] *Junto* ist vom spanischen *junta* abgeleitet, *cabal* ist französisch (ursprünglich wohl hebräisch) und bedeutet ein geheimes Zusammentreffen; *Cabinet* selbst war ein französisches Lehnwort und bezog sich auf einen Raum im königlichen Palast. Das *Cabinet Council* war also die intime Beratung des Monarchen, im wörtlichen oder auch im übertragenen Sinn, mit seinen Vertrauten.

keinerlei Einfluß, die Beratungen wurden vor ihm geheimgehalten und die Befugnisse der Gruppe kollidierten mit denen der dem Parlament gegenübertretenden Minister[1]. Demgemäß verlangte der *Act of Settlement* von 1700, der der verfassungsrechtliche Niederschlag der endgültigen Vormacht des Parlaments gegenüber der Krone nach der Revolution von 1688 ist, eine Reform, um den Einfluß der Krone auf die Regierungsführung zu rationalisieren. Die bis dahin im *Privy Council* behandelten Angelegenheiten sollten nur dort und nicht anderswo, also nicht in einem Privatzirkel *ad hoc* entschieden werden und alle gefällten Beschlüsse seien von den Teilnehmern zu unterzeichnen. Zum anderen sollten Personen, die von der Krone angestellt sind, von der Unterhausmitgliedschaft ausgeschlossen sein. Letztere Bestimmung, die wie früher gezeigt, das parlamentarische Regierungssystem unmöglich gemacht hätte[2], wurde vor ihrem Inkrafttreten aufgehoben, fand aber in modifizierter Form, welche die Parlamentsangehörigkeit der Minister zuließ und damit das parlamentarische System verfassungsrechtlich begründete, im *Succession to the Crown Act* von 1707 (6 Anne, c. 41) Aufnahme.

Die Bildung eines „Kabinetts" als Regierung erhielt einen weiteren Auftrieb durch die Notwendigkeit, während der häufigen Abwesenheit der Monarchen (Williams III., der beiden ersten Georges) einen Regentschaftsrat (*Regency Council*) aufzustellen, der dann seine Beschlüsse auch schriftlich niederlegte und Verfahrensregeln einführte. Im 18. Jahrhundert kam dann als Titel für die Kabinettsmitglieder "*His Majesty's servants*" oder auch "*His Majesty's confidential servants*" auf.

In seiner modernen Form geht das Kabinett auf den Regierungsantritt der Hannoveraner zurück (1714). Nunmehr wurde die Frage der Anwesenheit des Monarchen bei den Kabinettssitzungen entscheidend. Unter den Tudors und noch unter den ersten Stuarts war in dem engeren Rat des Monarchen natürlich keine Entscheidung ohne seine Anwesenheit erfolgt. Besonders die Außenpolitik war unter den ersteren, wie es auch Elizabeth I. gehandhabt hatte, des Monarchen höchsteigene Angelegenheit. Charles II. und seine Nachfolger William und Mary nahmen an den Sitzungen regelmäßig teil und blieben ihnen nur in Ausnahmefällen fern. Der verfassungsrechtlich entscheidende Umschwung trat erst unter dem ersten Hannoveraner George I., der gleichzeitig deutscher Kurfürst war, ein. Er hielt sich von den Kabinettssitzungen fern, teils weil er sich von Haus aus wenig für englische Angelegenheiten interessierte, teils, was damit im Zusammenhang stehen mochte, weil er unfähig war,

[1] Beispielsweise hatten die Commons bereits in der *Great Remonstrance* (1641) vom König verlangt, daß nur Räte ernannt werden dürften, die ihr Vertrauen besaßen; der König verteidigte sich damit, daß bei der Auswahl große Vorsicht geübt würde, was natürlich nichts besagen wollte.

[2] Siehe oben S. 205 f.

die englische Sprache zu erlernen[1]. Diese an sich rein zufällige Betriebsstörung hatte indessen die für den britischen Konstitutionalismus ausschlaggebende Folge, daß an die Stelle des Königs der Prime Minister – allerdings damals noch nicht so bezeichnet – als Führer des Kabinetts treten konnte und mußte. Nach 1717 nahm George I. höchst selten an den Kabinettssitzungen teil, seine Nachfolger gleichfalls nur sehr gelegentlich und nur bei speziellen Anlässen. Damit schaltete der Monarch sich von der aktiven politischen Führung aus. Der Niedergang der Kronmacht kam allerdings sehr allmählich, da der Monarch, wie sich an Georges III. persönlichem Regiment zeigte, auch außerhalb des Kabinetts erhebliche Einflußmöglichkeiten auf den Gang der Politik besaß und nicht zögerte, sie geltend zu machen.

Unter George II., feststellbar mindestens seit 1740, erfolgte die Ausbildung eines inneren Rings des Kabinetts – zuerst als das *conciliabulum* bekannt – zum Unterschied vom äußeren Ring, dessen Mitglieder sich nicht für politisch verantwortlich hielten, wenn sie in einer bestimmten Angelegenheit nicht mitkonsultiert worden waren. Man irrt nicht, wenn man den Ausgangspunkt des gegenwärtigen Kabinetts, zum Unterschied vom weiteren Ring der Ministerien, auf diesen Vorgang zurückführt.

Mit der Zeit wuchs der Umfang des Kabinetts. Georges I. erstes Kabinett hatte noch 15 Mitglieder, unter George III. waren es schon 20, weil die Inhaber neu begründeter Ämter zugezogen wurden und der *First Lord of the Treasury* – später das offizielle Amt jedes Prime Ministers – und die beiden *Secretaries of State* zu wichtig waren, um ausgelassen zu werden. Man bemühte sich aber aus Gründen der Arbeitsfähigkeit, das Kabinett nicht zu zahlreich werden zu lassen. Aus der nunmehr regelmäßigen Abwesenheit des Königs von den Kabinettssitzungen ergaben sich zwei für die Entwicklung des britischen Regierungstyps überaus wichtige Folgerungen. Da der Prime Minister nicht mit verschiedenen Vorschlägen zum König gehen konnte, wurden Meinungsverschiedenheiten schon im Kabinett ausgeglichen. Einmütigkeit wurde die Regel. Wer nicht mittun wollte, mußte eben ausscheiden. Auch setzte der jüngere Pitt (Prime Minister von 1784–1801) durch, daß nur die Inhaber der Regierungsämter am Kabinettsrat teilnahmen und daß nicht-ministerielle Vertraute oder Günstlinge der Krone davon ausgeschlossen wurden. Außerdem: Um eine einheitliche Politik innerhalb des Kabinetts zu erzielen, wurde seine politische Homogenität schon vor den Hannoveranern die Regel[2]. Hand in Hand damit ging – wiederum eine Entwicklung von ausschlaggebender Bedeutung –, daß das nunmehr parteihomogene Kabinett sich mehr und mehr seiner Abhängigkeit

[1] Er verständigte sich mit seinen Ministern auf französisch, mit seinem Prime Minister Walpole in — beiderseits schlechtem — Latein.

[2] 1705: Whig-Ministerium; 1710 Tory-Ministerium; Walpole führte von 1721—1742 ein Whig-Ministerium.

von den Commons und seiner Verantwortlichkeit ihnen gegenüber bewußt wurde. Im Fortgang des 18. Jahrhunderts mußten die Monarchen sich dazu bequemen, Leute mit dem Ministeramt zu betrauen, die zumindest dem Prime Minister und dem Unterhaus nicht ausgesprochen unangenehm waren. Die Ausbildung des Kabinetts als Regierungsorgan zuerst unter, dann neben und schließlich anstelle des Monarchen bewirkte also die Ersetzung des Vertrauens der Krone durch dasjenige des Unterhauses. George II. fand den älteren Pitt (nachmals Lord Chatham) unausstehlich, mußte ihn aber im Kabinett als *Secretary of State* dulden und ohne ihn wäre der siebenjährige Krieg von England (als Preußens Verbündeter) nicht gewonnen worden.

Die sich durchsetzende Verantwortlichkeit der Minister vor dem Parlament bewirkte andererseits eine Abnahme des königlichen Einflusses auf die Regierungsführung, aber nicht ohne Rückschläge. Der charakterstarke George III., der erste Hannoveraner, der völlig anglisiert war und das Englische akzentlos sprach, konnte in seiner frühen Regierungszeit jenen berühmten Rückfall in das *regime personnel* durchführen – der letztlich zum Verlust der amerikanischen Kolonien führte –, weil es seinen Ministern an Einmütigkeit fehlte und weil er ein Meister in der Manipulation des Unterhauses war, wo er sich auf eine neue Hilfstruppe, die aus Mitgliedern beider Parteicliquen und aus Parteilosen zusammengesetzten „Freunde des Königs“ verlassen konnte. Nach 1784 aber, als der jüngere Pitt als Prime Minister einer Tory-Mehrheit die Zügel straff in der Hand hatte, nahm der Einfluß des Monarchen rapide ab, wozu die schon damals akute Geisteskrankheit Georges III. und die Erbärmlichkeit oder Unbedeutendheit seiner Nachfolger George IV. und William IV. beitrugen. Seit den die Wasserscheide der neueren politischen Entwicklung in Großbritannien bildenden Wahlen von 1784 ist die der Unterhausmehrheit verantwortliche Kabinettsregierung etabliert. Daran konnten auch einzelne spätere Oppositionsakte der Krone, wie der Widerstand Georges III. gegen die von Pitt geplante Katholikenemanzipation, der zum Rücktritt Pitts führte (1803), der Widerspruch Georges IV. gegen das schließlich erlassene Emanzipationsgesetz (*Roman Catholic Relief Act* von 1829 [10 Geo. 4, c. 7]) und Williams IV. anfängliche Ablehnung der Reformgesetzgebung, letztlich nichts mehr ändern. Es waren lediglich Rückzugsgefechte der Krone gegen die auf der ganzen Linie siegreiche Kabinettsregierung, die sich auf eine in den Generalwahlen erzielte Unterhausmehrheit stützen konnte. Mit der Wahlreform von 1832 wurde es zur Konventionalregel, daß das Kabinett von der Unterstützung der Unterhausmehrheit getragen ist und sich zurückziehen muß, wenn es diese einbüßt[1].

---

[1] So Robert Peel 1834, als er Lord Melbourne aus dem Amt gedrängt hatte, aber bei den nach Parlamentsauflösung folgenden Generalwahlen in der Minderheit

3. Die Anfänge der Prime Ministerschaft

Der Aufstieg des Prime Ministers als der Führer des Kabinetts und der Regierung ist untrennbar mit demjenigen des Kabinetts zu Beginn des 18. Jahrhunderts verbunden. Solange der Monarch selbst am Kabinettsrat teilnahm, war er der gegebene Vorsitzende, der über Gegenstände und Gang der Kabinettsberatungen entschied. Mit seinem Ausscheiden mußte der Vorsitz von einem Teilnehmer übernommen werden, der die Beratungen organisierte und leitete und ihre Ergebnisse dem König mitteilte. In der Tat war schon Sir Robert Walpole (1721–1742) als Kabinettsvorsitzender der erste de facto-Prime Minister Englands, wenn er auch die Bezeichnung als eines solchen strikt ablehnte, da sie nach dem Zeitklima fremder Einflüsse und der Servilität gegenüber der Krone verdächtig schien. Er verstand es dabei nicht nur – eine unerläßliche Voraussetzung –, sich das Vertrauen des Königs zu erhalten, sondern er erwies sich auch dank seiner meisterlichen Technik des "*government by corruption*" als unübertrefflicher Parteimanager der Commons. Wem innerhalb des Kabinetts die Funktion, wenn auch noch nicht der offizielle Rang des Prime Ministers zukam, hing weitgehend von der Persönlichkeit ab. In den Zeiten der Parteienzerfaserung nach der Mitte des 18. Jahrhunderts rivalisierten mehrfach innerhalb des Kabinetts verschiedene Persönlichkeiten, so daß der nominelle Inhaber des Amts nicht immer der wirkliche Führer war. Der Rang war lange Zeit mit keinem speziellen Staatsamt verbunden, bis sich, traditionell, wenn auch nicht immer, der *First Lord of the Treasury* mit der Prime Ministerschaft verband.

Bis zur Großen Reform war es wesentlich gewesen, daß der Prime Minister nicht nur das Vertrauen der Commons, sondern auch des Monarchen besaß. Seit der Thronbesteigung Victorias (1837) aber bewirkt das Vertrauen der Unterhausmehrheit in den Prime Minister automatisch, daß auch der Monarch, gleichgültig was seine persönlichen Gefühle auch sein mochten, ihm offiziell sein Vertrauen schenken muß, weil die Krone im Normalfall bei seiner Bestellung keinerlei Ermessensmöglichkeiten mehr hat[1].

---

geblieben war; er war dann bis 1841 außer Amt. Die klaren Linien sind allerdings bis nach der zweiten Wahlreform von 1867 durch die inzwischen eingetretene Periode der Parlamentssouveränität zeitweilig verwischt.

[1] Victoria zog (1855) Lord Derby vor, mußte aber den ihr unleidlichen Palmerston ernennen, ebenso wie sie später (1880) Gladstone, den sie nicht mochte, anstelle des von ihr bevorzugten Lord Hartington annehmen mußte. George VI. soll (1940) nach Chamberlains Rücktritt Lord Halifax als Prime Minister gewünscht haben, der aber wegen seiner Oberhausmitgliedschaft nicht in Betracht kam, so daß Churchill ernannt wurde, den der abtretende Prime Minister Chamberlain empfohlen hatte.

II. Der Prime Minister

1. Die verfassungsrechtliche Stellung

Wie aus dem Bisherigen hervorgeht, ist der Prime Minister ein Geschöpf der Verfassungspraxis und der daraus erwachsenen Konventionalregeln. Offiziell existiert er überhaupt nicht und war vor dem neueren *Ministers of the Crown Act* von 1937 (1 Edw. 8 & 1 Geo. 6, c. 38), von ganz gelegentlichen Hinweisen abgesehen[1], dem Parlamentsgesetz völlig unbekannt. Vor dem Erlaß des *Ministers of the Crown Act* bezog der Prime Minister als *First Lord of the Treasury* ein Jahresgehalt von 5000 £. Er stand damit dem wichtigsten Staatsamt, dem Schatzamt, vor, hatte aber, da dessen eigentlicher Chef der *Chancellor of the Exchequer* ist, nur nominelle Amtspflichten und konnte sich ganz den Aufgaben der Prime Ministerschaft widmen; außerdem hatte er als die Hauptquelle der Patronage bis zur Durchführung des *Civil Service*-Systems einen nicht zu unterschätzenden Einfluß auf die Stellenbesetzungen in den Ministerien. Seit dem *Ministers of the Crown Act* aber war die Personalunion des *First Lord of the Treasury* mit der Prime Ministerschaft schon deswegen gesichert, weil die Person, die beide Ämter innehat, ein Jahresgehalt von 10000 £ bezog. Dabei ist es bis 1965 verblieben, als der *Ministerial Salaries and Members' Pensions Act* (Eliz. 2, c. 11) die Bezüge auf 14000 £ erhöhte[2]. Gelegentlich übernahm der Prime Minister gleichzeitig auch ein anderes Ministerium, so Gladstone das Schatzamt, Mac Donald das Außen- und Churchill das Verteidigungsministerium, ohne dadurch eine Gehaltserhöhung zu gewinnen.

Das Amt eines stellvertretenden Prime Ministers besteht offiziell nur in Kriegszeiten; in Churchills Koalitionskabinett seit 1940 war der Labour-Führer Clement Attlee der offizielle *Deputy Prime Minister*. Als dieser dann nach dem Wahlsieg von 1945 sein Kabinett bildete, war Herbert Morrison, gleichzeitig *Lord President of the Council*, Inhaber des Amts, ohne daß es aber in aller Form errichtet worden wäre. Im 2. Kabinett Churchill wurde Anthony Eden dafür angesprochen, aber König George VI. ließ dagegen Bedenken verlauten, da er der Auffassung war,

---

[1] Die wesentlichste Erwähnung vor 1937 war der *Chequers Estate Act* von 1917 (7 & 8 Geo. 5, c. 55), der von parlamentswegen den Landsitz in Chequers der dauernden Benutzung des jeweiligen Prime Ministers unterstellte.

[2] Das Gesetz von 1937 bestimmte, daß jeder frühere Prime Minister, der kein anderes bezahltes Amt innehat, eine Jahrespension von 2000 £ erhält. Sie wurde durch das vorerwähnte Gesetz von 1965 auf 4000 £ erhöht. An der Erhöhung nehmen auch die noch am Leben befindlichen früheren Prime Minister teil. Die Witwen verstorbener Prime Minister beziehen 1333 £ jährlich. Auch die minderjährigen Kinder eines verstorbenen Prime Ministers und — ein Zeichen der Zeit — der erwerbsunfähige Witwer einer verstorbenen Prime Ministerin werden nunmehr mit Pensionen bedacht.

es werde ihm dadurch eine Linie für die Nachfolgerschaft in das Prime Ministeramt vorgeschrieben, die seine Auswahlbefugnisse zu verkürzen geeignet wäre. Damit wurde eine sich bildende Konventionalregel im Keim erstickt. Prime Minister Macmillan lehnte demgemäß den Vorschlag, er solle einen stellvertretenden Prime Minister ernennen, als nicht von der Verfassung vorgesehen und anerkannt ab, ernannte aber wenige Monate später R. A. Butler zum Inhaber des neugeschaffenen Amts des *First Secretary of State*, der allgemein als Vize-Prime Minister angesehen wird. Auch Harold Wilson behielt die Praxis bei und machte George Brown, Inhaber des neugeschaffenen *Ministry of Economics*, zum *First Secretary*. Es kann aber daraus nicht geschlossen werden, daß der Amtsinhaber auch der vorausdesignierte Nachfolger im Prime Minister-Amt ist, wie sich bei der Übergehung von Butler bei der Nachfolgerschaft von Macmillan (Oktober 1963) erwies.

2. Die Ernennung durch die Krone

Es bedarf keiner Betonung, daß, wer Prime Minister wird, eines der wichtigsten, wenn nicht das wichtigste Faktum des britischen Staatsbetriebs ist. Bei der Besetzung des Prime Minister-Amts fällt die Wahl des Monarchen, soweit von einer solchen gesprochen werden kann, auf denjenigen politischen Führer, der kraft seiner Stellung innerhalb seiner Partei in der Lage ist, im Unterhaus über eine Mehrheit zu verfügen.

Die Bildung eines Kabinetts beginnt damit, daß die Krone den Prime Minister ernennt, und ihm den Auftrag zur Kabinettsbildung erteilt[1]. Der Prime Minister vollzieht ihn sodann, indem er dem Monarchen die Personen der von ihm in Aussicht genommenen Mitarbeiter mit den von ihnen zu verwaltenden Ämtern bekanntgibt. Diese werden sodann vom Monarchen formell, jedoch automatisch zu Inhabern der ihnen zugedachten Ämter ernannt. Bei diesem Verfahren ist die Rolle der Krone grundsätzlich von den Konventionalregeln vorgeschrieben. Sie besitzt dabei keinerlei Ermessensspielraum hinsichtlich der zu ernennenden Personen des Prime Ministers oder der zu bestellenden Kabinettsmitglieder. Dies ist die gegenwärtige Rechts- und Sachlage, die allerdings erst verhältnismäßig neueren Datums ist; beispielsweise entschloß sich Königin Victoria nach Gladstones Niederlage in der *Home Rule* für

---

[1] Die Annahme des Auftrags erfolgt mit einem gewissen Zeremoniell, indem der Designierte dem Monarchen die Hand küßt. Früher war dafür eine Hoftracht vorgeschrieben, der sich MacDonald noch anbequemte, Attlee und Wilson nicht mehr. Wie es bei den Konservativen damit steht, konnte nicht festgestellt werden. Bei der Berufung des Earl of Home (Oktober 1963) wurde der Handkuß vorläufig unterlassen, da er im Hinblick auf die parteiinternen Vorgänge, die zu seiner Empfehlung durch den zurückgetretenen Prime Minister Macmillan geführt hatten, nicht sicher war, ob ihm die Kabinettsbildung gelingen würde.

Irland (1894), ohne den abtretenden Prime Minister oder, soweit bekannt, irgendeinen anderen Ratgeber zu befragen, für den Liberalen Lord Rosebery, mit dem Ergebnis, daß dieser seinerseits nach nur fünfzehn Monaten geschlagen wurde und zurücktreten mußte. Bei Ausnahmesituationen aber unterliegt das Schema gewissen Abweichungen, die der Krone eine gewisse Ermessensfreiheit, jedoch gleichfalls innerhalb der Schranken der Konventionalregeln, einräumen. Die sich dabei theoretisch und praktisch ergebenden Möglichkeiten werden nachfolgend kurz erörtert[1].

a) Automatischer Vollzug des Bestellungsaktes

1. Seit einem Jahrhundert ergibt sich der Normalfall der Investitur des Prime Ministers aus dem Ausgang der Generalwahlen, die seit 1911 spätestens alle fünf Jahre abgehalten werden müssen, es sei denn, die Legislaturperiode wäre durch eine vorzeitige Parlamentsauflösung abgekürzt. Nach dem Verdikt der Wählerschaft ist die Designation des Prime Ministers durch die Krone automatisch. Werden die Wahlen von der bisher am Ruder gewesenen Partei gewonnen, so verbleibt der bisherige Prime Minister, falls er dazu bereit ist, im Amt, ohne daß es irgend einer Handlung der Krone, etwa einer Bestätigung, bedarf. Hat die bisherige Oppositionspartei die Wahlen gewonnen, treten der bisherige Prime Minister und sein Kabinett sofort zurück, anstatt den Zusammentritt des neuen Parlaments abzuwarten, das sie unfehlbar alsbald durch eine Niederlage aus dem Amt treiben würde. Daß sich dabei – und ebenso bei den anderen Nachfolgemodalitäten – der Brauch eingebürgert habe, daß der ausscheidende Prime Minister dem Monarchen die Person seines Nachfolgers empfiehlt, ist keineswegs einwandfrei belegbar; es gab Fälle, wo der Rat erteilt und andere, wo er unterlassen wurde. Der Monarch „sendet" dann nach dem offiziellen Führer der gewinnenden Oppositionspartei, das heißt derjenigen Person, die nach Maßgabe der inneren Parteisituation diese Stellung innehat. Ein solcher Führungswechsel trat zwischen Churchill und Attlee 1945 ein, wiederholte sich umgekehrt zwischen ihnen (1951) und vollzog sich automatisch (1964), als Sir Alec Douglas-Home durch Harold Wilson abgelöst wurde. 2. Das gleiche Verfahren würde sich abspielen, falls das an der Regierung befindliche Kabinett sich außerhalb der Generalwahlen eine Niederlage im Unterhaus zugezogen hat, etwa durch ein Mißtrauensvotum oder bei einer von ihm als vital erklärten Abstimmung, ein Vorgang, der heute angesichts der strikten Parteidisziplin der Mehrheitspartei kaum je noch in Frage kommen kann.

[1] Den nach der wirklichen Verfassungslage durchaus unrealistischen Gepflogenheiten englischer Darstellungen, sowohl die Ernennung des Prime Ministers als auch die Parlamentsauflösung als Attribute des Monarchen zu behandeln, wird hier nicht gefolgt.

Das Kabinett tritt zurück und der Monarch beruft, gegebenenfalls auf Rat des Prime Ministers, den offiziellen Führer der Oppositionspartei. Daß in einem solchen Fall das geschlagene Kabinett von der Krone die Auflösung des Kabinetts begehren und daß sie ihm gewährt würde, erscheint heute ausgeschlossen, da eine geschlagene Regierung nicht weiter im Amt verbleiben kann. Jedoch würde im Fall eines erfolgreichen Mißtrauensvotums wohl der siegreiche zum Prime Minister ernannte Oppositionsführer seinerseits der Krone zur Auflösung raten, vor allem, wenn die Legislaturperiode bereits weit fortgeschritten ist, um der Wählerschaft Gelegenheit zur Stellungnahme zu geben. Eine Kampfauflösung, mit der eine im Unterhaus geschlagene Regierung versuchen sollte, sich durch Neuwahlen eine Mehrheit zu verschaffen, ist also konventionalregelhaft ausgeschlossen. 3. Entschließt sich der amtierende Prime Minister aus persönlichen Gründen – Alter, Gesundheit oder infolge einer vom Lande mißbilligten Politik – freiwillig zum Rücktritt, oder aber stirbt er im Amt[1], verbleibt dem Monarchen keine andere Wahl, als gegebenenfalls auf Rat des ausscheidenden Amtsinhabers, den an Prestige und Parteigeltung nächst dem Prime Minister angesehensten Politiker der Mehrheitspartei mit der Kabinettsbildung zu beauftragen, vorausgesetzt, es besteht bei den maßgebenden Parteipolitikern Einigkeit darüber, wer diese Persönlichkeit ist. Auf diese Weise wurden Campbell-Bannerman von Asquith (1908) und Baldwin von Neville Chamberlain (1937) abgelöst.

b) Ermessensspielraum der Krone

Soweit der Normalablauf eines Kabinettswechsels. Er wird aber dann gestört, falls bei Ausscheiden des Prime Ministers aus persönlichen Gründen keine Persönlichkeit vorhanden ist, welche mit dem Konsensus der maßgebenden Parteipolitiker rechnen kann. In solchen, in der neueren Verfassungsgeschichte keineswegs ganz seltenen Fällen, endet die der Krone auferlegte automatische Bestellung, und es ist ihr, jedenfalls nach der derzeitigen Verfassungslage, ein nicht unerheblicher Ermessensspielraum gegeben. Solche Ausnahmesituationen lassen sich theoretisch nicht voraussehen; es kommt auf die Umstände und auch auf die Persönlichkeit des jeweiligen Monarchen an. 1. Vor allem erweitern sich die Auswahlmöglichkeiten der Krone, falls bei Auflockerung des Zweiparteiensystems im Unterhaus mehr als zwei Parteien vorhanden sind, von denen keine über die absolute Mehrheit verfügt, wie es in den Zwanziger Jahren unseres Jahrhunderts mehrfach der Fall gewesen

[1] Zwei derartige Fälle waren der Tod von George Canning, der nach nur vier Monaten im Amt starb (1827), und derjenige von Lord Palmerston (1866), der seit 1859 Prime Minister gewesen war. In den Vereinigten Staaten starben acht von 36 Präsidenten im Amt, davon vier durch ein auf sie verübtes Attentat.

ist. Der Monarch wird sich dann im Benehmen mit ihm vertrauenswürdig erscheinenden Führern aller in Frage kommenden Parteien darüber schlüssig machen müssen, ob die Prime Ministerschaft dem Führer einer Minderheitspartei anvertraut wird, oder ob und welche der Minderheitsparteien eine regierungsfähige Koalition mit einer anderen Partei eingehen kann, und ihrem Führer dann das Mandat zur Kabinettsbildung erteilen[1]. 2. Es ergab sich aber in dem letzten Vierteljahrhundert nicht weniger als dreimal eine Situation, bei der der Prime Minister sich formell freiwillig, faktisch aber durch vorausgegangene politische Mißerfolge zum Rücktritt veranlaßt sah, ohne daß aber eine durch seine Parteistellung von vornherein zur Nachfolgeschaft berufene Persönlichkeit vorhanden gewesen wäre. Bezeichnenderweise betrafen alle drei Vorgänge die an der Regierung befindliche konservative Partei, deren interne Parteidemokratie im damaligen Zeitpunkt weniger ausgeprägt war als bei der Labour-Partei[2]. Noch immer gibt es bei den Konservativen keinen nach den Parteistatuten bestellten zweithöchsten Partei-Kommandierenden. Waren sie in früheren Zeiten in Opposition, so war auch nicht immer ein offizieller Parteivorsitzender vorhanden. Gewannen sie dann die nächsten Generalwahlen, so wurde der jeweils zum Prime Minister Ernannte dann nachträglich auch zum Parteiführer erhoben. Ob sich die gleichen Erfahrungen wiederholen könnten, wenn ein Labour-Prime Minister aus persönlichen Gründen ausscheidet, erscheint trotz der fehlenden Präzedenzien unwahrscheinlich, da nach Maßgabe der Parteistatuten der Führer und der stellvertretende Führer vom Parteikongreß gewählt worden waren, so daß bei Ausscheiden eines Labour-Prime Ministers immer ein offizieller Nachfolger vorhanden und bekannt ist.

Die drei Situationen waren der Rücktritt Neville Chamberlains (1940), Anthony Edens (1957) und Harold Macmillans (1963). In allen diesen Fällen trat die Ermessensfreiheit der Krone in der Auswahl des Prime Ministers sichtbar in ihre Rechte.

a) Als es nach der Besitzergreifung Norwegens durch Hitler und dem Fehlschlagen der britischen Hilfsexpedition zur Abstimmung über die

[1] Im Oktober 1923 löste das konservative Kabinett Baldwin das Unterhaus kaum ein Jahr nach den vorherigen Generalwahlen auf, obwohl es über eine absolute Mehrheit im Unterhaus verfügte. Nach der dann erfolgten Wahlniederlage berief George V. den Führer der Labour-Partei Ramsay MacDonald zur Kabinettsbildung, trotzdem diese an Sitzzahl hinter den Konservativen zurückstand, da Labour und Liberale eine Mehrheit besaßen. Im Jahre 1931 beauftragte der König MacDonald, nachdem sein (2.) Kabinett unter der Wirtschaftskrise zusammengebrochen war, wiederum mit der Bildung einer Koalitionsregierung mit den Konservativen, wobei allerdings der Arbeitsführer vom Gros seiner Partei verlassen wurde. Bei den nachfolgenden Generalwahlen (Oktober 1931) entschied sich die Wählerschaft überwältigend für die Koalition, in Wirklichkeit für die Konservativen.

[2] Seit 1965 wird auch bei den Konservativen der Parteiführer durch die Parlamentsfraktion in aller Form gewählt; siehe oben S. 170. ff.

Politik des Prime Ministers Neville Chamberlain kam (8. Mai 1940), erzielte die Regierung zwar noch eine an sich durchaus ausreichende Mehrheit von 81 Stimmen, aber über 30 Konservative stimmten mit der Oppositionspartei und mehr als 60 enthielten sich der Stimme, woraus Chamberlain den Schluß ziehen mußte, er habe das Vertrauen seiner eigenen Partei verloren. Zur erfolgreichen Weiterführung des Krieges war ein Koalitionskabinett unumgänglich. Labour weigerte sich, an ihm unter Chamberlain teilzunehmen, sein Rücktritt war daher unvermeidlich. Als Nachfolger kamen Winston Churchill und Lord Halifax in Frage, welch' letzteren König George VI. vorgezogen hätte. Da dieser aber dem Oberhaus angehörte und die Konventionalregel einen Prime Minister im Unterhaus vorschreibt, ernannte er auf Rat von Chamberlain Churchill zum Führer des Kriegskoalitionskabinetts.

b) Anthony Eden hatte schon während des Krieges als der präsumptive Nachfolger im Amt des Prime Minister gegolten; Churchill hatte den König informiert, daß, wenn er, Churchill, im Kriege umkommen sollte, Eden ernannt werden sollte. Demgemäß folgte er Churchill, als dieser wegen seines Alters die Prime Ministerschaft aufgab (1955) im Amt nach. Als aber Eden selbst, teils wegen des Mißerfolges der Suezexpedition (1956), teils aus Gesundheitsgründen sein Amt niederlegte (Januar 1957), war keine Persönlichkeit im konservativen Lager vorhanden, welche offiziell als Nachfolger in Betracht gekommen wäre. Die Mehrheit der konservativen Abgeordneten und des Kabinetts scheint R. A. Butler (damals *Lord Privy Seal* und Führer der Konservativen im Unterhaus) gewünscht, Eden scheint keine Empfehlung über seinen Nachfolger angegeben zu haben. Königin Elizabeth II. jedoch ernannte nach außerverfassungsrechtlicher Konsultation mit zwei erfahrenen Staatsmännern (Lord Salisbury und Sir Winston Churchill) statt R. A. Butler den damaligen Schatzkanzler Harold Macmillan. Die Krone machte also von dem ihr nach der Sachlage gebotenen Ermessensspielraum Gebrauch.

c) Die Vorgänge schließlich beim Übergang der Prime Ministerschaft von Harold Macmillan auf den nachmaligen Sir Alec Douglas-Home im Oktober 1963 sind einstweilen noch umstritten[1]. Es besteht aber eine starke Vermutung, daß dem freien Ermessen der Königin in der Auswahl des Nachfolgers dadurch in den Arm gefallen wurde, daß sie von dem ausscheidenden Prime Minister Macmillan vor ein *fait accompli* gestellt wurde, dem sie sich nicht ohne Verletzung von Verfassungsbräuchen

[1] Vgl. etwa Randolph Churchill, *The Fight for the Tory Leadership*, London 1964 und die Besprechung im *Spectator* vom 17. Januar 1965 durch seinen Herausgeber, den einflußreichen konservativen Politiker Iain Macleod. Eine informierte Darstellung findet sich auch in Anthony Howard & Richard West, *The Road to Number Ten*, New York 1965, S. 79ff.

hätte entziehen können. Der Rücktritt Macmillans erfolgte nach außen freiwillig, motiviert durch eine bevorstehende Operation des 69jährigen, hatte aber seine Gründe unzweifelhaft auch in der Unzufriedenheit seiner eigenen Partei und des Landes mit der Handhabung des noch in Erinnerung gebliebenen Profumo-Skandals und dem während zweier Jahre in den Nachwahlen zum Ausdruck gebrachten Rückgang der Popularität der Konservativen. Macmillan scheint von Anfang an entschlossen gewesen zu sein, seinem Außenminister, dem Earl of Home, die Prime Ministerschaft zuzuspielen und er bediente sich dafür noch vom Krankenbett aus einer überaus geschickten, aber weitgehend angefochtenen Taktik, um die anderen Kandidaten, vor allem den nach wie vor auf das Amt hoffenden R. A. Butler, aus der Konkurrenz herauszumanövrieren. Bei einer betont demokratischen Umfrage bei den Kabinettsmitgliedern, den konservativen Unterhausabgeordneten, einer Anzahl aktiver Peers und den Wahlkreisinstanzen der Partei wurde eine dreifache Präferenz zugelassen, bei der zwar der Earl of Home keineswegs die Mehrheit der ersten Präferenz erhielt, aber, da er den Befragten relativ unbekannt war, die meisten Zweit- und Drittstimmen auf sich vereinen konnte. Da die konservative Partei über die Nachfolgeschaft tief gespalten war[1], und keiner der anderen sich untereinander heftig befehdenden Kandidaten eine klare Mehrheit der Erst- oder Zweitstimmen gewinnen konnte, fühlte sich Macmillan berechtigt, der Königin anläßlich des höchst ungewöhnlichen Besuchs, den sie ihm im Krankenhaus abstattete, den Earl of Home als seinen Nachfolger vorzuschlagen, worauf diese nicht umhin konnte, ihn mit der Kabinettsbildung zu betrauen (18. Oktober 1963). Jede andere Stellungnahme, auch wenn sie sie gewünscht hätte, wofür keinerlei Anhaltspunkte vorhanden sind, hätte die Krone in die Tagespolitik gezogen und wäre ihrem Prestige durchaus abträglich gewesen. Es verlautete auch, daß Macmillan seinem Kabinett, das mehrheitlich für Butler war, vorgestellt habe, bei mangelnder Einigung der Parteiinstanzen wäre die Königin gezwungen gewesen, nach dem Führer der Labour-Opposition Harold Wilson zu senden, der sofort eine Parlamentsauflösung veranlaßt und damit unzweifelhaft die Konservativen aus der Macht verdrängt haben würde. Es ist zweifelhaft, ob dieses parteitaktische Argument wirklich stichhaltig war. Die konservativen Kabinettsmitglieder einschließlich des zum zweiten Mal übergangenen Butler erklärten sich bereit, unter dem Earl of Home zu dienen, mit Ausnahme von Iain Macleod (*Chancellor of the Duchy of Lancaster*) und J. Enoch Powell (Gesundheitsminister). Die beiden letzteren traten erst

[1] Es verlautete, daß das Kabinett R. A. Butler, die konservativen Wahlkreisvereinigungen Viscount Hailsham — der auf Grund des *Peerage Act von 1963* sich durch Aufgabe der Peerswürde zum Unterhaus wählbar machen würde —, die Hinterbänkler Reginald Maudling bevorzugten.

nach der Wahlniederlage von 1964 wieder in das Schattenkabinett von Sir Alec Douglas-Home ein.

Die Vorgänge, die in Macmillans Worten *"the customry processes of consultation ... within the party about its future leadership"* dargestellt haben sollen, riefen bei der konservativen Partei allgemeine Kritik und das Bedürfnis nach einer Reform hervor, die nach der Niederlage von 1964 durch die Einsetzung eines Parteistudien-Ausschusses eingeleitet wurde und schließlich zu der bereits früher beschriebenen Reform in der Bestellung des konservativen Parteiführers führten.

c) Ausschluß der Oberhausmitglieder von der Prime Ministerschaft

Bis zur Großen Reform von 1832 waren Peers als Prime Minister die Regel gewesen. Selbst nach dem Interregnum des großen Commoners Sir Robert Peel hatte in der Zeit der Parlamentssouveränität der Hochadel fast ein Monopol (die Earls of Derby und Aberdeen, Lord John Russell und Viscount Palmerston; die beiden letzteren hatten allerdings während ihrer Prime Ministerschaft einen Unterhaussitz inne). Dann folgte die Alternierung der großen Bürgerlichen Disraeli und Gladstone. Die letzten Peers in Nr. 10 Downing Street waren der Earl of Rosebery (1894/95) und der Marquess of Salisbury (zurückgetreten 1902) gegen Ende des letzten Jahrhunderts. Seither ist kein Peer zum Prime Minister mehr berufen worden, wenn man vom Fall des Earl of Home absieht. Die Konventionalregel, daß nur Unterhausmitglieder zur Prime Ministerschaft wählbar sind[1], bildete sich 1923 aus. Nachdem Andrew Bonar Law aus Gesundheitsrücksichten zurückgetreten war, lag die Wahl zwischen dem Außenminister und ehemaligen indischen Vizekönig Lord Curzon und dem damaligen Schatzkanzler Stanley Baldwin, ein Neuling mit wenig Erfahrung und weithin unbekannt. Bonar Law hatte die Abgabe der üblichen Empfehlung des Nachfolgers abgelehnt. Von den von König George V. konsultierten Großdignitären der konservativen Partei Lord Salisbury und Lord Balfour war der erstere für Curzon, der letztere aber deshalb, weil er im Unterhaus saß, für Baldwin. Dieser wurde demnach unter Übergehung des tief enttäuschten Curzon ernannt. Die Konventionalregel, die vor diesem ersten Fall noch nicht bestanden hatte, hat sich seither als unabdinglich durchgesetzt – auch Lord Halifax kam 1940 deswegen nicht in Betracht – und ist auch durch die Tatsache bezeugt, daß der Earl of Home, um das Amt führen zu können, sich verpflichtete, alsbald seine Peerswürden nach Maßgabe des *Peerage Act* von 1963 niederzulegen, was auch geschah.

---

[1] Bereits 1839 hatte der Herzog von Wellington zum Ausdruck gebracht, der Prime Minister solle Unterhausmitglied sein, und er hatte selbst 1834 aus eben diesem Grund die ihm angetragene Würde ausgeschlagen.

Durch den Ausschluß der Oberhausmitglieder von der Prime Ministerschaft ist das Auswahlrecht der Krone gleichfalls wesentlich eingeschränkt.

Die gegenwärtige Regelung hat aber ihre guten Gründe. Ein Prime Minister im *House of Lords* müßte die Regierungsführung weitgehend dem Leader seiner Partei im Unterhaus überlassen, was in der Vergangenheit selten ersprießlich gewesen ist. Das Unterhaus ist mit seinem Finanzgesetzgebungsmonopol und der Vorhand in der Gesetzgebung das Zentrum des britischen politischen Prozesses, der von der Nation respektierte Resonanzboden der großen Politik, mit dem das Oberhaus auch nicht im entferntesten sich vergleichen kann. Solange die Prime Ministerschaft gewissermaßen die Erbdomäne des Hochadels gewesen war, jener Schicht, die der britischen Staatsführung jahrhundertelang hohen Glanz verliehen hatte, war es schon aus soziologischen Gründen berechtigt, ihr den Zugang zum höchsten Staatsamt nicht um dessentwillen zu verschließen, was die Heutigen als einen Geburtsfehler ansehen mögen. Der Prozentsatz der Adeligen an den großen Staatsmännern ist auch im heutigen bürgerlichen Zeitalter noch bedeutend. Der nunmehr ermöglichte Verzicht auf die Peerswürde entsprach der politischen Gerechtigkeit und ist auch sachlich begründet. Unter den Ehrgeizigen und Begabten des Erbadels wird es selten einen geben, der dieses Opfer nicht bringen würde, wenn es um die höchste Machtstellung des Landes geht.

3. Der Aufgabenkreis

a) Allgemeine Umschreibung

Der Aufgabenkreis des Prime Ministers ist in keinem Verfassungsartikel, Gesetz, Geschäftsordnung oder was immer der Name des Dokuments sein sollte, niedergelegt; denn verfassungsrechtlich existiert das Amt ja überhaupt nicht. Er kann daher nachfolgend höchstens in Stichworten umschrieben werden.

Bei weitem die wichtigste Aufgabe des Prime Ministers ist die Bildung des Kabinetts und der Regierung und, nach ihrer formellen Konstituierung, ihre Leitung und Führung. Da diese Funktion im folgenden Kapitel einer ausführlichen Würdigung unterzogen werden muß, müssen an dieser Stelle die folgenden zusammenfassenden Bemerkungen genügen:

Nach seiner formellen Bestellung durch die Krone bildet der Prime Minister sein Kabinett, indem er dem Monarchen die Personen seiner Mitarbeiter vorschlägt. Die ihm vorgelegte Liste der Regierungsmitglieder wird heute vom Monarchen einspruchslos gebilligt. Bei den Sitzungen des Kabinetts hat der Prime Minister den Vorsitz inne. Er ist nicht mehr, wie zu Macauleys Zeiten im 19. Jahrhundert, der *primus inter pares*, er ist Herr und Meister des Kabinetts. Er allein bestimmt die Richtlinien der inneren und der äußeren Politik. Seit Lloyd George gilt dies vor allem auch für die auswärtige Politik, wobei der *Foreign Secretary* je nach der Persönlichkeit des Prime Ministers sein Sprachrohr oder sein *alter ego* ist. Bei internationalen Konferenzen auf der Regierungsebene ist der Prime Minister der legitime Vertreter Großbritanniens. Bei den Zusammenkünften mit den Prime Ministern der *Commonwealth*-Staaten führt er den Vorsitz. Innerhalb des Kabinetts koordiniert er die Departments und gleicht Meinungsverschiedenheiten zwischen den Kabinettsmitgliedern und zwischen den Departments aus. Durch die Departments kontrolliert er die Gesamtverwaltung. In seiner Eigenschaft als *First Lord of the Treasury* untersteht ihm die Anstellung der leitenden Beamten des *Civil Service*. In dieser weitschichtigen Tätigkeit muß er gleichzeitig auf vier verschiedenen Ebenen operieren. Die Arbeitsfähigkeit des Kabinetts, in dem sich gute Köpfe, aber auch Mittelgut, wenn nicht Mittelmäßigkeiten befinden mögen, hängt ausschließlich von seinen Führungsfähigkeiten ab. Er ist weiter der Führer seiner Partei im Lande und trotz des dortigen Vorhandenseins eines offiziellen Parteiführers auch des Unterhauses. Er verfügt über den Parteifonds und bestimmt Taktik und Strategie der Parteipolitik. Dem Parlament gegenüber ist er für den reibungslosen Betrieb verantwortlich, wozu die angemessene Berücksichtigung der Oppositionsrechte gehört. Dazu kommen die Beantwortung von Anfragen und die Vertretung wichtigerer Gesetzesvorlagen, bei denen er sich zwar auf seine beamteten Berater verlassen kann, aber auch persönlich Sachkenntnis erweisen muß. Um die jeweilige Stimmung des Hauses, seiner eigenen Anhänger wie der Opposition, abzuschätzen, muß er eine Art sechsten Sinn besitzen, der es ihm ermöglicht, die Herrschaftsführung mit Überzeugungskraft zu verbinden, so daß die Geführten sich gerne führen lassen. Kraft seines Amtes schließlich spricht und handelt er für die gesamte Nation, die ihn nach den Generalwahlen als den legitimen Repräsentanten anerkannt hat. Er allein kann es sich leisten, den nationalen Gesichtspunkt den Interessen der Parteien und der Pluralgruppen überzuordnen. Schließlich und keineswegs an letzter Stelle: Er allein muß das willige Ohr des Monarchen besitzen; denn er allein und nicht das Kabinett berät die Krone in den ihr verbliebenen Gebieten der königlichen Prärogative, deren Handlungen somit letzten Endes diejenigen des Prime Ministers sind. Er konferiert regelmäßig mit dem Monarchen, der durch die nunmehr ermöglichte Einsicht in die Kabinettsprotokolle auf dem laufenden gehalten wird. Der Monarch kann sich heute den ihm vom Prime Minister vorgeschlagenen Maßnahmen nicht entziehen; würde er es tun, liefe er Gefahr, ihn zum Rücktritt zu veranlassen. Aber wie die im Laufe der

Zeit erschienenen Biographien sowohl der Monarchen wie der Prime Minister verraten, ist der König – oder auch die Königin – keineswegs nur ein gefügiger Gummistempel, sondern sie wollen von der Angemessenheit der vorgeschlagenen Maßnahmen auch überzeugt sein. Beim Umgang mit Königen werden vom Prime Minister Takt, Menschenkenntnis und wohl auch ein Schuß Humor verlangt[1].

Zu den Angelegenheiten, die zwar formell vom Monarchen vorgenommen werden müssen, bei denen dieser sich aber der Willenskundgebung des Prime Ministers fügt, mag sie als Wunsch, Rat, Empfehlung oder in anderer Form eingekleidet sein, gehören vor allem die Parlamentsauflösung, die Ernennungen zu den wichtigsten Staats- und Kirchenämtern und die Verleihung von staatlichen Auszeichnungen (*honours list*). Erstere Funktion verdient hier wegen ihrer verfassungspolitischen Wichtigkeit eine ausführlichere, die beiden letzteren zumindest eine summarische Erörterung.

b) Die Rolle bei der Parlamentsauflösung

aa) Die verfassungsrechtliche Lage

Die Parlamentsauflösung wird in den meisten Lehrbüchern und sonstigen Darstellungen im Zusammenhang mit den Befugnissen der Krone behandelt. Systematisch müßte ihre Darstellung im Zusammenhang mit dem Parlament gebracht werden; nach der Wirklichkeit aber der zeitgenössischen Praxis fällt sie in den Kreis der dem Prime Minister zustehenden Entscheidungen.

Wie früher bemerkt, erfolgt die Auflösung des Parlaments formell durch die Krone in Gestalt einer königlichen Proklamation, bei der die Zustimmung des *Privy Council* zum Ausdruck gebracht wird. In der wirklichen Praxis erfolgt sie jedoch auf den Rat oder die Empfehlung des Prime Ministers. Dieser entscheidet über den Zeitpunkt nach seinem eigenen Ermessen und er braucht dabei heute auch nicht mehr das Kabinett ins Vertrauen zu ziehen, wie es von 1841 bis 1918 (Lloyd George) der Fall gewesen war, obzwar er sich mit einigen der ihm nahestehenden Mitglieder darüber formlos verständigen wird. Aber der Öffentlichkeit gegenüber ist der Zeitpunkt der Parlamentsauflösung ein sorgfältig und in der Regel erfolgreich gehütetes Geheimnis. Die Kabinettsregierung

---

[1] George V. mochte Lloyd George nicht, kam aber immer gut mit ihm aus, da dieser mit seiner unerschöpflichen Anekdotenfülle ihn bei guter Laune zu erhalten verstand. Stanley Baldwins Verhalten bei der Abdankung Edwards VIII. (1936) wurde von diesem stark ironisiert, hatte aber letzten Endes den gewünschten Erfolg, ohne eine wirkliche Verfassungskrise heraufzubeschwören. Die Beispiele ließen sich vermehren.

wäre aber keine echte Parteiregierung, würde er sich dabei nicht von den Gewinnchancen seiner eigenen Partei bestimmen lassen und den Zeitpunkt der Neuwahlen einer ihnen günstigen Welle der Volksstimmung anpassen[1]. Dadurch ist die Parlamentsauflösung zur mächtigsten Waffe der Regierung sowohl gegenüber der Opposition als auch gegenüber den eigenen Anhängern im Unterhaus geworden, deren Disziplin nicht zuletzt durch die Ungewißheit gefördert wird, wann die Auflösung kommen und ihnen den immer riskanten Wahlkampf aufzwingen würde.

Die verfassungsrechtlichen Grundlagen der Auflösung lassen sich etwa wie folgt zusammenfassen: Der Monarch soll das Parlament nur auf Rat des Prime Ministers auflösen. Umgekehrt steht ihm zumindest seit der Großen Reform das Auflösungsrecht aus eigenem Ermessen ohne solchen Rat nicht mehr zu; sie wäre heute, weil konventionalregelwidrig, durchaus verfassungswidrig und würde der Krone ihr Kabinett kosten und eine Verfassungskrise von unabsehbaren Folgen heraufbeschwören. Wird die Regierung in einem Mißtrauensvotum oder in einer von ihr als vital bezeichneten Abstimmung geschlagen, muß sie zurücktreten, in

---

[1] Die Wahlperiode des 1959 gewählten Parlaments lief anfangs November 1964 ab. Gewinne bei den Nachwahlen des Jahres 1964 veranlaßten die Labour-Partei auf alsbaldige Auflösung und Neuwahlen zu drängen. Die konservative Regierung von Sir Alec Douglas-Home schob diese aber bis zum allerletzten Zeitpunkt hinaus, einmal, weil sie das *image* des neuen Regierungschefs ausbauen wollte, zum anderen, weil sie auf einen Umschwung der der Regierung ungünstigen Wählerstimmung hoffte. In letzterer Beziehung zahlte sich die Verzögerung aus, weil, wie den Russen gegen Napoleon und Hitler „General" Winter, so den Konservativen „General" Sommer zu Hilfe gekommen war: der ungewöhnlich schöne Sommer von 1964 hatte anscheinend zur Besänftigung der Wähler beigetragen, so daß sich die Niederlage der Konservativen bei den Wahlen vom Oktober 1964 in unerwartet engen Grenzen halten konnte.

Daß die 1964 ans Ruder gekommene Regierung Wilson sich trotz ihrer auf drei und schließlich sogar nur auf zwei Stimmen geschrumpften absoluten Mehrheit wider Erwartung siebzehn Monate lang an der Macht erhalten konnte, hatte eine Reihe von durch das britische Milieu bedingten Gründen: Die Konservativen befanden sich nach dem Rücktritt von Sir Alec Douglas-Home und der Wahl des neuen Parteiführers Edward Heath in einem Konsolidierungsprozeß, während dessen sie sich keine Neuwahl des Parlaments leisten konnten. Auch die Liberalen hatten daran kein Interesse und leisteten dem Kabinett Wilson oft Steigbügeldienste. Die Wählerschaft war wahlmüde. Überdies wollten alle Beteiligten Labour eine faire Chance gewähren, um zu zeigen, was es tun könnte. Vor allem aber benahm sich die Regierung, als ob sie ein voll ausreichendes Mandat zur Regierungsführung in Händen hätte und hatte damit auch Erfolg, da es nur zu wenigen und unbedeutenden parlamentarischen Betriebsunfällen kam und sie in ihrer ersten Session ein eindrucksvolles Gesetzgebungsprogramm durchführen konnte. Allerdings war die Situation vom orthodoxen Standpunkt des Parlamentssystems alles andere als normal. Als Prime Minister Wilson daher, wie es sein gutes Recht war, den Kamm einer Popularitätswelle Labours benutzte, um das Unterhaus aufzulösen (März 1966), handelte er nicht nur im Parteiinteresse, sondern stellte auch die Normalität der Zweiparteien-Dynamik wieder her.

welchem Fall der ins Amt berufene Oppositionsführer seinerseits um die Auflösung einkommen würde. Soweit die Normallage.

bb) Verweigerung einer von der Krone gewünschten Auflösung

Zwei weitere Fragen erheben sich nunmehr: Was geschieht, wenn eine Regierung sich einer von der Krone bei ihr unternommenen Initiative zur Auflösung dadurch widersetzt, daß sie es ablehnt, ihr die Auflösung zu empfehlen? Und: Kann der Monarch eine ihm vom Kabinett bzw. dem Prime Minister angesonnene Auflösung seinerseits verweigern?

Die erstere Alternative ist heute nicht mehr gegeben[1]; denn die Krone müßte ein widerstrebendes Kabinett entlassen und sich eine neue ihr willfährige Regierung suchen. Dies ist seit 1783 nicht mehr vorgekommen, als George III. (auf Rat des jüngeren Pitt) die Koalitionsregierung Fox-North entließ und Pitt ins Prime Ministeramt berief, der, die Volksstimmung erkennend, in den dann veranstalteten Generalwahlen von 1784 eine überzeugende Tory-Mehrheit erzielte und dadurch die Tories während fast vierzig Jahren an die Herrschaft bringen konnte. Rein theoretisch ist es denkbar, daß der Monarch ein Kabinett in die Wüste schickt, das zwar noch die Unterstützung der Mehrheit des Unterhauses hat, aber nach Auffassung der Krone nicht mehr dem Willen der Wählerschaft entspricht. Dies setzt allerdings die heute wohl nirgends mehr vertretene Auffassung voraus, der Monarch sei besser in der Lage, die wirkliche Volksstimmung abzuschätzen als die politischen Instanzen der Regierung und der Unterhausmehrheit. Da die Krone aber eine von ihr gewünschte Auflösung aus verfassungsformellen Gründen nicht durchsetzen kann, würde die Entlassung des Kabinetts nur dazu führen, daß das Unterhaus dasselbe Kabinett wieder ins Amt bringt, womit eine die Einrichtung der Monarchie selbst gefährdende Krise eingeleitet wäre. Selbst dann, wenn die am Ruder befindliche Regierung sich unentschuldbare Verstöße gegen die Verfassungssubstanz hätte zuschulden kommen lassen, wie etwa Wahlrechtsveränderungen zugunsten ihrer eigenen Partei oder partei-indiziertes Zurechtschneidern der Wahlkreiseinteilung, würde die Entlassung eines die Auflösung verweigernden Kabinetts nichts ausrichten. In allen diesen Fällen würde die Krone in die Tagespolitik hereingezogen werden; nichts aber wäre ihrem Prestige und möglicherweise ihrem Bestand abträglicher.

---

[1] Rein theoretisch betrachtet könnte die Königin ohne Rat oder Empfehlung des Prime Ministers im Oberhaus die Auflösung aus eigener Machtvollkommenheit erklären; damit wäre aber nichts gedient; denn zur Auflösung selbst ist eine *Order in Council* erforderlich, die die Zustimmung des *Lord President of the Council* verlangt. Neuwahlen könnten nur durch *Proclamations and Writs of Summons* unter dem Groß-Siegel ausgeschrieben werden, wofür der *Lord Chancellor*, ein politischer Beamter und Kabinettsmitglied, zuständig ist. Ein solcher Akt der Krone käme also einem Staatsstreich von oben gleich.

cc) Verweigerung der vom Kabinett begehrten Auflösung durch die Krone

Seit den Anfängen des 19. Jahrhunderts hat sich kein Fall ereignet, in welchem der Monarch sich einer ihm vom Kabinett bzw. dem Prime Minister vorgeschlagenen Auflösung erfolgreich widersetzt hätte[1]. Unter zwei Voraussetzungen aber ist die Frage auch heute nicht ganz akademisch. Sollte wider Erwarten in Großbritannien das Zwei- durch ein Dreiparteiensystem abgelöst werden, in welchem keine Partei über eine absolute Mehrheit verfügt und wobei es nicht sicher ist, ob eine Parlamentsauflösung mit Neuwahlen das Zweiparteiensystem wieder herstellen würde, so ließe sich denken, daß der Monarch dem Begehren eines Minderheits-Prime Ministers auf eine Auflösung nach einer Unterhausniederlage sich erfolgreich widersetzen könnte, falls er der Auffassung ist, es lasse sich aus den vorhandenen Parteien eine regierungsfähige Mehrheit bilden[2].

Die herrschende verfassungsrechtliche Meinung hält dafür, daß der Monarch heute die vom amtierenden Kabinett angeratene Auflösung nicht mehr verweigern dürfe. Dafür spricht schon der Umstand, daß die dann folgenden Neuwahlen unter allen Umständen eine Entscheidung der souveränen Wählerschaft herbeiführen werden. Man wird sich dieser Auffassung anschließen müssen und auch dann keine Ausnahme zulassen können, bei der das Ermessen der Krone zum Zug käme, wenn ein Kabinett mehrere Auflösungen kurz hintereinander für angemessen hält. Es ist richtig, daß Generalwahlen eine schwere Störung des politischen Betriebs bedeuten und daß ihre Häufung vermieden werden soll. Aber rasch aufeinanderfolgende Auflösungen mit Neuwahlen sind wiederholt vorgekommen (zweimal 1910 und dann 1922, 1923, 1924 und wiederum 1950 und 1951). In keinem dieser Fälle wurde bekannt, daß die Krone sich dem Auflösungsbegehren ihres verantwortlichen Kabinetts erfolgreich widersetzt hätte.

Das unzweideutige Ergebnis ist also die Konventionalregel, daß sich die königliche Prärogative nicht mehr auf das Auflösungsrecht des Kabinetts bzw. des Prime Ministers erstreckt, daß dieses vielmehr das verfassungsrechtliche Monopol der politischen Instanzen geworden ist.

---

[1] George V. soll 1910 Bedenken getragen haben, dem Kabinett Asquith die wegen des Oberhauswiderstandes gegen die liberale Gesetzgebung verlangte zweite Auflösung zu gewähren, ließ sich aber dann bekehren. Das Kabinett wäre zweifellos zurückgetreten und die Auflösung hätte unter der Krone höchst ungünstigen Umständen dann doch stattfinden müssen. Auch 1918 soll der gleiche König sich Lloyd Georges Auflösungswunsch nur mit großer Zurückhaltung gefügt haben.

[2] Als MacDonald 1924 die Auflösung anriet, nahm George V. keinen Anstand, sie ihm zu gewähren, vielleicht weil er das erste Labour-Kabinett nicht brüskieren wollte, wahrscheinlicher aber, weil ihn der Rat des amtierenden Kabinetts als Konventionalregel dazu zwang. Die darauffolgenden Generalwahlen erbrachten wieder die absolute Mehrheit der Konservativen.

Im übrigen wird man sich darauf verlassen können, daß die verantwortlichen Politiker in der Regierung stets nur aus wohlerwogenen Gründen zur Auflösung schreiten und frivole Auflösungen von sich aus vermeiden werden, wenn auch dabei unterstellt werden kann, daß es das gute Recht einer jeden Parteiregierung ist, den ihr günstig erscheinenden Zeitpunkt auszunutzen.

c) Die Befugnis der Ernennung zum öffentlichen Dienst

Das Recht zur Ernennung zu den leitenden Ämtern in Staat und Kirche gilt im Nachklang zu längst vergangenen Zeiten auch heute noch als Patronage. Es ist zwar formell unter verschiedenen Staatsorganen aufgeteilt, letzten Endes aber wird keine wichtige Position ohne die Zustimmung des Prime Ministers besetzt. Dies gilt in erster Linie für die Ernennung zu Kabinetts- oder Ministerposten, bei denen der Prime Minister einzig und allein von seinem Ermessen geleitet wird. Abgesehen davon lassen sich drei Arten von Staatsämtern unterscheiden, nämlich diejenigen im Zivildienst, in der Kirche und des Richterpersonals. Die Anstellungen im Zivildienst (*public office*) unterstehen an sich den zuständigen Ministern für ihr Ressort. Jedoch wird kein Ständiger Staats- oder Ständiger Unterstaatssekretär und keiner der höheren Beamten (*senior officers*) der Ministerialbürokratie ohne Zustimmung des Prime Ministers nach dessen Beratung mit dem *Permanent Secretary of the Treasury* ernannt[1]. Von den an sich der Krone unterstehenden etwa 970 Kirchenämtern werden einige 700 praktisch vom Prime Minister vergeben[2]. Die wichtigsten – und bei der Besetzung oft am delikatesten – sind naturgemäß die Inhaber von Bischofssitzen, Dekanaten und die Kanoniker (Chor-, Dom- oder Kathedralherren)[3].

Bei der Ernennung des Richterpersonals ist zwischen den Richtern des *High Court* (*Puisne*) und den anderen oberen Richterstellen zu unter-

---

[1] Siehe unten S. 469/70.

[2] Es sind dies auch heute noch alle diejenigen, die zur Zeit Henrys VIII. mit einer Jahrespfründe von 20 £ zu Buch standen.

[3] Es wird von einem Ausspruch Lord Melbournes berichtet: „Verflucht, schon wieder ein Bischof gestorben". Gegen die vom Prime Minister ausgeübte Befugnis, die Krone bei der Besetzung der Bischofsstühle zu beraten, was in der Praxis ihre Ernennung durch ihn bedeutet, wurde jüngst in einer für England charakteristischen Form Protest erhoben: Der Prokurator der Convocation der Erzdiözese von Canterbury präsentierte sich in vollem Ornat am Eingang des Unterhauses und begehrte den Sitz dortselbst einzunehmen, der gemäß einem im 14. Jahrhundert erteilten königlichen Privileg mit seinem Amt verbunden sei. Höflich darauf aufmerksam gemacht, die Unterhausmitgliedschaft beruhe heute ausnahmslos auf der Wahl, ließ er verlauten, sein Anspruch beruhe auf einem niemals widerrufenen Privileg und sei mindestens so wohlbegründet als die Praxis des Prime Ministers, bei der Besetzung der Bischofssitze mitzuwirken; diese sollte vielmehr der zuständigen Geistlichkeit unter Mitwirkung des Laienelements zustehen; siehe Tagesspiegel vom 5. Dezember 1965.

scheiden. Erstere unterliegen der Ernennung durch den *Lord Chancellor*[1], der dabei aber immer sich der Zustimmung des Prime Ministers versichern wird, letztere werden vom Prime Minister unmittelbar ernannt; dazu gehören vor allem die als Revisionsinstanz des Oberhauses tätigen *Law Lords* (*Lords of Appeal in Ordinary*), der *Lord Chief Justice* und die Mitglieder des Appellationsgerichts, der *Master of the Rolls* und andere, ebenso wie die Mitglieder des *Judicial Committee of the Privy Council*. Die als *Law Officers* bezeichneten Minister, die mit der Erledigung der juristischen Aufgaben der Regierung betraut sind, sollen dabei eine Art gewohnheitsrechtlichen Anspruchs auf die Ernennung zu hohen Richterämtern haben. Bei richterlichen Anstellungen oder auch Beförderungen wird der Prime Minister sich regelmäßig mit dem *Lord Chancellor* ins Benehmen setzen.

d) Die Verleihung von Auszeichnungen

Zweimal jährlich, einige Zeit vor Neujahr und ebenso vor dem Geburtstag der Königin, der offiziell am 6. Juni gefeiert wird, obwohl sie am 21. April geboren wurde, ergießt sich ein Strom von Briefen – mehr als zweitausend – vom Amtssitz des Prime Ministers Nr. 10 Downing Street, in denen beim Adressaten angefragt wird, ob ihm die Verleihung einer Auszeichnung genehm ist. Diejenigen, die sich dazu bereiterklären – bei weitem die Mehrheit, obwohl prominente Intellektuelle wie Bernard Shaw, Rudyard Kipling, H. G. Wells oder Professor Tawney als Ablehner bekannt wurden –, werden dann in den *honours lists* veröffentlicht. Dazu gehören vor allem die bereits behandelten Erhebungen in der Peerage[2], über die der Prime Minister im Benehmen mit Partei- und anderen Instanzen immer persönlich entscheidet, und die unzähligen anderen öffentlichen Auszeichnungen, die ihm vom *Chief Whip* seiner Partei, dem *patronage secretary*, nahegelegt werden. An solchen Orden und Auszeichnungen ist in Großbritannien seit alters sicherlich kein Mangel. Als ob ihnen die bestehenden nicht genügt hätten, haben Victoria, Edward VII. und George V. neue gestiftet. Nur die Ernennungen zur Mitgliedschaft in den eigentlichen Hofordensgruppen werden vom Monarchen selbst, zweifellos im Benehmen mit seinen Hofbeamten, aber offenbar ohne Konsultation mit der politischen Führung vorgenommen[3].

[1] Siehe Bd. II, S. 36 f; 56 f.

[2] Siehe oben S. 243 f.

[3] Der älteste, höchstens 26 Mitglieder umfassende ist der *Order of the Garter* (Strumpfbandorden) mit dem Motto *Honny soit qui mal y pense*, bereits 1349 als Turnierauszeichnung begründet. Hoforden sind außerdem derjenige der Distel (*Thistle*); der *Order of Merit* mit höchstens 24 Mitgliedern, dem auch distinguierte Geistige wie T. S. Eliot und John Masefield angehörten; der *Royal Victorian Order*, der besonders an Hofbeamte verliehen wird; die *Companionage of Honour* (gegründet 1917) mit höchstens 65 Mitgliedern. Bei all diesen ist die Unterscheidung zwischen Ehre und Verdienst nicht immer leicht.

Eine der bevölkertsten ist der *Order of the British Empire*, der derzeit einige 1200 Mitglieder umfaßt. Außer der an der Spitze aller bürgerlichen Auszeichnungen stehenden Peerage ist die Verleihung der Ritterwürde (*knighthood*) die gesellschaftlich gesuchteste Auszeichnung für öffentliche oder politische Verdienste, wobei die Grenzlinie wiederum schwer zu ziehen ist. Der so Ausgezeichnete hat das Recht, seinem Vornamen ein Sir hinzuzufügen, mit dem wohl noch wichtigeren Recht seiner Frau, sich Lady zu nennen. Auch hier geht die Zahl der Ernennungen jährlich in die vielen Hunderte[1].

Während sich neuerdings die viktorianische Würze, die der überwiegenden Mehrzahl dieser öffentlichen Auszeichnungen anhaftete, einigermaßen verflüchtigt hat, weil nunmehr vielfach auch ganz gewöhnliche Leute, wie ein Fußballstar, eine Ballett-Tänzerin, ein Radrennfahrer oder ein Jockey damit bedacht wurden[2], dient vor allem die Verleihung der Ritterwürde, außer zur Belohnung für getreue Parteidienste, auch zur Auszeichnung der Berufsbeamten im *Civil Service*, von dem sie als Statussymbol außerordentlich und – wie dem Außenstehenden scheinen mag – über Gebühr geschätzt wird und, wie mancherorts behauptet wird, als Ersatz für eine Gehaltserhöhung gelten soll. Auszeich-

[1] Die folgende Aufstellung, dem offiziösen Handbuch der Peerage von Debrett entnommen, zeigt die Inflation der Auszeichnungen während des letzten halben Jahrhunderts.

	1911—1915	1916—1920	1921—1925	1926—1930	1931—1935	1936—1940	1941—1945	1946—1950	1951—1955	1956—1960
Peers	41	79	51	54	57	31	71	67	67	69
Baronets	96	192	32	74	52	44	40	6	33	41
Knights	955	1770	1026	856	992	902	1098	1099	1049	924

[2] In der ersten von der Regierung Wilson zu Neujahr 1965 veröffentlichten Liste der verliehenen Auszeichnungen für über 1800 Personen Großbritanniens und des *Commonwealth* fanden sich einige interessante Neuerungen: Keine erbliche Peerage wurde verliehen, was der Abneigung Labours gegen diese Institution entspricht; vier lebenslängliche Peerages wurden verliehen, keine aber für politische Verdienste und auch kein MP wurde bedacht. Verschiedene Sieger und Siegerinnen bei den Olympischen Spielen in Tokio (1964) wurden *Companions of the British Empire*. Eine solche Auszeichnung ging auch an ein Fräulein, das fünfzehn Jahre lang einen städtischen Bus ohne Unfall gelenkt hatte. Eine Neuerung war die ehrenvolle Nennung im Dienst des Exports, was sicherlich der britischen Zahlungsbilanz zugute kommen sollte. Auch eine Schreibkraft in der britischen Gesandtschaft in Washington und ein Bote in derjenigen von Australien wurden ausgezeichnet. Daß bei einer späteren *honours list* (1965) auch die weltberühmten „Beatles", eine Gruppe junger Leute, die eine Art Volksmusik betreiben, mit dem Orden des *British Empire* ausgezeichnet wurden, erregte großes Aufsehen und einigen Protest, aber durchaus zu Unrecht, da sie der britischen Wirtschaft mehr Dollars zukommen lassen als selbst führende Wirtschaftsunternehmungen.

nungen aller Arten sind mit dem britischen Gesellschafts- und Sozialleben untrennbar verbunden.

In den früheren Zeiten war die Patronage eine erfolgreiche Methode gewesen, durch welche die Regierung sich der Unterhausmitglieder versichern konnte. Walpoles Regime war dadurch geradezu sprichwörtlich geworden. Als nach der Großen Reform die Parteiorganisationen für den politischen Betrieb ausschlaggebend geworden waren, waren Beiträge zur Parteikasse der Gegenwert für die Verleihung einer der gesuchteren Ehren, wie der Baronie, der Baronetcy und der Ritterwürde; es soll sich sogar ein Tarif dafür ausgebildet haben. Es kam wiederholt zu Entschließungen der Lordskammer, die solche Mißbräuche zwar verdammte, sie aber bestehen ließ. Als Lloyd George nach dem ersten Weltkrieg unverblümt zur Verleihung von hohen Auszeichnungen für politische Parteibeiträge übergegangen war, empfahl eine daraufhin eingesetzte *Royal Commission* im Jahre 1922[1] die Einsetzung eines Ausschusses von drei nicht der jeweiligen Regierung angehörenden *Privy Councillors*, mit einem Berufsbeamten als Sekretär, welcher die vom Prime Minister aus politischen Gründen vorgeschlagenen Auszeichnungen zu prüfen hätte, wobei eine Versicherung des *Patronage Secretary* der Regierungspartei vorgelegt werden müsse, wonach keinerlei Zahlungen erfolgt seien. Der Prime Minister könne zwar eine Person, gegen welche von der Kommission Bedenken erhoben würden, der Krone trotzdem zur Ernennung vorschlagen, in welchem Falle aber die Krone von der ablehnenden Begutachtung zu unterrichten sei. Dieser Ausschuß trat in der Folgezeit in Wirksamkeit und auch die von ihm verlangte Strafandrohung gegen das Angebot oder die Annahme pekuniärer Vorteile wurde gesetzlich erlassen (*Honours* [*Prevention of Abuses*] *Act* von 1925 [15 & 16 Geo. 5, c. 72]). Diese Vorsichtsmaßregeln genügten, um seither alle Vermutungen über einen Mißbrauch der Ehrenverleihungs-Befugnis durch den Prime Minister zum Schweigen zu bringen[2].

4. Die Quellen der Autorität des Prime Ministers

Um allen diesen mannigfaltigen Anforderungen seines Amts gerecht werden zu können, müßte ein britischer Prime Minister in der Tat eine Art Übermensch sein; davon ist aber, wie nachstehend noch zu zeigen wäre, auch nicht im entferntesten die Rede. Trotzdem sind eigentliche Versager unter den älteren und neueren Amtsinhabern verhältnismäßig äußerst selten. Dies mag auf jene Erscheinung zurückzuführen sein, die man die Magie des Amts nennen könnte. Wie überall im Bereich des Politischen ist das Amt das, was sein Inhaber aus ihm macht. Umgekehrt

[1] *Report of the Royal Commission on Honours*, Cmd. 1789 (1922).

[2] Die Ankündigung der Regierung Wilson (Oktober 1966,) sie würde Mitgliedern der Regierungspartei die Ritterwürde nicht mehr für politische Verdienste verleihen, hatte keine grundsätzliche Bedeutung.

aber macht auch das Amt den Mann. Worauf sind diese Imponderabilien zurückzuführen?

In erster Linie macht sich der personalplebiszitäre Effekt des Wahlgangs zugunsten des jeweiligen Inhabers des Prime Minister-Amts geltend[1]. Das Prestige des auf der Volkswahl beruhenden Amts ist derart, daß es den Glauben der Massen an die Fähigkeit des Amtsträgers zwar nicht immer und unter allen Umständen, aber doch in der Mehrzahl der Fälle spontan erzeugt. Persönlichkeiten, denen es gelungen ist, die bittere Konkurrenz unter den Parteirivalen siegreich zu bestehen und in der Parteihierarchie zur Führerstellung aufzurücken, besitzen in der Öffentlichkeit – und dies nicht nur bei den eigenen Parteiangehörigen – ein Ansehen, dem man ohne weiteres die Begabung zuschreibt, dem Amt erfolgreich vorzustehen. Wenn der Führer der bei den Generalwahlen siegreichen Partei zum Prime Minister ernannt ist, gilt er als der legitime Repräsentant nicht nur seiner Partei, sondern der Gesamtnation. Er kann es sich daher leisten, eine überparteilich-nationale Politik zu betreiben, wobei ihm überdies die britische Nationaltugend der Neigung zu Kompromissen zuhilfe kommt. Diese grundsätzliche Herausstellung des nationalen Interesses ergibt sich zwar praktisch aus der Notwendigkeit, die nächsten Generalwahlen zu gewinnen und zu vermeiden, daß ein wesentlicher Bevölkerungsteil vor den Kopf gestoßen wird, aber wohl noch mehr aus der Tradition des Prime Minister-Amts selbst, die den Inhaber über die engen Parteiinteressen erhebt. Keiner der britischen Regierungen der neueren Zeit kann eine bewußte Verletzung der Minderheitsrechte zum Vorwurf gemacht werden. Damit soll naturgemäß nicht gesagt sein, daß der Prime Minister nicht darauf bedacht sein müßte, die Interessen seiner eigenen Partei zu fördern und die Fortdauer ihrer Herrschaft auch in der nächsten Wahlperiode zu gewährleisten; denn die britische Kabinettsregierung ist und bleibt in erster Linie eine Parteiregierung.

Was weiterhin automatisch zur Prestigegestaltung der Prime Ministerschaft wesentlich beiträgt, ist die ununterbrochene Publizität, welche die Meinungsvermittlungsmedien seiner Person und allen seinen Tätigkeiten zuteil werden lassen. Wer in einer offenen Gesellschaft ständig im Mittelpunkt steht, muß sich dem Volksbewußtsein einprägen. Dem Niedergang des Gewichts des Unterhauses entspricht notwendigerweise ein Zuwachs an Prestige des Prime Ministers. In einer Massengesellschaft hat das breite Publikum die Neigung, den politischen Prozeß zu personalisieren. Erfolge und Mißerfolge werden nicht dem anonymen Kollektiv des Parlaments oder der Mehrheitspartei zugeschrieben, sondern dem Prime Minister als dem sichtbaren Exponenten der Regierungsmacht. Er allein verkörpert für die Massen den Staatswillen. Demnach

---

[1] Siehe oben S. 159 ff.

ist auch die politische Verantwortung heute personalplebiszitär verankert. Allerdings – und dies ist die Kehrseite der Medaille –, diese Aureole der Publizität umgibt den Prime Minister nur so lange als er im Scheinwerferlicht seines Amtes steht. Hat sich das Glücksrad einmal gedreht und ist er aus dem Amt geschieden, verschwindet er in der Versenkung, meist mit einer Trost-Peerage ausgestattet[1], es sei denn, die Partei behielte ihn als Führer des „Schattenkabinetts". Der tragischste Fall ist Lloyd George, der seinen Sturz vom Gipfel der Macht (1922) um zwei Jahrzehnte überlebte, aber weder in der Parteiführung verblieb noch je wieder ein öffentliches Amt bekleidete.

5. Die Qualität der Amtsinhaber und der parlamentarische Ausleseprozeß

Eine Liste der britischen Prime Minister und der von ihnen geführten Regierungen von 1721 bis zur Gegenwart findet sich im Anhang D[2].

Vergleicht man die Reihe der amerikanischen Präsidenten seit 1789 mit der gleichzeitigen der britischen Prime Minister, so wird man zwei wohl einigermaßen überraschende Feststellungen treffen. Die Zahl der britischen Kabinette, die dem Parteienwechsel nach Maßgabe des parlamentarischen Systems unterliegen, ist zwar größer als diejenige der Amtsperioden der amerikanischen Präsidenten, aber die Zahl der Prime Minister ist geringer als diejenige der Inhaber des amerikanischen Präsidialamtes (34 zu 36). Dies hängt damit zusammen, daß manche Prime Minister viele Jahre im Amt waren (der jüngere Pitt von 1783 bis 1801) und daß außerdem eine stattliche Anzahl mehreren Kabinetten vorstand (Gladstone: viermal; Earl of Derby, Marquess of Salisbury, Stanley Baldwin, Ramsay MacDonald je dreimal und zahlreiche andere je zweimal). Das britische Kabinettssystem weist also keinen größeren und eher einen geringeren Verschleiß der Führerschicht auf als das auf der Gewaltentrennung mit festgelegten Amtsperioden aufgebaute amerikanische System.

Die weitere Feststellung mag noch auffallender sein: Unter den vierunddreißig britischen Prime Ministern befinden sich nicht mehr wirklich hervorragende Persönlichkeiten als unter den sechsunddreißig amerikanischen Präsidenten. Die Bewertung ist naturgemäß subjektiv und nicht frei von Willkür, aber man wird weite Übereinstimmung darüber finden, daß zu den wirklich großen Prime Ministern nur der jüngere Pitt, Sir Robert Peel, Disraeli, vielleicht, aber nicht sicher Gladstone, unzweifelhaft Lloyd George und schließlich Churchill gehören; das ist fast

[1] Asquith, Baldwin, Attlee, Eden nahmen eine Peerage an, Lloyd George erhielt sie erst nach vielen Jahren; Ramsay MacDonald, Churchill und Macmillan lehnten sie ab.

[2] Siehe unten S. 550/51.

genau die gleiche Zahl wie die der großen amerikanischen Präsidenten: Washington, Jefferson, Jackson, Lincoln, Wilson, vielleicht der erste, sicherlich der zweite Roosevelt. Im Vergleich mit den Dynastien, bei denen Mittelmäßigkeiten und Nieten die hervorragenden Köpfe bei weitem überwiegen, schneiden natürlich sowohl England als auch die Vereinigten Staaten dabei glänzend ab.

Der Schluß mag also gerechtfertigt sein, daß in beiden Staaten das höchste politische Amt nicht dem Genie, sondern dem Mittelgut zufällt. Auch dieses weist gute Köpfe auf. Der „eiserne“ Herzog Wellington war kein sturer Militär, den seine militärischen Tugenden gehindert hätten, ein erfahrener und oft erstaunlich weitblickender Politiker zu sein; ein Palmerston glänzte in der Außenpolitik; aber niemand wird die Liverpool, Derby, Aberdeen, Rosebery, Balfour, Asquith, MacDonald, Baldwin, Attlee, Macmillan und Douglas-Home als wirkliche Spitzenleistungen des britischen politischen Talents bezeichnen wollen.

Solche verfassungsgeschichtlichen Vergleiche, was immer ihr objektiver Wert sein mag, öffnen aber den Zugang zu dem entscheidenden Problem, nach welchen Techniken sich jeweils die Führerauslese vollzieht. Der britische Parlamentarismus erfreut sich dabei seit alters eines besonderen Ansehens. Ist es wirklich gerechtfertigt?

Zum Unterschied von den Vereinigten Staaten, wo ein bis dahin völlig unbekannter Außenseiter, der nicht einmal dem Kongreß angehören muß, nach der Präsidentschaft greifen und sie sogar nicht selten erringen kann, ist für den Aufstieg zur britischen Prime Ministerschaft die parlamentarische Laufbahn die unabdingbare Voraussetzung. Eine andere Zugangsmöglichkeit besteht überhaupt nicht. Man sollte also meinen, daß der parlamentarische Ausleseprozeß, bei dem ein Bewerber für das höchste Staatsamt jahre- und oft jahrzehntelang im Licht der Öffentlichkeit gestanden hat, ideal geeignet sein müßte, das wirkliche Spitzentalent auch wirklich an die Spitze zu bringen. Offenbar ist dies aber nicht der Fall. Es ist eine müßige Frage, ob heute noch ein Lloyd George oder ein Churchill sich als Prime Minister durchsetzen würden; in beiden Fällen kam ihnen der nationale Notstand des Kriegs zugute. Lloyd George fiel derart aus der Reihe, daß ihn ohne den Krieg die traditionelle Führungsschicht niemals akzeptiert hätte, und Churchill war in den dreißiger Jahren hoffnungslos in der Wüste; auch er wäre ohne die Kriegsnotlage niemals Prime Minister geworden[1].

Tatsache ist aber, daß gerade das parlamentarische Auswahlsystem den Leuten mit echter Führungsbegabung, die Vorstellungskraft und

[1] Seine Leistung im zweiten Weltkrieg wird niemand schmälern wollen. Sein Versagen als Friedens-Prime Minister mag durch seinen physischen Verfall erklärt werden; vgl. das Buch seines Leibarztes Lord Moran, *Winston Churchill, The Struggle for Survival 1940—1965*, London 1966.

Originalität mit Organisationstalent und Willensstärke vereinen, nicht günstig zu sein scheint. Denn der Brite hat Scheu vor der politischen Brillanz. Er nimmt an ihr oft Anstoß und kann leicht von ihr abgestoßen werden. Die Angst vor dem außergewöhnlichen Talent ist geradezu eine britische Nationaleigenschaft. Dies gilt besonders für die eigentlichen Intellektuellen, was immer man unter einem solchen verstehen mag. Unter ihnen ist nur ganz wenigen – Disraeli, Lloyd George, Churchill und nunmehr Harold Wilson – der Sprung gelungen. Andererseits aber hat die parlamentarische Schule in Großbritannien zwar nur sehr selten überragende Begabungen ins höchste Staatsamt befördert, aber auch so gut wie niemals eine wirkliche Null oder einen völligen Versager. Denn die Auswahlrivalität unter den Ehrgeizigen im Parlament ist schärfer und rigoroser als irgendwo anders. Wer sich durchsetzen will, muß sich im täglichen Kleinkrieg des Unterhauses bewährt haben. Hat er einmal einen Ministerposten erlangt, was angesichts der verhältnismäßig großen Zahl solcher und bei dem Bedürfnis nach jungem Nachwuchs keineswegs allzu schwer ist, muß er nicht nur im Kreuzfeuer der Fragestunde seinen Mann gestellt, parlamentarische Taktik nach einer komplizierten Geschäftsordnung gelernt, in den Parteikonzilien sich durch Sachkenntnis und Kompromißbereitschaft hervorgetan haben; er darf weder durch allzu große Unabhängigkeit noch durch charakterliche Unbeugsamkeit auffallen; er muß ein Produkt eben der parlamentarischen Schule und er kann nichts anderes sein, wenn er von seiner Partei zum Führer und damit zum legitimen Anwärter auf die Prime Ministerschaft erhoben werden will. Kurz gesagt: die britische Prime Ministerschaft ist zwar ein Ergebnis des parlamentarischen Bewährungsprozesses, aber sozusagen *"la vertu de ses vices"*.

Sechzehntes Kapitel

Das Kabinett

1. Der Begriff der Regierung

Vom verfassungsrechtlichen Standpunkt aus gesehen umfaßt in Großbritannien die Bezeichnung „Die Krone" — *The Crown* — die Gesamtregierung. Der Träger der Krone — derzeit eine Königin — *The Queen* – übt Regierungstätigkeiten jedoch sehr selten selbst und nur in außerordentlichen Situationen nach eigenem Ermessen aus. Eine Reihe von anderen Regierungstätigkeiten werden von der *Queen in Council* unter der Verantwortung des Prime Ministers und der zuständigen Minister ausgeübt, ohne daß ihr eine andere als eine höchst formelle Teilnahme daran gestattet wäre. Wiederum andere, und diese stellen die überwiegende Mehrheit der Regierungshandlungen dar, werden von den zuständigen Ministern zwar im Namen der Krone, faktisch aber auf Grund statutarischer Anweisungen und Ermächtigungen ausgeübt; an ihnen nimmt der Monarch überhaupt nicht teil.

Verfassungsrechtliche Titel sind nur *The Queen, The Queen in Council* und die Amtsbezeichnungen der einzelnen Minister. Die Bezeichnungen „Regierung" — *Government* — und Prime Minister sind erst neuerdings und dies sehr vereinzelt in Gesetzen aufgetaucht und nur insoweit von rechtlichem Belang. Für die Regierung als Kollektivorgan werden ohne verfassungsrechtliche Genauigkeit die verschiedenen Bezeichnungen *Government, Administration* oder auch *Ministry* verwendet. Die offizielle Bezeichnung ist *His* oder *Her Majesty's Government.* Wenn vom Kabinett die Rede ist, ist in der Regel nur dieses und nicht die Gesamtregierung gemeint. Die Bezeichnungen „Exekutive", „Kabinett", „Ministerium" oder „Administration" sind zwar neuerdings gebräuchlich geworden, aber durchaus außerrechtlich-politischer Natur. Wenn von der „*administration*" eines bestimmten Prime Ministers die Rede ist, ist damit seine Person und alle in seiner „Regierung" befindlichen Minister mitsamt ihren parlamentarischen Sekretären gemeint.

Die britische Variante der parlamentarischen Regierung bezeichnet sich als Kabinetts-„regierung" — *cabinet government*[1]. Das Kabinett ist aber nicht mit der „Regierung" identisch. Zu dieser gehören außerdem noch die verschiedenen Minister, die den einzelnen Ministerien — *departments* — vorstehen, die aber nicht in jedem Fall auch Mitglieder des Kabinetts sind. Kabinett und Ministerien überschneiden sich insofern, als die überwiegende Mehrzahl der Kabinettsmitglieder gleichzeitig Chefs einzelner und zwar der wichtigsten Departments sind. Zur Regierung im weiteren Sinn gehören aber außerdem eine große Anzahl anderer politischer Ämter, deren Inhaber — vielfach jüngere Leute, die sich ihre politischen Sporen verdienen wollen — den einzelnen Ministerien ein- und angegliedert und an Rang den Vorständen des Departments nachgeordnet sind. Sie tragen die verschiedensten Amtstitel, wie Staatsminister — *Minister of State* —, Unterstaatssekretär — *Under-Secretary of State* —[2], Hauptsekretär — *Chief Secretary* —, parlamentarischer Sekretär — *Parliamentary Secretary* —, *Lord Commissioner* oder *Junior Lord of the Treasury.*

---

[1] Eine neuere Monographie ist John G. Mackintosh, *The British Cabinet,* London 1962.

[2] Dieser Titel wird vom Zweitkommandierenden geführt, wenn der Chef des Amts den Titel *Secretary of State* führt.

In der Verfassungspraxis steht dem Prime Minister die oberste Leitung nicht nur des Kabinetts, sondern auch der gesamten Regierung im weiteren Sinn zu.

Alle Regierungsmitglieder, gleichgültig ob im Kabinett oder in der weiteren Regierung, müssen einem der beiden Parlamentshäuser als Mitglied angehören, da allein die Parlamentsmitgliedschaft die politische Verantwortung ermöglicht. Anderwärts sogenannte „Fachminister", die nicht dem Parlament angehören, hat es niemals gegeben. Die Parlamentsmitgliedschaft eines jeden Regierungsmitglieds ist eine unabdingbare Konventionalregel[1].

Diese Konventionalregel der obligatorischen Parlamentsmitgliedschaft ist allerdings dann zeitweise suspendiert, wenn eine Persönlichkeit, welche der Prime Minister in seinem Kabinett zu haben wünscht, bei der dem Regierungswechsel vorangegangenen Generalwahl keinen Parlamentssitz erhalten hat, sei es, daß bei Fortsetzung der bisherigen Parteiregierung ein bisheriger Minister den Sitz verloren hat, sei es, daß ein für das Schattenkabinett vorgesehener Mann bei den Generalwahlen keinen Sitz erlangen konnte. In solchen Fällen kann der Betreffende seit dem *Life Peerages Act* von 1958 mit einer lebenslänglichen Peerswürde im *House of Lords* ausgestattet werden und somit dem Erfordernis der Parlamentsmitgliedschaft genügen. Bei wichtigeren Ämtern aber, die nur an Unterhausmitglieder vergeben werden, wird von dem Erfordernis der obligatorischen Parlamentsmitgliedschaft einstweilen Abstand genommen, bis sich eine Unterhaus-Vakanz einstellt, für welche der Betreffende dann in einer Nachwahl kandidieren kann[2].

---

[1] Eine Ausnahme von der obligatorischen Parlamentsmitgliedschaft war die während des letzten Krieges erfolgte Ernennung eines Australiers zum Staatsminister. Man hat sich dabei anscheinend auf den *Reelection of Ministers Act* von 1919 (9 & 10 Geo. 5, c. 2 [Sektion 2]) berufen. Eine weitere von Anfang an als vorübergehend beabsichtigte Ausnahme war der Fall von Walter Monckton, der dem Übergangsministerium nach Auflösung der Koalitionsregierung (1945) einige Monate lang als *Solicitor-General* angehörte.

[2] Zwei einschlägige Fälle ereigneten sich in der jüngsten Zeit. Nach seiner Ernennung zum Prime Minister (18. Oktober 1963) legte der Earl of Home zwar seine verschiedenen Peerswürden nach Maßgabe des *Peerage Act* von 1963 nieder, mußte aber dann auf den Ausgang einer Nachwahl in einem sicheren schottischen Wahlkreis (6. November 1963) warten, ehe er als Sir Alec Douglas-Home ins Unterhaus eintreten konnte. Noch weniger normal war die Situation des vom Labour-Prime Minister Wilson als Außenminister ausersehenen Patrick Gordon Walker. Bei den Generalwahlen vom Oktober 1964 verlor er unerwarteterweise seinen Sitz in Smethwick, den er seit 1945 innegehabt hatte. Er wurde trotzdem zum Außenminister ernannt. Es wurde ihm daraufhin in dem an sich sicheren Arbeiter-Wahlkreis Leyton die Gelegenheit zu einer Nachwahl gegeben, indem der bisherige Inhaber sich bereit erklärte, als lebenslänglicher Peer ins Oberhaus zu gehen. Bei der dann erfolgenden Nachwahl verlor aber Walker gegen alle Erwartung wiederum; die Gründe waren offenbar, neben einem Umschwung der Wählerstimmung gegen

Alles in allem handelt es sich bei der Regierung um eine offizielle Regierungs-Gruppe von normalerweise etwa 70—80 ein und derselben Partei zugehörigen Parlaments-Mitgliedern[1], die demnach zur Regierung im weiteren Sinn gehören. Da eine Regierungspartei selten mehr als vierhundert Mitglieder im Unterhaus aufweist und der Anteil des Oberhauses an der Regierung verhältnismäßig gering ist[2], macht die Regierungsgruppe ihrerseits immer mindestens ein Fünftel, häufig aber weit mehr und bis zu einem Drittel der Gesamtmitgliederzahl der Regierungspartei im Unterhaus aus. Es wird also in Großbritannien den Mitgliedern der Regierungspartei ein wesentlich größerer Anteil an den eigentlichen Regierungsgeschäften eingeräumt als in anderen parlamentarisch geführten Staaten, wo meist nur der Chef des Ministeriums ein Parteipolitiker ist, während die Berufsbeamten der Ministerialbürokratie die Dauerstellungen der Staats- und Unterstaatssekretariate innehaben. Damit wird eine viel weitere Streuung der politischen Arbeit und Verantwortung und gleichzeitig eine engere Integration der Parlamentsmitglieder in den politischen Prozeß erzielt.

Eine Übersicht über die Kabinetts- und Regierungsämter in der Regierung Wilson 1964/65, welche die sogenannten politischen Ämter darstellen, findet sich als Anhang E[3].

Verfassungsrechtlich existiert das Kabinett als Staatsorgan ebensowenig wie das Amt des Prime Ministers. Soweit nicht ausdrücklich auf Parlamentsgesetz (*statute*) beruhend, sind seine Funktionen durch die *royal prerogative* umschrieben, welche das Kabinett zwar nicht formalrechtlich, aber anstelle der Krone kraft Konventionalregel ausübt. Nach Herkommen ist sein entscheidendes Organisationsmerkmal, daß die Chefs bestimmter Departments Anspruch auf Kabinettsrang haben, die Vorstände anderer Ministerien aber nicht. Die Inhaber der meisten älteren Departments werden als *Secretary of State* bezeichnet, während die Chefs der neueren *Minister* heißen. Doch ist der offizielle Titel, den ein Regierungsmitglied führt, kein Anhaltspunkt für seine Mitgliedschaft im Kabinett, wenn auch die Staatssekretäre in der Regel darin eingeschlossen sind. Es gibt aber in jedem Kabinett auch Departmentsvorstände,

---

Labour, die Ausbootung des bisherigen Inhabers, der seit dreißig Jahren den Wahlkreis vertreten hatte, und die Kandidatur eines Bewerbers, der mit dem Wahlkreis überhaupt keine persönliche Verbindung hatte. Walker trat daraufhin vom Amt des Außenministers zurück. Andererseits gewann am gleichen Tag der gleichfalls anfangs sitzlose Inhaber des Arbeitsministeriums, der Gewerkschaftler Frank Cousins, den Sitz in einer Nachwahl, allerdings mit stark verminderter Labour-Mehrheit.

[1] Die Regierung Wilson von 1964 war die bis dahin zahlreichste der britischen Parlamentsgeschichte mit insgesamt über einhundert Personen.

[2] Siehe unten S. 409 ff.

[3] Siehe unten S. 552 ff.

die Minister heißen, und umgekehrt gelegentlich auch Staatssekretäre, die keinen Kabinettsrang haben, obwohl dies selten ist.

Anders gesehen ist das Kabinett als solches der innere Ring der Regierung, ihr eigentlicher Kern mit dem Prime Minister als Mittelpunkt, um den sich nach Art exzentrischer Kreise die Ringe der nicht darin vertretenen Departments mit ihren Vorständen und den jüngeren Assistenten schließen. Das Schwergewicht der politischen Führung liegt bei dem inneren Kern; was man dagegen die eigentliche Verwaltung — *administration* — heißt, obliegt den Fachministerien, gleichgültig ob im Kabinett vertreten oder nicht.

2. Die Zusammensetzung des Kabinetts

Wie früher angeführt, schlägt der vom Souverän mit der Kabinettsbildung betraute Prime Minister dem Monarchen die Inhaber der einzelnen Ämter in Kabinett und Ministerien vor. Ein verfassungsrechtliches Mitbestimmungsrecht steht der Krone nicht zu. Die alte Victoria hatte sich dank ihrer außerordentlichen Personalkenntnis und gleichzeitigen Eigensinnigkeit solchen Vorschlägen noch gelegentlich mit Erfolg widersetzen können; heute wird die Liste vom Monarchen einspruchslos vollzogen[1]. Es ließe sich aber wohl denken, daß ein erfahrener Monarch, der viele Kabinette hat kommen und gehen sehen, einem dafür zugänglichen Prime Minister mit seinem diskreten Rat an die Hand gehen könnte.

Wen unter den Chefs der Ministerien der Prime Minister ins Kabinett aufnehmen will, unterliegt in gewissem Umfang dem Herkommen; einzelne Ministerialämter sind wegen ihrer Wichtigkeit im Staatsbetrieb dauernd mit der Kabinettsmitgliedschaft verbunden. Andererseits kann der Prime Minister nach seinem Ermessen bestimmte Departments-Chefs mit der Mitgliedschaft in seinem Kabinett ausstatten, aber auch den Kabinettsrang solchen Ämtern entziehen, deren Inhaber Mitglieder des Kabinetts seines Vorgängers gewesen waren. Es ist auch vorgekommen, daß ein Minister zeitweilig Kabinettsrang hatte, dann aber, wenn seine besondere Aufgabe erfüllt war, aus dem Kabinett ausscheiden mußte. Die Kabinettsmitgliedschaft wird dadurch institutionalisiert, daß der Berufene vom Prime Minister die Einladung zur ständigen Teilnahme an den Kabinettssitzungen erhält. Dies schließt keineswegs aus, daß auch ein nicht dauernd mit Kabinettsrang ausgestatteter Minister zur Teilnahme eingeladen wird, wenn sachliche Gründe seines Departments dies angezeigt erscheinen lassen.

---

[1] Das Gerücht, König George VI. habe Mr. Attlee (1945) nahegelegt, Ernest Bevin anstelle des ursprünglich geplanten Hugh Dalton mit dem Außenamt zu betrauen, hat sich auf Grund der seither veröffentlichten Lebenserinnerungen nicht bewahrheitet; der König mochte wohl Bevin vorgezogen haben, aber Attlees Entschluß, Dalton ins Schatzamt und Bevin ins Außenamt zu schicken, beruhte auf davon unabhängigen sachlichen Gründen; siehe MACKINTOSH, a. a. O., S. 52.

Kabinettsmitglieder, die eine Regierungsstelle innehaben, die weniger als 5 000 £ jährlich einbrachte, erhielten ein entsprechendes zusätzliches Gehalt, solange sie Kabinettsrang hatten (*Ministers of the Crown Act* von 1937 [Sektion 3]). Nach dem jüngsten *Ministerial Salaries and Members' Pensions Act* von 1965 (Eliz. 2, c. 11, Sektion 1 und *First Schedule*) im Zusammenhang mit dem *Ministerial Salaries Consolidation Act* von 1965 (Eliz. 2, c. 58) wurde das Gehalt des Prime Ministers von 10000 auf 14000 £ erhöht und die Ministergehälter einheitlich auf 8500 £ festgesetzt, um die Innehabung von wichtigen Regierungsämtern mit den in Industrie und Handel üblichen Spitzengehältern einigermaßen wettbewerbsfähig zu machen[1]. Es wird von den Inhabern von insgesamt zweiundzwanzig Regierungsämtern bezogen[2]. Man kann annehmen, daß diese Ämter von nun an Kabinettsrang haben, obwohl das nirgends gesetzlich bestimmt ist.

Kabinettsmitglieder, die es noch nicht sein sollten, werden nach der Regel zu Mitgliedern des *Privy Council* ernannt, was sie nach dem dabei zu leistenden Eid und dem *Official Secrets Act* der Geheimhaltungspflicht unterwirft.

Die Zahl der Kabinettsmitglieder hat im Laufe der Zeit gewechselt; man spricht von „vollen" Kabinetten mit über zwanzig Mitgliedern, von mittelgroßen zwischen zehn und zwanzig und von „kleinen" mit zehn und weniger Mitgliedern; diese waren während der beiden Weltkriege die Regel. Eine „ideale" Zahl läßt sich kaum angeben. Die Größe des Kabinetts hat naturgemäß auf seine Entschluß- und Arbeitsfähigkeit großen Einfluß. Neuerdings ist die Zahl mit um die zwanzig herum ziemlich konstant geblieben.

Traditionsgemäß haben die Chefs der folgenden Ministerien Anspruch auf Kabinettsrang[3]: Außenminister; *Lord President of the Council*; *Lord Chancellor*; *Chancellor of the Exchequer*; Innen-Minister; Verteidigungsminister; die Minister für *Commonwealth*-Beziehungen, Arbeit, Landwirtschaft, Handel, Gesundheit, Erziehung, Wohnungswesen und Lokalverwaltung, Transport. Dazu kommen noch in der Regel einige Minister, deren amtliche Funktionen nicht mit einem Fachministerium verbunden sind: Der *Lord Privy Seal*; der *First Secretary of State*; der *Chief Secretary of the Treasury* (gleichzeitig *Paymaster-General*); der *Chancellor of the Duchy of Lancaster* und der eine oder andere Minister ohne Portefeuille. Solche Kabinettsmitglieder ohne Fachverpflichtungen werden für wichtige Sonderaufgaben verwendet, wie die Führung der Mehrheitspartei im Oberhaus, Koordinationstätigkeiten, Vorsitz von ständigen Kabinetts-

[1] Die Gehaltserhöhungen blieben jedoch um die Hälfte hinter den Empfehlungen des zum Studium der Frage eingesetzten Ausschusses (Cmnd. 2516) zurück.

[2] Die Gehälter für die *Law Officers* (siehe unten S. 456) sind jedoch davon verschieden.

[3] Das Kabinett von Harold Macmillan im Jahre 1963 dient dabei als Vorlage.

ausschüssen. Demnach verbleiben als zwar zur Regierung im weiteren Sinn, aber nicht zum Kabinett gehörig noch etwa zehn Fachminister, daneben die obersten Justizbeamten (die sogenannten *Law Officers*) und außerdem einzelne mit dem Titel eines *Minister of State* ausgestattete Zweitkommandierende in Departments, deren Vorstände im Kabinett sitzen[1].

Als aber Labour nach langer Pause 1964 wieder an die Regierung kam, nahm Prime Minister Wilson außer der noch zu besprechenden Aufstellung ganz neuer Departments auch in der Zusammenstellung seines Kabinetts eine Reihe von Neuerungen vor: Der *Lord President of the Council* wurde Führer der Regierungspartei im Unterhaus, der *Lord Privy Seal* im Oberhaus. Die neuen Minister für Technologie und Überseentwicklung erhielten Kabinettsrang, ebenso die Staatssekretäre für Kolonien und für *Commonwealth*-Beziehungen. Der *First Secretary of State* ist gleichzeitig mit dem wichtigen Wirtschaftsministerium betraut. Neben dem schottischen gehörte auch der neugeschaffene wallisische Staatssekretär dem Kabinett an. Außerdem wurden eine ganze Reihe von bisher nicht vertretenen Fachministerien ins Kabinett einbezogen. Das Schwergewicht der Regierung hat sich somit auch zahlenmäßig ins Kabinett verlegt[2]. Da die Regierung Wilson außer den insgesamt vierundvierzig Mitgliedern von Kabinett und Regierung aber auch noch eine große Zahl von untergeordneten Regierungsstellen, alles in allem vierundachtzig, mit Parlamentsmitgliedern zu besetzen hatte, ergab sich von Anfang an die verfassungsrechtliche Schwierigkeit, daß nach dem *House of Commons Disqualification Act* von 1957 (5 & 6 Eliz. 2, c. 20) die Höchstzahl der in den Commons zur gleichen Zeit befindlichen Inhaber von Ministerialämtern auf siebzig festgesetzt worden war. Diese Zahl wurde gemäß den gesteigerten Personalanforderungen auf einundneunzig erhöht (*Ministers of the Crown Act* von 1964 [Eliz. 2, c. 98]).

Ist die gesetzlich zugelassene Zahl von im Unterhaus sitzenden Regierungsmitgliedern zu irgendeiner Zeit überschritten, so sind die nach Erreichung der Höchstzahl Ernannten von Sitz und Stimme ausgeschlossen, bis sich innerhalb der Höchstzahl eine Vakanz ergeben sollte.

3. Die Rolle des Prime Ministers bei der Kabinettsbildung

Bei der Zusammenstellung seines Kabinetts hat der Prime Minister zwar freie Hand, welche Ämter er einschließen und welche Personen er mit ihnen betrauen will; sein Ermessen wird dabei aber weitgehend von

[1] Die letzte Regierung Macmillans (1963) umfaßte 21 Mitglieder des Kabinetts und weitere 22 nicht zum Kabinett gehörige Regierungsmitglieder; die *junior positions* sind dabei nicht mitgerechnet.

[2] Dem Kabinett gehören 23, dem Ministerium nur 21 Mitglieder an. Im Kabinett sitzt eine, im Ministerium zwei Frauen.

politischen Überlegungen und Zweckmäßigkeitserwägungen geleitet sein. Ältere Parteidignitäten mögen konsultiert werden. Er muß die Eignung des zu Berufenden für das spezielle Amt, sein Ansehen in den Commons und im Lande, seine parlamentarische Gewandtheit als Debatter und Kenner der Geschäftsordnung berücksichtigen. Bei der Verteilung der Kabinettsposten muß den verschiedenen Flügeln der Mehrheitspartei und auch regionalen Wünschen Rechnung getragen werden. Ein Labour-Prime Minister kann weder die Interessen der Gewerkschaften noch der Wahlkreisvereinigungen übergehen. Manchmal wird der Prime Minister einen unbequemen Kritiker lieber im Kabinett als ohne Amt lassen wollen. Nicht selten wird er für einen Mann, der ihm als Kabinettsmitglied wertvoll erscheint, erst das geeignete Amt zu finden haben. Üblicherweise bleiben die Ernannten während der ganzen Legislaturperiode in ihren Ämtern, damit sie sich einarbeiten können, es sei denn, zwingende politische Erwägungen veranlassen den Prime Minister zu einer Kabinettsumbildung.

Revirements sind also nicht ausgeschlossen, wenn auch das für das vor-gaullistische Frankreich charakteristische „Bäumleinwechseln" innerhalb der Gruppe der „Ministrabeln" nicht gepflegt wird[1]. Vor allem aber wird der Prime Minister bei den Kabinettsmitgliedern Wert auf ihre Eignung zum *team work* legen; notorische Einzelgänger sind unbeliebt; denn in einer Gruppe von einigen zwanzig Leuten muß in erster Linie die Arbeitsatmosphäre harmonisch sein.

Alles in allem ist die Zusammenstellung seines Kabinetts eine der schwierigsten Aufgaben des Prime Ministers. Sein Regierungserfolg wird weitgehend von seiner Menschenkenntnis und Begabung zur Menschenbehandlung abhängen, ob er seine Mitarbeiter führen, ohne sie zu kommandieren, ob er ohne ihre Selbständigkeit zu unterdrücken *political leadership* entwickeln kann, kurz er muß in der Tat der Erste nicht nur im Lande, sondern auch im Kreis seiner engsten Mitarbeiter sein.

4. Die Beteiligung des Oberhauses an Kabinett und Regierung

Keine verfassungsrechtliche Bestimmung schreibt unmittelbar vor, daß Kabinett und Regierung auch Oberhausmitglieder einschließen müssen. Dies ist aber immer der Fall gewesen. Dem Prime Minister wird dies

---

[1] Das bekannteste Beispiel aus der jüngsten Zeit ist die von Prime Minister Macmillan im Juli 1962 vorgenommene und von der Öffentlichkeit spöttisch als „Massaker" bezeichnete Kabinettsumbildung, die sich nicht nur auf Verschiebungen innerhalb der Regierung beschränkte, sondern verdiente Politiker (wie Selwyn Lloyd) völlig ausbootete. Die mit ungewöhnlicher Brutalität vorgenommene Personalerneuerung mag zwingende Gründe, vor allem den der Verjüngung, gehabt haben, hinterließ aber soviel Bitterkeit, daß Macmillans Position schon damals erschüttert wurde.

trotz der heute stark verminderten Bedeutung der Lords nicht nur aus Zweckmäßigkeitsgründen erwünscht sein, sondern die Notwendigkeit ergibt sich jetzt auch mittelbar aus dem *House of Commons Disqualification Act* von 1957 (5 & 6 Eliz. 2, c. 20 [mit der Novelle von 1964]). Nach diesen Regelungen durften bisher nicht mehr als insgesamt siebzig, nach der Novelle von 1964: einundneunzig Inhaber der eigentlichen Regierungsämter im Unterhaus sitzen (*Second Schedule*) und von diesen dürfen höchstens siebenundzwanzig, nach der Novelle von 1964: einundfünfzig, die dort aufgeführten Ämter, die so bezeichneten *ministerial offices*, innehaben. Diese Kategorie umfaßt alle als *senior* bezeichneten politischen Stellungen, die nach Herkommen Anspruch auf Kabinettsrang haben (wenn auch nicht jeder Inhaber eines solchen Amtes tatsächlich ins Kabinett berufen wird). Namentlich aufgeführt sind: der Prime Minister als *First Lord of the Treasury*, einer der jetzt nicht mehr seltenen Fälle, daß von ihm statutarisch Notiz genommen wird, der *Lord President of the Council*, der *Lord Privy Seal*[1], der *Chancellor of the Duchy of Lancaster*, der *Paymaster-General*, der Schatzkanzler, der *First Lord of the Admiralty* und die *Secretaries of State*, welche die historisch ältesten Ministerien — Äußeres, Inneres, Kolonien und *Commonwealth*-Beziehungen — führen. Die Gruppe umfaßt ferner die eigentlichen oder „echten" Minister, die einem Department vorstehen, wozu auch der nicht Minister, sondern *President* genannte Vorsitzende des *Board of Trade* gehört; der *Postmaster-General* und schließlich die vier mit der Justizgebarung betrauten *Law Officers*. Im Grunde könnten alle Fachminister in dieser Kategorie der Kabinettsqualität untergebracht werden, aber nicht alle sind dann jeweils mit Kabinettsrang ausgestattet.

Zieht man diese 51 Ämter von der Höchstzahl 91 ab, die im Unterhaus sitzen dürfen, so ergibt sich die stattliche Anzahl von weiteren 40 Amtsinhabern mit Unterhausmitgliedschaft. Diese sind demnach für die nicht zur Kategorie der *ministerial offices* gehörenden Regierungsmitglieder verfügbar, also vor allem für die den einzelnen Ministerien attachierten Zweitkommandierenden, die oft den Titel eines *Minister of State* führen, und die zahlreichen den einzelnen Departments eingegliederten *junior officers*, welche die verschiedensten Titel wie *Parliamentary Secretary*,

---

[1] Daß also ein Amt mit dem Titel „Lord" ausgestattet ist, besagt nichts über die Peerseigenschaft seines jeweiligen Inhabers. In der Tat sind sie oft eben keine Peers. Beispielsweise war im Labour-Kabinett Attlee nach 1945 Herbert Morrison *Lord President of the Council*, im Kabinett Wilson hatte Herbert Bowden die gleiche Stelle inne, der *Lord Privy Seal* jedoch war ein Mitglied des Oberhauses (Earl of Longford). Nicht einmal der *Lord Chancellor* muß ein Peer sein, obwohl er den Vorsitz im *House of Lords* führt, er wird allerdings alsbald nach seiner Bestellung in die Peerage erhoben.

Financial Secretary, Under-Secretary, Lords Commissioners, Junior Lords of the Treasury etc. führen[1].

Da also nach der gegenwärtigen Regelung nur einundneunzig Regierungsämter mit Unterhausmitgliedern besetzt werden dürfen, das erforderliche Regierungspersonal diese Ziffer aber regelmäßig übersteigt — die Regierung Wilson hatte insgesamt 104 Regierungsstellen zu besetzen —, so ergibt sich als indirekte Mußvorschrift, daß eine gewisse, allerdings unbestimmte Zahl von Regierungsstellen mit Oberhausmitgliedern zu füllen ist. Im allgemeinen wird die Teilnahme des Oberhauses am Regierungspersonal stärker betont als es gesetzlich geboten wäre; zudem wird der Prime Minister darauf sehen, daß das Oberhaus auch im Kabinett vertreten ist. Ein Labour-Kabinett wird sich dabei wegen der unverhältnismäßigen Schwäche der Labour-Partei bei den Lords schwerer tun als eine konservative Führungsgruppe, die über den Erbadel verfügen kann. Offenbar ist der *Lord Chancellor* das einzige Oberhausmitglied, das unfehlbar dem Kabinett angehören muß[2].

Der Prime Minister selbst kann, wie früher ausgeführt, jetzt nicht mehr Oberhausmitglied sein, ebensowenig der Schatzkanzler, weil das Finanzmonopol beim Unterhaus liegt. Auch die Oberhausmitgliedschaft des Außenministers ist kaum eine wünschenswerte Erscheinung, trotzdem sie auch in neuerer Zeit nicht ungebräuchlich war (wie etwa Lord Curzon, Lord Halifax [1938] und der Earl of Home [1960–63]). In unserer Zeit mag allerdings der Prime Minister selbst es sein, der die Außenpolitik letzten Endes dirigiert. Er kann aber nicht immer für einen im Oberhaus sitzenden *Foreign Secretary* in die Bresche springen und dessen Stell-

[1] Erstaunlicherweise sind auch die Ämter im königlichen Haushalt (*Her Majesty's Household*) mit Parlamentsangehörigen zu besetzen, dies sind: *Treasurer, Comptroller, Vice-Chamberlain, Captain Gentleman-at-Arms, Captain Yeoman of the Guard* und *Lords-in-Waiting*.

[2] Im Kabinett Macmillan von 1963 waren Peers außer dem *Lord Chancellor* und dem *Lord President of the Council* nur der *Foreign Minister*, der damalige Earl of Home. In der weiteren Regierung dagegen befanden sich nicht weniger als acht Peers, darunter der Herzog von Devonshire (ein Verwandter des Prime Ministers) und der Marquess of Lansdowne; sie waren meist als Staatsminister einem Department attachiert. Erwartungsgemäß war die Zahl der der Regierung Wilson angehörenden Oberhausmitglieder weit geringer als in den weitgehend aristokratisch determinierten Kabinetten von Macmillan. Im Kabinett und in der Regierung Wilson saßen nur je zwei Oberhausmitglieder, verglichen mit 3 bzw. 8 der vorausgegangenen konservativen Regierung Macmillan. Außer diesen vier im Kabinett bzw. Ministerium der vorausgegangenen konservativen Regierungen Macmillan und Douglas-Home befindlichen Oberhausmitgliedern waren von diesen noch acht andere Oberhausmitglieder in Regierungsstellen berufen worden, wobei zwei, die Ämter im königlichen Haushalt innehatten, nicht mitgerechnet werden. Dank dem *Life Peerages Act* hat es eine Labour-Regierung jetzt leichter, sich ausreichend im Oberhaus vertreten zu lassen.

vertreter vor den Commons, meist ein Staatsminister, ist kein vollwertiger Ersatz.

5. Der Prime Minister und sein Kabinett

Die Prägung, die ein Prime Minister seiner Regierungszeit gibt, ist weitgehend durch die Art und Weise bedingt, wie er sein Kabinett handhabt und dies wiederum hängt von seiner Persönlichkeit ab. Noch zu Zeiten Macauleys im 19. Jahrhundert konnte ein Prime Minister als *primus inter pares* gelten. Wie die Dinge sich aber seither entwickelt haben, ist die Vormacht des Prime Ministers gegenüber seinen Kabinettskollegen heute derart, daß man eher vom Verhältnis des Vorgesetzten zu seinen Untergebenen sprechen könnte, wenngleich niemand so unhöflich wäre dies zu tun. Feste Regeln lassen sich für die Beziehungen zwischen Prime Minister und Kabinett nicht aufstellen. An sich könnte er alle wichtigen Grundentscheidungen nach seinem persönlichen Ermessen treffen. Es besteht keine Bindung durch Mehrheitsbeschlüsse innerhalb des Kabinetts und nicht einmal eine Konsultationsverpflichtung. In der Praxis spielen sich aber die Dinge anders ab. Im Verhältnis zwischen dem Oberstkommandierenden und seinem Stab kommen jene Imponderabilien zum Zug, die das typisch britische und in anderen politischen Milieus kaum je erzielte *team work* der Zusammenarbeit und des gegenseitigen Vertrauens ergeben. Der Prime Minister ist auf seine Kabinettskollegen ebenso angewiesen wie diese auf ihn. Seiner Aufgabe, die politischen Richtlinien festzulegen und sie mit Hilfe eines ungemein komplizierten Regierungsapparates durchzuführen, kann er nur genügen, wenn er Führungsbegabung mit Verbindlichkeit, Autorität mit der Bereitschaft zur Ratserholung verbindet. Ein Prime Minister, der seinem Kabinett diktieren wollte, würde sich bald vereinsamt sehen.

Eine fest konstituierte, völlig parteihomogene Gruppe, deren Mitglieder offizielle Funktionen ausüben und die im übrigen auch die wichtigsten Parteistellungen innehaben, kann nicht lediglich als technische Assistenz in der Verwaltung angesehen und behandelt werden. Der Prime Minister muß also die Gabe der Menschenführung besitzen, was bedeutet, daß bei aller Willensstärke er seine Mitarbeiter überzeugen und Konflikte der verschiedenen Temperamente ausgleichen kann. Für diese Talente mag der parlamentarische Ausleseprozeß keine schlechte Schule sein. Den Zeitgenossen bleiben diese Interna meist verborgen, mögen sie auch sich ihr eigenes Urteil über die jeweilige politische Führung bilden. Manche Prime Minister haben die Zügel fest in der Hand, andere lassen sie schleifen. Die Kabinettsolidarität gebietet die Geheimhaltung aller inneren Vorgänge, aber etwa nach einer Generation formt sich ein meist zutreffendes Bild der einzelnen Prime Ministerpersönlichkeit. So weiß man heute, daß Neville Chamberlain, dessen Ruf wegen seiner Blindheit gegenüber dem Nationalsozialismus stark abgewertet ist, seinem Kabinett den Stempel aufdrückte und es so vollständig beherrschte, daß er mit ihm nur selten Konsultationen pflegte und mit ein paar Vertrauten aus dem oberen *Civil Service* nach Belieben schaltete und waltete. Selbst als Alfred Duff Cooper und Anthony Eden in Protest gegen seine Außenpolitik aus der Regierung schieden, ließ er sich nicht von seinem Kurs abbringen. Auch Stanley Baldwin und Ramsay MacDonald waren die unbestrittenen Meister ihrer Kabinette, der erstere, der als das Urbild der Gemütlichkeit erschien, durch seine zähe Konzilianz, die sich immer durchsetzte; der letztere, der als verbohrter Dogmatiker galt, behielt immer die Oberhand, weil die um ihre Rolle als Alternierungspartei kämpfende Labour-Partei auf ihn, als den einzigen sichtbaren Führer unbedingt angewiesen war. Über Winston Churchill, zweifellos Englands größte Führerpersönlichkeit der neueren Zeit, braucht kein Wort verloren zu werden; während des Krieges, der die größte Bedrohung von Englands Existenz seit der ersten Elizabeth Kampf gegen Spanien und seine Armada bedeutete, war er schlechthin unentbehrlich; als Friedens-Prime Minister müßte er weit eher zu den Versagern gezählt werden. Für Clement Attlee, dem machmal mangelnder Führungswillen nachgesagt wurde, spricht seine mit undramatischer Nüchternheit erzielte Leistung: die in der überraschend kurzen Zeit von nur ein paar Jahren durchgeführte große Sozialrevolution des britischen Wohlfahrtsstaats. Auch Macmillan, dem in seinen guten Zeiten der liebevolle Spottname des „Super-Mac" beigelegt wurde, hielt sein Kabinett mit eiserner Hand zusammen, die nicht einmal immer mit einem Glacéhandschuh bedeckt war. Die mit einer für britische Verhältnisse beispiellosen Rücksichtslosigkeit durchgeführte Erneuerung und Verjüngung seines Kabinetts von 1962, bei der die in die Wüste geschickten Mitarbeiter ihr Los sozusagen aus der Morgenzeitung erfuhren, bewies es. Auch Harold Wilson, der vor seiner Wahl zum Labour-General eine eingehendere Planung vorgenommen hatte als alle anderen Prime Minister der neueren Zeit, hat sich, wenn man den Berichten glauben will, von Anfang an als der starke Mann seines Kabinetts erwiesen und verstand es, die heterogensten Elemente seiner Partei — Orthodoxe und Radikale, intellektuelle Technokraten und lebenslängliche Gewerkschaftler — zu einem – wenn auch nicht immer homogenen – *team* zusammenzuschließen.

Man wird also auf Grund eines reichen Erfahrungsmaterials zum Schluß kommen, daß ein Prime Minister die Gabe der echten *political leadership* besitzen muß, um seiner Aufgabe Genüge leisten zu können. Aber damit ist, wie früher ausgeführt, keineswegs bewiesen, daß jeder Politiker, der sie besitzt, auch das Zeug hat, ein „großer" Prime Minister zu sein.

6. Kabinettssitzungen

Kabinettssitzungen finden in der Regel zweimal wöchentlich im Amtssitz des Prime Ministers in Nr. 10 Downing Street unter seinem Vorsitz statt und dauern etwa zwei Stunden. Die bis dahin völlig zwang- und formlosen Sitzungen sind seit 1916 durch die Errichtung des Kabinettssekretariats wesentlich rationalisiert worden[1]. Über den Gang der Sitzungen dringt infolge der strengen Geheimhaltungsmaßnahmen naturgemäß wenig in die Öffentlichkeit, sogar das Notizenmachen ist nur dem Prime Minister gestattet. Nachträglich haben frühere Teilnehmer aber den Schleier, wenigstens was Verfahren anbelangt, einigermaßen gelüftet. Der Prime Minister sieht darauf, daß hinsichtlich der zu fassenden Kabinettsbeschlüsse Einigkeit erzielt wird, was die unerläßliche Vorbedingung für die Kollektivverantwortlichkeit des Kabinetts ist. Abstimmungen finden sehr selten statt, bei politischen Grundentscheidungen, wo auf Einmütigkeit bestanden wird, so gut wie nie. Wenn der Prime Minister am Schluß der Debatte die „Stimmung des Kabinetts" zusammenfaßt, ist eine formelle Abstimmung überflüssig.

Gewisse Angelegenheiten sind der Kabinettsberatung nach Herkommen entzogen. Dazu gehören, aus naheliegenden Geheimhaltungsgründen, der vom Schatzkanzler dem Unterhaus vorzulegende Etat, die Handhabung des Gnadenrechts durch den *Home Secretary*, die Verleihung von Auszeichnungen durch die Krone auf Veranlassung des Prime Ministers und schließlich die Parlamentsauflösung, die seit 1918 im Busen des Prime Ministers allein erwogen wird, mag er auch den einen oder anderen Vertrauten einweihen.

Die Kabinettsmitglieder können sich keineswegs über Mangel an Arbeit und Verantwortung beklagen. Denn sie müssen gleichzeitig gewissermaßen auf vier Geleisen fahren: Sie sind die Mitglieder des höchsten *policy making*-Organs des Landes, die Vorstände eines Ministeriums — außer in den Fällen, wo sie infolge eines Nominalamtes davon entlastet sind —, die Mannschaft der Regierungsbank, die die Vorlagen, für welche sie sachlich zuständig sind, im Parlament einzubringen, zu vertreten und durchzuführen haben und schließlich die Parteioffiziere, die andauernd in Parteiversammlungen auftreten müssen. Allen diesen Aufgaben gerecht zu werden, erfordert eine erhebliche Arbeitskraft und Umstellungsfähigkeit.

7. Aufgabenkreis

Das von Lord Haldane präsidierte *Committee on the Machinery of Government* von 1918[1] umschrieb den Aufgabenkreis des Kabinetts wie folgt:

---

[1] Cd. q 230, S. 5.

a) die endgültigen Entscheidungen über die Regierungspolitik, die dem Parlament zu unterbreiten sind;

b) die oberste Kontrolle über die Verwaltung nach Maßgabe der vom Parlament bestimmten Richtlinien und

c) die Koordinierung der Tätigkeiten der verschiedenen Ministerien.

Diese Beschreibung mag schon damals der Verfassungswirklichkeit nicht voll entsprochen haben und ist heute noch weiter davon entfernt. Denn wenn sie zum Ausdruck bringt, daß das Kabinett in seiner Richtlinienfestlegung dem Parlamentswillen unterstellt ist und auch die Exekutivkontrolle nach Maßgabe des Parlamentswillens ausübt, so mag dies wohl theoretisch zutreffen, hat sich aber in der Praxis umgekehrt; denn es ist das Kabinett, das dem Parlament das die politischen Grundentscheidungen und ihre Durchführung enthaltende Gesetzesprogramm unterbreitet. Das Parlament kann zwar theoretisch die Kabinettbeschlüsse annehmen, verändern oder auch verwerfen; tatsächlich aber bleibt ihm dank der Mehrheit, über die die Regierung gebietet, nichts anderes übrig als anzunehmen, mag es auch in Details Modifikationen des Programms veranlassen. Der einzige Dämpfer der tatsächlichen Omnipotenz des Kabinetts besteht lediglich in der im Unterhaus vorgebrachten Kritik der Opposition und, wenigstens hinter der Szene, auch der eigenen Hinterbänkler. Die obige Definition der Kabinettsaufgaben ist auch insofern ergänzungsbedürftig, als das Kabinett nicht nur die Tätigkeiten der einzelnen Departments abstimmt und auf die Gesamtpolitik ausrichtet, sondern auch infolge seiner Beherrschung der Parlamentsmaschinerie die Funktionen der Exekutive mit denen des Gesetzgebungskörpers koordiniert.

Einige Bemerkungen mögen die Aufgaben weiter beleuchten.

a) Gesetzgebungsaufgaben

Es liegt auf der Hand, daß eine vielköpfige Körperschaft wie das Unterhaus weder die Zeit noch die Organisation besitzt, um das ungemein komplizierte und technisch anspruchsvolle Gesetzgebungsprogramm vernünftig vorzubereiten. Die Aufgabe seiner Ausarbeitung für die kommende Session fällt also ebenso dem Kabinett zu wie die effektive Einbringung einer Vorlage als Regierungsbill. Verbunden damit ist die rationelle Planung der Parlamentsarbeit, also die Aufstellung von Gesetzgebungsprioritäten und die Einteilung des Unterhausfahrplans für ihre zeitgerechte Durchführung. Das Kabinett fungiert daher weitgehend als vorbereitendes Gesetzgebungsorgan, wobei zu bemerken ist, daß die meisten Vorlagen von den Departments ans Kabinett kommen und daß dieses dabei häufig nicht über die Notwendigkeit einer Vorlage, sondern nur über die Art und Weise ihrer Einpassung in das Gesamtprogramm zu bestim-

[1] Cmd. 9230, S. 5.

men hat. Die Gesetzgebung ist also vom Kabinett vorausgeplant. Die zielbewußte Leistungsfähigkeit, die dem britischen Gesetzgebungsverfahren mit Recht nachgerühmt wird, ist hauptsächlich auf die wirksame Vorplanung zurückzuführen. Andererseits ist es der Notwendigkeit dieser Planung zuzuschreiben, daß sich innerhalb des Kabinetts selbst bestimmte Verfahrensregeln und insbesondere die Arbeitsteilung durch die Kabinettsausschüsse ausgebildet haben.

Unter die gesetzgeberische Tätigkeit des Kabinetts fällt auch die Handhabung der Verordnungsbefugnisse auf dem Gebiet der *royal prerogative*. Sie steht formell der Krone und dem *Privy Council* zu, wird aber faktisch vom Kabinett autorisiert und oft auch von ihm selbst mit Hilfe der zuständigen Departments formuliert. Diese Maßnahmen sind äußerlich als *Orders in Council* eingekleidet. Sachlich beziehen sie sich — außer auf die heute nicht mehr bedeutsame Gesetzgebung für solche Überseeterritorien, die noch keine Selbstregierung besitzen — auf einen großen Teil der *delegated legislation*, besonders auf dem Gebiet der Sozialgesetzgebung. *Orders in Council* kommen aber auch auf dem eigentlichen Gebiet der Exekutive vor, beispielsweise die Errichtung eines neuen Departments, Regelungen für die Streitkräfte, Erklärung des Bestehens und der Beendigung eines Notstands[1].

b) Verwaltungsaufgaben

Von jeher galt im Verfassungsstaat als die eigentliche Aufgabe der Exekutive, für die Ausführung der vom Parlament verabschiedeten Gesetze zu sorgen und dort, wo noch keine gesetzliche Regelung vorliegen sollte, die Richtlinien für die nachgeordneten Verwaltungsstellen zu setzen. Aber auch diese echteste aller Regierungsfunktionen hat sich in der neueren Zeit unvorstellbar kompliziert, weil angesichts des fachtechnischen Charakters der meisten Gesetzgebungsmaterien das Parlament oft nicht mehr tun kann, als den Rahmen für die Verwaltungstätigkeit zu setzen, den dann das betreffende Ministerium durch Ausführungsvorschriften auszufüllen hat[2]. Das Kabinett als Regierungsorgan befindet sich hier in einer schwierigen Lage. Es mag sehr gelegentlich wohl vorkommen, daß ein Kabinettsmitglied als Vorstand eines Departments selbst sachverständig genug ist, um die von seinen Beamten vorgeschlagene Ausführungsgesetzgebung zu beurteilen, aber er verdankt seine Kabinettsmitgliedschaft in erster Linie politischen Verdiensten und nicht fachmännischen Kenntnissen. Er muß daher notgedrungen zum Instrument und Sprachrohr seiner sachverständigen Berufsbeamten werden.

[1] Solche *Orders in Council* wurden vor dem *Parliament Act* von 1911 gelegentlich auch erlassen, um die bei einem formellen Gesetz zu erwartende Opposition der Lords zu umgehen.

[2] Siehe oben S. 354ff. über die parlaments-ermächtigte (*delegated*) Gesetzgebung.

Der Vorwurf, das Berufsbeamtenpersonal beherrsche den Minister, entbehrt daher nicht völlig der Begründung[1]. Damit wird aber die formal dem Gesamtkabinett obliegende Verpflichtung zur Kontrolle der gesamten Verwaltung einigermaßen problematisch.

c) Koordinierungsaufgaben

Die Koordinationsfunktion des Kabinetts erstreckt sich vor allem nach zwei Richtungen: Einmal auf das Gesetzgebungsprogramm und seine einzelnen Bestandteile, zum anderen auf die Abstimmung der Verwaltungstätigkeiten der einzelnen Regierungszweige. Es gibt kaum eine Gesetzesvorlage, die nicht Ein- und Rückwirkungen auf Sachgebieten hätte, die gleichzeitig verschiedene Zuständigkeiten berühren und daher zwischen mehreren Departments aufgeteilt sind. So gut wie jede Vorlage muß also, bevor im Kabinett über sie entschieden wird, zwischen den zuständigen Departments abgestimmt und deren oft einander zuwiderlaufende Interessen auf einen gemeinsamen Nenner gebracht werden. Dies muß aber mit Hilfe der Kabinettsausschüsse und des Kabinettssekretariats bereits in den Vorbereitungsstadien erfolgen, so daß das Plenum des Kabinetts lediglich die endgültige Entscheidung zu treffen hat.

Was für die Gesetzgebung gilt, gilt in potenziertem Maß für die Verwaltungshandhabung durch die Fachministerien. Was ein Department tut, wirkt auf andere Departments ein. Verschiedene sachlich gleichzeitig zuständige Departments erlassen widerspruchsvolle Ausführungsbestimmungen; es ergeben sich Zuständigkeitskonkurrenzen und -konflikte, kurz in einem modernen technologischen Staat kann keine Behörde isoliert von anderen Regierungsstellen funktionieren. In der Praxis ist die Zusammenarbeit der verschiedenen Departmentsbürokratien derart eng, daß Meinungsverschiedenheiten schon bei der Vorbereitung der Ausführungsnormen zwischen den Departments ausgeglichen werden können, ohne daß das Kabinett in Anspruch genommen werden müßte. Wo dies aber aus grundsätzlichen Erwägungen nicht tunlich oder nicht möglich ist, greift wiederum das Kabinett oder einer seiner Ausschüsse als letzte Ausgleichsinstanz ein. Selten genug treten diese Dinge an das Licht der Öffentlichkeit, eben weil das Kabinett als Prellbock zwischen den Dapartments fungieren kann.

8. Techniken zur Rationalisierung der Kabinettstätigkeit

Es ist eine allgemeine Erfahrung, daß eine Kollektivgruppe von an die zwanzig Mitgliedern allein durch ihren Umfang an Entschluß- und Dispositionsfähigkeit einbüßt. Nimmt man nicht seine Zuflucht zu dem mechanischen Mittel der Mehrheitsentscheidung, die im englischen Kabinett

---

[1] Sie unten S. 477 ff..

aus guten Gründen nicht üblich ist, so können Entscheidungen nur von einem weit kleineren Kreis wirksam getroffen werden. Das Kabinett hat allerdings erst in neuerer Zeit diesen betriebstechnischen Erfordernissen durch eine Reihe von Arrangements zur Rationalisierung seines technischen Geschäftsbetriebs Rechnung getragen.

a) Das Kabinettssekretariat

Bis in unser Jahrhundert hinein zeichnete sich der Kabinettsbetrieb durch eine an Anarchie grenzende Formlosigkeit aus, über die zu allen Zeiten amüsante oder ärgerliche Anekdoten im Umlauf waren. Gelegentlich mochte dies auf die lässige Präsidialführung eines Prime Ministers zurückzuführen sein, häufiger auf den klubartigen Charakter des Gentlemen-Kabinetts, dessen Mitglieder ein und derselben Gesellschaftsklasse entstammten. Sitzungsprotokolle waren bis 1916 überhaupt nicht geführt worden[1], so daß man oft nicht wußte, was für Entscheidungen schließlich getroffen worden waren. Was der Prime Minister darüber brieflich dem Monarchen mitteilte, blieb den anderen Kabinettsmitgliedern unbekannt. Erst während des ersten Weltkrieges bestand Prime Minister Lloyd George auf der Errichtung eines Kabinettssekretariats (*cabinet office*), also einer Art Kabinettskanzlei. Als ihr erster Chef amtete Sir Maurice (später Lord) Hankey, der ab 1923 gleichzeitig den Posten des *Clerk of the Privy Council* übernahm. Es bestand auch der Posten eines Stellvertreters (*Deputy Secretary of the Cabinet*). Der erste Sekretariatsleiter und seine bisherigen Nachfolger waren vorher Berufsbeamte in leitenden Stellungen in einem Ministerium gewesen. Bedenken, daß ein bloßer Beamter an den Kabinettssitzungen teilnahm, wurden durch die Ernennung zum *Privy Councillor* ausgeräumt, wenn nicht der als *Clerk des Privy Council* zu leistende Geheimhaltungseid genügte. Das Kabinettssekretariat besteht heute aus einem ansehnlichen Stab gesiebter Beamter und braucht, wenn auch von kleinerem Ausmaß, den Vergleich mit ähnlichen Einrichtungen anderswo, wie dem *Executive Office of the President* in den Vereinigten Staaten oder dem Bundeskanzleramt in der Deutschen Bundesrepublik keineswegs zu scheuen. Es sind ihm auch einige Dienstzweige wie das *Central Statistical Office* und die *Historical Section* eingegliedert. Das Sekretariat bereitet im Benehmen mit dem Prime Minister die Tagesordnung der Plenarsitzungen des Kabinetts vor und setzt sie einige Tage vorher bei den Kabinettsmitgliedern in Umlauf. Die gefällten Entscheidungen werden von ihm protokolliert und allen Ministern zugänglich gemacht. Auch dem Monarchen werden Abschriften der Kabinettsprotokolle zur Information übermittelt. Allen zur Diskussion gestellten Maßnahmen und Vorlagen wird ein Memorandum beigefügt, so daß ein

[1] Außer unter den letzten drei Georges.

mit seinen eigenen Departmentsgeschäften überlasteter Minister weiß, worum es sich handelt. Auch wichtige Materialien des *Foreign Office* zirkulieren. Die vorherige Inkenntnissetzung beteiligter Departments und ihre vorherige Einigung ermöglichen es also dem vollen Kabinett, auch schwierige Vorlagen ohne viel Zeitverlust zur Entscheidung zu bringen. Ohne die Dienste des Kabinettssekretariats und seiner erfahrenen Beamten könnte das Kabinett heute seinen Aufgaben überhaupt nicht mehr gerecht werden.

b) Kabinettsausschüsse

Eine der interessantesten Erscheinungen des britischen Kabinetts- und Regierungsbetriebs ist die erst in diesem Jahrhundert und besonders seit dem letzten Krieg ausgebildete Technik der Delegierung von Kabinettsaufgaben an Kabinettsausschüsse. Die Entwicklung war unvermeidlich, da der Prime Minister und der Schatzkanzler, die sich beide von Amts wegen um alle Kabinettsangelegenheiten kümmern müssen, dazu schlechthin nicht mehr in der Lage waren oder sind. Nicht nur, daß sich damit die historische Erfahrung wiederholt, da ja das Kabinett sich ursprünglich vom *Privy Council* abspaltete; im großen ganzen vollzieht sich innerhalb des Kabinetts eine weitgehende Arbeitsteilung und Spezialisierung, wie sie im Laufe der Jahrhunderte auch innerhalb der beiden Parlamentshäuser sich vollzogen hatten. Solche *Cabinet Committees* sind entweder dauernd (*standing*), ohne sich notwendig von einem Kabinett auf das nachfolgende zu vererben, oder auch *ad hoc*, das heißt zum Studium und Behandlung bestimmter gerade wichtiger Fragenkomplexe oder Spezialangelegenheiten bestimmt. Das Kabinettssekretariat leistet den Ausschüssen die gleichen Dienste wie dem Vollkabinett: Vorbereitung ihrer Tagesordnung, In-Umlauf-Setzen von Berichten und Memoranden, Protokollierung von Beschlüssen und ihre Übermittlung an das Vollkabinett außer in den Fällen, wo eine absolute Geheimhaltungspflicht vorliegt.

Die Öffentlichkeit weiß meist wenig über die Existenz solcher Kabinettsausschüsse, ihre Zuständigkeiten, ihre Zusammensetzung, Geschäftsaufgaben oder Beschlüsse, da das Kabinett unter der Voraussetzung einer Kollektiveinheit und Kollektivverantwortung fungiert. Wer sich an den Debatten innerhalb eines Ausschusses beteiligt, wird nicht einmal protokolliert und nicht dem Vollkabinett mitgeteilt. Man weiß aber aus Memoiren und anderen Quellen, daß vor dem zweiten Weltkrieg zwei ständige Ausschüsse bestanden, das *Committee of Imperial Defence* (jetzt *Defence Committee*) und das *Home Defence Committee* (jetzt *Legislation Committee*). Besonders die Labour-Regierung Attlee (1945–1951) machte von der *Committee*-Technik den ausgiebigsten Gebrauch, wie man jetzt aus den Erinnerungen eines ihrer hervorragendsten Mitglieder,

Herbert Morrison (nachmals Lord Morrison of Lambeth) weiß[1]. Eines der wichtigsten *Committees* war und ist das (1958 umorganisierte) *Defence Committee*, dem alle führenden Kabinettsmitglieder angehören und zu dem nach Bedarf die militärischen Chefs des Generalstabs (*Chiefs of Staff*) zugezogen werden. Das *Legislation Committee* befaßt sich mit allen Gesetzesvorlagen und auch mit den wichtigeren der *Statutory Instruments*. Schließlich sei noch bemerkt, daß das Kabinett außerdem sich bei verschiedenen privaten Sachverständigengruppen Rats erholen kann[2].

c) Kriegskabinette

Erst recht in Not- und Kriegszeiten muß die Technik der Entscheidungsfällung durch eine Kollektivgruppe mit Stromlinien versehen werden. Die Organisation der Kriegsführung im Kabinett verlangte daher ein kleines, von keinen Departmentspflichten belastetes Gremium. Auch hier war Lloyd George der Neuerer, indem er das bei Ausbruch des ersten Weltkriegs von Asquith ins Leben gerufene *War Council* durch ein echtes *War Cabinet* mit nur fünf Mitgliedern ersetzte. Später wurde auch der südafrikanische Staatsmann General Smuts zugezogen, obwohl er keinem der beiden Häuser angehörte. Diesem Vorbild folgend, setzte Neville Chamberlain bei Ausbruch des zweiten Weltkriegs (1939) ein Kriegskabinett mit neun Mitgliedern ein. Winston Churchill schließlich hatte zunächst sein Kriegskabinett auf fünf Mitglieder beschränkt, wovon zwei Labour angehörten, die Zahl stieg aber (1942) auf neun. Die Mitgliedschaft wurde zeitweilig auch auf die Prime Minister der Dominions Kanada, Australien, Neuseeland sowie Indiens und Südafrikas ausgedehnt. Innerhalb dieser Gruppe fiel dann die eigentliche Kriegsleitung Churchill zu, der als *Defence Minister* die militärischen Entscheidungen persönlich treffen konnte. Durch enge Zusammenarbeit mit den *Chiefs of Staff*, vor allem ihrem Vorsitzenden, dem *Chief of the Imperial General Staff*, nahm er unmittelbaren Einfluß auf Strategie und Taktik der Kriegsgeschehnisse.

d) Versuch einer Hierarchie innerhalb des Kabinetts

Versuche, die Koordinationsmöglichkeiten innerhalb des Kabinetts durch eine Art hierarchischer Über- und Unterordnung der einzelnen Fachministerien zu verstärken, wurden von Churchill nach dem konser-

[1] Herbert Morrison, *Government and Parliament, A Survey from Inside*, Oxford University Press 1954. Die Sachspezialisierung ging außerordentlich weit, Ausschußmitglieder waren Kabinettsmitglieder und bloße Regierungsmitglieder, letztere fungierten sogar als Vorsitzende gewisser weniger wichtiger und zeitweiliger Ausschüsse; die Inhaber der Kabinetts-Schlüsselpositionen waren aber die Vorsitzenden der ständigen Ausschüsse.

[2] Dazu gehören: *Department of Scientific and Industrial Research; Medical Research Council; Agricultural Research Council; Atomic Energy Authority; Advisory Council on Scientific Policy; Defence Research Policy Committee.*

vativen Wahlsieg auch in Friedenszeiten unternommen (1951—53), ohne aber dauernd zu praktischen Ergebnissen zu führen. So wurden drei der Fachministerien Churchill selbst und je zwei andere dem *Lord President of the Council* und einem anderen Kabinettsmitglied aus dem Oberhaus als den sogenannten „*Overlords*" unterstellt, somit innerhalb des Kabinetts gewissermaßen drei Unter-Kabinette errichtet. Abgesehen davon, daß das Arrangement zwar bessere Koordinationsmöglichkeiten schuf, aber den Kabinettsbetrieb selbst verlangsamte und die vom *Overlord* ausgeübte Aufsichtstätigkeit auch mehr Personal verlangte, machte Labour als Opposition mit Nachdruck geltend, daß dadurch die politische Verantwortlichkeit der einzelnen Fachminister verwischt würde und man nicht wüßte, wen das Parlament im Bedarfsfall zur Rechenschaft ziehen solle, den *Overlord* oder den Minister selbst. Das Experiment wurde nachher nicht fortgeführt, obwohl es auf die Dauer sich vielleicht eingespielt hätte.

Trotzdem hat sich in der neueren Praxis eine Art organischer Hierarchie innerhalb des Kabinetts herausbilden müssen: Es besteht ohne jede Formalisierung ein sogenanntes inneres Kabinett, das mit dem Prime Minister und den wichtigsten Kabinettspersönlichkeiten als Mitgliedern die Aufgaben verschiedener Ministerien koordiniert und in die Vorberatung von Grundentscheidungen und wichtigen Vorlagen eintritt, was dann dem Vollkabinett als Richtlinie dient und dessen Beratungen beschleunigt und erleichtert. In einer Personengruppe, die nunmehr unter Labour 23 Kabinettsmitglieder umfaßt, denen 21 andere Mitglieder der Regierung mit einem parlamentarischen Personal von weiteren fünfzig Leuten an- und eingegliedert sind, läßt sich auf die Dauer eine interne Gruppenbildung nach sachlichen Gesichtspunkten nicht umgehen. Was sich also empirisch entwickelt hat, ist eine Reihe von Ringen oder Ebenen, innerhalb derer oder auf denen sich die Kabinettsarbeit abspielt: das innere Kabinett als oberstes Leitungsorgan, weiterhin das übrige Kabinett, die Minister mit Kabinettsrang, die nicht regelmäßig zu den Sitzungen herangezogen werden und schließlich die nicht kabinettsvertretenen Fachministerien, die letztlich die Instrumente sind, welche die Beschlüsse des inneren und des Vollkabinetts ausführen. Sicherlich ist damit eine bessere Integration der Kabinettsarbeit erzielt worden, womit etwaige Nachteile einer Degradierung gewisser Kabinettspositionen ausgeglichen erscheinen.

9. Vorschläge zur Reform des Kabinetts

Wie die Dinge heute liegen, ist eine durchgreifende Reorganisation des Kabinetts eine weit wichtigere Angelegenheit als etwa die Reform des Oberhauses. Wer sich nicht von der alle britischen Einrichtungen verklärenden Aura beeinflussen läßt, wird zugeben müssen, daß trotz der neuerlichen Verbesserungen der Geschäftsbetrieb des Kabinetts, was Leitung und Organisation und damit Leistung anbetrifft, über das viktorianische Zeitalter nicht viel hinausgekommen ist und von jedem größeren Unternehmen der Privatwirtschaft in den Schatten gestellt wird. In seiner gegenwärtigen Zusammensetzung von zwanzig und mehr Mitgliedern ist das Kabinett viel zu schwerfällig, um der sich drängenden Entscheidungen in den knappen wöchentlichen Sitzungen Herr zu werden. Das Problem der Koordination zwischen den einzelnen Departments ist kaum mehr zu bewältigen. Der Prime Minister, der seine Arbeitskraft den wirklich wichtigen Dingen zuwenden sollte, ist nicht in der Lage, Entscheidungen wirksam zu delegieren. Die Kabinettsverpflichtungen übersteigen die Arbeitskraft des einzelnen Fachministers, der zudem andauernd in den Kommissionsberatungen und dem Plenum des Hauses beschäftigt ist.

Alle Sachverständigen, insbesondere frühere Kabinettsmitglieder, die praktische Erfahrungen erwerben konnten, stimmen überein, daß das Kabinett in seiner gegenwärtigen Zusammensetzung viel zu groß ist. Aber darüber, wie den Strukturmängeln abzuhelfen wäre, besteht keine Einigkeit[1]. Ein Vorschlag läuft darauf hinaus, das Kabinett solle eine zahlenmäßig ganz kleine Gruppe sein, die sich im wesentlichen nur mit den politischen Grundentscheidungen zu befassen hätte und deren Mitglieder von allen departementalen Verpflichtungen frei sein sollten. An sich stünden dazu genügend Titularämter zur Verfügung. Erwägenswert wäre auch die wohl nur statutarisch zu bewerkstelligende Unterordnung bestimmter sachlich zusammengehöriger Fachministerien unter die Oberleitung eines einzelnen Kabinettsmitglieds, etwa nach dem Vorbild des Churchill'schen Experiments mit den Ober- oder Überlords; hier könnte die Ministerialordnung der Sowjets mit der Ausklammerung der rein technischen Ministerien als Vorbild dienen. Auch das nach den Wahlen von 1965 in Belgien gebildete Kabinett scheint mit einer neuen Organisation zu experimentieren. Die Tendenz geht aber offenbar dahin, den bestehenden Departments immer neue im gleichen Rang hinzuzufügen. Man könnte auch die Frage aufwerfen, ob die Betriebsschwierigkeiten des Kabinetts und auch des Unterhauses nicht letztlich mit einer regionalen Dezentralisation nach Art der früher vorgeschlagenen Devolution[2] erleichtert werden könnten.

Was bei allen diesen Vorschlägen aber hindernd im Wege steht, ist, daß das Kabinett nicht eine nur technologische Einrichtung, sondern ein vorwiegend politisches Gebilde ist und daß technische Reformen leicht

---

[1] Information für den deutschen Interessenten findet sich bei FRANZ SCHNEIDER, *Kabinettsreform und Machtverteilung in England*, Zeitschrift für Politik, Jahrgang 12 (1965), S. 40ff.

[2] Siehe oben S. 34 f.

auf Kosten der politischen Substanz gehen könnten. Vielleicht könnte von der traditionell weniger vorbelasteten Labour-Partei, vorausgesetzt sie kann sich lange genug an der Macht erhalten, eine zeitgemäße Lösung erwartet werden. Im technologischen Zeitalter wird auf die Dauer kein Staat sich den organisatorischen Notwendigkeiten einer rationellen Arbeitsteilung innerhalb der Regierung entziehen können[1].

10. Die Minister- und die Kabinettsverantwortlichkeit

a) Die verfassungsrechtliche Grundlage

Will man die epochale Umwandlung des Machtstaats in den Verfassungs- und Rechtsstaat einem einzelnen Grundfaktor zuschreiben, so ist es, neben der Entdeckung oder Erfindung der Repräsentativtechnik, der Begriff der politischen Verantwortlichkeit des oder der Machtträger gegenüber einem oder mehreren anderen Machtträgern, also der Grundsatz der geteilten und damit kontrollierten Machtausübung. Die rechtliche Verantwortung der Politiker-Beamten hatte in Griechenland in mehr oder minder chaotischer, im republikanischen Rom in streng konstitutionellen Formen bestanden, war aber dann im Abendland verschwunden — außerhalb desselben bestand sie überhaupt nicht —, bis es die Engländer waren, die in jahrhundertelangen Kämpfen mit der Krone die politische Verantwortung der Regierung — Kabinett und Minister — gegenüber dem Parlament durchsetzen und schließlich nach der Glorreichen Revolution in Konventionalregeln institutionalisierten. Die Bedeutung der fundamentalen Konventionalregel des britischen Parlamentarismus, die in gleicher Weise auch für alle Dominions gilt, wonach das Kabinett als eine Einheit dem Parlament bezw. dem Unterhaus verantwortlich ist, kann also kaum überschätzt werden.

Bei der Ministerverantwortlichkeit muß allgemein zwischen ihrem streng rechtlichen und ihrem konventionalregelhaften Charakter unterschieden werden. Da die Krone kein Unrecht begehen, also rechtlich nicht verantwortlich gemacht werden kann, muß jeder Akt der Krone durch einen Minister vorgenommen werden, der dafür verantwortlich ist und eventuell sogar gerichtlich belangt werden kann. Alle Handlungen, die anstelle der Krone vorgenommen werden, müssen entweder durch die Beiheftung des dem Minister anvertrauten Amtssiegels oder durch seine Unterschrift authentiziert werden. Rechtlich ist jeder Inhaber eines Kronamts persönlich für alle von ihm vorgenommenen Handlungen verantwortlich. Die rechtliche Inanspruchnahme eines Ministers für eine von ihm begangene ungesetzliche Handlung erfolgte in früheren Zeiten durch die Staatsanklage *(impeachment)*. Unter den Tudors kam diese außer

---

[1] Den hier berührten Problemen wird neuerdings im deutschen Schrifttum unter dem Etikett „Regierungslehre" erhöhte Aufmerksamkeit geschenkt.

Übung, da die Minister als Diener der Krone angesehen wurden, kehrte aber im 17. Jahrhundert als Kampfmittel des Parlaments gegen die Krone häufig und heftig wieder. Zu Ende des 17. Jahrhunderts war gerichtlich anerkannt, daß kein Beamter, ob hoch oder niedrig, sich bei einer Rechtsverletzung auf einen ausdrücklichen Befehl der Krone (*per mandatum speciale regis*) berufen konnte (der berühmte Fall des königlichen Ministers Danby [*Danby's Case* [1679], [11] St. Tr. 599]). Dieser Fundamentalsatz des britischen öffentlichen Rechts ist seit dem *Act of Settlement* vor den Gerichten nicht mehr erfolgreich angegriffen worden. Schließlich machte der *Crown Proceedings Act* von 1947 (10 & 11 Geo. 6, c. 44) die Krone, vertreten durch einen Minister, für ungesetzliche Akte der Beamten oder auch für deren Unterlassungen haftbar.

Verschieden jedoch von der rechtlichen Verantwortlichkeit des Ministers ist die politische der Regierung bezw. des Kabinetts für die Regierungsführung. Sie besteht darin, daß diese zur Regierungsführung solange berechtigt ist, als sie das Vertrauen der Mehrheit des Unterhauses genießt. Geht dieses verloren, sei es durch eine Regierungsniederlage im Unterhaus oder aus anderen weniger sichtbaren Gründen, über die sich schlüssig zu werden das Privileg des Kabinetts ist, so muß die Regierung entweder zurücktreten oder die Krone dahin beraten, daß durch eine Unterhausauflösung der Schiedsspruch der souveränen Wählerschaft herbeigeführt wird. Die Niederlage der Regierung in den Commons ist also die Manifestation des Mißtrauens des Parlaments und das logische Korrelat der Kabinetts- oder Ministerverantwortlichkeit. Historisch und verfassungspolitisch ist die Ministerverantwortlichkeit der Anker- und Angelpunkt des parlamentarischen Systems.

So weit die Verfassungstheorie. Wie steht es mit der Kabinettsverantwortlichkeit aber praktisch im Lichte der politischen Erfahrung, wonach seit 1895 (Lord Rosebery) kein Kabinett mehr, das über eine Unterhausmehrheit verfügte, in offener Feldschlacht im Unterhaus geschlagen wurde? Ist nicht der Schluß gerechtfertigt, daß die Kollektivverantwortlichkeit des Kabinetts heute weitgehend fiktiv geworden ist? Man wird bei der Beantwortung zweckmäßig zwischen der ministeriellen Einzelverantwortung und der kollektiven des Kabinetts unterscheiden müssen.

b) Ministerielle Einzelverantwortlichkeit

Bei der ministeriellen Einzelverantwortlichkeit ist vorauszuschicken, daß der Minister, der einem Fachministerium vorsteht, in erster Linie dem Prime Minister für seine Amtsführung persönlich verantwortlich ist; denn dieser kann ihn jederzeit durch unfehlbar befolgten Rat an die Krone seines Amtes entheben. Daneben ist er aber auch dem Unterhaus gegenüber politisch verantwortlich, das zumindest theoretisch ihn durch eine gegen seinen Sachbereich gerichtete Abstimmung für das Kabinett untragbar machen könnte. Was dabei unter Verantwortlichkeit verstanden werden muß, ist eine Frage der Verpflichtung zur Rechenschaftsablage (*accountability*). Das bedeutet, daß der Minister für das persönlich eintreten muß, was unter seiner Autorität von ihm selbst oder von seinen Beamten getan oder auch unterlassen wurde, und dies selbst dann, wenn er von dem Akt seiner Untergebenen persönlich keine Kenntnis hatte oder haben konnte. Da er für seine Beamten verantwortlich ist, muß er sie gegen Angriffe verteidigen, kann sie aber auch — was allerdings sehr selten sein wird — aus dem Amt entfernen, wenn er selbst ihre Handlung mißbilligt. In der Praxis ist allerdings die politische Verantwortlichkeit des einzelnen Ministers dadurch erheblich abgeschwächt oder sogar aufgehoben, daß sich die übliche Kabinettssolidarität zwischen ihn und seine Angreifer einschiebt. Da der Rücktritt eines Ministers unter Feuer immer ein Schlag gegen das Kabinett und gegen die Mehrheitspartei ist, verwandelt sich alsbald die Einzel- in die Kollektivverantwortlichkeit, indem das Kabinett ihn deckt, auch wenn der Prime Minister mit der inkulpierten Handlung nicht einverstanden sein mag. Einen Minister öffentlich zu desavouieren ist immer parteischädigend. Der Prime Minister wird in der Regel Mittel und Wege finden, um einen mißliebig gewordenen Minister aus der Feuerlinie zu entfernen, etwa durch Versetzung auf ein weniger exponiertes Ministeramt oder durch eine allgemeine Kabinettsumbildung, die den betreffenden Minister nicht direkt bloßstellt. Zu einer unmittelbaren Entlassung durch die Krone bzw. den Prime Minister wird es kaum jemals kommen; dem fehlbaren Minister wird der „freiwillige“ Rücktritt nahegelegt.

Trotz aller dieser Verschleierungstaktiken gilt die individuelle Ministerverantwortlichkeit auch heute noch. Rücktritte von Ministern aus Gründen der Verantwortlichkeitsübernahme oder weil ihre Person für das Kabinett untragbar geworden ist, sind auch in der neueren Zeit nicht ganz selten gewesen. Der noch in aller Erinnerung befindliche Fall war derjenige des in einen Sittenskandal verwickelten Kriegsministers in der Regierung Macmillan John Profumo (1963)[1]. Zweimal mußte ein Schatzkanzler plötzlich abdanken, der sich vorzeitige Enthüllungen über den Etat hatte zuschulden kommen lassen (J. H. Thomas im Kabinett Baldwin [1936] und Hugh Dalton im Labour-Kabinett Attlee [1947]). Sir Samuel Hoare (nachmals Viscount Templewood) mußte unter dem Druck der Öffentlichkeit wegen der abessinischen Frage als *Foreign*

---

[1] Hier hatte der Minister die ihn befragenden Parteiinstanzen über seine Beziehungen zu einer Halbweltdame belogen und trat alsbald nach der Überführung zurück. Da die Angelegenheit auch Fragen der Staatssicherheit aufwarf, für welche der Prime Minister verantwortlich ist, hatte sie auch auf den kurz darauf äußerlich aus Gesundheitsrücksichten erfolgten Rücktritt von Prime Minister Macmillan Einfluß und darüber hinaus nachteilige Folgen für die konservative Partei.

Secretary zurücktreten (1935)[1]. Aber auch der im Plenum der Commons erfolgte Rücktritt des Landwirtschaftsministers Sir Thomas Dugdale im Zusammenhang mit dem *Crichel-Down*-Fall (1954) ist hier einschlägig, weil der Minister die Verantwortung für eine eklatante *faute de service* seines Ministeriums übernahm, trotzdem er von den inkriminierten Vorgängen keine Kenntnis hatte oder haben konnte[2]. In allen diesen Fällen mußte ein Minister von einem Kabinett fallen gelassen oder geopfert werden, das im übrigen volle Solidarität bewahrte und sich auf eine ausreichende Unterhausmehrheit stützen konnte, ein Beweis, wenn es dessen bedurfte, daß die öffentliche Meinung auch eine Parlamentsmehrheit mitsamt ihrem Kabinett überspielen kann.

c) Die kollektive Kabinettsverantwortlichkeit

Verfassungsrechtlich gleichgelagert, in der Praxis dagegen einigermaßen anders verhält es sich aber mit der Kollektivverantwortlichkeit des Kabinetts.

aa) Geschichtliche Entwicklung

Vor der Glorreichen Revolution waren die einzelnen Minister Diener der Krone und nur ihr verantwortlich. Die Kollektivverantwortlichkeit eines Kabinetts konnte sich daher erst herausbilden, als nach 1688 allmählich das Kabinett als Kollektivorgan zu funktionieren begann. Aber noch während des 18. Jahrhunderts hatte es damit gute Weile. Es bestand keine Kabinettssolidarität; die einzelnen Mitglieder des Regierungsgre-

---

[1] Die Generalwahlen von 1935 waren von den Konservativen nicht zuletzt deshalb gewonnen worden, weil ihre Regierung eine Unterstützung des Völkerbunds zum Wahlversprechen gemacht hatte. Trotzdem gab Hoare als Außenminister im (3.) Kabinett Baldwin in dem ominösen Hoare-Laval-Abkommen mit Frankreich den Italienern freie Hand in Abessinien und mußte zugunsten Edens abdanken. Zweifellos wurde er als Sündenbock in die Wüste geschickt, da das Kabinett seine Politik des *appeasement* voll gebilligt hatte.

[2] Bei dieser die Bürokratie schwer in Mitleidenschaft ziehenden *cause célèbre* hatte es sich um folgendes gehandelt: Die Regierung übernahm im üblichen Enteignungsverfahren landwirtschaftliche Grundstücke für militärische Zwecke (1936). Als sich diese erledigt hatten, beantragten die früheren Eigentümer die Rückübertragung gegen Bezahlung, wurden aber von den Beamten des zuständigen Landwirtschaftsministeriums brüsk abgewiesen, weil man dort die Anlage einer Modellfarm plante. Erst als die früheren Eigentümer Himmel und Hölle in Bewegung gesetzt und die Öffentlichkeit aufgestört hatten, kam es zu einer amtlichen Untersuchung, als deren Ergebnis das Land an die Eigentümer zurückgegeben wurde (siehe *Crichel-Down Enquiry* Cmd. 9176 [1954]). Der Innenminister gab dann in den Commons grundsätzliche Erklärungen über die bei Verfehlungen des *Civil Service* zum Zug kommende Ministerverantwortlichkeit ab, wonach ein Minister bei Vorliegen von Dienstfehlern seiner Beamten, auch falls er das Verhalten eines Beamten persönlich mißbilligt, die verfassungsrechtliche Verantwortung dafür übernehmen muß und übernimmt.

miums waren nach wie vor nur der Krone und — noch — nicht dem Parlament verantwortlich. Mit Ausnahme des relativ parteihomogenen Kabinetts von Walpole setzten sich die Ministerien aus Anhängern verschiedener politischer Richtungen zusammen und der König handelte auf Rat einzelner Minister. Es war also für die Entstehung des Kabinetts als Kollektivorgan kein Raum, bis sich mit dem jüngeren Pitt die Praxis der parteihomogenen Kabinette eingebürgert hatte. Erst nach der Großen Reform von 1832 setzten sich Überzeugung und Übereinkunft durch, daß die Parteiorientierung des Kabinetts mit derjenigen der Unterhausmehrheit übereinstimmen müsse. Aber auch nachher wird die Kollektivverantwortlichkeit durch die Parteienzerfaserung zur Zeit der sogenannten Parlamentssouveränität verzögert und vereitelt. Die kollektive Kabinettsverantwortlichkeit folgte also derjenigen der Einzelminister zeitlich nach und erst seit der zweiten Wahlreform von 1867 kann man von ihrer dauernden Verankerung sprechen.

bb) Heutige Bedeutung

Die Verantwortlichkeit des Kabinetts hat heute einen doppelten Sinn: Einmal besteht sie gegenüber der Krone, welcher das Kabinett einheitlich und geschlossen Rat erteilen muß. In der Praxis tritt aber diese Seite zurück, da der Prime Minister allein der offizielle Kanal für die Verbindung zwischen Kabinett und Krone ist und der Monarch sich bei keinem Einzelminister Rats erholen wird, ohne den Prime Minister davon unterrichtet oder sogar seine Zustimmung erhalten zu haben. Die Einheitlichkeit der Kabinettspolitik und die ihr entsprechende einheitliche Verantwortung sind der tiefere Grund für die strikte Geheimhaltungspflicht über die Kabinettsinterna von Seiten der Kabinettsmitglieder, vor allem darüber, wie ein Kabinettsbeschluß letztlich zustande gekommen ist. Dabei ist es keineswegs notwendig, daß das einzelne Kabinettsmitglied an der Beratung und Beschlußfassung über die Entscheidung persönlich teilgenommen oder auch nur von ihr gewußt hätte; es gilt die Fiktion, daß, was das Kabinett amtlich beschlossen hat, alle Kabinettsmitglieder einheitlich und gleichmäßig bindet.

In der Praxis des parlamentarischen Betriebs bedeutet die Kabinettssolidarität und ihr Korrelat, die Kabinettsverantwortlichkeit, daß ein der Regierung im weiteren Sinn angehörender Minister (oder sein parlamentarischer Sekretär) die Kabinettspolitik im Parlament vertreten und für sie stimmen muß und daß er weder im Parlament noch sonst in der Öffentlichkeit einen etwaigen Mangel seiner Übereinstimmung kundmachen darf. Jede Verletzung dieser Konventionalregel würde ihn automatisch aus dem Kabinett ausschließen.

Diese Regel erlitt allerdings eine, wenn auch nur vorübergehende Durchbrechung. Anläßlich des Übergangs Großbritanniens vom Freihandel zu Schutzzöllen (1932), vor allem für Getreide (*Import Duties Act* [22 & 23 Geo. 5, c. 8] und *Wheat Act* [22 & 23 Geo. 5, c. 24]), wünschten die vier freihändlerischen liberalen Mitglieder unter Führung von Sir Herbert Samuel aus dem Kabinett MacDonald auszuscheiden, ließen sich aber im Interesse der nationalen Solidarität vom Prime Minister überreden, im Kabinett zu verbleiben, jedoch mit der Maßgabe, daß sie in der Öffentlichkeit und auch im Unterhaus ihre Opposition gegen die Schutzzollpolitik der Regierung bekunden dürften (das berühmte „*agreement to disagree*"). Diese Abweichung von der Doktrin der kollektiven Kabinettsverantwortlichkeit, deren Bedeutung aber damals stark überschätzt wurde, führte dann zu heftigen verfassungsrechtlichen Erörterungen. Als dann schon einige Monate später die vier Dissidenten wegen der gleichgelagerten Frage der Weltreichs-Präferenzzölle ihre Ämter zur Verfügung stellten, wurde die Durchbrechung der Kabinettssolidarität und -verantwortlichkeit akademisch und das Experiment wurde seither nicht wiederholt. Denn es steht außer Zweifel, daß die Kabinettsregierung ohne eiserne Kabinettssolidarität nicht funktionieren kann[1].

cc) Die Kollektivverantwortlichkeit als verfassungsrechtliche Mythologie

Angesichts der Realitäten des britischen politischen Prozesses kann man sich derzeit des Eindrucks nicht erwehren, daß dieses in den Lehrbüchern und dem politischen Schrifttum so sehr in den Vordergrund gestellte Problem mehr eine die britische Verfassungsordnung inkarnierende Fiktion oder Mythologie geworden ist, als daß es heute noch ein erzwingbares Postulat der Verfassungspraxis darstellte. Eine Regierung, die über eine vollausreichende Mehrheit im Unterhaus verfügt, vor allem wenn sie noch mit einer längeren Laufzeit ihres Mandats rechnen kann, wird in allen Grundentscheidungen einig und einmütig sein und kraft ihrer Mehrheit jeden Angriff der Opposition mühelos parieren können. Es wird also nach menschlicher Voraussicht, solange das Zweiparteiensystem funktioniert, sich überhaupt keine Gelegenheit bieten, die Probe auf das Exempel der kollektiven Kabinettsverantwortlichkeit zu machen.

[1] Die herkömmliche Kabinettsverantwortlichkeit erlitt, zumindest scheinbar, eine Einbuchtung während der beiden Weltkriege, als das Kabinett nur aus einer Gruppe von zehn oder weniger Ministern bestand, während die Mehrzahl der Minister davon ausgeschlossen war, eine durch die Kriegsanforderungen bedingte Maßnahme. Sollte die Kabinettsverantwortlichkeit dann auch für die Minister gelten, die nicht einmal wußten, was innerhalb des Kabinetts beschlossen worden war? Manche von ihnen waren längere Zeit von London auf Missionen im Ausland abwesend. Man hat sich verfassungsrechtlich damit geholfen, daß man annahm, die nicht im Kabinett befindlichen Regierungsmitglieder hätten ihren Kabinettskollegen die Befugnis zur Entscheidungsfällung übertragen und seien daher durch deren Beschlüsse gebunden. Die Frage blieb akademisch, da mangels einer Opposition und des Allparteien-Charakters der Regierung die Kollektivverantwortung niemals in Anspruch genommen wurde.

Das Interesse der Regierungspartei an der Regierung zu bleiben überwiegt alle Spaltungsmöglichkeiten innerhalb derselben etwa im gleichen Maß wie das „konstruktive Mißtrauensvotum" des Bonner Grundgesetzes eben solange nicht zum Zug kommen kann, als die Mehrheitspartei geeinigt bleibt. Nicht einmal in schwerwiegenden außenpolitischen Krisen zeigen sich Risse im Kabinett. In der Suezkrise (1956) war die konservative Parlamentspartei tief gespalten und es soll auch im Schoße des Kabinetts grundsätzliche Meinungsverschiedenheiten darüber gegeben haben, weniger ob die Expedition weise war, als daß sie zu frühzeitig abgebrochen wurde[1]. Wenn somit, wie dargestellt, die individuelle Ministerverantwortlichkeit trotz der üblichen Deckungsmaßnahmen des Kabinetts zugunsten des betreffenden Ministers keineswegs ausgeschlossen ist und sich auch in der Zukunft jederzeit wieder einstellen könnte, erscheint die Kollektivverantwortlichkeit des Kabinetts von der Mehrheitssituation der jeweiligen Parteiregierung aufgewogen und aufgesogen. Das im Kabinett verkörperte Führungsgremium der Mehrheitspartei mag theoretisch dem Unterhaus kollektiv verantwortlich sein; aber solange die Mehrheitssituation besteht, ist die Kollektivverantwortlichkeit des britischen Kabinetts zur Verfassungsmythologie geworden.

11. Zur Soziologie der Kabinettsmitgliedschaft

Vor allen anderen Versionen des Parlamentarismus ist die britische Kabinettsregierung durch ihre Stabilität ausgezeichnet, die dem einmal durch die Generalwahlen zum Prime Minister erhobenen Führer der Mehrheitspartei die Herrschaftsführung auf die voraussichtliche Dauer der Legislaturperiode ermöglicht. Eine Kabinettsregierung ist daher ein Kabinett, das wirklich regiert und nicht nur die Beschlüsse des souveränen Parlaments ausführt.

Die Ursachen dieser vielbeachteten und -beneideten „Effektivität" sind aber nicht nur struktureller-funktioneller Natur; sie hat tiefe historische Wurzeln in dem Charakter der britischen „Repräsentations"-Ideologie, wie sie schon Burke, Mill und Bagehot vertraten. Sie zieht ihre Stärke aus den sozialpsychologischen Voraussetzungen: dem aus der Praxis der Repräsentation entsprungenen Unterordnungsbewußtsein des britischen Volkes unter die Autorität der legitimen Führungsschicht. Diese Anerkennung der legitimen Autorität hat nichts mit der Mentalität des Obrigkeitsstaats kontinentaler Prägung gemein. Die Unterstellung unter die Autorität der demokratisch bestellten Führungsschicht ist vielmehr organisch-freiwillig und wird eben dadurch von Seiten der Führung

[1] Zwei jüngere Minister schieden damals aus Protest aus der Regierung Eden aus, wurden aber dann bei der Neubildung des Nachfolgekabinetts Macmillan, das die Edensche Politik bestätigte, wieder aufgenommen.

vergolten, daß die Herrschaftsausübung niemals von ihr mißbraucht wird. Man kann also mit einer gewissen Überspitzung es auch so ausdrücken, daß die Nation von der politischen Führung erwartet und verlangt, regiert zu werden und nicht nur von ihr „repräsentiert“ zu sein. Man bezeichnet diese psychologische Einstellung des britischen Volkes gegenüber seiner Regierung nicht mit Unrecht als *deference* — Respekt vor der legitimen Autorität.

Von dieser durch viele Jahrhunderte entwickelten und niemals abgeschwächten Grundhaltung ist auch die soziale Zusammensetzung der im Kabinett verkörperten Führungsschicht bedingt und beeinflußt. Die seit einem Jahrhundert in Gang gesetzte und vollendete Demokratisierung des Wahlrechts hat im Grunde die soziale Zusammensetzung des Kabinetts weit weniger berührt als man annehmen sollte. Die politische Elite, die im 18. und 19. Jahrhundert den Großteil der Parlamentsmannschaft ausmachte, hat sich zwar durch den Eintritt einer echten Klassenpartei in die Machtalternierung insoweit geändert, als die ehemalige politische Elite des Erbadels an Zahl und damit an Einfluß verloren hat, was eine Folge der Kastrierung des Oberhauses war; aber die Führungsschicht ist nach wie vor eine Elite des Besitzes, der gesellschaftlichen Stellung und neuerdings der Bildung.

Man kann zweckmäßig zwei zeitlich ungefähr gleich lange Perioden der neueren Geschichte als Vergleichsmaterial heranziehen[1], nämlich die Periode von 1884 (3. Wahlreform) bis 1924 (Ablösung der Liberalen durch Labour als Alternierungspartei) und von da an bis 1957. Es ist dabei allerdings zu berücksichtigen, daß innerhalb dieser ungefähr 75 Jahre die Traditionsparteien der Tories und der Liberalen weit länger am Ruder waren als die neu aufgestiegene Klassenpartei von Labour und daß insbesondere in der zweiten Periode (1924—1957) die Konservativen mit Ausnahme von weniger als acht Jahren Labour und fünf Jahren der nationalen Koalition ununterbrochen die Kabinette gebildet haben. In der ersten der beiden Vergleichsperioden herrschten also die Traditionsparteien der Liberalen und der Konservativen, die im Grunde nicht mehr waren als die beiden politischen Flügel ein- und derselben besitzbürgerlichen Gesellschaftsschicht.

Was dabei zunächst auffällt, ist die starke Abnahme des erbadeligen Elements in der Kabinettszusammensetzung. Während von 1884—1924 von insgesamt 160 Kabinettsmitgliedern 69 (43 Prozent) den Familien des Erbadels angehörten — wobei die Peers aus politischen Verdiensten nicht berücksichtigt sind —, fiel ihr Anteil im zweiten Abschnitt auf 26

---

[1] Dieses ist dem Beitrag von H. Eckstein über England in Samuel H. Beer & Adam B. Ulam, *Patterns of Government, The Major Political Systems of Europe*, 2. Auflage, New York 1963, S. 119ff. entnommen; mangels einer dortigen Quellenangabe kann das Material nicht nachgeprüft werden.

Prozent, indem von insgesamt 238 Kabinettsmitgliedern nur 63 aus dieser Gruppe stammten. Andererseits stieg der Anteil der Kabinettsmitglieder aus der Arbeiterklasse von 1,5 Prozent auf 20 Prozent; der Anteil der Mittelklassen mit etwa 55 Prozent war konstant geblieben. Bei der zahlenmäßigen Abnahme der Aristokratie ist aber zu berücksichtigen, daß die erbliche Adelsschicht in Großbritannien nur einen winzigen Bruchteil der Gesamtbevölkerung ausmacht, also mit rund einem Viertel aller Kabinettsmitglieder der zweiten Periode immer noch weit überrepräsentiert erscheinen muß.

Damit ist aber die soziologische Analyse bei weitem noch nicht vollendet. Wer der Arbeiterklasse entstammt, gehört als Parlaments- und als Kabinettsmitglied keineswegs zur Arbeiterklasse. Die neue Schicht leitet ihren Elitecharakter aus der gesellschaftlichen Stellung ab, die sie sich durch Erziehung und Bildung erworben hat. In der Periode von 1884–1924 hatten 79 Kabinettsmitglieder (50 Prozent) die sogenannten *public schools* besucht, *lucus a non lucendo*, weil darunter die vornehmen Privatinternate, vor allem die sogenannten Clarendon-Schulen[1] verstanden werden. In der zweiten Periode waren 174 Kabinettsmitglieder (72 Prozent) dort ausgebildet worden, wobei die exklusivsten der Internate Eton und Harrow ihren Vorrang durchaus behauptet haben. Labour kann es zwar hier mit den Konservativen nicht aufnehmen, erreicht aber immerhin 40 Prozent. Hier wäre auch anzumerken, daß alle neueren Prime Minister, mit den alleinigen Ausnahmen von Lloyd George, Bonar Law, MacDonald und Wilson, die *public schools* besucht hatten, selbst der Labour-Prime Minister Clement Attlee.

In der ersten Periode hatten 125 (von 160) Kabinettsmitglieder eine Universität besucht (64 Prozent), davon nicht weniger als 112 Oxford und Cambridge. In der Zeit von 1924—1957 hat sich das Bildungsniveau der Kabinettsmitglieder weiter gesteigert. Die Ziffern für die Universitätsgebildeten sind 90 Prozent für die Konservativen und 50 Prozent für Labour. Daraus ist also zu entnehmen, daß, während bei den Konservativen die *public schools* plus Universitätsausbildung Standard der gesellschaftlichen Geltung sind, Labour trotz der proletarischen Abstammung vieler Mitglieder den Elitestatus gleichfalls durch steigenden Anteil an der höheren Bildung anstrebt. Die Bildung einer Herrschaftselite vollzieht sich also bei Labour mit auffallender Schnelligkeit.

Die — zugegebenermaßen beschränkte — Möglichkeit, die Sozialstruktur von konservativen und Labour-Kabinetten zu vergleichen, besteht in einer Gegenüberstellung der Kabinette Attlee (1945—1951) und der nachfolgenden Tory-Kabinette Eden-Macmillan (1955—1957). Unter den insgesamt 32 Mitgliedern der Labour-Kabinette waren nur zwei An-

[1] Diese sind Eton, Winchester, Westminster, Charterhouse, St. Paul's Merchant Taylors, Harrow, Rugby und Shrewsbury.

gehörige des Erbadels, verglichen mit 8 (von insgesamt 43 Mitgliedern) der nachfolgenden konservativen Kabinette. Damit ist aber der Anteil der Aristokratie an den Tory-Kabinetten, — über deren blaublütige Zusammensetzung Prime Minister Wilson nach der Regierungsübernahme seinen Spott ausgoß —, noch nicht erschöpft: Mindestens 40 Prozent der Mitglieder der konservativen Kabinette waren mit dem Erbadel durch Heirat und Verwandtschaft verbunden. Andererseits entstammten bei Labour 14 Mitglieder einem Mittelklassemilieu und 16 der Arbeiterklasse, welch letztere bei den Konservativen naturgemäß völlig fehlt. Aber die Labour-Kabinette erwiesen sich als der Sammelplatz für die intellektuelle Elite, 13 Prozent waren Juristen, 30 Prozent freiberufliche Dozenten (*lecturers*), 39 Prozent kamen aus den Gewerkschaften, ein Element, das bei den Tories überhaupt nicht vertreten ist.

Bei den Konservativen waren 42 Prozent finanziell unabhängig, die 20 Prozent der Juristen und 27 Prozent aus dem Geschäftsleben müssen der Klassenlage nach gleichfalls als wohlhabend gelten. Es versteht sich von selbst, daß die wohlhabenden Schichten in den konservativen Kabinetten weit stärker vertreten sind als bei Labour.

Solche statistischen Daten sind einstweilen deshalb nicht schlüssig, weil die Labour-Kabinette bisher nur von vorübergehender Dauer waren; nur ein einziges blieb während einer ganzen Wahlperiode im Amt. Aber die Tendenz ist deutlich: Bei Labour ist das aristokratische Element verständlicherweise sehr spärlich vertreten, die Labour-Elite rekrutiert sich aus den akademisch Gebildeten. Bildungsqualifikation ist bei Labour zur Voraussetzung der Kabinettsmitgliedschaft geworden, wie es bislang die aristokratische Abstammung, Grundbesitz oder geschäftliche Distinktion bei den Tories war. Eine längere Herrschaftsperiode, die dem Kabinett Wilson nach seinem neuerlichen Wahlsieg beschieden sein dürfte, wird diese Tendenz unzweifelhaft verstärken.

Die im Kabinett vertretene Führungsschicht ist also nach wie vor eine gesellschaftliche Elite, zu der nunmehr Bildungsqualifikationen einen den traditionellen der Abstammung oder Besitz ebenbürtigen Zugang bedeuten. Die Volldemokratisierung hat an dem Führungsmonopol dieser Schicht einstweilen nichts oder nur wenig geändert.

Die soziologische Analyse bewegt sich jedoch auf einem durchaus sicheren Boden, wenn es sich um die Beurteilung handelt, ob die Führungselite aus politischen Dilettanten oder aus Berufspolitikern besteht[1]. Da, wie ausgeführt, der einzige Weg zur politischen Macht durch das Parlament und heute so gut wie ausschließlich durch die Commons führt, muß dabei zunächst in Betracht gezogen werden, daß nicht weniger als siebzig Prozent aller Kandidaten seit 1918 bei dem Versuch, ein Mandat

[1] Siehe darüber das aufschlußreiche Buch von Philip W. Buck, *Amateurs and Professionals in British Politics*, Chicago 1963.

zu erringen, überhaupt scheiterten. Wer also nach einem anfänglichen Mißerfolg sich zum zweiten und öfteren Mal um den Sitz bewirbt, kann von da an als ein Bewerber gelten, dem ernsthaft an einer politischen Laufbahn gelegen ist. Eine nach den Wahlen von 1964 gemachte Aufstellung ergibt, daß selbst bei dieser Wahl, die einen Regierungswechsel brachte, nicht mehr als elf Prozent ihren Sitz auf Anhieb, also bei ihrer ersten Bewerbung, gewannen, die weit überwiegende Mehrheit — 76 Prozent — mußte einen zweiten bis sechsten Anlauf nehmen, ehe es gelang, und etwa dreizehn Prozent hatten es sogar ein siebentes bis dreizehntes Mal versuchen müssen, ehe das Mandat erlangt war[1].

Siebzehntes Kapitel

Die Ministerien (Departments)

Vorbemerkung

Wenn in Großbritannien von der National- oder Zentralregierung — *National oder Central Government* — die Rede ist, so wird damit, da das Vereinigte Königreich kein Bundesstaat ist, lediglich der Gegensatz zu

[1] Siehe *The Times House of Commons 1964*, London 1965, S. 251:

Zahl der Bewerbungen	Labour	Konservativ	Liberal	Insgesamt
Erste	40	29	2	71
Zweite	47	45	4	96
Dritte	50	47	1	98
Vierte	22	36	—	58
Fünfte	31	53	—	84
Sechste	80	49	2	131
Siebente	27	28	—	55
Achte	6	10	—	16
Neunte	8	5	—	13
Zehnte	3	2	—	5
Elfte	1	—	—	1
Zwölfte	1	—	—	1
Dreizehnte	1	—	—	1
	317	304	9	630

Bei den Labour-Abgeordneten hatte sich E. Shinwell bei insgesamt 14 Wahlen um einen Sitz beworben und war elfmal erfolgreich gewesen, Arthur Henderson zwölfmal. Zwei Konservative hatten es auf je zehn Bewerbungen gebracht.

den Behörden der Lokalverwaltung ausgedrückt. Die Nationalregierung setzt sich aus dem Prime Minister und einer stattlichen und sich neuerdings ständig vermehrenden Zahl von Fachministerien — *Departments* — zusammen, welche einzelne mehr oder minder präzis umrissene Sachaufgaben verwalten; sie umfaßt aber darüber hinaus auch eine Anzahl historisch begründeter Titularämter, die an sich nicht mit Fachaufgaben betraut sind, mag auch der Prime Minister bei der Verteilung der Regierungsgeschäfte unter seine Mitarbeiter einem der Titularämter eine Sonderaufgabe zuweisen. Wie früher angeführt, umschließt der Begriff der „Regierung" auch das Kabinett. dem die Inhaber sowohl bestimmter Fachministerien als auch von Titularämtern teils nach feststehendem Herkommen, teils nach Entschließung des Prime Ministers angehören.

Weiterhin ist zu beachten, daß heute alle Regierungsämter nach politischen Gesichtspunkten besetzt werden, also mit dem Wechsel der Parteimehrheit im Unterhaus nach den Generalwahlen ihre Inhaber jeweils wechseln. Dies ist jedoch nicht bei den zu einem Ministerium gehörenden Berufsbeamten des *Civil Service* der Fall, welche nach Maßgabe ihrer Beamtenlaufbahn von einem Regierungswechsel unberührt im Amt bleiben. Die Bedeutung des *Civil Service* für den britischen Regierungsbetrieb erfordert eine im folgenden Kapitel gebotene Sonderbehandlung.

I. Die Organisation der Ministerien

1. Zur geschichtlichen Entwicklung der Regierungsämter

Wie im kontinentalen Territorialstaat ist auch in England die Regierung ursprünglich aus dem Haushalt bereits der angelsächsischen und vor allem der normannischen Krone hervorgewachsen. Die Haushaltsämter der normannischen Krone — *Lord High Steward, Lord Great Chamberlain, Constable* und *Marshal* — wurden im Laufe der Zeit als ehrenamtliche Titularfunktionen in bestimmten Adelsfamilien erblich. Damit verband sich die Praxis, ihre öffentlichen Dienstleistungen an bezahlte Funktionäre zu übertragen, die von Zeit zu Zeit von der Krone ernannt wurden. Von diesen Titularämtern erhielten sich zwei bis in die Gegenwart, nämlich der *Earl Marshal*, der erblich dem jeweiligen Herzog von Norfolk zusteht und der Zeremonialfragen (*styles and precedence*) regelt, eine nicht ganz unwichtige Angelegenheit in einer traditions- und formbewußten Monarchie, und der *Lord Great Chamberlain*, dem der *Royal Palace* von Westminster unterstellt ist (einschließlich der dort gelegenen Parlamentsräumlichkeiten, wenn die Kammern nicht tagen). Ihre Doppelgänger, der *Lord Chamberlain* — heute noch der oberste Sittenrichter, der über

Theateraufführungen zu entscheiden hat —, der *Master of the Horse* und der *Lord Steward of the House*, der im *House of Lords* bei Prozessen gegen Peers den Vorsitz führte, waren politische Ämter, im 18. Jahrhundert Kabinettsmitglieder und wechselten bis 1924 mit jeder Regierung. Außerdem bestehen auch heute noch eine Reihe von Titularämtern im Rahmen des königlichen Haushalts (*Her Majesty's Household*) (*Treasurer, Comptroller, Vice-Chamberlain*) und einige andere, die jetzt jüngeren Abgeordneten verliehen werden; sie funktionieren dann, zusammen mit anderen Titularämtern (*Joint Parliamentary Secretaries* und *Junior Lords of the Treasury*) im Unterhaus als die Regierungs-Einpeitscher. All dies mag den Außenstehenden altmodisch und zopfig anmuten, gehört aber mit zum öffentlich-rechtlichen Brauchtum der britischen demokratischen Monarchie.

Mit der Zunahme der Regierungsaufgaben bereits unter den Plantagenets ergab sich aber die Notwendigkeit zur Schaffung der vom königlichen Haushalt getrennten eigentlichen Regierungsämter. Voran steht hier der Kanzler — *Chancellor* —, ursprünglich ein Prälat und des Königs Seelsorger (*Keeper of the King's Conscience*), dem das große Staatssiegel anvertraut war, das den wichtigen Staatsdokumenten angeheftet werden mußte. Daneben bestand das heute noch erhaltene Amt des *Lord Privy Seal*, der mit Beiheftung seines Siegels die Anstellungen durch *Letters Patent* beurkundete. Andere oberste Regierungsstellen mußten geschaffen werden, die mit Sekretären — *secretary* —, anfangs gleichfalls schriftkundigen Klerikern, besetzt waren. Auch dieses Institut hat sich bis heute erhalten. Rechtlich gesehen besteht auch heute nur ein einziges solches Staatssekretariat — *His* (oder *Her*) *Majesty's First* oder *Principal Secretary of State* —, das aber von verschiedenen Personen als *Secretaries of State* ausgeübt werden kann und derzeit (1. Januar 1966) unter neun Personen verteilt ist. Auch ihre Ernennung vollzieht sich mit der Übergabe von — gleich drei — Amtssiegeln.

Charakteristisch wiederum für die englische Neigung zum Traditionalismus ist, daß eine Reihe der historischen Staatsämter zwar niemals abgeschafft wurden und daher formell weiterbestehen, aber seit langem nicht mehr besetzt werden. Auf dem Gebiet der Finanzen gehört dazu der *Lord High Treasurer*, dessen Funktion durch *Letters Patent* einer Gruppe von Unterhausmitgliedern, den *Lord Commissioners of the Treasury* — (oder *Treasury Board*) — anvertraut ist, auf dem Gebiet der Nationalverteidigung der *Lord High Admiral*, an dessen Stelle die *Lords Commissioners of Admiralty* (oder *Admiralty Board*) amtieren. Andere praktisch stillgelegte Ämter dieser Art sind der *Lord High Constable* und der *Earl Marshal*. Beide waren ursprünglich Vorsitzende von Militärgerichten, wurden aber durch die auf Gesetz beruhende Militärgerichtsbarkeit (*Courts Martial*) nach 1688 überflüssig.

Ein *Lord High Constable* wird derzeit noch anläßlich der Krönungsfeierlichkeiten ernannt. Den *Earl Marshal*[1] aber erwartet seine große Stunde bei den in England mit geradezu orientalischem Pomp aufgezogenen Staatsfeierlichkeiten. Seine Kunst als Regisseur größten Stils konnte anläßlich der Krönung der Königin Elizabeth II. (1952) und des Staatsbegräbnisses von Sir Winston Churchill (1965) sozusagen von der ganzen Welt am Bildschirm bewundert werden.

Die früher bedeutsame Rolle des *Privy Council* in der Regierungsgestaltung ist heute sehr eingeschränkt. Das Amt seines Vorsitzenden, des *Lord President of the Council*, ist politisch und immer mit Kabinettsrang verbunden.

Eine weitere geschichtlich bedingte Eigenart der britischen Ministerialorganisation ist die Kollegialstruktur einiger älterer Ämter. Dazu gehört das aus dem 17. Jahrhundert stammende Handelsministerium *(Board of Trade)*, ursprünglich gleichfalls ein *Committee* des *Privy Council*. Als Kollektivorgan ist es seit Menschengedenken nicht mehr zusammengetreten; seine Funktionen werden vom Handelsminister ausgeübt, der aber nach wie vor als *President of the Board of Trade* bezeichnet wird. Später spalteten sich von ihm das Arbeits- und das Verkehrsministerium ab. Kollegial organisiert war auch das Erziehungsministerium (*Board of Education*), aber dies ist ebenso fiktiv wie beim *Board of Trade* und die Ministerialfunktionen werden von seinem Vorsitzenden, dem *President of the Board of Education*, jetzt (seit 1964) *Secretary of State for Education and Science*, als Erziehungsminister ausgeübt. Andererseits wird das Flotten-Department (*Admiralty*) noch immer kollektiv im *Board of Admiralty* verwaltet. Ebenso ist das *Ministry of Works* formell ein *Board* seiner *Commissioners*.

Bedeutsame geschichtliche Überbleibsel sind ferner die Titularämter des *Lord Privy Seal* und des *Chancellor of the Duchy of Lancaster*[2].

2. Errichtung der Ministerien

Theoretisch ist die Neubegründung eines Ministeriums und seine Aufhebung nach wie vor ein Prärogativrecht der Krone. Da aber praktisch kein Ministerium ohne Beamten und Räumlichkeiten arbeiten kann und dafür Geldmittel bereit gestellt werden müssen, bedurfte die Errichtung eines Ministeriums seit der Glorreichen Revolution immer einer parlamentsgesetzlichen Ermächtigung. Dies ist erst recht heute wegen der gesetzlich beschränkten Zahl von Ministern, die im Unterhaus sitzen dürfen, unumgänglich. Während früher ein Parlamentsgesetz auch zur Umwandlung von Ministerien und zur Aufgabenübertragung und Teilung

[1] Er war früher auch Vorsitzender des *Court of Chivalry*, einer Art Heroldsamt, das über Wappenstreitigkeiten zu entscheiden hatte. Das Amt geriet in Verfall, wurde aber 1954 (nach 223 Jahren!) wiederbelebt.

[2] Siehe unten S. 455ff.

zwischen den Ministerien erforderlich war, ist neuerdings mit dem *Ministers of the Crown (Transfer of Functions) Act* von 1946 (9 & 10 Geo. 6, c. 31) und seiner Novelle von 1964 (Eliz. 2, c. 98 [Sektion 4]) eine wesentliche Vereinfachung eingetreten. Demnach kann die Krone, das heißt praktisch das Kabinett, durch Erlaß einer *Order in Council* die Übertragung der Aufgaben eines Ministers an einen anderen und die Auflassung eines bestehenden Ministeriums durch Verteilung seiner Aufgaben an andere anordnen. Zur Errichtung eines neuen Ministeriums mit einem ihm dauernd zugewiesenen Aufgabenkreis ist aber nach wie vor ein Parlamentsgesetz unumgänglich.

3. Interne Organisation der Ministerien

Der Vorstand oder der Chef eines Departments ist der Minister, der verschieden als *Secretary of State*, Minister oder wie beim *Board of Trade* als Präsident betitelt sein mag. Als Mitglied der Regierung ist er Inhaber eines politischen Amts, das mit einem Regierungswechsel neu besetzt werden muß. Einzelne Departments-Vorstände besitzen Kabinettsrang nach Herkommen, andere werden vom Prime Minister jeweils von Fall zu Fall ins Kabinett berufen.

Außerdem umfaßt die derzeitige Organisationsordnung der Ministerien *Ministers of State*, die an Rang dem eigentlichen Inhaber des Ministerats nachstehen und als Zweitkommandierende zur Entlastung des Chefs dienen.[1] Sitzt der Chef des Ministeriums im Unterhaus und hat Kabinettsrang, so kann der *Minister of State* dem Oberhaus entnommen werden, damit das Department dort nicht unvertreten ist. Es wird dadurch die durch die Geschäftslast gebotene Aufteilung der Funktionen erreicht. Minister ohne Portefeuille, ehemals eine Kriegserscheinung, sind jetzt auch in Friedenszeiten nicht unüblich.

An nächster Stelle hinter dem Chef des Ministeriums und den ihm zugeteilten *Ministers of State* fungieren innerhalb eines Ministeriums der oder die (bis zu drei) *Parliamentary Secretaries*. Führt der Minister selbst den Titel *Secretary of State*, so werden diese Regierungsmitglieder als *Parliamentary Under-Secretaries* of State bezeichnet[2]. Diese Stellen werden vielfach mit jüngeren Leuten (*junior ministers*) besetzt und sind

[1] Nach der Umbildung von 1962 umfaßte die Regierung Macmillan zwei Staatsminister für das *Foreign Office* und je einen für das Innenministerium, Kolonialamt, schottisches Sekretariat und den *Board of Trade*. In der Regierung Wilson 1964/66 gab es zwei *Ministers of State* für auswärtige Angelegenheiten (für die Vereinten Nationen und für Abrüstung) sowie zwei weitere *Ministers of State*, die dem *Foreign Office* unmittelbar eingegliedert sind. Je ein weiterer *Minister of State* ist dem *Home Office*, dem Amt für *Commonwealth Relations*, den Sekretariaten für Schottland und Wales und dem Erziehungsdepartment attachiert.

[2] In der 1. Regierung Wilson gab es deren drei im Verteidigungsministerium und — sehr verständlicherweise — auch im schottischen Staatssekretariat.

selbstverständlich auch politische Ämter, die einen Parlamentssitz erfordern. Sie sind (seit 1965) mit 3750 £ dotiert. Sie leisten dem Chef wesentliche politische und administrative Dienste und sind oft die Vorstufe für ein höheres Regierungsamt. Vor 1945 war es üblich, sie dem Haus zu entnehmen, dem der Minister-Chef nicht angehörte; heute rekrutieren sie sich in ihrer Mehrheit aus den Commons. Seit dem *Ministers of the Crown (Parliamentary Secretaries) Act* von 1960 (9 & 10 Eliz. 2, c. 6) ist ihre Höchstzahl auf 33 beschränkt, womit die vorher bestehenden gesetzlichen Zuweisungen an die einzelnen Departments entfielen. Schließlich hat sich neuerdings der Brauch eingebürgert, daß der Minister für sein Ministerium aus der Reihe der Parteiangehörigen im Unterhaus einen oder zwei *Private Parliamentary Secretaries* ernennt, meist politische Novizen, denen mit dieser ersten Sprosse auf der politischen Leiter Gelegenheit geboten werden soll, sich in die Regierungsgeschäfte einzuarbeiten und sich damit für höhere Regierungsämter zu qualifizieren. Diese erhalten kein Gehalt und gelten rechtlich nicht als Regierungsmitglieder, werden daher auch, da einige zwanzig Ministerien davon Gebrauch machen, bei der Berechnung der für das Unterhaus zulässigen Höchstzahl von Regierungsmitgliedern nicht mitgezählt. Der praktische Wert dieser Einrichtung als Entlastung des Chefs des Ministeriums ist unbestritten, sie gilt aber verfassungspolitisch als nicht unbedenklich, weshalb konventionalregelhaft nicht mehr als ein solcher Privatassistent für ein Amt bestellt werden soll[1].

Zieht man all diese amtlichen Stellungen in Betracht — *Senior Ministers*, Staatssekretäre, Staatsminister, parlamentarische Sekretäre und parlamentarische Unterstaatssekretäre, Minister ohne Portefeuille, die Titularämter und schließlich noch die parlamentarischen Privatsekretäre —, so wird ohne weiteres deutlich, daß die erlaubte Höchstzahl der im Unterhaus sitzenden Regierungsmitglieder mühelos erreicht und leicht überschritten werden kann, und gleichzeitig erweist sich die Schwierigkeit für jeden Prime Minister, unter seinen Parteiangehörigen im Unterhaus genügend qualifizierte Leute zu finden, um diese Stellen auszufüllen.

Soweit die politischen Ämter. Einer Reihe von Ministerien sind außerdem offizielle Kollektivkörper (*Councils*) ein- oder angegliedert, wie dem Kriegs- oder dem Luftministerium, mit denen sich der Minister bei der Leitung berät.

Die eigentliche Verwaltungsarbeit eines jeden Ministeriums aber wird von den Berufsbeamten des *Civil Service* geleistet, deren oberster Chef der *Permanent Secretary* ist. Bei den Ministerien der Sekretariatsklasse trägt er den Titel *Permanent Under-Secretary of State*. Unter dem *Permanent Secretary* stehen dann in hierarchischer Ordnung die stellver-

[1] Dies war die seither befolgte Empfehlung des Select *Committee on Offices and Places of Profit under the Crown* (1941) (H.C. 120).

tretenden (*Deputy*) *Secretaries* und die anderen Dienstgrade des *Civil Service*[1].

4. Einteilung der Ministerien

Angesichts der angedeuteten geschichtlichen Hintergründe der einzelnen Ministerien bereitet eine sachgemäße Einteilung der Ministerialämter erhebliche Schwierigkeiten und dies nicht nur für Außenstehende, sondern für die Engländer selbst[2]. Es besteht zwar keine formell-rechtliche, wohl aber eine faktische Hierarchie der Ministerien, wobei abweichend vom Kontinentalgebrauch auffallen muß, daß einerseits das Finanzministerium — *Treasury* — die überragende Zentralstellung einnimmt, andererseits aber daß das Innenministerium — *Home Office* — an politischer Bedeutung weit zurücktritt, und daß ein eigentliches Justizministerium überhaupt nicht besteht, da seine Funktionen teils vom *Lord Chancellor*, teils von den sogenannten *Law Officers* ausgeübt werden. Eine Einteilung nach historischen Gesichtspunkten wäre also ziemlich akademisch. Aber auch eine Einteilung nach Funktions- oder Aufgabenkreisen stößt auf fast unüberwindliche Schwierigkeiten, da die Zuständigkeitszuweisungen sich vielfach kreuzen und ineinander übergreifen, wie das in einer zunehmend technologischen Verwaltung nicht anders möglich ist. Im allgemeinen läßt sich aber sagen, daß heute, zumindest nach Maßgabe der seit dem letzten Weltkrieg erfolgten durchgreifenden Umorganisierung, die Aufgabenverteilung nicht weniger rationell erscheint als in den anderen westlichen Staaten, ohne daß allerdings die weitgehende Spezialisierung der Ministerialorganisation, wie etwa in der UdSSR, erzielt worden wäre.

Als eine zweckmäßige Einteilung der Ministerien mag daher die folgende nicht weniger gerechtfertigt sein als andere: 1) das Schatzamt als der den Gesamtaufbau beherrschende Mittelpunkt; 2) die Ministerien, die unter einem *Secretary of State* stehen; dies sind derzeit (1. Januar 1966): *Foreign Affairs; First Secretary of State* und für *Economic Affairs*; *Defence*; *Home Office*; schottisches und wallisisches Staatssekretariat; *Commonwealth*- Beziehungen; Kolonien; Erziehung und Wissenschaft; 3) die meist neueren Departments, die von einem *Senior Minister of State* geleitet werden; 4) die titularen Regierungsämter; wie diese in einer etwaigen Hierarchie unterzubringen wären, ist überhaupt nicht meßbar, da manche von ihnen neuerdings gerade von den wichtigsten Regierungsmitgliedern besetzt sind, die von Departmentsarbeiten freigehalten werden sollen; 5) die obersten Justizämter.[3]

---

[1] Siehe darüber unten S. 464ff.

[2] Siehe *Report of the Machinery of Government Committee* (1918) Cd. 9320, Teil I.

[3] Regierungsstellen von geringerem als ministerialem Rang sind dabei nicht berücksichtigt. Dazu gehören: *Public Trustee, Land Registry* und *Public Records Offices*.

II. Die einzelnen Departments

1. Whitehall

Der Gesamtbereich der Regierung oder der Administration wird heute durch die Vokabel Whitehall vergegenständlicht. Die symbolische Bezeichnung leitet sich von jener kilometerlangen Londoner Monumentalstraße her, die sich vom Trafalgar Square bis Westminster zieht und an der oder in deren Nähe die hauptsächlichsten Ministerien gelegen sind. In einer Seitenstraße — Downing Street — befinden sich der Amtssitz des Prime Ministers und das *Foreign Office*. Am unteren Ende gegenüber dem Parlamentsgebäude liegt der Block der sogenannten *New Public Offices*, in welchem außer dem Amtsgebäude des *Cabinet Office* auch der eigentliche Mittelpunkt des britischen Regierungswesens, das Schatzamt — *Treasury* — untergebracht ist. Eine Anzahl wichtiger Regierungsämter sind jedoch auch in anderen Teilen der Riesenstadt gelegen, wie das Gebäude des *War Office* in Southwark.

Äußerlich lassen die englischen Amtsgebäude vielfach die elegantkomfortable Modernität vermissen, die man in Washington, Bonn und auch in manchen Entwicklungsländern oder Lateinamerika anzutreffen pflegt. Die Amtsräume sind oft viktorianisch düster und altmodisch.

Whitehall ist aber nicht nur ein geographischer Begriff, sondern er versinnbildlicht eine geistige Haltung, deren wesentliche Komponenten sowohl das Verantwortungsethos wie die Technik der Bürokratie sind. Innerhalb dieser Steinpaläste werden die wichtigsten Entscheidungen für die Gegenwart und die Zukunft der britischen Nation getroffen. Denn was von den Departments angeregt, vom Kabinett beschlossen wird, wird vom Parlament in Gesetze umgeformt, da ja der politische Anstoß zur Entscheidungsfällung und der sie ausführenden Gesetzgebung von der Regierung und nicht vom Parlament ausgeht. Dabei ist zu berücksichtigen, daß die Zentralregierung zusammen mit den Lokalverwaltungsbehörden über vierzig Prozent der nationalwirtschaftlichen Kapitalsanlagen verfügt, daß die Regierung der größte Arbeitgeber des Landes ist, der über ein Viertel aller Arbeitnehmer beschäftigt, daß allein vom *Post Office* (März 1963) in 25 000 Postämtern etwa 394 000 Personen angestellt waren, daß die einzelnen nationalisierten Industrien jedes privatwirtschaftliche Unternehmen Großbritanniens an Finanzkraft, Kapitalsanlagen und Umsätzen bei weitem übertreffen. Beispielsweise ist die Staatsdruckerei — *Her Majesty's Stationary Office* — die größte des Landes und eine der größten der ganzen Welt, die zwanzig Millionen Exemplare von 5 000 Druckwerken jährlich veröffentlicht.

Der Mechanismus dieses gigantischen Betriebes läuft, ohne daß das Publikum davon viel wissen könnte oder Notiz nehmen würde. Privat-

und Geschäftsleute kommen mit dem Regierungsapparat persönlich oder durch ihre Anwälte nur am Rande in Berührung. In paradoxem Gegensatz zu seiner Allgegenwart vollzieht sich der Betrieb in vollkommener Anonymität. Diese Maschinerie in Gang zu halten und ihren Ablauf möglichst reibungslos zu gestalten ist die Aufgabe der Departments, ihrer Leiter und Beamten.

2. Liste der Ministerien

Nachfolgend werden die derzeit (1. Januar 1966) bestehenden Ministerien aufgeführt. Die jeweils beigefügte Jahreszahl bezieht sich auf den Zeitpunkt der Entstehung oder Begründung des Amtes oder seine letzte Umorganisierung[1].

Schatzamt (*Treasury*). Das bis ins tiefe Mittelalter zurückreichende Amt entstammte ursprünglich dem *Exchequer*, das seinerseits nichts anderes als die *Curia Regis* für Finanzzwecke war. Es wurde erstmals 1616 und dauernd seit 1714 als Kommission konstituiert, übt aber seine Funktionen niemals als Kollektivorgang aus; Innenministerium (*Home Office*) und Außenministerium (*Foreign Office*), als getrennte Ämter aus dem Staatssekretariat hervorgewachsen und offiziell begründet 1782; Handelsministerium (*Board of Trade*) (1786); Kriegsministerium (*War Office*) (1792)[2]; Ministerium für öffentliche Bauten (*Ministry of Works*) (1851), jetzt *Ministry of Public Buildings and Works*; Ministerium für Postwesen (*Post Office*); der Leiter — *Postmaster General* — wurde bereits 1710 gesetzlich eingesetzt und ist seit 1834 ein politischer Beamter; seit 1933 ist das *Post Office* ein selbständiges Department; Kolonialamt (*Colonial Office*) (1854)[3]; Staatssekretariat für Schottland (*Scottish Office*) (1885)[4]; Erziehungsministerium (*Board of Education*) (1899), jetzt

[1] Nur vorübergehend funktionierende Ministerien, entstanden entweder aus Kriegsnotwendigkeiten oder aus anderen Gründen, sind dabei nicht berücksichtigt. Ein Beispiel wäre das 1939 ins Leben gerufene Beschaffungsministerium (*Ministry of Supply*), ursprünglich eine Kriegsmaßnahme, die dann 1959 aufgehoben wurde, als ihr Aufgabenkreis vom Kriegsministerium und dem neuen *Ministry of Aviation* übernommen wurde.

[2] Das Amt eines *Secretary-at-War* geht auf die Regierung Charles' II. zurück; über die jüngste Reorganisation des Verteidigungsministeriums siehe unten S. 450.

[3] Seit geraumer Zeit wurde besonders von konservativer Seite erörtert, ob sich die Aufrechterhaltung eines eigenen Kolonialministeriums angesichts der Dezimierung des britischen Kolonialbesitzes im Zuge der Verselbständigung rechtfertigen läßt oder ob die noch verbleibenden Funktionen dem *Commonwealth Relations Office* eingegliedert werden sollen. Die Beamten beider Ministerien wurden nach dem Vorschlag der Plowden-Kommission (1964) einem gemeinsamen Personalreservoir entnommen. Das Kolonialamt wurde schließlich von der Regierung Wilson mit Wirkung vom 1. August 1966 abgeschafft.

[4] In diesem Jahr wurde ein in Schottland gelegenes Amt errichtet; sein Inhaber wurde 1926 Staatssekretär für schottische Angelegenheiten.

Department of State for Education and Science; Ministerium für Luftstreitkräfte (*Ministry of Air*) (1917), jetzt *Ministry of Defence for the Royal Air Force* (heute dem Verteidigungsministerium eingegliedert); Arbeitsministerium (*Ministry of Labour*) (1917); Ministerium für Pensionen und Nationalversicherung (*Ministry of Pensions and National Insurance*) (gegründet 1916, in seiner jetzigen Form umorganisiert 1944); Verkehrsministerium (*Ministry of Transport*) (1918); Ministerium für Gesundheitswesen (*Ministry of Health*) (1919); Ministerium für Landwirtschaft, Fischerei und Ernährung (*Ministry of Agriculture, Fisheries and Food*) (1919); Ministerium für Wohnungswesen und Lokalverwaltung (*Ministry of Housing and Local Government*) (hervorgegangen aus dem Ministerium für Stadt- und Regionalplanung [*Ministry of Town and Country Planning*]) (1943); Ministerium für Energiewirtschaft, zuerst (1942) als *Ministry of Fuel and Power* eine Kriegsmaßnahme, als dauerndes Ministerium seit 1945 bestehend und seit 1957 umbenannt als *Ministry of Power*; Sekretariat für *Commonwealth*-Beziehungen (*Secretary of State for Commonwealth Relations*) (1947) (hervorgegangen aus dem bereits 1925 errichteten Sekretariat für Dominion-Angelegenheiten, das sich seinerseits vom Kolonialsekretariat abgespaltet hatte); Ministerium für Zivile Luftfahrt (*Ministry of Avation*) (1945)[1]; Ministerium für wallisische Angelegenheiten (*Office of Welsh Affairs*) (1951); Ministerium für wissenschaftliche und industrielle Forschung (*Department of Scientific and Industrial Research*) (1954), jetzt *Ministry of Technology*[2]; Ministerium für technische Zusammenarbeit (*Ministry of Technical Cooperation*) (1961).

Wilson führte mit dem Regierungsantritt (Oktober 1964) einige wesentliche Neuerungen in der herkömmlichen Departments-Ordnung ein, teils durch Neubegründung von Ministerien, teils durch Umgruppierung von bereits bestehenden. Der *First Secretary of State*, der bisher als offizieller Vertreter des Prime Ministers ohne Departmentsverpflichtungen gewesen war, wurde Chef des neuen Ministeriums für Wirtschaft (*Ministry for Economic Affairs*), wofür es erstaunlicherweise bisher kein selbständiges Department gegeben hatte. Dem wesentlichen Programmpunkt Labours, die britische Nation technologisch zu modernisieren entsprechend, wurde das neue Ministerium für Technologie (*Ministry of Techno-*

---

[1] Die Zivilluftfahrt, bis 1945 unter der Zuständigkeit des (militärischen) Luftfahrtministeriums, wurde dann selbständig gemacht, 1953 mit dem Verkehrsministerium zusammengelegt und erst 1959 als eigenes Department organisiert. Das Ministerium wurde vom Kabinett Wilson im Juni 1966 aufgelöst und seine Zuständigkeiten teilweise an das *Ministry of Technology* (hinsichtlich der Flugzeugindustrie), teilweise an das Handelsministerium (hinsichtlich des Betriebs der staatlichen Fluglinien) überwiesen.

[2] Das Amt war bereits 1915 durch *Order in Council* errichtet worden, wurde aber, dem Zug der Zeit entsprechend, 1956 zum selbständigen Ministerium erhoben.

logy) mit Kabinettsrang gegründet. Auch das neue Ministerium für Übersee-Entwicklung (*Ministry of Overseas Development*), in welchem das *Ministry for Technical Cooperations* aufgegangen ist, ist mit Kabinettsrang ausgestattet. Dem zu einen Staatssekretariat erhobenen *Ministry of Education* wurde die Wissenschaftsförderung hinzugefügt, wodurch das *Department of Scientific and Industrial Research* in Wegfall kam; es hat gleichfalls Kabinettsrang. Neuerrichtet wurde ferner das Ministerium für Land- und Bodenschätze (*Ministry of Land and Natural Resources*)[1]. Auch das Staatssekretariat für Wales mit Kabinettsrang als Ausbau des *Office of Welsh Affairs* ist neu.

Aufgabenkreis und Zuständigkeit der vorstehend aufgeführten Ministerien oder Departments ergeben sich aus der allgemeinen Bezeichnung, mit der sie ausgestattet sind. Ihre nähere Beschreibung verbietet sich aus Raumgründen. Bei einigen von ihnen sind aber ergänzende Bemerkungen angezeigt.

3. Das Schatzamt (Treasury)

a) Aufgabenkreis

Das Schatzamt (*Treasury*) ist seit alters der Mittel- und Schwerpunkt der englischen Regierung und hat seinen Rang als das Zentraldepartment bis in die Gegenwart sich erhalten. Sein Leiter — *Chancellor of the Exchequer* — ist in der Regel das nach dem Prime Minister einflußreichste Mitglied des Kabinetts. Das Schatzamt ist in erster Linie das Finanzministerium. In dieser Eigenschaft obliegt ihm die Vorbereitung des jährlichen Budgets, die Initiative für die dann durch Parlamentsgesetz erfolgende Auferlegung neuer Steuern und die Erhebung aller Staatseinkünfte, die Überwachung der Ausgabengebarung durch die einzelnen Departments einschließlich der Beurteilung ihrer Voranschläge im Rahmen des den Commons zu unterbreitenden Budgets, die Bereitstellung der für den Regierungsbetrieb erforderlichen finanziellen Mittel einschließlich der Anleihen und die Verwaltung der Staatsschulden.

Damit ist aber der Aufgabenkreis des Schatzamts keineswegs erschöpft, wie es bei einem kontinentalen Finanzministerium der Fall wäre. Denn außer der Kontrolle und Überwachung der Nationalfinanzen untersteht dem Schatzamt dadurch, daß die *Civil Service Commissioners* ihm eingegliedert sind, auch die Regulierung des gesamten Berufsbeamtentums – *Civil Service* –, womit es einen in der Praxis kaum zu überschätzenden Einfluß auf die Geschäftsgebarung aller anderen Departments gewonnen hat. Neuerdings traten dazu die Aufgaben der Koordinierung aller wirtschaftlichen Tätigkeiten der Gesamtregierung ein-

[1] Die *Ministries of Land and Natural Resources, of Oversea Development* und *of Technology* beruhen auf dem *Ministers of the Crown Act* von 1964 (Eliz. 2, c. 98).

schließlich der auswärtigen Wirtschaftshilfen und der Kapitalsanlagen für die nationalisierten Industrien[1].

Was aber darüber hinaus dem Schatzamt seine überragende Bedeutung als die eigentliche Zentralinstanz im britischen Regierungsbetrieb verleiht, ist, daß die einzelnen Departments für ihre Geschäftsführung ganz und gar von ihm abhängen. Wenn immer die Tätigkeit eines Ministeriums mit einem Geldaufwand verbunden ist, muß die *Treasury* befragt und ihr Einverständnis eingeholt werden. Dies gilt vor allem bei den Voranschlägen der einzelnen Departments, welche bei der *Treasury* zentralisiert sind. Der Schatzkanzler oder vielmehr die ihm unterstellten Beamten sind die Wachhunde, die dafür sorgen, daß ein Department mit den ihm zugewiesenen Mitteln auskommt, was in der Praxis bedeutet, daß ihm Kürzungen und Einsparungen nahegelegt oder auferlegt werden können. Der davon betroffene Minister mag sich abhilfesuchend an das Kabinett wenden, wird aber dort in der Regel kein Gehör finden, da finanziell für die Departments gilt, was die *Treasury* befindet. Etwaige Einsparungen dürfen nicht ohne ihre Zustimmung für andere Aufgaben des Departments verwendet werden[2]. Es ist zwar die Praxis der Schatzamtsbeamten, den einzelnen Departments in ihre Geschäftsführung so wenig wie möglich dreinzureden, vorausgesetzt sie gehen mit ihren Mitteln haushälterisch um und leisten, was von ihnen erwartet wird, aber da jedes Department und seine sich mit ihm identifizierenden leitenden Beamten sich für den Mittelpunkt der Welt halten und einem natürlichen Ausdehnungsdrang unterliegen, muß die *Treasury* andauernd die Zügel anziehen und das Geltungsbedürfnis des einzelnen Departments dämpfen.

Sachlich ist das Schatzamt in das Finanz- und das Einnahme- (*supply*) Department eingeteilt. Letztere Abteilung, die *Revenue Departments*, unterstehen dem *Board of Internal Revenue* als der obersten Steuerverwaltungsstelle, welche die direkten Steuern veranlagt und einzieht, und dem *Board of Customs and Excise* für die indirekten Steuern. Beide Instanzen gehören zwar zur *Treasury*, sind aber als solche nicht im Parlament vertreten. Das *Post Office* ist der *Treasury* nicht mehr unterstellt, sondern hat den Rang eines selbständigen Ministeriums (seit 1933).

---

[1] Inwieweit sich diese Funktion der *Treasury* durch die Errichtung eines eigenen Ministeriums für Wirtschaftsangelegenheiten und eines Sonderdepartments für Überseeentwicklung durch die Labour-Regierung (1964) geändert hat, läßt sich einstweilen nicht beurteilen. Die Geldbeschaffung obliegt nach wie vor dem Schatzamt, wenn auch die Verwaltungsaufgaben anderwärts erledigt werden.

[2] Diese Regel erleidet allerdings neuerdings eine beträchtliche Abschwächung durch die Praxis, für neue Staatsaufgaben wiederkehrende Auslagen zu bewilligen. Ist darüber einmal ein Gesetz mit den erforderlichen Finanzaufwendungen ergangen, so hat weder die *Treasury* noch die mit der Ausführung betraute Stelle eine Kontrolle über die automatisch wiederkehrenden Ausgaben.

Nicht genug damit. Dem Schatzamt obliegt auch die Abfassung so gut wie aller Regierungsbills, womit sich ein kleiner, aber fachlich unübertrefflicher Stab von Regierungsjuristen, der *Parliamentary Counsel* (errichtet bereits 1869), befaßt, mit dem sich kaum irgendeine andere Ministerialbürokratie an Erfahrung und Fähigkeit vergleichen läßt.[1] Außerdem fungiert das *Treasury Solicitor's Office* unter dem *Procurator-General* als die Rechtsberatungsstelle sowohl für die *Treasury* selbst als auch für die anderen Regierungs-Departments einschließlich aller Rechtsstreitigkeiten, welche grundsätzliche Fragen der *policy* zum Gegenstand haben.

b) Personal

Personalmäßig ist das Schatzamt formell noch immer als ein Ausschuß (*Treasury Board*) organisiert, ist aber seit mehr als einem Jahrhundert (1856) nie mehr als solcher zusammengetreten. Vielmehr werden die Aufgaben von einzelnen unmittelbar ernannten Personen wahrgenommen. Der Board besteht aus dem *First Lord of the Treasury* — seit dem *Ministers of the Crown Act* von 1937 die offizielle Amtsfunktion des Prime Ministers —, dem Schatzkanzler — *Chancellor of the Exchequer* — als dem eigentlichen Finanzminister des Vereinigten Königreichs, den fünf *Lords Commissioners* (bekannter als die *Junior Lords of the Treasury*) und nicht weniger als weiteren vier mit dem Rang eines *Secretary* ausgestatteten Amtsträgern.

Von allen Regierungsämtern ist das Schatzamt, seiner Bedeutung entsprechend, dasjenige mit dem zahlreichsten parlamentarischen Personal. Unmittelbar unter dem Schatzkanzler fungiert der *Chief Secretary of the Treasury*, der, obgleich in der Regel nicht Mitglied des Kabinetts oder des Ministeriums, eine Schlüsselstellung innerhalb des Regierungsbetriebs innehat und daher auch dasselbe Gehalt wie der Schatzkanzler (seit 1965) von 8 500 £ bezieht. Dem Schatzkanzler, dem 1947 die Oberleitung der wirtschaftlichen Belange übertragen worden war, — wofür die Regierung Wilson ein eigenes Department mit Kabinettsrang aufstellte —, ist für diese Aufgaben der *Economic Secretary* — in der Regierung Wilson ein Mitglied des Ministeriums —, für die eigentlichen Finanzfragen der *Financial Secretary* beigegeben. Von besonderer Wichtigkeit aber für den Parlamentsbetrieb ist der *Parliamentary Secretary* des Schatzamts (mit einem Gehalt von 5 625 £), welcher als der Haupt-Einpeitscher — *Chief Whip* — der Regierung fungiert und durch dessen Hände früher auch die gesamte Patronage einschließlich der Beamtenanstellungen im Bereich der *Treasury* gegangen war. Ihm stehen als *Deputy*

[1] Einer angegliederten Stelle obliegt (seit 1947) die Aufgabe der Rechtsvereinheitlichung und -zusammenfassung. Des 1961 errichteten *National Economic Development Council*, einer Stelle zur Planung im öffentlichen und privaten Sektor der Wirtschaft, ist bereits früher (siehe oben S. 353) gedacht worden.

Chief Whip bzw. *Assistant Whips* der erste der *Junior Lords of the Treasury* und die vier anderen *Junior Lords* zur Seite, jeder mit 3 000 £ salariert. Zum Einpeitscherstab gehören auch die Inhaber gewisser Stellungen im königlichen Haushalt, die sonst kaum irgendwelche amtlichen Aufgaben erfüllen.

Zur *Treasury* gehört ferner der *Paymaster-General*, der offiziell die Stelle ist, an welche die Bank von England, die Sammelstelle aller Regierungsfonds, die für die Einzeldepartments erforderlichen Mittel anweist. Das Amt ist aber praktisch ein Titularamt ohne spezielle Dienstobliegenheiten, da die Mittelüberweisung an die Departments einem dem *Paymaster-General* unterstellten Stab des *Pay Office* übertragen ist[1]. Weiter gehören zur Behördenhierarchie des Schatzamts der *Comptroller and Auditor-General*, dem die wichtige Funktion zusteht, die Bank von England zur Auszahlung von Geldern aus dem *Consolidated Fund* zu ermächtigen, aus dem diejenigen dauernden Ausgaben gezahlt werden müssen, die nicht alljährlich vom Parlament neu bewilligt werden müssen; dazu gehören unter anderem der nationale Schuldendienst, bestimmte Gehälter (Speaker des Unterhauses, Richter, Minister) und die königliche Zivilliste. Der *Comptroller and Auditor-General* fungiert außerdem als die oberste Rechnungsprüfstelle, wobei er von einem ständigen Ausschuß der Commons, dem *Public Accounts Committee*, unterstützt wird. Damit übt die *Treasury* eine wirksame Kontrolle der Ausgabengebarung der Departments aus, die auch von deren Berufsbeamten durchaus ernst genommen wird. Der *Comptroller and Auditor-General* beruht auf lebenslänglicher Anstellung wie diejenige des Richters und er kann seines Amts nur durch die Krone auf Grund einer ihr von beiden Häusern unterbreiteten Adresse enthoben werden. Es ist kein politisches Amt und wird von einem hervorragenden *civil servant* ausgeübt. Der Inhaber kann nicht Parlamentsmitglied sein (*Exchequer and Audit Department Acts* von 1866 [29 & 30 Vict., c. 39], 1921 [11 & 12 Geo. 5, c. 52] und 1950 [14 & 15 Geo. 6, c. 3]).

Das Schatzamt hat also, wenn alle diese Ämter zusammengerechnet werden, für nicht weniger als fünfzehn Personen (wobei der Prime Minister als *First Lord of the Treasury* nicht mitgerechnet wird) als Parlamentsfunktionäre mit Unterhaus-Mitgliederschaft zu sorgen, ist somit, da alle im Unterhaus sitzen, von allen Departments dort am stärksten vertreten.

Die *Treasury* ist außerdem mit zwei permanenten Sekretären als Berufsbeamten ausgestattet, von denen der eine dem Prime Minister, der andere dem Schatzkanzler verantwortlich ist.

---

[1] Das Amt wurde seit 1961 in Personalunion mit dem des *Chief Secretary* geführt; die Ämter wurden aber von der Regierung Wilson getrennt und der *Paymaster-General* zum Mitglied des Ministeriums gemacht. Das Gehalt ist (seit 1965) dem eines Ministers (8500 £) gleichgestellt.

4. Die Staatssekretariate

Es bestehen derzeit (1. Januar 1966) neun Staatssekretariate oder Departments, die von einem *Secretary of State* als Chef geleitet werden: der *First Secretary* (derzeit Minister für Wirtschaftsangelegenheiten); Auswärtiges (*Foreign Office*); Inneres (*Home Secretary*); Verteidigung (*Defence*); die Sekretariate für schottische und wallisische Angelegenheiten; für Kolonien und für *Commonwealth*-Beziehungen; für Erziehung und Wissenschaft (*Education and Science*). Die Amtsinhaber sind heute, außer den *Privy Councillors* und dem Prime Minister, die einzig zulässigen Verbindungen zwischen der Nation und dem Souverän, wenn man vom historischen Recht des Einzelpeers absieht. Umgekehrt müssen offizielle Mitteilungen des Souveräns an sein Volk von einem Staatssekretär gegengezeichnet sein. Dies gilt nicht für nicht-politische Rundfunkansprachen, welche jedoch vermutlich dem Prime Minister vorher zur Kenntnis gebracht werden.

Verfassungsrechtlich besteht nur ein einziges Staatssekretariat. Der ein Department leitende Staatssekretär benutzt nie den den Amtsbereich kennzeichnenden Titel, sondern nur die Formel: *One of Her Majesty's Principal Secretaries of State*. Die im Amt befindlichen neun Staatssekretäre sind also sozusagen durch Parthenogenese aus einem theoretisch nach wie vor als ein einziges angesehenen Amt entstanden[1].

Einige der Staatssekretariate werden nachfolgend kurz besprochen.

a) Das Außenministerium (Foreign Office)

Der Außenminister ist für die Formulierung und Durchführung der britischen Außenpolitik zuständig. Diese gehört nach wie vor zum Bereich der königlichen Prärogative, steht also an sich außerhalb der Zuständigkeit des Parlaments. Da aber alle Prärogativrechte gesamtverbindlich vom Kabinett ausgeübt werden und dieses dafür dem Parlament politisch verantwortlich ist, beeinflußt das Parlament auch die Außenpolitik und die außenpolitischen Debatten in beiden Häusern gehören zu den weithin beachteten Gelegenheiten parlamentarischer Stellungnahme. Dem *Foreign Office* sind derzeit unter dem *Foreign Secretary* drei Staatsminister und ein *Under-Secretary of State* eingegliedert.

[1] Der *Secretary of State* trat erstmals unter den Tudors als Sprachrohr und Diener der Krone hervor. Ungefähr seit 1540 wurden zwei derselben bestellt und spielten eine führende Rolle innerhalb des *Privy Council*. Mehrere Jahrhunderte lang war ihr Amtsbereich geographisch bestimmt, der eine für Nordeuropa, der andere für Frankreich und die südeuropäischen Länder zuständig. Erst 1782 erfolgte die Sachtrennung in auswärtige und heimische Angelegenheiten als *Foreign* und *Home* Sekretariate. Andere Sachsekretariate folgten nach, die letzte derartige Rangerhöhung eines Departments bei Antritt der Regierung Wilson, als das Ministerium für Erziehung in das Sekretariat für Erziehung und Wissenschaft umgewandelt wurde.

Innerhalb des Rahmens der britischen Regierung hat das Außenministerium wie überall neuerdings an Bedeutung verloren, vor allem weil der Prime Minister einen zunehmend starken Einfluß auf die Gestaltung der Außenpolitik genommen hat und sie dank der modernen Verkehrsverbindungen auch weitgehend persönlich führt. Die glanzvolle Zeit der selbständigen Außenminister scheint der Vergangenheit anzugehören. Der Inhaber des Amts muß sich mit dem Einfluß begnügen, den er innerhalb des Kabinetts und durch seine persönliche Beziehung zum Prime Minister auszuüben in der Lage ist.

b) Das Innenministerium (Home Office)

Dem *Home Secretary* obliegt die Verwaltung aller inneren Angelegenheiten, soweit sie nicht unter die Zuständigkeit anderer Departments fallen. Seine wesentlichste Aufgabe ist die Aufrechterhaltung der inneren Sicherheit und Ordnung. Andere seiner Obliegenheiten sind beispielsweise: Fremdenkontrolle; Einwanderung und Einbürgerung; Feuerwaffenkontrolle; Sicherheitsmaßnahmen bei öffentlichen Veranstaltungen; Überwachung des Alkoholausschanks, die in Großbritannien streng gehandhabt wird; technische Durchführung der nationalen und lokalen Wahlen einschließlich der Wählerlisten. Er handhabt die Beziehungen mit der Regierung von Nordirland und den Behörden der Kanalinseln und der Insel Man. Er ist auch die offizielle Verbindung zwischen der Kirche von England und dem Souverän als ihrem statutarischen Haupt. Er erfüllt auch bestimmte justiztechnische Aufgaben, soweit sie nicht dem *Lord Chancellor* zustehen, wie die Überwachung der Gefängnisse, wobei er von dem *Advisory Council for the Treatment of Offenders* beraten wird. Vor allem steht ihm — und nicht etwa den Gerichten oder dem Monarchen – die Ausübung des Gnadenrechts zu[1].

Um seiner Hauptaufgabe, der Durchführung der öffentlichen Sicherheit und Ordnung, genügen zu können, muß der Innenminister auch bestimmte Aspekte der Polizeigewalt betreuen. Hier tritt wiederum eine Eigentümlichkeit des englischen öffentlichen Wesens in Erscheinung. Bis zu Anfang des 19. Jahrhunderts gab es in England keine staatliche uniformierte Polizei und auch heute noch gibt es keine das ganze Land umfassende nationale Polizeiorganisation. Seit der *Bill of Rights* hat sich das Parlament eifersüchtig und erfolgreich einer in der Hand der Regierung konzentrierten Polizeigewalt widersetzt und auf ihrer weitgehend lokalen Dezentralisation in den *boroughs*, *county boroughs* und *counties* bestanden. Der *Home Secretary* verfügt daher unmittelbar außer der *City of London Police* lediglich über die Groß-Londoner Polizei (*Metropolitan Police Force*), welche von einem von der Krone ernannten *Commissioner* verwaltungsmäßig geleitet wird. Auf die Lokalpolizei steht ihm allerdings

[1] Siehe unten S. 517.

ein nicht zu unterschätzender indirekter Einfluß dadurch zu, daß er der Ernennung des *Commissioner* für die Londoner Stadtpolizei und derjenigen der *Chief Constables* in den Provinzen zustimmen muß[1].

5. Das Verteidigungsministerium

a) Organisatorischer Aufbau

Wie auch in anderen Staaten führten die Erfahrungen des letzten Krieges zu einschneidenden Reformen in der Organisation des Wehrwesens und des Verteidigungspotentials, deren traditioneller Aufbau sich bereits seit dem ersten Weltkrieg infolge der zunehmenden militärischen Wichtigkeit der Luftwaffe als überholt erwiesen hatte. Durch den *Ministry of Defence Act* von 1946 (10 & 11 Geo. 6, c. 2) wurde eine organisatorische Zusammenfassung der bis dahin in Friedenszeiten getrennten Dienstzweige (*Service Departments*)[2] unter dem Verteidigungsminister vorgenommen, der seither immer Kabinettsmitglied war. Seine Hauptaufgabe ist die oberste Leitung der drei Dienstzweige-Ministerien für Krieg (*War*), Flotte (*Admiralty*) und Luft (*Air*) und die Verteilung der vom Parlament bewilligten Gelder unter ihnen, wodurch die in den Vereinigten Staaten selbst nach einer analogen Umorganisation nach wie vor bestehende Rivalität der Dienstzweige um die Geldbewilligungen vermieden oder jedenfalls unsichtbar gemacht werden konnte. Auf Grund einer neuerlich erfolgten Überprüfung des Militärpotentials durch das Kabinett (1958) ist der Verteidigungsminister nunmehr unmittelbar dem Prime Minister dienstlich verantwortlich. Die militärischen Chefs der drei Dienstzweige unterbreiten ihre Vorschläge dem Verteidigungsminister, können sich aber im Bedarfsfall auch unmittelbar an das Kabinett wenden. Damit ist also die bereits früher erwähnte[3] Hierarchisierung innerhalb von Kabinett und Regierung wieder ein beträchtliches Stück vorwärts getrieben worden. Der Verteidigungsminister wird bei Fragen der Wehr-*policy* vom *Defence Board* beraten, dem außer ihm selbst und den Chefs der drei Dienstzweige auch die militärischen Sachverständigen und der oberste Zivilbeamte (*Permanent Secretary*) und der oberste wissenschaftliche Berater, beides Berufsbeamte, angehören[4].

---

[1] Näheres über die Polizeiorganisation siehe Bd. II, S. 152 ff.

[2] Bereits 1936 war ein Ministerium für Verteidigungskoordination errichtet worden, das sich aber als überflüssig erwies, nachdem Prime Minister Churchill (seit 1940) auch das Verteidigungsministerium führte.

[3] Siehe oben S. 420 f.

[4] Letzterer, Sir Solly Zuckerman, von Haus aus Zoologe, ist wegen seines Einflusses in Whitehall geradezu legendär geworden. Weites Aufsehen erregte auch die Erhebung eines anderen, allerdings nur ehemaligen Naturwissenschaftlers, Sir Charles P. Snow, zu einer *Life Peerage* und zum Parlamentarischen Sekretär für das neue Ministerium für Technologie durch das Kabinett Wilson.

Die Führung der britischen Flotte (*Royal Navy*), seit jeher der Stolz der britischen Nation und zur Zeit ihrer Weltgeltung ihr oberstes Macht- und Prestigeinstrument, war bis in die jüngste Zeit — wie nicht selten in Großbritannien — einem Kollegium (*Board of Admiralty*) anvertraut, dessen oberste Leitung dem Flottenminister (*First Lord of the Admiralty*) oblag und der für seinen Amtsbereich dem Kabinett bzw. dem Parlament verantwortlich war.

Das Kriegsministerium (*War Office*) befaßt sich mit den Landstreitkräften, dem Heer. Es ist eine der alten *Secretaryships of State* (seit 1794) und sein Chef, der für das Department politisch verantwortlich ist, war unter den Chefs der drei Dienstzweige der einzige, der diesen Titel führte. Auch ihm stand in Gestalt des *Army Council* ein Beratungsorgan zur Verfügung, zu dessen Mitgliedern außer den politischen Beamten (neben dem *Secretary* auch der *Parliamentary Under-Secretary* und der *Financial Secretary*) ähnlich dem Flottenbeirat auch die militärischen Sachverständigen des Heeres-Generalstabs und der oberste *Civil Service*-Beamte gehörten. Das Luftministerium (*Air Ministry*) schließlich folgte in seinem organisatorischen Aufbau demjenigen des Kriegsministeriums.

Im April 1964 trat eine von der konservativen Regierung Macmillan durchgeführte Vereinheitlichung der gesamten Wehrorganisation in Kraft, durch welche die seit Jahrhunderten bestehenden selbständigen Dienstzweige einem einheitlichen Verteidigungsministerium untergeordnet wurden. Das seit 1628 bestehende Kollegial-Amt des *Lord High Admiral*, das formell von neun Mitgliedern, den *Lords Commissioners of the Admiralty* ausgeübt worden war, verschwand in der historischen Versenkung. Unter dem Chef des Verteidigungsministeriums, dem *Secretary of Defence*, amtieren nunmehr je ein Verteidigungsminister für die *Royal Army*, der gleichzeitig stellvertretender Verteidigungsminister ist, für die *Royal Navy* und für die *Royal Air Force* mit je einem beigeordneten *Under-Secretary of State*. Das Wehrwesen ist also in Parlament und Regierung von insgesamt sieben Personen vertreten. Aber das eigentliche Schwergewicht liegt beim Verteidigungsminister, dem Chef des Generalstabs und den zwei Berufsbeamten, dem *Permanent Secretary* und seinem wissenschaftlichen Berater. Der Verteidigungsminister, dem im Jahre 1964 etwa 430 000 Männer und Frauen im aktiven Dienst und weitere Hunderttausende der in den Rüstungsindustrien Beschäftigten unterstanden, rückte damit automatisch zu einem der wichtigsten Kabinettsposten auf.

b) Die Stellung des Wehrwesens in der Verfassungsordnung

Der Gegenstand ist aufs engste mit dem Kampf um und mit der Erhaltung der englischen Freiheitsrechte verbunden.

Zur geschichtlichen Entwicklung. Eine allgemeine Wehrpflicht der freien Bürger hatte bereits unter den angelsächsischen Königen als *Fyrd* (nationales Aufgebot) bestanden. Unter dem Feudalsystem nach der normannischen Eroberung hatten alle militärischen Vasallen auf eigene Kosten zu dienen, die Dienstpflicht konnte aber durch Bezahlung einer Steuer (Schildgeld - *scutage* -) abgelöst werden, wobei der Entlastete auf seine Kosten einen Ritter zu stellen und auszurüsten hatte. Mißbräuche mit der *scutage* führten zur ausdrücklichen Bestimmung der *Magna Charta*, wonach das Wehrgeld nur mit Zustimmung des *Great Council* (und nachher des Parlaments) erhoben werden durfte. Eine allgemeine Wehrpflicht bestand trotz der ihr anhaftenden Illegalität noch unter den Tudors fort. Das Lange Parlament schließlich erklärte die zwangsweise Indienstnahme (*impressment*) für ungesetzlich (1641) (16 Cha. 1, c. 28). Nach der Restauration wurde eine Miliz eingeführt (1661) (13 Cha. 2, st. 1, c. 6). Stehende Heere wurden von Charles II. und James II. sodann durch Freiwillige aufrechterhalten, was schließlich in der *Bill of Rights* von 1688 zu ihrem strikten Verbot in Friedenszeiten außer mit Parlamentszustimmung führte. Da jedoch im Zeitalter des barocken Absolutismus die nationale Sicherheit nicht ohne ein einsatzbereites Heer auskommen konnte, fand der *Mutiny Act* von 1689 (1 Will. & Mary., c. 5) die durchaus originelle Lösung darin, daß das Halten von Streitkräften jeweils nur für ein Jahr bewilligt wurde. Das nach seinem Ablauf verfallende Recht, die Soldaten der Militärgerichtsbarkeit zu unterstellen, war das probate Mittel, um Jahr für Jahr die parlamentarische Erneuerung zu erzwingen. Die Streitkräfte wurden unter dieser Ermächtigung bis 1879 aufrechterhalten, bis der *Army Act* von 1881 (44 & 45 Vict., c. 58) ein umfassendes Militärgesetzbuch erließ, das aber gleichfalls bis 1956 alljährlicher Bestätigung durch das Parlament unterlag. Schließlich schufen die beiden *Army* und *Air Force Acts* von 1955 (3 & 4 Eliz. 2, c. 18 und 19) die endgültige Grundlage für die Personen im Militärdienst. Damit wurden die Dienstverhältnisse einschließlich der Bestimmungen zur Aufrechterhaltung der militärischen Disziplin auf die Dauer von fünf Jahren festgelegt. Die Verlängerung erfolgt jeweils durch *Order in Council*, die dem Parlament vorgelegt und von ihm ausdrücklich bestätigt werden muß. Die derzeit geltende Verlängerung datiert von 1961 (*Army and Air Force Act* [9 & 10 Eliz. 2, c. 52]).

Der Flotte (*Royal Navy*) war die öffentliche Meinung von jeher wohlgesinnter als einem stehenden Heer. Auch heute noch ist die Flotte ein Gegenstand der *Royal Prerogative*, wenn auch der *Naval Discipline Act* (erstmals von 1661 13 Cha. 2, st. 1, c. 6) die Bedingungen des Eintritts (*enlistment*) und der Disziplin statutarisch festlegte, und selbstverständlich das Geld zur Aufrechterhaltung der Seestreitkräfte vom Parlament bewilligt werden muß. Das letzte Konsolidierungsgesetz der Materie datiert von 1957 (*Naval Discipline Act* [5 & 6 Eliz. 2, c. 53]). Die Zwangsindienstnahme für die Marine wurde zwar niemals gesetzlich abgeschafft, ist aber heute nicht mehr möglich.

Verschieden davon ist jedoch die allgemeine Wehrpflicht (*conscription*). Die Engländer fanden nie Gefallen an ihr, sie mußte jedoch, nach dem Vorbild des ersten Weltkriegs, im zweiten in weitem Umfang und auch für gewisse Dienstleistungen von Frauen eingeführt werden (*National Service* [*Armed Forces*] *Act* von 1939 [2 & 3 Geo. 6, c. 81]). Sie wurde seither für Männer im Alter von 16 bis 26 Jahren und mit entsprechender Berücksichtigung ihrer Zivilberufe durch die verschiedenen *National Service Acts* beibehalten. Durch den *Army Reserve Act* von 1962 (10 & 11 Eliz. 2, c. 10) wurde aber die allgemeine Dienstpflicht zum ersten Mal seit 1939 abgebaut und durch Freiwillige (*Territorial Army Emergency Reserve*) ersetzt.

c) Rechtsverhältnisse der Militärpersonen

Die Rechtsstellung der Militärpersonen weicht in Großbritannien verschiedentlich von der Situation in anderen westlichen Staaten ab. Offiziere der Land- und Luftstreitkräfte werden mit königlicher Bestallung (*commission*) angestellt, diejenigen der Marine (bisher) von den *Lords Commissioners of the Admiralty*. Sie können nach Ermessen entlassen werden. Der Eintritt in die unteren Militärränge beruht auf Freiwilligkeit, außer wenn die Wehrpflicht besteht, und unterliegt einem bürgerlichen Vertragsverhältnis. Jedoch kann die Krone nicht wegen unzulässiger Dienstentlassung oder Soldrückständen verklagt werden (viele Entscheidungen, z. B. *Leaman v. R.* (1920) [3 K. B. 663], worin immer noch eine Lücke des Rechtsstaats liegt.

Mit dem Diensteintritt wird die Militärperson zwar dem Militärrecht unterstellt, bleibt aber im übrigen mit allen Rechten und Pflichten des britischen Bürgers ausgestattet (*Burdett v. Abbot* [1812] [4 Taunt. 401] und *Grant v. Gould* [1792] [2 H. Bl. 98]). Sie ist insbesondere stimmberechtigt und kann in die Abwesenheitswählerliste eingetragen werden. Außerdem genießt sie eine erhebliche Zahl von statutarischen Vergünstigungen, beispielsweise hinsichtlich der Testamentserrichtung, Steuerfreiheit des Nachlasses eines gefallenen Soldaten, Befreiung vom Geschworenendienst und ähnliches. Strafbare Handlungen nichtmilitärischer Natur werden grundsätzlich von den Zivilgerichten abgeurteilt.

Was die zeitgeschichtlich nicht unwichtige Frage der Berufung einer Militärperson auf höheren Befehl anbelangt, so wird sich der Betreffende nicht selten in dem Dilemma befinden, ob er, im Ungehorsam gegenüber dem Befehl seines Vorgesetzten, sich wegen Gehorsamsverweigerung einem Militärgericht aussetzen, oder aber, in Befolgung des Befehls, eine nach bürgerlichem Recht strafbare Handlung begehen soll. In *R. v.*

Smith, einem südafrikanischen Fall (1900) (17 Cape of Good Hope S. C. Rep. 561), hielt das Gericht dafür, daß der Soldat durch den Befehl seines Vorgesetzten gedeckt ist, wenn er ihn in gutem Gewissen für rechtmäßig hielt und wenn die von ihm verlangte Handlung nicht ersichtlich (*manifestly*) ungesetzlich war. Ähnlich wurde in einem früheren Fall (*Keighley v. Bell* [1866] [4 F & F 763, 790]) entschieden. Jedoch muß gemäß dem *Army Act* (Sektion 34) der Befehl ein rechtmäßiger gewesen sein. „Rechtmäßig" wird von der neueren (1956) Ausgabe des *Manual of Military Law* dahin ausgelegt, daß der Befehl nicht gegen englisches oder internationales Recht verstoßen darf und auf Grund des Militärrechts gerechtfertigt ist. Der gleiche *Manual* läßt dagegen in Kriegszeiten die Berufung auf höheren Befehl als gültige Verteidigung zu. Die Entscheidung wird also letztlich darin zu finden sein, wie der Soldat den ihn befallenden Gewissenskonflikt zu lösen in der Lage sein wird.

Militärpersonen des Heeres unterstehen gemäß dem *Army Act* von 1881 (44 & 45 Vict., c. 58), an dessen Stelle nunmehr derjenige von 1955 (3 & 4 Eliz. 2, c. 18) getreten ist, der Militärgerichtsbarkeit (*Courts Martial*) wegen militärischer und auch wegen bestimmter ziviler Vergehen. Das Gericht setzt sich aus Militärpersonen zusammen. Ähnliche Regelungen bestehen für die Angehörigen der Marine und der Luftwaffe. Mit Genehmigung des Gerichts selbst kann gegen militärgerichtliche Urteile Berufung an einen ausschließlich aus Zivilrichtern des *High Court* (oder analoger schottischer und nordirischer Richter) zusammengesetzten Gerichtshof eingelegt werden (*Courts Martial Appeals Act* von 1951 [14 & 15 Geo. 6, c. 46]) und gegen dessen Entscheidung ist nunmehr nach dem *Administration of Justice Act* von 1960 (8 & 9 Eliz. 2, c. 65) gegebenenfalls auch Revision an das *House of Lords* möglich.

6. Die Titular-Ämter

a) Der Lord Chancellor

Außer den Fachministerien, deren Aufgabenkreis aus ihrer Bezeichnung zu entnehmen ist, bestehen noch vier historische Namen tragende Ämter, die keinen Schluß auf die von dem Inhaber ausgeübte Regierungsfunktion zulassen. Ihre Beibehaltung in einem modernen Staat mag Außenstehenden als antiquiert erscheinen; sie ermöglicht es jedoch dem jeweiligen Prime Minister, sie mit hervorragenden Parteifreunden zu besetzen, die, ohne durch eigentliche Departmentsverpflichtungen belastet zu sein, ihm für politische Sonderaufgaben zur Verfügung stehen. Dies gilt allerdings nicht für den wichtigsten von ihnen, den *Lord Chancellor*, wohl aber für die anderen, den *Lord President of the Council*, den *Lord Privy Seal* und den *Chancellor of the Duchy of Lancaster*. Von diesen ist lediglich der *Lord Chancellor* zwangsläufig Mitglied des Oberhauses, auch wenn der jeweilige Inhaber persönlich kein Peer sein muß; allerdings wird er üblicherweise alsbald nach seiner Ernennung zum Viscount gemacht.

Im Rahmen des britischen Regierungssystems ist der *Lord Chancellor* wohl die eigenartigste Figur, da er im Widerspruch mit der — zumindest in der Theorie noch immer geheiligten — klassischen Gewaltentrennungslehre in seiner Person gleichzeitig sozusagen naht- und bruchlos gesetzgeberische, richterliche und ausführende Tätigkeiten vereinigt. Gesetzgeberische Funktionen sind mit seiner Eigenschaft als Vorsitzender des Oberhauses verbunden; nicht nur leitet er als *Speaker* den dortigen legislativen Prozeß, sondern er nimmt auch gegebenenfalls an den Abstimmungen teil[1]. Seine richterlichen Funktionen bestehen einmal darin, daß er der Chefpräsident der beiden obersten Gerichte, des *House of Lords* und des *Judicial Committee of the Privy Council* ist, außerdem aber der Titularpräsident aller oberen Gerichte (*Court of Appeal, High Court, Chancery*), wenn er auch üblicherweise an den Sitzungen nicht teilnimmt. Aber als dem obersten Justizbeamten obliegen ihm gleichzeitig exekutive Tätigkeiten, die anderwärts einem Justizminister übertragen wären: Er ernennt auf eigene Verantwortung alle Grafschaftsrichter und die Vorsitzenden zahlreicher verwaltungsgerichtlicher Behörden und empfiehlt der Krone die Ernennung aller anderen Richter in England und Wales — mit Ausnahme des *Lord Chief Justice* und des *Master of the Rolls*, welche der Prime Minister ins Amt beruft[2]. Außerdem kontrolliert er durch einige zwanzig ihm unterstellter Ämter so gut wie die gesamte Justizverwaltung, wozu das *Land Registry* (Grundbuchamt), das *Public Trustee Office* (die Verwaltung von Nachlässen) und das *Public Record Office* (Staatsarchiv) gehören. Durch seinen Vorsitz in dem *Rules Committees of the Supreme Court* und demjenigen der Grafschaftsgerichte legt er die Prozeßordnungen der Gerichte fest, eine Tätigkeit, die in anderen als den angelsächsischen Ländern dem Parlament obliegen würde. Ihm untersteht auch die Patronage über etwa siebenhundert Pfründen der Kirche von England und die Rangerhebung von *barristers* zur Würde des *King's* (oder *Queen's*) *Counsel.* Der *Lord Chancellor* wird also in unserer Darstellung auf Schritt und Tritt genannt werden müssen.

Aber nicht genug damit: Er ist auch ein politischer Beamter, der höchste Beamte der Regierung in allen rechtlichen und vor allem staatsrechtlichen Fragen. Unfehlbar ein Jurist von höchstem Ansehen, der sich als Mitglied der Bar oder eines hohen Gerichts ausgezeichnet hat, darf er als die erste Rechtskapazität des Landes gelten, wie die lange Reihe hervorragender Inhaber des Amts erweist. Als Kabinettsmitglied nimmt er auch an allen politischen Entscheidungen teil. Er bezieht nach der neuesten Regelung für seine richterlichen Funktionen als Präsident des *Supre-*

[1] Siehe oben S. 254.

[2] Siehe Bd. II, S. 36, 56 f.

me Court und gleichzeitig als Vorsitzender der *Chancery Division* des *High Court* ein Gehalt von 8 500 £, wozu noch 4 000 £ als Entgelt der *Speakership* im Oberhaus kommen. Da er historisch der *Keeper of the King's Conscience*, der offizielle Seelsorger des Monarchen ist, wäre die Ernennung eines Katholiken oder Juden für dieses Amt wahrscheinlich ungesetzlich.

Das Amt gilt als ein eigenes Ministerial-Department, mit einem *Permanent Secretary* versehen. Es schließt auch den *Clerk of the Crown* ein, der bestimmte Beurkundungspflichten hat.

b) Der Lord President of the Council

Was die drei anderen Titularämter anbelangt, so stehen sie, da sie in der Regel nicht mit der Betreuung eines Fachministeriums verbunden sind, dem Prime Minister für andere ihm wichtig erscheinende Aufgaben zur Verfügung. Der *Lord President of the Council* ist amtlich der Vorsitzende des *Privy Council*[1] und verfügt in dieser Eigenschaft zwar über einen kleinen Stab, aber über kein echtes Department. Er ist in der Regel Kabinettsmitglied und bezieht das gleiche Gehalt wie ein Minister (8 500 £). Da seine amtlichen Funktionen leicht sind, wird er vom Prime Minister zur Erfüllung von Spezialaufgaben verwendet. In den Kabinetten von Macmillan wurde ihm das 1956 begründete *Department of Scientific and Industrial Research* als *Minister of Science* zugewiesen, im Kabinett Wilson aber wurde er zum *Leader of the House of Commons* ernannt, eine politische Aufgabe, die nur derjenigen des Prime Minister nachsteht.

c) Der Lord Privy Seal

Der *Lord Privy Seal* ist nach dem witzigen Wort eines seiner neueren Inhaber weder ein Lord noch „geheim" (*privy*) noch ist er mit einem besonderen Siegel (*seal*) außer dem seines Amtes ausgestattet[2]. Mit dem gleichfalls mit 8 500 £ dotierten Amt sind heute keinerlei Departments-Verpflichtungen mehr verbunden und sein Inhaber steht zur Erledigung von Sonderaufgaben zur Verfügung[3].

---

[1] Über dieses siehe unten S. 524 ff.

[2] Das Amt geht auf das 14. Jahrhundert zurück. Im Mittelalter war das Siegel zur Ausgabe von Geld durch das *Exchequer*-Amt erforderlich und ebenso für amtliche Anstellungen durch *Letters Patent* (Gesetz von 1536 [27 Henry 8, c. 11]). Der *Great Seal Act* von 1884 (47 & 48 Vict., c. 30) hob aber dieses Erfordernis endgültig auf.

[3] Edward Heath als *Lord Privy Seal* wurde vom Kabinett Macmillan mit den — bekanntlich vergeblichen — Verhandlungen über den Eintritt Großbritanniens in den Gemeinsamen Markt betraut. In der Regierung Wilson wurde ein Peer (Earl of Longford) zum *Lord Privy Seal* und Regierungsführer im Oberhaus ernannt. Da die Arbeiterregierung mit dem Widerstand der Lords bei gewissen Vorlagen rechnen muß, wurde sein Amt mit gleich zwei Ministern ohne Portefeuille ausgestattet.

d) Der Chancellor of the Duchy of Lancaster

Ebenso verhält es sich heute und seit langer Zeit mit dem Titularamt des *Chancellor of the Duchy of Lancaster.* Formell soll er die Güter des Herzogtums von Lancaster verwalten, die dem Souverän als dem Herzog von Lancaster gehören, und auch die dortige Gerichtsbarkeit überwachen, die allerdings nur aus einem einzigen Gericht besteht, welches — ein typisch englisches Kuriosum — den *Supreme Judicature Act* von 1873 (36 & 37 Vict., c. 77) überlebt hat. Der Amtsinhaber kann daher keineswegs als von Arbeitsüberlastung geplagt gelten, steht daher zu Sonderaufgaben zur Verfügung und ist dann meist im Kabinett eingeschlossen[1].

7. Die obersten Justizämter (Law Officers)

Ein eigentliches Justizministerium im kontinentalen Sinn besteht, wie erwähnt, in Großbritannien nicht. Die Funktionen, die dem Justizminister bei der Bestellung des Richterpersonals zufallen, werden vom *Lord Chancellor* ausgeübt. Für die Rechtsberatung der Regierung und des Parlaments sowie für die Durchführung von den Fiskus betreffenden Verfahren sind die sogenannten *Law Officers of the Crown* zuständig. Sie haben Ministerrang und sind Inhaber politischer Ämter, wechseln also mit der Regierung. Es sind deren vier, nämlich der *Attorney-General* und der *Solicitor-General* und das korrespondierende Paar für Schottland, der *Lord Advocate* bzw. *Solicitor-General for Scotland.* Sie sind in ihren Territorialbezirken die Vorsitzenden der Juristen-Innung (*bar*) und können während ihrer Amtsinnehabung keine Privatpraxis ausüben[2]. Die Ämter werden meist angesehenen *barristers* verliehen, die sich um die Partei verdient gemacht haben. Keiner von ihnen hat dem Herkommen nach Kabinettsrang. Um hervorragenden Juristen die Amtsübernahme zu erleichtern und ihnen einen Ausgleich für die entgangene Privatpraxis zu gewähren, sind sie mit erheblichen Bezügen ausgestattet (13 000 und 9 000 £ für die Inhaber der englischen bzw. 5 625 £ für die schottischen Ämter).

---

[1] Iain Macleod, einer der führenden jüngeren Tories, war im letzten Kabinett Macmillan Inhaber des Amts, gleichzeitig Führer der Konservativen in den Commons, bis er wegen seiner Meinungsverschiedenheit über die Nachfolgerschaft von Lord Home als Prime Minister aus Kabinett und Regierung ausschied, nach dem Arbeitersieg aber wieder in das Schattenkabinett der Konservativen berufen wurde. Auch Labour sah bei der Besetzung des Amts auf einen Politiker mit langer parlamentarischer Erfahrung.

[2] Seit einigen Jahren hat sich bei den schottischen *Law Officers* die anormale Situation ergeben, daß die Amtsinhaber keine Parlamentsmitglieder sind, weil sich geeignete Persönlichkeiten nicht finden ließen, die ihre Praxis für Westminster einzutauschen bereit gewesen wären. Ihnen ist daher zum Unterschied von ihren englischen Kollegen die Privatpraxis gestattet.

Der *Attorney-General* ist der offizielle Rechtsberater der Regierung, vertritt die Krone, das heißt den Fiskus in *civil law-* Angelegenheiten; er oder der *Solicitor-General* fungieren bei bestimmten Vergehen, z. B. bei Verletzung des *Official Secrets Act* und in besonders wichtigen Strafsachen, als der öffentliche Ankläger. In dieser Eigenschaft ist der *Law Officer* völlig unabhängig von der Regierung und nicht an deren Wünsche oder Instruktionen gebunden. Bei politischen Prozessen muß er sich von parteipolitischen Erwägungen freihalten. Er ist auch in der Prozeßgestaltung völlig frei, kann also ein Verfahren durch *nolle prosequi* einstellen oder durch Unterlassung von Beweisangeboten einen Freispruch herbeiführen. Im Unterhaus dürfen die Minister über den von ihnen erteilten juristischen Rat keine Auskunft geben.

Der *Solicitor-General* ist an sich der Untergebene des *Attorney-General*[1] und üblicherweise, falls letzterer während der Legislaturperiode ausscheidet, sein Amtsnachfolger. Seine Pflichten sind mehr oder minder dieselben. Die *Law Officers* für Schottland üben analoge Funktionen für den schottischen Amtsbereich aus.

Achtzehntes Kapitel

Das Berufsbeamtentum (Civil Service)

1. Zur geschichtlichen Entwicklung des Beamtentums

Die Aufgaben der Regierung im allgemeinen und der einzelnen ihrer Departments oder Ministerien müssen von einem Beamtenstab aus- und durchgeführt werden. Im Gegensatz zu manchen Kontinentalstaaten, wie Frankreich oder Preußen, die schon im Zeitalter des fürstlichen Absolutismus über ein in den Verwaltungsaufgaben geschultes Berufsbeamtentum verfügten — nicht zu reden von Byzanz, dem Beamtenstaat par excellence —, war dieses in Großbritannien bis ins 19. Jahrhundert hinein völlig unbekannt. Der tiefere Grund dafür war wohl, daß in England die Monarchie viel früher als auf dem Kontinent konstitutionalisiert,

---

[1] Die Beziehungen zwischen den beiden Ämtern sind im *Law Officers Act* von 1944 (7 & 8 Geo. 6, c. 25) dahingehend geregelt, daß, außer wenn gesetzlich etwas anderes vorgeschrieben ist, der *Solicitor-General* handlungsberechtigt ist, falls das Amt des *Attorney-General* nicht besetzt sein sollte, dieser wegen Abwesenheit oder Krankheit nicht handlungsfähig ist oder, wenn er vom *Attorney-General* aus besonderen Gründen zum Handeln ermächtigt ist.

das heißt politisch gebändigt wurde und daß ein dem König ergebenes Beamtentum der Bürgerfreiheit abträglich erschien.

Ein Stab königlicher Bediensteter muß entstanden sein, sobald die Dienstleistung Schreibkundigkeit verlangte[1]. Unter den Tudors und erst recht den Stuarts hatte sich der Staatsbetrieb bereits derart ausgedehnt, daß die staatlichen Dienstleistungen von staatlich Angestellten und nicht mehr gewissermaßen im Nebenberuf von den politischen Stellen gehandhabt werden konnten. Zu Ende des 18. Jahrhunderts, als sich bestimmte Departments kristallisiert hatten, mögen etwa 16 000 Leute im öffentlichen Dienst beschäftigt gewesen sein, davon zwei Drittel in der Verwaltung der Zölle und Verbrauchssteuern; auch die Post mußte von einer stattlichen Zahl bedient werden. Die Vergebung der öffentlichen Stellen erfolgte durchwegs durch die Patronage; der *Parliamentary Secretary* der *Treasury* war der offizielle Patronagebeamte. Die höheren Beamten eines Departments wurden vom Monarchen jederzeit widerruflich mit *letters patent* angestellt und diese vergaben die unteren Dienststellen an die ihnen gutdünkenden Bewerber. Das Verfahren war ebenso korrupt wie die damalige Vergebung der Parlamentssitze und wie bei diesen verbunden mit einem schwunghaften Handel. Die Salarierung dieser staatlichen Angestellten beruhte meist auf Sporteln oder anderen ihnen gewährten sachlichen Vergünstigungen. Zudem mußte der Dienst nicht persönlich, sondern konnte durch angeheuerte Stellvertreter geleistet werden, wodurch viele Posten zu echten Sinekuren mit erheblichen Einnahmen wurden. Auch machte, wer es konnte, freigebige persönliche Anleihen bei den dem Amt zur Verfügung stehenden Staatsgeldern. Die Patronage war selbstverständlich parteipolitisch eingestellt. Nachdem sie sich in der langen Whigherrschaft eingegraben hatte, standen die dann ans Ruder gekommenen Tories nicht nach. Die Hauptquelle waren dabei die Parlamentsmitglieder, die bis ins 19. Jahrhundert hinein ihren Konstituenten die Stellen zuschanzten; von Regierungsseite konnte dagegen nichts unternommen werden, da man die Parlamentsangehörigen bei der Stange halten wollte. Die Buchführung war durchaus willkürlich und in den einzelnen Ämtern verschieden. Beispielsweise benutzte das Schatzamt die seit der normannischen Eroberung üblichen gekerbten Holzstäbe (*tallies*) bis 1826!

Mit der allmählichen Entstehung eines rationellen Regierungsbetriebs gegen Ende des 18. Jahrhunderts begannen die Parlamente sich auf eine Reform zu besinnen, wußten aber angesichts der insularen Isolierung, der alle Vergleichsmaßstäbe fremd waren, sonderbarerweise nicht, wie sie dabei vorgehen sollten. Ein Anstoß zur fälligen Rationalisierung der öffentlichen Dienste stammte von der Praxis der *East India Company*,

[1] Das Wort *clerk* ist bekanntlich von *cleric* — Kleriker — abgeleitet, die schriftkundig waren.

die 1806 eine Ausbildungsschule (*Aylesbury College*) für ihren Nachwuchs eingerichtet und seit 1833 die Stellen auf der Grundlage von Wettbewerbsprüfungen (*competitive examinations*) besetzt hatte. Um die Zeit der ersten Reform — und dies war naturgemäß kein Zufall — begann auch die Patronage als Mittel der Stellenbesetzung ihre Bedeutung zu verlieren. Unter dem ständigen Druck entschlossener Reformer[1] wurde schließlich durch eine Reihe von Parlamentskommissionen die Reform des Systems eingeleitet, von denen die berühmteste die von Gladstone als Schatzkanzler eingesetzte (1853) mit Trevelyan und Northcote war. Ihr Bericht empfahl die Rekrutierung der Beamten nach Maßgabe ihrer Leistung (*merit*), die unter der Aufsicht eines unabhängigen Prüfungsausschusses nachgewiesen werden und zunächst zur probeweisen Anstellung der erfolgreichen Bewerber führen sollte. Schon damals wurde die auch heute noch geltende Unterscheidung zwischen den untergeordneten Dienstleistungen mit Routinecharakter, wie das Kopieren von Schriftstücken[2], und den verantwortlichen Tätigkeiten als Berater der Minister in den Vordergrund gerückt. Für beide Kategorien sollten verschiedene Befähigungsprüfungen veranstaltet werden. Dabei sollte bei der höheren Kategorie nicht auf eine Spezialausbildung, sondern auf die analytische Veranlagung des Bewerbers Wert gelegt werden, der dank seiner allgemeinen Ausbildung in der Lage wäre, auch die verschiedenartigsten Probleme seines Dienstes zu meistern. Damit ist in England der noch heute unvermindert fortgeltende Unterschied zum Kontinent entstanden, wo die Ausbildung im römischen Recht und (später) in den Kameralwissenschaften als die unerläßliche Vorbedingung zur höheren Beamtenlaufbahn galt und weitgehend noch immer gilt. Dieser ursprüngliche Gedanke des allgemein gebildeten Gentleman hat sich mit dem besten Erfolg bis in die Gegenwart erhalten. Schließlich wurde 1870 durch *Order in Council* die Wettbewerbsprüfung für alle offenen Stellen im Zivildienst eingeführt und die *Treasury* als die koordinierende und regulierende Zentralstelle bestimmt.

Damit war die Grundlage des heutigen *Civil Service* geschaffen, was aber nicht hinderte, daß in ungefähr regelmäßigen Abständen seither *Royal Commissions* zur Verbesserung eingesetzt und ihre Berichte dann in neue Regulierungen umgesetzt wurden[3].

Die nachfolgende Darstellung entspricht dem heutigen Stand des Berufsbeamtentums.

---

[1] Unter ihnen waren so berühmte Namen wie Macauley, Charles Trevelyan, Stafford Northcote und Benjamin Jowett.

[2] Die Schreibmaschine wurde etwa um 1870 erfunden.

[3] Die wichtigeren waren: Playfair (1874/75); Ridley (1886—1890); MacDonnell (1912—1915); Tomlin (1929—1931) und ebenso die allgemein mit der Regierungsstruktur befaßten Kommissionen wie die von Haldane (1918) und diejenige von 1955 (Cmnd. 9613).

2. Begriffsbestimmung des Civil Servant

Als Mitglieder des *Civil Service* und daher als *Civil Servants*[1] gelten „diejenigen Diener der Krone — ausgenommen die Inhaber von politischen oder richterlichen Ämtern —, welche in ziviler Eigenschaft angestellt sind und deren Bezahlung ganz und unmittelbar aus den vom Parlament bewilligten Geldern erfolgt"[2]. Bei näherem Zusehen aber ist diese Definition alles andere als eindeutig.

Zunächst hängt die Eigenschaft einer Person als „Diener der Krone" von den Umständen ab[3]. Nicht alle Personen, die öffentliche Dienste für die Krone, das heißt für den Staat oder den Fiskus leisten, sind gleichzeitig Mitglieder des *Civil Service.*

Es müssen also vom Berufsbeamtentum von vornherein die folgenden Kategorien ausgeklammert werden: Die Inhaber der politischen Ämter (Minister, *Parliamentary Secretaries* und *Parliamentary Private Secretaries*), die zweifellos öffentliche Dienste leisten; alle Richter, bei denen dies gleichermaßen unzweifelhaft der Fall ist; die Mitglieder aller Dienstgrade der bewaffneten Macht; das Heer der Beamten und Angestellten der Lokalverwaltung und das kaum minder zahlreiche Personal, das bei den verstaatlichten Industriezweigen beschäftigt ist. Auch der Auswärtige Dienst wird formell nicht zum *Civil Service* gerechnet, sondern stellt eine davon gesonderte Kategorie des Krondienstes dar.

Andererseits gehören zum *Civil Service* nicht nur diejenigen Personen, die landläufig als Beamte angesehen werden, sondern auch die Masse der in den Regierungsinstallationen wie Rüstungsunternehmen und Werften angestellten Handarbeiter[4]. Es wird aber allgemein, wenn auch juristisch ungenau, angenommen, daß der *Civil Service* hauptsächlich die Kategorien der *non-industrial workers* umfaßt, deren Gesamtzahl innerhalb des Vereinigten Königreichs und in Übersee insgesamt über 680000 Personen umfaßt, wovon etwa ein Drittel Frauen sind[5]. Mitglieder des *Civil Service* sind auch Personen, die nicht unmittelbar von der Krone, sondern von einem anderen *civil servant* angestellt sind. Die wichtigste Gruppe sind

---

[1] Der Einfachheit halber wird nachfolgend der Ausdruck *civil servant* mit Beamter wiedergegeben, obwohl sich beide Begriffe nicht vollkommen decken.

[2] Die Definition stammt aus dem Bericht der Tomlin *Royal Commission* von 1929 (Cmd. 3909, 1931).

[3] Siehe die neuere Entscheidung in *Bank voor Handel en Scheepvaart N.V. v. Administrator of Hungarian Property* ([1954] [A. C. 584]), wo der Beklagte, eine Behörde zur Verwaltung beschlagnahmten ungarischen Vermögens, zum "*servant of the crown*" erklärt wurde, was ihm die Vorinstanz einstimmig abgesprochen hatte; die Eigenschaft als *civil servant* spielt auch eine wichtige Rolle im Rahmen des *Crown Proceedings Act* von 1947 (10 & 11 Geo. 6, c. 44, Sektion 2 (6)); siehe Bd. II, S. 110 ff.

[4] Ihre Zahl betrug (Mitte 1963) 535000 Personen.

[5] Zwei nur Halbtagsbeschäftigte gelten dabei als ein Ganzbeschäftigter.

hier die sich auf etwa 190000 Personen belaufenden Angestellten bei der Post (*Rainbridge v. Postmaster-General* [1906] [1 K. B. 178]).

Auch mit dem in einzelnen (etwa Pensions- [*superannuation*]) Gesetzen enthaltenen Ausdruck *established civil servant*, worunter ein dauernd angestellter Beamter verstanden wird, ist nicht viel gedient, da diese Bezeichnung nur für die Zwecke des betreffenden Gesetzes Geltung hat; denn *civil servants* sind alle in einem Ministerium oder einer anderen zentralen Regierungsstelle beschäftigten Personen, auch wenn sie nicht *established*, also nicht pensionsberechtigt sind. Da es in dieser Materie an einer einheitlichen Kodifikation nach Art der kontinentalen Beamtengesetze fehlt, wird die Entscheidung, ob eine Person tatsächlich den *Civil Service*-Status genießt, vor allem bei den Kategorien der niederen Dienstleistungen oft schwierig sein[1]. Man kann also sagen, ohne daß aber diese Formel unter allen Umständen hieb- und stichfest wäre, daß ein *civil servant* oder Berufsbeamter derjenige ist, der in einem Amt der Zentralregierung gegen Gehalt beschäftigt ist.

Nicht dem eigentlichen *civil service* zugerechnet werden Sachverständige auf den verschiedensten Gebieten, vor allem der Wirtschaft, Finanzen, Naturwissenschaften, die zeitweilig zum Regierungsdienst herangezogen werden und den einzelnen Ministern und selbst dem Prime Minister als eine Art *brain trust* dienen. Während schon konservative Regierungen von solchen Außenseitern einen, wenn auch bescheidenen Gebrauch gemacht hatten, wurde diese Beratungstechnik von der Regierung Wilson weitgehend in Anspruch genommen.

3. Klassen der Beamten

Die Unterscheidung zwischen Beamten und Angestellten ist dem britischen System fremd. Nach der Art ihrer Dienstleistung werden die Beamten in die folgenden Klassen eingeteilt:

1. Die Administrativ-Klasse (*administrative* oder auch *principal grade*). Sie ist die schmale und nur der Elite zugängliche Spitze der Beamten-Pyramide. Ihre Aufgabe ist die Beratung des Ministers bei der Festlegung der *policy* für sein Department, die Beurteilung der Tragweite neuer Maßnahmen, die Lösung grundsätzlicher Schwierigkeiten im Verwaltungsbetrieb und seine oberste Leitung und Überwachung. Wegen ihrer besonderen Stellung im politischen Prozeß wird von ihr in einem Sonderabschnitt zu handeln sein[2]. Ihre Zahl beträgt etwa 2 550 Personen[3].

[1] Siehe z. B. *Mulvenna v. The Admiralty* ([1926] [S.C. 842]), wo einem bei einer staatlichen Werft beschäftigten Telefonarbeiter der gleiche Schutz gegen Gehaltspfändung zugebilligt wurde wie einem *civil servant.*

[2] Siehe unten S. 468/69.

[3] Über die Zahl der den einzelnen Klassen angehörigen Personen herrscht in den Quellen ungewöhnliche Uneinigkeit. Die hier angeführten Ziffern sind dem offiziellen *Handbook for Britain* (1964) (*Her Majesty's Stationary Office* 1964) entnommen.

2. Die Klasse der Spezialisten (*specialists class*). Sie umfaßt meist, aber nicht ausschließlich, akademisch vorgebildete berufliche Spezialisten wie Ingenieure, Juristen, Doktoren, Architekten, Sozialhygieniker und neuerdings mehr und mehr Naturwissenschaftler, die von dem betreffenden Department wegen ihrer beruflichen Sachkenntnis für die verschiedensten Aufgaben eingesetzt werden. Ihre Zahl beträgt etwa 110000 Personen.

3. Die ausführende Klasse (*executive class*). Sie ist die eigentliche Mittelschicht der Berufsbeamten, die innerhalb des Departments die ihr zugewiesenen Aufgaben nach den Weisungen und Richtlinien ihrer Vorgesetzten ausführt und dabei auch das untergeordnete Personal leitet und überwacht. Der Eintritt in den Staatsdienst erfolgt mit 18—19 Jahren nach Abschluß einer Mittelschule, die humanistisch oder aber (vorwiegend) eine Berufsschule sein kann. Im Laufe der Dienstzeit werden viele dieser Gruppe Spezialisten wie Rechnungsprüfer, Statistiker etc. und werden in dieser Eigenschaft von der administrativen Klasse herangezogen. Ihre Zahl beträgt etwa 73 000 Personen.

4. Die Klasse des Büropersonals (*clerical*), untergeteilt in *clerical* und *subclerical* oder *ancillary* Dienstleistungen. Sie sind mit den Routinearbeiten des Departments, aber auf einer einigermaßen gehobenen Stufe befaßt, etwa mit der Steuerveranlagung oder mit der Entscheidung routinemäßiger Ansprüche des Publikums. Als die zahlreichste Klasse des *Civil Service* umfaßt sie etwa 126 000 Personen.

4 a). Die *subclerical* oder *ancillary class* stellt das eigentliche Büropersonal. Sie nehmen ohne selbständige Dienstvollmachten die üblichen Schreib- und anderen Büroarbeiten vor. Neuerdings kommen die Techniker der komplizierten Büromaschinen dazu. Sie treten mit 16 bis 17 Jahren nach Absolvierung einiger Mittelschulklassen oder einer ähnlichen Vorbildung ein. Ihre Zahl beträgt etwa 100 000 Personen.

5. Die Klasse der manuellen Dienstleistungen (*messengerial and minor*) Sie verrichten die keine Vorbildung verlangenden Tätigkeiten der Boten, Wächter, Portiers, Instandhaltungs- und Reinigungsarbeiten. Ihre Zahl beträgt etwa 34 000 Personen.

Innerhalb der einzelnen Beamtenklassen, soweit sie sich auf verschiedene Ministerien erstrecken, besteht eine einheitliche Einstufung nach Dienstvoraussetzungen und Gehaltsskalen, um einem Wettbewerb zwischen den einzelnen Departments vorzubeugen, bei dem unterschiedliche Anforderungen gestellt und unterschiedliche Entgelte geboten würden.

Gewisse Beamtenkategorien bestehen aber nur in einem einzelnen Department. Dazu gehören das zahlreiche Personal des *Post Office* (Briefträger, Schalter- und Innendienstbeamte, Telefonisten und Telegrafisten, Linienarbeiter und ähnliche Dienstleistungen). Auf einer höheren Ebene sind solche Spezialkategorien die Fabrikinspektoren des Arbeits- und die Schulinspektoren des Erziehungsministeriums.

6. Einer neueren technologischen Entwicklung entspringt die Klasse der Wissenschaftler, die teils den einzelnen Departments als technische Spezialisten eingegliedert sind, teils sich im Regierungsdienst der Forschung widmen, die früher ausschließlich von Privatunternehmungen oder Universitäten betrieben wurde, nunmehr aber auch eine Aufgabe der öffentlichen Hand geworden ist. Dem bereits 1916 ins Leben gerufenen *Department of Science and Industrial Research* wurden im Laufe der Zeit, besonders in den letzten Jahren, immer neue Forschungsstellen eingegliedert. Das vorher bestehende *Advisory Committee* wurde 1956 durch eine selbständige Regierungsstelle für Forschung, das *Council for Scientific and Industrial Research* ersetzt, dem seinerseits fünf spezialisierte Sonderforschungsbeiräte angeschlossen sind. Mit sehr erheblichen Mitteln ausgestattet sind allein dort an die 3000 hochqualifizierte Wissenschaftler angestellt. Das mit wissenschaftlichen Aufgaben befaßte Personal war dem 1959 neugeschaffenen Minister (*Minister of Science*) unterstellt, dessen Dienstbereich dann nach Antritt des Kabinetts Wilson im *Ministry of Technology* aufgegangen ist. Auch das Personal der 1954 gegründeten *Atomic Energy Authority* (2 & 3 Eliz. 2, c. 32) hat *Civil Service*-Status. Von allen Klassen des *Civil Service* hat sich diejenige der technisch-wissenschaftlichen Spezialisten am stärksten vermehrt (1939: 11 000; 1959: über 70 000)[1].

Die prozentuale Verteilung der verschiedenen Beamtenklassen ergibt etwa folgendes Bild: Administrative Klasse: 0,3 Prozent; Spezialisten: 10 Prozent; Exekutivbeamte: 7 Prozent; Büropersonal: 20 Prozent; Post und andere Dienstleistungen: 22 Prozent; Industriebeschäftigte: 40 Prozent. Anders ausgedrückt: Auf jeden Beamten der Spitzenklasse (*senior officer*) treffen 12 Vollzugsbeamte und 60 Büroangestellte.

4. Aufstiegsmöglichkeiten

Innerhalb jeder Beamtenklasse bestehen geregelte Beförderungsmöglichkeiten, wobei die höhere Stelle mit größerer Verantwortung und entsprechend erhöhtem Gehalt verbunden ist. Davon verschieden aber ist die wichtige Frage der Mobilität nicht innerhalb, sondern zwischen den einzelnen Klassen, also die Aufstiegsmöglichkeiten von einer niedrigeren in eine höhere Klasse. Damit war es die längste Zeit schlecht bestellt. Wer einmal in eine Klasse eingetreten war, hatte nur geringe Chancen des Aufstiegs in eine höhere, was wohl mit der bei den einzelnen Klassen verschiedenen Vorbildung zusammenhängen mochte, aber vorwiegend auf die allen Beamtenordnungen angeborene Zähflüssigkeit zurückzuführen war. Seit dem letzten Krieg ist diese Versteifung aber wesentlich gelok-

[1] Siehe darüber *Report of the Committee of Enquiry into the Organization of the Civil Science* (2171/1963).

kert worden. Ein in den beiden untersten Klassen der *clerical* und *sub-clerical class* Eingestufter kann bei Eignung und Bewährung in die nächsthöhere Klasse der Vollzugsbeamten einrücken. Von Zeit zu Zeit finden in den unteren Klassen Wettbewerbsprüfungen gerade zum Zweck der Versetzung in eine nächsthöhere Klasse statt, der sich qualifizierte Bewerber unterziehen können. Die größere Mobilität gilt nunmehr auch für die höchste administrative Klasse, in die früher ein Einbruch von außen und von unten her so gut wie unmöglich war. Neuerdings werden auch dort offene oder auch neue Stellen vielfach durch Beförderung aus den unteren Klassen besetzt, so daß diese nicht mehr die ausschließliche Domäne einer bestimmten Sozialschicht sind, wie es früher der Fall gewesen war. Die *Civil Service Commission* veranstaltet jetzt von Zeit zu Zeit Wettbewerbsprüfungen für besonders Qualifizierte der unteren Klassen zum Eintritt in die *principal grade*-Klasse. Schon vor dem Krieg soll etwa ein Viertel aller dortigen Stellen durch Beförderung von Beamten aus den darunterliegenden Klassen besetzt worden sein, heute rekrutieren sich etwa vierzig Prozent der obersten Schicht aus Leuten, die ursprünglich einer niedrigeren Klasse angehört hatten.

Andererseits hat das bestehende System, hier zum Unterschied von den Vereinigten Staaten, den unschätzbaren Vorteil, daß, wer die Beamtenlaufbahn einschlägt, sie als Lebensberuf betrachtet, der mit einem im Rahmen des allgemeinen Lebensstandards angemessenen Gehalt, einem gewissen sozialen Prestige und einer auskömmlichen Pension belohnt wird. Der in Amerika übliche Verschleiß des *Civil Service*, bei dem, nach einigen Jahren im Regierungsdienst gesammelten Erfahrungen, der Übergang in die lukrativere Privatwirtschaft vollzogen wird, kommt bei den unteren Klassen überhaupt nicht in Frage und hat sich bei den oberen Rängen in bisher erträglichen Grenzen gehalten. Aber im allgemeinen gilt die Beamtenlaufbahn wie auf dem Kontinent als erstrebenswerter Lebensberuf und hat zu einer erheblichen Stabilität des Beamtentums im Regierungsdienst geführt.

5. Die Beamten der Administrativen Klasse

a) Rekrutierung

Die nicht viel mehr als zweieinhalbtausend Personen umfassende Spitzengruppe von Elite-Beamten des *Civil Service* in der *principal grade*-Klasse ist eine Eigentümlichkeit des britischen Regierungswesens, für welche in anderen Staaten kaum ein Gegenstück besteht, abgesehen vielleicht von den französischen *inspecteurs de finance*, die sich aber von der englischen Einrichtung durch die einheitliche Ausbildung in der *Ecole Nationale d'Administration* unterscheiden. Die Gruppe, in der sich auch, wenn auch in verhältnismäßig geringer Zahl, Frauen befinden, rekrutierte sich früher so gut wie ausschließlich, heute zu zwei Dritteln aus Leuten mit Universitätsvorbildung, die in der Regel durch ein Abschlußdiplom nachgewiesen werden muß. Jährlich werden etwa einhundert Anwärter im Alter von 22 bis 24 Jahren ausgewählt, also eine so geringe Anzahl, daß eine Prüfung auf Herz und Nieren durchaus möglich ist. Getreu dem seit Beginn des modernen *Civil Service* maßgebenden Grundsatz, daß es bei den leitenden Beamten nicht auf eine spezielle Berufsausbildung technischer Art ankommt, sondern auf ihre geistig-intellektuelle Persönlichkeit, müssen sich die Bewerber zunächst zwei sehr anspruchsvollen schriftlichen Prüfungen unterziehen: Die erste, einheitlich für alle Prüflinge, erstreckt sich auf die Beherrschung der englischen Sprache, Vertrautheit mit den allgemeinen geistigen und politischen Zeitläufen und auf die Bearbeitung eines allgemeinen Themas. Bei diesen Prüfungen besteht vollkommene Anonymität, so daß die Beurteilung nur auf Grund der Leistung erfolgt. Bei der zweiten Prüfung wird ein dem Bewerber aus seinen bisherigen akademischen Studien naheliegendes Thema behandelt, das er sich aus einer etwa sechzig Gegenstände umfassenden Liste selbst auswählen kann. Während also die erste Prüfung die allgemeine Auffassungsgabe und die geistig-kulturellen Interessen unter Beweis stellt, soll bei der zweiten gezeigt werden, was der Prüfling in seinem eigenen Fach leisten kann, mag es sich um die Theorie der Wahrscheinlichkeitsrechnung, Kenntnis des Urdu, Archäologie oder Zoologie handeln. Die Arbeiten werden dann von den besten Fachgelehrten des betreffenden Gebiets beurteilt. Den schriftlichen Prüfungen folgt ein sie an Wichtigkeit erreichendes „Persönlichkeits-Interview" nach, das ein von der *Civil Service Commission* bestellter Ausschuß mit dem Bewerber vornimmt. Dieses, seit dem letzten Krieg von steigender Bedeutung, soll herausfinden, ob der Kandidat Originalität und Führungsgabe besitzt, jene Eigenschaften, die für eine erfolgreiche Laufbahn in der Spitzenkategorie am wichtigsten sind[1]. Der Wettbewerb ist scharf; wer ihn schließlich besteht, muß in der Tat Träger jener Begabungen sein, die sich nach langer Erfahrung bei der Tätigkeit der Elite bewährt haben.

Seit dem letzten Krieg muß der Novize mit dem Eintrittsrang des *assistant principal* einen Einführungskurs mitmachen, der ihn mit den speziellen Aufgaben seines Departments bekannt macht. Während seiner weiteren Laufbahn innerhalb der *principal grade*-Klasse bleibt er niemals dauernd dem Ministerium zugeteilt, bei dem er angefangen hat, vielmehr

[1] Neuerdings kommt auch eine Methode zum Zug, die sich im letzten Krieg bei der Auswahl von Offizieren für Spezialaufgaben bewährt hatte, daß nämlich eine Gruppe von fünfzehn oder zwanzig Bewerbern sich mit den Ausschußmitgliedern einige Tage in zwanglosem Zusammensein trifft, was Gelegenheit zur Abschätzung der Persönlichkeitswerte gibt. Das Verfahren wird vorzugsweise bei der Auswahl der Anwärter für den diplomatischen Dienst angewendet, neuerdings aber auch für den eigentlichen *Civil Service*.

wird er bei verschiedenen Dienst machen und dadurch seine berufliche Versatilität und seinen Horizont erweitern.

b) Klassenherkunft

Diese oberste Beamtenkategorie setzt sich heute also vorwiegend, wenn auch nicht mehr ausschließlich, — da Außenseiter unter besonderen Umständen Zutritt finden —, aus jener Schicht junger Intellektueller zusammen, welche das Glück einer Universitätsausbildung hatten, und dies wiederum hängt von einer Eigentümlichkeit des britischen Schulsystems ab, wonach es sich bisher bei den jungen Leuten schon im Alter von elf Jahren entschied, ob sie für die akademische Schulung geeignet sind oder nicht[1].

Die sogenannte *eleven-plus*-Situation bedeutet aber keineswegs, daß nur Angehörigen der begüterten Klassen der Zugang zur akademischen Ausbildung und damit zur Spitzenklasse der Beamtenschaft offenstünde und daß er den Begabten aus den unteren Volksschichten verschlossen wäre. Davon ist keine Rede. Es ist dabei davon auszugehen, was im Ausland oft mißverstanden wird, daß heute etwa 90 Prozent aller Schüler in Großbritannien ein Stipendium beziehen, das ihnen den Hochschulbesuch auf öffentliche Kosten ermöglicht. Wer in mindestens zwei Fächern einer Mittelschule das sogenannte *General Certificate of Education* erhalten hat, hat Anspruch auf ein Stipendium, das in England, Wales und Nordirland von den kommunalen Schulbehörden, in Schottland von einem zentralen Erziehungsrat vergeben wird. Seine Höhe bemißt sich nach den Einzelumständen, ist aber zur Durchführung eines Universitätsstudiums durchaus ausreichend. Man sollte also meinen, daß dadurch auch und gerade

[1] Auf diese soziologische Situation kann hier nicht ausführlich eingegangen werden. Wie in allen modernen Staaten befindet sich das Erziehungswesen auch in England in einem Stadium revolutionärer Experimente. Im allgemeinen entscheidet es sich im Alter von elf Jahren, ob ein Schüler sich geistig für die Universität oder für einen mehr technischen Beruf eignet. Dementsprechend wird er entweder einer (meist humanistischen) Mittelschule (*grammar school*) oder einer technischen Berufsschule (*secondary school*) zugewiesen. Das System hat Nachteile, da es geeignet ist, den sich spät entwickelnden Schülern ("*late bloomers*") die Laufbahn allzu früh abzuschneiden. Neuerdings (seit etwa zehn Jahren) gingen die Lokalverwaltungen, denen das Schulwesen untersteht, dazu über, beide Bildungsgänge in einer einzigen Schule (*comprehensive school*) zu vereinigen, wodurch Übergänge von der akademischen in die technische Ausbildung (und umgekehrt) erleichtert sind. Es bestehen derzeit (1965) vor allem in den großen Städten etwa 190 *comprehensive schools*, verglichen mit etwa 1300 akademischen und etwa 3900 technischen Berufsschulen. Nur 5% der Schulbevölkerung besuchen die *comprehensive schools*. Die Kombination beider Ausbildungsformen ist zweifellos für die minderbemittelten Klassen ein Vorteil, weil ihre Sprößlinge dadurch eine Aufstiegsmöglichkeit auch nach dem kritischen Zeitpunkt beim elften Lebensjahr haben. Die Schulpolitik der Labour-Regierung stellt daher auf die Abschaffung der "*eleven plus*"-Grenzlinie ab, um allen dafür begabten Schülern den Zugang zur Universitätsausbildung offen zu halten.

die Kinder von Handarbeitern leichter den Zugang zur Hochschulbildung und damit die Anwartschaft auf die Aufnahme in die Beamtenspitzenklasse erlangen würden. Dem ist aber nicht so, einmal weil die Eltern oft darauf bestehen, daß ihr Sohn nach Absolvierung der Grundschule mit 15 Jahren zum Familieneinkommen beiträgt, oft aber auch, weil der Heranwachsende es seinen Altersgenossen gleichtun und dank der Vollbeschäftigung Geld verdienen will.

Die Folge ist, daß nach den Feststellungen des 1963 veröffentlichten Berichts des *Robbins-Committee* sich der Anteil von Kindern aus Handarbeiterfamilien am Universitätsstudium zwar wesentlich vermehrt hat, aber nach wie vor weit hinter demjenigen der Schüler aus dem Mittelstand und der Oberschicht zurückbleibt. Wenn im Jahre 1947 sich 10,3 Prozent des Schulabschluß-Jahrgangs zum Universitätsstudium entschlossen, betrug der Anteil der Handarbeiterfamilien nur 1,4, derjenige der anderen Sozialschichten 8,9 Prozent des Gesamtjahrgangs. Die entsprechenden Ziffern waren 1960 2,6 und 16,8 Prozent. Weitere Schwierigkeiten liegen darin, daß einmal weit mehr Schüler sich um die Aufnahme in eine Universität bemühen, als diese Platz für die ständig steigende Flut haben, zum anderen, daß bei der Entscheidung über die Aufnahme nach wie vor den Absolventen der vornehmen *public schools* der Vorzug gegeben wird, vor allem immer noch in Oxford und Cambridge.

Trotz dieser Umstände haben sich die Chancen der Söhne von Handarbeitern oder Hausangestellten, schließlich in die Spitzenklasse der Beamtenschaft zu gelangen, weitgehend verbessert[1], auch wenn sich heute noch die überwiegende Mehrheit der Beamten in der administrativen Klasse aus den oberen wohlhabenden Schichten, vor allem der freien Berufe und der Manager in der Geschäftswelt rekrutiert. Zwei Drittel (63 Prozent) haben Universitätsausbildung und 49 Prozent waren Diplomierte von Oxford oder Cambridge. Dabei muß auffallen, daß verhältnismäßig wenige die exklusiven Internate der *public schools* besucht haben und daß der Anteil der Erbaristokratie oder von Leuten mit unabhängigem Einkommen absolut und relativ gering ist. Es läßt sich also zusammenfassend sagen, daß die obere Mittelklasse das Reservoir der Beamten der Spitzenklasse darstellt, und es ist gerade diese Schicht, die über besondere Weltläufigkeit und kulturelle Tradition verfügt. Wer also eine Universität mit einem *First* in Griechisch oder Chemie absolviert hat und außerdem mit angenehmen Umgangsformen ausgestattet ist, hat gute Aussichten, die rigorosen Prüfungen zu bestehen und damit zum Mitglied jenes Elitekorps zu werden, das heute das Rückgrat der britischen Staatsverwaltung und Regierung ist. Er erlangt damit einen hohen gesellschaftlichen Status, bezieht ein sehr auskömmliches Gehalt und er hat bei Bewährung die Möglichkeit, je nach seiner Begabung mehr

[1] Der Anteil der unbemittelten unteren Schichten hat sich von 7 (1929) auf 10 (1939) und 17% (1950) erhöht und darf heute auf mindestens 25% geschätzt werden.

oder minder rasch in jene zahlenmäßig ganz kleine Gruppe aufzurücken, welche in Großbritannien, was immer die Lehrbücher über das parlamentarische System schreiben mögen, die eigentliche Macht in Händen hält.

c) Die „Mandarine“

Bei der Neugestaltung des *Civil Service* im 19. Jahrhundert hatte neben Preußen als dem klassischen Land des Berufsbeamtentums auch China einen gewissen Einfluß ausgeübt und der traditionelle kaiserliche Beamte, der in Philosophie, Literatur und Kalligraphie geschulte vornehme Dilettant, der „Mandarin“, mußte sich eine geistige Patenschaft für den englischen Berufsbeamten gefallen lassen. Mag dies auch ohne greifbare Nachwirkungen geblieben sein, es ergab sich, daß die Spitzengruppe, in der die administrative Klasse gipfelt, scherzweise als die „Mandarine“ bezeichnet wird. Sie setzt sich vor allem aus den *Permanent Secretaries* der Ministerien und ihren unmittelbaren Untergebenen in der Hierarchie, dem *Deputy Secretary*, *Under-Secretary* und *Assistant Secretary* zusammen, alles in allem etwa 350 Leute der sogenannten *senior officials*. Ihr wesentliches Dienstcharakteristikum ist ihre völlige Anonymität, die sie zum Schild wie zur Waffe entwickelt haben. Selbst ihre Namen sind dem großen Publikum völlig unbekannt. Aber an Macht und Einfluß werden sie von keiner anderen Gruppe erreicht. Denn sie sind die ständigen und engsten Berater ihres Ministers, der als politischer Amtsinhaber notgedrungen ein Dilettant ist und ohne sie sein Ministerium niemals zu führen in der Lage wäre. Sie wie alle anderen Angehörigen der Ministerialbürokratie dienen ihrem Minister unter Hintansetzung ihrer eigenen politischen Meinungen mit restloser und niemals in Frage gestellter Loyalität. Sie müssen alles wissen, was ihr Department angeht und was sie davon nicht wissen, ist nicht wissenswert. Ihre geistige Haltung sind Vorsicht und Zynismus, Vorsicht, damit sie ihren Minister, der ihr dienstlicher Magnet ist und dem sie oft persönlich zugeneigt sind, nicht in Verlegenheit bringen; Zynismus, weil sie wissen, daß auch in der Regierung mit Wasser gekocht wird und daß, was auf dem Papier vollkommen aussieht,in der Praxis dann ganz anders wirken kann. Ihr Beruf bringt es mit sich, daß sie außerdem durchwegs ständig überarbeitet sind. Aber diese etwa dreißig *Permanent Secretaries* und etwa dreihundert ihnen im Rang nachgeordneten obersten Beamten sind nicht nur für britische Verhältnisse sehr gut bezahlt, wie überhaupt die ganze Klasse des *principal grade*[1], sondern sie besitzen auch, was gemeiniglich als höchster Wert im öffentlichen Wesen gilt: Macht und Einfluß. Sie sehen ihre politischen Chefs

---

[1] (Ziffern von 1965) *Permanent Secretary*: 8200 £; *Deputy Secretary*: 5800 £; *Under-Secretary*: 4700 £; *Assistant Secretary*: 3300—4300 £; *Principal*: 2174—3002 £; *Assistant Principal*: 895—1521 £. Die Bezahlung besonders der oberen Ränge ist im Hinblick auf die Kaufkraft ausgezeichnet, aber auch die unteren stellen sich besser als Gleichaltrige im Geschäftsleben oder den freien Berufen.

kommen und gehen, sie aber bleiben. Nichts außer ein eklatanter Skandal könnte sie aus ihrer Machtstellung verdrängen und das ist bei dem untadeligen Lebenswandel der Gruppe seit Menschengedenken nicht mehr vorgekommen. Für die unteren Ränge endet die Beförderungsmöglichkeit meist mit dem *Assistant Secretary*. Bei den Spitzenstellen handelt es sich vielfach um Außenseiter, die zwar von Anfang an eine Regierungslaufbahn eingeschlagen hatten, aber nicht die Leiter des Dienstes innerhalb ihres Departments hinaufgeklettert sind. Sie sind alle ohne Ausnahme ungewöhnliche Leute[1], eine echte Elite der Ministerialbürokratie, um die jedes andere Land England beneiden könnte.

Von Interesse mag hier auch die akademische Vorbildung dieser „Mandarinen"-Oberschicht sein: Sie besuchten nicht die vornehmen Privatschul-Internate, sondern sind in ihrer überwiegenden Mehrheit Absolventen von öffentlichen Mittelschulen. Aber ebenso überwiegend bezogen sie ihre Universitätsausbildung in den „Epheu" (*Ivy*)-Anstalten von Oxford und Cambridge (etwa 80 Prozent), was nur etwa 20 Prozent für andere, die sogenannten *Red Brick*-Universitäten übrig läßt. 53 Prozent hatten klassische Sprachen und Geschichte studiert, befanden sich also in der humanistischen Tradition, überraschend wenige sind das, was auf dem Kontinent als Volljurist gilt; Naturwissenschaftler kommen kaum zum Zug, wenn sie auch neuerdings häufiger in der *principal grade*-Klasse Aufnahme finden.

6. Die für den Civil Service zuständigen Regierungsstellen

a) Das Schatzamt

Die Zentralinstanz für den gesamten *Civil Service* ist das Schatzamt. Als der *First Lord of the Treasury* ist der Prime Minister sein oberster Chef. In dieser Eigenschaft obliegt ihm die Ernennung aller *Permanent Secretaries* der einzelnen Departments und die Bestätigung der Vorschläge für die Besetzung der anderen hohen Dienstgrade. In der Praxis ist aber der eigentliche Chef des Berufsbeamtentums bereits seit 1867 einer der *Permanent Secretaries of the Treasury*, und zwar derjenige, der gleichzeitig der offizielle Sekretär des Kabinetts ist[2]. In der Öffentlichkeit ist der Name dieses Mannes, der letzten Endes Herz und Seele des britischen

[1] Im *Civil Service* ist das Männermonopol durchbrochen, das nach wie vor für die Kirchenämter und das Lehrpersonal in Oxford und Cambridge gilt und bislang, ehe (1965) eine Frau zum Richter am *High Court* ernannt wurde, auch das obere Richterpersonal beherrscht hatte. Im Jahre 1962 befanden sich unter den *Permanent Secretaries* auch zwei Frauen (im Erziehungs- und Wohnungswesen-Ministerium), beide Junggesellinnen.

[2] Seit 1919 war nur ein einziger *Permanent Secretary of the Treasury* im Amt, im Jahre 1956 wurde aber daraus eine Doppelstellung gemacht. Einer der beiden Inhaber steht dem *Home Civil Service* vor und ist dafür unmittelbar dem Prime Minister verantwortlich; sein Amtskollege leitet die Finanzabteilung des Schatzamts und untersteht daher dem Schatzkanzler.

Regierungswesens ist, so gut wie völlig unbekannt[1]. Seine Schlüsselstellung im politischen Prozeß liegt darin, daß er gleichzeitig der offizielle Sekretär des Kabinetts ist, an allen Sitzungen desselben teilnimmt und in alle, auch die geheimsten Staatspapiere Einsicht hat. Ob er eine Rolle bei den Grundentscheidungen spielt und welche dies ist, ist naturgemäß unbekannt. Aber seine Bedeutung ist daraus zu entnehmen, daß er der intimste Berater der Prime Minister und dank dessen oft mit ihnen echt befreundet ist. Im Betrieb des *Civil Service* gehen die Vorschläge zur Besetzung der Spitzenstellen von ihm aus und er entscheidet auch selbständig über die Versetzung eines Beamten, was immer sein Dienstgrad, von einer Regierungsstelle in die andere.

Man mag in diesem Amt und seiner Handhabung vielleicht den stärksten Gegensatz zu dem sonst die britische Regierung durchziehenden Grundsatz der parlamentarischen Verantwortlichkeit erblicken; denn sein Inhaber verkörpert einen unsichtbaren, durch keine gesetzliche Bestimmung oder Herkommen beschränkten Einfluß auf den ganzen Regierungsbetrieb von unabsehbarer Tragweite, dessen langjähriger Erfahrung sich alle Inhaber des Prime Minister-Amtes beugen müssen. Einzig und allein die dem *Civil Service* in Fleisch und Blut übergegangene taktvolle Zurückhaltung, das Bedürfnis nach Anonymität und *last but not least* die hohen Charaktereigenschaften des jeweiligen Amtsinhabers bewahren ihn vor der Gefahr, eine Graue Eminenz der Regierung zu werden.

Daß es gerade das Schatzamt ist, das den *Civil Service* dirigiert und nicht eine andere Zentralbehörde, wie etwa das Innenministerium, ist weder zufällig, noch entbehrt es der Berechtigung. Es mag wohl sein, daß die frühere Handhabung der Patronage durch den *Parliamentary Secretary of the Treasury* nachgewirkt hat. Das Schatzamt führt aber auch sonst Aufgaben für die Gesamtregierung durch, wie durch ihr Amt des *Parliamentary Counsel* das Entwerfen aller Regierungsbills und die Bearbeitung aller Fiskalprozesse für alle Departments durch den *Treasury Solicitor*, so daß die Zentralisierung aller Beamtenangelegenheiten im Schatzamt nahelag. Der eigentliche Grund aber war und ist, daß die Verwaltungstätigkeit der Beamten Geld kostet und daß alle vom Parlament bewilligten Gelder eben durch die *Treasury* laufen müssen.

Das Schatzamt bestimmt Zahl, Einstufung, Dienstbezüge und Arbeitsbedingungen der den Departments zugewiesenen Beamten aller Rangklassen und überwacht ihre dienstliche Tätigkeit. Es erläßt, wo angezeigt, einheitliche Anordnungen (*minutes* oder *regulations*) für alle Beamtenkategorien.

---

[1] Seit 1947 war der Inhaber Sir Norman Craven Brook, der den Posten unter den Prime Ministern Attlee, Churchill, Eden, Macmillan und Douglas-Home innehatte. Neuerdings ist es der frühere *Permanent Secretary* des Arbeitsministeriums Sir Laurence Helsby.

b) Die Civil Service Commission

Die andere Kontrollinstanz des *Civil Service* ist die *Civil Service Commission.* Im Jahre 1855 auf Grund des Northcote-Trevelyan-Berichts ins Leben gerufen, beruht ihre gegenwärtige Organisation und Zuständigkeit auf einer *Order in Council* von 1920: Die drei *Commissioners* werden von der Krone, das heißt dem Kabinett im Benehmen mit den leitenden *Treasury*-Beamten ernannt. Sie sind, immer selbst aus dem *Civil Service* hervorgegangen, Leute mit erheblicher Erfahrung im Berufsbeamtentum. Ihre Ernennung erfolgt ohne Rücksicht auf ihre parteipolitische Einstellung. Die *Commission* bestimmt über die Eignung aller im *Civil Service* anzustellenden Personen, was in der heutigen Praxis in der Ausarbeitung der Anstellungsprüfungen vollzogen wird. Zwar unterstehen ihre Anordnungen der Zustimmung des Schatzamts, aber letztlich fungiert sie nach Maßgabe der *Royal Prerogative* — alle Beamten sind ja *servants of the Crown* — und ist in der Prüfung und nachmaligen Auswahl der Bewerber völlig unabhängig. Die Aufstellung und Beurteilung der *tests* und Prüfungen ist keine Kleinigkeit, wenn man bedenkt, daß die Kandidaten für die Spitzenklasse sich in jedem beliebigen Fach prüfen lassen können und daß daher derjenige, der die schriftlichen Arbeiten beurteilt, mindestens ebensoviel, wenn nicht weit mehr vom Gegenstand wissen muß als der Prüfling selbst. Mit den Bedingungen des Beamtendienstes selbst hat die Kommission aber nichts zu tun.

7. Das Dienstverhältnis der Beamten

a) Anstellung und Entlassung

Statt in einem einheitlichen Beamtengesetz zusammengefaßt zu sein, finden sich weit zerstreute Regelungen in den Parlamentsgesetzen (vor allem hinsichtlich der Gehalts- und Pensionsregelungen), in *Orders in Council* unter der Prärogative, in Verordnungen (*minutes*) der *Treasury* und auch im *common law* (beispielsweise hinsichtlich des Begriffs der Zuverlässigkeit). Trotzdem ein dauernd angestellter (*established*) Beamter als „im Zivildienst Ihrer Majestät“ beschäftigt gilt, besteht juristisch kein formelles Vertragsverhältnis zwischen ihm und der Krone. Die lebenslängliche Anstellung (bis zur Pensionierung) beruht nur auf Herkommen. Er kann also nach Gutdünken der Krone entlassen werden und es stehen ihm bei Bruch des Anstellungsverhältnisses durch den Dienstgeber weder gerichtliche Behelfe wegen Gehaltsrückständen oder Schadensersatz wegen ungerechtfertigter Entlassung zu (*Dunn v. The Queen* [1896] [1 Q. B. 116]), noch kann er klageweise die Erfüllung von Dienstvertragsverpflichtungen etwa auf Pensionszahlung erzwingen (*Rodwell v. Thomas* [1944] [K. B. 596]). Für die Anfechtung einer angeblich widerrechtlichen Entlassung besteht lediglich die innerdepartmentale Verwaltungsbeschwerde. Er ist also rechtlich erheblich schlechter gestellt als sein französischer Kollege, dem der *Conseil d'Etat* vollen Schutz seiner Beamtenrechte gewährt. In der Praxis ist er aber nicht minder gesichert als jener, da ein dauernd angestellter (*established*) Beamter seit langem nur wegen dienstwidrigen Verhaltens entlassen wird[1].

Nur für einige Klassen der *senior officers* sind die Beamtengehälter in Gesetzen niedergelegt. Alle anderen werden durch *Order in Council* oder *Treasury*-Erlaß geregelt. Sie sind, wenn auch nicht üppig, im Rahmen der englischen Lebenshaltungskosten ausreichend. Bei den Spitzenpositionen mag wohl ein hochqualifizierter Mann in der Privatindustrie mehr verdienen; bei den mittleren und unteren Chargen bilden der Beamtenstatus und die Pensionsberechtigung einen Ausgleich für etwaigen größeren Verdienst im Geschäftsleben.

b) Tarif- und Schlichtungswesen

Gewerkschaftsartige Beamtenvereinigungen (*staff associations*) zum Zwecke verbesserter Lohn- und Arbeitsbedingungen hatten seit vielen Jahren bestanden. Die Koalitions- und Tariffreiheit der Beamten wurde aber im Nachgang zum Generalstreik von 1926 von der konservativen Regierung Baldwin durch den *Trade Disputes and Trade Union Act* von 1927 (17 & 18 Geo. 5, c. 22) sehr erheblich eingeschränkt, indem den Beamten schlechthin die Mitgliedschaft in einer Vereinigung verboten wurde, die mit einer politischen Partei affiliiert ist oder die mit irgendeiner Vereinigung in Verbindung steht, die auch Nicht-Beamte als Mitglieder aufnimmt. Die Absicht des Gesetzes war, die Beamtenschaft der Einwirkung des mit der Labour-Partei verbundenen *Trade Union Congress* völlig zu entziehen. Diese unzweifelhafte Diskriminierung war der Labour-Partei von Anfang an ein Dorn im Auge. Als sie daher 1945 an die Macht gekommen war, wurde sie im gleichnamigen Gesetz von 1946 (9 & 10 Geo. 6, c. 62) aufgehoben.

Das Problem des Koalitionsrechts der Beamten war praktisch niemals von erheblicher Bedeutung gewesen, da die Beamtengewerkschaften sich immer verantwortlich benommen hatten. Es ist nunmehr durch interne Schlichtungsverfahren allseits befriedigend geregelt. Für alle Beamten außer denjenigen der *principal grade*-Klasse bestehen seit 1919 amtliche Schlichtungsausschüsse („*Whitley Councils*") nach dem Vorbild des Schlichtungswesens in der Privatwirtschaft.

Unter dem System der *Whitley Councils* wird eine weitgespannte Schlichtungsorganisation verstanden, welche aus einigen siebzig autonomen Behörden und dem *National Whitley Council* besteht. Letzteres setzt

---

[1] Weitere Ausführungen über die mangelnde Passivlegitimation der Krone bei Ansprüchen ihrer "*servants*" siehe im Zusammenhang mit dem *Crown Proceedings Act* von 1947 Bd. II, S. 111/12.

sich aus 54 Mitgliedern zusammen, wobei der Staat als Arbeitgeber durch 27 von der *Treasury* ernannte Mitglieder vertreten ist (die sogenannte *staff side*), die anderen 27 von den Beamtenorganisationen (*officials side*) bestellt sind, die ihre führenden Mitglieder dorthin delegieren. Diese Stelle behandelt die grundlegenden Fragen der Arbeitsbedingungen der Beamtenschaft und ihre Vorschläge führen oft zu gesetzgeberischen Maßnahmen. Die anderen *Whitley Councils* sind den einzelnen Ministerien und anderen Behörden beigeordnet, haben auch vielfach, wo es sich um zahlreiche Beamte handelt, regionale und lokale Unterabteilungen und sind ebenso paritätisch mit Vertretern des Staats und der Beamtenverbände besetzt.

Die Aufgaben der *Whitley Councils* sind, außer der Förderung harmonischer Zusammenarbeit zwischen Dienstherrn und Dienstverpflichteten, für den Ausgleich von Arbeitsstreitigkeiten und -beschwerden zu sorgen. Soweit es sich um Gehälter und Löhne handelt, hat zwar die *Treasury* hier die rechtliche Entscheidung, wird aber immer bestrebt sein, sich mit den Beamtengewerkschaften darüber gütlich zu verständigen. Kommt eine Einigung nicht zustande, wird die Angelegenheit einer Schlichtungsbehörde überwiesen, welche im Fall der industriellen Arbeiter der *Industrial Court*, bei den anderen *civil servants* aber das *Civil Service Arbitration Tribunal* ist, das gleichfalls paritätisch und mit einem vom Arbeitsminister ernannten Vorsitzenden besetzt ist. Die Schlichtungsentscheide sind für beide Parteien bindend und unterliegen der Bestätigung durch das Schatzamt. Dieses Schlichtungsverfahren hat sich im großen ganzen gut bewährt. Obwohl der Beamtenstreik in Großbritannien — anders als in den Vereinigten Staaten — nicht gesetzlich verboten ist, ist es niemals, auch nicht beim Generalstreik von 1926, dazu gekommen.

8. Politische Betätigung

a) Dienstliche Neutralität

Die Grundlage des britischen Beamtentums ist, neben ihrer Unbestechlichkeit, ihrem Berufseifer und ihrem beruflichen Können, die unbedingte politische Neutralität in der Ausübung ihrer Dienstobliegenheiten. Der Beamte dient der jeweils vom Wählerwillen an die Macht getragenen Regierung und keiner politischen Partei. Parteigängerschaft dürfte bei den unteren und mittleren Rängen kaum je von Gewicht sein, wohl aber würde sie, träte sie bei der Spitzengruppe der leitenden Beamten in Erscheinung, eine schwere rechtsstaatliche Bedrohung bilden. Diese Gefahr hat aber niemals bestanden, da die ihre Minister in der *policy* beratenden leitenden Beamten des *principal grade* es zu keiner Zeit und Gelegenheit verabsäumt haben, ihren jeweiligen Vorgesetzten mit unabdingbarer Loyalität zu dienen, gleichgültig, ob sie mit der Parteieinstellung ihres politischen Vorgesetzten übereinstimmen oder nicht. Völlige politische Neutralität ist das Kennzeichen dieser Beamtenelite. Daß einer der *senior officers* sich der politischen Einstellung seines Vorgesetzten innerlich versagen und daher seinen politischen Zielsetzungen gegenüber passive Resistenz oder gar versteckte Sabotage üben würde, ist bisher niemals vorgekommen und erscheint nach der Sachlage auch in der Zukunft völlig ausgeschlossen. Ist einmal die politische Entscheidung von den zuständigen politischen Stellen einer Regierung getroffen, sieht die leitende Beamtenschaft ihre Aufgabe und gleichermaßen ihre Berufsehre darin, sie mit allem Eifer und technischer Kunstfertigkeit durchzuführen, die ihnen zur Verfügung stehen. Viele der *principal grades* mochten ihrerseits konservativ gesinnt gewesen sein; als aber die Labour-Regierung nach ihrem Sieg von 1945 daran ging, ihr vielen revolutionär erscheinendes Programm der Nationalisierung bestimmter Industrien und des Wohlfahrtsstaats in Angriff zu nehmen, waren es die leitenden Beamten, welche ihren Stolz darin fanden, ihr berufliches Können für diese neuen Aufgaben vorbehaltlos und sogar mit Hingabe einzusetzen, und sie waren nicht minder bei der Sache, als einige Jahre später die von Labour nationalisierte Eisen- und Stahlindustrie von den konservativen Nachfolgern wieder entnationalisiert und der Privatwirtschaft zurückgegeben werden sollte. Denn der Beamte hat zwar ein Amt, aber seine persönliche politische Meinung hat keinen Einfluß darauf.

b) Beschränkungen

Für diese unbedingte politische Neutralität ist aber ein Preis in Gestalt gewisser Beschränkungen des Beamten in seiner politischen Betätigung zu bezahlen. Wie früher erwähnt, ist ein Beamter vom parlamentarischen Mandat im Unterhaus restlos ausgeschlossen (*House of Commons Disqualification Act* von 1957, Sektion (1 b)). Ehe er sich als Kandidat für das Unterhaus aufstellen läßt, muß er die Beamtenstellung niederlegen) (*Servants of the Crown [Parliamentary Candidature] Order in Council* von 1950).

Seit 1954 bestehen hinsichtlich der politischen Betätigung der Beamten die folgenden Regelungen[1]: In der Ausübung des Wahlrechts bestehen keinerlei Beschränkungen, wohl aber hinsichtlich der aktiven politischen Betätigung, wobei unterschiedliche Anordnungen sowohl für die verschiedenen Beamtenklassen als auch hinsichtlich der politischen Betätigung auf der nationalen und der lokalen Ebene zu beachten sind. Die administrativen und professionellen Klassen und ebenso diejenigen Beamten der *executive* und *clerical grades*, die mit den ersteren zusammenarbeiten und die mit dem Publikum in Berührung kommen, etwa 11 Pro-

[1] Siehe *Report on the Political Activities of Civil Servants* (1949) Cmd. 7718 und (1953) Cmd. 8783.

zent der gesamten Beamtenschaft, dürfen sich nicht parteipolitisch betätigen. Selbst zur Übernahme einer Funktion in der Lokalverwaltung bedürfen sie der Zustimmung ihrer Vorgesetzten. Eine Zwischenschicht — etwa 26 Prozent — der *executive* und *clerical grades* darf sich zwar parteipolitisch betätigen, muß aber dabei sich völliger Zurückhaltung gegenüber der Regierungspolitik befleißigen. Die große Masse schließlich der unteren Beamtenkategorien — etwa 63 Prozent umfassend — ist in parteipolitischer Betätigung den anderen Bürgern gleichgestellt mit der Einschränkung, daß sie nicht im Dienst und nicht in den Diensträumen zulässig ist. Es wird also den oberen Gruppen des Beamtentums ein vielleicht nach den Maßstäben der demokratischen Teilnahme am Gemeinwesen wesentliches Opfer auferlegt, aber der traditionelle Standard der völligen politischen Integrität des Beamtentums ist so ausschlaggebend, daß es von der betroffenen Schicht mit in Kauf genommen und von ihr kaum als eine Einbuße an Bürgerfreiheit empfunden wird[1].

9. Der Minister und seine Beamten

a) Hierarchie und Verantwortung

Innerhalb eines jeden Departments ist die Beamtenschaft hierarchisch aufgebaut. Der Staatssekretär oder Minister ist der politische Chef. An der Spitze der Beamtenschaft steht der *Permanent Secretary*; sein Aufgabenkreis ist in mehrere Abteilungen (*divisions*) gegliedert, die von einem oder mehreren Stellvertretern (*Deputy Secretaries*) geleitet werden. Jede Abteilung ihrerseits untersteht einem *senior officer* mit dem Rang des *Under-Secretary* oder *Assistant Secretary*. Unter ihnen arbeiten dann die Beamten der *principal* oder *assistant principal*-Ränge, gefolgt von der weiteren Schichtung der ausführenden und Bürobeamten. Die Dienstanweisungen gehen also von oben nach unten, die Verantwortung von unten nach oben. Jeder Beamte auf jeder Stufe weiß durch detaillierte und reichlich „bürokratische" Anweisungen, welche Zuständigkeiten er hat und wie weit dabei sein eigenes Ermessen geht oder unter welchen Umständen er sich durch seinen Vorgesetzten ermächtigen lassen muß. Der Routinebetrieb wird auf den unteren Stufen gehandhabt, *policy*-Fragen aber verlangen die Entscheidung durch die oberen Ränge und gegebenenfalls durch den *Permanent Secretary* oder den Minister selbst. Mitteilungen an die Außenwelt erfolgen „auf Anweisung des Ministers" (oder Staatssekretärs), obwohl dieser oft davon nichts weiß, da die Verlautbarung von dem zuständigen Beamten gezeichnet ist.

---

[1] Auf die in der gegenwärtigen Zeitlage der Spannung mit dem Weltkommunismus besonders wichtig gewordene Frage der Staatssicherheit und der damit im Zusammenhang stehenden politischen Zuverlässigkeit der Beamten wird an späterer Stelle systematisch eingegangen; siehe Bd. II, S. 368 ff.

Die Betriebstechnik dient in erster Linie dem Schutz des Ministers, der für sein Department dem Kabinett und letztlich dem Parlament verantwortlich ist. Sie engt fraglos die Initiative des zuständigen Beamten ein, der sich ständig durch Zustimmung des jeweiligen Vorgesetzten decken muß. Ein Geschäftsunternehmen könnte kaum auf diese Weise betrieben werden. Die Beamten sind von Haus aus vorsichtig und werden es durch die hierarchische Ordnung noch mehr. Aber der verantwortliche Minister hat eine erhebliche Gewißheit, daß nichts geschieht, was nicht gründlichst von mehreren Köpfen durchberaten und überprüft ist. Der Beamte ist seinem Minister verantwortlich und kann in extremen Fällen von ihm als unbrauchbar entlassen werden.

Die Kehrseite der Medaille ist, daß der Minister, weil er für die Betriebsführung seines Departments politisch verantwortlich ist, auch für seine Beamten einsteht, wenn ihre Amtsführung Kritik in der Öffentlichkeit erregt. Weil sie ihm verantwortlich sind, deckt er sie. Anläßlich der Debatte über den *Crichel-Down*-Fall gab der Innenminister im Unterhaus wichtige Erklärungen über das Verhältnis zwischen dem Minister und seinen Beamten ab[1]: Ein Minister muß seine Beamten decken, die auf seine (oder des zuständigen Vorgesetzten) ausdrückliche Anweisung oder im Rahmen der vom Minister niedergelegten *policy* gehandelt haben. Wurde ein Dienstfehler begangen, der weder eine wichtige Angelegenheit noch die Bürgerrechte betrifft, übernimmt der Minister die Verantwortung unter Vorbehalt innerdepartmentaler Korrekturmaßnahmen. Hat ein Beamter ohne Kenntnis des Ministers in einer Weise gehandelt, die der Minister mißbilligt, so besteht für ihn keine Verpflichtung, die Handlung zu decken, obwohl er für die Handlung selbst politisch verantwortlich bleibt. In diesem Fall hat also der fehlbare Beamte die Folgen selbst zu tragen.

In der Praxis bedeutet das, daß vor Gericht etwa der *Postmaster-General* nicht dafür verantwortlich gemacht werden kann, wenn ein geplagter Briefträger einem bissigen Hund einen Tritt versetzt — offenbar das Berufsrisiko der Briefträger in der ganzen Welt. Er wird aber Auskunft darüber geben müssen, welche Dienstinstruktionen in solchen Fällen allgemein erlassen wurden, ob im konkreten Fall eine Entschädigung an den Herrn des Hundes gezahlt wurde, ob der schuldbare Briefträger disziplinarisch geahndet wurde und über ähnliches. Das Beispiel mag zeigen, daß der verantwortliche Minister nur einen Bruchteil weiß und wissen kann, was in seinem Department wirklich vorgeht. Er muß sich auf seine Untergebenen verlassen können.

Andererseits ist die Abhängigkeit eine Zweibahnstraße. Der Minister als Berufspolitiker weiß in der Regel viel besser als seine Beamten, was

---

[1] Siehe oben S. 426 im Zusammenhang mit der ministeriellen Einzelverantwortung.

in der Verwaltung dem englischen Publikum zugemutet werden kann und was nicht. Dadurch ist er viel eher in der Lage als seine in der Departmentsordnung befangenen Beamten, bürokratische Pläne, die an sich durchaus zweckmäßig und gerechtfertigt sein mögen, durch sein Veto zu verhindern oder potentielle Mißstimmungen der Öffentlichkeit durch einen Kompromiß von vornherein zu vermeiden. Ohne die Bremse der politischen Erfahrung des Ministers würde sich jede Bürokratie, auch die britische, übernehmen.

b) Die Abhängigkeit des Ministers von seinen Beamten

Wie jede Verwaltungsstelle könnte auch ein Ministerium notfalls auch ohne Leiter funktionieren, indem es in der gewohnten Verwaltungsroutine fortfährt. Umgekehrt aber ist die aktive Beratung und Mitarbeit des obersten Verwaltungsstabs für den Minister schlechthin unentbehrlich. Ohne ihre Mithilfe wäre er hilflos. Denn zum Unterschied von den Beamten-Fachministern, wie sie außerhalb des parlamentarischen Systems vorkommen, ist der britische Minister, den der Prime Minister zum Chef eines Departments ernennt, in neun von zehn Fällen auf dem Sachgebiet seines Ministeriums krasser Dilettant. Der Verteidigungsminister ist weder Militär, wie es in Japan vor 1945 vorgeschrieben war, noch ist der Erziehungsminister im Lehrberuf erfahren, noch der Minister für Energiewirtschaft ein Spezialist in Kohle oder Petroleum. Dazu kommt, daß er keineswegs dauernd Chef eines bestimmten Ministeriums ist, in das er sich hätte einarbeiten können, sondern daß er während seiner Laufbahn von einem Amt in ein anderes übertritt[1].

Das bedeutet nun, daß der Minister, zumindest solange er als Neuling mit den Sachaufgaben seines Ministeriums nicht vertraut ist, ohne den Rat der *principal grade*-Beamten, vor allem seines *Permanent Secretary* oder *Under-Secretary* nicht auskommen kann. Was ihm notwendigerweise an Fachkenntnissen zur Entscheidung von *policy*-Fragen abgeht, wird ihm von den langjährigen Beamten geliefert, die nicht nur die Fachkenntnisse besitzen, sondern darüber hinaus auch die departementale Tradition und Philosophie, die dem Ministerium das Cachet geben. Diese Schützenhilfe ist zumindest solange unentbehrlich, als der Minister nicht selbst Fachmann auf dem Gebiet seines Ministeriums geworden ist. Aber die Gefahr liegt nahe, daß der eine oder andere der „Mandarine" zu einer Grauen Eminenz wird, wie es vor dem letzten Weltkrieg beispielsweise weitgehend im Auswärtigen Amt der Fall gewesen war, der gegenüber sich der Minister nicht durchsetzen kann. Theoretisch ist auch der oberste Beamte eines Ministeriums nur das Ausführungsorgan des verantwort-

[1] Sir Winston Churchill war nacheinander Unterstaatssekretär für die Kolonien, Handelsminister, Innenminister, *First Lord of the Admiralty*, *Chancellor of the Duchy of Lancaster*, Munitionsminister, Staatssekretär für Krieg und Luft, Kolonialsekretär, Schatzkanzler, *First Lord of the Treasury* und Prime Minister.

lichen Ministers. Aber diese mächtigen Herren, die sich in jedem Winkel ihres Departments auskennen, können einem Minister, mit dem sie sich nicht verstehen, das Leben allein dadurch sehr schwer machen, daß sie ihn mit Detailentscheidungen überfordern, denen seine Arbeitskraft nicht gewachsen ist. Auch diese geistig und charakterlich gesiebte Gruppe der höchsten Verwaltungsbeamten ist nicht gegen die Verlockungen der Macht gefeit. Ihre Anonymität ist der Wall, hinter dem sich der Machtehrgeiz verschanzen kann.

Für die Essenz dieser Zusammenarbeit zwischen dem Chef und seinem oberen Leitungsstab gibt es keine Rezepte. Jeder Minister muß trachten, für sich das Kardinalproblem zu lösen, inwieweit der Rat seiner Beamten zu ihrem Einfluß, und ihr Einfluß zu ihrer Macht über den Minister wird. Zwar kann die englische Ministerialbürokratie niemals den Staat beherrschen, dafür bestehen in einem parlamentarisch regierten Land zu viele Gegenkräfte, aber sie kann wohl ihren Minister beherrschen.

Aber auch hier bestehen wirksame Gegengewichte. Von dem, den die Parteileitung für gut genug hält, die Leiter zu einer Ministerstellung hinaufzuklettern, wird mit Fug und Recht erwartet, daß seine allgemeine Intelligenz, sein Organisationsvermögen und Anpassungstalent ihm die rasche Einarbeitung in jedes Spezialgebiet und damit die sachgemäße Leitung eines jeden Departments gestatten würden. In der Regel wird der rigorose parlamentarische Ausleseprozeß nicht Lügen gestraft; wenn auch nur wenige Inhaber von Minister-Ämtern sich als Genies erweisen, so gibt es im Grunde auch wenige völlige Versager; sie würden sich als solche nicht lange im Amt halten können. Mag der Minister auch so gut wie immer auf dem Sachgebiet seines Departments ein gehobener Dilettant sein und bleiben, seinen Beamten hat er auf jeden Fall die politische Erfahrung voraus, die ihn befähigt, bei Verwaltungsmaßnahmen die Stimmung des Hauses und damit der öffentlichen Meinung zu erfassen. Er, und nicht die Berufsbeamten, ist es, der in der Fragestunde und bei sonstigen Gelegenheiten der Kritik der Opposition standhalten muß. Letztlich ist er für die Leistungen und Fehlleistungen seines Departments verantwortlich. Aber die Kritik färbt auch auf die Beamten selbst ab. Nachdem die Fragen vorher schriftlich eingereicht werden müssen, werden die Beamten alles daran setzen, ihn gegen die Kritik entsprechend zu wappnen und sich selbst damit zu decken. Ist die Öffentlichkeit einmal durch mißbräuchliche Verwaltungspraktiken genügend in Harnisch gebracht, kann es dem Minister sein Amt kosten, wie es im Fall *Crichel Down* geschah. Aber die leitenden Beamten können dadurch gleichfalls schwer in Mitleidenschaft gezogen werden. Wenn einer von diesen vor dem parlamentarischen *Scrutiny*-Ausschuß erscheinen muß, um eine fehlerhafte Ministerialverordnung zu rechtfertigen, erlebt er wohl seine schwerste berufliche Stunde.

Die oberste Ministerialbürokratie hat also, von allen anderen berufsethischen Motivationen abgesehen, das größte Interesse an einer harmonischen Zusammenarbeit mit ihrem Chef. Einer möglichen Hybris der Bürokraten wird damit ein heilsamer Dämpfer aufgesetzt, und sie werden andauernd darauf bedacht sein, sich in der Handhabung der ihnen obliegenden Verwaltungsaufgaben jener Zurückhaltung zu befleißigen, welche die politische Erfahrung des verantwortlichen Ministers von ihr verlangt.

10. Die Rolle der Bürokratie im politischen Prozeß

Alle Beurteiler stimmen darin überein, daß der britische *Civil Service* unbestechlich, frei von Korruption, sachverständig, politisch neutral und loyal gegenüber dem Dienst wie dem jeweiligen politischen Vorgesetzten ist. Dies sind Qualitäten, die in gleichem Maß bei kaum irgendeinem anderen Berufsbeamtentum außer vielleicht der in viel kleinerem Rahmen operierenden Schweiz vorhanden sind. Man kann auch nur in bedingtem Umfang von einer eingegrabenen Ministerialbürokratie sprechen, die ihre traditionellen Wege geht, gleichgültig, wer ihr offizieller Boß ist. Dem wirkt schon die Tatsache entgegen, daß ein oberer Beamter während seiner Dienstzeit in verschiedenen Departments beschäftigt ist, so daß sich bei ihm kein departementaler Kirchturmsgeist ausbilden kann. Um als Kaste oder Stand zu wirken, ist die Spitzenklasse zahlenmäßig viel zu klein. Die Ministerialbürokratie ist erst recht kein Staat im Staat, wie es im napoleonischen Frankreich oder in Preußen einst der Fall gewesen war. Das Berufsethos bewegt sich auf einer hohen Stufe; die Handhabung der Verwaltungstechniken ist für die Elite gewissermaßen *l'art pour l'art* geworden. All dem entspricht ein gegen alle Anfechtungen von außen gefeites Standesbewußtsein, dem es nicht das geringste ausmacht, von den Gegnern als Karikatur angeprangert zu werden[1]. Das Leitmotiv des *Civil Service* ist, daß der Beamte weder einer Partei noch einer Interessengruppe noch seinen eigenen Interessen, sondern dem Volksganzen dient. Die Fälle des Interessenkonflikts zwischen Privatvorteilen und Dienstanforderungen sind im Gegensatz zu den Vereinigten Staaten oder auch der Deutschen Bundesrepublik außerordentlich selten. Die Öffentlichkeit ist gegenüber Verletzungen der Berufsethik der Beamten ungemein empfindlich.

Den in einer industriellen Gesellschaft unausweichlichen Versuchungen, den Regierungsdienst mit einer einträglicheren Position in der Privatwirtschaft zu vertauschen — das Krebsübel des amerikanischen *Civil Service* — kann und wird durch hohe Gehälter in den Spitzenstellungen entgegengewirkt. Da die Beamtenlaufbahn nunmehr nicht selten fami-

[1] Das Gewerkschaftsorgan des *Civil Service* nennt sich *Red Tape!* Der Ausdruck stammt aus dem bürokratischen Klima von Byzanz, dem Beamtenstaat *par excellence*, und bedeutet die roten Schnüre, mit denen die Akten zugebunden waren.

lienerblich geworden ist und allgemein als Dauerlaufbahn gilt, konnte die Abwanderung sich bisher in erträglichen Grenzen halten, wenn sich auch neuerdings die Fälle mehren, daß ein Beamter der obersten Ränge sich zum Übertritt in die Privatindustrie verlocken läßt[1]. Die Anonymität der wirklichen Macht, welche die oberste Schicht der Berufsbeamten durch ihre Integrierung in den *policy decision*-Prozeß ihres Ministers erlangt hat, ist gerade für den Begabten und Ehrgeizigen ein starker Anreiz, im Staatsdienst zu verbleiben, bis er jene Machtstellung errungen hat. Im großen ganzen also ist Großbritannien mit der kleinen Eliteklasse seiner *gentlemen civil servants* nicht schlecht gefahren.

Trotzdem sind auch in England seit einer Generation starke Bedenken gegen die Macht der Bürokratie erhoben worden, die sich in sensationellen Buchtiteln und Schlagzeilen als „*The New Despotism*" und „*Bureaucracy Triumphant*" ausprägten und in den fünfziger Jahren nach dem *Crichel-Down*-Fall erhebliche Lautstärke annahmen. Der Bürokrat gilt schlechthin als der Feind des unternehmungstüchtigen Geschäftsmannes. Oft sind es die kleinen und untergeordneten Exemplare seiner Spezies, die den Bürger am meisten irritieren, der leicht übersieht, daß ein ausgesprochener Verwaltungsstaat, noch dazu wenn er Wohlfahrtsstaat ist, mit dem Privatleben des Einzelnen in häufigere und intimere Berührung kommen muß, als es noch in der nicht lange zurückliegenden idyllischeren Zeit des *laissez faire*-Klimas der Fall war. Man wirft der Bürokratie genau das vor, was ihr auch anderwärts vorgehalten wird: Beharrungsvermögen in der Routine, Mangel an Entschlußfähigkeit, Angst vor Neuland, ärgerlich langsame Verfahrenstechniken, allerdings nicht, wie anderswo, Beamtendünkel und mangelnde Freundlichkeit gegenüber dem Publikum, Dinge, die dem demokratischen Grundzug der britischen Nation nicht gemäß sind.

Keineswegs alle der gegen die Bürokratie erhobenen Vorwürfe entbehren völlig der Berechtigung, auch wenn sie vielfach übertrieben werden. Die Betriebstechnik ist schwerfällig, langsam, durchsetzt mit dem Schwamm aller Bürokratien zu allen Zeiten, dem *red tape*, was man vielleicht, wenn auch nicht vollkommen mit „Amtsschimmel" übersetzen mag. Das Verfahren nimmt oft geraume Zeit in Anspruch. Die hierarchische Anordnung der Dienstverantwortlichkeit macht den Beamten vorsichtig, präzedenzfall-bewußt oder sogar -süchtig und beraubt ihn dadurch vielfach der selbständigen Initiative. Auch tritt dann, wenn des Dienstes regelhafte Uhr im Vordergrund steht, leicht eine Publikums-

[1] Es erregte ungewöhnliches öffentliches Aufsehen, als im Juli 1965 der 49jährige Mr. F. A. Bishop, der *Permanent Secretary* des Ministeriums für Land und Naturschätze, sein mit 8200 £ dotiertes Amt aufgab, um zu einem der führenden Industriekonzerne (mit unbekanntem Gehalt) überzugehen. 1934 in den Staatsdienst eigetreten, hatte er zwei Prime Ministern (Eden und Macmillan) als ihr erster Privatsekretär gedient und nachher andere höchste Beamtenstellungen innegehabt.

fremdheit und Lebensferne ein, die auch eine gewiegtere Publizitätstechnik als sie von der englischen Bürokratie gepflegt wird, nicht wettmachen kann. Aber während ein Privatunternehmen es sich leisten kann, Fehler zu machen, muß eine Beamtenschaft, deren Minister jederzeit im Parlament Rede und Antwort stehen muß, in erster Linie darauf bedacht sein, durch Vorsicht und Behutsamkeit ihrem Minister so wenig wie möglich Verlegenheit zu bereiten. Wenn dem Beamten, nicht mit Unrecht, der Vorwurf gemacht wird, daß er die sichere Routine den oft nicht voraussehbaren Resultaten selbständigen Handelns vorzieht, so muß andererseits eingeräumt werden, daß ein Beamter eben kein Manager ist und daß die Regierung andere Aufgaben hat als ein Privatunternehmen.

Wägt man die Vorteile und die Nachteile des bürokratischen Betriebs in Großbritannien aber objektiv ab, so wird man unschwer zum Schluß kommen, daß der Preis, der für eine ehrliche, pflichtbewußte, sachverständige und politisch neutrale Beamtenschaft zu zahlen ist, keineswegs unerschwinglich hoch ist.

Versucht man schließlich das Fazit des britischen öffentlichen Dienstes zu ziehen, so wird Einigkeit darüber bestehen, daß er fachlich den an ihn gestellten Anforderungen durchaus gerecht wird und daß die Leistungsstandards der von den Beamten betriebenen öffentlichen Verwaltung hoch sind. Aber auch in Großbritannien bleibt eine grundsätzliche Frage ohne eindeutige Antwort: Wie wirksam ist in der britischen Demokratie die Kontrolle des Publikums als der Kollektivität der Machtadressaten gegenüber der Verwaltung? Was die politische Seite des Problems anbelangt, so ist die Kontrolle mehr fiktiv als wirklich. Zwar ist der Beamte in aufsteigender Hierarchie dem Minister, dieser dem Kabinett und dem Parlament verantwortlich, aber die Linie der Verantwortlichkeit ist dünn, meist kaum zu sehen und tritt nur in glücklicherweise seltenen Ausnahmesituationen wie dem *Crichel Down*-Fall sichtbar hervor.

Es mag daher einigermaßen erstaunen, daß sich Großbritannien neuerdings entschlossen hat, zur Verwaltungskontrolle eine amtliche Instanz in Gestalt eines *Parliamentary Commissioner for Administration* zu errichten[1]. Es ist die britische Spielart des seit der *Crichel Down*-Affäre, die wohl den mittelbaren Anlaß ergeben hatte, viel erörterten *ombudsman*, wie er mit Erfolg in Schweden seit 1809 besteht und neuerdings auch in Norwegen, Finnland, Dänemark, Neuseeland in Aufnahme

[1] Dies wurde in einem am 12. Oktober 1965 veröffentlichten Weißbuch der Regierung Wilson angekündigt. Noch ehe aber die Vorlage, die angesichts der Parteien-Übereinstimmung nicht kontrovers war, das Parlament passiert hatte, ernannte die Regierung — ein durchaus ungewöhnlicher Fall — den im Amt befindlichen *Comptroller and Auditor-General* zum zukünftigen *Parliamentary Commissioner* (Juli 1966).

[2] Auch in verschiedenen Staaten der amerikanischen Union sind neuestens (1966) diesbezügliche Vorlagen eingebracht worden.

gekommen und auch für die Schweiz vorgeschlagen ist[2], wogegen sich im deutschen Milieu der Wehrbeauftragte nicht hat einbürgern können. Geplant ist ein mit dem hohen Gehalt von £ 10 000 ausgestatteter Beamter, der von der Krone, d. h. dem Prime Minister, ernannt wird, in seinen Amtsbefugnissen aber von der Regierung völlig unabhängig ist und nur durch Parlamentsbeschluß abberufen werden kann. Es wird ihm obliegen, die Publikumsbeschwerden gegen die Verwaltung nachzuprüfen. Aber — und hierin liegt die typisch britische Wendung, die der Institution gegeben wird — er nimmt sich amtlich nur derjenigen Angelegenheiten an, die ihm durch den Abgeordneten des Wahlkreises, dem der Beschwerdeführer angehört, zugekommen sind; der MP seinerseits wird ihn nur dann mit der Sache befassen, wenn er ernstliche Bedenken hegt, die Verwaltung habe sich eine *faute de service* zuschulden kommen lassen. Dem *Commissioner* sollen weitgehende Untersuchungsbefugnisse eingeräumt werden, unter anderem eidliche Zeugenvernehmungen. Es soll ihm weder eine Überprüfung der von einer Behörde gehandhabten *policy* zustehen, noch kann er die Verwaltungsentscheidung als solche ändern; er wird jedoch dem betreffenden Abgeordneten Bericht erstatten und kann den Fall auch in dem alljährlich dem Parlament vorzulegenden Rechenschaftsbericht zur Sprache bringen. Ausdrücklich von der Zuständigkeit ausgenommen sollen Gerichtsverfahren, militärische Angelegenheiten und, was in der Praxis besonders wichtig erscheint, Beschwerden gegen die nationalisierten Industrien und die Lokalverwaltung sein.

Ob diese neue Beschwerdestelle von Arbeit überlastet sein wird, bleibt füglich abzuwarten. Schon daß die Beschwerden durch das Sieb des Wahlkreisabgeordneten getrieben werden müssen, um an sie zu gelangen, wird berufsmäßige Querulanten und Nörgler ausschalten. Auch läßt sich ohne weiteres vermuten, daß die an sich vorsichtigen Beamten durch die bloße Existenz einer solchen Behörde noch vorsichtiger werden als sie es ohnehin zu sein pflegen. Im Hinblick auf die eine ähnliche Überwachungsfunktion ausübende Tätigkeit des *Council* nach dem *Tribunals and Inquiries Act* von 1957[1] läßt sich einstweilen kaum annehmen, daß die Einsetzung eines britischen *ombudsman* in der Tat einem dringenden Bedürfnis entspricht.

Wie dem auch sei, der Publikumsschutz hängt im wesentlichen von zwei Umständen ab: Der Wachsamkeit der öffentlichen Meinung und ihrer Medien gegenüber Verwaltungsmißbräuchen und den Rechtsmitteln, die dem Betroffenen gegen Verwaltungswillkür gegeben sind. Der Versuch einer Beantwortung der letzteren Frage kann bestenfalls nach Darstellung dieser Materie an späterer Stelle erfolgen[2].

---

[1] Siehe Bd. II, S. 36 ff.

[2] Siehe über die gerichtliche Kontrolle der öffentlichen Behörden, Bd. II, Kapitel 4, S. 96 ff.

Fünfter Teil

Die Staatsorgane III: Die Krone

Neunzehntes Kapitel

Die dynastische Ordnung

Vorbemerkung

Der Regierungsform nach ist das Vereinigte Königreich von Großbritannien und Nordirland eine parlamentarische Demokratie, deren besondere Gestaltung die parlamentarische Kabinettsregierung ist. Der Staatsform nach aber ist Großbritannien eine konstitutionelle — im Gegensatz zur absoluten — Monarchie, konstitutionell deswegen, weil die Ausübung der monarchischen Gewalt — die *Royal Prerogative* — durch Parlamentsgesetze und Konventionalregeln der Verfassung eingeschränkt und auch weiterhin einschränkbar ist. Die Eigenart des politischen Prozesses besteht nun darin, daß die Krone zwar ein wesentlicher und nicht hinwegzudenkender Bestandteil der Regierung und Regierungsführung ist, daß dies aber allseitig, und gerade auch vom jeweiligen Träger der Krone — dem Souverän —, als eine verfassungsrechtliche Fiktion anerkannt ist. Denn mit geringen Ausnahmen werden alle Akte, welche selbst auszuüben der Souverän rechtlich ermächtigt wäre, in der Praxis an seiner Stelle vom Kabinett veranlaßt und vollzogen. Was der Krone im zeitgenössischen Großbritannien an Einfluß und Prestige verblieben ist, hat sich vom verfassungsrechtlichen auf das gesellschaftliche Milieu verlagert[1].

---

[1] Angesichts der theoretisch fortdauernden Bedeutung der Krone im Regierungsaufbau und -betrieb bedarf der Umstand, daß die Monarchie erst an dieser Stelle unserer Darstellung ihren Platz findet, einer kurzen Erklärung. Während in den älteren Darstellungen der britischen Verfassung die Krone an der Spitze steht (so noch in LAWRENCE A. LOWELL, *The Government of England*, New York 1912), sind die neueren Behandlungen realistischer, indem sie die Staatsorgane des Parlaments und der Regierung der Krone vorausstellen (so schon JULIUS HATSCHEK, *Englisches Staatsrecht*, Tübingen 1905/06, Band I, S. 589 ff). Von den führenden englischen Lehrbüchern bringen WADE und PHILLIPS (Ausgabe von 1965, S. 165 ff.) die Krone zwar

Verfassungsrechtlich gesehen bedeutet der Ausdruck „Die Krone" (*The Crown*) nicht etwa nur den Souverän selbst oder die monarchische Einrichtung, sondern die Gesamtheit der Regierung und ist daher mit dem Ausdruck „Exekutive" gleichbedeutend. Während aber der Ausdruck „Souverän" (*The Sovereign*) nur eine Umschreibung des theoretisch höchsten Machtträgers ist, sind die Bezeichnungen „*The Queen*", „*The Queen in Council*" und die Titel der verschiedenen Staatsminister echtes Verfassungsrecht. Die Bezeichnungen „Regierung" (*Government*) und Prime Minister sind zwar neuerdings gelegentlich statutarisch erwähnt, aber alle anderen gängigen Bezeichnungen wie Kabinett, Exekutive, Ministerium, Administration sind nur Behelfe der politischen Praxis und daher ohne positiv-rechtliche Bedeutung[1].

1. Thronberechtigung und Thronfolge

Keine andere zeitgenössische Monarchie ist im Laufe der Geschichte von so zahlreichen Einzeldynastien verkörpert worden wie die englische[2]. Nach Feudalrecht war die Thronfolge erblich und sie blieb es auch wei-

nach dem Parlament, aber als Einleitung zum Abschnitt über die Exekutive (Regierung), also vor dem Kabinett und den Ministerien, ebenso O. H. Phillips (Ausgabe von 1962, S. 229ff.). Dem Engländer mag dies natürlich und der historischen Entwicklung gemäß erscheinen. Im Hinblick aber auf die in der verfassungsrechtlichen Praxis untergeordnete Rolle der Monarchie im heutigen politischen Prozeß würde dem nunmehr „republikanisierten" kontinentalen Leser die Voranstellung als eine Akzentverschiebung, wenn nicht als Verzerrung der Verfassungswirklichkeit erscheinen. Unsere bisherige Darstellung glaubt aber eine genügende Rechtfertigung dafür erbracht zu haben, daß die Monarchie ihr erst an dieser Stelle eingefügt wird.

[1] Zur geschichtlichen Entwicklung der englischen Monarchie vgl. das Einleitungskapitel, oben S. 1ff, 9ff.

[2] Beginnend mit der normannischen Eroberung: Das normannische Haus (1066—1154); Plantagenets (1154—1399); Lancaster (1399—1461); York (1461—1485); Tudor (1485—1603); Stuart (1603—1649, 1660—1688); Oranien (1688—1714). Hannover (1714—1837); Sachsen-Koburg (1837—1915); Windsor: seit 17. Juni 1917. Elizabeth II. ließ 1952 im *Council* erklären, sie und ihre Nachkommen seien als Angehörige des Hauses und der Familie Windsor anzusehen und ihren Abkömmlingen (außer den Töchtern, die sich verheiraten, und deren Abkömmlingen) solle der Name Windsor zustehen. Eine neuerliche Regelung der Titelführung für die königliche Familie trat durch königliche Deklaration im Jahre 1960 ein, als Königin Elizabeth II. bestimmte, diejenigen ihrer Abkömmlinge, die nicht als Prinzen und Prinzessinnen den Titel *Royal Highness* zu tragen berechtigt sind, sollten den Familiennamen Windsor-Mountbatten — der Zusatz bezieht sich auf den Familiennamen des Prinz-Gemahls Philip — tragen. Da aber ihre eigenen gegenwärtigen (und etwa noch zu erwartenden) Abkömmlinge ausdrücklich von dieser neuen Namensgebung ausgeschlossen sind, wird es einige dreißig bis vierzig Jahre dauern, bis sich jemand aus dem Hause Windsor als Windsor-Mountbatten bezeichnen wird. Offenbar war die Königin dabei von der guten Absicht geleitet, gewissen zukünftigen Mitgliedern ihrer Familie einen distinguierten bürgerlichen Namen zuzuerkennen, also den jüngeren Söhnen ihrer jüngeren Söhne oder den weiblichen Familienmitgliedern, die heiraten. Einzelheiten dieser komplizierten Neuerung haben lediglich für Stammbaumspezialisten Interesse.

terhin nach *common law*. Seit sich das Parlament in den politischen Prozeß eingeschaltet hatte, war es berufen, bei streitigen Thronansprüchen die Thronfolge zu legalisieren oder auch zu modifizieren. Im Verlauf einer ungewöhnlich wilden Geschichte wurden Könige abgesetzt, verjagt und umgebracht. Nach der Abdankung von James II. hatte die *Bill of Rights* den Thron für erledigt erklärt und das Parlament war es, das die Krone an William III. aus dem Hause Oranien und seine Gemahlin Mary, James' II. Tochter, übertrug. Als sich ergeben hatte, daß weder die Ehe Williams erbberechtigte Nachkommen erbringen noch dies bei Marys Schwester, der nachmaligen Königin Anne, der Fall sein würde, vergab der *Act of Settlement* von 1700 die Thronfolge an die Kurfürstin Sophia von Hannover, Enkelin von James I., und deren protestantische Nachkommen. Thronfolgeberechtigte, die Katholiken oder die mit einem katholischen Ehegatten verheiratet sind, sind nach dem *Act of Settlement* von der Thronfolge ausgeschlossen. Nach Maßgabe dieser Regelung ist die Thronfolge erblich und vollzieht sich nach den Grundsätzen der Primogenitur mit dem Vorrang des männlichen vor dem weiblichen Berechtigten. Das sogenannte salische Gesetz gilt also für England nicht. Falls kein unmittelbarer männlicher Nachfolger des letzten Throninhabers vorhanden ist, sind auch weibliche Abkömmlinge thronfolgeberechtigt[1].

Auf Grund dieser Erbfolgeregelung ist der englische Thron (seit den Hannoveranern) besetzt worden, wobei zwei Frauen (Victoria und Elisabeth II.) zum Zug kamen. Der Thronfolger muß den Krönungseid leisten, die von der *Bill of Rights* vorgeschriebene Erklärung unterzeichnen und der Kirche von England angehören. Die Thronfolge ist also derzeit sowohl nach Parlamentsgesetz wie nach Herkommen geregelt. Sie kann daher auch jederzeit durch Parlamentsgesetz (*Queen in Parliament*) geändert werden. Unter der *Statute of Westminster* von 1931 (22 & 23 Geo. 5, c. 4) bedarf jede Änderung der Thronfolgeordnung auch der Zustimmung der die gemeinsame Krone anerkennenden Mitglieder des *Commonwealth*.

Die königlichen Ehegatten sind aus verständlichen dynastischen Gründen bestrebt, für eine möglichst zahlreiche Nachkommenschaft zu sorgen und damit alle möglichen Erbfolgekomplikationen von vorneherein auszuschließen[2].

---

[1] HATSCHEK, a.a.O., Bd. I, S. 592/93 gibt die folgende Beschreibung: „Die englische Krone ist erblich in der männlichen und weiblichen der anglikanischen Kirche angehörigen Deszendenz der Kurfürstin Sophia von Hannover ... und zwar nach dem Rechte der Linealerbfolge, der Erstgeburt, mit dem Vorrang der männlichen vor der weiblichen Deszendenz in derselben Linie und schließlich mit dem Vorrang der agnatischen vor der kognatischen Deszendenz für den Fall, daß das Erbrecht der Kollateralen eintritt".

[2] Die barbarische Sitte, daß bei einer in der Ehe des herrschenden Souveräns eintretenden Geburt der Innenminister im Gebärzimmer persönlich anwesend sein müsse — um sich zu überzeugen, daß kein Säugling unterschoben würde —, wurde mit den Geburten der Königin Elizabeth II. erfreulicherweise aufgegeben.

2. Thronantritt und Krönung

Seit vielen Jahrhunderten tritt nach dem Tode des Throninhabers kein Interregnum mehr ein, sondern die Krone geht unmittelbar und automatisch auf den legalen Nachfolger über, was mit dem Satz „*The King never dies*" gekennzeichnet wird. Sobald als tunlich tritt der *Accession Council* zusammen, der sich aus den geistlichen und weltlichen Lords, Mitgliedern des *Privy Council* und den Amtsdignitäten von London zusammensetzt. Der neue Souverän leistet dann den Eid für die Erhaltung des presbyterischen Glaubens in Schottland nach der Vorschrift des *Act of Union* mit Schottland (1707). Unter dem nunmehr geltenden *Accession Declaration Act* von 1910 (10 Edw. 7 & 1 Geo. 5, c. 29) muß er sich als gläubiger Protestant bekennen und versprechen, die protestantische Thronfolge aufrechtzuerhalten.

Der frühere, politisch sehr lästige Brauch der automatischen Parlamentsauflösung beim Tod des Souveräns, der bereits durch frühere Gesetzgebung (1707, 1797) modifiziert worden war, ist seit dem *Representation of the People Act* von 1867 (30 & 31 Vict., c. 102) aufgehoben. Früher erloschen auch alle staatlichen Anstellungen, da sie formell von der Krone bestätigt worden waren. Seit dem *Demise of the Crown Act* von 1901 (1 Edw. 7, c. 5) bleiben nach dem Tode des Monarchen alle Anstellungen ohne Erneuerungsverpflichtung weiterhin in Kraft.

Die Krönung ist zwar keine verfassungsrechtliche Vorbedingung für die Legitimität der königlichen Herrschaft — sie wurde beispielsweise im Falle König Edwards VIII. überhaupt nicht vorgenommen —, ist aber ein sorgfältig eingehaltener Staatsbrauch und ihr Vollzug einer der eindruckvollsten Manifestationen des englischen Staatszeremoniells, das nunmehr durch das Fernsehen dem britischen Volk und der ganzen Welt zugänglich gemacht wird. Die Krönung Georges VI. (1937) wurde mit besonderem Pomp ausgestattet, um einer durch die Abdankung Edwards VIII. befürchteten Schwächung des monarchischen Prestiges entgegenzuwirken, und diejenige Elizabeths II. (1953) stand ihr kaum nach. Die Krönung selbst, durch den geistlichen Primas von England, den Erzbischof von Canterbury zusammen mit seinem Kollegen von York vorgenommen, ist vorwiegend religiöser Natur. Ihr verfassungsrechtlich wichtigster Bestandteil ist die Ableistung des Krönungseides, in dessen Fassung sich deutliche kontraktuelle Elemente aus der früheren Zeit erhalten haben. Sie beruht auf dem *Coronation Oath Act* von 1688 (1 Will. & Mary, c. 6). Die neueren Formulierungen, lediglich durch *Order in Council* vorgeschrieben — was verfassungsrechtlich anfechtbar ist —, nahmen auf die inzwischen eingetretenen territorialen Veränderungen Bezug. Elizabeth II. schwor, daß sie die Völker des Vereinigten Königreiches, der Dominions, welche die Krone anerkennen, und ihrer anderen Besitzungen und Territorien nach den dort geltenden Gesetzen regieren, sowie die protestantische Religion und die Dogmen der Kirche von England aufrechterhalten werde.

3. Titelführung

In den Titeln, mit denen der jeweilige Träger der Krone sich selbst in offiziellen Urkunden bezeichnet oder mit denen er bei offiziellen Gelegenheiten bezeichnet wird, spiegelt sich die politische Geschichte des Landes deutlich wider. Sie werden jeweils auf Grund des *Royal and Parliamentary Titles Act* von 1927 (17 & 18 Geo. 5, c. 4) durch *Royal Proclamation* festgelegt. George VI. konnte sich demnach noch „*by the Grace of God of Great Britain, Ireland and the Dominions beyond the Seas, King, Defender of the Faith*" bezeichnen, den Titel *Emperor of India* gab er auf Grund vorheriger parlamentarischer Ermächtigung auf (1948). Nachdem bei der Thronbesteigung durch Elizabeth II. die Liquidierung des britischen Weltreiches weitere Fortschritte gemacht hatte, stilisierte eine neue Auflage des *Royal Titles Act* von 1953 (1 & 2 Eliz. 2, c. 9) den Titel wie folgt um: *Elizabeth II., by the Grace of God of the United Kingdom of Great Britain and Northern Ireland and of Her other Realms and Territories, Queen, Head of the Commonwealth, Defender of the Faith*[1]. Dieser Titel gilt nur für das Vereinigte Königreich, die Kanalinseln, die Insel Man, die (nicht selbständig gewordenen) britischen Kolonien, Protektorate und Trust-Gebiete.

Nachdem die Präambel zur *Statute of Westminster* (1931) die Zustimmung der Dominion-Parlamente zu jedweder Änderung der königlichen Titel festgelegt hatte, wird seit der Thronbesteigung von Elizabeth II. die bisher aufrechterhaltene Fiktion von der Unteilbarkeit der Krone aufgegeben und zum ersten Mal der Souverän in den verschiedenen Teilen des *Commonwealth* verschieden bezeichnet, um die verschiedene staatsrechtliche Einstellung der *Commonwealth*-Mitglieder entsprechend zum Ausdruck zu bringen. Was sie alle bindet, ist jetzt nur mehr der Titel *Head of the Commonwealth*, da die meisten der selbständig gewordenen ehemaligen britischen Gebiete, dem Beispiel Indiens und Pakistans folgend, zuvor Republiken geworden, aber im Verband des *Commonwealth* verblieben sind.

4. Thronverzicht

In der bewegten Geschichte der englischen Monarchie sind auch Abdankungen des Monarchen, sei es gezwungen, sei es freiwillig, vorgekommen[2]. Der noch in Erinnerung gebliebene Fall einer freiwilligen Abdan-

[1] Über den in Schottland erhobenen Widerspruch gegen die Nummer II siehe *McCormick v. Lord Advocate* (1953) (S. C. 396; 1953 S.L.T. 255) und oben S. 70.

[2] Edward II. wurde unter baronialem Druck im *Parliament of Westminster* (1327) zur Abdankung gezwungen (und kurz darauf im Gefängnis ermordet); Richard II., von Shakespeare verewigt, desgleichen (1399) (und wahrscheinlich

kung war derjenige Edwards VIII. (1936), wobei das folgende Verfahren eingeschlagen werden mußte und wurde: Noch als Souverän fertigte Edward VIII. eine Urkunde (*Instrument of Abdication*) aus, in der er für sich und seine Nachkommen unwiderruflich auf den Thron verzichtete. Seinem Wunsch entsprechend erließ hierauf das Parlament den *His Majesty's Declaration of Abdication Act* von 1936 (1 Edw. 8 & 1 Geo. 6, c. 3), der der Verzichtserklärung gesetzliche Wirkung verlieh, den Nächst-Thronfolgeberechtigten, Edwards jüngeren Bruder George (damals Herzog von York), zum Nachfolger machte und gleichzeitig den *Act of Settlement* dahingehend abänderte, daß der bisherige König Edward VIII. und seine Abkömmlinge dauernd von der Thronfolge ausgeschlossen wurden; außerdem wurde dem nunmehrigen Herzog von Windsor eine Ausnahme vom *Royal Marriages Act* von 1772 (12 Geo. 3, c. 11) zugebilligt, damit er eine Bürgerliche (Mrs. Wallis Simpson) heiraten konnte[1].

nachher gleichfalls ermordet); das Parlament wählte seinen Besieger Henry of Bolingbroke, den ersten aus dem Hause Lancaster, als Henry IV. zum König. Bei der Landesflucht von James II. (1688) lag kein formeller Thronverzicht vor, so daß die Stuarts den Versuch einer gewaltsamen Restauration machen konnten (Culloden 1746).

[1] Die Hintergründe der Angelegenheit sind auch heute, eine Generation später, und trotz der seither erschienenen persönlichen Erinnerungen (siehe Duke of Windsor, *A King's Story*, London 1951) und anderweitigen Behandlungen nicht völlig geklärt. Offiziell wird angenommen, der damalige Prime Minister Stanley Baldwin und die ins Vertrauen gezogenen Dominion-Prime Minister hätten die vom König beabsichtigte Heirat mit einer geschiedenen Bürgerlichen aus staatspolitischen Gründen für untragbar gehalten und der König hätte die Aufgabe des Throns einem Verzicht auf die Eheschließung vorgezogen. Als eigentliche *Queen Consort* kam die Dame selbstverständlich niemals in Betracht. Inwieweit religiöse Bedenken — der Souverän ist auch das Haupt der anglikanischen Kirche — hereingespielt haben, ist ungeklärt, obwohl angenommen werden darf, daß der Primas, der Erzbischof von Canterbury, sich gegen die Heirat ausgesprochen hat. Eine Lösung hätte wahrscheinlich darin gefunden werden können, daß der König sich mit einer (morganatischen) Zivilehe mit Mrs. Simpson hätte begnügen und damit den Thron behalten können. Diese Möglichkeit wurde aber nicht ernstlich in Betracht gezogen. Der tiefere Grund für die erzwungene Abdankung mag wohl darin gelegen haben, daß die konservativen Politiker kein Vertrauen in die Charakterzuverlässigkeit des Monarchen hatten, was ihnen angesichts einer Auseinandersetzung mit dem nationalsozialistischen Deutschland, mit der gerechnet werden konnte, als eine bedenkliche Belastung des britischen Staatsschiffs erscheinen mußte. Diese Auffassung mochte nachträglich gerechtfertigt erscheinen. Sein taktloser Besuch bei Hitler (1937) kostete ihm viele Sympathien. Der Herzog von Windsor zog nicht etwa allein deswegen, weil seine Familie mit seiner Frau nichts zu tun haben wollte, das Exil dem Aufenthalt in England selbst vor, sondern wurde von der britischen Regierung geflissentlich ignoriert und nur während des letzten Krieges (1940—1945) als Gouverneur der Bahamas verwendet, da man ihn außer Landes haben wollte. Auch setzte ihm das Parlament niemals, wie es bei den anderen Mitgliedern des königlichen Hauses der Fall ist, eine Appanage aus. Auch der Titel *Royal Highness* wurde seiner Frau versagt. Königin Elizabeth II. entschloß sich jedoch, mit allgemeiner Billigung, der Verfemung ein Ende zu machen und traf sich mit der Herzogin am Krankenbett des Herzogs (1965).

5. Die königliche Familie

Ist der Souverän eine Frau, wie es derzeit bei Königin Elizabeth II. der Fall ist, so stehen ihr die gleichen Rechte zu wie dem männlichen Throninhaber (*Queen Regnant's Prerogative Act* von 1554 [1 Mary, sess. 3, c. 1]). Von den bisherigen sechs englischen Königinnen waren alle bis auf Elizabeth I., die „jungfräuliche Königin", verheiratet[1].

Dem Ehemann der Regierenden Königin (*Queen Regnant*) wurde seit Anne der Titel *Prince Consort* (Prinzgemahl) verliehen. Dem Prinzgemahl von Elizabeth II., dem Prinzen Philip, wurde der Titel des Herzogs von Edinburgh verliehen, er wurde zum Mitglied des *Privy Council* ernannt und ihm außerdem der Rang unmittelbar nach der Königin eingeräumt, in allen anderen Beziehungen ist er aber ein gewöhncher Bürgerlicher.

Die *Königs-Gemahlin* (*Queen Consort*). Ihr Leben und ihre Keuschheit werden von der *Statute of Treasons* von 1351 (25 Edw. 3, st. 5, c. 2) geschützt. Nach *common law* ist sie persönlich aktiv und passiv prozeßlegitimiert und kann auch alle Vermögensgeschäfte ohne Zustimmung des Königs vornehmen. Sie kann von keinem Gericht mit einer Buße belegt werden, mag also so schnell fahren, wie es ihr gefällt. Da sie aber des Königs Untertan ist, kann sie strafgerichtlich verfolgt werden[2]. Nach dem Tode ihres Mannes wird die *Queen Consort* zur *Queen Dowager*.

Der *Kronprinz (Thronfolger)*. Der älteste Sohn des Königs oder der Königin wird mit der Geburt Herzog von Cornwall. Es kann ihm auch nach Ermessen des Souveräns der Titel des *Prince of Wales* durch *letters patent* verliehen werden[3]. Der *Prince of Wales* ist als Kronprinz der offizielle Thronfolger (*heir apparent*); der dann Nächstberechtigte gilt als der vermutliche Thronfolger (*heir presumptive*).

Die *Prinzen und Prinzessinen von königlichem Geblüt* haben den Vorrang vor allen Peers und Beamten, selbst dem Prime Minister und dem *Lord Chancellor*[4].

[1] Mary I. mit Philipp II. von Spanien, Mary II. mit William von Oranien, beide hatten kraft Parlamentsgesetz die Krone gemeinsam inne; Anne mit Prinz Georg von Dänemark; Victoria mit Prinz Albert von Sachsen-Koburg-Gotha, Elizabeth II. mit Prinz Philip von Griechenland.

[2] Gegen Caroline, eine Braunschweigerin und die Frau Georges IV., wurde ein Parlamentsverfahren (*Bill of Pains and Penalties*) eingeleitet (1820), um sie des königlichen Titels zu entkleiden und die Ehescheidung auszusprechen, was zum größten Sittenskandal Englands führte. Der Entwurf mußte von der Regierung angesichts der sicheren Niederlage in den Commons fallen gelassen werden, hatte aber einen gewaltigen Prestigeverlust der Monarchie zur Folge, den erst Victoria wettmachen konnte.

[3] Dies war bei Prinz Charles, dem ältesten Sohn der Königin Elizabeth II., 1958 der Fall. Der Titel wird niemals einem weiblichen Wesen verliehen.

[4] Die Keuschheit der ältesten unverheirateten Tochter wird gleichfalls von der *Statute of Treasons* von 1351 geschützt.

Solange die männlichen Prinzen nicht mit einem Herzogstitel ins Oberhaus berufen sind, was in der Regel bei Volljährigkeit der Fall ist[1], sind sie Commoners. Sie und ihre ehelichen Kinder haben Anspruch auf den Titel *Royal Highness*, der im übrigen auch den Frauen der Söhne des Königs zuerkannt wird[2].

Heiraten. Für Heiraten von Mitgliedern der königlichen Familie schreibt der *Royal Marriages Act* von 1772 (12 Geo. 3, c. 11) vor, daß kein Mitglied des königlichen Hauses, der ein Abkömmling von George II. ist, ohne Zustimmung des Souveräns (unter dem Großsiegel und mit Erklärung im *Privy Council*) eine Ehe eingehen kann und daß eine solche, wenn die Zustimmung fehlt, nichtig ist (*Sussex Peerage* Fall [1844] [11 Cl. & F. 85]). Ist aber ein solcher Abkömmling über 25 Jahre alt, kann die königliche Zustimmung entbehrt werden, falls die Heiratsabsicht zwölf Monate vorher dem *Privy Council* angezeigt und innerhalb der Frist kein Einspruch des Parlaments erfolgt ist.

6. Regentschaft

Erst neuerdings sind gesetzliche Regelungen über die Regentschaft im Fall der Minderjährigkeit, Abwesenheit im Ausland und Regierungsunfähigkeit des Souveräns ergangen[3]. Die lange fühlbar gewesene Lücke ist nunmehr durch die verschiedenen *Regency Acts* (1937—1953) befriedigend ausgefüllt. Zwei Eventualitäten sind dabei zu unterscheiden.

a) Nach dem *Regency Act* von 1937 (1 Edw. 8 & 1 Geo. 6, c. 16) kann der Souverän einem durch *letters patent* zu bestellenden Staatsrat (*Counsellors of State*) bestimmte seiner Funktionen auf Zeit übertragen, falls er

[1] Derzeit (1967) sind es vier Personen, die als *Peers of Royal Blood* Sitz und Stimme im Oberhaus haben, nämlich außer dem Prinzen von Wales die Herzöge von Gloucester (seit 1928) und Kent (seit 1934) sowie der Herzog von Windsor (seit 1946).

[2] Der Kuriosität halber sei ein Gesetz von Anne von 1705 (4 & 5 Anne, c. 16) erwähnt, wonach alle Abkömmlinge der mehrfach erwähnten Kurfürstin Sophia von Hannover als geborene englische Untertanen zu gelten haben. Das Gesetz wurde zwar durch den *British Nationality Act* von 1948 (11 & 12 Geo. 6, c. 56) aufgehoben, was aber das *House of Lords* als Revisionsinstanz nicht hinderte, allen denjenigen die britische Staatsangehörigkeit zu belassen, die sie im Zeitpunkt der Aufhebung auf Grund des alten Gesetzes besessen hatten (*Attorney. General v. Prince Ernest Augustus of Hannover* [1957] [A.C. 436]). Die Entscheidung entbehrt nicht des Bizarren, da vermutlich der eine oder andere von zahlreichen solchen Nachkommen im ersten und zweiten Weltkrieg gegen England die Waffen getragen und somit, falls ihm seine Staatsangehörigkeit bekannt war, Hochverrat betrieben hat.

[3] In früheren Zeiten mußten spezielle Parlamentsgesetze erlassen werden, die dem König die Übertragung der königlichen Funktionen an eine Kommission gestatteten, so bei den häufigen Abwesenheiten von George I. und II. in Hannover, später noch bei der Reise Georges V. nach Indien zur dortigen Krönung (1911) und bei seiner Erkrankung 1928. George III. war 1811 bereits so geistesgestört gewesen, daß er rechtlich seine Zustimmung zur Einsetzung eines Regenten abzugeben nicht in der Lage war.

außer Landes gehen will oder falls er aus geistigen oder körperlichen Gründen nicht in der Lage ist, seine Funktionen selbst auszuüben. Es darf sich allerdings dabei um keinen Fall handeln, der die Einsetzung einer Regentschaft notwendig machen würde. Zu den somit zu bestellenden Staatsräten gehört der Ehemann oder die Ehefrau des regierenden Monarchen, die vier nächsten Anwärter und die Inhaber der wichtigsten politischen und geistlichen Ämter (*Lord Chancellor*, Prime Minister, Erzbischof von Canterbury). Der jüngste *Regency Act* von 1953 (2 & 3 Eliz. 2, c. 1) beschränkte aber die Mitgliedschaft im Staatsrat auf Angehörige der königlichen Familie selbst, darunter nunmehr auch die Königin-Mutter, vorgeblich, weil die *Commonwealth*-Interessen dies verlangten. Die Ausschaltung der politisch Verantwortlichen des Vereinigten Königreichs ist allerdings sachlich zu bedauern. Der Staatsrat kann weder das Parlament auflösen (außer nach schriftlicher Anweisung des Monarchen) noch Titel und Würden der Peerage vergeben.

b) Verschieden davon ist aber die eigentliche Regentschaft. Sie ist in zwei Fällen vorgesehen, nämlich bei Minderjährigkeit des Souveräns und bei gesundheitlich bedingter Regierungsunfähigkeit. Nach dem Gesetz von 1937 wird bei Minderjährigkeit, die mit der Erreichung des 18. Lebensjahrs des Souveräns als beendet gilt, der nächste volljährige Thronanwärter Regent, vorausgesetzt er ist britischer Staatsangehöriger mit Wohnsitz in Großbritannien und ist nicht mit einer konfessionellen Inkompatibilität belastet. Das Gesetz von 1953 bestimmte den Ehemann der regierenden Königin, Herzog von Edinburgh, zum Regenten für den Fall der Minderjährigkeit eines Abkömmlings aus der Ehe mit Elizabeth II. und falls aus anderen Gründen eine Regentschaft sich als notwendig erweisen sollte. Außerdem wurde die Vormundschaft (*guardianship*) für den minderjährigen Souverän in der Weise geregelt, daß für den unverheirateten Souverän (gleichgültig welchen Geschlechts) seine Mutter dazu bestimmt ist[1]. Für den Fall, daß der Souverän aus gesundheitlichen Gründen geistiger oder körperlicher Natur — *infirmity of mind or body* — zur Leistung der königlichen Aufgaben unfähig sein sollte, wird nach dem Gesetz von 1937 eine diesbezügliche dem *Privy Council* zu unterbreitende schriftliche Erklärung bestimmter Persönlichkeiten verlangt, die dies offiziell feststellt, wobei auch ärztliches Beweismaterial eingeschlossen sein muß. Die hierfür vorgesehenen Persönlichkeiten sind der Ehegatte des regierungsunfähigen Monarchen, der *Lord Chancellor*, der Speaker des Unterhauses, der Prime Minister, der *Lord Chief Justice* und der *Master of the Rolls* (gleichfalls ein höchster Justizbeamter); drei oder mehr dieser Personen können die Erklärung verbindlich abgeben; sie muß auch den Dominions zugänglich gemacht werden. Es ist zu beachten, daß derjenige,

[1] Weitere Einzelheiten für den Fall, daß der minderjährige Souverän verheiratet sein sollte, interessieren hier nicht, da dies kaum je der Fall sein würde.

der Regent sein würde, an dem Verfahren der Unfähigkeitsbeglaubigung nicht teilnimmt. Auf Grund der Erklärung wird sodann ein Regent nach den vorher erwähnten Vorschriften eingesetzt. Die Regentschaft dauert an, bis nach den gleichen Bestimmungen eine entsprechende positive Gesundheitsbewertung hinsichtlich des Souveräns erfolgt ist, womit der Souverän wieder in seine Rechte eintritt.

Für alle Fälle der Regentschaft gilt, daß der Regent den üblichen Verfassungseid zu leisten hat. Er hat während der Dauer der Regentschaft die gleichen Rechte, wie sie der Souverän selbst hätte, mit der Maßgabe jedoch, daß er nicht die Thronfolgeordnung ändern und nicht die Schutzgesetze für die schottische Religion abschaffen kann, das heißt, daß er solchen Gesetzen seine Zustimmung zu versagen hätte.

Diese Vorschriften mögen angesichts eines im besten Alter befindlichen Monarchen wie der Königin Elizabeth II., die es bisher auf vier Kinder gebracht hat, als mehr oder minder akademisch gelten, sind aber besonders im Atomzeitalter keineswegs überflüssig und sie unterscheiden sich in ihrer anscheinend lückenlosen Vollständigkeit von dem selbst nach der 1965 eingeleiteten Verfassungsänderung keineswegs zweifelsfreien Zustand der Präsidialnachfolge in den Vereinigten Staaten.

7. Kroneinkünfte

Dem Monarchen wird vom Staat eine Appanage — *Civil List* — gewährt, die den *Consolidated Fund* belastet, also nicht der alljährlichen parlamentarischen Zustimmung unterworfen ist. Sie dient ausschließlich zur Bestreitung des persönlichen Aufwands des Souveräns, so daß Staatsausgaben daraus nicht gedeckt zu werden brauchen[1].

Die jährliche Zivilliste beträgt derzeit (1965) 475 000 £, wovon auf die Königin selbst 60 000 £, auf Gehälter des königlichen Haushalts 185 000 £, Aufwendungen für den Haushalt 121 800 £, für Wohltätigkeitszwecke 13 200 £ und öffentliche Dienstleistungen der Mitglieder der königlichen Familie 95 000 £ entfallen. Außerdem beziehen verschiedene

[1] Die Einrichtung hat gleichfalls eine typisch englische Vorgeschichte. Sie geht auf die Thronbesteigung von George III. (1760) zurück, als dieser im Austausch für eine staatliche Unterhaltsrente auf alle ihm persönlich zufallenden erblichen Throneinkünfte zugunsten des Fiskus verzichtete (*surrender*), die seither dem *Consolidated Fund* zufließen. Ausgenommen sind nur die Einkünfte der Herzogtümer von Lancaster und Cornwall, wovon die ersteren dem Monarchen, die letzteren dem offiziellen Thronerben (nach dessen Volljährigkeit) zukommen. Nach dem *Civil List Act* von 1952 (15 & 16 Geo. 6 & 1 & 2 Eliz. 2., c. 37) gilt die Verzichtserklärung bis zum Ablauf von sechs Monaten nach dem Tod des Souveräns, dessen Nachfolger also berechtigt wäre, nachher auf seine Erbeinkünfte selbst Anspruch zu erheben, davon aber wohlweislich Abstand nehmen würde, einmal da eine Konventionalregel vorliegt, zum anderen, weil er dann mit seinem persönlichen Einkommen auch zur Deckung der Staatsausgaben herangezogen würde.

Familienmitglieder (darunter der Herzog von Edinburgh, die jüngere Schwester der Königin, Prinzessin Margaret, die Königin-Mutter) ihre eigenen parlamentarisch festgesetzten Unterhaltsgelder von derzeit 166 000 £. Das Einkommen aus den der Krone als Privateigentum verbliebenen Herzogtümern von Cornwall und Lancaster wird auf jährlich 90 000 £ angesetzt. Ersteres kommt dem Prinzen von Wales nach Volljährigkeit (18 Jahre) mitsamt weiteren 10 000 £ zu. Damit sind allerdings die Aufwendungen des Staates für die britische Monarchie bei weitem nicht erschöpft; sie werden auf mindestens 2 Millionen £ jährlich geschätzt[1]. Das Einkommen der Krone ist frei von Staats- und Lokalsteuern[2]. Ihr sonstiges Privatvermögen und -eigentum dagegen ist steuerpflichtig wie das jedes Bürgers[3].

Die der Krone ausgeworfenen Summen erscheinen zwar reichlich, aber angesichts der dem königlichen Haushalt obliegenden offiziellen Verpflichtungen kaum übermäßig. Es ist aber beim Lebensstil des britischen Königshauses zu beachten, daß Elizabeth II. sicherlich eine der reichsten Frauen Europas ist. Ihr ererbtes und erworbenes Privatver-

---

[1] Dazu gehört beispielsweise die Instandhaltung der königlichen Schlösser, die Post-, Telefon- und Telegrammfreiheit der Krone, die Kosten für die Beförderung in eigenen Flugzeugen und Zügen und der Gebrauch einer Luxusjacht, welche eine Mannschaft von 250 Leuten erfordert. Die Kosten der Staatsbesuche werden von den betreffenden Dominions getragen.

[2] Die Frage der Abgabenfreiheit der Krone hat eine ausgiebige Rechtsprechung hervorgerufen. Sie erstreckt sich 1. auf die Person des Souveräns selbst; 2. auf die Regierungsdepartments und die von ihnen benutzten Baulichkeiten, wozu Gerichtsgebäude, Amtswohnungen, Polizeistationen, Postämter und Gefängnisse gehören, und ebenso auf die von Regierungsstellen verwalteten Fonds und Geldmittel (*Bank voor Handel en Scheepvaart N.V. v. Administrator of Hungarian Property* [1954] [A. C. 584]). Bis zum *Crown Lessees (Protection of Subtenants) Act* von 1952 (15 & 16 Geo. 6 & 1 & 2 Eliz. 2, c. 40) unterlagen die von der Krone vermieteten Gebäude nicht der Mieterschutzgesetzgebung. Früher waren auch die Diener der Krone nicht an die Geschwindigkeitsbeschränkungen für Kraftwagen gebunden, bis der *Road Traffic Act* von 1930 (20 & 21 Geo. 5, c. 43) (Sekt. 121 (2)) sie auch (mit gewissen Ausnahmen) auf die Kronbeamten anwendbar machte. In den königlichen Palästen mag Alkohol zu jeder Tages- und Nachtzeit getrunken werden, da die *Licensing Laws* auf sie keine Anwendung finden (*R. v. Graham-Campbell ex parte Herbert* [1935] [1. K. B. 594]). Trotz neuerlicher Korrekturen besteht hier nach wie vor eine rechtsstaatlich nicht unbedenkliche Zwielichtzone.

[3] Die Rechtslage des privaten Grundbesitzes der Krone (*Crown private estates*) — also nicht die Kronländereien wie die Herzogtümer von Lancaster und Cornwall, die dem Throninhaber kraft Erbrechts zustehen und über die nicht von ihm verfügt werden kann — ist durch die *Crown Private Estates Acts* von 1800 (39 & 40 Geo. 3, c. 88) und von 1862 (15 & 26 Vict., c. 37) — für die schottischen Güter gilt hier der *Conveyancing (Scotland) Act* von 1874 (37 & 38 Vict., c. 94)— dahingehend geregelt, daß der Souverän über sie *inter vivos* und durch Testament verfügen kann. Ist darüber beim Tod des Souveräns keine Verfügung getroffen worden, so werden sie zu Kronländereien, die von den *Crown Estate Commissioners* verwaltet werden (siehe unten S. 515).

mögen ist nicht bekannt; es muß aber außer dem wesentlichen Grundbesitz aus Kapitalsanlagen, Aktienbesitz und Beteiligungen bestehen, nicht zu reden von den unermeßlichen Werten, die die königlichen Privatsammlungen an Kunstgegenständen, Büchern, Juwelen, Briefmarken und anderem sowie die Privatschlösser darstellen, oder jenen Vermögensbestandteilen nach Herkommen, wozu alle Gold- und Silberbergwerke im Vereinigten Königreich, das alleinige Recht dort nach Öl zu bohren, das Küstenland zwischen Ebbe und Flut rings um die Inseln und selbst die in Inlandwassern gefangenen Walfische[1] und Störe gehören. Trotz alledem ist nicht anzunehmen, daß die Königin angesichts der ihr obliegenden Verpflichtungen, die keineswegs voll von parlamentarischen Zuwendungen gedeckt sind, sich etwas ersparen kann. Ihre Appanage ist seit Jahren nicht mehr erhöht worden, während die Geldentwertung fortschritt[2].

8. Der Stab der Krone

Der Monarch unterhält zur Durchführung der ihm persönlich obliegenden Staatsaufgaben einen im königlichen Haushalt (*Royal Household*) zusammengefaßten Stab, dessen Mitglieder, keine Staatsbeamten, zum Souverän in einem persönlichen Dienstverhältnis stehen (Hofdamen,

[1] Mit der Möglichkeit, daß völlig veraltete und noch dazu absurde Rechtsdinge plötzlich zu neuem Leben erwachen, muß im englischen Milieu immer gerechnet werden: Ein Rudel Walfische, die dem gegen ihre Spezies von den kommerziellen Walfischfängern in allen Meeren geführten Vernichtungskrieg zu entkommen hofften, hatte jüngst in der Themse nur dreißig Kilometer unterhalb der Tower-Brücke eine Zuflucht gefunden. Sie sollten sich darin nicht getäuscht haben, denn als im Oktober 1965 ein Sportfischer drei Boote ausgerüstet hatte, um ihrer habhaft zu werden, wurde ihm das von der erfreulich rechtsbewanderten Londoner Hafenpolizei mit dem Hinweis untersagt, daß alle Wale, die in englischen Flüssen gefangen werden, „tot oder lebendig" der Königin gehören. — Auch das Öl-Bohrungsmonopol der Krone ist keineswegs akademisch, da jüngstens (1966) erhebliche Vorkommen auf englischem Boden erschlossen wurden.

[2] Der Monarch ist in verschiedenen Gebieten seines Empire und seines Stammlandes zu altherkömmlichen Tributen berechtigt, die, wenn sie in Sachleistungen bestehen, *acts of petit serjeanty*, wenn in Dienstleistungen *acts of grand serjeanty* genannt werden. Es gibt deren noch die mannigfaltigsten, wie etwa: Als Königin Elizabeth II. das kanadische Winnipeg in der Provinz Manitoba besuchte, erhielt sie von der Hudson Bay Company nach Vorschrift ihrer Gründungs-Charter zwei schwarze Biberfelle und zwei Elchköpfe. Die Stadt Gloucester löst die Überlassung von Kronländereien mit einer gewaltigen Aalpastete, Yarmouth mit hundert Heringen ab. Die Pächter des königlichen Gutes Fowlis in Schottland müssen mitten im Sommer einen Schneeball als Ablösung bezahlen, was heute keine Schwierigkeiten mehr macht, früher aber durch die Winterreste eines nahen Gebirgszuges bewerkstelligt wurde. Der Herr eines Landbesitzes bei Edinburgh muß auf Verlangen eine Kanne Rosenwasser mitsamt Waschschüssel und Handtuch im königlichen Palast abliefern. Als Pacht eines Londoner Grundstücks, das zuzeiten Henrys III. ein Schmied bewohnte, werden jährlich sechs Hufeisen und 61 Nägel abgeliefert — seit fünfhundert Jahren immer dieselben. Die Krone unterhält zur Entgegennahme dieser altrechtlichen Pachtablösungen und Leistungen einen eigenen Hofbeamten, den *Queen's Remembrancer*, der sie in feierlicher Sitzung entgegennimmt.

Zeremonialbeamte [*equerries*], Verwaltungsfachleute, Schreib- und sonstiges Dienstpersonal). Manche dieser Ämter sind mit den altmodischen Titeln wie *Master of the Horse, Gold Stick, High Almoner, Mistress of the Robe, Chamberlain* usw. ausgestattet. Ihre Inhaber können auch einen Unterhaussitz einnehmen. Umgekehrt werden die Haushaltsämter des *Treasurer, Comptroller, Vice-Chamberlain, Captain, Gentleman-at-Arms, Lords-in-Waiting of the Royal Household* vielfach Unterhausmitgliedern verliehen, die zusammen mit den *Junior Lords of the Treasury* als Regierungs-Einpeitscher dienen. Viele Personen im Dienst der Krone folgen einer Familientradition.

Bei weitem der wichtigste dieser Hofbeamten ist der königliche Privatsekretär (*Her Majesty's Private Secretary*)[1]. Er gehört, wie der Vorstand des *Civil Service*[2], zu den dem Publikum so gut wie völlig unbekannten, aber nichtsdestoweniger einflußreichsten Persönlichkeiten im britischen politischen Prozeß. Denn es ist ihr Privatsekretär, der die Königin als ihr nächster Vertrauter in allen Staatsangelegenheiten berät, und er ist es auch, der den Verbindungskanal nicht nur mit den Dominions und ihren *Governor-Generals* und Prime Ministern darstellt, sondern auch mit dem britischen Prime Minister und seinem Kabinett. Da ihm alle Staatsgeheimnisse zugänglich sind, muß er Mitglied des *Privy Council* sein. In gewissem Sinne, allerdings von weit größerem Einfluß, kann er mit dem Staatssekretär in der Präsidialkanzlei der Deutschen Bundesrepublik verglichen werden. Die Königin wird ohne seinen Rat und die von ihm gelieferte Information keine staatspolitisch relevante Handlung unternehmen. Andererseits wird der Prime Minister, der in der Regel der Monarchin jeden Dienstag Abend Vortrag hält, sich darauf verlassen können, daß der Privatsekretär seine Souveränin vorher mit den laufenden Fragen bekannt gemacht hat, so daß sie ihm ihre endgültige Stellungnahme mitteilen kann[3]. Der *Private Secretary* des Souveräns muß es also verstehen, sich mit dem Prime Minister und dem Kabinett ebenso gut zu stellen wie mit seiner Monarchin. Er darf keiner politischen Partei ange-

[1] Das Amt ist verhältnismäßig neu. Vor George III. galt der *Home Secretary* als Privatsekretär des Königs und war wegen seines Zugangs zu Staatsgeheimnissen immer Mitglied des *Privy Council.* George III. bestellte wegen seiner fast völligen Blindheit einen eigenen Privatsekretär (1811). Victoria nahm davon Abstand, da ihr Mann, Prinz Albert, ihr hauptsächlicher Berater war und ihr außerdem in Baron Stockmar eine Vertrauenhilfe zur Seite stand, nahm aber die Praxis nach dem Tod des Prinzgemahls (1861) wieder auf. Sie wurde seither von allen Königen beibehalten. Von 1870 bis 1931 (mit Ausnahme der Regierung von Edward VII. [1901—1910]) waren nur zwei Männer Privatsekretäre, Sir Henry Ponsonby und Sir Arthur Bigge (Lord Stamfordham). Ihrem Geschick ist der Ausbau des Postens zu einer Schlüsselstellung zu verdanken. Der Privatsekretär der Königin Elizabeth II. ist Sir Michael Adeane, ein Enkel des Inhabers der Stellung unter George V.

[2] Siehe oben S. 469f.

[3] Edward VIII. wurde über den sich zusammenbrauenden Sturm wegen seiner beabsichtigten Heirat mit Mrs. Simpson zuerst von seinem Privatsekretär unterrichtet. Die Kabinetts-Rebellen, die im Oktober 1963 sich der im Gang befindlichen

hören und muß wie seine Dienstherrin über den Parteien stehen. Ohne ihn könnte die Königin ihren verfassungsrechtlichen Aufgaben nicht nachkommen.

9. Krone und Commonwealth

Früher galt es als ausgemacht, daß „die Krone" ein einheitlicher und unteilbarer (*indivisible*) Begriff ist, der überall gleichermaßen gilt, wo ein Gebiet der Souveränität der britischen Krone untersteht[1]. Mit der zunehmenden Differenzierung der Mitglieder zuerst des *British Empire* und neuerdings des *Commonwealth* hat sich die Stellung der Krone in den einzelnen Mitgliedstaaten und ihre Beziehung zu ihnen kompliziert und kann nicht leicht in eine unmißverständliche Formel gebracht werden. Dazu kommt auch die widerspruchsvolle und juristisch unprägnante Terminologie. Nicht selten werden die der Krone unterstellten Gebietskörperschaften unterschiedslos als *Her Majesty's Dominions* bezeichnet, obwohl dieser Ausdruck seit der *Statute of Westminster* (1931) auf die politisch unabhängigen Mitgliedstaaten des *Commonwealth*, wie Kanada, Australien, Neuseeland und (vor 1961) Südafrika beschränkt ist. Auch wird der nicht-technische Ausdruck *Dependencies* verwendet, der Kolonien, Protektorate und Trustgebiete, aber auch die im Kondominium mit Frankreich verwalteten Neuen Hebriden umfaßt. Schließlich wird mit reichlichem Ungeschick von den „unabhängigen Mitgliedern des *Commonwealth*" gesprochen; diese sind derzeit (1966) außer den älteren Mitgliedern Kanada, Australien und Neuseeland die seit dem letzten Krieg aufgenommenen Staaten Indien und Pakistan (1947); Ceylon (1948); Ghana (1957); Malaya (1957), erweitert als Malaysia (1963); Nigeria (1960); Sierra Leone (1961); Zypern (auf die Dauer von fünf Jahren) (1961); Tanganyika; Jamaica; Trinidad und Tobago; Uganda (1962); Kenya (1963); Zanzibar (1963) (vereinigt mit Tanganyika als Tanzania 1964); Malawi (früher Nyasaland); Malta; Zambia (früher Nordrhodesien); Gambia (1964); Singapore; die Maldive Islands (1965); Guyana; Botswana (früher Bechuanaland); Lesotho (früher Basutoland); Barbados (1966). Auch Rhodesien (früher Südrhodesien), dessen Legalstatus derzeit unbestimmbar ist, müßte hier eingeschlossen werden[2].

Wenn der offizielle Titel Königin Elizabeth II. als „*Queen of the United Kingdom of Great Britain and Northern Ireland and Her other*

Ernennung des Earl of Home zum Prime Minister widersetzten, sollen daran gedacht haben, sich durch den Privatsekretär an die Königin um Intervention zu wenden, unterließen aber diesen allen Konventionalregeln zuwiderlaufenden Schritt. Die Königin war aber durch Sir Michael, der sie auch bei ihrem Besuch am Krankenbett von Prime Minister Macmillan begleitet hatte, vollkommen informiert.

[1] Statt vieler Entscheidungen: *The Oriental Bank Corporation ex parte The Crown* (1884) (28 Ch. D. 643).

[2] An der *Commonwealth*-Konferenz vom September 1966 nahmen (mit Großbritannien) dreiundzwanzig Mitgliedstaaten teil. Bei Erscheinen des Buches dürfte sich die Liste weiter vermehrt haben.

Realms and Territories" bezeichnet, so ergibt sich ohne weiteres, daß sie der Souverän von England, Wales, Schottland, Nordirland, der Kanalinseln und der Insel Man sowie aller britischen Gebiete der Kolonien, Protektorate und Treuhand-Territorien ist, welche keine staatliche Selbständigkeit erlangt haben. Ist aber von *The Queen* anderwärts im *Commonwealth* die Rede, so fragt sich: Was wird unter dem Begriff der Krone verstanden? Die Königin in London und ihre Regierung? Und weiter: welche Regierung? Die des *United Kingdom* oder die eines anderen Gebiets? *The Crown* ist zwar kein rechtlicher Begriff, auch im Vereinigten Königreich nicht, wohl aber *The Queen* und es gibt im *Commonwealth* naturgemäß nur eine einzige *Queen*. Aber der Titel, den sie in den einzelnen *Commonwealth*-Staaten führt, ist jeweils verschieden, je nach ihrer besonderen Beziehung zu dem einzelnen Dominion oder *Commonwealth*-Mitgliedstaat.

Diese weitgehende Differenzierung geht darauf zurück, daß einzelne der Dominions nach wie vor Königreiche sind, in denen die Krone durch einen *Governor-General* vertreten ist (so Kanada, Australien, Neuseeland sowie die karibischen Mitglieder, Malta, Sierra Leone und Gambia und — derzeit noch — Ceylon), andere aber — und sie sind nunmehr weit in der Mehrheit — sind Republiken, welche die britische Krone nur in ihrer Eigenschaft als Haupt des *Commonwealth* (*Head of the Commonwealth*) als das Symbol der Zusammengehörigkeit anerkennen. Damit ist die Grundlage der Treueverpflichtung (*allegiance*) der *Commonwealth*-Mitglieder, wie sie in der *Balfour-Declaration* von 1926 in Aussicht genommen und noch im Vorspruch der *Statute of Westminster* (1931) wiederholt wurde, aufgegeben. Wenn letztere vorschreiben konnte, daß alle Änderungen der Thronfolge und des königlichen Titels der Zustimmung der *Commonwealth*-Staaten bedürfen — und dem wurde auch anläßlich der Abdankung von Edward VIII. entsprochen —, so ist dies bei den Staaten, welche die Krone nur als das „Haupt" des *Commonwealth* ansehen, nicht mehr der Fall und sie brauchen auch nicht befragt zu werden. Auch der *Regency Act* von 1937 gilt nicht für diejenigen Dominions, welche im Zeitpunkt seines Erlasses die *Statute of Westminster* bereits angenommen hatten (damals Kanada und Südafrika, ebenso Eire). Wenn also die die Vorbedingung für die Einsetzung einer Regentschaft bildende amtliche Erklärung den nicht vom Regentschaftsgesetz gebundenen Staaten mitgeteilt worden ist, entscheidet jeder für sich über die Gültigkeit der Regentschaft in seinem Gebiet durch eigenes Parlamentsgesetz. Dies trifft offenbar bei Australien und Neuseeland nicht zu, sicherlich aber bei allen neueren Dominions.

Schließlich mag in denjenigen Staaten, wo die Königin Bestandteil der Legislative ist, das heißt in allen nicht-republikanischen Dominions, die Rolle der Krone anders aufgefaßt werden als im Vereinigten Königreich selbst. Für die von der Königin anläßlich eines Staatsbesuchs dort gehaltenen öffentlichen Reden ist nicht ihre heimische, sondern die Dominion-Regierung zuständig[1].

Wenn also in einem Dominion von „der Krone" die Rede ist, so bezieht sich das in der Regel auf die eigene Regierung und nicht etwa auf eine Institution im fernen England. Wie sehr das Dogma von der„ einheitlichen" Krone sich heute verflüchtigt hat, zeigt sich auch und besonders an dem Umstand, daß im zweiten Weltkrieg die Krone hinsichtlich bestimmter Dominions im Krieg war, hinsichtlich anderer aber nicht, wie im Falle des damals noch zum *Commonwealth* gehörenden Eire, das neutral blieb. Auch erließen die Dominions ihre eigenen Kriegserklärungen gegen Deutschland und Japan. In der Außenpolitik vollends gehen sie ihre eigenen Wege, wie fast jede Abstimmung in den Vereinten Nationen beweist, die keineswegs mit derjenigen des Vereinigten Königreichs übereinstimmen muß und übereinstimmt.

Die Stellung der Krone zu und in den einzelnen Dominions befindet sich also derzeit in einer Zwielichtzone. Vielleicht mag man darin eine neue Art der Personalunion erblicken, die nichts mit ihrem monarchischen Gegenstück zu tun hat. Sicher aber ist, daß an Stelle der zur Fiktion gewordenen Einheit der Krone noch keine Formulierung gefunden wurde, welche ihre Stellung innerhalb des *Commonwealth* und im Verhältnis zu den einzelnen Mitgliedstaaten befriedigend wiedergeben würde.

Die Zweideutigkeiten und Unsicherheiten, welche der Stellung der Krone gegenüber dem *Commonwealth* als Kollektiv und erst recht gegenüber den einzelnen Mitgliedstaaten derzeit anhaften, hängen natürlich letztlich mit dem zwielichtigen Charakter dieser Staatenverbindung selbst zusammen. Die Zahl der farbigen Mitgliedstaaten ist weit größer als diejenige der weißen Nationen, wie auch die Bevölkerungszahl der ersteren die der letzteren um ein Vielfaches übersteigt. Die Interessen der farbigen Mitglieder laufen vielfach denen der weißen zuwider. In der Regierungsform bestehen die größten Unterschiede zwischen den konstitutionell und den autoritär organisierten Mitgliedern. Das wesentliche organisatorische Bindeglied ist die Konferenz der *Commonwealth*-Prime Minister oder Staatspräsidenten. Seit Beginn des all-britischen Zusammenschlusses fanden fünfzehn Veranstaltungen dieser Art statt. Sie wird von manchen eben wegen der unvereinbaren Gegensätze als eine diplomatische Farce ohne realen Wert, von anderen aber als eine notwendige und nützliche Demonstration der trotz der Verschiedenheit der Mitgliedstaaten bestehenden Zusammengehörigkeit derjenigen Völker angesehen, die, mit mehr oder minder großem Erfolg, durch die britische Schule der Selbstregierung gegangen und mit dem Vereinigten Königreich in enger wirt-

[1] Daraus erklärt sich beispielsweise, warum Königin Elizabeth anläßlich ihres Besuchs in Australien (1954) die *Commonwealth*-Belange weit stärker betonte als es ihre Minister in England für tunlich befunden hätten.

schaftlicher Verbindung geblieben sind[1]. Die neueren Prime Minister-Konferenzen erwiesen eine nicht allseits erwartete Solidarität der Interessen der *Commonwealth*-Mitglieder. Diejenige vom Juli 1964 zeigte sogar eine überraschende Vitalität, indem die Maschinerie des *Commonwealth* durch die Errichtung eines einstimmig beschlossenen *Commonwealth*-Sekretariats verstärkt wurde (*Commonwealth Secretariat Act* von 1966 [Eliz. 2., c. 10]). Selbst die heikle rhodesische Frage[2] führte bislang zu keinem Austritt aus dem *Commonwealth*, eben weil die über den ganzen Erdball zerstreuten Entwicklungsländer an Großbritannien einen schlechthin unersetzlichen politischen Rückhalt haben. Es ist also keineswegs ausgeschlossen, daß die *Commonwealth*-Gemeinschaft sich trotz der veränderten Verhältnisse auch in Zukunft aufrechterhalten lassen wird, während andererseits, wie sich aus den Erklärungen des Kabinetts Wilson (Oktober 1966) schließen läßt, die fortdauernde Bindung an das *Commonwealth* das Vereinigte Königreich nunmehr nicht hindern wird, der Europäischen Gemeinschaft beizutreten.

Zwanzigstes Kapitel

Die Wirkungsformen der Krone: Die königliche Prärogative

I. Wesen und Inhalt der königlichen Prärogative

1. Zur geschichtlichen Entwicklung

Die königliche Prärogative — *Royal Prerogative* —, auf der Rechte und Pflichten des britischen Monarchen beruhen, ist eine die gesamte Staatsordnung durchziehende Verfassungshypothese. Ihr Wesen ist dem

[1] Über die wirtschaftliche Bedeutung des *Commonwealth* gibt man sich im Mutterland allerdings keinen Illusionen hin: Die Ausfuhr Großbritanniens nach den *Commonwealth*-Staaten ist während des Jahrzehnts 1954—1964 von 42 auf 29% des britischen Außenhandels, die Einfuhr im gleichen Zeitraum von 41 auf 31% gesunken.

[2] Die anfangs 1966 hastig nach Lagos einberufene Konferenz, die erste, die außerhalb Londons stattfand, und diejenige diente im September 1966 lediglich dazu, die Ungeduld der afrikanischen *Commonwealth*-Mitglieder zu beschwichtigen, die auf Gewaltanwendung gegen das abtrünnige Rhodesien drängten.

ausländischen Betrachter schwer zugänglich[1] und muß daher an Hand der geschichtlichen Entwicklung verständlich gemacht werden.

Der englische König war zu keiner Zeit ein absoluter Herrscher nach Art der römischen Imperatoren — *princeps legibus solutus* — gewesen. Der mittelalterliche König war oberster Feudalherr, dem zumindest in der Theorie das Obereigentum an allem Land zustand, und er war gleichzeitig das Staatsoberhaupt, dem besonders in der Abwehr äußerer Feinde ein unbestimmter, aber durchaus realer Kern außerordentlicher Vollmachten zukam. Niemals aber wurde der König als über dem gemeinen Recht stehend angesehen. Bracton in der ersten Hälfte des 13. Jahrhunderts leitete aus dem Begriff des Universalrechts die Unterstellung der Herrscher unter das Recht ab. Fortescue (unter Henry VI. in der zweiten Hälfte des 15. Jahrhunderts) konnte neben der *rule of law* bereits die Suprematie des inzwischen politisch erstarkten Parlaments als den zweiten Grundpfeiler der Verfassung feststellen, wonach Steuern nur mit Parlamentsbewilligung erhoben werden durften. Weitreichende Prärogativrechte wurden dem König nicht abgestritten, aber er mußte bestimmte Dinge auf eine ihn bindende bestimmte Art und Weise tun: Mochte er auch als Quelle der Gerechtigkeit (*fountain of justice*) gelten, er stand nicht über dem Recht und mußte sich zur Rechtsprechung — besonders zur Entscheidung über Grund und Boden und zur Bestrafung von Verbrechen — der *common law*-Gerichte bedienen. Nur wo das *common law* nicht ausreichte, konnte er durch seinen *Council* Recht schaffen und sprechen.

Auch aus der schließlichen Umwandlung der feudalen in die nationalstaatliche Ordnung konnte die Königsmacht, anders als auf dem Kontinent, keinen dauernden Gewinn ziehen. Versuche einer rechtsentbundenen Herrschaft wie unter den Tudors — der sogenannte „Tudor-Despotismus“ — waren entweder kein echter Absolutismus, weil das Parlament sich immer ein Mitspracherecht zu erhalten verstanden hatte, oder sie wurden, wie die Gottesgnaden-Ansprüche der beiden ersten Stuarts, nach vorübergehenden Erfolgen vom Parlament dauernd pariert, wiederum zum Unterschied vom kontinentalen Absolutismus des Barockzeitalters. Im 17. Jahrhundert stießen die königlichen Ansprüche auf den Widerstand der Allianz der *common law*-Juristen und der mit Puritanern durchsetzten Parlamente, die ihnen den Glaubensartikel der parlamentarischen Souveränität entgegenstellten. Die Austragung des Konfliktes erfolgte

---

[1] Übrigens nicht nur dem Ausländer. In *Burmah Oil Company v. Lord Advocate* ([1964] [2 All E. R. 348 auf S. 363]) (siehe unten S. 520) äußerte sich Viscount Radcliffe in der Oberhausentscheidung wie folgt: "*As we know only vaguely what the (Royal) Prerogative is and have even only vaguer information as to when and on what occasions it has been asserted throughout history I have become more and more uncertain what it is, really, we are talking about*".

aber nicht durch die Waffen, die der Krone unweigerlich den Sieg gegeben hätten, sondern durch das Recht und die Gerichte. Der Hebel war dabei die durch die Juristen ins Feld geführte Unterscheidung zwischen der „absoluten" und der „gewöhnlichen" Prärogative.

Zu Beginn der epochalen Auseinandersetzung hielt die Theorie noch dafür, daß der Krone gewisse Prärogativrechte, insbesondere in Kriegszeiten, zur Verteidigung des nationalen Bodens zustünden, die ihr inhärent seien und auch nicht durch Parlamentsgesetz entzogen werden könnten (Theorie der Untrennbarkeit, *Case of the King's Prerogative in Saltpetre*, 1607 [12 Co. Rep. 12]). Was aber die im Normalfall geltende gewöhnliche Prärogative anbelangte, so umfaßte sie diejenigen Funktionen der Krone, die nur in den herkömmlichen Formen ausgeübt werden konnten und keinen Ermessensspielraum ließen. Der König konnte nicht selbst zu Gerichte sitzen, sondern mußte durch seine Richter entscheiden (*Prohibitions del Roy* [1607] [12 Co. Rep. 63]). Zu seiner Gesetzgebungstätigkeit mußte er sich des Parlaments bedienen (*The Case of Proclamations* [1611] [12 Co. Rep. 74]). Der Kampf der Stuarts mit dem Parlament ging also um die absolute Prärogative, die der König ermessensmäßig in Anspruch nehmen wollte. Dazu gehörte vor allem seine Handlungsvollmacht in staatlichen Notzeiten. Die gerichtliche Austragung des Kampfes zwischen Krone und Parlament war dadurch kompliziert — und wirkt deshalb verwirrend für die spätere Beurteilung —, daß die Gerichte, damals noch nicht mit Unabhängigkeit ausgestattet, sich meist auf die Seite der Krone schlugen[1]. Wegen dieser Einstellung der Gerichte war der Konflikt um Existenz und Reichweite der absoluten Prärogative einer legalen Austragung letztlich unzugänglich. In seinem Verlauf wurde ein König auf das Schaffot geschickt, ein anderer verlor seinen Thron und wurde außer Landes gejagt. Die Lösung wurde schließlich in der Glor-

[1] Die maßgebenden Entscheidungen hinsichtlich der königlichen Steuergewalt waren hier der *Bates*-Fall *against impositions* ([1606] [2 St. Tr. 371]) (eine Einfuhrsteuer war berechtigt, weil der König sie als für die Regelung des auswärtigen Handels erforderlich erklärt hatte und das Gericht durch diese Feststellung gebunden war). In dem berühmten *shipmoney*-Fall (*The King v. Hampden* [1637] [3 St. Tr. 825]) wurde der Angeklagte verurteilt, weil die ermessensmäßige Auferlegung einer Schiffssteuer durch den nationalen Notstand gerechtfertigt erschien. In *Thomas v. Sorrell* ([1674][Vaughan 330] und *Godden v. Hales* [1686][11 St.Tr. 1165]) wurde die königliche Ermächtigung, auf Grund der Prärogative im Einzelfall vom allgemeinen Gesetz abzuweichen (*dispensation*), gutgeheißen. In der *Darnel's* oder *Five Knights*-Entscheidung schließlich ([1627][3 St.Tr.1]) genügte eine Inhaftierung *per mandatum regis*, um dem *Habeas corpus*-Begehren wirksam entgegenzutreten. Dagegen erklärte die *Petition of Rights* von 1628 die willkürliche Verhaftung für ungesetzlich und das Gesetz des Langen Parlaments zur Abschaffung der *Star Chamber*-Gerichtsbarkeit von 1641 (16 Cha. 1, c. 10) garantierte in Sektion 8 dem Untertanen den *writ of habeas corpus* auch gegen die Krone und ihr *Council*. Erst der *Act of Settlement von* 1700 sichert ein für alle Male die Unabhängigkeit der Gerichte auch gegenüber der Krone.

reichen Revolution durch Parlamentsgesetz gefunden: Nicht nur stellte die *Bill of Rights* die vorerwähnten und andere Auswüchse der königlichen Prärogative ab; darüber hinaus setzte sich die Auffassung des Parlaments endgültig durch, daß es überhaupt keine außergewöhnliche oder absolute Prärogative gäbe, und daß alle königlichen Handlungen sich den Grundsätzen des Rechtsstaats unterordnen müßten. Seither ist die Prärogative unbestritten nur als nach dem Umfang des *common laws* bestehend anerkannt. Daraus wurde dann in der Folgezeit die unausweichliche Konsequenz gezogen, daß die Prärogative nicht mehr ermessensmäßig, sondern ausschließlich unter der ministeriellen Verantwortung ausgeübt werden könne und als Schlußpunkt ergab sich, daß nicht mehr der Monarch selbst, sondern sein Ministerium sie in Gang setzen und ausüben müsse. Auch dieses Ergebnis wurde erst allmählich und nicht ohne Rückfälle in das königliche Ermessen erzielt.

Alles, was die geschichtliche Entwicklung dem Monarchen schließlich zugestand, war, nach Blackstones klassischer Formulierung (1 *Commentaries* 232), jene „*special preeminence ... over and above all other persons and out of the ordinary course of the common law, in right of his regal dignity*“[1]. Das war aber nach der Sachlage eher eine moralische Rangstellung des Monarchen innerhalb der Verfassungsordnung denn ein konkret erfaßbarer verfassungsrechtlicher Vorrang als oberster Machtträger vor den anderen Gewalten, dem Parlament und den Gerichten.

2. Die königliche Prärogative nach geltendem Recht

Man könnte die britische Verfassungsgeschichte der letzten drei Jahrhunderte im Grunde unter zwei Gesichtspunkten beschreiben: Einmal die unerbittlich fortschreitende Einengung der königlichen Machtbefugnisse durch das Parlamentsgesetz, das sie auf jedem Gebiet beschränken und sogar gänzlich beseitigen kann, zum anderen aber der Umstand, daß die Ausübung der königlichen Prärogative, mag dazu vielfach auch eine persönliche Mitwirkung des Monarchen staatsrechtlich geboten sein, in der Weise konstitutionalisiert worden ist, daß die Prärogativrechte nominell dem Monarchen zustehen, in der Praxis aber statt seiner und in seinem Namen von der Regierung — Prime Minister, Kabinett, Minister oder auch durch den königlichen Staatsrat (*Privy Council*) — vorgenommen werden. Diese beiden Situationen — der Schrumpfungsprozeß der Präro-

[1] In Übersetzung: [jene] „spezielle Vorrangstellung ... über und jenseits aller anderen Personen und außerhalb des gewöhnlichen Verlaufs des *common law*, kraft seiner königlichen Würde“. Blackstone spiegelt naturgemäß nur die Rechtslage des 18. Jahrhunderts wider, als die Ministerverantwortlichkeit noch nicht voll ausgebildet und dadurch der Ermessensbereich der Krone weiter gespannt war als nachher. Insbesondere konnte er nichts von den Konventionalregeln wissen, welche die Ausübung der Prärogative nachher entscheidend einschränkten.

gativrechte und der Übergang ihrer Ausübung an die Regierung — sind zwar nicht identisch; aber sie komplementieren sich und beide laufen darauf hinaus, den König auf dem politischen Schachbrett zu einem bloßen Bauern werden zu lassen, der auf eigene Züge so gut wie vollständig verzichten muß.

a) Die Einschränkung der Prärogative durch das Parlamentsgesetz

In welcher Weise das Parlament der Prärogative die Rechtsgeltung entziehen will, bleibt seinem Ermessen überlassen, ob ausdrücklich oder nur indirekt, indem es eine bisher der Prärogative unterliegende Materie gesetzlich regelt und dadurch die königliche Regelung zumindest suspendiert, wenn nicht dauernd beseitigt. Parlamentsgesetzliche Regelungen von Materien, die früher der Prärogative unterlagen, sind neuerdings immer häufiger geworden und bewirkten ihre fortschreitende Aushöhlung[1]. Ob im Einzelfall, wo es an einer ausdrücklichen Feststellung im Gesetz selbst fehlt, die Prärogative eingeschränkt oder beseitigt werden soll, ist eine Interpretationsfrage für die Gerichte (*Att.-Gen. v. Donaldsen* [1841] [10 M. & W. 117]). Die Krone kann keineswegs von sich aus autoritativ entscheiden, ob im Einzelfall eine Prärogativbefugnis vorliegt. Dies festzustellen ist gleichfalls Sache der Gerichte, wobei jedoch bejahendenfalls die Frage, wie sie auszuüben ist, der gerichtlichen Zuständigkeit entzogen ist.[2]

Daß es sich um eine Prärogativmaßnahme und nicht um einen anderen Regierungsakt handelt, ist schließlich an der Form ihrer Vornahme erkenntlich. Kronakte werden dadurch authentisch, daß sie in einer der folgenden Formen ergehen: *Proclamation* (beispielsweise bei der Parlamentsauflösung); *writs, letters patent* (bei einer Beamtenanstellung); *grant* oder eine andere Urkunde, die mit dem Großen Siegel ausgefertigt ist; *Order in Council* (beispielsweise die Inkraftsetzung einer Verfassung für ein nichtselbständiges Gebiet); *warrant, commission* oder *instruction* (beispielsweise an die Adresse eines Kolonialgouverneurs mit dem Handsiegel).

Seit Jahrhunderten hat sich kein Fall mehr ereignet, in welchem die für die Krone handelnde Regierung sich mit Erfolg auf die Prärogative hätte berufen können, wenn für die in Frage kommende Angelegenheit eine parlamentsgesetzliche Regelung vorliegt. Dies ist der Sinn des Schlüsselfalls *Att.-Gen. v. De Keyser's Royal Hotel, Ltd.* ([1920] [A. C. 508]),

[1] Beispielsweise galt die Krone bisher als der Schutzherr der Geisteskranken (*guardian of the insane*), bis der *Mental Health Act* von 1959 (7 & 8 Eliz. 2, c. 72) die gesetzliche Regelung durchführte. Einschlägig ist hier vor allem der *Crown Proceedings Act* von 1947, der die Immunität der Krone, hier des Fiskus, gegenüber Gerichtsmaßnahmen so gut wie vollständig beseitigte.

[2] Statt vieler Entscheidungen: *Musgrove v. Chun Teeong Toy* ([1891] [A. C. 272]) (Schlüsselfall); *Denning v. State Secretary for India* ([1920] [37. T.L.R. 138]).

einer der Meilensteine des britischen Verfassungsrechts[1]. Die Entscheidung erklärte, bei einem Konflikt zwischen der Prärogative und dem Parlamentsgesetz habe das letztere den Vorrang. Damit war unzweideutig und ein für alle Male festgestellt worden, daß das Parlamentsgesetz die Prärogative einschränken und sogar abschaffen kann. Die Krone kann sich in solchen Fällen nicht nach ihrem Belieben auf die Prärogative oder das Gesetz berufen, letzteres geht unter allen Umständen vor.

b) Die Mediatisierung der Prärogativbefugnisse durch die Regierung

Angesichts seiner geschichtlichen Entwicklung ermangelt der Ausdruck „*Royal Prerogative*" der juristischen Präzision. Manchmal wird darunter verstanden, was der Souverän – noch – auf Grund des *common law*, zum Unterschied von statutarischen Zuständigkeiten, tun kann, manchmal aber nur das, was ihm ohne parlamentarische Mitwirkung auf dem Gebiet der auswärtigen Politik, dem in der Praxis wichtigsten Anwendungsfeld, zusteht. Man kommt der Wirklichkeit wohl am nächsten, wenn man mit A. V. Dicey annimmt[2], die königliche Prärogative sei heute der Restbestand oder das Überbleibsel der ermessensmäßigen Handlungsvollmachten der Krone nach *common law*, wenn keine statutarische Vorschrift des Parlaments vorliegt, und bei denen grundsätzlich das Parlament weder mitwirkt noch informiert oder konsultiert werden muß. Die Rechtsgrundlage ist das *common law* in dem Sinn, daß die Krone das tun kann oder auch tun muß, was zu tun ihr nach dem alten unverbrüchlichen Herkommen zusteht. Demnach können neue Prärogativrechte unter keinen Umständen begründet werden.

Der Ausdruck „Ermessen der Krone" unterliegt aber einer entscheidenden Qualifizierung. Denn der Souverän selbst und persönlich verfügt über keinerlei Ermessen in der Ausübung der Prärogativrechte und

---

[1] Der Sachverhalt ist kurz der folgende: Während des ersten Weltkrieges war ein Londoner Hotel für Regierungszwecke beschlagnahmt worden und zwar, da sich die Verhandlungen mit dem Eigentümer über die Bezahlung einer Pacht zerschlagen hatten, nach Maßgabe der erlassenen Kriegsgesetzgebung (*Defence of the Realm Acts* und ihrer Ausführungsbestimmungen). Die spätere Klage des Eigentümers auf Bezahlung gründete sich auf den *Defence Act* von 1842 (5 & 6 Vict., c. 94), der zwar zur zwangsweisen Inbesitznahme von Grundstücken für Verteidigungszwecke ermächtigte, aber unter allen Umständen eine Entschädigung vorschrieb, deren Höhe von Geschworenen festzusetzen ist. Die Regierung trat der Klage mit der Begründung entgegen, eine Entschädigung sei nicht veranlaßt, da die Beschlagnahme auf Grund der königlichen Prärogative in Zeiten des Staatsnotstandes erfolgt sei. Beide Instanzen (*Court of Appeal* und *House of Lords*) hielten aber dafür, das Parlamentsgesetz habe in diesem Fall die Prärogative der Krone außer Kraft gesetzt und nach der ausdrücklichen gesetzlichen Bestimmung sei die Entschädigung zu bezahlen.

[2] Auch das *House of Lords* pflichtete ihm hier in der vorerwähnten Entscheidung *Att.-Gen. v. De Keyser's Royal Hotel*, a.a.O., S. 526 bei.

-pflichten, mit der so gut wie einzigen, wenn auch sachlich wichtigen Entscheidungsfreiheit in der Bestellung des Prime Ministers, die ihm unter ganz besonderen Umständen der Parteikonstellation zufällt[1]. Alle Prärogativakte werden an seiner Statt und Stelle von der Regierung, vom Prime Minister und den Ministern vorgenommen, welche hierfür wie bei allen anderen Regierungsakten der ministeriellen Verantwortung vor dem Parlament unterstehen. Außerdem sind der Monarch bzw. diejenigen, die an seiner Stelle handeln, in der Ausübung der Prärogative durch die geltenden Konventionalregeln gebunden. Der Prärogativakt muß auf Veranlassung und durch Vermittlung der Regierung vorgenommen werden. Der Monarch kann dazu niemals selbst die Initiative ergreifen; er muß sich passiv verhalten, bis ihn seine verantwortlichen Minister zu einer Handlung veranlassen und ihn dabei lenken. In der heutigen Praxis sind so gut wie alle Prärogativakte nichts anderes als Regierungsakte.

Anders gesehen könnte man die Prärogative auch dahingehend definieren, daß sie alle Handlungen der Regierung umfaßt, welche nicht durch Parlamentsgesetz ermächtigt oder angeordnet sind und bei welchen das Parlament nicht einmal befragt zu werden braucht, wenn dies auch bei wichtigen Kategorien der Prärogativakte aus politischen Zweckmäßigkeitsgründen regelmäßig der Fall ist. In der Handhabung der Prärogative ist also die Krone von der Regierung völlig mediatisiert.

Für die Stellung der britischen Krone innerhalb der Verfassungsordnung von heute ist das Fehlen jeder Ermessungsfreiheit entscheidend. Bestünden nicht die noch zu besprechenden sozialpsychologischen Imponderabilien[2], die der Monarchie zugute kommen, so könnte die britische Demokratie ebenso gut als Republik wie als Monarchie funktionieren.

3. Die verfassungsrechtliche Stellung des Monarchen heute

a) Rechte

Zieht man das Fazit aus der geschichtlichen Entwicklung der königlichen Prärogative, so ergibt sich einmal, daß sie einem dauernden Schrumpfungsprozeß unterworfen ist, weil sie durch Parlamentsgesetz eingeschränkt oder beseitigt werden kann, zum anderen, daß die Ausübung dessen, was von ihr heute noch übrig geblieben ist, durch die Einschaltung der verantwortlichen Minister mediatisiert und neutralisiert worden ist. Welche Fortschritte dieser Einengungsprozeß in den letzten Jahrhunderten gemacht hat, geht aus einem Vergleich dessen hervor, was Blackstone im 18. Jahrhundert noch der Prärogative zurechenen und was ein Jahrhundert später Bagehot von ihr sagen konnte. Nach ersterem (1

[1] Siehe oben S. 384 ff.
[2] Siehe unten S. 529 ff.

Commentaries 250) konnte der Monarch noch jede Bill verwerfen, jeden beliebigen Vertrag abschließen, jedes beliebige Geld münzen, jeden Verbrecher begnadigen und jeden Peer schaffen, den er wollte. Bagehot (*The English Constitution*, erstmals 1865) ist ein Jahrhundert später noch viel dramatischer: Die Königin könne rechtlich ohne Parlamentsermächtigung das Heer und die Flotte auflösen, alle Schiffe verkaufen, in einem außenpolitischen Vertrag Cornwall abtreten, alle Verbrecher aus dem Gefängnis entlassen, jeden Mann und jede Frau mit einer Peerswürde ausstatten und noch mehr derartige erstaunliche Dinge tun. Aber im Gegensatz zu Blackstone ist ihm voll bewußt, daß die Königin rechtens eben nichts dergleichen mehr tun kann, weil sie durch die Konventionalregel, wonach sie nur durch ihre Minister handeln kann und diese dem Parlament verantwortlich sind, daran gehindert ist. Demgegenüber schränkt Bagehot die Rechte des Monarchen dahingehend ein, der Souverän habe „*under a constitutional monarchy such as ours, three rights — the right to be consulted, the right to encourage, the right to warn*", und er fügt hinzu: „*and a king of great sense and sagacity would want no others*"[1]. Wieder ein Jahrhundert später: Der Monarch besitzt diese Rechte auch heute noch, vielleicht aber mit der immerhin nicht unwesentlichen Abschwächung, daß an die Stelle des Rechts, befragt oder konsultiert zu werden, das heißt also seinerseits Rat zu erteilen, das Recht getreten ist, über alle relevanten Staatsvorgänge informiert zu werden, was sich gegebenenfalls in einer Ratserteilung auswirken kann, aber nicht unter allen Umständen muß. Der Information wird heute dadurch Genüge geleistet, daß die Königin Zugang zu den Protokollen der Kabinettssitzungen hat, daß sie durch ihren Privatsekretär auf dem laufenden gehalten wird, allabendlich einen Bericht über die Parlamentssitzungen erhält und den Prime Minister in mindestens wöchentlichen Audienzen zum Vortrag über die wichtigen Staatsangelegenheiten empfängt. Auch das Zeitunglesen ist ihr nicht untersagt. Die Konsultation des Monarchen über Staatsangelegenheiten darf nach konstitutionellem Herkommen nur mit ihren Ministern erfolgen, so daß auch Beratungen mit anderen *Privy Councillors* nur dann zulässig sind, wenn sie vom Kabinett gutgeheißen werden.

Anläßlich der Unterrichtung durch den Prime Minister über die laufenden Regierungsgeschäfte und vor allem dann, wenn das Kabinett eine Grundsatzentscheidung getroffen oder zu treffen Veranlassung hat, kann der Monarch seinen Einfluß auch dann geltend machen, wenn dies rechtlich bedeutungslos ist, weil der Prime Minister und sein Kabinett dem Unterhaus auch für die Ratserteilung an den Monarchen verantwortlich sind. Aber einen ihm vom Prime Minister gebotenen Rat kann der

---

[1] In Übersetzung: „In einer konstitutionellen Monarchie wie der unsrigen besitzt der König drei Rechte, nämlich um Rat befragt zu werden, zu ermutigen und zu warnen" . . . „und ein König mit Verstand und Weisheit würde sich keine anderen Rechte wünschen".

Souverän nicht ausschlagen, da er sonst Gefahr liefe, sein Kabinett durch Rücktritt zu verlieren. Ist der Monarch halbwegs an der Politik interessiert und politisch einigermaßen begabt, wird er Gelegenheit sowohl zur Ermutigung — wenn im Krieg nicht alles nach Wunsch geht —, als auch zur Warnung haben, wenn ihm eine sachliche oder auch eine personelle Entscheidung seiner Minister bedenklich erscheint. Er wird sich aber weder in die Führung der Außenpolitik einschalten, noch kann er sich einer vom Prime Minister gewünschten Parlamentsauflösung widersetzen, mag sie ihm auch nicht angezeigt erscheinen[1].

b) Pflichten

Welches sind nun die Pflichten des Souveräns? Daß er sein Amt „pflichttreu" ausüben muß, ist eine moralische Selbstverständlichkeit, die rechtlich nicht erzwingbar ist; denn *the King can do no wrong.* Auch der von ihm zu leistende Krönungseid, der noch bei Blackstone eine große Rolle spielt, ist vorwiegend moralischer Natur. Die ins frühe Mittelalter zurückreichende Moralphilosophie, die damals noch unverändert galt, verlangte, daß der Monarch sein Volk nach den Gesetzen regiert und den Frieden bewahrt, welch' letzteres sich allerdings seither mehr als ein frommer Wunsch denn ein erzwingbares Gebot erwiesen hat.

Aber von solchen esoterischen Postulaten abgesehen ist die persönliche Mitwirkung des Souveräns — heute einer Königin — bei zahlreichen Staatsakten vorgeschrieben und unentbehrlich. Sie hat nach außen hin unsichtbare, aber nichtsdestotrotz konstitutive Verpflichtungen, denen sich niemand als sie selbst unterziehen kann, vor allem die Unterzeichnung von bestimmten Staatsdokumenten. Sie muß in zahlreiche andere Urkunden aus informatorischen Gründen Einsicht nehmen. Außerdem obliegen ihr andere, nach außen sichtbare staatszeremonielle und staatsintegrierende Funktionen, die niemand anderer mit dem gleichen Gewicht und Prestige vornehmen kann. Dazu gehören die Eröffnung des Parlaments und die Verlesung der Thronrede, die Empfänge auswärtiger Potentaten und ihrer Gesandten, die oft sehr strapaziösen und, wie sich bei ihrem Erscheinen im unruhigen kanadischen Quebec (1964) zeigte, nicht ganz unriskanten Staatsbesuche in zum *Commonwealth* gehörenden Staaten und anderen Ländern[2], die Verleihung von Ehrenämtern und Aus-

---

[1] Siehe oben S. 394 f.

[2] Viele werden sich noch des elftägigen Staatsbesuchs der Königin Elizabeth II. und ihres Prinzgemahls in der Deutschen Bundesrepublik (Mai 1965) erinnern, den der bundesstaatliche Charakter des besuchten Landes besonders anstrengend gestaltete, weil das hohe Paar sich dem mit republikanischem Pomp gefeierten Zeremoniell nicht bei einer einzigen Regierung und in nur einer Hauptstadt, sondern in mehr als einem halben Dutzend unterziehen mußte. Die Königin mußte sich in einem halben Hundert verschiedener Kleider und den dazu passenden Hüten zur Schau stellen und die tagelange Monotonie des republikanischen Jubels mit Würde über sich ergehen lassen.

zeichnungen, soweit sie diese selbst zu bestimmen hat. Solche persönlichen Handlungen vollziehen sich zwar in der Regel im Rahmen der offiziell vom Kabinett approbierten Politik, können aber wohl vom Souverän mit seinem eigenen Stil ausgestattet werden.

Alle solchen aus dem königlichen Amt fließenden staatlichen Verpflichtungen treten aber hinter der höchsten Pflicht des britischen Monarchen zurück, die darin besteht, daß er sich dem Rat seiner die politische Verantwortung tragenden Minister, insbesonders des Prime Ministers fügt und dies selbst dann, wenn er gegenständlich damit nicht einverstanden sein sollte. Seine alle anderen Verpflichtungen überragende Pflicht ist, sich seiner Regierung zu unterwerfen und sich von ihr führen zu lassen.

II. Die Sachgebiete der königlichen Prärogative

1. Einteilung der Prärogativfunktionen

a) Eine einst wesentliche Unterscheidung war die zwischen den persönlichen Prärogativrechten, die dem jeweiligen Monarchen in seiner Eigenschaft als Person anhaften, und den staatlich-politischen, die ihm als dem Staatshaupt zustehen. Erstere sind allerdings in neuerer Zeit in weitem Umfang gesetzlich geregelt und damit der eigentlichen königlichen Prärogative entzogen worden. Die wichtigsten der persönlichen Prärogativrechte wurden in schlagwortartige Maximen eingekleidet, die eine weit über England hinausreichende Berühmtheit erlangt haben. Diese persönlichen Prärogativrechte sind nunmehr so gut wie vollständig „konstitutionalisiert" und damit ihres persönlichen Charakters entkleidet worden. Die Maxime: „*The King never dies*", die noch für Blackstone positives Recht gewesen war, bedeutet heute nichts anderes, als daß es nach *common law* kein Interregnum gibt. Die mit dem Tod des Souveräns erfolgte Auflösung des Parlaments und die Beendigung der Amtsinnehabung aller Diener der Krone erwiesen sich als solche Betriebsstörungen, daß sie gesetzlich längst abgeschafft wurden[1]. In gleicher Weise ist die Maxime: „*The King is never an infant*" mit der Thronerblichkeit und den verschiedenen neueren Regentschaftsgesetzen[2] statutarisch überholt worden. Schließlich ist auch die Maxime: „*The King can do no wrong*" — jene aus dem Feudalmilieu stammende Immunität der Krone vor ihren eigenen Gerichten, welche in der Folgezeit auch von der amerikanischen Republik übernommen und dort beibehalten wurde—, heute durch den *Crown Proceedings Act* von 1947 (10 & 11 Geo. 6, c. 44) weitgehend entkräftet worden, da die Regierungsdepartments — als der Fiskus — nunmehr aus Ver-

[1] Siehe oben S. 197, 486.
[2] Siehe oben S. 490 ff.

trag und unerlaubter Handlung ihrer Beamten gerichtlich in Anspruch genommen werden können[1]. Der Souverän als Person genießt allerdings gerichtliche Immunität auch weiterhin (Sektion 40 (1)) und könnte, wenn überhaupt, nur durch eine *common law-petition* in Anspruch genommen werden. Solche Fälle werden sich kaum je ereignen.

b) Eine andere Einteilung der Kronprärogativrechte ist diejenige, die auf ihren staatsrechtlichen Gehalt abstellt. Hier wären dann zu unterscheiden: Politische Zuständigkeiten, etwa die Einberufung oder Auflösung des Parlaments und der Abschluß völkerrechtlicher Verträge; Privilegien, beispielsweise den Unterhalt vom Parlament zu verlangen und zu erhalten; Immunitäten wie Steuerfreiheit für das Einkommen und schließlich diejenigen Rechte, die sich auf den privaten Grundbesitz des Monarchen und auf die *bona vacantia* beziehen. In der Mehrzahl dieser Fälle sind die Prärogativrechte durch Parlamentsgesetz geregelt oder den Konventionalregeln unterworfen.

c) Die gebräuchlichste und handlichste Einteilung ist diejenige nach den staatlichen Betätigungsgebieten der Gesetzgebung, der Gerichtsbarkeit und der Exekutive (welch letzterer auch die kirchlichen Befugnisse angehören würden). Die beiden ersteren sind der gewöhnlichen Prärogative zuzurechnen und durch Parlamentsstatuten und Konventionalregeln gedeckt, während die auf die Exekutive (einschließlich der Verwaltung) bezüglichen Prärogativrechte zwar ermessensmäßiger (*discretionary*) Natur sind, aber auch in diesen Fällen restlos der Konventionalregelung unterliegen. Soweit die Prärogativrechte politischen Charakters sind, besteht eine wichtige Unterscheidung zwischen solchen, die sich auf die inneren Angelegenheiten, und solchen, die sich auf die auswärtige Politik beziehen. Die nachfolgende Darstellung übernimmt diese Grundeinteilung.

2. Prärogativbefugnisse auf dem Gebiet der inneren Politik

a) Die Gesetzgebung betreffend

Ein selbständiges Prärogativrecht zur Normensetzung besitzt die Krone schon seit Jahrhunderten nicht mehr (*Case of Proclamations*) (1611) (12 Co. Rep. 74). Auf diesem Gebiet sind also die Kronrechte heute rein formeller Natur; die Einberufung, Vertagung und Auflösung des Parlaments, die Abgabe des *Royal Assent* nach Annahme einer Bill in beiden Häusern und die Zustimmung der Krone zur Wahl des Unterhaus-Speakers wurden alle bereits früher behandelt. In allen diesen Fällen handelt die Krone automatisch auf Veranlassung des Kabinetts ohne eigene Initiative oder Veto. Es ist üblich, daß bei allen Parlamentsgesetzen, welche die *Royal Prerogative* oder das Kroneigentum berühren, eine dritte Lesung vom

[1] Siehe Bd. II, S. 110 ff.

Speaker erst dann zugelassen wird, wenn eine diesbezügliche Botschaft der Krone vorliegt und ein *Privy Councillor* vorgängig zur Zustimmungserteilung ermächtigt worden ist.

b) Die Regierung betreffend

Da die meisten Regierungsbereiche einschließlich der Verwaltung heute durch Parlamentsgesetz geregelt sind, ist die königliche Prärogative auch auf diesem Gebiet sehr geschrumpft und erstreckt sich im Grunde nur mehr auf die Streitkräfte, den *Civil Service* und die nicht-selbständigen Kolonialgebiete; letztere werden als zur Innenpolitik gehörig angesehen. Auf diesen Sachgebieten kann die Prärogative ausgeübt werden, ohne daß eine Zustimmung oder auch nur eine vorgängige Verständigung des Parlaments erforderlich wäre, es sei denn, daß dies bei Einzelhandlungen statutarisch vorgeschrieben wäre. Aber es kann nicht stark genug betont werden, daß auch hier in jedem Einzelfall keine ermessensmäßige Ausübung der Prärogative durch den Souverän in Frage kommt. Alle Akte werden auf Veranlassung der Minister und unter Deckung durch die ministerielle Verantwortlichkeit vorgenommen. Dies ist von besonderer Wichtigkeit: Denn wenn auch solche Tätigkeiten ohne die Verpflichtung einer vorherigen Fühlungnahme mit dem Parlament von der Regierung allein vorgenommen werden können, besteht immer die Möglichkeit ihrer nachträglichen Rechenschaftsverpflichtung dem Parlament gegenüber.

Im einzelnen fallen unter die Kategorie der Prärogativakte auf dem Gebiet der Regierung oder Exekutive:

aa) Anstellung und Entlassung von Beamten

der Minister und aller politischen und der oberen Beamten des *Civil Service* (*Rodwell v. Thomas* [1944] [K. B. 596]), aller Offiziere von Armee, Flotte[1] und Luftwaffe, sowie die Ernennung der Richter, wogegen ihre Entlassung statutarisch geregelt ist; ferner die Ernennung der Generalgouverneure derjenigen Dominions und Mitglieder des *Commonwealth*, welche diese Einrichtung beibehalten haben, weil sie die gemeinsame Krone anerkennen. Die Krone handelt dabei auf den Rat des Prime Ministers des betreffenden Dominions, nicht auf den des britischen Prime Ministers; schließlich auch die Ernennung der Würdenträger — Erzbischöfe, Bischöfe, Dekane und Kanoniker — der anglikanischen Staatskirche[2].

---

[1] Königin Victoria verbrachte damit endlose Stunden.

[2] Der Souverän ist gemäß den Reformationsgesetzen des 16. Jahrhunderts das offizielle Haupt der Kirche von England (siehe oben S. 329); die Krone vergibt die Ernennung von etwa 970 Kirchenämtern, wovon etwa 700 zur Patronage des Prime Ministers gehören. Königin Victoria, die in religiösen Dingen alles andere als liberal war, nahm ständig persönlichen Einfluß auf die Besetzung der Kirchenämter, oft im Gegensatz zu ihren Prime Ministern. Es bestehen auch einige Kirchenämter, wie das Dekanat von Windsor, welche die Krone von sich aus besetzen kann.

bb) Der militärische Oberbefehl

steht der Krone nach Gesetz und *common law* zu, wird von ihr aber den fachlich qualifizierten Militärpersonen und den parlamentarischen Inhabern der Wehrämter übertragen[1]. Zum Oberbefehl gehört auch die Verfügung über das Militärwesen[2], das aber in weitem Umfang, beispielsweise für Einstellung der Soldaten, ihre Disziplin und ihre Besoldung, statutarisch geregelt ist[3].

cc) Regierung und Verwaltung nicht-selbständiger Territorien

(Kolonien, Protektorate, Schutzgebiete, früher auch Trustgebiete). Hierzu gehört auch die Gesetzgebung, solange die Verhältnisse in dem betreffenden Gebiet nicht durch Parlamentsgesetz geregelt oder ihm Selbstregierung gewährt ist[4]. Aber auch hier sind Überraschungen nicht ausgeschlossen, indem eine Entscheidung neuesten Datums feststellte, daß die Prärogative stärker ist als selbst eine auf ihrer Grundlage einer Kolonie verliehene Verfassung (*Labally et al. v. Attorney-General* [1964] [3 All E. R. 377] [C. A.])[5].

---

[1] Das letzte Mal, daß ein Monarch selbst den Oberbefehl führte, war 1793.

[2] In neuesten Entscheidungen (*Chandler et al. v. Director of Public Prosecutions* ([1962] [2 All E.R. 314 und 3 All. E.R. 142]) wurden Berufung und Revision einer Gruppe von Pazifisten verworfen, welche als Demonstration gegen die Nuklearaufrüstung eine Installation der *Royal Air Force* blockiert hatten und wegen Verletzung der *Official Secrets*-Gesetzgebung (siehe Bd. II, S. 367f) verurteilt worden waren. Die Gerichte, die eine objektive Verletzung der einschlägigen Strafvorschriften angenommen hatten, stellten fest, daß ihnen die Nachprüfung nicht gestattet sei, in welcher Weise die Krone von der Prärogative hinsichtlich der Militärgewalt Gebrauch mache und es müsse ihr überlassen bleiben, wie sie die Bestimmung des Gesetzes von 1911 (1 & 2 Geo. 5, c. 28, Sekt. 1 (1)) "*for any purpose prejudicial to the safety or interest of the State*" auslege.

[3] Siehe oben S. 450 ff.

[4] In *Campbell v. Hall* ([1774] [1 Cowp. 204]) (Grenada), eine der berühmtesten Entscheidungen von Englands berühmtesten *Lord Chief Justice* Mansfield, wurde eine von der englischen Krone kraft ihrer Prärogative auferlegte Zuckerexportabgabe für ungültig erklärt, weil dies Aufgabe der vorher eingeführten Kolonial-Gesetzgebungsversammlung der Insel gewesen wäre. Die Befugnisse der Krone zur Kolonial-Gesetzgebung sind später in den *British Settlement Acts* von 1843 und 1860 geregelt worden, die nunmehr im *Act* von 1887 (50 & 51 Vict., c. 54) und 1945 (9 & 10 Geo. 6, c. 7) konsolidiert sind. Die Einzelheiten sind zu weitläufig, um hier behandelt zu werden.

[5] Der erst 1965 zum unabhängigen Dominion aufgerückten ehemaligen Kolonie Gambia war im Jahre 1962 durch *Order in Council* eine Verfassung verliehen worden, nach welcher ein lange vorher erlassenes Wahlgesetz ungültig war. Eine (*Validation*) *Order in Council*, die es trotzdem — und noch dazu rückwirkend — für rechtsgültig erklärte, wurde vom *Court of Appeal* nicht beanstandet.

dd) Die Prärogative im Konflikt zwischen Großbritannien und Rhodesien (1965)

Die königliche Prärogative steht im Mittelpunkt des durch die einseitige Unabhängigkeitserklärung von Rhodesien[1] ausgelösten schweren Kolonialkonflikts zwischen dem Vereinigten Königreich und Rhodesien, das trotz seiner seit einer Generation bestehenden weitgehenden Selbstregierung formell den Status einer Kronkolonie beibehalten hatte. Bei der Behandlung der Krise und zum Zwecke ihrer eventuellen Bereinigung bildete die königliche Prärogative die verfassungsrechtliche Grundlage und ihre selten an die Oberfläche tretenden umfassenden Machtvollkommenheiten wurden dabei von der Regierung Wilson zur allgemeinen Überraschung mit Nachdruck eingesetzt. Der Abfall Rhodesiens war die erste verfassungswidrige Loslösung eines der Krone unterstellten Territoriums seit derjenigen der amerikanischen Kolonien im Jahre 1776 und bedeutete somit einen flagranten Bruch der fast zweihundertjährigen Tradition einer einverständlichen Umgestaltung innerhalb des ehemaligen Empire und jetzigen *Commonwealth.* Wegen der dabei erfolgten Inanspruchnahme der königlichen Prärogative verdient der Konflikt hier eine etwas ausführlichere Erörterung.

Seit einiger Zeit bereits hatten die Beziehungen zu Süd-Rhodesien eines der schwierigsten Probleme bei der Umwandlung des Empire in das *Commonwealth* gebildet. Das von weißen Siedlern vorwiegend angelsächsischer Herkunft mit Erfolg erschlossene Gebiet von Süd-Rhodesien war schon 1923 mit weitgehender interner Selbstverwaltung ausgestattet worden und sein Prime Minister wurde nachher auch regelmäßig zu den periodischen Zusammenkünften der *Commonwealth*-Mitglieder zugezogen. Der *Southern Rhodesia and Nyasaland Federation Act* von 1953 (1 & 2 Eliz. 2, c. 30) schuf in der *Central African Federation* zunächst ein föderatives Staatsgebilde, in welchem Süd-Rhodesien mit den damaligen Protektoraten von Nord-Rhodesien und Nyasaland zusammengeschlossen wurde, wobei sich der eigentümliche staatsrechtliche Zustand einstellte, daß die beiden letzteren auch nach dem Zusammenschluß von Großbritannien als Kolonien verwaltet wurden, während die Selbstverwaltung von Süd-Rhodesien unverändert fortbestand. Eine Bundesregierung, wenn man sie als solche bezeichnen wollte, nahm sich der gemeinsamen Angelegenheiten der drei Territorialeinheiten an, deren auswärtige Beziehungen nach wie vor unter der Zuständigkeit von London standen. Die ursprünglich geplante Erhebung der zentralafrikanischen Föderation zu einem selbständigen Dominion ließ sich aber nicht durchführen, da sich ein Interessenausgleich zwischen den völlig schwarzen Gebieten von

[1] Nach der Verselbständigung der bisherigen Protektorate von Nord-Rhodesien (nunmehr Zambia) und Nyasaland (nunmehr Malawi) konnte sich Süd-Rhodesien als Rhodesien schlechthin bezeichnen.

Nord-Rhodesien und Nyasaland einerseits und der Herrschaft der weißen Minderheit in Süd-Rhodesien andererseits nicht erzielen ließ. Die Föderation wurde daher 1963 mit Wirkung vom 1. Januar 1964 aufgelöst (11 & 12 Eliz. 2, c. 34). In der Folgezeit (1964) erhielten Nord-Rhodesien, umbenannt als Zambia, und Nyasaland als Malawi staatliche Selbständigkeit und Mitgliedschaft im *Commonwealth.*

Damit hatte Süd-Rhodesien automatisch wieder seinen früheren staatsrechtlichen Status als Kronkolonie mit innerer Selbstverwaltung eingenommen, war also rangmäßig von den völlig souveränen schwarzen Staaten Zambia und Malawi überrundet worden, ein Zustand, der begreiflicher- und berechtigterweise seiner (ausschließlich weißen) Regierung als völlig untragbar erscheinen muß. Noch während des Bestandes der Föderation war nach langen und schwierigen Verhandlungen zwischen der britischen und der damaligen süd-rhodesischen Regierung unter Sir Edgar Whitehead eine Verfassung ausgehandelt worden (1961), die nach Billigung durch die wahlberechtigte weiße Bevölkerung von Süd-Rhodesien in einem Referendum vom britischen Parlament bestätigt worden war. In dieser Verfassung mußte die britische Regierung auf alle ihre vorbehaltenen Vollmachten, die vorwiegend dem Schutz der schwarzen Bevölkerungsmehrheit gedient hatten, verzichten und rettete nur die Souveränität der Krone und die Führung der internationalen Beziehungen. Zwar hatten nach der Verfassung die Schwarzen zum ersten Mal eine Teilnahme an der parlamentarischen Vertretung erhalten, aber sie war auf die Wählerliste B beschränkt, auf der (insgesamt nur) elftausend eingeborene Wähler vierzehn Abgeordnete wählen konnten, während die Wählerliste A — mit ihren 51 Sitzen — zu nicht weniger als 93 Prozent der Wählerschaft europäisch-weiß war. Nach der letzten offiziellen Schätzung vom 31. Dezember 1964 setzte sich die Bevölkerung Rhodesiens von insgesamt 4,2 Millionen aus 3,870 Millionen Negern, 217000 weißen Europäern und rund 20000 Asiaten und anderen zusammen. Würde es also bei der Verfassung von 1961 geblieben sein, so hätte die schwarze Mehrheit auf unabsehbare Zeit keine Chance erlangt, die Herrschaft der weißen Minderheit abzulösen. Begreiflicherweise waren die schwarzen Nationalistenführer damit nicht einverstanden und hatten dabei die Unterstützung jeder britischen Regierung.

Während des Jahres 1965 spitzte sich der Konflikt zwischen London und der rhodesischen Regierung von Premier Ian Smith, der sich für seine intransigente Haltung durch Neuwahlen im Frühjahr 1965 den Rücken gestärkt hatte, derart zu, daß ein Bruch unmittelbar bevorstand. Die rhodesische Regierung hatte sich zwar bereit erklärt, durch die Errichtung einer Art von Eingeborenensenat mit 27 schwarzen Mitgliedern — den vierzehn Abgeordneten auf der Liste B und dreizehn zusätzliche Stammeshäuptlingen — ein Verfassungsänderungen blockierendes Drittel einzuschalten. Dies genügte aber der britischen Regierung nicht, einmal, da die Häuptlinge von der rhodesischen Regierung besoldet und daher von ihr abhängig sind, zum andern, da eine gleichzeitige Erhöhung der Zahl der eingeborenen Abgeordneten verweigert wurde. Dem Schutz der Eingeborenenrechte wäre also keineswegs Genüge geleistet worden und die Herrschaftsübernahme durch die schwarze Mehrheit *ad calendas Graecas* verschoben worden.

Die Gegensätze waren also nicht zu überbrücken. In letzter Stunde unternahm Prime Minister Wilson einen einwöchentlichen Besuch in Rhodesien, um die angedrohte einseitige Unabhängigkeitserklärung (*Unilateral Declaration of Independence*) ohne Genehmigung der Krone und des britischen Parlaments abzuwenden. Auch ein dabei gemachter Vorschlag zur Einsetzung einer *Royal Commission* unter einem rhodesischen Vorsitzenden, um eine legale Möglichkeit des Übergangs zur Selbständigkeit mit gewissen Garantien der Eingeborenenrechte zu finden, führte zu keinem Ergebnis. Von ihren eigenen Extremisten gedrängt, verfügte die Regierung einseitig die Unabhängigkeitserklärung (11. November 1965).

Dieser offenen Rebellion gegen die Krone, deren Teilnehmer sich samt und sonders des Hochverrats (*treason*) schuldig machen, begegnete die Regierung Wilson mit der vollen Mobilisierung der Kronbefugnisse unter der königlichen Prärogative. Ein von beiden Häusern mit Parteieneinigung innerhalb eines einzigen Tages (16. November 1965) angenommenes Ermächtigungsgesetz (*Southern Rhodesia Act* [Eliz. 2, c. 78]) stattete die Regierung mit umfassenden Vollmachten aus, um der Rebellion zu begegnen und die abtrünnige Kolonie wieder in den britischen Staatsverband zurückzuführen. Die ununterbrochene Unterstellung Rhodesiens unter die Jurisdiktion der Krone wird darin ausdrücklich festgestellt. Durch *Orders in Council*, die jedoch von beiden Häusern innerhalb von 28 Tagen gebilligt werden müssen, kann die britische Regierung alle vom aufständischen Rhodesien erlassenen Gesetze und Anordnungen für ungültig erklären. Der rhodesische Generalgouverneur war bereits ermächtigt worden, die rhodesische Rebellenregierung abzusetzen und selbst die Regierung zu übernehmen, was allerdings von der rhodesischen Regierung mit seiner völligen physischen Isolierung beantwortet wurde. Außerdem verhängte die britische Regierung einschneidende Wirtschaftssanktionen: Rhodesien wurde aus dem Sterling-Block ausgeschlossen und verlor die Präferenzzölle der *Commonwealth*-Mitglieder, seine Tabak- und Zuckerausfuhr in das Vereinigte Königreich wurde gesperrt und der Kapitalverkehr zwischen beiden Ländern strengen Kontrollen unterstellt. Der Einsatz militärischer Mittel gegen die abtrünnige Kolonie, welchen die schwarzen Staaten Afrikas forderten, wurde jedoch nicht in Aussicht genommen, trotzdem sich das Vereinigte Königreich vom Sicherheitsrat der Vereinigten Nationen ermächtigen ließ (April 1966), das verhängte Ölembargo mit den gebotenen Zwangsmitteln durchzusetzen.

Die standfeste Haltung der britischen Regierung fand weitgehende Unterstützung sowohl im *Commonwealth* als auch in der Weltöffentlichkeit, so daß eine Anerkennung der Rebellenregierung einstweilen ausgeschlossen ist. Ob sich allerdings das Handelsembargo gegen Rhodesien mit internationaler Solidarität durchführen lassen wird, ist zweifelhaft.

Im Zeitpunkt der Niederschrift waren Fort- und Ausgang der Krise nicht abzusehen*.

ee) Gewisse Kroneinkünfte

Die aus dem Mittelalter überkommene und bis ins 19. Jahrhundert beibehaltene Einteilung der Staatseinkünfte in „gewöhnliche“ und „außergewöhnliche“ bedeutet, daß zu ersteren die erblichen Kroneinkünfte, vor allem aus den Kronländereien und anderen Finanzquellen, zu letzteren die jeweils zu erhebenden anderen Einkünfte zur Bestreitung der Regierungsführung gehörten. Letztere sind heute die Haupteinnahmen und unterliegen der üblichen Steuerbewilligung durch das Parlament. Erstere aber wurden, wie früher ausgeführt, seit der Thronbesteigung Georges III. durch die dem *Consolidated Fund* belastete Zivilliste abgelöst[1]. Die nach wie vor der Krone verbliebenen Herzogtümer von Lancaster und Cornwall und andere Kronländereien werden nunmehr von den *Crown Estate Commissioners* unter Aufsicht des Schatzkanzlers und des Staatssekretärs für Schottland selbständig verwaltet (*Crown Estate Acts* von 1956 [4 & 5 Eliz. 2, c. 73] und 1961 [9 & 10 Eliz. 2, c. 55]) und ihre Berichte müssen alljährlich dem Parlament vorgelegt werden. Eigentum der Krone werden auch verschiedene Kategorien herrenloser Güter (*bona vacantia*), besonders der Schatzfund (*treasure trove*), worunter gemünztes und ungemünztes Gold und Silber verstanden wird. Sie verfallen der Krone, die aber im Gnadenweg dem Eigentümer des Grundstücks und dem Finder eine Vergütung gewährt[2]. Der Komplex dieser Vermögenswerte[3] fällt zwar rechtlich unter die Prärogative, kommt

* Ein rhodesisches Gericht erklärte sich zwar nach wie vor durch die Verfassung von 1961 gebunden, anerkannte aber die bestehende Regierung als *de facto* Autorität (siehe *New York Times* vom 10. September 1966).

[1] Siehe oben S. 490.

[2] Die jüngsten Funde von 1946 (Mildenhall) und 1958 (Norfolk) wurden dem Britischen Museum überlassen. Nebenbei bemerkt gibt es auch „königliche“ Fische.

[3] Dazu gehören 180000 *acres* Grund und Boden in England und 108000 in Schottland, was die Krone zum zweitgrößten Grundbesitzer in Großbritannien macht, gar nicht zu reden von den wertmäßig nicht zu veranlagenden Teilen von London (Regents Park, Carlton House Terrace und Grundeigentum in Piccadilly, Pall Mall, Holborn und Kensington). Der Überschuß nach Steuern und Verwaltungskosten wird an die Staatskasse abgeführt.

aber wirtschaftlich dem Staat zugute und sie werfen unter der geschickten Verwaltung der *Crown Estate Commissioners* sogar einen handfesten Gewinn ab.

ff) Nationalverteidigung und öffentliche Sicherheit

Die Krone muß für die Verteidigung des Reichs und die nationale Sicherheit sorgen. Wohl das wichtigste Kronrecht — und es braucht hier nicht wiederholt zu werden, daß seine Geltendmachung nach Anlaß und Folge ausschließlich der Regierung obliegt — ist die Nationalverteidigung, vorbehaltlich derjenigen Maßnahmen, welche das Parlament an sich gezogen hat, wie die Einführung der allgemeinen Wehrpflicht und die der Landesverteidigung dienenden Finanzmaßnahmen. Sie ist die einzige Instanz, welche autoritativ über das Vorliegen einer sie gefährdenden Situation bestimmt (der berühmte *ship money*-Fall *R. v. Hampden* [1637] [3 St. Tr. 825]). Die Krone ist auch bei inneren Unruhen von sich aus zum Einsatz entsprechender Abwehrmittel berechtigt[1]. Im Kriegsfall ist sie auch zur Requisition britischer Schiffe ermächtigt (*The Broadmayne*-Fall [1916] [P. 64]). Die Nationalverteidigung wurde jedoch neuerdings durch die parlamentarische Gesetzgebung in den verschiedenen *Defence of the Realm* und *Emergency Powers* (*Defence*) *Acts* des ersten und zweiten Weltkriegs so eingehend geregelt, daß für eine selbständige Prärogative kaum mehr ein Spielraum bleibt.

c) Die Gerichte betreffend

Die Krone gilt seit alters als die Quelle der Gerechtigkeit (*fountain of justice*) und der Monarch als in jedem Gerichtsverfahren virtuell anwesend. Aber bereits James I. mußte sich von Coke sagen lassen (*Prohibitions del Roy* 1607 [12 Co. Rep. 63]), daß er zwar im Geiste bei Gericht anwesend, aber nicht zur Einmischung in ein schwebendes Verfahren berechtigt sei. Die gesamte Gerichtsverfassung und die Justizgebarung, auch wenn sie von Privatpersonen in Gang gesetzt sind, gelten als vom Monarchen ausgehend, alle Strafprozesse werden im Namen der Krone geführt, die Vollstreckung von Zivilurteilen erfolgt in ihrem Namen. Der *Attorney-General* kann ein eingeleitetes Strafverfahren ermessensmäßig einstellen (*nolle prosequi*). Die Krone hat aber dank der richterlichen Unabhängigkeit keinerlei Kontrolle über die Straf- oder Zivilrechtsprechung[2]. Auch kann sie schon aus finanziellen Gründen heute auf englischem Boden keine Gerichte mehr aufstellen[3].

Im übrigen sind derzeit auch die gerichtlichen Prärogativprivilegien durch Parlamentsgesetz weitgehend ihrer ehemaligen Bedeutung ent-

[1] Siehe Bd. II, S. 374 ff.

[2] Siehe Bd. II, S. 2 f.

[3] Dagegen war die Aufstellung und Teilnahme an den nach dem letzten Krieg amtierenden Internationalen Militärgerichten ein Akt der (auswärtigen) Prärogative, da sie sich auf ausländisches Gebiet und auf Ausländer bezog.

kleidet worden. Dies gilt zunächst von der Maxime *The King can do no wrong*, da, wie ausgeführt, die Immunität der Krone, das heißt hier des Fiskus, gegenüber Klagen gegen ihre Beamten aus Vertrag und unerlaubter Handlung im *Crown Proceedings Act* von 1947 aufgehoben wurde. Privilegienreste sind aber noch immer hinsichtlich der Urkundenvorlage vorhanden. Auch kann gegen die Krone nicht vollstreckt werden. Ebenso ist der alte Rechtssatz: *Nullum tempus occurrit regi*, der im *common law* galt (*Magdalen College*-Fall *Warren v. Smith* [1615] [11 Co. Rep. 66 b]) heute durch statutarische Präklusionsfristen oder Verjährungsbestimmungen weitgehend außer Kraft gesetzt.

Von Wichtigkeit dagegen ist das königliche Gnadenrecht (*prerogative of mercy*), allerdings mit dem entscheidenden Vorbehalt, daß der Monarch damit überhaupt nichts mehr zu tun hat, weil es seit den Anfängen der Regierung der Königin Victoria an seiner Stelle vom *Home Secretary* ausgeübt wird. Dieser entscheidet über ein Gnadenbegehren entweder auf Veranlassung des Prozeßrichters oder des Verurteilten oder Dritter. Die Begnadigung kann auch vor Urteilsfällung erfolgen. Die Gewährung der Gnade ist ein Exekutiv- und kein gerichtlicher Akt und soll nicht an die Stelle der zulässigen Rechtsmittel treten. Die Begnadigung kann sowohl den Schuldspruch selbst als auch die Verurteilung beseitigen, sie kann in einer Strafumwandlung — zum Beispiel der Todesstrafe in lebenslängliche Einsperrung — bestehen, sie kann die Strafe ermäßigen, ohne sie zu erlassen, und sie kann in der Strafaussetzung (*reprieve*) bestehen. In den schwereren Fällen ist immer noch ein von der Königin unterzeichneter Vollziehungsbefehl (*warrant*) unter Gegenzeichnung des *Home Secretary* erforderlich. In der Handhabung des Gnadenrechts ist der *Home Secretary* aber formell dem Souverän selbst und nicht dem Parlament verantwortlich, so daß in der Fragestunde oder innerhalb des Kabinetts Gnadensachen nicht berührt werden dürfen.

3. Prärogativbefugnisse auf dem Gebiet der auswärtigen Politik

Auf dem Gebiet der auswärtigen Politik sind auch heute noch die Prärogativrechte weit wichtiger als auf demjenigen der inneren Regierung und sie sind auch weit weniger statutarisch eingeschränkt als jene. Die Sachgebiete, um die es sich dabei im wesentlichen handelt, sind die völkerrechtlichen Verträge, die sogenannten *Acts of State* und die diplomatischen Privilegien.

a) Völkerrechtliche Verträge

Völkerrechtliche Verträge gelten in Großbritannien als Regierungs- oder Exekutivakte, welche der ausschließlichen Zuständigkeit der Regierung unterliegen und derjenigen des Parlaments grundsätzlich entzogen sind. Auf dem Gebiet des Vertragsschließungsrechts waren also bis vor kurzem das Parlament und die Öffentlichkeit weit weniger beteiligt oder informiert als auf allen anderen Gebieten. Es ist aber seit 1924 üblich geworden (unter der sogenannten *Ponsonby Rule*), daß ein solcher Vertrag, falls er von der Krone zum Zwecke der internationalen Gültigkeit formell ratifiziert werden muß, dem Parlament auf die Dauer von 21 Tagen vorgelegen hat, ehe er an den Souverän zur Ratifizierung gelangt. Die Grundregel der Exemption internationaler Verträge von der parlamentarischen Zustimmung ist aber in der Praxis dadurch stark abgeschwächt, daß vier Kategorien solcher Verträge der parlamentarischen Bestätigung unterstellt werden *müssen*. Diese sind (a) Verträge, welche selbst die parlamentarische Bestätigung vorschreiben und daher ohne diese weder die innerstaatliche noch völkerrechtliche Gültigkeit erlangen[1]; (b) Verträge, welche, ohne selbst die parlamentarische Bestätigung vorzuschreiben, Rechte britischer Staatsangehöriger betreffen[2]; (c) Verträge, die eine Änderung britischen Rechts oder Geldausgaben in sich schließen; solche müssen entweder vor oder nach Ratifikation durch die Krone parlamentarisch gebilligt werden, beispielsweise wenn der Vertrag Zollansätze ändert oder die öffentliche Schuld eines annektierten Gebiets übernimmt; (d) auch Verträge, die eine Gebietsabtretung zum Gegenstand haben, werden nunmehr nur mit parlamentarischer Zustimmung abgeschlossen[3]. Die Regierung mag zwar dank ihrer Mehrheit immer in der Lage sein, sich der Zustimmung des Parlaments zu versichern, aber die fortschreitende Demokratisierung des politischen Prozesses hat es seither mit sich gebracht, daß bei allen internationalen Verträgen — außer bei denen, die aus staatspolitischen Gründen während der Verhandlungen geheim gehalten werden müssen — das Parlament einschließlich der Opposition ins Vertrauen gezogen wird.

b) Die sogenannten Acts of State

Unter dieser im Schrifttum viel — und möglicherweise über Gebühr — behandelten Materie werden Exekutivakte in der Außenpolitik verstanden, die letztlich als justizfreie Hoheitsakte der gerichtlichen Nachprüfung entzogen sind[4]. Im Schrifttum werden manchmal Zweifel ausgesprochen, ob diese Art von Staatshandlungen unter die Prärogative fällt; aber nach der historischen Systematik des britischen Verfassungsrechts ist eine andere Eingliederung kaum möglich. Solche justizfreien Regie-

[1] Beispiele waren nach dem letzten Krieg die Friedensverträge mit Italien, Rumänien, Bulgarien, Ungarn und Finnland (1947) und Japan (1951).

[2] Eine Schlüsselentscheidung ist *Walker v. Baird* (1892) (A. C. 491).

[3] Dies war erstmals bei der Abtretung Helgolands an Deutschland der Fall (*Anglo-German Agreement Act* von 1890 [53 & 54 Vict., c. 32]) und ist seither die Regel geworden.

[4] Statt aller anderen Entscheidungen der Schlüsselfall von *Salaman v. Secretary of State for India* ([1906] [1 K. B. 613]); hier hatte es sich um die Absetzung eines indischen Fürsten und die Beschlagnahme seines Vermögens gehandelt.

rungsakte können sich auf das Verhältnis zu einem auswärtigen Staat oder aber auch auf eine Einzelperson beziehen, die nicht in einem britischen Treueverhältnis steht. Zu den *Acts of State* in diesem Sinn gehören: Kriegserklärung und Friedensschluß; der Abschluß der völkerrechtlichen Verträge[1]; Annexion und Abtretung von Gebieten; Anerkennung eines auswärtigen Staats oder einer auswärtigen Regierung; der Austausch diplomatischen Personals mit auswärtigen Staaten. Aus der sich über Jahrhunderte erstreckenden Rechtsprechung seien hier beispielsweise erwähnt: Die Gerichte müssen eine amtliche Bestätigung der Regierung durch den *Foreign Secretary* hinsichtlich des Bestehens oder der Beendigung des Kriegszustandes (*R. v. Bottrill ex parte Kuechenmeister* [1947] [K. B. 41] [C. A.]), und über die Anerkennung eines auswärtigen Staates oder einer Regierung (*Duff Development Co. v. Kelantan* [1924] A. C. 797] [H. L.]) ohne weitere Nachprüfung annehmen[2]. Geltendes britisches Recht kann durch einen *Act of State* nicht geändert werden[3].

Das Vorliegen nicht-justiziabler *Acts of State* wird häufig in Fällen angenommen, wo ein nicht der britischen Krone zur Treupflicht verhaltener Ausländer in Kriegszeiten Ansprüche geltend macht, die bei einem britischen Staatsangehörigen gerichtlich nachprüfbar wären. Einem während des letzten Krieges internierten Ausländer wurde die Freistellung auf *habeas corpus*-Antrag versagt (*R. v. Bottrill ex parte Kuechenmeister* [1947] [K. B. 41]). Ein feindlicher Ausländer konnte deportiert werden (*Netz v. Chuter Ede* [1946] [Ch. 224]). Andererseits lassen die Gerichte große Vorsicht bei der Nachprüfung walten, ob die behaupteten Tatsachen das Vorliegen eines *Act of State* rechtfertigen (*Musgrave v. Pulido* [1879] [5 App. Cas. 102] [P. C.] Schlüsselfall). Jedoch kann ein *Act of State* nicht als Verteidigung gegen einen Anspruch vorgebracht werden, den ein britischer Staatsangehöriger oder freundlicher Ausländer gegen einen Beamten wegen eines ihm zugefügten Schadens erhebt (*Walker v. Baird* [1892] [A. C. 491] [P. C.]).

---

[1] Letzteres mit den vorher erwähnten Ausnahmen einer Verpflichtung zur parlamentarischen Zustimmung.

[2] Bei der Annahme einer solchen Regierungserklärung ging eine neuere Entscheidung allerdings so weit, daß das Gericht untersuchte, ob der zuständige Minister auch auf Grund der Tatsachenprüfung zu seiner Erklärung gekommen war (*Sayce v. Ameer Ruler Sadig Mohammed Abbasi Bahalwalpur State* [1952] [2 Q. B. 390] [C. A.]); siehe auch *Carl Zeiss Stiftung v. Ragner* & Keele, Ltd. ([1964] [3All E. R. 327], [C. A.]): da das Gericht fremdes Recht wenn erforderlich anwenden muß, wurde zuerst eine Erklärung des *Foreign Secretary* verlangt, ob Großbritannien die Deutsche Demokratische Republik anerkannt hat. In diesem wichtigen Fall handelte es sich darum, ob die westdeutsche Firma Zeiss der ostdeutschen den Gebrauch des Firmentitels verbieten kann. Das Oberhaus als Revisionsinstanz entschied schließlich zugunsten der letzteren; siehe Frankfurter Allgemeine vom 23. Mai 1966.

[3] So der berühmte *Zamorra*-Fall ([1916], [2 A. C. 77]); hier hatte es sich um eine Kriegs-Prise gehandelt.

Eine jüngste Entscheidung von großer Bedeutung (*Burmah Oil Company* [*Burma Trading, Ltd.*] *v. Lord Advocate* [1964] [2 All E. R. 348], [H. L.])[1] befaßt sich mit der Tragweite der *Royal Prerogative* auf dem Gebiet des Militärwesens und der Kriegsführung, das traditionsgemäß zu den am wenigsten umstrittenen Domänen ihrer Anwendung gehört hatte. Der Sachverhalt war kurz der folgende: Als die Invasion des damals noch zum britischen Empire gehörigen Staats Burma durch die Japaner bevorstand (1942), ordnete der Militärbefehlshaber nach dem Grundsatz der „versengten Erde“ die Zerstörung aller wirtschaftlichen Installationen an, welche dem Feind hätten von Nutzen sein können. Diesen Maßnahmen fiel auch das Eigentum der klägerischen Petroleum-Gesellschaft, das diese auf dreißig Millionen Pfund schätzte, zum Opfer. An sich sind solche Maßnahmen nicht rechtswidrig, da sie durch die *Royal Prerogative* ermächtigt sind. Nach *common law* müssen aber Kriegsschäden entschädigt werden, außer wenn sie durch eigentliche Kampfhandlungen verursacht sind, in welchem Fall keine staatliche Entschädigungspflicht gegeben ist.

Die Klägerin konnte in Burma selbst nichts ausrichten, da die burmesische Regierung nach erlangter Unabhängigkeit kein Entschädigungsgesetz erließ. Die damalige Labour-Regierung in Großbritannien zahlte der Petroleumfirma im Jahre 1948 freiwillig einen Betrag von mehr als 4 Millionen £ für Wiederaufbauzwecke, was diese aber nicht hinderte, den Klageweg zu beschreiten. Eine vor den englischen Gerichten erhobene Klage scheiterte aus formellen Gründen (Anspruchsverjährung), kam aber vor einem schottischen Gericht zum Zug und damit schließlich vor das *House of Lords*. Dieses hielt die Zerstörung für eine Maßnahme des Wirtschaftskriegs und nicht für eine unmittelbare Kampfhandlung und gab der Klage dem Grunde nach statt. Als Parallelentscheidungen wurden *Attorney-General v. De Keyser's Royal Hotel, Ltd.* ([1920] [A. C. 508]) und *United States v. Caltex et al.* (344 U. S. 149 [1952]) angezogen. Die Entscheidung ist von außerordentlicher und nicht nur fiskalischer Tragweite. Statt die *Royal Prerogative* zu erhellen, setzt sie diese noch mehr ins Zwielicht des Willkürlichen. Die haarspalterische Unterscheidung zwischen eigentlichen Kampfhandlungen und den Maßnahmen des zeitgenössischen Wirtschaftskriegs erscheint unhaltbar. Wenn bei einem Rückzug der Militärbefehlshaber ein Haus zerstört, um daraus ein Tankhindernis zu machen, besteht keine Entschädigungspflicht, bei einer Maßnahme des Wirtschaftskrieges aber besteht sie!

Die Angelegenheit der hartnäckigen Klägerin hatte alle Regierungen seit Kriegsende beschäftigt und alle waren sich einig, daß keine Entschädigungspflicht bestünde. Demgemäß brachte die Regierung Wilson

[1] Die Entscheidung, mit der ungewöhnlich knappen Mehrheit der *Law Lords* von 3:2 ergangen, nimmt nicht weniger als 52 Seiten der amtlichen Sammlung ein und es waren ihr elf volle Verhandlungstage vorausgegangen.

(1965) ein Gesetz ein, um die *common law*-Regel der Entschädigungspflicht in solchen Fällen auszuschalten. Es erging dann trotz starker Bedenken von seiten der Hinterbänkler der *War Damage Act* von 1965 (Eliz. 2, c. 18). Der nach *common law* bestehende Anspruch auf Entschädigung wurde kurzerhand abgeschafft und die Gerichte angewiesen, auf Antrag irgendeiner der Parteien ein anhängiges Verfahren einzustellen oder ein bereits abgeschlossenes wieder zu eröffnen. *Parliamentum locutum causa finita*[1].

c) Diplomatische Privilegien

Wie in allen zivilisierten Staaten genießen auch in Großbritannien die beim Hof von St. James akkreditierten diplomatischen Vertreter volle Gerichtsimmunitäten. Hier gewinnt die Prärogative der Anerkennung auswärtiger Staaten und Regierungen eine erhebliche Bedeutung. Anläßlich einer Festnahme des russischen Gesandten durch den *Sheriff* wegen einer persönlichen Schuld kam es unter der Regierung von Königin Anne zu einem Zwischenfall mit dem Zaren Peter dem Großen, der zum Erlaß des *Diplomatic Privileges Act* von 1708 (7 Anne, c. 12) führte. Dieser, erst jüngstens durch das gleichnamige Gesetz von 1964 (Eliz. 2, c. 81) modernisiert, gewährte den Personen und dem Eigentum aller akkreditierten diplomatischen Vertreter ausländischer Staaten mitsamt ihren häuslichen Bediensteten vollen Immunitätsschutz gegen Verhaftung und Prozessierung. Solche Personen (und andere im diplomatischen Dienst) brauchen keine Steuern oder Zölle zu bezahlen, ihre Wohnungen sind unantastbar und ähnliches mehr. Die Gerichte begnügen sich mit der amtlichen Erklärung des Außenamts hinsichtlich des diplomatischen Status der betreffenden Person (*Engelke v. Musman* [1928] [A.C. 433]). Derartige

---

[1] Der Fall ist auch vom Standpunkt der verfassungsrechtlichen Theorie von erheblichem Interesse: Er gehört in das faszinierende, die Gewaltentrennungslehre zutiefst berührende Gebiet des ewigen Tauziehens zwischen der Legislative und den Gerichten. Kann die Gesetzgebungskörperschaft eine Gerichtsentscheidung außer Kraft setzen und noch dazu rückwirkend? Wird damit nicht die Rechtsstaatlichkeit in Mitleidenschaft gezogen? Liegt hier etwa gar eine Grenze der Parlamentssouveränität vor (siehe oben S. ?1 ff). Oder läßt sich darin umgekehrt eine Bekräftigung und Bestätigung der von Dicey so sehr in den Vordergrund gerückten Parlamentssouveränität erblicken, weil das Parlament sich über die Entscheidung eines obersten Gerichts souverän hinwegsetzen kann? Läßt sich das Gesetz als ein — allerdings negativer — *Indemnity Act* in dem Sinn qualifizieren, daß der Krone die ihr an sich zustehende Freiheit von Inanspruchnahme entzogen wird? Was bleibt von der königlichen Prärogative auf dem Gebiet des Militärwesens noch übrig, wenn sie gesetzlich derart eingeschränkt wird? Zu vergleichen wäre damit etwa die Entscheidung des Bundesverfassungsgerichts vom 31. März 1965, Juristenzeitung 1965, S. 568, die eine nachträgliche gesetzgeberische Korrektur oberstrichterlicher Entscheidungen aus rechtsstaatlichen Gründen verneinte, wobei allerdings zu berücksichtigen ist, daß die englische Entscheidung sich auf *common law* und nicht Gesetzesrecht bezog.

Immunitäten sind in neuerer Zeit durch Spezialgesetzgebung auch den in England befindlichen amtlichen Vertretern von internationalen Organisationen, wie der Vereinten Nationen oder der Europäischen Montanunion[1], den *High Commissioners* oder Gesandten der unabhängigen *Commonwealt*-Staaten sowie Eires und anderen sich nur zeitweilig in Großbritannien aufhaltenden amtlichen Persönlichkeiten verliehen worden. In der Zeit des hochentwickelten Kraftwagenverkehrs ersparen diese Regelungen der Polizei, welche die Verkehrsvorschriften durchführen muß, allerhand Mühen und Unannehmlichkeiten, mögen aber angesichts der mangelnden Stabilität der Regierungen in den neuen unterentwickelten Staaten in der Zukunft zu rechtlichen Schwierigkeiten führen.

4. Die Prärogative als Ermessensfunktion des Monarchen

Wie wiederholt betont, unterstehen alle heute noch der königlichen Prärogative zurechenbaren Staatsakte einmal dem Parlamentsgesetz, das sie einschränken oder völlig aufheben kann, zum anderen werden sie auf Veranlassung der Regierung unternommen und diese übernimmt dafür die parlamentarische Verantwortung in demselben Umfang wie für ihre Regierungsakte nach Maßgabe der Parlamentsgesetze. Bei der Durchführung der Prärogativakte bedient sich die Krone außer ihrer Minister auch weitgehend einer speziellen Körperschaft, des *Privy Council*[2]. Trotz dieser umfassenden Konstitutionalisierung der monarchischen Funktion muß aber an dieser Stelle gefragt werden, ob die Mediatisierung des Monarchen durch Kabinett, Minister und *Privy Council* tatsächlich so vollständig ist, daß ihm überhaupt kein Handlungsspielraum mehr verbleibt, innerhalb dessen er sich von der Bevormundung seiner amtlichen Ratgeber emanzipieren und nach eigenem Ermessen handeln kann. Oder anders gesehen: Ist neben der im Normalfall vom Kabinett gedeckten „gewöhnlichen" auch heute noch ein Restbestand der ehemaligen „absoluten" Prärogative geblieben[3]? Für die Bewertung der Monarchie als Staatseinrichtung ist die Frage nicht ohne Bedeutung. Einzig und allein bei der Investitur des Prime Ministers besitzt der Monarch, wie früher

[1] In *Zoensch v. Waldock et al.* ([1964] [2All E. R. 256] [A. C.]) hatte es sich um den Vorsitzenden der *European Commission of Human Rights* gehandelt, dessen Immunität gegen eine in England gegen ihn erhobene Klage nicht mit seinem Ausscheiden aus dem Amt endete.

[2] Siehe den nächsten Abschnitt dieses Kapitels, unten S. 524 ff.

[3] Es mag dabei außer Betracht bleiben, daß der Souverän als die „Quelle der Ehre" (*fountain of honour*) (*The Prince Case* [1606] [8 Co. Rep. 1a, 18b]) zwar bei der Verleihung von Peerages und anderen Auszeichnungen allgemein an den Rat des Prime Ministers gebunden ist, aber bei einigen ausgesprochenen Hoforden (*Order of Merit, Orders of the Garter, Thistle and Patrick* und beim *Royal Victorian Order*) die Auswahl der Mitglieder selbst trifft. Auch in der Verwaltung und Verfügung über sein Privatvermögen ist der Monarch unabhängig wie jede andere Person.

dargestellt[1], unter bestimmten Umständen eine gewisse Wahlfreiheit hinsichtlich der betreffenden Persönlichkeit und dies nach der bisherigen Erfahrung lediglich, wenn es sich um einen konservativen Prime Minister gehandelt hatte. Der Monarch hatte sich in diesen Fällen immer des inoffiziellen Rats erfahrener älterer Staatsmänner bedient. Aber auch dieser Spielraum einer echten Ermessensfreiheit dürfte nunmehr, nachdem die Konservativen zur Wahl ihres Parteiführers übergegangen sind, viel von seiner bisherigen Bedeutung verloren haben.

Was dagegen die Parlamentsauflösung anbelangt[2], so kann mit der herrschenden Meinung angenommen werden, daß heute kaum mehr eine Situation denkbar ist oder sich einstellen würde, in welcher der Monarch sein abgestorbenes Prärogativrecht, die Auflösung zu verweigern, wieder aufleben lassen könnte. Es besteht also völlige Einigkeit darüber, daß der Monarch, seitdem er zum „konstitutionellen" Monarchen geworden ist, sich innerhalb des durch Gesetz und Konventionalregel bestimmten Verfassungsrahmens zu bewegen hat.

Im atomaren Zeitalter kann aber der Frage nicht ausgewichen werden, ob es dem Souverän versagt ist, zur Bewältigung eines staatlichen Notstands sich aus eigenem Ermessen solcher Prärogativmöglichkeiten zu bedienen, die ihm im Normalablauf des politischen Prozesses längst entglitten sind. Dies gilt nicht für die Nationalverteidigung im Kriegsfall, da die Regierung mit so lückenlosen statutarischen Vollmachten ausgestattet ist, daß sie allen Notsituationen gerecht werden kann. Aber es mag auch andere, nicht vorausgesehene und nicht voraussehbare Situationen des Staatsnotstands geben, bei denen der Krone Machtvollkommenheiten nach Art der Diktatur im republikanischen Rom (*constitutionis conservandae causa*) zuwachsen, von denen sich die Schulweisheit der staatlichen Normalität nichts träumen läßt. Die jahrhundertealten Entscheidungen im *King's Prerogative inSaltpetre*-Fall ([1607] [12 Co. Rep. 12]) und im Schiffsgeld-Fall (*R. v. Hampden*, 1637), welche dem Souverän weite Vollmachten in Notzeiten zugestanden, mögen heute nur noch rechtsgeschichtlich interessant sein, sind aber niemals ausdrücklich bestritten oder gerichtlich begrenzt worden. Auch im voll-demokratisierten Staat könnte die Monarchie noch immer ein zumindest potentielles Machtreservoir darstellen. Das lehrreichste Beispiel aus der neueren Verfassungsgeschichte ist die Handhabung der Regierungskrise des Jahres 1931 durch König George V[3]. Es wurden damals erhebliche Bedenken gegen die Legalität des königlichen Eingreifens erhoben, das unmittelbar zur Wieder-

[1] Siehe oben S. 384 ff.

[2] Siehe oben S. 391 ff.

[3] Siehe hierüber ausführlich Karl Loewenstein, *Verfassungsleben in Großbritannien 1924—1932*, Jahrbuch des öffentlichen Rechts, Band 20 (1932), S. 231 ff. und besonders S. 256—260.

herstellung der konservativen Vormacht führte. Einer nachherigen Beurteilung aus der Distanz aber mochte die Handlungsweise der Krone eher als das plötzliche Wiederaufleben einer weitergespannten Prärogative und deshalb nicht als verfassungsverletzend erscheinen. Auch in solchen extremen Fällen würde der Monarch nicht nach seinem alleinigen Ermessen, sondern nur durch seine Minister handeln, die sich dann, wie Dicey meinte, im Falle einer von ihnen anstelle der Krone vorgenommenen notfälligen Überschreitung der Legalität durch ein Indemnitätsgesetz nachträglich Deckung verschaffen müßten. Der König selbst kann nach britischer Staatsauffassung niemals Unrecht tun. Aber da *salus publica suprema lex* ist, wird man ihm auch nach Maßgabe der geltenden Verfassungslage als einen Restbestand des *common law* ein oberstes Notstandsrecht nicht unbedingt absprechen können[1].

III. Der Königliche Rat (Privy Council)

1. Zur geschichtlichen Entwicklung

Wie es die Regierung — Prime Minister und Minister — ist, welche die in den Rahmen der königlichen Prärogative fallenden Handlungen der Krone veranlaßt und mit ihrer parlamentarischen Verantwortung deckt, so ist es der *Privy Council* — hier mit Staatsrat oder königlichem Rat übersetzbar —, der sie in der Regel anstelle des Monarchen vornimmt.

Der *Privy Council* hat seine Ursprünge gleichfalls in der *Curia Regis*, jener organisatorischen Urzelle, aus der sich in der Folgezeit die meisten Institutionen der englischen Verfassungsordnung — in der Frühzeit *Exchequer* und Schatzamt, die *common law*-Gerichte, das Oberhaus — entwickelt haben. Ob der *Privy Council* des Spätmittelalters lediglich der Restbestand des den König beratenden Gremiums war, der sich nach der Verselbständigung der anderen Staatsorgane erhalten hatte, oder ob es eine damalige Neuschöpfung war, ist unter den Verfassungsgeschichtlern streitig. Es kann dagegen als sicher angenommen werden, daß in der Spätzeit des Feudalismus im 14. Jahrhundert das baroniale Element in ihm vorherrschend war. Im Rosenkrieg des 15. Jahrhunderts verlor der *Privy Council* seine Bedeutung, erlebte aber unter den Tudors zumindest seit 1540 eine Wiederbelebung als wichtiges und der Krone durchaus ergebenes Regierungsinstrument, das vor allem für Verwaltungszwecke herangezogen wurde. In der Tudorzeit

[1] Soweit überhaupt die Dominions eine Vorlage für Großbritannien selbst bilden können, wird hier auf Pakistan verwiesen, als der Präsident Ayub Khan nach einer gutachtlichen Entscheidung des dortigen *Supreme Court* wegen zivilen Notstands die Verfassung suspendierte (1955).

entstand die Unterscheidung zwischen den gewöhnlichen Räten (*ordinary councillors*), auf die wegen ihrer juristischen oder administrativen Sachkenntnisse zurückgegriffen wurde, und den geheimen Räten (*privy councillors*), meist Angehörige des Hochadels, die die engsten Vertrauten des Königs und Inhaber höchster Staatsämter waren. Coke weist dem *Privy Council* in der Regierungshierarchie einen hohen Rang gleich nach dem *Court of Parliament* an, dessen Mitglieder ähnlich den „Kabinetts"-räten auf dem Kontinent dem König zur privaten und geheimen Beratung zur Verfügung stehen.

Ausschüsse (*Committees*) des *Privy Council*, schon von den Tudors zu Spezialaufgaben verwendet, entstanden als regelmäßige Regierungstechnik im 17. Jahrhundert vielfach auf einer anderen Basis und fungierten später dann gewissermaßen als Vorläufer der späteren Departments, indem sie mit der Betreuung bestimmter Regierungstätigkeiten betraut waren. Der *Act of Settlement* von 1700, sich ausdrücklich als ein Gesetz „*for the further limitation of the crown and better securing the rights and liberties of the subject*" betitelnd, legte statutarisch die Verantwortlichkeit der *Privy Councillors* für die von ihnen im *Privy Council* gefaßten Beschlüsse fest, — was damals als eine wesentliche Einschränkung des königlichen Ermessens angesehen wurde —, als das Gegenstück zur Unverantwortlichkeit der Krone und als die Wurzel, aus der dann in der Folgezeit die echte Ministerverantwortlichkeit vor dem Parlament erwuchs[1]. Auch das Kabinett muß wohl aus dem *Privy Council* hervorgegangen sein (vielleicht aus dem sich mit der auswärtigen Politik befassenden Ausschuß ?). Ein Anhaltspunkt dafür mag darin gefunden werden, daß die Kabinettsmitglieder schon damals *Privy Councillors* waren und es auch gegenwärtig sein müssen. Mit der Entstehung und Ausbildung des politischen Kabinetts wurde der *Privy Council* aus seiner zentralen Regierungsfunktion völlig verdrängt und es verblieben ihm nur mehr die mit dem Vollzug der königlichen Prärogative zusammenhängenden, der Sache nach rein formellen Befugnisse.

2. Zusammensetzung und Zusammenkünfte

Der *Privy Council* besteht gegenwärtig aus einigen dreihundert ehrenamtlichen Mitgliedern, denen der Ehrentitel „*Right Honourable*" beigelegt wird. Voraussetzung der Ernennung durch *letters patent* ist die britische

---

[1] Die verfassungsgeschichtlich überaus bedeutsame Stelle lautet: "*that ... all matters and things relating to the wellgoverning of this kingdom, which are properly cognizable in the privy council by the laws and customs of this realm, shall be transacted there, and all resolutions taken thereupon shall be signed by each of the privy council as shall advise and consent to the same*".

Staatsangehörigkeit[1]. Damit ist die Mitgliedschaft auch hervorragenden Staatsangehörigen der *Commonwealth*-Staaten zugänglich gemacht, da diese gleichzeitig die britische Nationalität besitzen. Das neuernannte Mitglied muß den Treueid und einen speziellen Eid leisten, der es über die Bestimmungen der *Official Secrets Acts* hinaus einer besonderen Geheimhaltungspflicht hinsichtlich dessen unterwirft, was ihm in seiner amtlichen Tätigkeit zur Kenntnis kommt. Zu Mitgliedern werden Personen ernannt, die ein hohes Staats- oder auch Kirchenamt innegehabt haben oder derzeit innehaben; alle Kabinettsmitglieder werden bei Amtsübernahme mit der Mitgliedschaft ausgezeichnet, es sei denn, sie hätten die Würde schon vorher besessen. Zur Mitgliedschaft zugelassen sind ferner die beiden Erzbischöfe nach Herkommen, der Speaker des Unterhauses, die höchsten Richter einschließlich der *Lords of Appeal in Ordinary*, außerdem führende Staatsmänner der Dominions, auch verdiente Gesandte und hohe Beamte des *Civil Service*. Nach Herkommen ist allen Mitgliedern des *Privy Council* der persönliche Zugang zum Souverän erlaubt, wovon aber heute außer bei spezieller Einladung überhaupt kein Gebrauch gemacht wird, da der Verkehr des Monarchen mit seinem Kabinett sich durch die Minister, vor allem dem Prime Minister, den *Lord President of the Council*, den *Foreign Secretary* und (vor dem alljährlichen Budget) den Schatzkanzler vollzieht. Die Mitglieder können vom Souverän nach Ermessen, das heißt auf Rat des Prime Ministers entlassen werden[2]. Der Tod des Souveräns hat seit dem *Demise of the Crown Act* von 1901 (1 Edw. 7, c. 5) auf die Fortdauer des Amtes keinen Einfluß mehr.

Den Vorsitz des *Privy Council* führt der *Lord President of the Council*, häufig, aber nicht notwendigerweise ein Mitglied des Oberhauses. Ihm untersteht das *Privy Council Office* mit dem *Clerk of the Council* und einem kleinen, aber ausgewählten Stab.

Die Körperschaft ist heute viel zu groß, um als Plenum zusammenzutreten. Dies geschieht nur bei der Thronbesteigung des Monarchen. Bei besonders feierlichen Angelegenheiten, etwa als George VI. seine Einwilligung zur Heirat der Thronerbin gab (1947), wurden zwölf *Councillors* eingeladen. Die Regel ist, daß vom *Clerk of the Council* vier bis fünf Mit-

---

[1] In den während des ersten Weltkriegs entschiedenen Fällen *R. v. Speyer* ([1916] [1 K. B. 595 und 2 K. B. 858]) und *R. v. Cassel* ([1916] [1. K. B. 595]) wurde festgestellt, daß nach dem *Naturalization Act* von 1870 (33 & 34 Vict., c. 14) auch naturalisierte Staatsangehörige die Eigenschaft eines *Privy Councillor* besitzen könnten, auch wenn sie entgegen dem *Act of Settlement* nicht von englischen Eltern abstammten.

[2] Dies kommt kaum je vor; eine Ausnahme war die Entlassung durch *Order in Council* des Bankiers deutscher Abstammung Sir Edgar Speyer wegen seiner antibritischen Einstellung während des ersten Weltkrieges.

glieder aufgeboten werden — das erforderliche Quorum sind drei Mitglieder —, um mit der Königin in Buckingham Palace oder wo sie sich gerade aufhält zusammenzutreffen („*The Queen in Council*"). Die Sitzung — wenn man von einer solchen reden kann, weil die Mitglieder mitsamt dem *Lord President* dabei stehen —, vollzieht sich nach einem Hofzeremoniell und ist mehr oder minder eine Formalität, da die Königin von den zu erledigenden Angelegenheiten bereits vorher unterrichtet ist und in vielen Fällen kein Sachverständnis hat. Es werden daher nur die Überschriften der zu fällenden Beschlüsse verlesen und der Souverän bestätigt sie durch das Wort „*Approved*". Aufgeboten wird in erster Linie der Minister, unter dessen Sachbereich die Angelegenheit fällt. Solche Zusammenkünfte sind je nach der Geschäftslage mehr oder minder häufig. Die getroffenen Beschlüsse werden vom *Clerk* unterzeichnet und mit dem Amtssiegel versehen. Es bestehen auch ständige Ausschüsse des *Privy Council* beratender Natur, die ohne die Königin zusammenkommen, so für wissenschaftliche Forschung[1], für die älteren Universitäten, für die Gewährung von königlichen Charters zur Schaffung neuer oder die Umbildung bestehender Einheiten der Lokalverwaltung. Die wichtigste Abteilung aber ist das *Judicial Committee of the Privy Council* als Revisionsinstanz für Entscheidungen anderer Gerichte, vor allem aus den Kolonialgebieten[2].

3. Funktionen

Heute sind die meisten sich auf Regierung und Verwaltung erstreckenden Angelegenheiten statutarisch den Departments und dadurch indirekt dem Kabinett übertragen. Demgemäß ist der *Privy Council* in der Hauptsache dazu berufen, den Prärogativakten der Krone die erforderliche Form zu geben. Am wichtigsten sind dabei die von der *Queen in Council*, also die von „*Her Majesty and with the advise of Her Privy Council*" erlassenen *Proclamations* und *Orders in Council*. Erstere kommen bei der Einberufung, Vertagung und Auflösung des Parlaments, bei Kriegserklärung und Friedensschluß und bei allen Staatsangelegenheiten zur Anwendung, die weiteste Publizität verlangen, sind also normalerweise verhältnismäßig selten und vollziehen sich in den seit alters feststehenden Beurkundungsformen. *Orders in Council* dagegen sind häufig und stellen die Haupttätigkeit des *Privy Council* dar. Ihr Erlaß beruht meist auf gesetzlicher Ermächtigung, gehört also dann nicht zur Domäne der

---

[1] Unter der Regierung Macmillan war der *Lord President of the Council* gleichzeitig *Minister of Science*. Unter der Regierung Wilson wurde ihm das wichtige Amt des Regierungsführers in den Commons, der der Zweitkommandierende nach dem Prime Minister ist, übertragen.

[2] Es wird im Zusammenhang mit der Gerichtsverfassung behandelt werden. Siehe Bd. II, S. 42 ff.

Prärogative. In der Regel werden sie vom zuständigen Regierungs-Department entworfen. Sie können inhaltlich aber auch Vollzugsakte für die der Krone zustehenden Prärogativbefugnisse sein, für welche eine parlamentarische Ermächtigung nicht geboten ist. Die *Orders in Council* nehmen also teilweise die Stelle der in anderen Ländern zulässigen Regierungsverordnungen ein. Sie sind inhaltlich entweder legislativer Natur, beispielsweise Gesetzgebungsmaßnahmen für nichtselbständige Kolonialgebiete, oder führen die der Regierung eingeräumten Vollmachten zum Erlaß der delegierten Gesetzgebung aus. Wenn exekutiver Natur, beziehen sie sich etwa auf die Errichtung eines neuen Regierungs-Departments die Umwandlung eines College in eine Universität; oder fast alle neueren Universitäten werden ohne Ermächtigung des Parlaments errichtet, das allerdings nachher die Mittel bereitstellen muß. Solche *Orders in Council* können sich auch auf die Regelung der Streitkräfte beziehen oder die Erklärung oder die Beendigung eines inneren Notstands (*state of emergency*) zum Gegenstand haben[1].

Es braucht hier nicht wiederholt zu werden, daß der Monarch, ganz abgesehen davon, daß er sachlich gar nicht in der Lage eines eigenen Urteils ist, bei allen diesen Angelegenheiten von sich aus nichts veranlassen kann, und daß ihm auch die Zustimmung bindend vorgeschrieben ist.

Orders in Council gerichtlichen Inhalts dienen vor allem dazu, den Entscheidungen des *Judicial Committee*, die an sich lediglich einen Rat für die Krone bedeuten, die erforderliche Rechtskraft zu verleihen.

Was die Gerichte anbelangt, so steht ihnen die Nachprüfung zu, ob ein von der Krone nach Maßgabe der Prärogative unternommener Akt tatsächlich eine solche zur rechtlichen Grundlage hat. Ist das Vorliegen aber festgestellt, so ist die Art und Weise, wie die Prärogative vollzogen wird, nicht der gerichtlichen Nachprüfung unterstellt. Niemals aber kann sich die Krone bei einer von ihr unternommenen Handlung auf die Staatsnotwendigkeit oder die *raison d'état* berufen, die vom *common law* der Prärogative nicht zuerkannt ist. Der berühmte Schlüsselfall ist *Entick v. Carrington* ([1765] [19 St. Tr. 103])[2]. Und selbstverständlich nehmen die Gerichte für sich in Anspruch, einen unter der königlichen Prärogative unternommenen Akt für *ultra vires* und daher als ungesetzlich zu erklären, wofür der Schlüsselfall *Att.-Gen. v. Wilts. United Dairies* ([1922] [91 L. J. K. B 897]) ist, in welchem die Auflage von finanziellen Abgaben ohne aus-

---

[1] In der Vergangenheit konnte die Benutzung der *Order in Council*-Technik, die keiner unmittelbaren Parlamentskontrolle unterliegt, von Vorteil sein, dann nämlich, wenn die gleiche Angelegenheit wegen des zu erwartenden Widerstands des Oberhauses nicht durch Parlamentsgesetz behandelt werden sollte (beispielsweise die Abschaffung des Kaufs von Offiziersstellen [1870] oder die Gewährung der Selbstregierung an die Kolonie Transvaal [1906]).

[2] Siehe Bd. II, S. 283.

drückliche parlamentarische Ermächtigung als mit der *Petition of Rights* von 1628 unvereinbar erklärt wurde[1].

IV. Zur Soziologie der britischen Monarchie

1. Die Monarchie im technologischen Zeitalter

Königin Elizabeth II. ist die vierzigste Persönlichkeit, die seit der normannischen Eroberung den englischen Thron innehat. Unter ihren Vorgängern befinden sich große Fürstengestalten, die jedem Land zur Zierde gereicht hätten — Edward I. der Bekenner, Englands Justinian; Henry V., unter dessen allzu kurzer Herrschaft England die erste Macht Europas war; der gewaltige Henry VIII., der England durch die Gefährnisse der Reformation steuerte; die große Elizabeth, die England zum Nationalstaat machte. Brilliante Begabungen, wie es die beiden Charles der Stuart-Dynastie waren, würden, hätten sie die Zeichen ihrer Zeit besser verstanden, der englischen Monarchie zur Ehre gereicht haben. In dieser langen Reihe von Herrschern gab es aber auch ausgemachte Schurken wie Richard III., von dem Shakespeare das unvergängliche Charakterbild des Psychopathen gezeichnet hat, Nichtswürdige, Schwächlinge, Minderwertige und Geisteskranke, die für die Nation eine schiere Belastung bedeuteten. Besonders die Regierungszeit der Hannoveraner war dem Prestige der Monarchie abträglich. Aber seit die junge Victoria zur Thronfolge berufen war, konnte sich die Monarchie tief im Volksbewußtsein verwurzeln. Der formidable Matriarch und paneuropäische Familiendrachen, mit dessen Abkömmlingen so gut wie alle nichtkatholischen Fürstenhäuser Europas verwandt waren, konnte einem ganzen Zeitalter den Namen geben[2]. Auch mit Victorias Nachfolgern ist Großbritannien nicht schlecht gefahren. Zwar kam Edward VII. zu spät auf den Thron, um der Monarchie seinen dauernden Stempel aufzudrükken, aber die Gewissenhaftigkeit und das Pflichtbewußtsein von George V. und, nach dem Zwischenspiel des achten Edward, George VI. trugen das ihre dazu bei, der Monarchie Ansehen, Würde und Nützlichkeit zu verleihen. Die anmutig gereifte Frau, die nunmehr die britische Krone trägt, kann also über den Schatz einer gesicherten Tradition verfügen, die der britischen Monarchie auch in einer Zeit der fallenden Throne eine ungefährdete Zukunft verspricht. Die Einrichtung ist heute mit dem britischen Staat integriert und ein nicht wegzudenkender Bestandteil des Nationalbewußtseins. Eine republikanische Bewegung, an der es selbst unter

---

[1] Die vom *Judicial Committee of the Privy Council* ausgeübte Gerichtsbarkeit wird im Zusammenhang mit der Gerichtsorganisation später behandelt werden. Siehe Bd. II, S. 42ff.

[2] Vgl. die neueste gehaltvolle Biographie von Elizabeth Longford, *Queen Victoria, Born to Succeed.* New York 1964.

Victoria nicht völlig gefehlt hatte, besteht nicht einmal am Rande. Auch die Labour-Partei, selbst wenn ihr eine längere Zeitspanne der Macht beschieden wäre, denkt nicht daran, die Monarchie anzutasten, und sicherlich nicht zuletzt aus der Erkenntnis heraus, daß der König zwar kein Unrecht tun, aber auch erst recht keinen Schaden anrichten kann[1].

Damit stimmt die Beobachtung überein, daß die Monarchie als Staatseinrichtung auch in den anderen Ländern Westeuropas, in denen sie den stürmischen Drang unserer Zeit zur Republikanisierung hat überstehen können, gefestigter erscheint als seit langer Zeit. Man braucht die politische Stabilität der altrechtlichen Monarchie nur mit den heftigen Schwankungen zu vergleichen, die Staaten wie Frankreich oder Deutschland während der letzten Generation befallen haben, um Anlaß zu einer Revision des in manchen Milieus herkömmlich negativen Urteils über die konstitutionelle Monarchie als Institution zu finden. Zwar hatten Belgien (mit der Königskrise von 1950) und Holland (mit den wiederholten Familienwirren im Königshaus) ihre Schwierigkeiten, aber die Monarchie hat sich auch dort als stabilisierender Faktor erwiesen, dem sich alle Parteien willig unterordnen[2].

2. Der Stil der britischen Monarchie

Aber von den anderen sechs westeuropäischen Monarchien unterscheidet sich die britische durch eine Erscheinung, die zwar institutionell nicht faßbar ist, trotzdem aber der Institution ihr entscheidendes Gepräge verleiht: der Stil, in dem sie geführt wird. Vor allem in den skandinavischen Ländern, wenn auch vielleicht weniger in Belgien und Holland, hat sich die Monarchie weitgehend demokratisiert und dem demokratischen Milieu angepaßt. In ihrer entmythologisierten Gestalt ist sie den Volksmassen nähergebracht und verständlicher gemacht worden. Nicht so in England. Dort wird die Monarchie — nach wie vor und heute mehr als vorher — zwar bewußt auf die Publikumswirkung eingestellt, aber ebenso

---

[1] Die Kehrseite der Medaille ist allerdings, daß die Öffentlichkeit auf der unbedingten politischen Neutralität der Krone und der königlichen Familie und der Erfüllung ihrer staatszeremoniellen und staatsintegrierenden Funktionen besteht. Als Prinz Philip (1965) bei einer öffentlichen Veranstaltung eine an sich harmlose Bemerkung gemacht hatte, die als eine Stellungnahme zu dem schwebenden Konflikt mit Südrhodesien gedeutet wurde, folgte alsbald ein Antrag einer starken Gruppe von Labour-Abgeordneten, welche die Commons zu einer Bekräftigung der Konventionalregel der absoluten politischen Neutralität des Königshauses aufforderte. Er verschwand naturgemäß in der parlamentarischen Versenkung; der Zwischenfall war aber für die Einstellung Labours zur Monarchie nicht ohne Bedeutung.

[2] Dies gilt jedoch nicht für Griechenland. — Wegen einer allgemeinen Beurteilung der Monarchie vgl. Karl Loewenstein, *Die Monarchie im modernen Staat*, Frankfurt/Main 1952.

bewußt nicht volksnahe geführt[1]. Auch in einer entzauberten Zeit wie der unsrigen werden Mythologie und Magie des Königtums mit diskreter Beharrlichkeit gepflegt. Ein Mitglied des Königshauses oder gar den Souverän selbst auf dem Fahrrad zu sehen, wie man es in Kopenhagen oder Den Haag täglich beobachten kann, wäre in England eine Unmöglichkeit.

Die schwer definierbaren gesellschaftlichen Kreise, welche an der Aufrechterhaltung der Aura des Königtums ein Interesse haben, sind bestrebt, der Öffentlichkeit jenes Leitbild — *image* — zu vermitteln, das die Monarchie als solche als eine transzendentale Einrichtung darstellt, die jeweiligen Träger des Menschlich-Allzumenschlichen entkleidet, zu Märchen- und Filmgestalten macht und jedwede Kritik als unschicklich und sogar unpatriotisch verpönt. Bei den breiten Massen andererseits hat sich eine quasi-religiöse Hingabe an dieses *image* eingestellt, die offenbar durch nichts zu erschüttern ist. Während das Volk das Märchenschauspiel seiner Monarchie genießt, das ihm von der „staatserhaltenden“ Presse und erst recht von den Boulevardblättern tagtäglich vorgeführt wird, haben es die aufgeklärteren Intellektuellen ihrerseits rationalisiert und die Monarchie in einen nicht zu entbehrenden Wert der National-Integration verwandelt. Der Außenstehende sieht sich hier einem sozialpsychologischen Phänomen gegenübergestellt, das in die Unter- und Urgründe des Gemeinschaftslebens hinunterreicht. Man wagt nicht zu entscheiden, ob diese Mythologisierung der Monarchie das Ergebnis einer beneidenswerten nationalen Solidarität und Disziplin oder das Ziel einer geheimnisvollen, sich über die Generationen erstreckenden Technik der erfolgreichen *public relations* ist.

Praktisch wirkt sich die sichtliche Verbundenheit der Nation mit ihrer Monarchie dahin aus, daß alles, was die Königin tut oder was am Hofe vorgeht, auf eine Publikumsneugierde stößt, welche zu befriedigen

---

[1] Ein bezeichnendes Schlaglicht auf den Stil der Monarchie wirft der vom Buckingham Palace ausgegebene Hofkalender (*Court Circular*) für Freitag, Oktober 16, 1964 (siehe *The Times* [Luftausgabe] vom 17. Oktober 1964, S. 10). An die Spitze gestellt war eine Audienz des Gesandten der Republik Liberia und seines Gesandtschaftspersonals bei der Königin (23 Zeilen). Erst dann wurde der immerhin nicht unwichtigen Ereignisse des Vortages gedacht, an welchem die Labour-Partei die Wahlschlacht gegen die Konservativen gewonnen hatte: Die Königin nahm den Rücktritt des bisherigen Prime Ministers Sir Alec Douglas-Home gnädig entgegen und geruhte Mr. Harold Wilson zu seinem Nachfolger zu ernennen (sechs bzw. sieben Zeilen). Die Notiz verdient im Wortlaut wiedergegeben zu werden: "*The Right Hon. Sir Alec Douglas-Home had an audience of the Queen this afternoon and tendered his resignation as Prime Minister and First Lord of the Treasury, which Her Majesty was graciously pleased to accept. The Queen subsequently received in audience the Right Hon. Harold Wilson and requested him to form a new administration. The Right Hon. Harold Wilson accepted Her Majesty's offer and kissed hand upon his appointment as Prime Minister and First Lord of the Treasury*".

die Informations-Medien nicht müde werden und welche das Interesse der Massen an der allgemeinen Politik bei weitem übersteigt. Ungezählten Familien ist Freud und Leid in der Königsfamilie ihr eigenes Erleben. Was am Hofe vorgeht, typisiert für den Durchschnittsengländer eine höhere Lebenssphäre, mit der er sich gemütsmäßig identifizieren kann, trotzdem sie ihm gesellschaftlich unzugänglich ist. Weder das Parlament noch der Prime Minister finden solche Beachtung wie die Königin und ihre Angehörigen. Die wirklichen und die gemutmaßten Liebesgeschichten der Schwester der Königin, Prinzessin Margaret — vor ihrer Heirat mit einem bürgerlichen Fotografen, nachmals dem Earl of Snowdon — bildeten einen unerschöpflichen Gesprächsstoff. Buckingham Palace, der Londoner Palast der Königin, scheint von Westminster, wo das Parlament tagt und Whitehall, wo die Verwaltung arbeitet, nicht nur meilenweit entfernt zu sein, sondern auf einer höheren Ebene zu liegen. Presse, Rundfunk, Fernsehen berichten ausgiebig über das, was die Königin tut. Rein physisch ist ihre Arbeitsleistung eindrucksvoll: Staatsakte wie die Audienzen mit dem Prime Minister, anderen Ministern, Staatsmännern des *Commonwealth*, Diplomaten, hohen Militärs und kirchlichen Würdenträgern wechseln in bunter Folge, — jedoch zeitweise unterbrochen von den langen Perioden, während derer sich die Königin mit ihrem Hofstaat auf den Schlössern aufhält —, mit den gesellschaftlichen Ereignissen der Empfänge, Bankette, Dinners, Gartenfeste, Besuchen von Ausstellungen und Sportveranstaltungen — hier besonders von Pferderennen. Das geistige Niveau dieser unermüdlichen Aktivität der Königin selbst und ihrer Familie kann auch bei wohlwollender Betrachtung nicht als hoch bezeichnet werden; die Dynastie hat niemals auffallende intellektuelle Neigungen gezeigt. Vergebens wird man den Besuch der Festspiele in Edinburgh oder der Schätze des britischen Museums unter den königlichen Interessen suchen, vergeblich Unterhaltungen mit Gelehrten, Wirtschaftlern, Anteilnahme an der modernen Literatur oder Kunst erwarten, mag auch sehr gelegentlich die Oper in Covent Garden oder eine *show* durch eine *command performance* ausgezeichnet werden. Aber mit dem Volk selbst, dem sprichwörtlichen Mann auf der Straße, kommt die Königin so gut wie überhaupt nicht in Berührung, außer wenn bei den gelegentlichen formloseren Mittagessen, auf welche das gegenwärtige Management der Monarchie großen Wert zu legen scheint, ein beliebter Komiker oder ein Fußballstar eingeladen werden. Was die Königin vom Volk weiß, mag sie bestenfalls aus den Zeitungen erfahren, nicht aber von ihrem intimeren gesellschaftlichen Umgang, der, mit Vernachlässigung von Gelehrten, Wirtschaftlern oder Künstlern, ihrer persönlichen Neigung entsprechend auf die Angehörigen des grundbesitzenden Hochadels und der obersten Gesellschaftsschicht beschränkt ist. Inwieweit die Ehe mit dem geistig aufgeschlosseneren und moderner eingestellten Prinzen Philip, dem Herzog von Edinburgh, auf ihre geistige Haltung abgefärbt hat, läßt sich von außen nicht beurteilen[1]. Die Königin hat keinerlei Kontakt mit der Presse, von der sie restlos abgeschirmt ist, sie hat niemals eine Pressekonferenz abgehalten und hätte bei einer solchen auch nichts zu sagen, da sie keine von ihrem Prime Minister abweichende Meinung haben darf. Als nationales Symbol ist die Krone heute vom Volk vollkommen isoliert. Das Leben der Königin vollzieht sich gewissermaßen unter einer Glasglocke, die von den Hofregisseuren für bestimmte Zwecke beleuchtet, meist aber abgedunkelt wird.

Für den Außenstehenden ist das nie erlahmende Interesse der breiten Massen an dem, was die Verantwortlichen am Hofe ihnen von den Tätigkeiten der Königin mitzuteilen für gut befinden, um so erstaunlicher, als sich Bagehots mittelviktorianischer Ausspruch, in der Republik täten viele Leute uninteressante, in der Monarchie dagegen ein Einziger interessante Dinge, als ein eklatantes Fehlurteil erwiesen und schon seit langem völlig umgekehrt hat. Der amerikanische Präsident und seine Mitarbeiter tun immer interessante Dinge, die britische Königin aber niemals.

Die Aufrechterhaltung des monarchischen Mythos wird dadurch gefördert, daß die Krone als Staatseinrichtung und erst recht ihre jeweiligen Träger der öffentlichen Kritik nach Herkommen völlig entzogen sind. Während der langen Regierung Victorias war dies bei weitem nicht im gleichen Maß der Fall gewesen. Weder die Monarchie noch der Souverän selbst waren der Presse oder den Versammlungsrednern heilig. Heute ist nicht nur, wie früher schon, jede Hereinziehung der Krone in den politischen Prozeß tabu für das Parlament, weil die Regierung die Verantwortung für sie tragen muß, sondern in einem Land, dem die Unantastbarkeit der Monarchie zur zweiten Natur geworden ist, werden auch kritische Äußerungen der öffentlichen Meinung zumindest als geschmackverletzend angesehen. Jede anti-monarchische Parteipropaganda wäre für den, der sie betriebe, politischer Selbstmord. Neuerdings sind immerhin einige kritische Stimmen (Lord Altrincham, jetzt Joseph Grigg, Malcolm Muggeridge, ehemals Schriftleiter des verblaßten Witzblattes *Punch*, in

[1] Die in Rundfunk und Fernsehen verbreitete Weihnachtsansprache der Königin von 1964 soll den Zeitungsberichten nach (*The Times* vom 26. 12. 1964) von ihr selbst in Zusammenarbeit mit Prinz Philip und dem Privatsekretär abgefaßt worden sein. Sie hatte dem *Home Secretary* und auch dem Prime Minister zur Begutachtung vorgelegen. Es war die 13. solche Ansprache, welche die Königin gehalten hatte. An die Bewohner des *Commonwealth* gerichtet und in vierzig Sprachen übertragen, fiel sie durch größere Wärme und Unmittelbarkeit auf und war auch sprachlich leicht verständlich. Auch daß Königin Elizabeth am Staatsbegräbnis von Sir Winston Churchill (Januar 1965) teilnahm, der ja „nur“ ein Commoner (allerdings aus einer erbadeligen Familie) war, wurde ihr hoch angerechnet und allgemein als eine Auflockerung des steifen Stils angesehen, in dem die Monarchie geführt wird.

seinem Buch „*The Crown and the Establishment*" [1962] und vor allem Kingsley Martin, Herausgeber des angesehenen *New Statesman*) laut geworden, die zwar keinen Anstoß an der Monarchie als Staatseinrichtung nahmen, aber ihrer Führung Volksfremdheit, Isolierung von den Massen, gesellschaftlichen Snobismus und Gleichgültigkeit gegen die demokratischen Werte zum Vorwurf machten. Aber die Wirkung selbst auf die Intellektuellen war gering, im Volk, monarchisch bis auf die Knochen und ohnehin gewohnt, zu den Höhergestellten — „*their betters*" — aufzuschauen, blieb sie völlig aus.

Die von einer überaus geschickten *public relations*-Technik gelenkte Magie und Mystik der britischen Monarchie mag dem, der ihnen nicht zugänglich ist, als ein Überrest aus der Feudalzeit und als durchaus künstlich erscheinen, — was sie natürlich angesichts der Resonanz bei den Massen nicht ist. Mit dieser soziologischen Situation muß aber auf unabsehbare Zeit gerechnet werden.

3. Die Bewertung der Monarchie als Staatseinrichtung

Bedenken gegenüber dem Stil, in dem die Monarchie heute geführt wird, sind aber nicht geeignet, ihrer unzweifelhaften Nützlichkeit im politischen Prozeß Abbruch zu tun, auch wenn seine Verbesserung die Nützlichkeit erhöhen könnte. Bilanzmäßig sind die Aktivposten der Monarchie beträchtlich. Nach wie vor ist die Krone das Symbol der Kontinuität des britischen Staats und dies trotz des häufigen Dynastiewechsels, dem sie in der Vergangenheit unterworfen war. Sie hat zwar ihre Bedeutung als gemeinsames Symbol eines die Erde umgürtenden Weltreichs weitgehend eingebüßt, hat aber in den älteren Dominions Kanada — außer im dissidenten Quebec —, Australien und vor allem Neuseeland, das englischer ist als England selbst, ihren gefühlsmäßigen Wert behalten, mag er sich auch bei der jüngeren Generation einigermaßen abgeschwächt haben. Weit fraglicher dagegen ist die auch nur symbolische Bedeutung des Souveräns als *Head of the Commonwealth*. Ob die Krone ein Kohäsionselement ist, das den aus rassischen und wirtschaftlichen Gründen unverkennbar zentrifugalen Tendenzen der *Commonwealth*-Mitglieder genügenden Widerstand zu leisten vermöchte, ist zweifelhaft. Das englische Publikum ist hier nicht frei von Selbsttäuschungen und die publizistisch aufgeblasenen Staatsbesuche der Königin und des Prinzen Philip, die mit viel Unbequemlichkeiten für beide verbunden sind, haben weder die Republikanisierung der afrikanischen Mitgliedstaaten verhindert noch erweisen sie sich als Bindemittel einer gemeinbritischen statt einer afrikanischen oder asiatischen Interessengemeinschaft. Daß das Konterfei der Königin auf den Münzen und Marken Kanadas und anderer *Commonwealth*-Staaten erscheint, bindet die Bevölkerung dieser Länder nicht notwendig mehr an die monarchische Institution, als wenn irgendein anderes Symbol gewählt wäre. Es ist ein Zeichen der veränderten Zeit, daß Kanada im Jahre 1964 die bisherige Nationalflagge, den Union Jack, zugunsten eines eigen-kanadischen Staatssymbols, des Ahornblatts, aufgab. Britische Truppen sind allerdings einstweilen in einzelnen *Commonwealth*-Staaten gegen innere und äußere Feinde nicht unerwünscht. Andererseits muß es die nicht-britische Welt überrascht haben, mit welcher Beflissenheit anläßlich der schweren Verfassungskrise um Rhodesien (Oktober—November 1965)[1] sowohl die rhodesische Rebellen- wie die britische Regierung die Krone als den rechtlichen Angelpunkt behandelten, um den sich der Konflikt drehte: Die Regierung Wilson behandelte von Anfang an konsequent die vom britischen Parlament nicht gewährte und einseitig dekretierte Unabhängigkeit als einen Abfall von und daher eine Rebellion gegen die Krone, und alle daraufhin unternommenen Sanktionsmaßnahmen fanden darin ihre staatsrechtliche Rechtfertigung. Von seiten der zur Sezession geschrittenen rhodesischen Regierung Ian Smith wurde demgegenüber unentwegt die trotzdem fortdauernde Ergebenheit des rhodesischen Volkes für die Königin betont; nicht nur wurde die im Rundfunk verlesene Unabhängigkeitsproklamation (11. November 1965) mit der üblichen Formel *God save the Queen* beendet, sondern es wurde auch eine Ergebenheitsadresse an die Königin gerichtet, von der sie korrekt und kühl Kenntnis zu nehmen geruhte. An den politischen Realitäten gemessen, mag diese beiderseitige Haltung nicht mehr als Spiegelfechterei sein; aber die monarchische Institution erwies sich hier — wieder einmal — als der einzig mögliche und daher zweckmäßige Rahmen für die Austragung des Konflikts.

Ehe die Telekommunikationen den Träger der Krone bei feierlichen Staatsanlässen *urbi et orbi* in Person darboten, war für die allermeisten Engländer, die ihren König oder ihre Königin nie zu Gesicht bekommen hatten, der Monarch nur eine Abstraktion. Nunmehr ist die Monarchie auf dem Bildschirm oder der Filmleinwand weitgehend personalisiert worden. Man hätte glauben können, diese Verlebendigung würde die Monarchie humanisieren. Das Gegenteil ist eingetreten. Denn die königliche Person wird von der geschickten Regie nicht im Alltag, sondern nur bei Staatszeremonien vorgeführt und damit hat die Institution der Monarchie beim Publikum eine neuerliche Sublimierung erfahren. Hier kommt auch die gesellschaftliche Komponente im monarchischen Betrieb zum Zug. Denn die Königin ist die oberste und richtungweisende Inkarnation dessen, was man das *Establishment* heißt, jenes schwer erfaßbare Etwas, das man als die maßgebende gesellschaftliche Ordnung verdeutlichen kann[2]. Daraus erklärt sich soziologisch das Bedürfnis von hoch und niedrig, in irgendeiner Weise mit der Krone verbunden zu sein, sei es

[1] Siehe oben S. 512ff.

[2] Siehe darüber unten S. 541ff.

durch einen Titel oder eine Auszeichnung, die sie formell verleiht, durch einen Besuch, der den Empfänger ehrt, eine Wohltätigkeitsveranstaltung, der sie ihren Namen leiht, oder das Privileg, als Hoflieferant[1] für Fische oder Sättel angesprochen zu werden. Alle diese gesellschaftlichen Wirkungen sind auch in einem Milieu nicht ohne Bedeutung, dessen ehemals aristokratischer Charakter sich weitgehend verflüchtigt hat und in dem heute die breiten Mittelklassen dominieren und für welches das eigentliche Proletariat ebenso eine Randerscheinung ist wie die dünne Oberschicht der wirklichen Reichen.

Was schließlich die greifbaren politischen Machtvollkommenheiten des Souveräns anbelangt, so mögen diese, wie unsere Darstellung gezeigt hat, mit gewissen Ausnahmen, von denen aber keiner wirkliches Gewicht im politischen Prozeß zukommt, völlig atrophiert sein. Von einem echten Einfluß des Monarchen auf die innere oder äußere Politik ist auch im entferntesten nicht mehr die Rede. Man mag auch die früher angedeutete Möglichkeit einer überkonstitutionellen Handlungsfreiheit bei echten Staatsnotständen[2] als praktisch überaus gering einschätzen. Trotzdem bleiben jene verfassungsrechtlich nicht faßbaren Imponderabilien bestehen, die aus der Tatsache erwachsen, daß der Monarch, wie Max Weber meinte[3], ein für alle Male die höchste Stelle im Staat besetzt hat und daß sie damit der Rivalität der Politiker entzogen ist. Auch heute noch hat der Monarch Gelegenheit, seinen politischen und persönlichen Einfluß hinter der Szene geltend zu machen. Eine Königin wie Victoria, die mehr als sechzig Jahre den Thron innehatte, oder George V., bei dem dies über ein Vierteljahrhundert der Fall war und der zu Ende seiner Regierungszeit kaum weniger Ansehen genoß als seine Großmutter, sammelten im Laufe der Jahre einen Fonds von politischer Erfahrung, von Menschen- und Personalkenntnis an, dem sich die vielen Prime Minister, die sie kommen und gehen sahen, kaum entziehen konnten. In den Lehrlingsjahren des Monarchen kann ein erfahrener Privatsekretär ersetzen, was ihm noch an Kenntnissen des politischen Betriebs abgeht. Versteht er sich mit seinem Prime Minister, was weder bei Victoria noch bei George V. immer der Fall war, so wird kein Parteiführer, der meist nur verhältnismäßig kurze Zeit am Steuerrad steht, den ihm mit Takt und Diskretion, gelegentlich aber auch direkt gebotenen Rat des Souveräns

[1] An sich kann sich jedermann die Bezeichnung „königlich“ (royal) zulegen, da sie gesetzlich nicht geschützt ist. Jedoch wird die amtliche Verleihung in der Form vollzogen, daß die Krone auf Veranlassung des *Home Secretary* die Führung des Titels "*by appointment*" und die Beifügung eines heraldischen Symbols zum Firmennamen gestattet. Die so Ausgezeichneten werden dann in der offiziellen *London Gazette* veröffentlicht. Es gibt derzeit mehr als tausend Firmen, Geschäfte oder Organisationen, die auf diese Weise gekennzeichnet wurden.

[2] Siehe oben S. 522ff.

[3] Siehe *Gesammelte Politische Schriften*, Tübingen 1958, S. 156.

in den Wind schlagen. Über das Verhältnis des Monarchen zum jeweiligen Prime Minister dringt so gut wie nichts in die Öffentlichkeit. Einen gewissen Einblick gewähren aber die nachher veröffentlichten Biographien der Monarchen und der Staatsmänner, denen der Zugang zu den Staatspapieren gewährt wurde. Sowohl der willensstarke George V. wie auch der weit bescheidenere George VI. hatten Veranlassung, ihre Wünsche in Personalfragen wie bei Weichenstellungen der Regierungsführung bekannt zu machen[1].

Die Imponberabilien der königlichen Position werden sich auch zugunsten der jung auf den Thron gekommenen, nunmehr aber gereiften Elizabeth II. auf die Dauer einstellen müssen. Mit ihren kaum vierzig Jahren hatte sie bereits mit fünf Prime Ministern zu tun. Auch wenn sie nicht so lange an der Regierung bleiben sollte wie ihre große Namensvetterin oder die körperlich zwar kleine, aber zu überdimensionalen Zornesausbrüchen neigende Victoria, so wird sie schließlich Gelegenheit haben, ein Dutzend von Prime Ministern kennen und beurteilen zu lernen und sich bei dem ihr nachgerühmten guten Gedächtnis mancher Vorgänge erinnern, die dem jeweiligen Amtsinhaber nicht gegenwärtig sein mögen.

Dank des Umstandes also, daß der Monarch der ruhende Pol in der politischen Erscheinungen Flucht ist, besitzt er einen potentiellen Einfluß, der mit der verfassungsrechtlich notorischen Machtlosigkeit der Krone einigermaßen kontrastiert. Das in manchen politischen Beschreibungen Großbritanniens beliebte Klischee, das auch im Ausland gern für bare Münze genommen wird, daß der Monarch nichts anderes ist als ein Gummistempel seines Kabinetts oder auch eine Gallionsfigur am Bug des britischen Staatsschiffes, ist also nicht völlig zutreffend. Man mag sich hier des einem jüngst von seinem Thron vertriebenen exotischen Monarchen zugeschriebenen Bonmots erinnern, wonach noch zu Lebzeiten dieser Generation nur mehr fünf Könige übrig geblieben sein werden: die vier des Kartenspiels und der britische. Er könnte damit wohl ins Schwarze getroffen haben.

Schlußbetrachtungen

1. England als das politische Leitbild

Regierungsweisen sind Menschenwerk und wie alles Menschenwerk vergänglich. Aber sie sind mehr als die vergänglichen Menschen, die sie betreffen und die sie betreiben. Sie haben ihr eigenes Dasein und ihr

[1] Solche Fälle waren beispielsweise die Ernennung Bonar Laws statt Lord Curzons zum Prime Minister (1923), das Eingreifen George V. in die Staatskrise (1931), die Bildung des Labour-Kabinetts durch Clement Attlee (1945), wo George VI. Ernest Bevin statt Hugh Dalton als Außenminister vorzog und wahrscheinlich andere mehr, die einstweilen nicht bekannt geworden sind.

eigenes Schicksal, das durch keine noch so ausgeklügelte Verfassung vorbestimmt werden kann. Die staatliche Lebensform einer Nation gleicht einer organisch wachsenden Pflanze, bei der auch der kunstreichste Gärtner nichts ausrichten kann.

Ein Urteil darüber abzugeben, ob eine Regierungsweise „gut“ oder „schlecht“ ist, ob sie sich also „bewährt“ hat, wenn darunter das Glück, das Wohlergehen der unter ihr lebenden Gewaltunterworfenen oder auch das „Gemeinwohl“ verstanden wird, läßt der gegenwärtige Stand unserer sozialwissenschaftlichen Erkenntnisse nicht zu. Die Kausalzusammenhänge zwischen Regierungsweisen und ihrer Bewährung sind also nicht erschließbar. Gemessen an den geologischen Gegebenheiten hat die Geschichte der staatlichen Ordnung kaum begonnen. Was sich allerdings feststellen läßt, ist, daß es Gemeinschaftsordnungen gegeben hat, die zwar wenig oder nichts zum Glück ihrer Menschen beigetragen haben, sich aber eines Jahrhunderte währenden Bestands rühmen konnten, was manchen als Maßstab ihrer Bewährung gelten mag.

Die derzeit bestehende Staats- und Regierungsordnung Großbritanniens, wie sie im vorstehenden Buch zu beschreiben versucht wurde, erfreut sich unter den zeitgenössischen eines, wie uns scheint, verdienten Ansehens. Sie ist auch — selbst wenn man ihr Geburtsdatum mit der Glorreichen Revolution von 1688 ansetzt statt, was zulässig wäre, ihre Inkubation bereits im Mittelalter zu erkennen — eine der standfestesten der abendländischen Geschichte, an Lebensdauer und Lebenszähigkeit etwa denjenigen der römischen Republik und der schweizerischen Eidgenossenschaft vergleichbar. Zudem ist das Inselvolk während der letzten dreihundert Jahre von wesentlichen, seinen Bestand und Zusammenhalt gefährdenden inneren Krisen bemerkenswert frei geblieben. Schließlich, die britische Nation hat unter dem, was als ihre Verfassung gilt, ein gewisses Maß allgemeinen Wohlstands erreicht, muß sich also in den Augen ihrer Bürger auch „bewährt“ haben. Es ist vielleicht kein Zufall, daß Jeremy Bentham, der das Schlagwort — ist es ein solches? — von der größten Glückseligkeit der größten Zahl geprägt hat, ein Engländer gewesen ist. England mag als die Probe auf sein Exempel gelten.

Was immer ihre Lücken, Fehler, Unterlassungen und Fehlleistungen gewesen sein mögen, die britische Staatsordnung hat es vermocht, den Rahmen zu bilden, innerhalb dessen der Einzelne sich nach seinen Kräften und Anlagen dem *pursuit of happiness* hingeben konnte. Bestanden zwischen den berechtigten Wünschen der Bürger und ihrer Verwirklichung Hindernisse, sahen sich die Machtträger und die sie tragenden Sozialkräfte veranlaßt, die Spannungen ohne Gewaltsamkeit zu vermindern und den Machtadressaten den ihnen gebührenden Anteil an der Gemeinschaftsgestaltung zu gewähren. Trotz der bis in die Gegenwart reichenden Klassenschichtung ist Großbritannien immer eine offene Gesellschaft gewesen.

An dieser Stelle die positiven Leistungen aufzuzählen, durch welche die Briten der westlichen und damit der gesamten Welt vorausgegangen sind, wäre eine zwecklose Wiederholung dessen, was unser Buch ausführlich geboten hat. Um es auf eine handliche Formel zu bringen, bestand ihre bahnbrechende Errungenschaft in der Etablierung einer im Parlament integrierten Führungsschicht mit dem Prime Minister und dem Kabinett als eigentlichen Machtzentren, in denen die jeweils maßgebenden Sozialkräfte und schließlich, mit der fortschreitenden Demokratisierung, der Volkswillen wirksam aktualisiert werden konnte. Die damit erzielte Regierungsweise, in gleicher Weise durch Elastizität und Stabilität ausgezeichnet, konnte nicht verfehlen, während mehrerer Jahrhunderte anderen Völkern als ihr politisches Leitbild zu dienen.

2. Die Kritik an den politischen Einrichtungen

Sollte allerdings unser Buch beim Leser den Eindruck erweckt haben, der britische Staatsbetrieb und die ihm dienenden und ihn tragenden Einrichtungen seien schlechthin mustergültig, so hätte es offenbar seinen Zweck verfehlt. Keineswegs ist bei der politischen Organisation Großbritanniens alles Gold, was glänzt, und vieles, allzuvieles, was einmal geglänzt haben mag, ist heute von einer Substanz umsponnen, die manchen als Patina wohlgefällig ist, von anderen aber als ein dem Gemeinwohl schädlicher Schimmel beklagt wird. Erfahrungsgemäß schließen sich in Zeiten des nationalen Notstands Machtträger und Machtadressaten nahtlos zu einer geeinten Nation zusammen, die an Opferbereitschaft und Leistungswillen zur Erhaltung der Gemeinschaftswerte von keiner anderen übertroffen wird. Stellt sich dann aber nachher, wie es bisher immer der Fall gewesen ist, wieder die sogenannte Normalität ein, wird das Neuland, dessen Umrisse sich während der Notzeit gezeigt hatten, nicht erschlossen und die Macht der Gewohnheit tritt wieder in ihre angestammten Rechte.

Stimmen der Kritik an den traditionellen öffentlichen Einrichtungen hat es zu allen Zeiten gegeben. Dafür sorgte schon unter dem Schutz der sich früher als anderswo entwickelnden Meinungsfreiheit die legitime Opposition. Schwollen sie derart an, daß sie von den die Regierung stellenden Sozialschichten nicht länger überhört werden konnten, kam es zu Reformen von oben, die dem Druck der öffentlichen Meinung von unten Rechnung trugen. Auch das gegenwärtige Wohlstandsklima, an dem die Massen in einem bisher nicht gekannten Umfang teilhaben, macht davon keine Ausnahme, wenn es sich auch nicht behaupten ließe, die kritische Einstellung habe sich zu einer reform-heischenden *malaise* verdichtet, die der Wohlfahrtsstaat ohnehin nicht aufkommen ließe.

Solange Labour in der Opposition war, machten sich die Intellektuellen der Partei zum berufenen Sprachrohr der Reformwünsche, deren gemeinsamer Nenner die Modernisierung des Regierungsbetriebs ist. Im Augenblick am lautstärksten sind die Liberalen, die es sich leisten können, weil sie keine Verantwortung zu übernehmen brauchen. Aber auch im konservativen Lager, vor allem bei der sich zusehends in den Vordergrund schiebenden Jungmannschaft, herrscht keineswegs eitel Zufriedenheit. Nicht genug damit: Ältere Staatsmänner aller Parteirichtungen, führende Zeitungen, darunter der allseits angesehene „Donnerer", die *Times*, und selbst kirchliche Würdenträger wie der Erzbischof von Canterbury lassen sich kritisch vernehmen. Keine der traditionellen Einrichtungen bleibt davon verschont. Unter Feuer liegt, wie dargestellt, nicht nur die Monarchie, sondern auch und gerade das Parlament. Auch die öffentliche Verwaltung und selbst die Gerichte werden unter die kritische Lupe genommen, gar nicht zu reden vom Wahlsystem, den politischen Parteien oder dem Oberhaus, wo selbst die Hoffnung auf eine Reform aufgegeben worden zu sein scheint. Am stärksten aber liegt das Unterhaus unter Beschuß[1]. Ihm wird vorgeworfen, es verschwende seine kostbare Zeit auf Belanglosigkeiten; viele Debatten seien zwecklos, weil ihr Ausgang abgekartet; das tägliche Wortgeplänkel zwischen Regierung und Opposition sei nur ein von keinem der Beteiligten ernst genommenes Schauspiel zur Ergötzung oder auch Verärgerung des Publikums; der Parteibetrieb der Wahlen bringe vorwiegend Mittelmäßigkeiten in die politische Berufslaufbahn; die Kontrolle des allmächtig gewordenen Whitehall durch die Commons sei eine Illusion. Und weiter: Die historische Zufälligkeit der Regierungsorganisation sei zur dringend gebotenen Wirtschaftsplanung völlig ungeeignet; der Machthunger der *Treasury* verschleiere ihre eigentliche Impotenz, verursacht durch die übermäßige Zentralisation.

Manchen der konkret gefaßten Reformwünsche kann die Berechtigung nicht abgesprochen werden. Man muß dabei allerdings berücksichtigen, daß ähnliche Fehlleistungen allen zeitgenössischen Repräsentativkörperschaften angekreidet werden, wie es bei den französischen Nationalversammlungen vor de Gaulle der Fall war und beim amerikanischen Kongreß noch der Fall ist. Manches Reformanliegen ist daher kein speziell britisches, sondern hat seine Ursache in der unabwendbaren Technisierung des öffentlichen Wesens, der weder durch einen Personalwechsel noch durch institutionelle Verbesserungen abzuhelfen ist.

Was aber die Situation in Großbritannien selbst angeht, so muß man bedenken, daß in einem so konservativen und traditionsgebundenen Land ein radikaler Bruch mit der Gewohnheit verabscheut wird. Die Uhren der Reform gehen dort eben langsamer als anderswo. Aus der Vergangenheit läßt sich belegen, daß oft Jahrzehnte vergingen, ehe die von den Liberalen angeregten Reformen schließlich von den Tories durchgeführt wurden. Die einzige Ausnahme bildete die echte Sozialrevolution,

[1] Vgl. die nützliche Zusammenstellung der Hansard Society, *Parliamentary Reform*, 1933—1960, London 1961 sowie die aufschlußreiche Spezialnummer über das Parlament des *Political Quarterly*, Vol. 36, No. 3 (Juli—Oktober 1965).

welche Labour nach dem letzten Krieg in einer einzigen Legislaturperiode verwirklichte und auch ihre Wurzeln lagen tief in der Vergangenheit. Auch seit der jüngsten Übernahme der Macht, die allerdings erst seit dem Wahlsieg von 1966 die begründete Chance einer vollen Legislaturperiode in sich schließt, will sich Labour programmatisch um eine Modernisierung des Staatsbetriebs bemühen, die, wenn überhaupt, erst in geraumer Zeit Frucht tragen könnte.

Allerdings, wenn es sich um Grundfragen handelt, hat das britische Volk immer gewußt, was die Stunde geschlagen hat; die freiwillige Auflösung des Weltreichs, für das man nur das immer fragwürdiger werdende *Commonwealth* hat einhandeln können, stellt ein großartiges Beispiel nationaler Entschlußfähigkeit dar.

Im allgemeinen aber waren und sind die Briten in ihren Reformbestrebungen zurückhaltender als andere Nationen. Das mag wohl vorwiegend auf das englische Temperament zurückzuführen sein. Als nationaler Charakterzug wird ihm das Beharrungsvermögen nachgesagt, das man aber getrost auch als Phlegma ansprechen kann. Eine Tugend in nationalen Notzeiten, kann es außerhalb derselben zum Nationallaster werden. Schon Theodor Fontane, ein einfühlungsfähiger Kenner und aufrichtiger Bewunderer Englands, konnte die Frage aufwerfen, „ob man nicht der Stetigkeit des englischen Charakters zuviel Ehre erwiesen und ununtersucht gelassen hat, wieviel an diesem praktischen Festhalten wirklich Weisheit und wieviel bloßes Kleben am alten gewesen ist“. Und im großen und ganzen gilt auch heute noch, was der viktorianische Geschichtsschreiber Macauley vor hundert Jahren von seinem Vaterland schreiben konnte:

„*To think nothing of symmetry and much of convenience; never to remove an anomaly merely because it is an anomaly; never to innovate except when some grievance is felt; never to innovate except to get rid of the grievance; never to lay down any proposition of wider extent that the particular case for which it is necessary to provide; these are the rules which have, from the age of John to the age of Victoria, generally guided the deliberations of our two hundred and fifty parliaments*“[1].

3. Das „Establishment“

Bei den vorstehend angedeuteten Problemen handelt es sich in der Hauptsache um Reformwünsche, die zu gegebener Zeit einer rationellen

[1] In freier Übersetzung: „Nichts auf Symmetrie zu geben und viel auf Bequemlichkeit; niemals eine Anomalie zu beseitigen allein deswegen, weil es eine Anomalie ist; niemals eine Neuerung einzuführen außer wenn sich eine Beschwernis geltend macht; niemals eine Neuerung einzuführen außer um die Beschwernis los zu werden; niemals eine Regelung vorzunehmen, welche über den speziellen Anlaß hinausgeht, um den man sich gerade kümmern muß: Dies sind die Regeln, welche vom Zeitalter Johns bis zum Zeitalter Victorias die Überlegungen unserer zweihundertundfünfzig Parlamente geleitet haben.“

Lösung wohl nicht unzugänglich sein könnten. Eine andere Richtung aber legt die kritische Sonde tiefer an und befaßt sich mit der Sozialstruktur des britischen Regierungswesens selbst. Die davon betroffene Situation wird gemeiniglich mit dem Ausdruck „*The Establishment*" bezeichnet. Der Sache nach uralt, ist das Wort selbst neuesten Datums[1]. Ganz abgesehen davon, daß der unbestimmte Begriff wissenschaftlicher Prägnanz ermangelt, ist es für den Außenstehenden kaum möglich, sich ein Urteil über dieses merkwürdige Phänomen zu bilden; aber die damit im Zusammenhang stehenden Erscheinungen sind massiv genug, um die Unterlage einer annähernden Beschreibung zu bilden.

Auf eine faßliche Formel gebracht, handelt es sich beim *Establishment* um jenen oligarchischen Personenkreis, der allein kraft gesellschaftlichen Herkommens einen Einfluß auf den Gang des politischen Prozesses ausübt, der aber in keinem Verhältnis zum Talent seiner Mitglieder oder der Bedeutung der von ihnen eingenommenen staatlichen Ämter oder ihrer wirtschaftlichen Potenz steht. Die heutige Macht dieser Gruppe, so wird gesagt, entstamme noch der Vormacht der Aristokratie im 18. Jahrhundert, als die aristokratischen Familien und die ihnen affiliierten Kreise das Oberhaus vollständig, die Commons großenteils beherrschten und ein Monopol in der Besetzung der oberen Gerichtsämter, der Generalität und der kirchlichen Würden mit ihren Mitgliedern und Günstlingen besaßen. Diese gesellschaftliche Oberschicht habe ihre Macht sich auch in der Zeit der Volldemokratisierung des öffentlichen Lebens erhalten können, übe sie allerdings nicht mehr offen, sondern dank ihres gesellschaftlichen Prestiges und Zusammenhalts anonym und indirekt, hinter den Kulissen aus. Es wird dabei unumwunden zugegeben, daß zwar die traditionellen Adelsfamilien nach wie vor den Kern des *Establishment* darstellen, es sich aber durch Heirat und andere Assimilationstechniken verjüngt und dadurch vor Erstarrung bewahrt habe.

In ihrer sozio-politischen Einstellung sei diese gesellschaftliche Oberschicht zwar grundsätzlich konservativ und traditionsgebunden, nicht aber auch notwendigerweise reaktionär oder fortschrittsfeindlich, vorausgesetzt der Fortschritt bedeute keine Verminderung ihrer Vorzugsstellung in der Gesellschaft und damit im Staat. Selbstverständlich gelte die Krone als ein Bestandteil des *Establishment*, ohne daß aber von ihr eine aktive Mitwirkung daran erwartet würde. Als ein wesentliches Mittel der gesellschaftlichen Zusammengehörigkeit würde die Erziehung in den vornehmen Privatinternaten der *public schools*, besonders in Eton und Harrow,

---

[1] Es wurde anscheinend erstmals 1955 von Henry Fairlie, einem politischen Journalisten, in der angesehenen Zeitschrift "*The Spectator*" im Zusammenhang mit der Spionageaffäre Burgess-Maclean verwendet, ist aber seither in die Umgangssprache eingegangen. Auf deutsch ist der Ausdruck vielleicht annähernd mit „die staatserhaltenden Kräfte" oder „die Leute, auf die es ankommt" wiederzugeben.

und das nachfolgende Studium an den alten Universitäten Oxford und Cambridge angesehen. Sie bilde das standesübliche Sprungbrett zu einer Parlamentslaufbahn und dem eventuellen Aufstieg in die eigentliche Führungsschicht der Regierung. Diese Ausbildung vermittle automatisch die für die Mitgliedschaft in der Gruppe unentbehrlichen Umgangsformen des Gentleman.

Der wirtschaftliche Hintergrund der Angehörigen dieser gesellschaftlichen Oberschicht ist schwer zu erfassen. Zugehörigkeit zu Familien, die sich ihren Großgrundbesitz erhalten konnten, zu solchen mit einer Militärtradition oder mit unabhängigem Einkommen, vor allem aber zur Bankwelt der City kommen in Betracht, letzteres, weil der Schutz des geheiligten Pfundes nur den gesellschaftlich qualifizierten Hohepriestern anvertraut werden könnte; aber ein erheblicher Bruchteil könne es sich leisten, auf einen Beruf zu verzichten, und begnüge sich mit dem gesellschaftlichen Status in der *leisure class*.

Soweit die Mythologie des *Etablishment*, die wohl wie alle Mythologien ihren realen Kern haben mag. Man muß sich dabei vor Augen halten, daß seit dem Ende des ersten Weltkriegs, mit Ausnahme einiger Jahre der unentschiedenen Koalitionsregierungen und des allerdings sehr entschiedenen Labour-Zwischenspiels, die Konservativen ununterbrochen an der Macht waren und wie jede an den Fleischtöpfen der Patronage sitzende Partei dafür gesorgt haben, daß ihre Anhänger und Freunde nicht zu kurz kamen. Das bedeutete, daß bei einer Ernennung zu einem lebenslänglichen Staatsamt oder auch zur Aufnahme in den Kreis der Regierung nicht immer Verdienst und Talent, sondern die „Beziehungen“ zur gesellschaftlichen Oberschicht zum Zug kamen. In der Tat waren die konservativen Kabinette der dreißiger Jahre und vor allem diejenigen der fünfziger nach dem Abgang von Labour so stark aristokratisch durchsetzt, daß es schwer fällt, die Existenz des *Establishment* zu leugnen. Damit soll nicht gesagt werden, daß das aristokratische Personal in den Regierungen nicht auch etwas von der dem Adel nachgerühmten Erbweisheit mitbekommen hätte. Daß die Rolle des *Establishment* innerhalb der Tory-Partei nicht zu unterschätzen ist, bewies das Funktionieren des „magischen Kreises“, dem die Prime Minister Eden, Macmillan und der Earl of Home ihre Investitur verdankten. Seltsamerweise ordnen sich auch die jüngeren aus den Mittelschichten stammenden Abgeordneten, wollen sie Karriere machen, dem Spiel der Beziehungen willig unter: von einer „Revolte“ der konservativen Hinterbänkler gegen die ihre Partei dirigierende gesellschaftlichen Drahtzieher hat man nichts vernommen.

Eine einigermaßen objektive Beurteilung des Phänomens des „*Establishment*“ stößt auf große Schwierigkeiten. An sich entbehrt die These nicht der Eingängigkeit. Sie mag für das viktorianische und selbst das edwardische Zeitalter Gültigkeit besessen haben, muß sich aber heute sehr erhebliche Vorbehalte gefallen lassen. Zumindest seit dem letzten Weltkrieg ist auch die überraschend lange stabil gebliebene englische Gesellschaft in Fluß geraten und im Umbruch begriffen. Von vereinzelten Ausnahmen abgesehen hat die Aristokratie längst aufgehört mit dem Reichtum identisch zu sein, mögen auch manche Wappenschilder durch günstige Heiraten neuen Goldglanz erhalten haben. Bürgerlicher Reichtum hat sich auch weitgehend der City bemächtigt. Am leitenden Personal des mächtigen *Civil Service* ist der Erbadel notorisch unbeteiligt. In den hohen Gerichtsämtern, die ausschließlich dem *barrister*-Stand entnommen werden, ist er kaum vertreten. Das gleiche gilt für die hohen Militärs und die Prälaten, welch letztere jetzt vorwiegend dem mittleren und sogar dem unteren Klerus entstammen. Höchstens der diplomatische Dienst kann nach wie vor als eine Domäne der gesellschaftlichen Oberschicht gelten. Die zunehmend wichtig gewordene akademische Laufbahn, vor allem die jetzt führenden Naturwissenschaften, hatte für die im *Establishment* angeblich verkörperte Schicht niemals Anziehungskraft besessen. Vor allem aber verdanken die neuen Technokraten, die Manager der großen Privatunternehmungen und der nationalisierten Industrien, vielfach ausgesprochene Außenseiter, ihre Stellung nur ihrem Talent und nicht irgendwelchen Beziehungen. Die als vornehm geltenden Internate werden seit einer Generation und länger vorwiegend von den bürgerlichen Mittelklassen frequentiert, die es sich leisten können. Vollends die alten Universitäten sind dank der Stipendien jetzt den Begabten aller Klassen frei zugänglich. Zum Eintritt in die *policy making*-Stellen des Kabinetts genügt es nicht mehr, ein Gentleman zu sein; dazu sind die fachlichen Anforderungen der Regierungsämter, auch wenn ihre Inhaber oft Dilettanten sind, viel zu anspruchsvoll geworden. Für die „Schnepfenjagd"-Aristokraten, welche die Witzblätter gern aufs Korn nehmen, ist angesichts der scharfen Konkurrenz talentierter Bewerber um die Regierungsämter überhaupt kein Raum mehr. Was immer die Rolle des *Establishment* früher bei der Investitur des konservativen Prime Ministers gewesen sein mag, auf die nunmehr eingeführte geheime Wahl des Parteiführers hatte es keinerlei Einfluß, keiner der Kandidaten gehörte ihm an und die Wahl von Edward Heath kann geradezu als Reaktion gegen die dirigierende Oberschicht ausgelegt werden.

Andererseits wäre es eine zu billige Erklärung einer zumindest historischen Erscheinung, das *Establishment* für einen imaginären Popanz zu halten, dem alles zur Last gelegt werden könnte, was am öffentlichen Wesen Großbritanniens Unzufriedenheit erregt. Wo Rauch ist, ist auch Feuer. Aber sein Griff auf die Patronage ist gelockert, sein Einfluß auf den politischen Prozeß geschrumpft. Um den Spuk endgültig zu bannen, bedürfte es allerdings einer längeren, mindestens zwei volle Legislaturperioden währenden Labour-Herrschaft, die die Bildung einer neuen

Honoratiorenschicht ermöglichen würde, wozu außerdem eine Verstärkung der im Gang befindlichen Erneuerung des konservativen Parlamentspersonals treten müßte.

4. Der Erfolg des britischen Regierungssystems

Wer die Gegenwart beschreibt, hat keinen Beruf, dem Propheten ins Handwerk zu pfuschen. Was er feststellen kann, ist, daß seit die Menschheit die Gabe der Selbstbeobachtung erlangt hat, der Flugsand der Geschichte rascher zu wehen scheint als vorher. Es ist also mehr als wahrscheinlich, daß auch das in England erprobte System des Parlamentarismus mit seiner Variante als Kabinettsregierung nur ein Übergangsstadium zu neuen, uns unbekannten politischen Gestaltungsformen darstellt.

Nicht minder unvoraussehbar ist das Schicksal Großbritanniens als Staat unter Staaten. Kann England seine verlorene Stellung als Weltmacht zurückgewinnen, indem es zum vitalen Mittelpunkt eines lebensfähigen *Commonwealth* wird, wofür einstweilen keine Anhaltspunkte bestehen? Wird sich das Inselreich mit dem Rang einer mittleren Macht begnügen, die, ein zweites Schweden mit vorbildlichen Wohlfahrtseinrichtungen, aber ohne Weltgeltung, am Rande des Kontinents verbleibt, oder wird es imstande sein, in einem Vereinigten Europa seiner Führungsmission treu zu bleiben? Was immer die Zukunft bringen mag, der Erfolg seines Regierungssystems wird auf lange Zeit Großbritanniens Ruhm bleiben.

Will man sich nun Rechenschaft darüber geben, was das Geheimnis dieses Erfolgs ausmacht, so wird man, sich von allem nationalpsychologischen Mystizismus freimachend, von der staatstheoretischen Grundtatsache ausgehen müssen, daß alle und jede Regierung oligarchisch ist. Die Entscheidungsmacht fällt zwangsläufig einer zahlenmäßig begrenzten Führungsschicht zu, die man je nach Geschmack und Neigung als Elite, *ruling class* oder sogar als *Establishment* bezeichnen kann. Sie mag sich heute aus Politikern, morgen aus Technokraten zusammensetzen. Das ist aber nur die halbe Wahrheit. Das von den Revolutionen des 17. und 18. Jahrhunderts vergossene Blut erkämpfte die Grundsätze der Freiheit und Gleichheit aller einzelnen Gemeinschaftsmitglieder, was wiederum bedingt, daß die Führungsschicht der Machtträger der ständigen und dabei effektiven Kontrolle der Machtadressaten unterstellt sein muß. Die entscheidende Manifestation dieser Kontrollfunktion ist aber die Auswechslung des Führungspersonals, wenn der bei den Wahlen zum Ausdruck gekommene Volkswillen es so haben will. Eine oligarchische Regierung ohne demokratische Verantwortung ist daher rechtsstaatlich unvorstellbar. Diese beiden Grundelemente der Regierung früher als andere Völker erkannt und ihnen nachgelebt zu haben, macht das wesentliche Verdienst der britischen Regierungsweise aus.

Man kann sogar noch einen Schritt weitergehen. Dieses friedliche Wechselspiel zwischen Machtträgern und Machtadressaten stellt sich erst auf einer Stufe der staatlichen Entwicklung ein, auf der einerseits die jeweiligen Machtträger durch Erfahrung ihren Machtwillen zu zähmen gelernt haben, die Machtadressaten andererseits sich der Verantwortung ihrer Kontrollfunktion bewußt geworden sind. Beide Haltungen setzen aber eine verhältnismäßig hohe Stufe der politischen Reife voraus, die sich eben in England gleichfalls früher als bei seinen kontinentalen Nachbarn vielleicht deswegen eingestellt hatte, weil die britische Flotte dem englischen Volk die Möglichkeit dazu verschaffte. Mit Recht konnte daher der hervorragende englische Historiker Sir Lewis Namier schreiben: „*Liberty is the fruit of slow growth in a stable society.*"

Alle diese Voraussetzungen für den Erfolg ihrer Regierungsweise scheinen bei der britischen Nation glückhaft zusammengetroffen zu sein: Eine sich ständig erneuernde, für ihren politischen Beruf erzogene Führungsschicht, die sich im Parlament integriert; das die Massen durchdringende, gleichfalls anerzogene Bewußtsein der Wichtigkeit ihrer Kontrollfunktion gegenüber der Führungsschicht; der Konsensus von Machtträgern und Machtadressaten hinsichtlich der Grundwerte der gemeinsamen staatlichen Existenz; die Entwicklung von Einrichtungen und Techniken, welche für die Ausübung dieser Funktionen erforderlich sind; und schließlich, eben wegen der Übereinstimmung über die Grundlagen, das Fehlen von den Gemeinschaftszusammenhalt bedrohenden inneren Krisen. Vor allem aber ist es die Anpassungsfähigkeit ihrer politischen Einrichtungen — ihrerseits ein Ergebnis der britischen Geschichte—, die es den Engländern auch in ungewisser Zukunft gestatten wird, den Anforderungen der sich sichtbar bildenden neuen Gesellschaft unter Aufrechterhaltung ihrer rechtsstaatlichen Tradition gerecht zu werden. In einer Zeit, für die es charakteristisch zu sein scheint, daß die konstitutionelle Demokratie in die Defensive gedrängt wird, und daß sich anderwärts die uniformierten Abenteurer der politischen Bühne mit illegitimer Gewaltsamkeit bemächtigen, ist dies kein geringes Verdienst Großbritanniens um die Erhaltung der menschlichen Gesittung.

Anhänge

A. Englische Monarchen 1066 bis 1966

Normannische Dynastie	William I. (der Eroberer)	1066–1087
	William II. (Rufus)	1087–1100
	Henry I.	1100–1135
	Stephen	1135–1154
Dynastie Plantagenet	Henry II.	1154–1189
	Richard I. (Löwenherz)	1189–1199
	John („ohne Land“)	1199–1216
	Henry III.	1216–1272
	Edward I. (der Bekenner)	1272–1307
	Edward II.	1307–1327
	Edward III.	1327–1377
	Richard II.	1377–1399
Dynastie Lancaster	Henry IV.	1399–1413
	Henry V.	1413–1422
	Henry VI.	1422–1461
Dynastie York	Edward IV.	1461–1485
Dynastie Tudor	Henry VII.	1485–1509
	Henry VIII.	1509–1547
	Edward VI.	1547–1553
	Mary	1553–1558
	Elizabeth (I.)	1558–1603
Dynastie Stuart	James I.	1603–1625
	Charles I.	1625–1649
	Charles II.	1660–1685
	James II.	1685–1688
Dynastie Oranien	William III. und Mary	1689–1694
	William III.	1694–1702
	Anne	1702–1714
Dynastie Hannover	George I.	1714–1727
	George II.	1727–1760
	George III.	1760–1820
	George IV.	1820–1830
	William IV.	1830–1837

Haus Sachsen-Koburg-Gotha

	Victoria	1837–1901
	Edward VII.	1901–1910
Haus Windsor (seit 1917)	George V.	1910–1936
	Edward VIII.	1936
	George VI.	1936–1951
	Elizabeth II.	1951–
Haus Windsor-Mountbatten		(seit 1960)

B. Ergebnisse der Generalwahlen 1922 bis 1966

Jahr	Zahl der Sitze					Prozentsatz der Wählerstimmen				Regierung
	Total	Cons.	Lib.	Labour	Andere	Cons.	Lib.	Labour	Andere	
1922	615	346	115	142	12	38.2	29.1	29.5	3.2	Cons.
1923	615	258	159	191	7	38.1	29.6	30.5	1.8	Labour
1924	615	419	40	151	5	48.3	17.6	33.0	1.1	Cons.
1929	615	260	59	288	8	38.2	23.4	37.0	1.4	Labour
1931	615	521	37	52	5	—67.1—		30.7	2.2	Coalition
1935	615	431	21	154	9	53.6	6.6	37.8	2.0	Cons.
1945	640	212	12	394	22	39.8	9.0	47.8	3.4	Labour
1950	625	298	9	315	3	43.5	9.1	46.1	1.3	Labour
1951	625	321	6	295	3	48.0	2.6	48.8	0.6	Cons.
1955	630	345	6	277	2	49.7	2.7	46.4	1.2	Cons.
1959	630	365	6	258	1	49.3	5.9	43.9	0.9	Cons.
1964	630	304	9	317	0	43.4	11.2	44.1	0.2	Labour
1966	630	253	12	363	2*	41,9	8,5	47,9	1,7	Labour

* Republican Labour (Ulster): 1; Speaker (parteilos): 1.

C. Parteizugehörigkeit der britischen Regierungen 1721 bis 1966

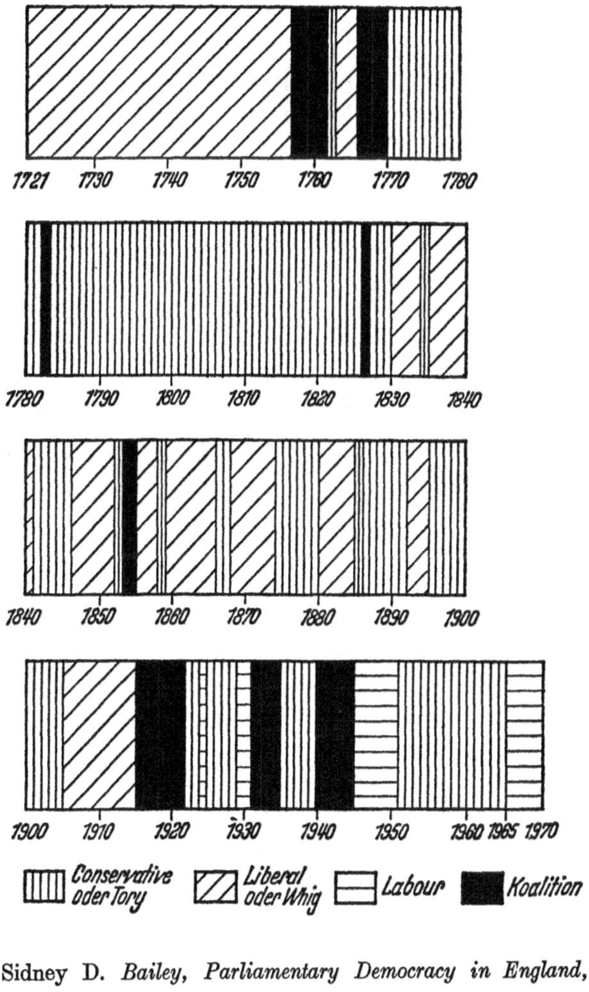

Quelle: Sidney D. *Bailey*, *Parliamentary Democracy in England*, 2nd ed., Boston 1962.

D. Britische Prime Minister 1721 bis 1966

1721–1742	Sir Robert Walpole	
1742–1743	Lord John Carteret	
1743–1754	Henry Pelham	
1754–1756	Duke of Newcastle	(erste Regierung)
1756–1757	Duke of Devonshire (William Pitt, secretary of state)	
1757–1761	Duke of Newcastle (William Pitt, secretary of state)	(zweite Regierung)
1761–1763	Earl of Bute	
1763–1765	George Grenville	
1765–1766	Marquis of Rockingham	(erste Regierung)
1766–1770	Duke of Grafton	
1770–1782	Lord Frederick North	
1782 (März–Juli)	Marquis of Rockingsham	(zweite Regierung)
1782–1783	Earl of Shelburne	
1783 (April–Dez.)	Duke of Portland	(erste Regierung)
1783–1801	William Pitt	(erste Regierung)
1801–1804	Henry Addington	
1804–1806	William Pitt	(zweite Regierung)
1806–1807	Lord William Grenville	
1807–1809	Duke of Portland	(zweite Regierung)
1809–1812	Spencer Perceval	
1812–1827	Earl of Liverpool	
1827 (April–Aug.)	George Canning	
1827–1828	Viscount Goderich	
1828–1830	Duke of Wellington	
1830–1834	Earl Grey	
1834 (Juli–Nov.)	Viscount Melbourne	(erste Regierung)
1834–1835	Sir Robert Peel	(erste Regierung)
1835–1841	Viscount Melbourne	(zweite Regierung)
1841–1846	Sir Robert Peel	(zweite Regierung)
1846–1852	Lord John Russell	(erste Regierung)
1852 (Febr.–Dez.)	Earl of Derby	(erste Regierung)
1852–1855	Earl of Aberdeen	
1855–1858	Viscount Palmerston	(erste Regierung)
1858–1859	Earl of Derby	(zweite Regierung)
1859–1865	Viscount Palmerston	(zweite Regierung)
1865–1866	Lord John Russell	(zweite Regierung)
1866–1868	Earl of Derby	(dritte Regierung)
1868 (Febr.–Dez.)	Benjamin Disraeli	(erste Regierung)

1868–1874	William E. Gladstone	(erste Regierung)
1874–1880	Benjamin Disraeli	(zweite Regierung)
1880–1885	William E. Gladstone	(zweite Regierung)
1885–1886	Marquis of Salisbury	(erste Regierung)
1886 (Febr.–Juli)	William E. Gladstone	(dritte Regierung)
1886–1892	Marquis of Salisbury	(zweite Regierung)
1892–1894	William E. Gladstone	(vierte Regierung)
1894–1895	Earl of Rosebery	
1895–1902	Marquis of Salisbury	(dritte Regierung)
1902–1905	Arthur J. Balfour	
1905–1908	Sir Henry Campbell-Bannerman	
1908–1916	Herbert H. Asquith	
1916–1919	David Lloyd George	(erste Regierung)
1919–1922	David Lloyd George	(zweite Regierung)
1922–1923	Andrew Bonar Law	
1923–1924	Stanley Baldwin	(erste Regierung)
1924 (Jan.–Nov.)	J. Ramsay MacDonald	(erste Regierung)
1924–1929	Stanley Baldwin	(zweite Regierung)
1929–1931	J. Ramsay Mac Donald	(zweite Regierung)
1931–1935	J. Ramsay MacDonald	(dritte Regierung)
1935–1937	Stanley Baldwin	(dritte Regierung)
1937–1940	Neville Chamberlain	
1940–1945	Winston Churchill	(erste Regierung)
1945–1951	Clement Attlee	
1951–1955	Winston Churchill	(zweite Regierung)
1955–1957	Anthony Eden	
1957–1963	Harold Macmillan	
1963–1964	Sir Alec Douglas-Home	
1964–	Harold Wilson	

E. Ämter und Personal der Regierung Wilson 1964

Her Majesty's Government

Complete List of Ministers and Offices

Quelle: *The Times House of Commons*, London 1964, S. 4—9.

The Cabinet

Prime Minister and First Lord of the Treasury	Mr. Harold Wilson
First Secretary of State and Minister for Economic Affairs	Mr. George Brown
Secretary of State for Foreign Affairs	Mr. Gordon Walker
Lord President of the Council and Leader of the House of Commons	Mr. Herbert Bowden
Lord Chancellor	Lord Gardiner
Chancellor of the Exchequer	Mr. James Callaghan
Secretary of State for Defence	Mr. Denis Healey
Home Secretary	Sir Frank Soskice
Secretary of State for Commonwealth Relations	Mr. Arthur Bottomley
Secretary of State for Scotland	Mr. William Ross
Secretary of State for Wales	Mr. James Griffiths
Secretary of State for Colonial Affairs	Mr. Anthony Greenwood
President of the Board of Trade	Mr. Douglas Jay
Lord Privy Seal and Leader of the House of Lords	The Earl of Longford
Secretary of State for Education and Science	Mr. Michael Stewart
Minister of Housing and Local Government	Mr. Richard Crossman
Chancellor of the Duchy of Lancaster	Mr. Douglas Houghton
Minister of Labour	Mr. Ray Gunter
Minister of Technology	Mr. Frank Cousins
Minister of Agriculture, Fisheries and Food	Mr. Frederick Peart
Minister of Power	Mr. Frederick Lee
Minister of Transport	Mr. Thomas Fraser
Minister of Overseas Development	Mrs. Barbara Castle

Ministers not in the Cabinet

Minister of Aviation	Mr. Roy Jenkins
Minister of Pensions and National Insurance	Miss Margaret Herbison
Minister of Health	Mr. Kenneth Robinson
Minister of Public Building and Works	Mr. Charles Pannell

Paymaster-General	Mr. GEORGE WIGG
Postmaster-General	Mr. A. WEDGWOOD BENN
Minister of Land and Natural Resources	Mr. FREDERICK WILLEY
Minister of State for Foreign Affairs (UK Representative at United Nations)	Sir HUGH FOOT
Minister of State for Foreign Affairs (Disarmament)	Mr. A. GWYNNE-JONES
Deputy Secretary of State for Defence and Minister of Defence for the Army	Mr. FREDERICK MULLEY
Minister without Portfolio	Mr. ERIC FLETCHER
Economic Secretary to the Treasury	Mr. ANTHONY CROSLAND
Minister of State, Department of Education and Science	Lord BOWDEN
Minister of Defence for the Royal Air Force	Lord SHACKLETON
Minister of State, Foreign Office	Mr. GEORGE THOMSON
Minister of State, Foreign Office	Mr. WALTER PADLEY
Minister of State, Commonwealth Relations Office	Mr. CLEDWYN HUGHES
Minister of Defence for the Royal Navy	Mr. CHRISTOPHER MAYHEW
Minister of State, Home Office	Miss ALICE BACON
Attorney General	Mr. F. ELWYN JONES
Solicitor General	Mr. DINGLE FOOT

Departments of State and Ministers

Agriculture, Fisheries and Food

Minister	Mr. FREDERICK PEART
Parliamentary Secretary	Mr. JOHN MACKIE
Parliamentary Secretary	Mr. JAMES HOY

Aviation

Minister	Mr. ROY JENKINS
Parliamentary Secretary	Mr. JOHN STONEHOUSE

Colonial Office

Secretary of State	Mr. ANTHONY GREENWOOD
Parliamentary Secretary	Mrs. EIRENE WHITE
Parliamentary Secretary	Lord TAYLOR

Commonwealth Relations

Secretary of State	Mr. ARTHUR BOTTOMLEY
Minister of State	Mr. CLEDWYN HUGHES
Parliamentary Secretary	Lord TAYLOR

Defence

Secretary of State	Mr. Denis Healey
Deputy Secretary of State, and Minister of Defence for the Army	Mr. Frederick Mulley
Minister of Defence for the Royal Navy . .	Mr. Christopher Mayhew
Minister of Defence for the Royal Air Force	Lord Shackleton
Under-Secretary of Defence for the Royal Navy	Mr. J. P. W. Mallalieu
Under-Secretary of Defence for the Army .	Mr. Gerald Reynolds
Under Secretary of Defence for the Royal Air Force	Mr. Bruce Millan

Duchy of Lancaster

Chancellor.	Mr. Douglas Houghton

Economic Affairs

First Secretary of State and Minister for Economic Affairs.	Mr. George Brown
Under-Secretaries.	Mr. Maurice Foley
	Mr. William Rodgers

Education and Science

Secretary of State	Mr. Michael Stewart
Ministers of State.	Lord Bowden
	Mr. Reginald Prentice
Under-Secretaries.	Mr. James Boyden
	Mr. Denis Howell

Foreign Office

Secretary of State	Mr. P. Gordon Walker
Minister of State (and Permanent UK Representative at United Nations)	Sir Hugh Foot
Ministers of State.	Mr. George Thomson
	Mr. Walter Padley
Under-Secretary	Lord Walston

Health

Minister.	Mr. Kenneth Robinson
Parliamentary Secretary.	Sir Barnett Stross

Home Office

Secretary of State	Sir Frank Soskice
Minister of State	Miss Alice Bacon
Under-Secretaries.	Lord Stonham
	Mr. George Thomas

Housing and Local Government	
Minister	Mr. Richard Crossman
Parliamentary Secretaries	Mr. Robert Mellish
	Mr. James MacColl
Labour	
Minister	Mr. Ray Gunter
Parliamentary Secretaries	Mr. Richard Marsh
	Mr. Ernest Thornton
Land and Natural Resources	
Minister	Mr. Frederick Willey
Parliamentary Secretaries	Lord Mitchison
	Mr. Arthur Skeffington
Law Officers	
Attorney-General	Mr. F. Elwyn Jones
Solicitor-General	Mr. Dingle Foot
Lord Advocate	Mr. Gordon Stott
Solicitor-General for Scotland	Mr. James Leechman
Lord Chancellor	Lord Gardiner
Lord President of the Council and Leader of the House of Commons	Mr. Herbert Bowden
Lord Privy Seal and Leader of the House of Lords	The Earl of Longford
Minister without Portfolio and Deputy Leader of the House of Lords	Lord Champion
Minister without Portfolio	Mr. Eric Fletcher
Overseas Development	
Minister	Mrs. Barbara Castle
Parliamentary Secretary	Mr. Albert Oram
Paymaster-General	Mr. George Wigg
Pensions and National Insurance	
Minister	Miss Margaret Herbison
Parliamentary Secretaries	Mr. Harold Davies
	Mr. Norman Pentland
Post Office	
Postmaster-General	Mr. A. Wedgwood Benn
Assistant Postmaster-General	Mr. Joseph Slater

Power

Minister. . . . . Mr. FREDERICK LEE
Parliamentary Secretary. . . . . Mr. JOHN MORRIS

Public Building and Works

Minister. . . . . Mr. CHARLES PANNELL
Parliamentary Secretary. . . . . Miss JENNIE LEE

Scottish Office

Secretary of State . . . . Mr. WILLIAM ROSS
Minister of State. . . . . Mr. GEORGE WILLIS
Under-Secretaries. . . . . Mrs. JUDITH HART
Lord HUGHES
Dr. DICKSON MABON

Technology

Minister. . . . . Mr. FRANK COUSINS
Parliamentary Secretary. . . . . Sir CHARLES SNOW

Trade, Board of

President . . . . Mr. DOUGLAS JAY
Ministers of State. . . . . Mr. GEORGE DARLING
Mr. EDWARD REDHEAD
Mr. ROY MASON
Parliamentary Secretary. . . . . Lord RHODES

Transport

Minister. . . . . Mr. THOMAS FRASER
Parliamentary Secretaries . . . . Lord LINDGREN
Mr. STEPHEN SWINGLER

Treasury

Prime Minister and First Lord of the
Treasury . . . . Mr. HAROLD WILSON
Chancellor of the Exchequer. . . . . Mr. JAMES CALLAGHAN
Chief Secretary. . . . . Mr. JOHN DIAMOND
Parliamentary Secretary. . . . . Mr. EDWARD SHORT
Economic Secretary. . . . . Mr. ANTHONY CROSLAND
Financial Secretary. . . . . Mr. NIALL MACDERMOT
Lords Commissioners . . . . Mr. GEORGE ROGERS
Mr. GEORGE LAWSON
Mr. JOHN MCCANN
Mr. IFOR DAVIES
Mrs. HARRIET SLATER

Welsh Affairs

Secretary of State . . . . Mr. James Griffiths
Minister of State . . . . Mr. Goronwy Roberts
Under-Secretary . . . . Mr. Harold Finch

Her Majesty's Household

Treasurer . . . . Mr. Sydney Irving
Comptroller . . . . Mr. Charles Grey
Vice-Chamberlain. . . . . Mr. William Whitlock
Captain, Gentlemen-at-Arms. . . . . . . Lord Shepherd
Captain Yeoman of the Guard
Lords-in-Waiting . . . . Lord Hobson

Schrifttum

Vorbemerkung

Von jeher haben die Engländer auf die Beschreibung ihrer Staatseinrichtungen stolzen Wert gelegt; sie reicht mit Henry de Bracton und John Fortescue bis tief ins Mittelalter zurück und begleitet seither jede Phase der englischen Verfassungsentwicklung. Sie fand auch ihren dauernden Niederschlag in den Beiträgen englischer Denker zur Staatstheorie und Staatsphilosophie, von Edward Coke über Hobbes, Milton und Locke zu Burke, Bentham und Mill bis in die Gegenwart. Auch für das Ausland bot England stets eine schier unerschöpfliche Quelle der Anregung des heimischen Reformwillens; es sei nur an Montesquieu, DeLolme, die französische Revolution und den europäischen Liberalismus erinnert. Auch in Deutschland wurde den englischen Einrichtungen als einem politischen Vorbild zumindest seit einem Jahrhundert große Aufmerksamkeit gewidmet. Seit dem Ende des zweiten Weltkriegs hat sie sich begreiflicherweise außerordentlich verstärkt, nunmehr mit der durchaus konkreten Zielsetzung, aus der britischen Erfahrung den Geist und die Technik der demokratischen Staatsgestaltung zu lernen.

Die Literatur über die englischen Staatseinrichtungen und ihre politische Handhabung ist also im wörtlichsten Sinn unübersehbar. Die folgende Zusammenstellung, angeordnet nach den dem Einteilungsschema des Buches entsprechenden Sachgebieten, kann daher nicht mehr als eine begrenzte Auswahl bieten; sie dürfte aber wohl ausreichend sein, den allgemeinen Leser auf die hauptsächlichsten Informationsquellen zu verweisen und auch dem Interessenten den Zugang zu Spezialstudien zu erleichtern.

Die Mehrzahl der aufgeführten Werke enthält ihrerseits nützliche Bibliographien. Für den Stoff des Buches sei aber insbesondere auf die umfassende Zusammenstellung von John Palmer verwiesen: *Government and Parliament in Britain*, A *Bibliography*, Hansard Society for Parliamentary Government, London 1960, Neuauflage 1965.

Ein ausführliches, sich insbesondere auch auf die verschiedenen Verwaltungszweige und die Wirtschaft erstreckendes Schrifttumsverzeichnis findet sich ferner in *Britain, An Official Handbook*, herausgegeben vom Central Office of Information, H. M. Stationary Office, London, Jahrgang 1964, S. 531–550.

Die Mithilfe von Herrn Diplom-Politologen Peter Hübner, Freie Universität Berlin, an der folgenden Zusammenstellung des Schrifttums sei auch an dieser Stelle bedankt.

Einschlägige Veröffentlichungen des Verfassers:

Das Problem des Föderalismus in Großbritannien. Annalen des Deutschen Reichs 1921/22, S. 593ff.

Die britischen Parlamentswahlen im November 1922. München 1923.

Zur Soziologie der parlamentarischen Repräsentation in England vor der ersten Reformbill. In: Erinnerungsgabe für Max Weber. München 1923, S. 85ff.

Zur Soziologie der parlamentarischen Repräsentation in England nach der Großen Reform: Das Zeitalter der Parlamentssouveränität 1832—1867. Archiv für Sozialwissenschaft und Sozialpolitik, Bd. 51 (1924), S. 714ff. Neudruck der beiden letzterwähnten Aufsätze in: KARL LOEWENSTEIN: Beiträge zur Staatssoziologie. Tübingen 1961, S. 34ff. und S. 65ff.

Minderheitsregierung in Großbritannien. München 1925.

Das heutige Verfassungsrecht des britischen Weltreichs. Jahrbuch des öffentlichen Rechts, Bd. XIII (1925), S. 404ff.

Die Magna Charta des britischen Weltreichs. Archiv des öffentlichen Rechts, N.F., Bd. 12 (1927), S. 255ff.

Verfassungsleben in Großbritannien 1924—1932. Jahrbuch des öffentlichen Rechts, Bd. XX (1932), S. 195ff.

Der britische Parlamentarismus, Entstehung und Gestalt. Rowohlts Deutsche Enzyklopädie, Reinbek bei Hamburg 1964.

Die Investitur des britischen Prime Ministers. In: Die moderne Demokratie und ihr Recht II. Festschrift für G. Leibholz. Tübingen 1966, S. 827 ff.

L'Investiture du Premier Ministre Britannique. Revue de Droit Public et de Science Politique, Paris 1966/67.

Schrifttum für die im Band I behandelten Materien

I. Verfassungsgeschichte

a) englisch

ADAMS, GEORGE B.: Constitutional History of England. London 1935.

CHRIMES, S. B.: English Constitutional History. Oxford 1953.

COBBETT, WILLIAM: Parliamentary History of England from the Norman Conquest in 1066 to the Year 1803. 36 Vols. London 1806—1820.

COSTIN, W. C., and J. S. WATSON: The Law and Working of the Constitution. Documents 1660—1914, 2. Vol., 2nd ed., London 1961—1964.

FOORD, ARCHIBALD S.: His Majesty's Opposition 1714—1830. Oxford (Clarendon Pr.) 1964.

GOUGH, J. W.: Fundamental Law in English Constitutional History. London 1958.

HALLAM, HENRY: Constitutional History of England from the Accession of Henry VII to the Death of George II 2. Vols. London 1827.

HOLDSWORTH, Sir WILLIAM SEARLE: A History of English Law. 12 Vols. London 1903—1938.

HOLT, J. C.: Magna Carta. New York 1965.

KEIR, DAVID LINDSAY: The Constitutional History of Modern Britain since 1485. 7th ed. London 1964.

KEITH, BERRIEDALE A.: The Constitution of England from Queen Victoria to George VI. 2 Vols. London 1940.

LE MAY, G. H. L.: British Government 1914—1953. Select Documents. London 1955.

MACDONAGH, MICHAEL: The English King — A Study of the Monarchy and the Royal Family, Historical, Constitutional and Social. London 1929.

MAITLAND, F. W.: Constitutional History of England. Cambridge 1961.

MARSHALL, G., and G. MOODIE: Some Problems of the Constitution. 2nd ed. London 1961.

MAY, Sir THOMAS ERSKINE: The Constitutional History of England since the Accession of George III. 3 Vols. London 1912 (s. a. deutsch).

McILWAIN, CHARLES HOWARD: The High Court of Parliament and its Sovereignty. New Haven 1910.

NAMIER, Sir LEWIS: Monarchy and the Party System. Oxford 1952.

NAMIER, Sir LEWIS, and JOHN BROOKE: The House of Commons 1754—1790. 3 Vols. London 1964.

NEALE, JOHN ERNEST: The Elizabethan House of Commons. London 1949.

PIKE, L. O.: A Constitutional History of the House of Lords. London 1894.

PLUCKNETT, THEO F. T.: Taswell-Langmead's English Constitutional History. 11th ed. London 1960.

POLLARD, ALBERT F.: The Evolution of Parliament. 2nd. ed. London 1926.

PORRITT, E.: The Unreformed House of Commons. 2 Vols. Cambridge 1903.

RIESS, CARL: The History of the English Electoral Law in the Middle Ages. Cambridge 1940.

SPEARMAN, DIANA: Democracy in England. London 1957.

STEPHENSON, CARL, and FR. GEORGE MARCHAM: Sources of English Constitutional History. New York and London 1937.

TREVELYAN, G. M.: The Two-Party System in English Political History. Oxford 1926.

WOODWARD, E. L.: The Age of Reform 1815—1870. Oxford 1938, Neudruck 1954.

b) deutsch

BERNSTEIN, ED.: Sozialismus und Demokratie in der großen englischen Revolution. Stuttgart 1908.

FRIEDE, DIETER: England, Geschichte seiner Demokratie. Berlin 1948.

GNEIST, RUDOLPH: Das englische Parlament in tausendjähriger Wandlung vom 9. bis zum 19. Jahrhundert. Berlin 1886.

GNEIST, RUDOLPH: Englische Verfassungsgeschichte. Berlin 1866.

GUTTMANN, BERNHARD: England im Zeitalter der bürgerlichen Reform. Stuttgart-Leipzig-Berlin 1923.

HATSCHEK, JULIUS: Englische Verfassungsgeschichte bis zum Regierungsantritt der Königin Viktoria. München-Berlin 1913.

May, Sir THOMAS ERSKINE: Die Verfassungsgeschichte Englands seit der Thronbesteigung Georgs III 1760—1860. Leipzig 1862—1864.

REDLICH, JOSEF: Recht und Technik des englischen Parlamentarismus. Die Geschäftsordnung des House of Commons in ihrer geschichtlichen Entwicklung und gegenwärtigen Gestalt. Leipzig 1905.

RITTER, GERHARD A.: Deutscher und britischer Parlamentarismus — Ein verfassungsgeschichtlicher Vergleich. Tübingen 1962.

ROTHSCHILD, WALTHER: Der Gedanke der geschriebenen Verfassung in der englischen Revolution. Tübingen und Leipzig 1903.

II. Allgemeine Werke

1a) Staats- und Verfassungsrecht

DICEY, A. V.: Introduction to the Study of the Law of the Constitution. 10th ed. London 1959.

EDWARDS, J. LL. J.: Law Officers of the Crown. London 1964.

HAMSON, C. J.: Executive Discretion and Judicial Control. London 1954.
JENNINGS, Sir IVOR: The Law and the Constitution. 5th ed. London 1959.
KEIR, D., and F. H. LAWSON: Cases in Constitutional Law. 4th revised ed. Oxford 1954.
LAWSON, F. H., and D. J. BENTLEY: Constitutional and Administrative Law. London 1961.
MITCHELL, C. D. B.: Constitutional Law. Edinburgh 1964.
PHILLIPS, O. HOOD: Constitutional and Administrative Law. 3rd ed. London 1962.
PHILLIPS, O. HOOD: Leading Cases in Constitutional Law. 2nd ed. London 1957.
SCHWARTZ, BERNARD: Law and the Executive in Britain. Cambridge 1949.
WADE, E. C. S., and G. S. PHILLIPS: Constitutional Law. 7th ed. London 1965.
WHEARE, K. C.: Government by Committee — An Essay on the British Constitution. Oxford 1955.
WHEARE, K. C.: Modern Constitutions. Oxford 1960.
WILSON, GEOFFREY: Cases and Materials on Constitutional and Administrative Law. Cambridge 1966.
YARDLEY, D. C. M.: Introduction to British Constitutional Law. 2nd ed. London 1964.

1b) Verwaltungsrecht

ALLEN, C. KEMP: Administrative Jurisdiction. London 1956.
DE SMITH, S. A.: Judicial Review of Administrative Action. London 1959.
FOULKES, F.: Introduction to Administrative Law. London 1964.
GARNER, J. F.: Administrative Law. London 1963.
GRIFFITH, J. A. G., and H. STREET: Principles of Administrative Law. 3rd revised ed. London 1963.
ROBSON, W. A.: Justice and Administrative Law. 3rd ed., London 1951.
WADE, H. W. R.: Administrative Law. Oxford 1961.
YARDLEY, D. C. M.: Source Book of English Administrative Law. London 1963.

2. Allgemeine Darstellungen des britischen Regierungssystems

a) englisch

AMERY, L. S.: Thoughts on the Constitution. 2nd ed. Oxford 1953.
ANSON, Sir WILLIAM: The Law and Custom of the Constitution. 2 Vols. Oxford 1922 u. 1935.
BAGEHOT, WALTER: The English Constitution. ed. and intr. by H. S. CROSSMAN, Fontana Library, London 1964.
BAILEY, S. D.: British Parliamentary Democracy. Boston 1958, 2nd. ed. 1962.
BEER, SAMUEL H.: British Politics in the Collectivist Age. New York 1965.
BIRCH, A. H.: Representative and Responsible Government. An essay on the British Constitution. London 1964.
BRYCE, JAMES: Modern Democracies. 2 Vols. London 1921.
BUTLER, D. E., and J. FREEMAN: British Political Facts, 1900—1960. London 1963.
CAMPION, Sir GILBERT: British Government since 1918. London 1950.
CARTER, GWENDOLEN M.: The Government of the United Kingdom. New York 1962.
Central Office of Information: Britain — An Official Handbook. published annually.
CLARKE, JOHN C.: Outline of Central Government Including the Judicial System of England. 13th ed. London 1962.

CHAPMAN, B.: British Government Observed. London 1963.
DERRY, T. K.: The United Kingdom — A Survey of British Institutions Today. London 1962.
EMDEN, C. S.: The People and the Constitution. 2nd ed. Oxford 1956.
EVANS, R. H.: Government. London 1964.
FINER, HERMAN: The Major Governments of Modern Europe. Evanston, Ill. and Elmsford, N. Y. 1960.
GREAVES, H. R. G.: The British Constitution. 3rd ed. London 1955 (s. a. deutsch).
GUTTSMAN, W. L.: The British Political Elite. London 1963.
HARRISON, W.: The Government of Britain. 7th ed. London 1961.
HAVIGHURST, ALFRED F.: Twentieth Century Britain. Evanston, Ill. 1962, 2nd ed. 1966.
JENNINGS, Sir IVOR: The British Constitution. 4th ed. Cambridge 1961 (s. a. deutsch).
JENNINGS, Sir IVOR: The Queen's Government. London 1954.
LASKI, H. J.: Parliamentary Government in England. London 1938.
LASKI, H. J.: Reflections on the Constitution. Manchester 1951.
LOWELL, LAWRENCE A.: The Government of England. 2 Vols. New York 1912 (s. a. deutsch).
MATHIOT, ANDRÉ: The British Political System. London 1958.
MORRISON of LAMBETH, Baron: Government and Parliament — A Survey from the Inside. 2nd ed. Oxford 1960 (s. a. deutsch).
PLASKITT, H., and P. JORDAN: Government of Britain. 8th ed. London 1963.
ROSE, RICHARD: Politics in England. Boston 1964.
ROSE, RICHARD (ed.): Studies in British Politics. A Reader on Political Sociology. London-New York 1966.
SAMPSON, ANTHONY: Anatomy of Britain. London 1962, 2nd ed. 1965 (s. a. deutsch).
STEWART, MICHAEL: The British Approach to Politics. 4th ed. London 1961.
STOUT, H. M.: British Government Oxford 1953.
THOMAS, HUGH (Ed.): The Establishment. London 1959.
WILSON, NORMAN: The British System of Government. London 1963.

b) deutsch

ABSHAGEN, KARL HEINZ: Europas große Insel — England am Ende der imperialen Epoche. Stuttgart 1960.
BARKER, ERNEST: Das britische Regierungssystem. In: Gußformen der Gesellschaft (hrsg. v. OTTO FRIEDLÄNDER). Hamburg 1949.
BOYD, FRANCIS: Britische Politik seit 1945. Stuttgart u. a. 1965.
BRAMALL, ASHLEY: Das britische parlamentarische System. In: Recht, Staat, Wirtschaft. Band 1. Düsseldorf 1949.
BRYCE, JAMES: Moderne Demokratien (übersetzt von A. MENDELSSOHN-BARTHOLDY und KARL LOEWENSTEIN). 2 Bände. München 1926.
Central Office of Information: Der staatsrechtliche Aufbau Großbritanniens. Hrsg. von der Reference Div. London 1964.
DIBELIUS, WILHELM: England. 2 Bände. Stuttgart-Leipzig-Berlin 1923.
GLUM, FRIEDRICH: Die britische Demokratie. Verfassung und politische Struktur Großbritanniens. Frankfurt 1956.
GOLLAN, JOHN: Das politische System Großbritanniens. Berlin 1956.
GREAVES, H. R. G.: Die britische Verfassung. Frankfurt/M. 1951.
HASBACH, WILHELM: Die parlamentarische Kabinettsregierung. Stuttgart und Berlin 1919.

Hatschek, Julius: Englisches Staatsrecht. 2 Bände. Tübingen 1906.
Helbeck, Paul: Wie das englische Volk sich selbst regiert. Die englische Staatsverfassung und Verwaltung, die politischen Parteien und ihre Führer. Berlin 1912.
Jennings, Sir Ivor: Die britische Verfassung. Paderborn 1946.
Jennings, Sir Ivor u. Gerhard A. Ritter: Das britische Regierungssystem. Quellenbuch und Leitfaden. Köln und Opladen 1958.
Low, Sidney: Die Regierung Englands. Tübingen 1908.
Lowell, Lawrence A.: Die englische Verfassung. 2 Bände. Leipzig 1913.
Morrison, Herbert: Regierung und Parlament in England. München 1956.
Redslob, Robert: Die parlamentarische Regierung in ihrer wahren und ihrer unechten Form. Tübingen 1918.
Ritter, Gerhard A.: Probleme und Tendenzen der englischen Verfassungsentwicklung seit 1914. In: Zur Geschichte und Problematik der Demokratie. Festgabe für Hans Herzfeld. Berlin 1958.
Robson, William A.: Das britische Regierungssystem. Stuttgart-Berlin 1948.
Sampson, Anthony: Wer regiert England? Anatomie einer Führungsschicht. München 1963.
Savelkouls, H.: Das englische Kabinettssystem. München-Berlin 1934.
Streifthau, Klaus: Die Souveränität des Parlaments. Stuttgart 1963.
Young, George Kennedy: Konzept ohne Konsequenz. Routine statt Demokratie. Wien u. a. 1964.

III. Das Parlament

1. Wahlen

a) englisch

Allen, A. J.: The English Voter. London 1964.
Blondel, Jean: Voters, Parties, and Leaders. London 1963 (s. a. deutsch).
Butler, D. E.: The British General Election of 1951. London 1952.
Butler, D. E.: The British General Election of 1955. London 1956.
Butler, D. E., and R. Rose: The British General Election of 1959. London 1960.
Butler, D. E.: The Electoral System in Britain 1918—1962. Oxford 1963.
Butler, D. E., and Anthony King: The British General Election of 1964. London 1965.
Comfort, George O.: Professional Politicians — A Study of British Party Agents. Washington DC. 1958.
Cook, H. K.: The Free and Independent — The Trials, Temptations, and Triumphs of the Parliamentary Elector. London 1949.
Grego, J.: A History of Parliamentary Elections and Electioneering from the Stuarts to Queen Victoria. London 1892.
Gwyn, William B.: Democracy and the Costs of Politics in Britain. London 1962.
Howard, Anthony, and Richard West: The Road to Number 10. New York 1965.
Humberstone, T. L.: University Representation. London 1951.
Lewis, Edward G.: By-elections as a Reflection of Public Opinion. Berkeley 1943.
Mackenzie, W. J. M.: Free Elections — An Elementary Textbook. London 1958.
Nicholas, Herbert George: The British General Election of 1950. London 1951.
Parker, F. R.: The Powers, Duties and Liabilities of an Election Agent and of a Returning Officer at a Parliamentary Election in England and Wales. 6th ed. London 1959.
Ross, J. F. S.: Elections and Electors. London 1955.

ROSS, J. F. S.: Parliamentary Representation. 2nd ed. London 1948.
ROTH, ANDREW: General Election Forecast. London 1964.
SCHOFIELD, A. NORMAN: Parliamentary Elections. 3rd. ed. London 1959.
LAKEMAN, E., and J. D. LAMBERT: Voting in Democracies — A Study of Majority and Proportional Electoral Systems. 2nd ed. London 1959.
LEONARD, R. L.: Guide to the General Election. London 1964.
The Times, House of Commons (Zusammenstellung der Wahlresultate jeder Generalwahl, zuletzt London 1966.
Vacher's Parliamentary Companion (eine seit 1832 erscheinende periodische Veröffentlichung der Listen der Mitglieder des Ober- und Unterhauses).

b) deutsch

BLONDEL, JEAN: Demokratie in England — Wähler, Parteien und Zweiparteiensystem. Frankfurt/M. 1964.
OPPERMANN, THEODOR: Britisches Unterhauswahlrecht und Zweiparteiensystem. Karlsruhe 1961.

2. Parteien

A. Allgemein

a) englisch

BAILEY, S. D. (Ed.): The British Party System — A Symposium. 2nd ed. London 1953.
BELOFF, MAX: The Party System. London 1958.
BUCK, PHILIP W.: Amateurs and Professionals in British Politics. Chicago 1963.
BULMER-THOMAS, I.: The Party System in Great Britain. London 1953.
JENNINGS, Sir IVOR: Party Politics. 3 Vols. Cambridge 1960—1962.
MCKENZIE, ROBERT T.: British Political Parties. 2nd. ed. New York-London 1964 (s. a. deutsch).

b) deutsch

MCKENZIE, ROBERT T.: Politische Parteien in England. Köln-Opladen 1961.
KLUXEN, K.: Das Problem der politischen Opposition — Entwicklung und Wesen der englischen Zweiparteienpolitik im 18. Jahrhundert. München 1956.

B. Konservative Partei

HAILSHAM, Second Viscount (Quintin Hogg): The Conservative Case. London 1959.
PETRIE, Sir CHARLES: The Carlton Club. London 1955.
RAISON, TIMOTHY: Why Conservative? London 1964.
WHITE, R. J. (Ed.): The Conservative Tradition. 2nd ed. London 1964.

C. Labour Partei

BEER, M.: A History of British Socialism. 2 Vols. London 1940.
COLE, G. D. H.: A History of the Labour Party since 1914. London 1948.
COLE, MARGARET: The Story of Fabian Socialism. London 1961.
HARRISON, MARTIN: Trade Unions and the Labour Party since 1945. London 1960.
JENKINS, ROY: The Labour Case. London 1959.
LASKI, H. J.: Trade Unions in the New Society. London 1950.

MILIBAND, R.: Parliamentary Socialism — A Study in the Politics of Labour. London 1964.
PELLING, HENRY (Ed.): The Challenge of Socialism. London 1954.
SHINWELL, EMANUEL: The Labour Story. London 1963.
TRACEY, HERBERT (Ed.): The British Labour Party — Its History, Growth, Policy, and Leaders. 3 Vols. London 1948.
WILLIAMSON, RENÉ DE VISME, and S. LEE (Ed.): Five Years of British Labour. The Journal of Politics, Bd. 12 (Mai 1950).

D. Liberale Partei

COWIE, HARRY: Why Liberal? London 1964.
FULFORD, R.: The Liberal Case. London 1959.
FYFE, HAMILTON: The British Liberal Party — A Historical Sketch. London 1928.
GRIMOND, J.: The Liberal Future. London 1959.

E. Kommunistische Partei

PELLING, H.: The British Communist Party — A Historical Profile. London 1958.

3. Unterhaus

A. Allgemein

a) englisch

CAMPION, Sir G. (et al.): Parliament — A Survey. London 1952.
GORDON, STRATHEARN: Our Parliament. 6th ed. London 1964 (s. a. deutsch).
HANSON, A. H., and H. V. WISEMAN: Parliament at Work. London 1962.
HUGHES, C. J.: The British Statute Book. London 1957.
ILBERT, Sir COURTENAY: Parliament — Its History, Constitution, and Practice. 3rd ed. Oxford 1956.
JENNINGS, Sir IVOR: Parliament. 2nd ed. Cambridge 1957.
MACKENZIE, K. R.: The English Parliament. London 1959.
STEWART, JOHN DAVID: English Pressure Groups. Oxford: Clarendon 1958.
WHEARE, K. C.: Legislatures. Oxford 1963.
WILDING, NORMAN, and PHILIP LAUNDY: An Encyclopaedia of Parliament. London 1961.
YOUNG, ROLAND: The British Parliament. London 1962.

b) deutsch

FELLOWES, Sir EDWARD: Die Kontrolle der Exekutive durch das britische Unterhaus. Köln-Opladen 1963.
GORDON, STRATHEARN: Wesen und Werden des englischen Parlaments. Berlin 1948.
RITTER, GERHARD A.: Die Kontrolle von Regierung und Verwaltung in Großbritannien. Festgabe für ERNST FRAENKEL. Berlin 1963.

B. Abgeordnete

BROMHEAD, P.: Private Members' Bills in the British Parliament. London 1956.
BUCK, PHILIP W.: Amateurs and Professionals in British Politics. Chicago 1963.
FINER, S. E. (et al.): Backbench Opinion in the House of Commons, 1955—1959. London 1961.
HERBERT, ALAN P.: Independent Member. London 1961.

Richards, Peter: Honourable Members. London 1959.
Roth, Andrew: The Business Background of Members of Parliament. London 1963.

C. Speaker

Dasent, Arthur Irwin: The Speaker of the House of Commons from the Earliest Times to the Present Day. London 1911.
Laundy, Philip: The Office of Speaker. London 1964.
MacDonagh, Michael: The Speaker of the House. London 1914.

D. Geschäftsordnung

Campion, Gilbert F. M., 1st Baron: An Introduction to the Procedure of the House of Commons. 3rd ed. London 1958.
Chester, D. N., and N. Bowring: Questions in Parliament. Oxford 1962.
Howard, Patrick: Questions in the House. London 1956.
Lord Kilmuir (David Maxwell-Fyfe): The Law of Parliamentary Privilege. London 1959.
May, Sir Thomas Eskine (Lord Campion, Ed.): Treatise on the Law, Privileges, Proceedings and Usages of Parliament. 17th ed. London 1964.
Taylor, Eric: The House of Commons at Work. 5th ed. London 1963.

E. Finanzkontrolle

Beer, Samuel H.: Treasury Control. 2nd ed. London 1957.
Brittain, Sir Herbert: The British Budgetary System. London 1959.
Chubb, Basil: The Control of Public Expenditure. Financial Committees of the House fo Commons. Oxford 1952.
Einzig, Paul: Control of the Purse — Progress and Decline of Parliament's Financial Control. London 1959.
Peacock, A. T., and D. J. Robertson: Public Expenditure — Appraisal and Control. London 1963.
Peacock, A. T., and J. Wiseman: The Growth of Public Expenditure in the United Kingdom. Oxford 1961.

F. Delegierte Gesetzgebung

Allen, Sir Carleton K.: Law and Orders — An Inquiry into the Nature and Scope of Delegated Legislation and Executive Powers in English Law. 3rd. ed. London 1965.
Hewart of Bury (Gordon Hewart), 1rst Viscount: The New Despotism. London 1929.
Keeton, G. W.: The Passing of Parliament. 2nd ed. London 1954.
Kersell, J. E.: Parliamentary Supervision of Delegated Legislation. London 1960.
Sieghart, M. A.: Government by Decree. London 1950.
Report of the Committee on Ministers' Powers, Cmd 4060 (1933).
Report from the Select Committee on Delegated Legislation H. C. no. 310 (1963).
Willis, John: The Parliamentary Powers of English Government Departments. Cambridge, Mass. 1933.

4. House of Lords

Bailey, S. D.: The Future of the House of Lords — A Symposium. London 1954.
Bromhead, P. A.: The House of Lords and Comtemporary Politics 1911—1957. London 1958.

Report of Joint Committee on House of Lords Reform. H. M. Stationary Office 1962.
PIKE, L. O.: A Constitutional History of the House of Lords. London 1894.

5. Parlamentsreform

CRICK, BERNARD: The Reform of Parliament. London 1964.
Hansard Society: Parliamentary Reform, 1933—1960 — A Survey of Suggested Reforms. London 1961.
HILL, ANDREW, and ANTHONY WHICHELOW: What's Wrong with Parliament. London 1964.
JENNINGS, Sir IVOR: Parliamentary Reform. London 1934.
VEITCH, GEORGE STEAD: The Genesis of Parliamentary Reform. London 1964.
The Political Quarterly, Special Number on Parliament, Bd. 36 No. 3 (Juli—September 1965) (mit ausführlicher Bibliographie von ANTHONY BARKER, S. 347ff.).

IV. Regierung

1. Prime Minister und Kabinett

CARTER, BYRUM E.: The Office of Prime Minister. London 1956.
DAALDER, HANS: Cabinet Reform in Britain 1914—1963. Oxford 1964.
EHRMAN, JOHN: Cabinet Government and War, 1890—1940. Cambridge 1958.
JENNINGS, Sir IVOR: Cabinet Government. 3rd ed. Cambridge 1959.
KEITH, ARTHUR BERRIEDALE: The British Cabinet System. 2nd ed. London 1952.
MACKINTOSH, John P.: The British Cabinet. London 1962.
DACTOCOGLOU, PRODROMOS: Die königliche Prärogative zur Ernennung des Premierministers nach englischem Verfassungsrecht. Der Staat, Bd. 4 (1965), S. 84ff.
SCHNEIDER, FRANZ: Kabinettsregierung und Machtverteilung in England. Zeitschrift für Politik, Jahrgang 12 (1965), S. 40ff.

2. Ministerien

BEER, SAMUEL: Treasury Control — The Coordination of Financial and Economic Policy in Great Britain. Oxford 1957.
Know Your Ministry — A Description of Government Departments whose Operations affect the Conduct of Business. London 1959.
MACKENZIE, W. J. M., and J. W. GROVE: Central Administration in Great Britain. London 1957.
The New Whitehall Series —
The Foreign Office, by Lord STRANG, 1955.
The Home Office, by Sir FRANK NEWSAM, 1954.
The Colonial Office, by Sir CHARLES JEFFRIES, 1956.
The Ministry of Works, by Sir HAROLD EMMERSON, 1956.
The Scottish Office, by Sir DAVID MILNE, 1957.
The Ministry of Pensions, by Sir GEOFFREY KING, 1958.
The Ministry of Transport, by Sir GILMOUR JENKINS, 1959.
The Ministry of Labour and National Service, by Sir GODFREY Ince, 1960.
The Ministry of Labour and Natioanl Service, by Sir GODFREY INCE, 1960.
The Ministry of Agriculture, Fisheries and Food, by Sir J. WINNIFRITH, 1962.
The Department of Scientific and Industrial Research, by Sir HARRY MELVILLE, 1962.

Her Majesty's Customs and Excise, by Sir JAMES CROMBIE, 1962.
The Treasury, by Lord BRIDGES, 1964.
Royal Institute of Public Administration (N. D. CHESTER and M. F. G. WILSON): The Organisation of British Central Government, 1914—1956. London 1957.

3. Berufsbeamte (Civil Service)

ABRAMOVITZ, M., and V. F. ELIASBERG: The Growth of Public Employment in Great Britain. Oxford 1957.
BRIDGES, EDWARD, 1st Baron: Protrait of a Profession — The Civil Service Tradition. Cambridge 1953.
BROWN, R.: The Battle of Crichel Down. London 1955.
CAMPBELL, G. A.: The Civil Service in Britain. London 1955.
CHAPMAN, BRIAN: The Profession of Government — The Public Service in Europe. London 1959.
CRAIG, Sir JOHN: A History of Red Tape. London 1955.
DALE, H. E.: The Higher Civil Service of Great Britain. Oxford 1941.
DUNNILL, FRANK: The Civil Service — Some Human Aspects. London 1956.
Fabian Society: The Administrators — The Reform of the Civil Service. London 1964.
GLADDEN, E. N.: British Public Service Administration. London 1961.
GLADDEN, E. N.: The Essentials of Public Administration. 2nd ed. London 1958.
GREAVES, H. R. G.: The Civil Service in the Changing State. London 1947.
KELSALL, R. K.: Higher Civil Servants in Britain — From 1870 to the Present Day. London 1955.
KINGSLEY, J. DONALD: Representative Bureaucracy — An Interpretation of the British Civil Service. London 1944.
ROBSON, W. A. (Ed.): The Civil Service in Britain and France. London 1956.
Royal Commission on the Civil Service (Priestley Commission), Report Cmd. 6913.
WALKER, N.: Morale in the Civil Service — A Study of the Desk Worker. Edinburgh 1961.
WEINBERG, LAN: The English Public Schools. New York 1966.

V. Die Monarchie

a) englisch

ALTRINCHAM, 2nd Baron: Is the Monarchy Perfect? London 1958.
LORD BEAVERBROOK: The Abdication of King Edward VIII. (A. J. P. Taylor, editor). New York 1965.
CATHCART, HELEN: Her Majesty. London 1962.
CHURCHILL, R.: They Serve the Queen — A New and Authoritative Account of the Royal Household. London 1953.
FUSILIER, R.: Les Monarchies Parlementaires. Paris o. J.
KEITH, ARTHUR BERRIEDALE: The King and the Imperial Crown — The Powers and Duties of His Majesty. London 1936.
LAIRD, DOROTHY: How the Queen Reigns. London 1961.
LONGFORD, ELIZABETH: Queen Victoria, Born to Succeed. New York 1964.
MARTIN, KINGSLEY: Crown and Establishment. London 1962.
MORRAH, DERMOTH: The Work of the Queen. London 1958.
NICOLSON, Sir HAROLD: King George V. London 1952 (s. a. deutsch).
NICOLSON, SIR HAROLD: Monarchy. London 1962.
PETRIE, Sir CHARLES: Monarchy in the Twentieth Century. London 1952.

PETRIE, Sir CHARLES: The Modern British Monarchy. London 1961.
WHEELER-BENNETT, Sir JOHN: King George VI — His Life and Reign. London 1958.

b) deutsch

LOEWENSTEIN, KARL: Die Monarchie im modernen Staat. Frankfurt/Main 1952.
NICOLSON, Sir HAROLD: Georg V. München 1954.
SCHRAMM, PERCY, ERNST: Geschichte des englischen Königtums im Lichte der Krönung. Weimar 1937.

VI. The Commonwealth

BAILEY, S. D. (Ed.): Parliamentary Government in the Commonwealth. London 1951.
BRADY, A.: Democracy in the Dominions: A Comparative Study in Institutions. 3rd ed. Oxford 1958.
BROWN, MICHAEL BARRATT: After Imperialism. London 1963.
BURNS, Sir ALAN: In Defence of Colonies: British Colonial Territories in International Affairs. London 1957.
BURNS, Sir AÖAN (ed.): Parliament as an Export. London 1966.
CASEY, RICHARD GARDINER, Baron: The Future of the Commonwealth. London 1963.
DE SMITH, S. A.: The New Commonwealth and its Constitutions. London 1964.
EAYRS, JAMES (Ed.): The Commonwealth and Suez: A Documentary Survey. Oxford 1964.
INGRAM, DEREK: The Commonwealth Challenge. London 1962.
JENNINGS, Sir IVOR: The Approach to Self-Government. Cambridge 1956.
JENNINGS, Sir IVOR: Constitutional Laws of the Commonwealth. 3rd ed. of: Constitutional Laws of the British Empire, Vol. 1, The Monarchies, 1957.
JENNINGS, Sir IVOR: The British Commonwealth of Nations. 4th ed. London 1961.
LIVINGSTON, WILLIAM S. (Ed.): Federalism in the Commonwealth: A Bibliographical Commentary. London 1963.
MANSERGH, NICHOLAS: Survey of British Commonwealth Affairs: Problems of Wartime Co-operation and Postwar Change 1939—1952. Oxford 1958.
MANSERGH, NICHOLAS (Ed.): Documents and Speeches on Commonwealth Affairs 1952—1962. Oxford 1963.
MARSHALL, G.: Parliamentary Sovereignty and the Commonwealth. Oxford 1957.
SOMERVELL, D. C., and H. J. HARVEY: The British Empire and Commonwealth. London 1959.
UNDERHILL, FRANK H.: The British Commonwealth: An Experiment in Cooperation among Nations. Durham 1956.
WALKER, ERICH ANDERSON: The British Empire, its Structure and Spirit, 1497 to 1953. 2nd ed. London 1953.
WALKER, PATRICK GORDON: The Commonwealth. London 1962.
WHEARE, K. C.: The Statute of Westminster and Dominion Status. Oxford 1953.
WHEARE, K. C.: The Constitutional Structure of the Commonwealth. Oxford 1960.

Schrifttum für die in Band II behandelten Materien

I. Gerichte und Gerichtsbarkeit

a) englisch

ARCHER, PETER: The Queen's Courts. London 1956.
ALLEN, Sir CARLETON K.: Administrative Jurisdiction. London 1956.
BARNETT, HOLLANDER: The English Bar — A Priesthood. London 1964.
BIRKS, MICHAEL: Gentlemen of the Law. London 1960.
BOULTON, W. W.: A Guide to Conduct and Etiquette at the Bar of England and Wales. 3rd ed., London 1961.
GROSS, RUPERT: Precedent in English Law. Oxford 1961.
DENNING, Alfred: The Road to Justice. London 1955.
DE SMITH, S. A.: Judicial Review of Administrative Action. London 1959.
DEVLIN, Sir PATRICK: The Criminal Prosecution in England. Oxford 1960.
DONOUGHMORE, Lord: Committee on Ministers' Powers: Report 1932. Cmd. 4060.
EDWARDS, J. LL. J.: Law Officers of the Crown. London 1964.
FRANKS, Sir OLIVER: Committee on Administrative Tribunals and Enquiries: Report 1957. Cmnd 218.
GINSBERG, MORRIS (Ed.): Law and Opinion in England in the 20th Century. London 1959.
HANBURG, H. G.: English Courts of Law. Oxford 1960.
HEWARD, EDMUND: Guide to Chancery Practice. London 1964.
JACKSON, RICHARD M.: The Machinery of Justice in England. 4th ed. Cambridge 1964.
KARLEN, DELMAR: Appellate Courts in the United States and England. New York 1963.
KEETON, GEORGE W.: Trial by Tribunal — A Study of the Development and Functioning of the Tribunal of Inquiry. London 1960.
RADCLIFFE, G. R. Y., and GEOFFRY CROSS: The English Legal System. 4th ed. London 1964.
RUDO, G. R.: The English Legal System. London 1962.
STURGE, LEWIS F.: Basic Rules of the Supreme Court. London 1961.
VANDYK, NEVILLE D.: Tribunals and Inquiries. London 1965.

Für das eigentliche rechtswissenschaftliche Schrifttum mag der jeweils von BLACKWELL, Oxford, herausgegebene Katalog — der letzte dem Verfasser zugängliche war 800 (10), 1965/66 — herangezogen werden.

b) deutsch

COHN, ERNST J.: Der englische Gerichtsweg. Köln-Opladen 1956.
COHN, ERNST, J.: Richter, Staat und Gesellschaft in England. Karlsruhe 1958.
GERLAND, HEINRICH B.: Die englische Gerichtsverfassung — eine systematische Darstellung. Leipzig 1910.
GERLAND, HEINRICH B.: Die Beziehungen zwischen dem Parlament und den Gerichten in England — Eine rechtsvergleichende Studie. Berlin und Leipzig 1928.
MENDELSSOHN-BARTHOLDY, ALBRECHT: Das Imperium des Richters. Straßburg 1908.
RADBRUCH, GUSTAV: Der Geist des englischen Rechts. 3. Aufl., Göttingen 1956.
ROMBERG, HAROLD P.: Die Richter Ihrer Majestät. Stuttgart 1965.

II. Einzelausschnitte aus der Verwaltung

1. Lokale Selbstverwaltung

a) englisch

CHESTER, D. N.: Central and Local Government. London 1951.

CLARKE, J. J.: Outlines of Local Government of the United Kingdom. 19th ed. London 1960.

DRUMMOND, J. M.: The Finance of Local Government. London 1962.

FINER, HERMAN: English Local Government. 4th ed. London 1950.

HART, WILLIAM O.: Introduction to the Law of Local Government and Administration. 6th ed. London 1957.

JACKSON, R. M.: The Machinery of Local Government. London 1958.

JACKSON, R. M.: The Structure of Local Government in England and Wales. 4th ed. London 1960 (s. a. deutsch).

MARSHALL, A. H.: Financial Administration in: Local Government. London 1960.

MAUD, Sir JOHN, and S. E. FINER: Local Government in England and Wales. 2nd ed. Oxford 1953.

ROBSON, W. A.: The Development of Local Government. 3rd ed. London 1954.

WARREN, J. H.: The English Local Government System. 7th ed. London 1963 (s. a. deutsch).

b) deutsch

GNEIST, RUDOLF: Die heutige englische Communalverfassung und Communalverwaltung oder das System des Selfgovernment in seiner heutigen Gestalt. Berlin 1860.

JACKSON, R. M.: Die Selbstverwaltung in England und Wales. Bonn 1946.

WARREN, J. H.: Selbstverwaltung in England. Frankfurt 1952.

2. Nationalisierte Wirtschaftszweige

a) englisch

BEADLE, Sir GERALD: Television; a Critical Review. London 1963.

BURN, D. L.: The British Steel Industry 1939—1959. Cambridge 1961.

COUNTS, DAVID: Parliament and the Nationalised Industries. London 1966.

CHESTER, D. N.: The Nationalised Industries. London 1951.

GROVE, J. W.: Government and Industry in Britain. London 1962.

GROSVENOR, J.: The Port of London. London 1957.

HANSON, A. H.: Parliament and Public Ownership. 2nd ed. London 1962.

KELF-COHEN, R.: Nationalisation in Britain — The End of a Dogma. London 1958.

ROBSON, W. A.: Nationalised Industries and Public Ownership. 2nd ed. London 1960.

SARGENT, J. R.: British Transport Policy. Oxford 1958.

SHANKS, M. (Ed.): Lessons of Public Enterprise. London 1963.

b) deutsch

GOLDSCHMIDT, DIETRICH: Stahl und Staat — Eine wirtschaftssoziologische Untersuchung zum britischen Nationalisierungsexperiment. Stuttgart-Düsseldorf 1956.

STELLING, ILSE: Die Sozialisierung des Kohlebergbaus in Großbritannien. Kieler Studien 4, 1950.

3. Sozialdienste

a) englisch

The Beveridge Report: Social Insurance and Allied Services. London 1944.
Central Office of Information: Health Service in Britain. London 1962 und 1964.
COLE, GEORGE D. H.: The Post-War Condition of Britain. London 1956.
ECKSTEIN, HARRY: The English Health Service. Cambridge, Mass. 1961.
GARDINER, R. K., and HELEN O. JUDD: The Development of Social Administration. Oxford 1959.
HALL, M. PENELOPE: The Social Services of Modern England. 5th ed. London 1962.
LINDSAY, ALMONT: Socialized Medicine in England and Wales. Chapel Hill 1962.
MENDELSOHN, RONALD: Social Security in the British Commonwealth. London 1954.
PEACOCK, ALAN T.: Income Redistribution and Social Policy. London 1958.
RUCK, J. K.: The Greater London Group, London Government and the Welfare Services. London 1963.
SHENFIELD, Barbara: Social Policies for Old Age. A Review of Social Provision for Old Age in Great Britain. London 1957.
Social Case-Work in Great Britain — Ed. by Cherry Morris, London 1950.

b) deutsch

BREMME, GABRIELE: Freiheit und soziale Sicherheit — Motive und Prinzipien sozialer Sicherung dargestellt an England und Frankreich. Stuttgart 1961.

4. Andere Verwaltungsgebiete:

BARON, GEORGE: A Bibliographic Guide to the English Educational System. 2nd ed. London 1960.
BLUNDELL, L. A., and GEORGES DOBRY: Town and Country Planning. London 1963.
KEEBLE, LEWIS: Principles and Practices of Town and Country Planning. London 1964.
PEDLEY, ROBIN: The Comprehensive School. London 1960.

III. Der Bürger und der Staat

a) englisch

CITRINE, N. A.: Trade Union Law. London 1960.
EMDEN, CECIL S.: The People and the Constitution, Being a History of the Development of the People's Influence in British Government. Oxford 1956.
HAYNES, C. E.: The Essentials of the British Constitution. Oxford 1965.
MACDERMOTT, Lord: Protection from Power under English Law. Published under the auspices of the Hamlyn Trust, London 1957.
MACDERMOTT, Lord: A Report by Justice. The Citizen and the Administration. The Redress of Grievances. Director of Research — Sir JOHN WYATT, London 1961.
POUND, ROSCOE: The Development of Constitutional Guarantees of Liberty. New Haven 1957.
RIDEOUT, R. W.: Right to Membership of a Trade Union. University of London Legal Series no. 5. London 1963.

SCHWARZENBERGER, GEORGE: The Protection of Human Rights in British State Practice. — In: Current Legal Problems, 1948, Vol. 1, S. 152—169.

STREET, HARRY: Freedom, the Individual and the Law. Penguin Books, 1963.

TAWNEY, RICHARD HENRY: Equality — with a New Introduction by RICHARD M. TITMUSS. London 1964.

WILLIAMS, DAVID: Not in the Public Interest. The Problem of Security in Democracy. London 1965.

WILSON, H. H., and HARVEY GLICKMAN: The Problem of Internal Security in Great Britain 1948—1953. New York 1954.

b) deutsch

BOHATEC, JOSEF: England und die Geschichte der Menschen- und Bürgerrechte. Graz-Köln 1956.

HENNE, RUDOLF: Der englische Freiheitsbegriff. Zürcher Beiträge zur Rechtswissenschaft N.F.H. 10, Aaran 1927.

HUBATSCH, WALTER: Die englischen Freiheitsrechte. Hannover 1962.

STEIN, EKKEHART: Der Mensch in der pluralistischen Demokratie. Die Freiheitsrechte in Großbritannien. Frankfurt/M. 1964.

Namenverzeichnis

Sachverzeichnis

GPSR Compliance

The European Union's (EU) General Product Safety Regulation (GPSR) is a set of rules that requires consumer products to be safe and our obligations to ensure this.

If you have any concerns about our products, you can contact us on ProductSafety@springernature.com

In case Publisher is established outside the EU, the EU authorized representative is:

Springer Nature Customer Service Center GmbH
Europaplatz 3
69115 Heidelberg, Germany

Batch number: 10854043

Printed by Printforce, the Netherlands